Anja Zimmer

Mitternachtsblüten

Rabenau, 11.03.08

Anja Zimmer

Mitternachtsblüten

DAS LEBEN DER ANNA VON HESSEN

Roman

frauenzimmer
VERLAG

Printed in Germany
Umschlaggestaltung: Martina Wiesent
Fotos: Otto Tröller, Anja Zimmer
Druck: Druckerei Kaluza, Gießen-Wieseck

ISBN 978-393701-306-0

WWW.FRAUENZIMMER-VERLAG.DE

Inhalt

Hinweis: Fotographien von Schauplätzen der Handlung können auf der Website des Frauenzimmer Verlages eingesehen werden.

WWW.FRAUENZIMMER-VERLAG.DE

Für meinen Großvater,
Otto Reinhard Tröller, den Schreinermeister
und für Sanne Findeis, die Gewandschneiderin

Prolog

„Ich bin wie der Ritter."

„Verzeiht, Euer Gnaden. Welcher Ritter?" Der Priester hatte sich vorgebeugt, um die leisen Worte der Kranken besser zu verstehen. Es war der 13. Mai des Jahres 1525. Durch das geöffnete Fenster drang lautes Vogelzwitschern, Rufe von Kindern, das Dengeln einer Sense.

„Der Ritter in dem alten Lied. Kennt Ihr es nicht?" Sie versuchte, eine Melodie zu summen, wurde aber von einem erneuten Hustenanfall geschüttelt. Ihre Lungenentzündung war schon zu weit fortgeschritten. Als der Hustenanfall vorüber und nur noch ihr röchelnder Atem zu hören war, schüttelte der Priester den Kopf. „Nein, ich kenne das Lied nicht."

„Ich habe es als Kind oft gehört." Obwohl ihr das Sprechen schwer fiel, fuhr sie fort. Es schien ihr wichtig zu sein, denn unter Mühe erzählte sie nun langsam.

„Ich habe mich mit meinen Geschwistern oft abends in die Küche geschlichen, wenn die Mägde und Diener noch zusammensaßen. Mein Gott, wie lange ist das her. Damals in Schwerin. Und eine der Mägde konnte wunderbar singen. Sie sang die schönsten Geschichten. Am meisten liebte ich das Lied von dem Ritter." Sie summte noch einmal die Melodie, aber der Priester hatte das Lied nie gehört. Schwerin war fern. Die Rödelheimer Mägde sangen andere Lieder.

„Ich kann mich an die Strophen nicht mehr erinnern. Nur noch an die Geschichte. Von dem Ritter, der so tapfer ist, dass er den Krieg für seinen König gewinnt und sich in die Prinzessin verliebt. Eine mutige, starke Prinzessin. Als Kind dachte ich immer, ich wäre gern die Prinzessin. Aber ich bin der Ritter."

Der Priester lächelte. Die Kranke, der er bereits die Beichte abgenommen und die letzte Ölung verabreicht hatte, blickte in der Tat auf ein kämpferisches Leben zurück. Er hatte sie vor einigen Jahren kennen gelernt, lange bevor sie so krank geworden war, dass man ihn an ihr Sterbebett gerufen hatte. Sie war noch jung. Viel zu jung um zu sterben. Noch keine vierzig Jahre alt. Und noch immer eine schöne Frau. Frau Venus hatte man sie hinter vorgehaltener Hand genannt. Aber er konnte sie sich auch in einer Ritterrüstung vorstellen, mit erhobenem Schwert, ihre Widersacher mit einem Streich bezwingend.

„Wenn es Euer Gnaden Freude macht, werde ich Eure Mägde hier fragen, ob sie das Lied kennen. Aber jetzt sollten Euer Gnaden sich ausruhen."

Aber sie hörte nicht auf ihn. Stattdessen richtete sie sich ein wenig auf und sah ihn forschend an. „Sagt, hat man drüben in der neuen Welt wirklich eine Blume gefunden, die nur um Mitternacht ihre Blüten entfaltet und wunderbar süß duftet? Habt Ihr davon gehört?"

„Nein, Euer Gnaden, davon habe ich nicht gehört."

„Dachte ich es mir doch! Dieser Pater, der alte Gauner!" sagte sie leise, wie zu sich selbst. Erschöpft sank sie zurück in die Kissen.

„Aber das heißt noch lange nicht, dass es sie nicht wirklich gibt", sagte der Priester, der auf ihrem Gesicht Enttäuschung und Bitternis erkannte. „Vielleicht ist sie nur noch nicht entdeckt worden. Die Wälder in der neuen Welt müssen noch größer sein als unsere heimischen. Wer kann schon sagen, welche Wunder Gott der Herr in diesen Wäldern verborgen hat. Und selbst wenn es diese Blume nicht gibt, so ist sie doch immerhin ein schöner Gedanke."

War je ein Neujahrsmorgen heraufgedämmert, der mehr versprochen hatte? Man schrieb den ersten Tag des Jahres 1500. Unruhige Zeiten waren es, nicht nur für die hessischen Lande. Doch einem Mann war es gelungen, das Land zu einen und zu befrieden. Des Kaisers war sein Schwert. An dessen Seite hatte er gekämpft, sein Leben für ihn riskiert, und der Kaiser hatte ihn fürstlich belohnt.

Wilhelm lehnte sich zurück in seinem Sessel, wärmte die großen Hände, die so vieles vollbracht hatten, an dem kostbaren Becher und sah hinaus in die Ferne. Der Winter hielt das Land in eisiger Umklammerung. Die Nacht hatte neuen Schnee und Frost gebracht. Die Welt lag wie unter einem sauberen Leintuch, unter dem alle Not und Sorge verborgen schien. Doch für Wilhelm war die ganze Welt wie neu. Erhaben war er nun über hämische Gesichter und spitze Bemerkungen, die ihn mehr verletzt hatten als jemand ahnte. Das Leben selbst erschien ihm wie ein Füllhorn, das allein ihn reich beschenkte. In diesem Jahr würde er stolz die Früchte seiner Arbeit ernten können. Niemand sollte sie ihm streitig machen.

Der Diener legte Holz im Kamin nach, erkundigte sich nach weiteren Wünschen seines Herrn und wurde ohne neuen Auftrag entlassen. Er zog sich an die Tür zurück, wo er schweigend verharrte. Nein, Landgraf Wilhelm wollte diesen Augenblick ungestört genießen. Selbst das aufgetragene Frühstück rührte er nicht an, versunken in den Anblick der Stadt, die eben erwachte. Marburg lag noch ganz im Schatten seiner bewaldeten Berge, eng geschmiegt an den Schlossberg. Wilhelm sah nichts von dem Leben, das sich auf den Straßen und engen Gassen wohl schon regen mochte. Er sah nur den Rauch, der schnurgerade aus den Häusern aufstieg. Sein Lächeln war grimmig und triumphierend zugleich, als er an die Wettiner dachte, die sich schon als die neuen Fürsten des Landes gesehen hatten. Die sächsischen Wettiner hatten die politische Entwicklung freudig begrüßt, weitaus freudiger jedoch Wilhelms Kinderlosigkeit, da sie selbst die nächsten Erben waren. Offenbar hielten die Wettiner auch Wilhelm den Jüngeren nicht für fähig, die entsprechende Nachkommenschaft zu zeugen, dessen Ehe nun schon ins dritte kinderlose Jahr ging. Und nach dem schweren Jagdunfall, der ihm vor einem Jahr zugestoßen war, musste er sich ohnehin schonen.

Die Sonne goss ihre ersten Strahlen über die Lahnberge und ließ die Giebel der Häuser aufblitzen wie Diademe. Das Tal lag nun in rotgoldenem Morgenduft. Darüber wölbte sich ein Himmel in den sanften Farben, die nur ein eisiger Wintermorgen hervorzubringen vermag. In wenigen Stunden schon war der Himmel sicher tief blau. Doch diese frühe Stunde war die Zeit der leisen Farben und Klänge. Das sanfte Licht verwandelte das Lächeln des Landgrafen. Es wurde milde, nicht zuletzt, weil er auf dem Gang die Schritte seiner Frau Jolanthe hörte. Er sah auf den leeren Stuhl auf der anderen Seite des Tisches, das Gedeck, das sie gleich mit ihren schmalen, weißen Händen berühren würde. Gleich würde sie erscheinen, die Urheberin all seiner Freude.

Der Diener öffnete die Tür und die Landgräfin trat ein. Ihre Schritte waren leicht und federnd, seit sie eine kostbare Last verborgen trug. Wilhelm erhob sich und trat ihr entgegen. Er küsste ihre Hand und begrüßte sie mit lieben Worten, während er sie behutsam an sich drückte. Andächtig ließ er dabei seine Hand über ihren gewölbten Leib gleiten.

„Es wird ein Sohn, Jolanthe“, flüsterte er sanft. Doch mischte sich auch eine leise Angst in seine Stimme, so zart und zerbrechlich schien ihm Jolanthe.

„Es wird ein Sohn“, erwiderte seine Gattin mit einem Lächeln. Sie konnte wieder lächeln, seit der übermenschliche Druck von ihr gewichen war. Sie hatte Freudentränen vergossen, als sie ihm endlich die Nachricht, die eine Nachricht, auf die er lange Jahre vergeblich gehofft, überbracht hatte. An Weihnachten hatte Jolanthe die ersten Regungen ihres Kindes verspürt und hatte damit die Gewissheit dessen, was sie in den vergangenen Monaten kaum zu hoffen gewagt hatte. Im Mai würde das Kind zur Welt kommen. Wenn nun Gott noch so gnädig sein wollte, ihr einen Sohn zu schenken. Dem galten all ihre Gebete. Mit bangem Zittern sah sie dem Tag entgegen, an dem sich entscheiden würde, ob sie nun hocherhobenen Hauptes der Welt gegenübertreten könne oder ob sie mit einem entschuldigenden Lächeln die Geburt einer Tochter verkünden müsse. Nun, wenn dies geschehen sollte, war immer noch Wilhelm der Jüngere da, der dafür sorgen würde, dass das Land nicht an die Wettiner fiel. Diese Tatsache war für Jolanthe wie eine kleine Hintertür, durch die sie sich flüchtete, wenn ihre Gedanken allzu quälend kreisten.

Der Landgraf ließ es sich nicht nehmen, seiner Gattin eigenhändig den Lehnstuhl zurechtzurücken, damit sie bequem Platz nehmen könne. Fürsorglich zog er ihr den pelzverbrämten Mantel noch etwas höher über die Schultern. Normalerweise gab es für Damen in gesegneten Umständen Kleider, die den Segen mehr zur Schau stellten als dass sie ihn kaschierten. Doch Jolanthe trug lieber ihre Kleider mit offener Schnürung und darüber einen Mantel. Ganz im Verborgenen wollte sie ihr Kind austragen. Niemand sollte auch nur etwas ahnen. Jolanthe ging selten aus. Sie hielt sich – wie es von ihr erwartet wurde – in ihren Gemächern auf, widmete sich Stickarbeiten oder spielte die Laute. In ihren ersten Ehemonaten hätte sie lieber die Stadt angeschaut, doch alles, was sie von Marburg gesehen hatte, war der Weg zur Kirche gewesen. Daran hatte sich kaum etwas geändert. Sie lugte bei dieser Gelegenheit immer zwischen den ledernen Vorhängen der Kutsche hervor, bewunderte die schmucken Häuser der Bürger und Kaufleute und beneidete insgeheim die Bürgersfrauen, die im Sonntagsstaat über die Straßen flanierten, von gutgekleideten Herren höflich gegrüßt.

Doch dann hatte Jolanthe sich immer mehr freiwillig zurückgezogen. Sie hasste die Blicke wildfremder Menschen, die mitleidig auf ihrem flachen Bauch ruhten. Einmal, als sie vor der Kirche gestanden hatte, war eine Frau, sicher fünf Jahre jünger als sie selbst, mit vier Kindern vorbeistolziert und hatte es sich nicht nehmen lassen, sie hämisch anzugrinsen. Von da an waren ihre Gemächer ihr Reich, in dem sie regierte, fern von allen Sorgen und Zwängen. Ihr Gatte war rücksichtsvoll, machte ihr Geschenke, um sie aufzuheitern und nahm sich zuweilen auch tagsüber Zeit für sie. Das war weit mehr als eine Frau ihres Standes von ihrem Gatten erwarten konnte. Obwohl auch ihre Ehe unter politischen Gesichtspunkten geschlossen worden war, hatte sich doch eine tiefe Zuneigung zwischen ihnen entwickelt. Manchmal wunderte sich Jolanthe über ihren Gemahl. Sie hatte einmal erlebt, wie unerbittlich und hart Wilhelm sein konnte, wenn es darum ging, seine Macht zu sichern. Sie hatte ihn auf dem Turnierplatz gesehen, wo sich kaum ein Ritter mit ihm messen konnte. Und sie wollte sich lieber nicht vorstellen, wie gnadenlos er auf dem Schlachtfeld war. Aber bei ihr wurde er sanft und mild, zärtlich und liebevoll. Zuweilen sah sie seine Hände an, die so hart und voller Schwielen waren von Schwert und Lanze und die schon Blut vergossen hatten, die sich aber so behutsam ihrem Gesicht näherten, als sei es aus feinem Glas. Sie liebte es, in seinen Armen zu ruhen. In ihrer ersten gemeinsamen Nacht hatte seine kriegerische Gestalt sie zutiefst erschreckt. Sie hatte sich so klein und schwach gefühlt. Das tat sie noch immer, wenn sie in seinen Armen lag, doch fühlte sie sich nicht mehr ausgeliefert. Sie vertraute ihm und wusste, dass er sie niemals verletzen würde. Doch nichts, nichts hatte Jolanthe darüber hinwegtäuschen können, dass sie den Zweck ihres Lebens verfehlte.

Nun saß Jolanthe da, etwas bleich, aber ruhig und wie es schien, glücklich. Wilhelm betrachtete seine Frau. Ihr langes, braunes Haar war züchtig unter einer Haube verborgen. Ein feines Tuch bedeckte den Ausschnitt, der kalten Witterung angemessen. Die langen Wimpern hatte sie über die Augen gesenkt. Sie tat einen großen Löffel Honig in ihren Hirsebrei. Auch sie wärmte die Hände an dem warmen Dünnbier, das der Diener ihr eingeschenkt hatte. Sie aß mit freudigem Appetit – ein Anblick, der Wilhelm immer vergnügt stimmte.

Die beiden sprachen nicht viel. Sie genossen dieses kleine, intime Frühstück zu früher Stunde, denn lange würde die Stille nicht mehr währen. Wilhelm hatte nach wie vor viel zu sorgen. Die Stände mussten niedergehalten werden, wollte er seinem Erben ein geordnetes Land hinterlassen. Ja, es war allein an ihm, das Haus Hessen zu erhalten. Von seinem Oheim, dem Erzbischof von Köln, konnte man beileibe keine legitimen Erben erwarten. Er war in Ehren ergraut und sah gelassen einem nahen Ende entgegen. Zunächst wäre es an Wilhelm dem Älteren gewesen, das Land zu regieren, doch da sich sein Geist verflüchtigt hatte wie Schnee unter Julisonne und er somit den Beinamen „der Blöde“ führte, lag das Wohl der hessischen Lande in der Hand Wilhelms des Mittleren. Doch nicht genug, dass der Ältere schwachsinnig war, hatte ihn der Herr auch noch mit vier Töchtern geschlagen, die für die Erbfolge nicht in Frage kamen. Zumindest eine davon hatte Gott schon nach wenigen Wochen wieder zu sich genommen, nur um eine neue Tochter zu schicken, der man den Namen ihrer verstorbenen Schwester – Mechthild - gegeben hatte.

Die Tatsache, dass Gott der Herr die tote Tochter lediglich durch eine neue ersetzt hatte, riss den Blöden zu den wüstesten Ketzereien hin, indem er Gott beschuldigte, eine seltsame Art von Humor zu haben. Sein Wahnsinn tobte sich auf einem entlegenen, vergessenen Schloss aus. Mechthild die Jüngere und die folgende Schwester Anna waren gut in Klöstern untergebracht. Die vierte Tochter lebte bei ihrer Mutter auf dem Sensenstein.

Wilhelms graue Augen schweiften noch einmal über die Stadt und trafen sich dann mit dem Blick seiner Frau. Boyneburgs Schritte waren auf dem Gang zu hören. Im selben Moment trat der Landvogt auch schon in das Zimmer ein. Er verneigte sich ehrfürchtig vor seiner Fürstin. Auch ihm war ihre sachte Veränderung aufgefallen. Man ahnte nicht, was hinter der kantigen Stirn des Landvogtes vorging; wie glücklich es ihn machte, wenn die Fürstin seinen Gruß huldvoll erwiderte. Mehr als einmal schon hatte er eine galante Bemerkung hinuntergeschluckt. Er wandte sich an Wilhelm, um die Geschäfte des Tages zu besprechen.

Der Frühling kam ungewöhnlich früh und mild. Längst war all der Schnee getaut. Die Vögel kamen aus ihren Winterquartieren zurück. Dieses Grün, das es nur im Frühling gibt, wagte sich hier und dort hervor. Die fahlen Wiesen, die dunklen Äste der Bäume, alles sah unter dem Licht der Frühlingssonne freundlich aus und verhieß neues Leben.

Da traf eine Nachricht ein, die all dies in ein grausames Gegenteil verkehrte: Wilhelm der Jüngere war bei einem Jagdunfall ums Leben gekommen. Als der Bote diese Nachricht brachte, legte Jolanthe unwillkürlich die Hand auf ihren Leib. Neben der Tragik dieses frühen Todes schmerzte sie auch die Tatsache, dass nun diese Hintertür verschlossen war. Sie musste, musste einen Sohn gebären.

Durch den Tod seines Vetters waren die Grafschaften Ziegenhain, Nidda und Katzenelnbogen in Wilhelms Besitz übergegangen, der diesen Umstand als weitere Gunst des Himmels ansah. Er war sich nun sicher, dass seine Frau ihm einen Sohn gebären würde. Warum sonst sollte Gott ihn so reich mit Land und Macht beschenken, wenn er dies alles nicht an seinen direkten Erben weitergeben würde?

Der Februar wich dem März. Jolanthe trug nun sichtbar an ihrer Last. Im Mai sollte der Knabe zur Welt kommen. Eine Hebamme war beständig in der Nähe der Fürstin. Die Frau war mit ihrer kleinen Tochter ins Schloss gezogen, um jederzeit der Fürstin beistehen zu können. Sie hieß Marie, blickte auf lange Jahre der Erfahrung zurück und hatte sich trotz ihres fortgeschrittenen Alters noch einmal über ein kleines Mädchen freuen können, das mittlerweile sieben Jahre alt war. Die kleine Marthe begleitete ihre Mutter überall hin und hatte bereits den Entschluss gefasst, auch Hebamme zu werden.

Marthe genoss ihr Leben auf dem Schloss. Es war so ganz anders als in den Gassen, in denen ihre Mutter sonst für wenig Geld zu Hilfe eilte. Aber die Kunst ihrer Mutter war groß und so hatte man sie auch immer wieder in die sogenannten guten Häuser gerufen und schließlich auch ins Schloss. Marthe hatte schon viel mit ansehen müssen, und manchmal hatte sich ihre Mutter Marie gefragt, ob es nicht zu viel sei für das Kind, die düstere Seite dieses Berufes so deutlich kennen zu lernen. Sicher, es gab die schönen Seiten, wenn Mutter und Kind gesund waren, wenn sich der Vater über einen strammen Sohn freute oder die Mutter von vier Söhnen endlich ein kleines Mädchen in den Armen hielt. Aber oft genug war Marie auch hilflos wenn das Kind falsch lag, im Schoß feststeckte oder die Mutter nicht aufhörte zu bluten. Dann sah Marie in den Augen ihrer Tochter auch Angst. Und auch sie selbst hatte Angst, Angst vor mehr als nur dem Leid der Mutter. Angst vor mehr als einer ausbleibenden Bezahlung, wenn das Kind starb und die Mutter sich wochenlang nicht erholte. Als Hebamme stand sie immer mit einem Bein auf dem Scheiterhaufen. Alles war gut, wenn der Priester mit ihr zufrieden war. Aber wehe, es ging etwas schief. Dann war man schnell bei der Hand mit Beschuldigungen. Dann hatte die Hebamme schwarze Magie angewandt, um die Mutter oder das Kind oder beide zu töten.

Aber hier im Schloss hatten sie zunächst ein sorgloses Leben. Die Landgräfin war zwar sehr zart, doch war sie nicht unterernährt, wie so viele arme Frauen. Wenn Gott ihr gnädig war, würde sie das Wochenbett gut überstehen. Marthe bewunderte die Landgräfin. Nicht nur, dass sie wunderschöne Kleider trug, sie war auch eine ausgesprochen schöne Frau. Fast kam sie Marthe vor wie eine lebendige Puppe, so klein und zierlich war sie, so hell war ihr Teint unter dem dunklen Haar. Alle Bediensteten bemühten sich, alle Aufregung von ihr fern zu halten. Das war nicht immer leicht, denn die Landgräfin war eine außergewöhnlich schreckhafte und ängstliche Frau. Schon eine Spinne konnte sie in Angst und Schrecken versetzen. Wenn in ihrer Nähe eine Tür vom Wind heftig zugeschlagen wurde, eine blecherne Kanne scheppernd zu Boden fiel, zuckte sie ängstlich zusammen und legte ihre Hand auf ihren Leib. Aber da diese kleine Schwäche alle kannten und niemand für ihren Schrecken vom Landgrafen zur Verantwortung gezogen werden wollte, wurden alle Türen sorgfältig geschlossen und auf sämtliches Geschirr achtgegeben.

Marie sah freudig, wie sehr ihre kleine Marthe aufblühte, immer öfter lachte, sich mit den Kindern der Dienerschaft anfreundete, ihre Spiele und Lieder teilte. Manchmal sah Marthe von weitem einen fein gekleideten Herrn, der dem Mann am Schlosstor morgens die Schlüssel brachte und sie abends wieder bei ihm abholte. Dieser Herr war in so feine Stoffe gekleidet, trat mit solcher Würde auf und alle Menschen gehorchten ihm so selbstverständlich, dass Marthe sicher war, dass dies der Landgraf sei. Aber die Kinder der Diener lachten sie aus. Das sei nur der Herr von Schwertzell, der Hofmeister. Das sei ein Diener des Landgrafen. Der Fürst selbst sei auf Reisen. Marthe schwieg und nahm sich vor, niemals wieder Vermutungen zu äußern. Nur wenige Tage später kehrte der Landgraf zurück. Da konnte die kleine Marthe den Unterschied erkennen. Der Landgraf erschien auf einem prächtigen Pferd, gefolgt von so vielen Reitern, dass Marthe sie nicht zählen konnte und wurde auch von seinem Hofmeister mit so viel Ehrfurcht empfangen, dass Marthe verwundert zuschaute, als sich der so fein gekleidete Herr tief verneigte. Die erste Sorge des Landgrafen galt seiner schwangeren Gemahlin. Glücklicherweise konnten Marie und die Ärzte berichten, dass die Landesfürstin wohlauf war.

Marthe sah den Landgrafen oft von weitem. Er war prächtiger gekleidet als Herr von Schwertzell, aber es war eine sonderbar kriegerische Pracht. Er flößte Marthe eine leise Angst ein. Das war der Mann, der hier die Steuern und Gesetze erlassen konnte. Der Mann, der oft grausame Strafen verhängte und Aufruhr im Keim erstickte. War er nicht viel mächtiger als Gott? Er war unmittelbar da. Selbst wenn man in seinem Gefängnis saß und Gott um Gnade anflehte, war es an ihm, diese Gnade zu gewähren oder nicht. Aber wenn der Landgraf unterwegs war – und das war er sehr oft – verbrachten Marie und Marthe eine schöne Zeit im Schloss zu Marburg. Marthe konnte sich nicht vorstellen, dass dieses Leben einmal zu Ende gehen könnte, dass überhaupt irgend etwas zu Ende gehen könnte.

Es war schon später Abend. Der Landgraf hatte den ganzen Tag mit seinen Räten verbracht, Gesetzesentwürfe besprochen, Eingaben der Ritterschaft und Landschaft bearbeitet und kaum Zeit gehabt, einen Imbiss zu sich zu nehmen. Nun saß er noch allein über seinen Papieren am Schreibtisch. Er war so vertieft in seine Arbeit, dass er kaum das Gewitter wahrnahm, das von Westen her aufzog. Erst als der auffrischende Wind ein nachlässig geschlossenes Fenster aufstieß und einen Stapel Papiere vom Schreibtisch fegte, schaute Wilhelm auf und sah, dass der Himmel über der Lahn von Blitzen durchzuckt wurde. Ein fernes Grollen machte sich bemerkbar. Wilhelm schloss das Fenster, das Grollen wurde etwas leiser. Wieder setzte er sich an seinen Schreibtisch. Die Arbeit war noch lange nicht getan. Vielleicht noch eine Stunde, dann könnte er zu

Jolanthe gehen. Der Gedanke an sie ließ ein Lächeln über sein Gesicht huschen. Er wusste zwar, dass ein Gewitter ihr auch Angst machte, doch wusste er ihre Dienerinnen bei ihr. Gott hielt ohnehin seine schützende Hand über das Schloss. Jolanthe war sicher.

Das Gewitter zog näher. Marthe hörte deutlich den Regen gegen die Läden rauschen. Zu gerne hätte sie die Läden aufgemacht und durch die Butzenscheiben nach draußen gesehen, wie sie es sonst so gerne bei Regen tat. Butzenscheiben gab es in den wenigsten Häusern. Marthe war fasziniert gewesen, als sie die Scheiben im Schloss gesehen hatte, die tatsächlich kein Wasser hindurchließen obwohl man durch sie hindurchschauen konnte. Die Scheiben verzerrten alle Dinge auf sonderbare Weise. Nun schlüpfte Marthe zu ihrer Mutter ins Bett, auch wenn sie dafür eigentlich schon zu groß war. Sie spürte, wie ihre Mutter sie fest in ihre Arme nahm und an sich drückte.

„Hab keine Angst, meine Kleine. Hier im Schloss sind wir sicher. Hier kann uns das Gewitter nichts anhaben. Es zieht sicher gleich wieder weg."

Das helle Zucken der Blitze, das sie durch die herausgeschnittenen Ornamente in den Fensterläden sehen konnten und der Donner folgten immer dichter aufeinander. Marthe dachte an die vielen Gewitter, die sie schon drunten in der Stadt erlebt hatte. Wenn nachts die schweren Gewitter aufgezogen waren, hatten sie sich alle angekleidet, in die Stube gesetzt und gebetet. Nur aus Erzählungen kannte Marthe die Schrecken eines Blitzeinschlages und des wütenden Feuers, das ganze Stadtteile fraß, wo die Hütten aus Holz und Lehm gebaut waren und eng beieinander standen. In einem Gefühl vollkommener Sicherheit schmiegte sie sich enger an ihre Mutter.

Marie dachte an die Landgräfin. Aber sollte der Landgraf um diese Zeit nicht bei seiner Frau sein? Sie konnte schlecht ins fürstliche Schlafzimmer gehen und nach dem Rechten sehen. Also zog sie die Decke fester um sich und ihre kleine Marthe, um das Ende dieses Unwetters abzuwarten. Ein wenig genoss auch sie dieses Gefühl der Sicherheit in einem so festen Haus aus Stein. Wie oft hatte sie schon in ihrer kleinen Hütte bei Gewitter gesessen und gebetet, dass der Herr sie verschonen möge. Aber Gott der Herr hielt seine Hand schützend über das Fürstenhaus. In diesem Schutz ließ es sich gemütlich weiterschlafen. Da plötzlich zuckte ein Blitz giftig grell über den Himmel und gleich darauf erschallte ein Donnerschlag, der das ganze Schloss in seinen Grundfesten zu erschüttern schien. Mit einem Schlag waren Marie und Marthe hellwach. Erschrocken klammerten sie sich aneinander. Der Lärm dort draußen war für wenige Augenblicke so ohrenbetäubend gewesen, dass sich die beiden fast wunderten, noch am Leben zu sein. Keuchend lauschten sie mit klopfenden Herzen, ob der Blitz ins Schloss eingeschlagen und ein Feuer verursacht habe. Wäre es doch nur ein Feuer gewesen. Hätte doch nur das ganze Schloss lichterloh gebrannt! Aber es war etwas weitaus Schlimmeres geschehen. Eilige Schritte wurden vor der Türe laut. Ohne ein Klopfen wurde die Tür aufgerissen, eine Dienerin stürmte herein und ohne eine Entschuldigung rief sie: „Geschwind! Zur Gnädigen Frau! Oh, dass der Herr uns gnädig sei!“

Mit einem Satz war Marie aus dem Bett gesprungen. Sie wollte nach ihrem Kleid greifen, doch die Dienerin schrie: „So beeilt Euch! Lasst das Kleid!“

Also griff Marie nur nach ihrer Tasche und eilte der Dienerin im Nachtgewand nach. Marthe lief den Frauen hinterher. Draußen tobte das Gewitter immer heftiger. Es war direkt über dem Schloss. Blitze zuckten in bizarren Linien an den hohen Fenstern vorbei, erhellten die langen Flure für wenige Augenblicke mit ihrem bleichen Licht, gefolgt von höllischem Donner. Überall war die Dienerschaft nun auf den Beinen. Alles rief durcheinander. Marthe, die Mühe hatte, ihrer Mutter zu folgen, konnte kaum verstehen, was die Menschen sagten. Etwas war mit der Fürstin passiert. Marthe wusste, dass die Zeit der Fürstin noch lange nicht gekommen war. Wenn sie sich durch den Donnerschlag so sehr erschreckt hatte, dass sie ... Aber diesen Gedanken wollte sie lieber nicht zu Ende denken. Von weitem hörten sie eine Frau schreien. So laut und durchdringend als liege sie in den Wehen. Endlich waren sie am Schlafgemach der Fürstin angelangt. Marthe schlüpfte in der allgemeinen Aufregung einfach mit ins Zimmer. Niemand hinderte sie daran. Alle waren viel zu sehr damit beschäftigt, heißes Wasser, Tücher, Kerzen und dergleichen zu bringen. Von draußen drang Feuerschein durch die Läden. Auch die Ärzte trafen ein, um zu retten was zu retten war. So lange sie lebte, würde Marthe niemals das Bild vergessen, das sich ihr nun bot: Die Fürstin lag mit angstverzerrtem Gesicht schreiend und aus ihrem Schoß blutend in dem prächtigen Bett. Ihr Gemahl, der sie in seinen Armen hielt, wurde von einem der Ärzte mit sanfter Gewalt genötigt, nach draußen zu gehen. Kaum wollte er sich von seiner Frau trennen. Auch sie hielt seine Hand fest, solange es ging. Bei jedem erneuten Donner zuckte sie zusammen und hing mit ihren Augen flehend an ihrem Mann, aber die Ärzte drängten ihn mit der Empfehlung zu beten, hinaus. Das volle dunkle Haar klebte der Fürstin an Wangen und Stirn, die selbst in dem warmen Kerzenlicht eigentümlich grau leuchteten. Sie schrie heiser und so voller Leid, Angst und Schrecken, dass Marthe sich abwenden wollte, aber wie gezwungen starrte sie weiter die Frau an, zwischen deren Beinen mehr Blut als gewöhnlich hervorquoll. Die Laken waren nass, zerwühlt und dunkelrot. Da plötzlich hörte sie, wie Marie sie beim Namen rief. Erleichtert löste sie sich aus ihrer Starre und eilte zu ihrer Mutter, um sie mit den nötigen Handreichungen zu unterstützen. Sie reichte ihr die entsprechenden Kräuter und Salben, die die Geburt erleichtern sollten. An ein Aufhalten der Wehen war nun nicht mehr zu denken. Das Kind musste zur Welt kommen, auch wenn es noch viel zu früh war. Marthe wusste, dass eine Frühgeburt unten in der Stadt in den armen Häusern kaum die ersten drei Tage überstehen würde. Doch hier in diesem Schloss, wo es an nichts fehlte, wo man sich um die Mutter und das Kind kümmern würde, als gälte es, das Jesuskind selbst am Leben zu erhalten? Es dauerte nur wenige Augenblicke und das Kind war da. Auf den blutigen Laken lag winzig klein, verschmiert und dunkelrot ein leise wimmernder Knabe. Da hielt den Fürsten nichts mehr auf dem Flur. Sein Erscheinen sorgte für Aufruhr. Es war nicht Sitte, dass ein Vater – und sei es der Kaiser selbst – am Wochenbett seiner Frau erschien, bevor sie wieder in einen halbwegs ansehnlichen Zustand versetzt und das Kind gewaschen und gewindelt war. Aber wer hätte dem Landgrafen den Anblick seines Sohnes verwehren wollen? Ein Sohn! Ein Sohn! riefen sie immer wieder. Zum ersten Mal sah Marthe den Landesfürsten, den mächtigen Wilhelm II., weinen. Er weinte vor Freude und Erleichterung. Er saß am Bett seiner Frau, die ihn aus erschöpften Augen ansah, hielt ihre Hand, küsste sie immer wieder und flüsterte ihr so zärtliche Worte zu, wie Marthe sie noch nie von einem Mann gehört hatte. Kaum wagte der Fürst seinen Sohn zu berühren. Er streckte seine große Hand nach dem Köpfchen aus, berührte es aber nicht, sondern zeichnete nur in der Luft die kleine runde Form nach. Auch die Fürstin weinte. Und gleichzeitig lächelte sie. Aber ihr Gesicht war ein seltsam grauer Fleck auf dem weißen Kissen. Ihre Augen lagen so tief in den Höhlen, wie sonst niemals. In den wenigen Stunden schien sie um Jahre gealtert zu sein. Als Marie ihr das Kind aus den Armen nahm, um es zu waschen und zu windeln, sah sie ihr ängstlich nach, als fürchte sie, das Kind könne ihr für immer genommen werden. Wilhelm sah die Sorge in ihren Augen, liebkoste seine Gemahlin und flüsterte ihr liebe Worte zu. Betreten schauten sich die Hebamme und die Dienerinnen an. Die Ärzte taten sehr geschäftig. Dieses Ehepaar schien sich wirklich zu lieben. Erst als Marie sich räusperte und den Fürsten bat, nach der gnädigen Frau sehen zu dürfen um sie zu versorgen, schien er inne zu werden, dass er sich weit außerhalb der Grenzen der Schicklichkeit bewegte. Er verließ das Zimmer, um am 27. März Anno 1500 die Geburt seines Sohnes Wilhelm einzutragen.

Der nächste Tag zog mit so unschuldiger Morgenröte herauf, dass man das Unwetter der vergangenen Nacht kaum für wahr halten mochte. Und langsam erfuhr man, was sich genau in der Nacht zugetragen und die plötzliche Geburt verursacht hatte.

Jolanthe hatte aus Furcht vor dem Gewitter ihrer Kammerfrau befohlen, ihren Gemahl, der noch immer über seinen Papieren saß, aufzusuchen, um ihn zu bitten, zu ihr zu kommen. Während die Fürstin allein in ihrem Bett gelegen und ängstlich auf das Gewitter gelauscht hatte, war der Blitz in eines der nahen Wirtschaftsgebäude eingeschlagen, das nicht weit vom Fenster ihres Schlafzimmers entfernt gestanden hatte. Der plötzliche Donnerschlag hatte die Schwangere so sehr erschreckt, dass die Wehen einsetzten. Ihre Kammerfrau und ihr Gemahl kamen gerade rechtzeitig, um die Verzweifelte, die in ihrer Angst aus dem Bett gesprungen war, wieder zurück auf ihr Lager zu heben. Der Fürst blieb bei seiner Gemahlin, hielt sie in seinen Armen, während die Kammerfrau eilte, um Hilfe zu holen.[1]

Mutter und Kind lebten. Der Landgraf wich kaum von der Seite seiner Frau, die sich auch in den folgenden Tagen nur sehr langsam erholte. Ihre Augen starrten seltsam leer und teilnahmslos aus ihrem bleichen Gesicht. Dem Landgrafen nötigte es all seine Fassung ab, wenn sie ihn anlächelte und seinen Händedruck erwiderte. Noch bevor man die Amme aufs Schloss geholt hatte, war der kleine Wilhelm getauft. Die Hebamme hatte man mit ihrer Tochter wieder hinunter in die Stadt geschickt. Die Ärzte sollten nun dafür sorgen, dass Mutter und Kind sich erholten. Doch der kleine Wilhelm tat sich schwer mit dem Stillen. Er war zu klein und schwächlich. Wenn der Landgraf nicht bei seiner Frau war, konnte man ihn in der Schlosskapelle finden, wo er stundenlang vor dem Altar kniete und betete. Die Freude über seinen Sohn, seinen lange ersehnten Sohn, wurde angesichts dieses schwachen Lebens beinahe erdrückt. Die erste Woche überstand das Kind, ja, es schien sogar etwas kräftiger zu werden. Fast hatte es auch die zweite Woche überstanden, doch am Morgen seines dreizehnten Tages lag das Kind tot in seinem Bett. Jolanthe folgte ihrem Kind nur wenige Tage später.

Nachdem Gott ihm seine Frau und seinen Sohn genommen hatte, pochte der Priester vergeblich an die Tür des Landgrafen. Der Fürst woll-

[1] In den Quellen wird die Ursache für Jolanthes Frühgeburt lediglich mit „einem großen Schrecken" angegeben. Daß dies ein Gewitter war, ist nicht schriftlich belegt.

te weder beichten noch kommunizieren. Nicht einmal seine engsten Vertrauten wollte er sehen. Lediglich ein Diener brachte ihm Speise und Trank auf sein Zimmer, doch rührte der Landgraf kaum etwas an.

Es war Juni. Wieder saß Wilhelm allein im Erker seines Schlosses. Diesmal erwartete er allein den Landvogt Ludwig von Boyneburg, seinen engsten Vertrauten. Die beiden verband eine lange gemeinsame Zeit. Als Knaben schon waren sie gemeinsam erzogen worden, hatten die Tübinger Hochschule besucht und dort Erlebnisse geteilt, die sie zu dem werden ließen, was sie jetzt waren: enge Freunde. So glaubte Wilhelm. Dank dieser langen Freundschaft genoss Ludwig Ämter und Privilegien. In der Tat genoss er sie. Er war ein rechter Lebemann, wenn man ihm dies auch nicht ansah. Er war groß und hager, obwohl er ausgesprochen gerne gut aß und auch den Wein schätzte. Indessen – klare Ziele verlor er dabei nicht aus den Augen. Verheiratet war er mit Mechthild, die zwar nicht seine Sinne ansprach, aber dafür die Tochter des einflussreichen Hofmeisters Rabe von Herda war. Jolanthe de la Lorraine war von ihm tiefer betrauert worden als er zugab, und tiefer, als ohnehin schicklich war.

Bevor sich Wilhelm mit allen seinen Vertrauten beriet, wollte er Ludwigs Rat hören, auch wenn er seinen Entschluss bereits gefasst hatte.

Wilhelm nippte an seinem Wein, stellte den Pokal zurück auf den Tisch und ließ seinen Blick wieder über die Stadt und die Lahnberge schweifen. Er war völlig unempfänglich für den Sonnenschein, die milde Luft, den Gesang der Vögel. Er wünschte sich den klirrend kalten Neujahrsmorgen zurück. Doch war es nicht seine Art, Dingen nachzuhängen, die hätten sein können. Er straffte sich und betrachtete sein dunkelgrünes Wams mit den durchbrochenen Ärmeln, unter denen ein frisch gestärktes Leinenhemd hervorsah. Den Trauerflor hatte er an diesem Morgen lange in der Hand gehalten, hatte ihn gedreht und gewendet, all die feinen Perlen und die Schleifen aus schwarzem Tuch angeschaut, als sehe er sie zum ersten Mal. Nur wenige Wochen hatte er den Flor am Ärmel getragen. Mit einer heftigen Geste hatte er ihn zurück in das Kästchen gelegt, sich gestrafft, noch einmal die letzten unsichtbaren Stäubchen von den Ärmeln gewischt. Nun schaute er auf die leere Stelle, an der er den Flor getragen hatte. War er zu hochmütig gewesen? Wollte Gott ihn strafen? Wozu sollten alle seine Anstrengungen nütze sein, wenn nicht für seine eigenen Nachkommen? Aber warum strafte er dann nicht ihn selbst, sondern nahm seine Gemahlin Jolanthe und seinen Sohn zu sich? Jolanthe. Er flüsterte ihren Namen in die Stille, in der die Silben verschwanden als hätte er sie nie ausgesprochen. Er schloss die Augen und neigte seinen Kopf mit einem schmerzlichen Ausdruck zur Seite. Warum? Alles, alles hätte er hergegeben. Doch warum hatte Gott ihm ausgerechnet die beiden Menschen genommen, die er am meisten liebte? Gott hatte ihn empfindlich getroffen. Er hatte ihn wahrhaft meisterlich gestraft. Ja, der Herr sah in die Herzen der Menschen und wusste nur zu gut, wie er sie treffen konnte. Er war auf sich gestellt. Grimmig ballte er die Fäuste.

Wilhelms Gesicht hatte sich zu einer steinernen Maske verwandelt. Niemand sollte wissen, wie es in ihm aussah. Niemand sollte ihn für schwach halten. Er musste nun handeln, wollte er sein Lebenswerk nicht aufs Spiel setzen.

Ludwig kam. Auch er hob erstaunt die Brauen, als er näher kam und den Flor am Ärmel seines Freundes vermisste. Er selbst trug nach wie vor einen Flor. Er hütete sich, seinen Freund darauf anzusprechen, doch Wilhelm hatte sein Gesicht zu deuten gewusst.

„Sie wundern sich, dass ich keine Trauer mehr trage nach so kurzer Zeit?"

„Ich muss zugeben, dass ich ..."

„Wir haben keine Zeit, Ludwig! Die Wettiner lecken sich schon die Mäuler. Ich werde nicht jünger und ein Erbe wird mir nicht vom Himmel fallen. Vor vier Jahren sind Sie zum Herzog von Lothringen gefahren und haben dort um Jolanthes Hand angehalten. Sie werden sich jetzt wieder auf eine kleine Reise machen, mein Freund."

„Und Sie haben auch schon das Ziel dieser Reise ausgemacht, wie ich Sie kenne. Ich hoffe, Sie tragen damit auch meinen Neigungen Rechnung. Lothringen war herrlich."

Mit dem vertraulichen Sie und den Vornamen redeten sich die Freunde nur an, wenn sie unter sich waren. Dem Landgrafen entschlüpfte es zuweilen auch in Gesellschaft, doch Ludwig achtete peinlich genau darauf, dass ihm dies nicht passierte. Bevor Ludwig sich in der Beschreibung der Lothringer Spezialitäten verlieren konnte, hob Wilhelm abwehrend die Hände.

„Also, wohin soll die Reise gehen? Mit welchem mächtigen Haus streben Sie eine Verbindung an? Soll ich nach Wien fahren? Dort war ich lange nicht mehr. Der Wein dort ist ausnehmend gut."

„Ah, ich habe Ihren Wink schon verstanden. Verzeihen Sie, dass ich Ihnen noch keinen Wein eingeschenkt habe. Für gewöhnlich tun Sie das selbst."

Ludwig nahm einen tiefen Schluck, betrachtete den Pokal dann mit Kennermiene und sagte: „Das ist ein köstlicher Österreicher! Ich soll also nach Wien fahren! Ich danke Ihnen, mein Freund. Sie wissen, wie sehr ich auch die Wiener Küche schätze."

„Nein, nicht nach Wien. Dieser Wein ist eher als ein kleiner Trost gedacht."

„Schicken Sie mich etwa nach England? Nein! Das werde ich nicht überleben."

Wilhelm lachte, wenn auch etwas verhalten, über das entsetzte Gesicht seines Freundes.

„Nach Mecklenburg!"

„Nein! Nein! Sie wissen, ich hasse Bier und dieses schwere Essen, so völlig ohne Raffinesse. Und um wessen Hand soll ich dort denn anhalten? Sie müssen wirklich sehr verzweifelt sein, eine Braut in diesem gottverlassenen Land zu suchen. Die Menschen sind oft wie das Land und Mecklenburg ist flach, langweilig, rau und öde. Schlafen Sie noch eine Weile darüber. Warten Sie den nächsten Ball in Wien ab. Dort werden sich Ihnen Tausende von Schönheiten an den Hals werfen."

„Wollen Sie nicht endlich hören, wer es denn nun sein soll?" fragte Wilhelm, trotz allem belustigt. Zum Zeichen seiner Aufmerksamkeit lehnte sich Ludwig in seinem Sessel zurück und sah den Landgrafen erwartungsvoll an.

„Anna von Mecklenburg", lautete die Antwort.

„Was?" Sofort schnellte Ludwig wieder aus seiner bequemen Haltung empor. „Sie ist höchstens zehn Jahre alt. Sie müssen von Sinnen sein. Sie sollen sich eine *Frau* suchen, kein Kind, auf das Sie noch aufpassen müssen!"

„Anna ist vierzehn Jahre alt. Zehn war sie vor vier Jahren auf unserem letzten gemeinsamen Ball in Lübeck. Dort habe ich sie gesehen. Und wenn Sie nicht immer nur Augen für Wein und Gaumenfreuden hätten, wäre Ihnen sicher nicht entgangen, dass man inzwischen allenthalben ihre Schönheit rühmt. Sehen Sie, ich kann es mir nicht erlauben, eine Frau zu nehmen, dir mir an Jahren fast gleich kommt. Wer weiß, wie lange ich mit dieser Frau auf Kinder warten muss. Ich brauche einen Erben. Anna ist jung. Wenn sie mir in vier Jahren den ersten Sohn schenkt, wird sie immer noch jung genug sein, eine Geburt zu überstehen. Ihre Mutter hat drei Söhne und vier Töchter geboren. Außerdem ist Mecklenburg reich und mächtig. Diesen Herzog zum Schwiegervater zu haben, ist sicher auch kein Nachteil."

„Also auf nach Mecklenburg!" sagte Ludwig schließlich, doch nicht eben begeistert.

„Ich weiß, wie Ihnen zumute ist, mein Freund. Bitte, glauben Sie mir, dass ich diesen Schritt nicht leichten Herzens tue." Wilhelms Stimme war kaum mehr als ein Flüstern. Der Landvogt sah den Fürsten an. Die Augen des Landgrafen hatten eine Tiefe bekommen, in die hinabzublicken Boyneburg schauderte.

Anna Schreuerin, eine junge Schreinerstochter, war an diesem Morgen besonders aufgeregt. Zum ersten Mal in ihrem Leben war sie in einer richtig großen Stadt. Kassel war nicht irgendeine unbedeutende Siedlung, keine Ansammlung von Hütten und ein paar Häusern aus Stein. Von weitem schon hatten sie die großen Türme und weitläufigen Dächer der Kirchen, die hohen Giebel der Bürgerhäuser im Morgendunst erkennen können. Am Stadttor angelangt, rückte Anna allerdings etwas dichter an ihren Bruder Karl heran, denn hier am Rand der Stadt war nichts zu sehen von all der Herrlichkeit. Die Straßen waren zwar gepflastert und frisch gefegt, doch tummelten sich darauf Menschen, denen Anna lieber nicht auf gleicher Höhe begegnen mochte. Auch die Bettler hatten sich schon eingefunden zu dem großen Ereignis, das man in Kassel seit Wochen vorbereitete. Anna wagte einen vorsichtigen Blick in die Seitengassen, die mit Stroh ausgelegt waren und dadurch etwas Reinlichkeit vorzutäuschen vermochten. Geschrei und Gekeife drang aus dieser Düsternis, in die kaum je ein Lichtstrahl fiel, denn die Giebel der Häuser trafen sich fast über der Gasse.

„Du musst keine Angst haben, Anna. Der Markt ist mitten in der Stadt. Dort wird es dir gefallen, du wirst schon sehen!“ sagte Karl und lächelte ihr mit seinen braunen Augen zu. Karl war zehn Jahre älter als sie und ersetzte in mancherlei Hinsicht den Vater, oft zu Annas Verdruss. Aber heute war sie froh, einen Bruder wie Karl zu haben. Nicht nur, dass sie sich in der Gegenwart des großen, stattlichen Burschen sicher fühlte, er hatte auch nach langen Debatten den Großvater endlich überreden können, dass Anna überhaupt mit durfte. Selbst in ihrer kleinen Heimatstadt Homberg hatten sich die Handwerker in Zünften organisiert und bestimmten mit ihren strengen Regeln jeden Schritt ihrer Mitglieder. Der Großvater hatte Angst um Anna, die ihm noch zu jung und unerfahren schien, um in eine Stadt wie Kassel zu fahren. Ausgerechnet zu einer solchen Gelegenheit! So viele Menschen würden unterwegs sein und Gauner mehr als genug. Er hatte Angst, dass Anna diese Gefahren nicht sehen würde. Sie war zu leichtgläubig und wollte in allen Menschen nur das Gute sehen. Das hatte der Großvater nicht vorwurfsvoll gesagt.

Schließlich liebte er seine Enkelin gerade dafür. Und genau deswegen wollte er auf keinen Fall, dass ihr etwas zustieß. Am liebsten wäre er selbst mitgefahren, um auf sie aufzupassen, aber einer musste auch zu Hause bleiben und sich um die Tiere kümmern. Es hatte Anna und Karl viel Überzeugungskraft gekostet, aber das alles war vergessen, als Anna nun mit offenem Mund auf dem Kutschbock saß und all die Herrlichkeiten bewunderte, die sich hinter den Stadttoren und weit ab der engen Gassen ihren Blicken boten. Die großen Häuser bewiesen eindrucksvoll den Reichtum der Bürger. Überall verdeckte die Fahne von Hessen das prächtige Fachwerk der großen Häuser. Und die fremden Fahnen, die sie nicht kannte, mussten wohl die mecklenburgischen sein. Fast sah es so aus, als habe man die Häuser mit ihren Erkern und Giebeln, ihren kunstvoll behauenen Steinen und hohen Fenstern nur erbaut, um daran Fahnen aufzuhängen. Leicht entzifferte Anna die Jahreszahlen über den reich geschmückten Portalen, die von altem und neuem Reichtum zeugten. Auch Inschriften mit klangvollen Namen, in denen die Erbauer sich selbst und die Ihren unter Gottes Schutz stellten, konnte sie flüchtig lesen. Eine Kunst, die sie von ihrem Großvater gelernt hatte. Wie beschaulich waren dagegen die Marktflecken, auf denen sie sonst Löffel, Trippen* und allerlei Holzgerät für den Haushalt feilboten.

„Siehst du all die fein gekleideten Herrschaften, Anna? Die werden uns unsere Möbel, Kästchen und Kämme schon abkaufen. Mal sehen. Sicher ist auch ein Tuchhändler auf dem Markt, bei dem ich Stoff kaufen kann, um die nächsten Kästchen damit auszuschlagen."

Karl, der gut rechnen konnte, sah natürlich nur die potentiellen Käufer. Anna dagegen bewunderte die vielen bunten Stoffe, die Formen der Hüte und Hauben, die Schuhe, den Schmuck, den die Menschen an Ohren, Hals und Händen trugen.

„Karl", flüsterte Anna, „glaubst du, sie ist hier schon irgendwo?"

„Wer denn?"

„Wer wohl! Anna von Mecklenburg natürlich! Die Braut!"

Anna wusste, dass es unsinnig war, sich mit dieser Frau, die alle mit Spannung erwarteten, verbunden zu fühlen, doch auf seltsame Weise fühlte sie eine gewisse Verwandtschaft mit der Braut, die ihren Namen trug und genauso alt war wie sie. Sie war stolz, dass sie ihr Alter kannte. Karl hatte ihre Jahre genau mitgezählt. Wie mochte Anna von Mecklenburg wohl aussehen? Überall hieß es, sie sei sehr schön.

* Trippen: Holzschuhe mit hohen Absätzen unter Ferse und Ballen, die mit breiten Riemen an den Schuhen befestigt wurden, um so dem gröbsten Schmutz auf der Straße zu entgehen.

Wenn Anna den Wassereimer aus dem Brunnen holte und wartete, bis die Oberfläche ganz still war, erkannte sie darin ein schmales Gesicht mit großen dunklen Augen, einem vollen Mund und einer geraden Nase. Umrahmt wurde dieser Anblick von einer weißen Haube, die ihre dunklen Zöpfe wohl verwahrte. Ganz stolz hatte sie heute morgen noch auf dem Kutschbock gesessen, in der Gewissheit, dass Karl und sie ein hübsches Paar abgaben. Aber nun wurde ihr schlagartig klar, dass mit einer frisch gestärkten Haube allein in der Stadt kein Staat zu machen war. Sie waren nicht gerade reich, aber was sie auf dem Markt einnahmen, reichte aus für einfache, ordentliche Kleidung. Sogar Perlen hatte ihr Bruder einmal für sie besorgt. Natürlich keine solchen, wie sie an den Enden goldener Nadeln in den Frisuren der reichen Damen steckten. Annas Perlen waren aus Knochen gedreht, fein poliert und zierten nun ihr braunes Überkleid. Auf solchen Ersatz musste Anna von Mecklenburg sicher nicht zurückgreifen. Wahrscheinlich war ihr Kleid übersät mit Perlen, ihre Krone besetzt mit Edelsteinen und ihre Schuhe gefertigt aus kostbarem Brokat. Anna hatte solchen Stoff noch nie gesehen. Sie kannte ihn nur dem Namen nach. Einmal hatte eine Händlerin davon gesprochen. Seitdem war in Annas Vorstellung alles, was besonders kostbar sein musste, aus diesem sagenhaften Stoff. Ob sie wohl einen einzigen Blick auf die Braut würde erhaschen können?

„Ich glaube kaum, dass sich die Braut heute früh irgendwo auf der Straße herumtreibt. Oder der Landgraf hätte eine sehr sonderbare Wahl getroffen“, war die Antwort ihres Bruders. „Die Leute, die du hier siehst, sind nicht die Adligen, die zur Hochzeit geladen sind. Das sind die Bürger. Die dürfen sich nicht so sehr herausputzen wie die Adligen. Obwohl sie es sich oft eher leisten könnten als all die Grafen und Herzöge und Barone. Bestimmte Pelze und Stoffe sind dem Adel vorbehalten. Hier siehst du nun feines Leinen, Wolle, Biberpelze, Fuchs und Hase. Die Hermelin- und Zobel-Allianz tritt erst später auf.“

„Sprich nicht so! Du schwatzt dich an den Pranger!“ flüsterte Anna und sah sich um. Doch die Menschen, die sich an diesem Morgen auf dem Marktplatz tummelten, hatten anderes zu tun, als sich um die Worte eines Schreiners zu kümmern. Überall wurden Stände und Buden aufgebaut, wer dies nicht besaß, breitete ein Tuch auf dem Boden aus und bot darauf seine Ware an.

„Wir sind spät dran. Ich hoffe, wir bekommen noch einen Platz.“ Karl zügelte das Pferd am Rand des Marktplatzes, gab Anna die Zügel in die Hand und sagte: „Ich gehe zum Marktvogt. Bleib hier. Ich bin gleich wieder da. Wenn wir Glück haben, können wir hier aufbauen.“ Er fuhr sich mit den Händen noch einmal durch die störrischen braunen Haare, klopfte sich ein wenig den Staub von den Ärmeln und verschwand in der Menge. Anna kam sich nun auf dem Kutschbock des Leiterwagens doch eher etwas schäbig vor, wie sie zwischen all den großartigen Fuhrwerken der Händler stand. Das Fell dieser Pferde glänzte in der Sonne, die Räder waren zwar auch schmutzig von der Straße, doch umwehte diese Wagen ein Hauch von Abenteuer und Ferne anstatt Stallgeruch und Ackerdunst. Ihre Besitzer waren so kostbar gekleidet, dass Anna sich fragte, wie der Adel denn in der Lage sein könne, dies noch zu übertreffen. Diese Kaufleute luden beileibe nicht selbst ab. Sie hatten eine Schar von Knechten bei sich, die sie mittels Winken und Fingerschnippens regierten. Doch nicht alle hatten diesen Luxus. Manche legten auch selbst Hand an. Dazwischen trieben schon Gaukler ihre Späße, machten sich warm für ihren großen Auftritt, Straßenkinder nutzen die allgemeine Geschäftigkeit, um zu kostenlosem Essen zu kommen, während Knechte noch immer versuchten, wenigstens den gröbsten Dreck von den Straßen zu entfernen. Über all dem hing der Duft von frischem Backwerk, mischte sich mit dem Duft, der aus den Schenken und Wirtshäusern zog, dem Geruch der Pferde und Menschen. Übernächtigte Mägde gingen vorbei, die sicher in den letzten Wochen ihr Äußerstes hatten geben müssen, um alles vorzubereiten für diesen großen Tag. Endlose Reihen von Schüsseln waren vorbereitet, das Schrubben und Putzen hatte kein Ende genommen und schließlich hatten sie noch die Launen ihrer Herrinnen und Herren erdulden müssen.

Die Brautkutsche wurde gegen Mittag erwartet. Annas und Karls Standplatz befand sich zwar nicht direkt an der Straße, durch die die Braut einziehen würde, aber Karl war da, um auf alles aufzupassen. Die junge Töpferin, der sie vorhin geholfen hatte, den Stand aufzubauen, hatte nun keine Zeit mehr, mit ihr zu plaudern, denn schon war der Markt voller Menschen. Die wenigsten kauften schon jetzt. Zu Beginn des Marktes pflegte man hier an den Ständen entlang zu flanieren, Ware und Preise zu vergleichen und sich das eine oder andere Stück im Gedächtnis zu notieren. Anna ließ ihren Blick treiben in diesem Strom aus Menschen, schaute vornehmen Bürgerinnen zu, wie sie Tuche begutachteten oder staunte über die Hartnäckigkeit, mit der manche feilschten.

Die Marktstände glichen sich alle in ihrer Art. Die meisten waren aus Knüppelholz. Die Stangen wurden in einer Art und Reihenfolge, die nur dem Erbauer selbst vollkommen logisch und genial erschien, zusammengesteckt, gebunden oder mit Keilen versehen. Darüber warf man eine Plane aus mehr oder minder wasserdichtem Stoff. Doch jeder war stolz auf seinen Stand, den er selbst gebaut und genäht hatte.

Auf der anderen Seite war ein junger Tuchhändler, der sich sehr für die Ware der Geschwister interessierte. Karl hatte den Wagen ganz dicht an die Hauswand gefahren, vor der sie bleiben durften und das Pferd abgeschirrt, während Anna einen Tisch aufbaute, auf dem sie die Kästchen, Kämme und Trippen auslegte und die kleineren Möbel, wie Stühle, Schemel und Schränkchen vor dem Wagen aufstellte. Auf dem Wagen stand noch ein Tisch von beachtlicher Größe und eine Truhe. Anna war stolz auf die schönen Möbelstücke, die Karl und ihr Großvater herstellten, aber am meisten liebte sie die schönen Kämme und Kästchen, die ihr Großvater anfertigte und mit feiner Schnitzerei versah. Sie hatte sie alle auf ihrem Tisch ausgebreitet, Efeuranken und die ersten bunten Blätter dazwischen gelegt und gab ganz selbstsicher Auskunft, wenn Herrschaften an ihrem Tisch stehen blieben und sich nach den Preisen erkundigten. Karl hatte recht: Hier waren wirklich ungewöhnlich viele und reiche Leute unterwegs, die sich die Wartezeit mit einem kleinen Spaziergang über den Markt verkürzten. Karl war sich schnell einig mit Jacob, dem Tuchhändler, und kam zurück zum Stand, um Anna abzulösen, die sich nun aufmachen konnte, die Welt zu erobern. So kam sie sich zumindest vor. Die Mahnung ihres Bruders, in seiner Sichtweite zu bleiben, quittierte sie mit einer kleinen Grimasse, aber insgeheim war sie doch beruhigt, an ihn gebunden zu sein. Immerhin hatte er sie mit ein paar kleinen Münzen versehen, die vielversprechend in dem Beutel unter Annas Schürze klimperten. Wie aufregend dieser Markt war. Hier gab es alles! Und dies bezog sich nicht nur auf die Stände, an denen Anna Waren sah, die sie noch nie gesehen hatte, deren Nutzen oder Anwendung ihr nicht begreiflich war und deren fremdländische Pracht Anna den Atem verschlug. Hier gab es Menschen, gekleidet in die unerhörtesten Farben und Kleiderschnitte. Auf den ersten Blick war Anna überwältigt von den schönen Gewändern. Bei näherem Betrachten fand sie die langen Ärmel der Damen, die Schleppen und Schleier sehr unpraktisch. Wie wollte man damit arbeiten, wenn man immer auf seine Kleider zu achten hatte? Aber eben dies war Sinn und Zweck dieser so unzweckmäßigen Kleidung: Man zeigte, dass man nicht zu arbeiten brauchte. Und nicht nur die Kleidung der Damen zeichnete sich mit ihren bestickten Hörnern, die man Teufelsnasen nannte und von der Kirche natürlich nicht gutgeheißen wurden, den zarten Schleiern und leuchtenden Farben durch Pracht aus, auch die Herren sparten nicht an ihrem Äußeren und zeigten mit kostbaren Stoffen und Pelzen aller Welt, wie erfolgreich sie ihren Geschäften nachgingen. Selbst in Marburg, wo sie doch schon oft gewesen war, hatte Anna nicht diese Pracht gesehen. Aber dort hatte wohl vor Zeiten die Putzsucht der Frauen so sehr überhand genommen, dass die Stadtväter sich gezwungen gesehen hatten, ein Gesetz zu erlassen, das es nur noch den gelüstigen Fräulein erlaubte, sich zu schmücken. Keine ehrbare Frau wollte nun mit einem solchen verwechselt werden.

Bader priesen laut ihre Wundermittel an, Kräuterfrauen boten ihre Ware etwas bescheidener aus ihren Körben feil, Schuster und Drechsler hatten die Ergebnisse ihrer Arbeit an ihren Ständen sorgfältig ausgebreitet, ebenso Töpfer, Korbflechter und Besenbinder. Bei den Metzgern und Bäckern war der meiste Betrieb. Goldschmiede und Kürschner wachten mit Argusaugen über ihre Preziosen und behandelten jeden, der ihrer Ware nicht würdig schien, mit kühler Geringschätzung. Dazwischen tummelten sich Gaukler, um die die Menge schnell einen großen Kreis bildete, damit sie genügend Raum hätten für ihre Kunststücke. Hatten sie ihre Vorführungen beendet und ließen einen Hut kreisen, zerstreuten sich die Menschen schnell wieder.

Anna hatte nicht bemerkt, wie die Zeit vergangen war. Mittag musste längst vorüber sein. Kaum hatte sie auf den Schlag der Turmuhr geachtet. Plötzlich wurde es leer in der Gasse. Alles drängte hinaus auf die große Straße. Eilig ging sie zurück zu Karl.

„Geh nur, sieh dir den Zug aus der Nähe an. Ich pass auf unsere Sachen auf“, rief Karl ihr schon von weitem zu. „Auf meine auch?“ fragte die Töpferin.

„Lauft nur, ihr jungen Dinger!“ lachte Karl.

„Komm, Mia! Wir werden die Braut sehen“, sagte Anna und nahm die Töpferin an der Hand. In einem Augenblick waren sie an der Straße, wo sich schon ein schier undurchdringlicher Wall von Menschenleibern aufgebaut hatte.

„Sieh mal, hier auf diesem kleinen Vorsprung ist für uns beide allemal noch Platz“, sagte Mia und war auch schon oben. Anna stieg neben sie auf das kleine Sims, das zwei Fuß über der Erde aus einem Haus hervorsah. Besser hätten sie es nicht treffen können. Fanfaren kündigten den Zug an. Auch das helle Rauschen von vielen Trommeln war zu hören. Alle reckten die Hälse. Von ferne sah Anna schon die bunten Standarten und Flaggen. Sie hörte das Getrappel vieler Hufe auf dem Kopfsteinpflaster. Es mussten wohl viele Dutzend Reiter sein. Annas Herz klopfte bis zum Hals. Sie bekam weiche Knie vor Aufregung, selbst wenn sie nur als Zuschauerin hier stand. Die Menge wich zurück bis an die Häuser, denn der Zug war breit. Prächtige Pferde, behängt mit dem mecklenburgischen Wappen kamen in Sicht. Darauf saßen grimmig dreinblickende Soldaten, die in ihren dick behandschuhten Händen große Standarten hielten. Dem Anlass entsprechend, hätten sie etwas freundlicher dreinschauen können, fand Mia. Schließlich fuhren sie eine junge Braut zur Hochzeit und nicht zur Hinrichtung. Oder kam das hier auf ein und dasselbe heraus? Darüber nachzusinnen hatten die beiden Mädchen aber keine Zeit, denn nun erschien die Kutsche, in der man wohl die Braut vermuten durfte. Alle jubelten, schrieen ‚Hoch!' und ‚Vivat!' Die Kutsche war einer Landesfürstin würdig. Sie wurde gezogen von vier Apfelschimmeln, deren Zaumzeug von Gold und Edelsteinen blitzte. Auf dem Kutschbock saßen zwei Männer, deren gewichtige Mienen keinerlei Regung zeigten. Auch deren Kleidung war unerhört prächtig, wenn auch nicht ganz so funkelnd wie das Zaumzeug der Pferde, bemerkte Anna. Die Kutsche selbst verschlug Anna die Sprache. Solches hatte sie noch nie gesehen. Groß war die Kutsche. Die Stangen, die den dunkelroten Baldachin trugen, waren verziert mit filigranen Schnitzereien und mit Gold beschlagen. Und unter dem Baldachin saß - Anna stockte der Atem – tatsächlich Anna von Mecklenburg. Wer sonst hätte so wunderschön lächeln können? Wer sonst würde seinen Kopf so anmutig neigen und so freundlich winken? Die Braut war tatsächlich noch schöner als Anna sie sich vorgestellt hatte. Ihre Haube! Ihr Kleid! Konnte etwas herrlicher sein? Auch wenn die Braut nur einen Augenblick sichtbar gewesen war, so hatte Anna doch festgestellt, dass ihre Haube – von einem Schnitt, wie ihn Anna noch nirgends gesehen hatte – dicht mit Perlen und Goldfäden bestickt war. Und ihr Kleid war so wundervoll, dass Anna die Worte fehlten. Dunkelrot, besetzt mit einer breiten Borte aus Gold und Edelsteinen. Die an Schultern und Ellbogen durchbrochenen Ärmel, wo man deutlich das seidene Untergewand der zukünftigen Landesherrin erkennen konnte, war die neueste Mode. Der Einsatz vor ihrer Brust war so kunstvoll bestickt mit Fäden aus Gold und Silber, so überaus dicht mit Perlen verziert, dass Anna Schreuerin überzeugt war, selbst die Kaiserin könne kein schöneres Kleid tragen. Und für einen Moment trafen sich ihre Blicke. Für einen Moment schaute Anna von Mecklenburg in die Augen der Anna Schreuerin, was letztere zu noch heftigerem Winken veranlasste.

„Das war Bro-kat", sagte Jacob mit einem besonderen Gewicht auf jeder Silbe. Er hatte sich zu den beiden gesellt, da er als Händler sich natürlich informieren musste, was man fortan tragen würde, um die entsprechende Ware vorrätig zu haben. Doch wusste er schon, dass er davon sicher nicht so viel brauchen würde wie von dem einfachen Leinen.

Es kam noch ein ganzes Meer aus Fahnen, Pferden, Trommeln und Wappen. Anna, Mia und Jacob warteten ab, bis nur noch die Gassenjungen den Reitern hinterherliefen, dann beeilten sie sich, wieder zu ihren Ständen zu kommen. Karl hatte auf alles ein Auge gehabt.

„Ich hab sie gesehen! Ganz nah! Und sie hat mich auch angesehen und mir zugelächelt!“ rief Anna aufgeregt.

„Wer?“ fragte Karl in gespieltem Erstaunen.

„Karl! Wie kannst du mich das fragen? Wer wohl? Die Braut! Anna von Mecklenburg!“

In diesem Moment kam ein zerlumpter Bettler an ihnen vorbei. Anna hatte ihn den Morgen über schon beobachtet, wie er auf dem Markt die Leute angebettelt hatte und gehofft, er würde nicht auch zu ihr kommen. Doch nun war er da mit seinen stinkenden, schmutzigen Lumpen, seinem hässlichen Gesicht, den eitrigen Augen und verfaulten Zähnen.

„Die Braut hast du gesehen! Schönes Kind!“ rief er höhnisch aus. „Die Braut! Wirst du von diesem Anblick etwa satt? Ein paar Krümel sind für uns vom Tisch der Herren gefallen. Aber was essen wir morgen?“ keifte der Alte.

„Scher dich zum Teufel, Alter!“ fuhr Karl den Bettler an, indem er Anna hinter seinen Rücken schob. Der Bettler trollte sich, rief ihnen dann aber aus sicherer Entfernung noch Schimpfworte zu.

In der Dämmerung räumten sie die Reste ihrer Waren wieder ein. Alle waren zufrieden. Karl hatte sogar den großen Tisch verkauft.

„Wir gehen jetzt was essen. Ich hab riesigen Hunger. Du hast doch hoffentlich was gegessen heute mittag?“

„Natürlich. Dort drüben gab es süße Wecken mit Rosinen. Aber jetzt hab ich auch Lust auf etwas Herzhaftes,“ erwiderte Anna. Sie alle hatten Hunger nach diesem langen Markttag, dem Auf- und Abbauen. Der Schuster gegenüber brauchte nur den großen Laden, der seiner Kundschaft gleichzeitig als Dach diente, herabzulassen und von innen zu verriegeln. Bald verlosch die Unschlittkerze im Inneren der Werkstatt. Der alte Meister hatte sich zur Ruhe begeben.

Als endlich alle Stände auf den Fuhrwerken verstaut und festgezurrt waren, setzten sie sich in Bewegung in Richtung Stadttor. Dort gab es eine Herberge, die über einen großen Innenhof verfügte, so dass Kaufleute ihre Wagen ruhigen Gewissens dort unterstellen konnten. Da sowohl Pferd als auch Wagen nur geliehen waren, hatte Karl immer ein besonders wachsames Auge auf sein Fuhrwerk. Anna half, das Pferd zu versorgen, denn allein wollte sie nicht in die Schenke vorausgehen. Sie kannte solche Schenken mit ihren getünchten Wänden und den Tischen, deren Oberflächen Unmengen von Bier, Wein und Fett versiegelt hatten. Um diese Zeit war der Raum voll mit essenden, trinkenden Menschen, die auf ihre Weise die Ankunft der Braut feierten. Auch würdige Kaufleute werden nach zwei Krügen Starkbier weniger würdig und reden und lachen in einer Lautstärke, über die sie sich bei anderer Gelegenheit beklagt hätten. Karl, Anna, Jacob und Mia fanden Platz in einer Fensternische. Von dort konnten sie das teilweise recht bunte Treiben unbehelligt beobachten. Das Bier, das deftige Essen machten Anna schläfrig. Markttage waren für sie immer aufregend und anstrengend, und dieser außergewöhnliche Tag hatte Anna vollständig erschöpft. Sie wusste schließlich nicht mehr, wie sie in ihr Bett gekommen war. Aber als sie endlich dort lag, war sie wieder hellwach. Sie dachte an Anna von Mecklenburg, die morgen schon Anna von Hessen sein würde. Vielleicht konnte sie sie noch einmal sehen auf ihrem Weg zur Kirche?

Der Bettler fiel ihr wieder ein. Sein Gesicht verfolgte sie in einen unruhigen Schlaf, aus dem sie viel zu früh wieder erwachte.

Mitternacht. Anna von Mecklenburg stand am Fenster des Schlosses zu Kassel und sah hinaus in die Nacht. Hinter sich hörte sie die ruhigen Atemzüge ihrer Schwester Katharina, die schon lange schlief. Mit neidischen Augen hatte die jüngere sie betrachtet, ehrfürchtig über ihr kostbares Gewand gestrichen und beim Einzug in die Stadt fleißig mitgelächelt und gewunken.

Anna war dem Landgrafen schon begegnet. Er hatte sie begrüßt und mit ihr gespeist. Er schien ihr vertrauenswürdig. Groß, mit breiten Schultern, einem freundlichen Gesicht. Sein voller Bart gab ihm etwas Väterliches. Sie hatte versucht, in seinen Augen zu lesen. Er hatte graue Augen, hinter deren freudigem Glanz auch Müdigkeit zu lauern schien. Zumindest hatte sie ihm angesehen, dass ihr Anblick ihn freudig überrascht hatte. Anna wusste, dass sie mit ihrem hellen Haar und den blauen Augen weit mehr als ansehnlich war und damit weit mehr als ein Mann in einer arrangierten Ehe erwarten konnte. Der traurige Witwer sollte schon bald auf andere Gedanken kommen. Das hatte Anna sich fest vorgenommen. Er war mehr als doppelt so alt wie sie selbst, zwar jünger als ihr Vater, aber in ihren Augen doch ein alter Mann. Fältchen umlagerten seine Augen, vereinzelt durchzogen graue Strähnen sein dunkles Haar. Siebzehn Jahre war er älter als sie. Siebzehn würde sie in zwei Jahren sein. Sie dachte an den Tag, an dem ihre Jugend ein jähes Ende genommen hatte. Sie war aus dem Garten gekommen und hatte ihren Vater mit einem Fremden im Saal sitzen sehen. Die beiden Männer hatten genickt und einander die Hände gereicht. Doch anstatt den Herrn nach draußen geleiten zu lassen, hatte ihr Vater Wein einschenken lassen, als habe man soeben einen Vertrag besiegelt. Bei diesem Anblick ließ sie den Blumenstrauß in ihrer Hand sinken. Ahnungsvoll schlich sie an der offenen Tür vorbei. Ihre Mutter hatte sie aber bemerkt und ging ihr nach. Anna stellte gerade ihre Sommerblumen in einen Krug, als ihre Mutter eintrat.

„Kind, wir haben wundervolle Nachrichten für Sie," flüsterte sie mit verschwörerischem Gesicht, das ganz und gar nicht zu ihrer weißen, brettsteif gestärkten Haube passen wollte.

Auf Annas Stirn erschien diese Falte, die ihre Mutter an ihr nicht liebte, denn sie verhieß Rebellion. Gott allein wusste, woher dieses Kind seinen störrischen Geist hatte. Da schlug sicher die Großmutter durch.

„Der Landgraf von Hessen hat um Ihre Hand angehalten," sagte sie in einem Ton, mit einem Leuchten in den Augen, als verkünde sie der Welt die ewige Glückseligkeit.

Jedes vernünftige Mädchen hätte gejubelt. Anna verschränkte die Arme vor ihrer Brust, hob ihr Kinn und fragte nach Bedenkzeit.

„Aber Kind!" rief die Mutter und breitete ihre Arme aus. Es folgte eine Aufzählung aller Vorteile, die diese vernünftige Verbindung nicht nur ihr, Anna, sondern dem ganzen Hause Mecklenburg bringe. Die Mutter, in deren kraftloser Gestik allein die Aufforderung lag, sie zu ignorieren, erging sich in der Schilderung der Kleider, die Anna tragen würde an der Seite eines Landgrafen, der Gemächer, der Bediensteten im Schloss zu Marburg, des süßen Lebens in diesen milderen Gefilden.

Anna wusste, dass hier Sträuben vergeblich war, aber so leicht wollte sie es ihren Eltern nicht machen. Einem Wildfremden die Hand darauf zu geben, ohne ihr auch nur etwas davon gesagt zu haben, das sah ihrem Vater ähnlich.

„Nun, Kind, was sagen Sie?" schloss die Mutter ihre Rede und sah ihre Tochter erwartungsvoll an.

„Ich will ausreiten," war die Antwort. Und schon war Anna an ihrer Mutter vorbei zur Türe hinaus. Ihre eiligen Schritte verhallten auf der Treppe. Resigniert ließ sich die Mutter auf das Bett ihrer Tochter nieder. Der Vater würde sie schon zur Vernunft bringen.

Anna sattelte ihr Pferd eigenhändig. Sie wollte nicht auf den Stallmeister warten. Schon oft hatten die Eltern sie getadelt, dass sie solch niederen Arbeiten selbst tat, doch sie hatte dem Stallmeister oft genug zugeschaut, um nicht auf ihn angewiesen zu sein. Zu Pferd und hinaus in die Weite der mecklenburgischen Landschaft war eins. Sie stürmte durch die lange Allee. Wegreiten und nicht wiederkommen? Das war kindisch.

Schließlich war sie nur geboren und aufgezogen, nur unterrichtet worden, um irgendwann an den Meistbietenden vergeben zu werden. Sie war im besten Alter. Sie hatte gehofft, sie dürfte vielleicht noch siebzehn Jahre alt werden, bevor man sie unter das Joch der Ehe zwang. Denn die Ehe war ein Joch; das erlebte sie täglich am Beispiel ihrer Eltern.

Die Sonne glitt schon auf den Horizont zu. Noch war es hell. Noch sah Anna die Bäume grün. Äpfel leuchteten aus ihnen hervor und versprachen einen üppigen Herbst. Schon färbte sich der Himmel rot. Nebelschwaden stiegen aus den Feldern und Wiesen, stahlen sich wie Wegelagerer in die Alleen und machten Anna doch keine Angst. Sie zügelte ihr Pferd, richtete sich im Sattel hoch auf und sah sich um. Wie weit hier der Horizont war! In der Weite dieses Landes lag ein Versprechen von Freiheit und unzähligen Möglichkeiten. Doch dieses Land hielt sein Versprechen nur Annas Brüdern. Heute war der Tag, an dem sich der Horizont zu einem Hohlweg verengte. Was würde nun kommen? Wilhelm von Hessen. Sie erinnerte sich flüchtig an ihn. Vor vier Jahren hatte sie ihn von weitem gesehen. Auf einem Ball zu dem ihr Vater sie mitgenommen hatte. Wo war es doch gleich gewesen? Lübeck? Zehn Jahre war sie damals alt gewesen. Ein Kind. War sie in der Zwischenzeit zur Frau geworden? War sie das? Ein erwachsener Mann veränderte sich nicht in so kurzer Zeit. Sie erinnerte sich an ihn, als einen Mann, beinahe so alt wie ihr Vater. Aber war für eine Zehnjährige nicht sogar ein Mann von fünfundzwanzig Jahren greisenhaft?

Sie dachte an die Worte ihres alten Lehrers: „Nur was wir tun, gehört wirklich uns und macht uns letztlich aus!“ Er war nicht lange ihr Lehrer gewesen, aber Anna hatte von ihm mehr behalten als von jedem anderen, der sie mit Anstandsregeln und Etikette gelangweilt hatte. Würde sie noch die Möglichkeit haben, überhaupt irgend etwas zu tun? Sie dachte an die Geschichtsstunden, in denen ihr Lehrer sie nicht nur Jahreszahlen von Kriegen und Siegen hatte auswendig lernen lassen. Damit schien er lediglich den Ansprüchen des Herzogs zu genügen. Er hatte ihr auch starke Frauen vorgestellt. Hildegard von Bingen, die tatkräftige Ordensfrau, hatte sie mit ihren mystischen Texten tief beeindruckt. Die Legenden heiliger Frauen, die standhaft ihren Glauben verteidigten, hatte Anna besonders bewundert. Doch hatte Anna auch das Vorbild ihrer älteren Schwester vor Augen, die als Äbtissin einem großen Kloster vorstand. Sie hatte die Schwester von Zeit zu Zeit in ihrem Kloster besucht. Anna war vier Jahre alt gewesen, als Dorothea ins Kloster gegangen war. Sie kannte sie gar nicht anders. Auch wenn die beiden Schwestern sehr unterschiedlich waren, hatte Anna sie bewundert und auch ein klein wenig beneidet. Die schwarze Ordenstracht hatte ihr die Schwester von jeher fremd gemacht. Sie erschien ihr dadurch seltsam fern, höher und würdevoller als alle anderen Menschen, die sie kannte. Seit zwei Jahren war sie nun schon Äbtissin. Sicher war die Ordensregel eng und streng. Doch hatte Dorothea als Äbtissin nicht größere Freiheiten und Macht? Würde sie – Anna – als Landesfürstin von Hessen auch Freiheit und Macht haben? Wie würde ihr Leben an der Seite dieses Mannes aussehen? Das fragte sie sich immer wieder.

Es war erst wenige Monate her, dass ihr Vater sie nach der unausweichlichen Antwort umarmt, auf die Stirne geküsst und sie „mein wunderschönes, braves Kind" genannt, wozu die Mutter sanft und deutlich erleichtert gelächelt hatte. Nur zu gut erinnerte Anna sich an das Gesicht dieses Boyneburg, als sie damals spät abends – es war schon dunkel gewesen – allein zu Pferd zurück nach Hause gekommen war. Er hatte sie gemustert wie eine Stute, die er für seinen Herrn kaufen sollte. Dabei war ihm kein Schmutzfleck auf ihrem Kleid, keine Haarsträhne, die der Wind aus ihrer Frisur befreit hatte, entgangen.

Nun stand Anna hier in Kassel, Tagesreisen entfernt von ihrer Heimat, aus der man sie vertrieben hatte wie aus dem Paradies.

Sie dachte noch einmal an die letzte Beichte. Jeden Moment hatte sie bewusst genossen. Das Eintreten in die kühle Stille der Kirche. Sie hatte den Geruch tief eingeatmet in dem Wissen, dass sie diesen Duft der Schweriner Kirche, in der sie getauft worden war und ihre erste Kommunion empfangen hatte, vielleicht zum letzten Mal riechen würde. Weihrauch, Wachs, mit dem die uralten Schnitzereien, an denen sie sich als Kind während langer Gottesdienste sattgesehen hatte, immer wieder gepflegt wurden; die kalten Steinwände verströmten einen ganz eigenen Geruch, der wieder anders war als der Geruch des Steinbodens, der von so vielen schmutzigen Schuhen ausgetreten war. Und an manchen Stellen erhaschte man den verwehenden Hauch erloschener Kerzen. Zum letzten Mal hatte sie in ihrem Beichtstuhl gekniet und die Worte gemurmelt, die jede ihrer täglichen Beichten einleiteten. Zum letzten Mal hatte sie ihrem alten Pater, der sie getauft und gefirmt hatte, ihr Innerstes anvertraut. Ihre Angst vor der Fremde, davor, dass man ihr dort feindlich gegenüberstehen könnte. Auch ihre Abneigung gegen Boyneburg hatte sie nicht verhehlt. Als sie in feiner Garderobe erschienen war, den Hut, der einem Männerhut nachempfunden und mit einer Reiherfeder geschmückt war, kokett nach einer Seite in die Stirn gerückt, hatte dieser Mensch es sich nicht nehmen lassen zu bemerken, dass die verstorbene Landesfürstin eine Frau von einnehmendem Äußeren, da stets züchtig gekleidet, gewesen sei. Für die Antwort, die sie Boyneburg entgegengesetzt hatte, hatte der Pater ihr drei Rosenkränze und fünf Ave Maria zur Buße aufgegeben. Bisher hatte der Pater immer Milde walten lassen, wenn sie ihm ihre Eskapaden gebeichtet hatte. Ihre durchtanzten Nächte, die drei Gläser Wein zuviel, die kleinen Streiche und Bosheiten, mit denen sie und ihre Geschwister auf Familienfesten sich die Langeweile vertrieben hatten und selbst den heimlichen Kuss. Noch immer war der Pater ein Mann von Liebe und Milde, doch an diesem Morgen schien auch er gewandelt: Er schien in ihr nicht mehr das Mädchen zu sehen, dem man den Kopf zurechtrücken, sondern vielmehr die Frau, die man auf ein neues Leben vorbereiten musste. Da konnte er derartige Frechheiten nicht durchgehen lassen. Offenbar sah sie in Boyneburg einen ihrer zukünftigen Untergebenen, den sie von Anfang an in seine Schranken verweisen musste. Solches Verhalten war nicht verwunderlich für eine Herzogstochter. Aber zwischen ihren mutigen Worten stahl sich auch die Angst hervor. Er sprach ihr gut zu, erinnerte sie, dass die Hessen schließlich auch Christen und keine Wilden seien, was Anna angesichts Boyneburgs nicht beruhigte. Er entließ sie mit seinem Segen und allen guten Wünschen und noch mehr guten Ratschlägen. Dann hatte er, hinter dem Vorhang des Beichtstuhles hervor, ihr nachgesehen, wie ihre Gestalt durch die Kirche verschwand und er hatte dem sich entfernenden Geräusch ihres raschelnden Kleides gelauscht.

Unterwegs war alles anders gewesen. Schon das Ausfallen der morgendlichen Messe und Beichte hatte Anna klargemacht, dass nun nie mehr etwas so sein würde wie früher.

Irgendwo aus der Stadt Kassel schlug eine Turmuhr die letzten Schläge der Mitternacht. Anna atmete tief die Nachtluft ein, die durch das halb geöffnete Fenster kalt ins Zimmer strömte. Was erwartete sie? Was durfte sie erwarten? Was erwartete man von ihr? Es war ein völlig neues Leben, das sie nun beginnen würde. Das Leben einer erwachsenen Frau.

Der Mond schien hell auf die Kasseler Berge. Der Landgraf hatte ihr von Marburg erzählt, von der Lahn, von den Bergen dort. Es schien, als wolle er ihr die neue Heimat schmackhaft machen, doch Anna schauderte bei dem Gedanken, fortan in einer Gegend leben zu müssen, in der Berge ihr die Sicht versperrten. Sie hatte ihre Heimat verloren. Ihre Eltern hatten sie preisgegeben, ausgeliefert, verkauft. Noch waren sie alle da: Mutter und Vater, Schwester und Brüder. Aber bald würden sie zurückkehren nach Mecklenburg. Sie würde allein hier bleiben. Allein unter Fremden, deren Sprache sie nur schwer verstand. Das Mecklenburgische empfand sie als eine Sprache von geradem, ehrlichen Ausdruck. Das Hessische dagegen erschien ihr schwerfällig und plump.

Sie warf noch einen letzten Blick auf ihr Brautkleid, das in der Ecke der Kammer auf einem Gestell aufgebaut war wie eine prächtig gekleidete Dame ohne Kopf. Morgen würde sie es tragen. Und dann? Sie hatte Wilhelm als freundlichen Mann kennen gelernt. War er freundlich genug, ihr mehr als die Rolle einer Zuchtstute zuzugestehen? Die Gunst, Freiheiten zu gewähren, lag allein bei Wilhelm. Einfordern konnte sie dies keineswegs. Geschickt wollte sie sein, wo er sich störrisch zeigen sollte.

Als sie in der Kutsche die Alleen Mecklenburgs hinter sich gelassen hatten, hatte ihr Vater ihr zum wiederholten Male einschärfen wollen, dass sie eine gute Ehefrau zu sein habe, indem sie sich dem Willen ihres Gatten füge. Er kannte seine Tochter zu gut, um nicht zu ahnen, welche Chance sie an der Seite eines Landgrafen witterte. Oft genug hatte sie versucht, sich zu ihrem Bruder Heinrich zu gesellen, wenn der Vater ihn langsam in seine Geschäfte einweihte, um ihn auf seine Regierungszeit vorzubereiten. Er musste zugeben, dass Annas Fragen und Bemerkungen dabei von Umsicht und Klugheit gezeugt hatten. Trotzdem hatte er sie hinausbefördert, sobald sie sich bemerkbar gemacht hatte. Auf dem Gesicht des Herzogs hatte deutlich die Sorge gelegen, seine Tochter könne auch in der neuen Heimat ihre schlechten Gewohnheiten zutage treten lassen und ihrem Gatten in seine Regierungsgeschäfte dreinreden.

„Wir wollen nur nicht, dass Sie unglücklich werden," pflegte er seine Ausführungen über weibliche Tugenden zu schließen, worauf die Mutter immer ein „Machen Sie uns nur keine Schande, Kind!" zum besten gab.

Über Annas Gesicht glitt ein Lächeln. In wenigen Tagen schon war sie allein mit ihrem Gatten. Weit weg von den Ermahnungen ihrer Eltern. Sie wollte diese Herausforderung annehmen. Sie würde Wilhelm schon davon überzeugen, dass sie ihm nicht nur Kinder schenken konnte, sondern dass er in ihr eine kluge Partnerin haben würde.

Anna erwachte früh am nächsten Morgen. Katharina schlief noch immer. Anna trat ans Bett ihrer Schwester und weckte sie sanft, trotz ihrer Aufregung. Da klopfte auch schon die Magd an die Tür, die auf Annas „Herein!" mit einem großen Korb Holz eintrat, um das Feuer zu schüren. Das Mädchen war etwa im Alter der beiden Schwestern, vielleicht genau zwischen ihnen. Vermutlich hätte sie selbst es nicht einmal genau sagen können. Geschickt hantierte sie mit der Glut, die sie von dem großen Küchenherd in einer Eisenschale mit heraufgebracht hatte. Sie stellte dünne Späne darüber und als diese Feuer gefangen hatten, legte sie kleine Scheite dazu. An ihrer Kleidung war deutlich zu erkennen, dass dies nicht der erste Kamin war, den sie an diesem Morgen mit Feuer versorgte.

Katharina setzte sich auf, zog aber die Decke bis unter ihr Kinn und hielt sie dort fest.

„Du heiratest doch nicht gleich früh um sieben, oder?"

„Ich muss mich aber doch anziehen, fertig machen, meine Haare richten lassen. Das dauert!"

„Wie wäre es denn mit einem Frühstück?" fragte Katharina, während sie sich mit gespreizten Fingern durch die verwirrten Haare strich und dann herzhaft gähnte. Anna sah ein, dass mit Katharina nichts anzufangen war; nicht bevor sie ein ordentliches Frühstück im Magen hätte und das Zimmer so warm war, dass man nicht mehr den Atem sah. Erst dann wäre sie bereit, ihre gestrige Begeisterung für diese Hochzeit wieder aufzunehmen, um Anna beim Ankleiden und Frisieren behilflich zu sein.

„Sagen Sie in der Küche Bescheid, dass wir Frühstück wollen!" sagte Anna der Magd. Diese knickste und erwiderte etwas in ihrem harten Dialekt, ohne Anna anzusehen. Anna hatte keineswegs verstanden, was das Mädchen gesagt hatte, doch im selben Moment klopfte jemand an die Tür. Nun erschienen zwei Dienerinnen, sauberer gekleidet als die Magd, die das Feuer geschürt hatte. Die beiden würdigten die Magd keines Blickes, als sie mit ihren Tabletts einen Tisch nahe am Kamin ansteuerten. Anna schlüpfte in ihren Morgenrock und ließ sich am Tisch nieder. Katharina ließ sich von einer der Dienerinnen in ihren Morgenrock helfen und gesellte sich zu ihrer Schwester. Die beiden Dienerinnen verneigten sich und verließen ohne ein Wort den Raum. Die Magd legte noch weitere Scheite nach. Erst als sie überzeugt war, dass das Feuer nun für eine Weile brennen würde, verließ auch sie mit einem Knicks den Raum.

„Du musst zugeben, Anna, dass hier alles doch etwas feiner ist als bei uns in Mecklenburg. Sieh dir dieses Brot an. Es ist fast weiß. Und wie es duftet! Was ist denn das hier in dem kleinen Töpfchen? So was Gelbes?"

„Mirabellenmus", erwiderte Anna bereits mit vollem Mund.

„Ich halte mich lieber an das Pflaumenmus. Sieh mal, sogar frischer Rahm ist dabei." Katharina hielt kurz inne und sagte dann: „Schade, dass unsere Schwestern nicht dabei sein können."

„Sophia ist wie immer kränklich und Dorothea ist nicht mehr nur unsere älteste Schwester, sie ist schließlich Äbtissin. Da müsste ich schon den Papst heiraten, wenn sie mich mit ihrer Anwesenheit beehren sollte."

„Anna! Das ist lästerlich. Das wirst du bei deiner Beichte sagen müssen." Katharina war sichtlich empört.

Anna lachte über ihre große Tasse Kräutertee hinweg ihre Schwester an. „Ich sage immer alles bei der Beichte. Schließlich gehe ich jeden Morgen. Da muss es sich doch lohnen. Ich kann den Pater doch nicht mit Sünden der letzten Woche langweilen. - Was so ein Frühstück bei dir doch ausmacht. Eben hättest du noch am liebsten die Hochzeit verschlafen und nun bist du schon hellwach. Aber iss jetzt nicht nur Süßes. Du weißt, das ist vorerst unsere letzte Mahlzeit. Nimm auch Käse und Schinken!“

„Wir können das Tablett doch stehen lassen und zwischendurch noch essen, wenn wir in drei Stunden wieder hungrig sind.“

„Wenn ich jeden Morgen so lange brauchte, um mich anzukleiden, würde ich mir ernsthaft überlegen, ob ich nicht besser Hosen tragen sollte. Männer sind immer so schnell fertig. Wir Frauen vergeuden unsere Lebenszeit beim Anziehen.“

„Stell dir nur Mutters Gesicht vor, wenn sie uns in Hosen sähe!“ lachte Katharina. „Sei nur froh, dass du Magda hast und sie bei dir bleiben wird. Sie ist so flink, dass sie dir viel Zeit erspart.“

„Ja, Magda kommt auch gleich zu uns. Wahrscheinlich hat sie die halbe Nacht nicht geschlafen, nur weil sie mich heute für meine Hochzeit anziehen soll. Sicher fürchtet sie, ihren Kopf zu verlieren, wenn auch nur eine Perle schief sitzt. - Ich habe noch eine Bitte an dich. Du lenkst Mutter ab und sorgst dafür, dass sie unter keinen Umständen dieses Zimmer betritt. Ich bin bereit, heute vieles zu ertragen, aber nicht Mutters Fürsorge.“

„Wie soll ich das denn machen? Sie wird darauf bestehen, dir zu helfen.“

„Wir werden dich nicht die ganze Zeit benötigen, du kannst dann zu ihr gehen, und ihr noch ein wenig zur Hand gehen bei ihren Vorbereitungen. Zerstreue sie mit Geplauder, versichere ihr, dass alles in Ordnung ist und ich sehr gut allein zurecht komme. Beruhige sie mit Magdas Zuverlässigkeit. Du schaffst das schon. Oder sag ihr einfach, ich wolle sie wenigstens einmal in meinem Leben positiv überraschen.“ Anna grinste und nahm sich eine weitere Scheibe Brot, die sie dick mit Butter bestrich und mit Schinken belegte.

„Du willst baden und dir die Haare waschen“, stellte Katharina fest. Der Zuber in der Ecke war nicht zu übersehen. Am Vorabend hatte die Mutter beim Anblick dieses Utensils voller Entsetzen ausgerufen: „Kind, Sie werden diesen Zuber doch nicht etwa benutzen wollen? Es ist schon Oktober. Sie werden sich den Tod holen.“

Die alte Herzogin Sophie übervorsichtig zu nennen, war stark untertrieben. Badete man in der kalten Jahreszeit – und sei es im wohl geheizten Zimmer – bekam man sicher Lungenentzündung, die grundsätzlich den Tod nach sich zog. Wusch man sich das Haar unter den zuvor genannten Umständen, hatte man dasselbe zu befürchten. Wusch man sich das Haar im Sommer und verließ das geheizte Zimmer, bevor die Haare in der Hitze des Feuers die Geschmeidigkeit von Heu und den Duft des Kamins hatten, teilte man das Schicksal aller Menschen, die sich im Winter die Haare wuschen.

Legte man vor dem Schlafengehen die Halskette nicht ab, strangulierte man sich unweigerlich und starb im Schlaf einen qualvollen Tod. Stand man bei Gewitter am Fenster, war ein Einschlag des Blitzes in eben dieses Fenster so sicher wie das Amen in der Kirche.

Für alle Lebenslagen hatte die Herzogin ihre düsteren Prophezeiungen parat. Ihre Kinder entzogen sich erfolgreich ihren Erziehungsversuchen. Wenn sie unter sich waren, wurde jede Pfütze auf dem Tisch zur Sintflut, die sie alle in den Tod riss, jede Mücke zum menschenfressenden Monster.

Später – Katharina war längst bei ihrer Mutter – saß Anna im Zuber, spielte mit den Rosenblättern, die die Bademagd reichlich in das Wasser gestreut hatte, genoss den Duft der Badeessenzen und träumte einer guten Zukunft mit Wilhelm entgegen. An der Wand hing ein großer, polierter Spiegel, in dem man sich von Kopf bis Fuß betrachten konnte. Anna sah über den Rand des Zubers hinweg in den Spiegel. Sie mochte ihr Spiegelbild, vor allem bei diesem Anblick: mit gelöstem Haar, nackten Armen und Schultern, die auf dem Rand des Zubers lehnten, hier und da von einem Rosenblatt geziert. Geheimnisvoll und stark sah sie sich, wie die Prinzessin, in die sich der tapfere Ritter verliebt, von dem eine alte Dienerin in Schwerin oft gesungen hatte. Anna wusste nicht einmal mehr den Namen der Dienerin, doch sie hatte sich oft dazugeschlichen, wenn alle in der Küche ihre Arbeit getan hatten und sich am verlöschenden Feuer noch Geschichten erzählten und Lieder sangen. Besonders das Lied von dem Ritter wurde jedes Mal verlangt. Und Anna hatte sich mit ihren Geschwistern still dazugesetzt, damit niemand sie bemerkte, denn Frau Henriette, die in der Küche wie eine Königin herrschte, hätte sie hinausgeworfen, weil es der Herzogin nicht recht war, wenn ihre Kinder an den Lustbarkeiten des Gesindes teilhatten. Frau Henriette verstand es, dem gesamten Personal Ehrfurcht einzuflößen. Sie regierte in den Wirtschaftsräumen, hatte Acht auf alles, was den Speisekammern und Kellern entnommen wurde und tat dies mit so viel Umsicht, Gewissenhaftigkeit und Energie, dass die Herzogin ihr weit mehr Macht überließ als ihr zustand. Manche der Kinder fürchteten Frau Henriette, die selbst unverheiratet und kinderlos war. Doch Anna bewunderte diese Frau, die in dem Chaos, das vor großen Festlichkeiten in der Küche ausbrach, wie ein Feldherr den Überblick behielt und mit Donnerstimme Anweisungen erteilte. Es war selten, dass man Frau Henriette still sitzen sah, doch wenn die Magd ihre Lieder sang, dann ruhten sogar die Hände dieser Frau in ihrem Schoß, während sie der Stimme der Magd lauschte. Wer ahnte schon, was hinter ihren Augen vorging, wenn die Magd von Leid und Liebe sang? Wie viel hatte Frau Henriette davon selbst erlebt? In diesen Stunden wurde sie so unaufmerksam, dass sie nicht einmal sah, dass sich die Herzogskinder in die Küche geschlichen hatten. Im Dämmerschein waren die kostbaren Kleider kaum zu unterscheiden von den einfachen Gewändern der Mägde, und so hörten sie immer wieder die Geschichte von dem Ritter, der so stark und mutig ist, dass er ein feindliches Heer ganz allein in die Flucht schlägt und damit den Krieg für seinen König gewinnt. Der König ist ihm so dankbar, dass er ihn reich belohnen will, aber der Ritter schlägt alle Schätze und Reichtümer aus. Er will einzig und allein die Prinzessin, in die er sich verliebt hat. Diesen Wunsch zu erfüllen ist der König nicht bereit. Als der König den Ritter bei seiner Tochter im Garten entdeckt und sieht, wie er sie küsst, verurteilt er den Ritter zum Tode. Doch die Prinzessin befreit ihn aus dem Kerker und flieht mit ihm.

Anna hatte immer den Ritter bewundert. Ein Mann allein war so mutig, dass er einen ganzen Krieg entscheiden konnte! Und diese Prinzessin! Genau wie sie hätte Anna um ihren Ritter gekämpft. Stark und mutig. Ihrem Ritter ebenbürtig.

So wollte Anna sein und nicht wie ihre Mutter, unterwürfig, zurückgezogen in die Weiten eines düsteren Schlosses, ganz mit ihren Kindern und zarten Stickarbeiten beschäftigt. Anna schloss die Augen und tauchte unter. Unter Wasser bewegte sie ihren Kopf hin und her, damit ihr Haar sich löste und um sie herum schwamm wie das Haar einer Wassernixe. Prustend tauchte sie wieder auf und wischte sich das Wasser aus dem Gesicht. Sie selbst würde baden, so oft es ihr in den Sinn käme. Sie würde an der Seite ihres Mannes stehen, nicht weit hinter ihm in seinem Schatten.

Magda kam und wusch das Haar ihrer Herrin, schrubbte ihren Rücken und hielt ihr schließlich ein Tuch hin, in das sie sich einhüllen konnte.

Magda war nur ein Jahr jünger als Anna. Sie war die Tochter eines kleinen Grafen, der froh war, sie so gut untergebracht zu haben. Magda zog den Dienst bei Anna von Mecklenburg eindeutig dem Leben im Kloster vor. Die beiden waren von ähnlichem Temperament, und Magda hatte Anna schon bei vielem unterstützt, wovon die Herzogin glücklicherweise nichts wusste. Außerdem war sie von zarter Konstitution, was sie für das Klosterleben ohnehin ungeeignet machte. Sie war häufig krank und musste im Bett bleiben. Lange Reisen waren nichts für sie. Aber Anna hatte darauf bestanden, dass Magda sie nach Hessen begleitete. Sie wollte nicht nur ihre Aussteuer und Mitgift mitnehmen, die sich wahrscheinlich in den Weiten des landgräflichen Schlosses verflüchtigen würden, sondern auch etwas, das ganz allein ihr gehörte und für sie da war.

Magda hatte ihr dunkles Haar schon aufgesteckt und unter einer züchtigen Haube verborgen. Auch sie würde ihr schlichtes braunes Gewand noch gegen ein Festkleid eintauschen. Im Gegensatz zu sonst war sie an diesem Morgen sehr schweigsam und in sich gekehrt. Anna wusste, dass Magda schon jetzt Heimweh hatte. Sie konnte diese Reise nicht als ein großes Abenteuer erleben. Denn im Grunde änderte sich für Magda nichts, nur die Kulisse. Anna wurde bewusst, dass sie selbst im Grunde genauso ausgeliefert war wie das Mädchen, dessen Dienste sie so selbstverständlich in Anspruch nahm. Niemand hatte Magda gefragt. Niemand hatte sie, Anna, gefragt. Beides war absurd. Anna schob diese Gedanken beiseite, während Magda sie stumm abtrocknete, duftenden Balsam in ihre Haut einmassierte und sie puderte, um den Glanz wegzunehmen. Die Bademagd gesellte sich wieder zu den beiden, räumte das Zimmer auf, legte Holz nach und sorgte für trockene Tücher. Anna nahm nun in Unterkleid und Hausmantel am Feuer Platz. Trockene Tücher wurden um Annas Haar geschlungen und immer wieder erneuert, sobald sie nass waren. Schließlich entwirrte Magda Annas Haar vorsichtig mit einem grobzinkigen Kamm und kämmte es von den Spitzen nach oben. Die Magd legte noch ein paar Scheite ins Feuer und drapierte die feuchten Tücher auf Stühlen darum. Die beiden Mädchen sprachen nur das Nötigste, jede war mit ihren eigenen Gedanken beschäftigt.

Magda hatte Annas blondes Haar geflochten und aufgesteckt. Bevor Anna nun ihr Brautkleid überzog, bediente sie sich noch einmal ausgiebig an dem Frühstück. Auch Magda aß noch ein paar Bissen, doch schmeckte ihr dieses Brot nicht so gut wie in der Heimat. Weitere Dienerinnen kamen, deren Anwesenheit Anna nervös machte. Sie hörte die Turmuhr. Zehn Schläge zählte sie. In weniger als zwei Stunden sollte sie fertig sein. Langsam beschlich sie nun eine leise Angst. Ihr Magen begann zu flattern. Hatte sie eben noch in aller Ruhe im Zuber sitzen können, ging es ihr jetzt nicht schnell genug. Ein menschliches Bedürfnis trieb sie in die Nebenkammer. Das Frühstück lag ihr plötzlich wie ein Stein im Magen. Sie atmete mehrmals tief aus und ein, um den leichten Schwindel loszuwerden. Dann nickte sie Magda zu. Magda nahm unter Mithilfe der Dienerinnen das Kleid von seinem Gestell. Man breitete es auf dem Boden so aus, dass Anna hineinsteigen konnte. Vorsichtig hoben die Frauen das Kleid, ließen Anna in die Ärmel schlüpfen und zogen es hinauf zu ihren Schultern.

Wieder sah Anna in den Spiegel. Was war jetzt noch übrig von der Nixe? Ihr Haar war aufgesteckt und würde gleich unter einem Schleier verschwinden. Ihr Kleid, gearbeitet nach der neusten Mode, betonte ihren schlanken Wuchs. Es war aus hellblauer, fast weißer Seide, die gut zu ihren Augen passte, mit Perlenstickereien und aufwändigen Spitzen besetzt. Der viereckige Ausschnitt zeigte ein schönes Dekolleté, das Wilhelms Brautgeschenk zierte, eine flämische Arbeit aus Silber und Perlen. Ihre Brust bedeckte ein Einsatz aus Brokat, gewoben aus Seide und Silberfäden. Die engen Ärmel waren um die Ellbogen herum geschlitzt, mit dunkelblauer Seide gepaspelt und unterfüttert mit hellgrauer Seide. Der weite Rock war übersät mit Perlen und winzigen Edelsteinen, die im Schein des Feuers funkelten. Anna sah im Spiegel zu, wie die Dienerinnen ihr Kleid ordneten, dabei nur leise murmelten, Handreichungen austauschten und sie schließlich schnürten. Sie war ohnehin schmal, doch der feste Stoff zwängte sie ein. Sie atmete tief ein und ließ die Luft lange in ihrem Bauch, um später wieder etwas Platz zu haben. Sie versuchte, ganz still zu stehen, doch das Schnüren brachte Anna immer wieder aus ihrem Gleichgewicht. Es schien ihr eine Ewigkeit zu dauern, bis alle Ösen, die an ihrem Rückgrat eng aneinander lagen, von einer seidenen Schnur durchzogen und fest zusammengezurrt waren. Schließlich war sie fertig. Dann steckte Magda Perlen in ihre Frisur, die von einem Schleier bedeckt wurde; auf den Schleier legte Magda den Brautkranz. Magda ging, um nun auch ihr Festgewand anzulegen. Nur noch wenige Augenblicke blieben Anna, die sie allein verbringen wollte. Sie stand in der Stille vor ihrem Spiegelbild, dann schließlich straffte sie sich und trat hinaus, wo man sie mit freudigem Klatschen begrüßte.

Selbst auf das Gesicht ihrer Mutter zauberte Anna ein strahlendes Lächeln. Die Herzogin umarmte ihre Tochter vorsichtig, um das kostbare Kleid nicht zu zerknittern.

„Wir sind so stolz auf Sie, Kind!“ flüsterte sie. Selbst ihre Brüder Heinrich und Erich schien der Anblick ihrer Schwester zu beeindrucken. Auch der Vater kam, beugte sich über seine zweitälteste Tochter und küsste sie auf die Stirn. Selbst der lebhafte kleine Albrecht stand für einen Moment still und schaute seine Schwester mit offenem Mund an.

Im Kreis ihrer Familie und vielen Dienerinnen und Dienern wurde Anna nun zur Kutsche geleitet.

Wie in einem Traum trat Anna vor das Schloss, wo sich schon Hunderte versammelt hatten, um ihr zuzuwinken und zu jubeln. Menschenmengen säumten die Straßen, durch die sie fuhr, bis sie schließlich an der Kirche angelangt war, wo ihr Bräutigam sie bereits erwartete. Der Hofkaplan hielt die Zeremonie. Die lateinischen Gebete, die Predigt des Hofkaplans rauschten an Anna vorbei, so sehr konzentrierte sie sich auf den einen Satz, auf den sie mit Ja zu antworten hatte.

Ja. Sie hatte ja gesagt. Wozu hatte sie ja gesagt? Wozu hatte sie mit diesem Wort ihre Zustimmung erteilt? War es ihre Versklavung oder ein neues, aufregendes Leben an der Seite eines mächtigen Mannes, der sie auf Händen tragen würde? Das Ja-Wort ihres Gatten kam laut und deutlich, sicher und fest. Wozu sagte er ja? Wozu gab er mit seinem Ja seine Zustimmung? Zu ihr, zu ihrer Person oder nur zu ihrem Namen? Zur Gebärfreudigkeit ihrer Mutter, die sie hoffentlich an die Tochter weitervererbt hatte? Wilhelm – waren das nicht sanfte Silben, die man liebevoll aussprechen konnte? Aber sie würde ihn gar nicht bei seinem Namen nennen dürfen. Mit ‚Sie' und ‚Herr' hatte sie ihn anzusprechen. Galant reichte er ihr seinen Arm, in den sie vertrauensvoll ihre Hand legte, um mit ihm den Altar zu umschreiten, zum Zeichen, dass Gott immer in der Mitte ihres Lebens, ihrer Ehe sein sollte.

Und dann waren sie schon auf dem Weg nach draußen, wo sie in den Schein einer ungewöhnlich warmen Herbstsonne traten. Anna nahm es als gutes Zeichen und auch Wilhelm schien ebenso zu empfinden, denn er drückte Annas Arm fest an sich und sah ihr nun zum ersten Mal an diesem Tag lange und fest in die Augen. Er half ihr in die Kutsche, hatte Acht auf ihr umfangreiches Kleid, was Anna nicht für selbstverständlich nahm und gab ihr das Gefühl, der Mittelpunkt seiner Welt zu sein. Anna gab sich die größte Mühe, sich wie eine vollendete Dame zu bewegen, was ihr in diesem Kleid auch gelang. Sie spürte, wie sie mit diesem Kleid, das sie zur Landgräfin von Hessen machte, auf sonderbare Weise reifer und fraulicher wurde. Vergessen waren an diesem Tag ihre Ängste vor diesem großen Auftritt. Das Kleid verlieh ihr Sicherheit, der Arm des Fürsten würde sie sicher durch alle Untiefen dieses Tages geleiten. Anna war wie in einem Rausch. Sie lächelte und winkte und nickte, sie ließ sich von ihrem Gemahl die Hand küssen, aus der Kutsche helfen und die Treppe zum Schloss empor führen. Dort stand sie mit ihm in der großen Eingangshalle, nahm die Glück- und Segenswünsche all ihrer Gäste entgegen, ließ sich von ihren Eltern loben, von ihrer Schwester beneiden und von ihren Brüdern bewundern.

Im Schloss war ein Bankett aufgebaut, das an Pracht und Reichtum nichts zu wünschen übrig ließ. Die erlesensten Speisen wurden auf großen Tafeln aufgetragen. Ochsen am Spieß und Spanferkel, Lammbraten, Wildbret, Gänse, Enten und Schwäne, die man nach dem Braten wieder mit einem Teil ihrer Federn geschmückt hatte. Dazwischen gesottenes Gemüse, duftendes Brot, Semmelknödel, Salbeitorte und Maultaschen. Wein floss aus den großen Fässern in die Krüge und Pokale. Ein Dutzend Spielleute tummelte sich zwischen all den Gästen, spielte leise Weisen und sang Liebeslieder. So viele fremde Gesichter, so viele Namen. Wen von all diesen Menschen würde sie in Zukunft öfter sehen? Wer würde ihr Freund sein – oder ihr Feind?

Ein Spielmann kam mit seiner Laute. Anna bemerkte die langen, schlanken Finger, die zärtlich über die Saiten glitten. Er hatte eine wunderbar warme, tiefe Stimme. „Wie schön blüht uns der Maien, der Sommer fährt dahin, mir ist ein schönes Jungfräulein gefallen in meinen Sinn ...“ Und für einen Moment sah Anna ihren Gemahl nachdenklich in seinen Pokal schauen, als finde er dort die Antwort auf eine quälende Frage. Alles ringsum schien er plötzlich vergessen zu haben. Die Menschen, die alle redeten und lachten, die Musikanten, den Duft des Essens und des Weins, die Freude all der Gäste. Der Spielmann sang im Oktober von einem blühenden Maien. Für Anna sollte es ein Mai sein, schließlich heiratete sie. Wilhelms Mai lag einige Jahre zurück. Das schöne Jungfräulein, das ihm damals in seinen Sinn gefallen war, hatte er vor kurzem erst begraben. Anna zögerte. Sollte sie ihn aus seinen Gedanken reißen? Waren sie sich schon so nahe, dass sie dies hätte wagen können? Sie fasste sich ein Herz, ihre Hand näherte sich schon seinem Arm, da erstarrte sie, als ihr Blick auf das Gesicht Boyneburgs fiel, der sich gerade näherte. Dieser Mann, der bei ihrem Vater um ihre Hand angehalten hatte, der über sie verhandelt hatte wie über einen Gegenstand. Das Lächeln auf seinem Gesicht war alles andere als freundlich. Er kam Anna zuvor, indem er dem Landgrafen seinen Pokal entgegenhob und ihm zuraunte: „Trinkt, mein Fürst. Der Lothringer war schon immer der beste, der in allen Landen zu bekommen war! Weitaus besser als fades Mecklenburger Bier! Das ist ganz und gar ungenießbar!“ Wilhelm hob ihm seinen Pokal entgegen und leerte ihn auf einen Zug. Es wäre unhöflich gewesen, dies nicht zu tun, doch stürzte er den Wein mit einer sonderbaren Hast hinab. Anna spürte, dass er dem Lothringer schon mehr zugesprochen hatte als für ihn gut war. Sie erbleichte. Sie hatte das Gefühl, als müsse sie nicht nur gegen den Geist ihrer Lothringer Vorgängerin kämpfen. Allzu lebendig schien diese Jolanthe noch zu sein. Wie konnte Wilhelm das zulassen? Sie hatte gehört, wie Wilhelm sich mit einem Mann, den er ihr nicht einmal vorgestellt hatte, über die Wettiner unterhalten hatte. Die Wettiner waren wohl Verwandtschaft, auf deren Erscheinen man wenig Wert legte. Diese Wettiner hatten offenbar nur brieflich ihre besten Wünsche zum Ausdruck gebracht, waren aber der Einladung nicht persönlich gefolgt, da sie einen Todesfall zu beklagen hatten. „Ja, so geht es zu", hatte Wilhelm gesagt. „Die Wettiner sahen sich schon als die Herren hier in Hessen, jetzt haben sie einen Toten zu betrauern und wir feiern Hochzeit. So schnell geben wir Hessen uns nicht geschlagen. Übers Jahr werden wir einen strammen Erben vorweisen können!" Und nun schien er nicht einmal zu bemerken, dass sie neben ihm nach Atem rang und nach der Lehne eines Stuhles fasste, als suche sie verzweifelt nach einem Halt. Ja, er schien nicht einmal diese unbegreifliche Rohheit zu bemerken, die aus dieser Bemerkung, so harmlos sie einem Unwissenden auch scheinen mochte, sprach. Wie unpassend und gedankenlos von Wilhelm, zur Hochzeit Lothringer Wein kommen zu lassen. Aber da hatte er sich sicher auf seinen Boyneburg verlassen und ihm dieses Geschäft übertragen. Oder war es dieser aalglatte Schwertzell gewesen? Seinen Hofmeister Schwertzell schien der Landgraf immer im Reisegepäck mit sich zu führen, um sich auch unterwegs seiner umsichtigen Dienste zu versichern. Boyneburg würde schon zu verhindern wissen, dass Wilhelm ihr gegenüber allzu freundlich war und ihr Freiheiten zugestand, die die sittsame Jolanthe aus Lothringen niemals für sich beansprucht hätte. Als müsse sie sich schämen, sah Anna auf ihre Hände, blickte dann vorsichtig um sich, als befürchte sie, alle Gespräche könnten plötzlich verstummt sein, um ihrer Niederlage einen endlosen Raum zu geben. Aber niemand schien etwas bemerkt zu haben. Nur ein Mann, der ganz in ihrer Nähe stand, sah zornig zu Boyneburg hinüber, der seinen Pokal auf einen Zug geleert hatte. Dieser Mann, der sich schnell abwandte, um Anna in ihrer Niederlage nicht noch durch seine Aufmerksamkeit zu quälen, mochte nur wenige Jahre jünger als Wilhelm sein. Doch war dies durch den kurzen Vollbart nicht ganz sicher zu sagen. Eine dünne weiße Narbe zog sich quer über seine linke Wange. Sein Haar fiel ihm in braunen Locken bis über die Schultern, seinen wachsamen Augen, die wie Adleraugen unter den buschigen Brauen hervorspähten, entging offensichtlich nichts. Er schien ein stiller Beobachter zu sein, der an der allgemeinen Fröhlichkeit nur insofern teilnahm, als sie seinen Sinn nicht trübte. Seine Bewegungen waren trotz der fortgeschrittenen Stunde noch sicher und zielbewusst. Anders als die Bewegungen so mancher Gäste, die ihrer Hände, Füße und Zungen nicht mehr richtig Herr waren. Anna versuchte, gute Miene zum bösen Spiel zu machen und so zu tun, als habe sie nichts gehört oder die Bedeutung dieser Worte nicht verstanden. Ihren Pokal stellte sie rasch auf einem Tisch ab. Unter einem Vorwand verließ sie den Saal. Sie musste nach draußen, sie musste Luft schöpfen, atmen in der freien Luft! Auf ihrem Weg durch den Saal verneigte man sich vor ihr, was ihr in diesem Augenblick seltsam wohl tat – doch – wie ehrlich war der Respekt, den man ihr entgegenbrachte? Wenn sie an den Menschen vorbeigeschritten war, wenn sie ihnen den Rücken zugewandt hatte, würden sie dann nicht über sie lachen, vielleicht noch einmal Boyneburg zutrinken? Ganz sicher würde dies der Mann in dem bunten, auffallend eng geschnittenen Wams und den modisch kurzen grellfarbigen Pluderhosen tun, denn Rudolf von Waiblingen verbeugte sich so übertrieben tief vor ihr, dass es die Parodie einer Verbeugung war. Anna ging mit steinernem Gesicht an ihm vorbei.

Katharina, die die merkwürdige Kälte in Annas Gesicht bemerkt hatte, gesellte sich zu ihr.

„Was ist los? Und wer war dieser seltsame Geck eben?" begann Katharina, als sie auf der Terrasse des Schlosses angelangt waren. Anna antwortete ihrer Schwester nur mit einem Zeichen zu schweigen. Dann gingen sie in den Garten und auch dort verlor Anna kein weiteres Wort, das in feindlichen Ohren hätte gefährlich werden können. Katharina verstand und schwieg. Überall in dem von Lampen erhellten Garten waren Gäste, spazierten paarweise oder in kleinen Grüppchen über die Wege, nahmen kaum Rücksicht auf die endlose Arbeit der Gärtner und gingen über die Wiesen und Beete, brachen Blumen ab, um damit einander zu beschenken. Anna und Katharina wurden überall begrüßt, man verneigte sich vor den beiden Schwestern und wollte sie nötigen, sich irgendeiner Lustbarkeit anzuschließen, doch Anna behauptete, ihre kleine Schwester brauche etwas frische Luft. Als sie sahen, dass sie keine Möglichkeit hatten, fremden Ohren zu entkommen, kehrten sie ins Schloss zurück.

Als sie in den Saal zurückkehrten, kam ihnen der Erzbischof entgegen. Sein gütiges altes Gesicht hatte Anna schon in der Kirche Vertrauen eingeflößt und sie wusste, dass sie in diesem Mann auch einen Vertrauten haben würde, auch wenn er sich schon bald wieder nach Köln aufmachen musste. Obwohl er die Last seiner Jahre auf einen Stock stützte, nahm man ihn noch immer als einen dynamischen Mann wahr, denn seine Augen blickten wach umher und nahmen mehr von ihrer Umwelt auf, als manches jüngere Augenpaar. Der Waiblinger war ihm schon sehr unangenehm aufgefallen durch sein dröhnendes, prahlerisches Wesen. Er konnte nicht begreifen, dass der Landesfürst einem solchen Mann sein Vertrauen schenkte. Irgendwann würde er sicher merken, welche Schlange er an seiner Brust nährte, wenn es dann nicht schon zu spät war. Aber gemeinsame Erfahrungen im Krieg, das Kämpfen, Seite an Seite in vielen Schlachten, schien Männer zu verbinden und seltsam blind für das wahre Wesen des anderen zu machen.

„Anna, aufgrund meines Alters nehme ich mir diese Freiheit und nenne Euch Anna. Seid gewiss, dass es nicht aus mangelndem Respekt geschieht. Aber ich denke, Ihr werdet einen alten Freund gut gebrauchen können. Ich lade Euch daher ein, mir zu schreiben. Und ich verspreche Euch, ich werde Euch antworten. Berichtet mir, was Euch bewegt. Ihr werdet zwar auch hier einen Beichtvater haben – ich wäre nur die zweite Wahl“, sagte er lachend, „aber zögert nicht, mich um Hilfe zu bitten, wenn Ihr sie braucht.“

Anna war gerührt. Sie blickte lächelnd in das Gesicht des Erzbischofs, das nur aus Lachfältchen zu bestehen schien. Sie dankte ihm herzlich, worauf er die Aufmerksamkeit der beiden Schwestern auf harmlose Themen lenkte und sich selbst Katharina mit dem alten Herrn amüsierte.

Bald nach diesem Zwischenfall ließ Hofmeister Schwertzell einen Tusch spielen, um den ersten Hochzeitstanz anzukündigen. Ein Dutzend Spielleute hatte das Mahl mit leiser Musik gewürzt, nun spielten sie gemeinsam auf, was ihre Instrumente nur hergaben. Zumindest in diesem Augenblick gab Wilhelm ihr das Gefühl, dass er gewillt war, sie mit Respekt und Achtung zu behandeln. Die Tänzerinnen und Tänzer standen sich in einer langen Reihe gegenüber, verneigten sich, traten aufeinander zu, fassten sich an den Händen, knicksten nach rechts und links. Anna fühlte aller Augen auf sich und doch bewegte sie sich mit einer Sicherheit, die sie selbst verwunderte. An der Hand ihres Gemahls schritt sie würdevoll über den Tanzboden, sich ihrer neuen Stellung und ihres Wertes bewusst. Anna musste zugeben, dass die Musiker hier in Hessen noch schönere Weisen, noch wildere Tänze spielten als in Schwerin. Die Spielleute hatten hier und dort unauffällig beim Essen zugegriffen und auch den Wein nicht geschont. Sie waren allesamt in bester Stimmung. Ihre Stimmen und Instrumente durchwoben die Luft mit glänzenden Fäden, die sich zu einem schillernden Ganzen zusammenfanden. Prächtig war das Szepter, das die Musikanten schwangen und damit jeden Schritt, jede Bewegung der Tanzenden regierten. Anna zählte nicht die Tänze, die sie inmitten ihrer neuen Hofgesellschaft tanzte. Sie schaute in viele freundliche Gesichter, lächelte zurück und gewann mit jedem Tanzschritt mehr Sicherheit. Der Tanz war ein gnädiger Auftakt. Jeder Schritt war vorgeschrieben, man konnte sich vertrauensvoll an diesem engen Gerüst entlang tasten, ohne versehentliche Fehltritte zu befürchten. Doch irgendwann war jeder Tanz zu Ende und Anna würde sich auf dem glatten Boden des Kasseler Schlosses allein bewegen und behaupten müssen. Zunächst wurde sie jedoch mit ihrem Gemahl in die fürstliche Schlafkammer geleitet, in dessen Mitte ein riesiges Himmelbett stand. An beiden Seiten standen Truhen, die als Treppe dienten, um dieses Monstrum von Bett zu erklimmen. Wilhelm half seiner Gemahlin galant hinauf. Anna war dankbar für seine helfende Hand, denn allein hätte sie es nicht geschafft, auch nur annähernd graziös mit ihrem umfangreichen Kleid, das von zahllosen Unterröcken aufgeplustert wurde, auf den vielen seidenen Decken, die tückisch rutschig waren, Platz zu nehmen. Wilhelm dagegen hatte mit einem eleganten Sprung sein neues Ehebett in Besitz genommen. Anna schaute ihn von der Seite an, doch er schaute auf seinen Hofmeister Schwertzell, der sich vor dem Bett in Positur gestellt hatte, um nun alle Gäste, geordnet nach Rang und Namen, vorzustellen. Anna versuchte redlich, sich all die Namen und Gesichter einzuprägen, die an ihrem Brautbett vorbeidefilierten, sich verneigten und ihre Glück- und Segenswünsche aussprachen. Als Boyneburg erschien, bemühte sie sich um kühle Höflichkeit. Es folgten mehrere Räte des Landgrafen: Konrad von Mannsbach, Ritter und Amtmann in Bach an der Werra mit seiner Frau Sophie. Er war ein älterer Herr mit grau meliertem Haar und unruhigem Blick. Sie war etwas größer als er, nur wenig jünger und hager, um nicht zu sagen dürr. Als Ausgleich dafür glänzte auf ihrer Haut und ihrem Scheitel, der unter der Haube hervorsah, immer ein leichter Fettfilm. Ihr reges Interesse an allem, was sich am Hof abspielte machte ihr Leiden – sie war stark kurzsichtig – besonders bitter. Stets kniff sie ihre Augen zusammen und beugte sich leicht vor, um sich nichts entgehen zu lassen. Angesichts der neuen Landesfürstin beugte sie sich so weit nach vorn, dass ihr Gemahl sie am Arm festhalten musste, damit sie nicht vornüber fiel. Dabei hatte sie einen sonderbar bitteren Zug um die bleichen dünnen Lippen. Als Wilhelm noch erwähnte, dass diese Sophie von Mannsbach die Hofmeisterin zu Marburg und damit für Annas Hofstaat zuständig war, nötigte dies Anna all ihre Contenance ab.

Auch dieser Rudolf von Waiblingen, der schillernde Geck, der durch seine betont modische, jugendliche Kleidung lediglich sein fortgeschrittenes Alter unterstrich, fand sich wieder ein. Auch er war einer der Räte des Landgrafen.

Ein weiterer fiel Anna in der endlosen Reihe auf: der Mann, der Boyneburgs derben Scherz mitangehört hatte. Sein Name war Herrmann Riedesel zu Eisenbach. Auch er war einer der landgräflichen Räte. Nun verneigte er sich mit so viel Anstand und Ehrerbietung vor Anna, dass sie Vertrauen zu ihm fasste. Er sah sie gerade aus offenen, ehrlichen Augen an, als er seine Glückwünsche vorbrachte und versicherte, auch seiner Landesfürstin treu zu dienen. Dies ließ Anna aufatmen. Sie wollte schon ihre Freundinnen und Freunde finden, denen sie vertrauen konnte.

Anna hatte längst aufgehört, auch nur zu versuchen, sich Namen zu behalten, als ein Ehepaar mit zwei hübschen Knaben eintrat. Es waren die Grafen zu Solms mit ihren Söhnen Reinhard und dem kleinen Otto. Der Kleine gefiel Anna. Er strahlte sie mit seinen großen blauen Augen an und kletterte auf die Truhe, die neben dem Himmelbett stand, um Anna einen kleinen Blumenstrauß zu überreichen. Doch damit nicht genug: Er schlang seine Ärmchen um ihren Hals und drückte ihr einen Kuss auf die Wange. Lachend erwiderte Anna seine Umarmung und seinen Kuss. Als die Familie zu Solms das Gemach wieder verlassen hatte und Anna dem Kleinen immer noch lächelnd hinterher sah, beugte sich Wilhelm zu ihr und flüsterte: „Die Solmser sind etwas unkonventionell. Stören Sie sich nicht zu sehr daran. Diese Leute zählen ohnehin nicht zu unserem Hofstaat."

„Das ist eher bedauerlich, Herr!" erwiderte Anna, hatte aber schon wieder ihr steifes Lächeln aufgesetzt und nahm die Glückwünsche der nächsten Gäste entgegen, während Wilhelm sie noch mit gerunzelter Stirn ansah.

Die Hochzeitsfeierlichkeiten dauerten noch sieben Tage. Tanz und Festgelage, Spiele und Turniere wechselten einander ab. Für Anna vergingen diese Tage wie in einem Rausch. Allmählich gelang es ihr, den vielen Gesichtern Namen zuzuordnen. Die Hofmeisterin von Mannsbach gab sich sehr freundlich. Eifrig erkundigte sie sich bei Anna nach allen näheren Umständen der Brautwerbung, ihren Geschwistern, Eltern, Tanten und Onkeln, der Größe Schwerins, ihres Schlosses und kulinarischen Spezialitäten Mecklenburgs. Anna gab höflich aber nicht allzu ausführlich Antwort. Vor allem verschwieg sie ihren Zusammenstoß mit Boyneburg. Darüber hatte die Mannsbachsche sich bereits anderweitig informiert. Die Gemahlin Boyneburgs, Mechthild, hatte in diesem Punkt weitaus bereitwilliger Auskunft erteilt.

In Peter und Anna von Treisbach hoffte Anna echte Freunde zu finden. Peter von Treisbach, ein Mann in seinen späten Vierzigern, war ein Rat Wilhelms. Seine Frau, etwa zehn Jahre älter als Anna, hatte ihm bereits zwei Söhne geboren. Das Paar bewohnte ein Haus in der Marburger Wettergasse, das Wilhelm seinem Rat zur lebenslänglichen Nutzung überlassen hatte. Er war ein stattlicher Mann, ein Liebhaber der Musik, der mit seinen großen Händen sämtliche Saiteninstrumente beherrschte. Er hatte einen ungewöhnlich starken Bartwuchs. Es hieß, er verschleiße im Jahr über zehn Hemdkragen. Seine Frau dagegen war klein und zierlich, hatte wunderschöne braune Augen und Grübchen in den Wangen, wenn sie lachte. Das taten sie und ihr Gatte ausgesprochen gerne. Anna bewunderte dieses Ehepaar, das offensichtlich aus Liebe geheiratet hatte und sich wirklich gut verstand. Ob sie jemals so mit Wilhelm lachen würde? Zumindest teilten die von Treisbachs ihren Humor. Beim Puppenspiel amüsierten sie sich gemeinsam, während Wilhelm sich auf das Turnier vorbereitete. Dem Turnier selbst konnten sie unmöglich fernbleiben. Als die Fanfaren ertönten, begaben sie sich mit allen anderen Gästen zum Turnierplatz, um dort in der Ehrenloge für die Braut Platz zu nehmen. Hofmeister Schwertzell wollte die von Treisbachs nicht mit Anna in der Loge Platz nehmen lassen, doch Anna bestand darauf, die von Treisbachs neben sich zu haben. Als Braut sei es ihr Wunsch, das könne der Herr Hofmeister doch sicher einsehen. Schwertzell verbeugte sich zähneknirschend. Die Mannsbachsche neigte sich mit zusammengekniffenen Augen vor, worauf Mechthild von Boyneburg ihr offenbar zuflüsterte, dass Anna von Mecklenburg sich bereits Rechte herausnahm, die sie nicht hatte, denn die Hofmeisterin kam mit einem selbstzufrieden-missbilligenden Blick zurück in die aufrechte Haltung.

Annas Loge war geschmückt mit Blumengirlanden; sie nahm auf einem Sessel unter einem großen Baldachin Platz, von wo aus sie das gesamte Feld überschauen konnte. Unter einem sonnigen Oktoberhimmel hatte sich die gesamte Hochzeitsgesellschaft wie ein Meer aus bunten Kleidern versammelt. Wieder ertönten Fanfaren und kündigten diesmal die Ritter an. Allen voran ritt Wilhelm. Es war unausweichlich, dass er den Sieg in diesem Turnier davontragen würde. Niemand würde den Landgrafen an seiner eigenen Hochzeit ernsthaft herausfordern. Schwertzell hatte sich zurückgezogen. Auf dem Turnierplatz wollte er seine Stimme nicht schädigen. Dies überließ er einem kleinen runden Herrn, der mit hochrotem Kopf und geschwollenen Halsschlagadern jeden einzelnen Ritter vorstellte, bevor diese gegeneinander mit eingelegten Lanzen anritten. Anna konnte diesem kriegerischen Schauspiel nur wenig abgewinnen, doch musste sie immerhin gestehen, dass ihr Gatte auch zu Pferd eine beeindruckende Erscheinung war. Immer wieder landeten die Herren Ritter auf der grünen Wiese, brachen sich nicht nur ihre Knochen, sondern auch den Schmuck ihrer Helme ab, wie Federbüschel, Falkenflügel und dergleichen mehr. Anna von Treisbach kommentierte die Ritter und ihre unterschiedlichen Erfolge so trefflich, dass es Anna schwer fiel, Contenance zu bewahren. Und sie konnte nicht umhin zu bewundern, wie viel Spott Anna von Treisbach in ihren feinen Augenbrauen unterzubringen vermochte, wenn sie diese steil nach oben zog. Die Mannsbachsche warf böse Blicke und wechselte sicher missbilligende Worte mit Mechthild von Boyneburg, während ihre knochige Hand den Rock aus mausgrauem Wollstoff glatt strich. Anna ahnte schon, dass sie in ihrer Hofmeisterin und Frau von Boyneburg wahrhaftige Freundinnen fürs Leben haben würde. Als sie den von Treisbachs berichtete, wie sehr sich Frau von Mannsbach für all ihre bisherigen Lebensumstände interessiert habe, verriet Frau von Treisbach ihr den Spitznamen der Mannsbach: die Landbotin.

*

Stunden waren sie in einem langen Zug gefahren durch dunkle Wälder, gut beschützt von einer starken Eskorte. Man kehrte aus der Hauptstadt in die Residenz zurück. Mehrere hundert Männer ritten vor und hinter den Kutschen, schwer bewaffnet, auf schweren Pferden. Anna hatte Angst in diesem Wald. Er war finster, mit dichtem Unterholz, aus dem ab und an die Geräusche flüchtender Tiere zu hören waren. Kein Vergleich war dies mit den lichten, hohen Wäldern in Mecklenburg. Selbst das bunte Herbstlaub erschien matt und düster unter dem bewölkten Himmel. Doch Wilhelm wurde immer freudiger. Näherte er sich doch seiner Heimat. Für ihn war dieser Wald bekanntes Jagdrevier, durch das er viel öfter allein zu Pferde streifte als es mit einer Kutsche und gut bewacht zu durchfahren. Anna war mit ihren eigenen Gedanken beschäftigt. Sie hörte kaum, wie Wilhelm ihr in den prächtigsten Farben ausmalte, welche Freude sie bald bei der Jagd hätten. Bald, bald komme Marburg in Sicht. Nur noch diese eine Wegbiegung, dann könne man schon das Schloss sehen. Bei diesen Worten kehrte Anna mit ihren Gedanken zurück in die Kutsche. Gespannt war sie, wie wohl ihre neue Heimat aussah. Da zog Wilhelm an einem Seil, die Kutsche hielt an und ein Diener öffnete den Schlag. Wilhelm half Anna hinaus und führte sie auf eine kleine Anhöhe, von der aus man in ein liebliches Tal blickte. Lieblich war es! Anna kam kein anderes Wort in den Sinn. Die Sonne hatte in diesem Moment die Wolkendecke durchbrochen und entzündete das Herbstlaub. Die Lahn glitzerte zwischen den leuchtenden Bergen. Eine Stadt schmiegte sich in der Flussniederung an die Hänge. Der Turm einer Kirche ragte hoch empor und über allem thronte ein Schloss aus hellem Sandstein, mit vielen Fenstern, kleinen Türmen und Zinnen. Nichts erinnerte an die trutzigen Basaltburgen im nördlichen Hessen. Wilhelm blickte seine Frau von der Seite an. Er war erleichtert, denn ihre Stirn war nun glatt, sogar ein Lächeln lag auf ihrem Gesicht und schließlich wandte sie ihm ein strahlendes Gesicht zu.

„Es ist wunderschön!"

„Es freut mich, dass es Ihnen gefällt. Ich hoffe, es wird Ihnen eine Heimat werden."

Bei diesen Worten blickte Anna sich um. Magda stand drei Schritte hinter ihr. Auch sie hatte ihre bedrückte Miene abgelegt und schaute lächelnd in das schöne Tal.

Anna wandte sich wieder Wilhelm zu und sagte: „Lassen Sie uns weiterfahren. Ich kann es kaum erwarten."

Viele Stunden später lag Anna im Bett und schaute auf zur Decke des Himmelbettes, das sie mit Wilhelm teilte. Er lag neben ihr, schlafend. Die letzten Stunden zogen an ihr vorüber. Die letzten Meilen vor Marburg, auf denen ihnen schon Menschen entgegengelaufen waren. Die Fahrt durchs Stadttor, der Lärm der jubelnden Menschen, die alle die neue Landesfürstin begrüßten. Wie herzlich war der Empfang gewesen. Sie hatte in so viele lachende, neugierige Gesichter geschaut. Vor lauter Menschen hatte sie kaum etwas gesehen von der Stadt. Nur flüchtig hatte sie die vielen Fachwerkhäuser, die engen Gassen wahrgenommen. Die Kirche der Heiligen Elisabeth war ihr natürlich aufgefallen. Dieses riesige Bauwerk war nicht zu übersehen. Eine prächtige Kirche, die man zu Ehren der Heiligen erbaut hatte – das sollte ihre neue geistliche Heimat sein. Dann der steile Weg hinauf zum Schloss, die Ankunft dort, die Aufregung. Bei der üppig gedeckten Tafel hatte sie kaum einen Bissen hinuntergebracht. Auch Magda hatte bleich und appetitlos neben ihr gesessen, worauf Anna sie an diesem Abend früh entlassen hatte. Und schließlich hatte sich Wilhelm mit ihr zurückgezogen. Anna wurde rot, wenn sie an die vergangenen Stunden dachte. Aber so hatte Gott es nun mal eingerichtet. Wilhelm war ein sanfter Mann. Und ein schöner Mann dazu. Auch wenn sie nicht ganz freiwillig hier war, schlief sie nun ein in dem Bewusstsein, dass sie es gut getroffen hatte und ein schönes, aufregendes Leben an der Seite des Landgrafen vor ihr lag.

„Möchten Sie sich heute noch etwas ausruhen, Herrin?" fragte Wilhelm seine Frau beim Morgenimbiss.

„Nein, das wird nicht nötig sein, Herr. Ich habe gut geschlafen."

Mit einem Lächeln bemerkte Wilhelm, dass Anna ihre zweite Scheibe Brot nahm, um sie dick mit Butter und Honig zu bestreichen. Sie war so ganz anders als Jolanthe. Ihre Bewegungen waren selbst am Esstisch zielstrebig, ja fast energisch. Ihr blaues Kleid passte gut zu ihren blauen Augen, über die sich selten züchtig Lider senkten. Sie sah ihn gerade an, sah mit klarem Blick aus dem Fenster und hatte ein Lächeln im Gesicht, als gehöre ihr die Welt. Vergessen waren in diesem Moment in der Tat die unerfreulichen Begegnungen beim Hochzeitsfest. Und Wilhelm würde sie auch noch davon überzeugen, dass er mehr als nur eine gute Partie gemacht hatte.

Wilhelm war mit seiner Wahl zufrieden. Eine bessere Mutter für seine Kinder hätte er nicht bekommen können, auch wenn Ludwig von Boyneburg durchaus anderer Meinung war. Er betrachtete sie versonnen. In der Nacht nach ihrer Vermählung hatte er sie zwar etwas ängstlich, aber doch neugierig gefunden. Ihr Leib war geradezu besorgniserregend zart und biegsam in seinen Armen. Ihr Geist hatte diese Eigenschaften nicht. Das war ihm schon klar geworden. Er war alt genug, um seine Lust beherrschen zu können und sie nicht zu erschrecken. Behutsam hatte er ihr die Angst genommen und war überglücklich gewesen, als sie ihn am darauffolgenden Morgen errötend angelächelt hatte. Wenn er mit einer Frau Kinder zeugen durfte, der das gemeinsame Lager nicht zuwider war, konnte er sich glücklich schätzen. Eine zweite Jolanthe würde er ohnehin niemals finden.

„Damit Sie das Schloss besser kennen lernen, habe ich ihnen einen Führer bestellt. Er kann Ihnen alles zeigen und erklären. Sein Name ist Balthasar Schrautenbach. Sie haben ihn auf unserer Hochzeit bereits kennen gelernt. Er ist wahrhaftig ein Mann, dem ich vertraue. Ihn habe ich schon zum Kaiser geschickt, zum Reichstag in Worms, sogar zum Papst. Er ist also ein weitgereister Mann. Vielleicht erinnern Sie sich an ihn. Er ist zwar ein Ausländer - er stammt aus Würzburg - kennt sich aber in Marburg bestens aus. Einer meiner treuesten Diener. Er ist gerade hier und bat mich, Ihnen seine Aufwartung machen zu dürfen. Es wird ihm eine große Ehre sein. Sie werden sehen, Schrautenbach ist ein wirklich feiner Mensch. Es kann sein, dass er Sie mit geschichtlichen Daten langweilen wird. Bitte sehen Sie ihm diese kleine Schwäche für Zahlen nach. Einen schönen Tag, Herrin!“ Mit einem flüchtigen Kuss auf Annas Stirn ging er davon. Anna hörte noch die Tür hinter ihm zuschlagen, dann war es still im Raum. Sie atmete tief durch und nahm sich vor, sich diesen Schrautenbach näher anzusehen.

Magda gesellte sich zu Anna und nicht lange danach wurde von einem Diener „Balthasar Schrautenbach, Amtmann zu Gießen“ gemeldet. Es erschien ein kleiner, gedrungener Mensch in leicht gebückter Haltung. Die Überreste seines aschblonden Haupthaares hatte er sehr ordentlich gekämmt, sein Gesicht war glatt rasiert und schien mit dem servilen Lächeln wie frisch poliert. In seiner Kleidung fühlte er sich weniger der neuen Mode als der gediegenen Tradition verpflichtet. Er trug noch immer Schnabelschuhe, doch waren seine Schnäbel nicht drei Handbreit lang, sondern ganz kurz und praktisch, so dass sie ihn niemals behinderten, wenn er im Auftrag seines Herrn unterwegs war. Auch verzichtete er auf geschlitzte Pluderhosen, da sie seiner Meinung nach selbst aus dem stattlichsten Mannsbild einen Narren machten. Er war den eng anliegenden Beinkleidern treu geblieben, ebenso der schlichten Tunika und dem einfachen Mantel. Allerdings war alles aus feinem Tuch geschneidert und sehr sorgfältig verarbeitet. Balthasar Schrautenbach war auf den ersten Blick der Mann, dem man wichtige Geschäfte anvertrauen konnte.

Der Giessener Amtmann blieb zunächst an der Tür stehen und verneigte sich tief.

„Euer Gnaden, erlaubt mir, Euch noch einmal meine Glückwünsche zu Eurer Vermählung zu überbringen. Der gnädige Fürst war so freundlich, mir die ehrenvolle Aufgabe zu erteilen, Euer Gnaden durchs Schloss zu führen und mit der neuen Heimat etwas vertraut zu machen."

Schrautenbach sprach mit einem angenehm singenden Akzent. Das musste wohl seine Würzburger Herkunft sein. Auch ihm hatte man mit Sicherheit skeptisch gegenübergestanden und er hatte sich hier emporgearbeitet zum engsten Vertrauten des Fürsten.

„Wir danken Ihnen, Schrautenbach. Der Landgraf kündigte Sie als seinen treuesten Diener an."

„Das war sehr gütig von seiner Gnaden. Seid gewiss, dass ich auch Euch so treu ergeben bin wie Eurem Gemahl. Wenn ich Euer Gnaden nun bitten dürfte, mir zu folgen ..."

Er ging den Damen voran zur Wendeltreppe. Diese Treppe war großzügig und breit, zahlreiche Fenster ließen das Licht hereinfluten.

„Wir befinden uns im Wilhelmsbau. Diesen Teil des Schlosses haben seine Gnaden erst vor wenigen Jahren fertiggestellt. In den oberen Geschossen befinden sich private Gemächer. Damit werden sich Euer Gnaden bereits vertraut gemacht haben."

„Ja, wir haben uns dort bereits umgesehen."

„Ich bin sicher, Euer Gnaden werden sich hier sehr wohl fühlen. Der Wilhelmsbau, sowie der neue Frauenbau im westlichen Flügel der Anlage sind mit dem modernsten Komfort ausgestattet. Selbstverständlich verfügen alle Fenster des Schlosses über Glasscheiben. Und in den neuen Gebäuden wurden bereits die sogenannten Kanonenöfen aufgestellt. Euer Gnaden werden sehen, dass dies eine ganz wunderbare Erfindung ist. Auch wenn ich den Traditionen verhaftet bin, weiß ich eine behaglich warme Stube ohne Rauch zu schätzen. Ich hoffe, die Gemächer des Frauenbaus sind Euer Gnaden angenehm?"

„Wir hatten noch keine Gelegenheit, diese Gemächer in Augenschein zu nehmen", erwiderte Anna.

„Die Hofmeisterin von Mannsbach wird es sich nicht nehmen lassen, Euer Gnaden durch die Frauengemächer zu führen. Ich möchte ihr nicht vorgreifen. - Ich bitte Euer Gnaden die Weite der Treppe zu beachten. Dies ist sehr modern. Nichts erinnert hier mehr an die bedrückende Düsternis alter Burgen, in denen sich die Bauherren verschanzten. Dort baute man die Wendeltreppen so eng wie möglich, um sie besser verteidigen zu können. Allein an diesem Gebäude erkennt man, dass unser Landesfürst ein Mann von Weitblick ist. Den Krieg wird er niemals einlassen in sein Schloss. Seine Stellung ist gefestigt. Sowohl nach innen als auch nach außen. – Hier entlang, bitte."

Sie traten ein in einen großen Saal. Säulen trugen die hohe Decke, die Fenster nahmen mit ihren Spitzbogen fast die gesamte Höhe des Raumes ein. Die Nischen vor den Fenstern waren tief und boten mindestes vier Menschen Platz, die bei der schönen Aussicht auf die Lahn und die bewaldeten Berge ringsum, plaudern oder musizieren könnten. Doch wurde dieser Saal anderweitig genutzt.

„Hier in diesem Saal empfängt der Fürst die Stände und die Ritterschaft. Wenn seine Untertanen etwas vorzubringen haben, dann versammelt der Fürst sie hier in diesem Saal, um sie anzuhören."

„Geschieht das denn häufig?" fragte Anna.

„Nach Meinung der Stände nicht häufig genug und nach Meinung des Fürsten viel zu oft. Aber er muss ihnen zuweilen Zugeständnisse machen, um sie nicht vollkommen gegen sich aufzubringen. Er hört sich ihre Forderungen an, zieht es dann aber vor, seine eigenen Entscheidungen zu treffen. Indem er Missstände behebt, versucht er den Ständen den Wind aus den Segeln zu nehmen und Landtage ganz und gar überflüssig zu machen."

„Es sind wohl sehr viele Menschen, die sich hier versammeln", sagte Anna, sich in dem weiten Saal umschauend.

„Das ist wahr. Und doch ist es nur eine Auslese der Stände, die hier erscheint. Die Landtage finden nicht hier im Schloss statt. Da gibt es andere Versammlungsorte. Im Süden, in der fruchtbaren Wetterau, liegt das Städtchen Butzbach. Im Norden gibt es den sogenannten ‚Spieß'. Dies ist ein Hügel in der Nähe von Felsberg. An diesen Orten versammeln sich die Ritterschaft, die kleinen Grafen und Herren, die Vertreter der Städte, also die Bürgermeister, die Zünfte und Vertreter der Bauern."

„Aber sie dürfen sich doch nicht so ohne weiteres versammeln?"

„Nein. Es ist und bleibt ihnen strengstens verboten, selbst Versammlungen und Landtage abzuhalten. Aber danach streben sie immer wieder. Nur wenn der Landesfürst einen Landtag einberuft, dürfen sie sich dort versammeln."

„Ja, man muss ihnen Einhalt gebieten. Wir haben erlebt, was daraus erwachsen kann, wenn man den Ständen Zugeständnisse macht. Das ist gefährlich und bringt alle Ordnung in Gefahr", sagte Anna.

Schrautenbach wischte mit den Handrücken über seine Ärmel. Dies tat er immer, wenn er erstaunt war und sich sammeln musste. Er sah diese junge Landgräfin von der Seite an. Da stand sie mit ihren fünfzehn Jahren in diesem Saal und man hätte ihr ohne weiteres zugetraut, diesen Saal zu beherrschen, selbst wenn er bis auf den letzten Platz besetzt wäre.

„Euer Gnaden können versichert sein, dass unser Bollwerk gegen die Stände fest steht. Doch lasst uns nun hinübergehen in die Kapelle. Ich bin sicher, dieser Bau wird Euren Beifall finden."

Und tatsächlich war Anna begeistert von der Schlosskapelle. Ein Kirchenraum, der etwas geradezu überirdisch Schönes hatte. Zierliche Säulen strebten hoch empor zu der gotischen Decke, wo sie sich in üppigen Rosetten trafen. Die Wände waren von einem warmen Hellrot, hier und dort geziert von Szenen aus der Bibel und Heiligenbildern. Wie die Säulen waren auch die Fenster schlank und schmal. Feine Stäubchen tanzten golden in den Sonnenstrahlen, die auf einen kunstvollen Mosaikboden fielen. Anna und Magda sahen sich an. Anna freute sich, auf Magdas Gesicht ein Lächeln zu sehen. Auch wenn sie die Kirche in Schwerin vermissen würde, hoffte sie, an diesem wunderbaren Ort eine neue Heimat zu finden.

„Dies ist unsere Heilige Elisabeth." Schrautenbach zeigte auf ein Wandgemälde. „Euer Gnaden werden sie vielleicht schon erkannt haben an ihrer Kirche, die sie auf der Hand hält. Die Elisabethkirche selbst ist natürlich auch sehenswert. Unsere Heilige war eine großartige Frau. Ihre Tochter Sophie kann man mit Fug und Recht als die Stammmutter des Landes Hessen bezeichnen."

„Das ist interessant. Können Sie uns mehr über diese Frau berichten?"

„Es war Sophie von Brabant, die die verstreuten Besitzungen vor zweieinhalb Jahrhunderten zu einem Land Hessen vereinte. Ihren Regierungssitz verlagerte sie von Thüringen nach Marburg. Dadurch kam Marburg eine entsprechende Bedeutung zu."

„Ist das denn üblich, dass in Hessen die Frauen regieren?"

„Das ist es keinesfalls, Euer Gnaden. Aber der Gemahl der Sophie von Brabant, Herzog Heinrich II. von Lothringen und Brabant, war gestorben, als ihr Sohn Heinrich noch keine vier Jahre zählte. Andere Erben waren nicht vorhanden. Also übernahm Sophie die Vormundschaft. Wer hätte dies einer Tochter der Heiligen Elisabeth verwehren können?

Aber lasst uns nun weitergehen. Wir sind noch lange nicht am Ende unserer kleinen Reise angelangt."

Wieder führte Schrautenbach sie über die breite Wendeltreppe, hinüber zum neu errichteten Frauenbau. Da Frau von Mannsbach nicht zur Stelle war, bestand Anna drauf, von Schrautenbach auch durch diese Zimmer geführt zu werden. Anna musste zugeben, dass der Frauenbau ausnehmend komfortabel war. Vor allem die Kanonenöfen fanden ihren Beifall, denn sie fand es schrecklich, sich im Winter allzu warm einwickeln zu müssen. Was nutzten seidene Kleider, wenn man sie unter Wolle verstecken musste? Von den Fenstern des Frauenbaus konnte man die westliche Vorburg erkennen. Schrautenbach erklärte Funktion und Nutzen aller Gebäude. Das Zeughaus, das als Lager für alles diente, was der landgräfliche Haushalt benötigte. Daneben war der Marstall, in dem Kutschen und Pferde untergebracht waren und wo die Knechte schliefen. An den Marstall schloss sich die Schmiede an. Bei der stattlichen Anzahl von Pferden und Wagen lohnte es sich, beständig einen Schmied auf der Burg zu haben. Nicht zu vergessen war der Burgturm, der seines militärischen Zweckes weitgehend enthoben war. An den Frauenbau stießen im Norden das sogenannte Leutehaus und der Saalbau. Im Leutehaus waren Küche und Schlafplätze der Dienerschaft und wurde selbstverständlich nicht besichtigt. Doch im Saalbau fand Schrautenbachs Führung einen krönenden Abschluss.

„Hier kommen wir nun in den Fürstensaal", sagte er und ließ den Anblick auf die Damen wirken. Anna und Magda waren in der Tat beeindruckt und wechselten einen kurzen Blick. Dieser Saal wurde seinem Namen gerecht. Dieser Saal war riesig. Zuerst fielen Anna die großen Fenster auf. Zwischen filigranen Steinmetzarbeiten, Rosetten und Spitzbögen, waren große Butzenscheiben eingesetzt. Mächtige Säulen trugen die weitläufige Decke. Wappen und Ornamente waren an den Wänden zu sehen. Schrautenbach beobachtete, wie Anna den großen Saal durchmaß, als mache sie ihn sich zu eigen. Sie ging auffällig gerade. Ihre Schritte hatten nichts von der zaghaften Trippelei einer Jolanthe de la Lorraine. Königlich war Annas Haltung. Die Art und Weise, wie sie jedes Wappen ansah, Familie und Bedeutung erfragte, sich alles einprägte, ganz so als wisse sie, dass sie jede einzelne Information, die er ihr gab, einmal brauchen würde: das war außergewöhnlich. Schrautenbach gab bereitwillig Auskunft.

„Wir danken Ihnen für die Führung. Wenn wir weitere Fragen haben sollten, werden wir auf Sie zukommen."

Schrautenbach verneigte sich tief. Anna wandte sich ab und verließ mit Magda den Saal in Richtung Wilhelmsbau. Schrautenbachs Blick fiel auf die Tür, durch die die beiden Frauen verschwunden waren. ‚Ihesus Maria Amen' war über der Tür in den Sandstein eingemeißelt. Ein letztes Mal wischte er sich über die Ärmel, dann verließ auch er den Saal, um wieder seinen Tagesgeschäften nachzugehen.

Eine Weile später stand Anna mit Magda in ihren neuen Gemächern des Frauenbaus. In Schwerin hatte sie auch ihr eigenes Zimmer gehabt, doch hier in diesem Schloss stand der Herrin eine ganze Flucht sonniger Gemächer zur Verfügung. Aus den Fenstern konnte sie auf der einen Seite in den Burghof schauen, auf der anderen Seite sah sie bewaldete Berge. Auch Magda war mit ihrem Zimmer zufrieden, das wie Annas Gemächer mit einem Kanonenofen ausgestattet war. Die beiden waren durchaus begeistert. Die Öfen waren an diesem Morgen angefeuert worden. Anders als bei den offenen Kaminen roch nicht der ganze Raum nach Rauch und Ruß, nur ein leiser Duft nach verbranntem Holz durchzog die Luft. Auf den Öfen hatte man Kannen mit heißen Getränken bereitgestellt. Besonders Magda liebte derart praktische Dinge und wollte sich kaum mehr als drei Schritte von dem Ofen entfernen.

Diener hatten bereits die Truhen mit Annas Kleidern, ihrer Wäsche, ihrem Schmuck, ihrer Laute, ihrem Gebetbuch und was ihr sonst noch wichtig war und sie ihr Eigen nannte, heraufgebracht. Sie stand zwischen den Truhen und sah die Schränke an, die nun ihre Schätze aufnehmen sollten. Sie öffnete den ersten Schrank und trat einen Schritt zurück. Etwas irritiert blickte sie Magda an, die neben sie trat und gleichfalls die Stirn runzelte. Der Schrank war voll. Und ein schweres Parfum schlug ihr entgegen.

Da bemerkte Anna, dass Sophie von Mannsbach, die Hofmeisterin, in der Tür stand.

„Warum hat man die Schränke nicht ausgeräumt?" fragte Anna entgeistert.

„Das haben Seine Gnaden nicht angeordnet!" lautete die Antwort von den dünnen Lippen der Mannsbachschen.

„Dann ordne ich es jetzt an," erwiderte Anna scharf. „Sind alle Schränke noch voll?"

„Ja, Euer Gnaden." Sie sprach die Worte aus, als hätte sie einen schlechten Geschmack im Mund.

„Ihr werdet sie ausräumen, auswischen und dann wird meine Kammerfrau meine Sachen hier einräumen. Wir gehen für ein paar Stunden in den Garten. Wenn wir wiederkommen, sind die Schränke leer."

„Und wohin soll ich die Sachen bringen?" Sophie von Mannsbach kniff nicht nur die Augen, sondern auch die Lippen zusammen.

„Ins Armenhaus. Möglichst weit fort von hier! Kommen Sie, Magda!" An der Tür wandte Anna sich noch einmal um: „Und öffnet die Fenster!"

Sophie von Mannsbach war nicht gewillt, der neuen Schlossherrin ergeben zu dienen. Viel zu jung war dieses Mädchen, viel zu stark und frei. Die freundlichen Worte ihres Gemahls Rat Konrad von Mannsbach über die neue Landesfürstin hatten ihr Wohlwollen keineswegs gesteigert. Mit einem Seufzer wies sie die Kammermädchen an, die Befehle der gnädigen Frau auszuführen. Eine Herrin wie Jolanthe de la Lorraine konnte man nicht zweimal haben.

Als Anna sich abends in das große Bett in ihrem Zimmer fallen ließ, schaute sie zufrieden auf all die Schränke, die nun ihre Sachen bargen. Wie unaufmerksam von Wilhelm, ihr das zuzumuten! Offensichtlich brauchte er wirklich Hilfe. Wenn er nicht einmal daran dachte, die Räume von den Dingen ihrer Vorgängerin zu befreien! Die Gemächer waren sauber und ordentlich, kein Zweifel, aber eben so, als sei die Herrin nur kurz auf einen Spaziergang an die frische Luft gegangen. Anna betrachtete das Bett mit seinem großen Himmel, den gedrehten Pfosten, den Vorhängen aus schwerer Seide, bestickt und verziert mit Spitzen. Sie schmiegte ihr Gesicht in das große Kissen, streckte sich und ließ ihren Handrücken über die Stickerei gleiten. An einer auffälligen Stickerei zögerte ihre Hand. Sie fasste noch einmal darüber. Sie richtete sich auf, um anzusehen, was ihre Hand nur erahnt hatte. Auf dem Kissen prangte ein JL. JL für Jolanthe de la Lorraine. Mit einem Satz sprang sie aus dem Bett und stand mit dem Rücken zur Wand, wild um sich blickend, als lauerten überall Schatten und Geister. Sie wollte nach Magda rufen, doch dann hielt sie inne. Entschlossen ging sie zu ihrem Wäscheschrank, öffnete ihn und holte heraus, was sie brauchte. Dann zerrte sie wütend die Bezüge von den Kissen und der Decke und versah alles mit ihrer eigenen Wäsche.

Beim Morgenimbiss fand sie sich mit Wilhelm allein im großen Erkerzimmer ein. Wilhelm erschien ihr ruhig und gleichmütig. Schließlich hatte er gestern Abend nicht auf der Bettwäsche seines Vorgängers gelegen. Seine Schränke waren eigens für ihn angefertigt worden und hatten ihren Inhalt von der kundigen Hand seines Dieners empfangen. Seine Gemächer rochen nicht nach dem Parfum eines wildfremden Toten.

„Ich musste erst die Schränke ausräumen lassen," berichtete Anna mit einer Stimme, aus der sie einen vorwurfsvollen Ton nicht heraushalten konnte. Sie schaute in das Gesicht ihres Gemahls. War da nicht eine Spur mühsam unterdrückten Zornes zu sehen?

„Wissen Sie, normalerweise überlasse ich solche Dinge der Hofmeisterin. War sie nicht da?“ erwiderte er leicht gereizt. „Sie sagte mir, Sie hätten angeordnet, die Wäsche meiner *ersten Gemahlin* ins Armenhaus zu geben.“ Er betonte die Worte in einer Weise, die keinen Zweifel an seiner Wertschätzung ließ, aber Anna gab sich unbeeindruckt.

„Ja, das ist richtig. Zum einen habe ich genügend Wäsche mitgebracht um zwei Schlösser auszustatten und zum anderen denke ich, dass diese Tat der Nächstenliebe sicher in Ihrem Sinne war.“

Anna sah, wie Wilhelms Gesichtszüge versteinerten, aber sie hatte sich entschlossen, dies zu ignorieren.

„Und was werdet Ihr heute tun?“ fragte Anna nun und sah ihrem Gemahl ins Gesicht.

„Nur die üblichen Geschäfte. Im Moment ist es ruhig“, erwiderte er geistesabwesend.

„Solche Ruhe kann täuschen.“

„Anna!“ sagte Wilhelm in einem Ton, der ihr zeigte, dass sie nun entschieden zu weit gegangen war. Sie biss sich auf die Lippen und schwieg.

Die Monate gingen ins Land. Monate, in denen Anna vergeblich um eine Teilhabe an Wilhelms Leben kämpfte. Sie musste sich einen Platz erobern, wenn nicht jetzt, dann wäre es für immer zu spät. Darum betete sie jeden Morgen in der Kapelle. Pater Marcus, der ihr dort die Beichte abnahm, war nicht der Mann, dem sie ihr Herz ausschütten wollte. Steif und beklommen kniete sie im Beichtstuhl und lauschte, bis sie die schlurfenden Schritte und den Stock des alten Mannes, dem sie nun über ihre Sünden Auskunft zu geben hatte, auf dem Steinboden der Kapelle hörte. Wie gut, dass er durch das Beichtgeheimnis zum Schweigen verpflichtet war. Sonst hätte Anna ebenso gut der Frau von Mannsbach ihr Innerstes offenbaren können. Anna war froh, dass sie durch das Gitter das adlergleiche Gesicht des Priester nicht sehen konnte. Aber sie konnte förmlich spüren, wie er seine Lippen zu einem Strich verkniff, wenn sie ihm beichtete, dass sie zu viel getanzt oder sich mit Anna von Treisbach über die Landbotin amüsiert hatte. Von diesen Sünden kam sie nicht unter zehn Rosenkränzen los. Ganz und gar ungehalten wurde Pater Marcus, wenn Anna ihm von kleinen Streitereien zwischen ihr und dem Landgrafen berichten musste. Wie sie versuchte, an seinem Leben Anteil zu haben, anstatt nutzlos in ihren Frauengemächern zu sitzen. Sie versuchte, Pater Marcus zu erklären, dass sie nur durch den

Müßiggang immer wieder auf sündige Gedanken komme, die Mannsbachsche verspotte und beim Abendimbiss mehr Wein trinke als sie vertrage und darauf das Lager mit ihrem Gemahl allzu sehr genieße, weil sie keine wirklich wichtige Aufgabe habe. Der Landgraf schließe sie aus allen seinen Angelegenheiten aus, obwohl sie ihn so gerne unterstützen würde. Auf diese schlüssige Erklärung und Entschuldigung ihrer Sünden hin, reichte es dem Pater offensichtlich nicht aus, die Lippen zu verkneifen, sondern er stieß seinen Stock auf den hölzernen Boden des Beichtstuhles, dass es durch die Kapelle dröhnte. „Ihr redet, als hieltet Ihr es für Eure Pflicht, Eurem Gemahl in seine Regierungsgeschäfte drein zu schwatzen. Schenkt diesem Land einen Erben! *Das* ist Eure Pflicht!“ Die Buße, die Pater Marcus ihr auferlegte, war beträchtlich und nahm fast den gesamten Vormittag in Anspruch. Außerdem sollte Anna drei Wochen fasten.

Frau von Treisbach kam Anna entgegen, als diese, endlich ledig ihrer schweren Sünden, niedergeschlagen den Korridor entlangging, um in ihren Gemächern einen Augenblick der Ruhe und des Friedens zu finden, nachdem sie sich stundenlang in der Kapelle gequält hatte wie in einem Gefängnis. Nicht einmal ein Kissen hatte sie unter ihre Knie legen dürfen, als sie Stunden um Stunden hatte beten müssen. Als sie sich endlich erheben durfte, hatte sie ihre Knie kaum noch gespürt. Wie eine alte Frau hatte sie sich auf die Bank gestützt und war dann auf den nächsten Stuhl gesunken, um das Leben in ihre Beine zurückkehren zu lassen.

„Euer Gnaden, was ist geschehen? Ich hoffe doch nichts Ernstes.“ Beim Anblick des so freundlich teilnehmenden Gesichts der Frau von Treisbach hätte Anna fast ihre Fassung verloren.

„Pater Marcus ...“, begann sie.

„Kommt, setzen wir uns hier in die Fensternische.“ Die beiden Frauen nahmen in einer der Nischen Platz, die durch ihre gemauerten Sitze und die daraufgelegten Polster zum Verweilen einluden. Die Sonne schien durch die hohen Butzenscheiben, die die Landschaft draußen zu einem Wirrwahr aus grünen Linien und bizarren Wolken verzerrten. Frau von Treisbach holte ein Taschentuch aus ihrem Ärmel und reichte es Anna.

„Pater Marcus ist gar zu streng, nicht wahr?“ begann sie leise, warf aber gleich einen vorsichtigen Blick hinaus auf den Korridor. Niemand war zu sehen, doch rückte Frau von Treisbach zur Sicherheit etwas vom Fenster weg, um den Flur im Auge zu behalten. Wenn die Landbotin jetzt des Weges käme – und sie hatte ein Gespür für Situationen, in denen man sie ganz und gar nicht gebrauchen konnte – wäre dies mehr als unangenehm.

„Hat er Euch den ganzen Morgen festgehalten? Was habt Ihr ihm denn gebeichtet? Etwa dass Ihr Eure Hofmeisterin erwürgen könntet und nachts auf einem Besen ums Schloss fliegt?“

Nun musste Anna lachen. „Wenn ich Euch einen Rat geben darf - das Franziskanerkloster eignet sich weitaus besser zur Beichte. Sofern von Treisbach Zeit findet, fahren wir jede Woche hinunter. Es ist schön gelegen, direkt an der Stadtmauer unten an der Lahn. Die Umgebung und der Klostergarten sind wie geschaffen für Spaziergänge, die Kirschbäume blühen gerade, die Mönche stellen einen vorzüglichen Obstbrand her und der Abt, dem es eine Ehre sein wird, Euch die Beichte abzunehmen, ist ein Mann, der Verständnis hat für unsere Leidenschaft fürs Tanzen und Feiern. Für eine durchtanzte Nacht gibt er höchstens ein Ave Maria.“

Bei diesen Worten lachte Anna auf. „Ich danke Euch, liebe Freundin. Ich danke Euch. Und ich will Euren Rat befolgen. Aber nun lasst uns gehen. Möchtet Ihr vielleicht mit uns zu Mittag speisen? Euren Gemahl habe ich heute früh auch schon im Schloss gesehen. Beim Mittagessen werden wir ihn sicher treffen.“

„Ich will gerne Euer karges Fastenmahl teilen, das Pater Marcus Euch auferlegt hat.“

„Ich hoffe Ihr werdet einen kargen Fasan, Hirsch, Enten und Schwäne, Zugemüs und Knödel nicht verschmähen. Wir werden einfach die Knödel weglassen, dann soll dem Pater Marcus Genüge getan sein.“

Anna versuchte redlich, sich in Marburg einzuleben, ohne allzu viel von sich selbst aufzugeben, doch die Erfüllung dieses Wunsches wurde ihr nicht von allen Herrschaften erleichtert, die ebenfalls im Schloss zu Marburg lebten oder dort ein- und ausgingen, allen voran die Hofmeisterin Mannsbach. Man begegnete ihr mit Höflichkeit, ließ jedoch keinen Zweifel daran, dass Annas Platz in den Frauengemächern war. Unverhohlen war die Missbilligung gewesen, als Anna ihr Interesse für Politik bekundet hatte. Solange eine Frau unverheiratet war, hatte sie sich schön zu machen, um einem Mann zu gefallen. War sie erst einmal verheiratet, hatte sie Kinder zu bekommen und sich zwar standesgemäß und repräsentativ, doch nicht mehr allzu aufreizend zu kleiden. Auch wenn Anna gewissermaßen die Herrin im Marburger Schloss war, die Landesfürstin, hatte sie einen schweren Stand. Viele Männer, denen Boyneburg nicht nahe stand, beneideten Wilhelm um seine schöne junge Frau, aber aus genau diesem Grund traten ihr manche Frauen mit Kälte und Ablehnung, teilweise sogar mit Hass entgegen. Anna spürte bald, dass sie vor den Damen Boyneburg, Waiblingen und Wallenstein besonders auf der

Hut sein musste. Diese drei - sicher in Ehren - ergrauten Damen lächelten ihr freundlich ins Gesicht, waren aber schnell bei der Hand, wenn es darum ging, eine Schwäche Annas auszumachen. Beim Sommerball hielten sie sich im Hintergrund. Ihre hochgeschlossenen dunklen Kleider machten ihnen den Aufenthalt in der Mitte des Raumes, der von Hunderten Kerzen erhellt und gewärmt wurde und wo sich die Leiber der Tanzenden erhitzten, unangenehm und sie zogen es vor, wie dunkle Gewitterwolken am Fenster stehen zu bleiben. Tuschelnd kritisierten sie Annas Tanzweise. Eindeutig zu kokett war diese Anna. Die von Treisbach hatte sich vorher nie so unzüchtig aufgeführt. Zu Zeiten der Jolanthe de la Lorraine (Friede ihrer Seele! Eine solche werden wir niemals mehr Herrin nennen dürfen!) hatte sich die Treisbachsche nicht so auffällig gekleidet. Wenn man bedachte, dass sie schon zwei Söhnen das Leben geschenkt hatte! Offensichtlich stiftete diese Anna von Mecklenburg die hessischen Damen zu Hallodri an. Wenn sich die gnädige Frau doch nur das Kinderkriegen von den Hessinnen abschauen könnte. Aber daran dachte diese Person offenbar gar nicht.

Auch wenn der Tanzsaal voller Menschen war, die redeten, lachten und sich zutranken, die ausgefallensten Kleider, den schimmerndsten Schmuck trugen, konnte doch jeder, der den Saal betrat, sofort ausmachen, wo Anna von Hessen sich gerade aufhielt. Anna war immer dort, wo man am lautesten lachte, in der Tanzreihe war sie ganz vorn zu finden oder am Spieltisch auf der Seite der Gewinner. Wilhelm sah man an ihrer Seite nur zur pflichtgemäßen Eröffnung des Tanzes. Danach zog er sich in einen Nebenraum zurück, in dem man die Musik nur noch von ferne hörte, um mit seinen Räten, von denen er auch einige für seine Freunde hielt, zu reden und zu trinken. Peter von Treisbach fühlte sich hin und her gerissen zwischen seiner Pflicht dem Landgrafen gegenüber und seinem eigenen Wunsch, mitzutanzen. Denn als Musiker liebte er auch den Tanz. Besonders mit seiner Frau, die er nun von weitem beobachten musste. Sie zwinkerte ihm zu, worauf er sich doch ein Herz fasste und kurzentschlossen seinen Kelch abstellte, um sich neben seiner Frau einzureihen. Dörrenberg, Wallenstein und Boyneburg waren in ihren dunklen Gewändern ganz das männliche Pendant zu den düsteren Gewitterwolken, die noch immer am Fenster standen und Anna aus ihren kleinen schrägen Augen beobachteten. Der schillernde Herr von Waiblingen dagegen war auf der Tanzfläche zu finden, wo er die Leichtigkeit seiner Füße unter Beweis zu stellen liebte. Konrad von Mannsbach, der Gemahl der Hofmeisterin, stand in der Tür zum Ballsaal. Sein Weinglas hielt er gegen das Licht der Kerzen, um die leuchtend dunkle Farbe des Weines zu bewundern. Unwillkürlich fiel sein Blick auf Anna, die gerade von Riedesel zum Tanz aufgefordert wurde, und sich mit ihm in den Kreis einreihte.

„Ein hübsches Profil hat sie, unsere gnädige Landesfürstin, nicht wahr, Herr von Boyneburg?"

Boyneburg warf einen kurzen Blick in den Saal und knurrte: „Und mit diesem Profil werden wir noch unsere Freude haben! Denken Sie an meine Worte, wenn es soweit ist." Darauf stürzte er seinen Wein hinunter und wandte sich wieder um, denn der Landgraf redete von den wichtigen Dingen des Lebens.

Hatte man dieses Mecklenburger Mädchen nicht erzogen? Hatte man ihr nicht beigebracht, dass eine verheiratete Frau züchtig ihr Dekolleté zu verbergen hatte? Die Art und Weise, wie sie beim Tanzen Männern erlaubte, sie um ihre zugegebenermaßen hübsche schmale Taille zu fassen, wie sie sich von ihnen bei der Ronde heben ließ und mit welch verheißungsvollen Lächeln sie jeden Einzelnen ansah, das war ein Skandal! Frau von Wallenstein zischte, die Landesfürstin sei eine regelrechte Frau Venus. Dies hörte ein gewisser Graf von Berlepsch, einer der älteren Herren, der diesen Spitznamen begeistert aufnahm.

„In der Tat! Das ist der rechte Name für unsere junge Fürstin. Frau Venus! Verehrte Frau Wallenstein, Ihr seid eine wahrhaft souveräne Dame. Kaum jemals entschlüpft einer Frau ein Lob über eine andere Frau. Erlaubt mir, Euch meiner Bewunderung zu versichern!"

Von Berlepsch war bekannt dafür, weder politische noch menschliche Zusammenhänge zu durchschauen und prostete mit seinem Weinglas, das die Diener bereits mehrmals gefüllt hatten, den drei verärgerten Damen fröhlich zu. Diese erwiderten verkniffenen Mundes seinen Gruß und wandten sich schnell ab. Dabei fiel ihr Blick auf Anna, die noch immer tanzte und sich gerade mit einem so liebreizenden Lächeln verneigte, dabei ihr seidenes Kleid so zierlich mit der Hand fasste, dass den drei grauen Hyänen die Galle aufstieß. Die Galle des Trios in Grau stieg noch viel höher, als sie später mit ansehen mussten, wie Berlepsch der Landgräfin ins Ohr flüsterte und Anna auflachte. Berlepsch deutete mit seinem Weinglas in die Richtung der drei Damen, worauf Anna ihnen freundlich lächelnd zunickte und knickste. In diesem Moment gesellte sich die Landbotin von Mannsbach zu den dreien und wurde sofort eingeweiht in den neuesten Skandal. Diese Person war nicht einmal in der Lage, sich für einen solchen Namen zu schämen! Die allmorgendliche Beichte tat mit Sicherheit Not!

Anna konnte sicher sein, dass am nächsten Tag die Spatzen ihren neuen Spitznamen von den Dächern pfeifen würden.

Wilhelm war und blieb eisern. Die Falte auf Annas Stirn hatte er bald zu deuten gewusst und war nicht gewillt, ihrer Rebellion freien Lauf zu lassen. Er war erleichtert, dass sie ihm nicht vor seinen Räten oder ihren Hofdamen widersprach, sondern ihn in seinem Arbeitszimmer aufsuchte, wenn er allein war.

„Schweigen Sie! Das sind meine Angelegenheiten!“ sagte er, ohne auch nur von seinen Papieren aufzuschauen, als sie ihm bezüglich der Stände ans Herz legen wollte, nur keine Zugeständnisse zu machen und einen Fall aus ihrer Mecklenburger Heimat schilderte, als sich die Stadt Rostock gegen ihren Vater erhoben hatte. Die anderen Städte hatten sich geweigert, ihrem Herzog zu Hilfe zu kommen. Die Dienste ausländischer Truppen hatte Herzog Magnus in Anspruch nehmen müssen, um die Rostocker wieder zur Vernunft zu bringen.

„Wenn ich Ihren klugen Rat hören will, werde ich es Ihnen mitteilen. Doch denke ich nicht, dass Sie das Schießpulver erfunden haben!“

„Aber Sie selbst haben das Schießpulver auch nicht erfunden, Herr. Mein Hauslehrer sagte nämlich, dass die Chinesen es erfunden hätten.“ Wilhelm knurrte etwas Unverständliches.

„Sie haben es gar nicht für militärische Zwecke erfunden, sondern nur um ihre Feste und Lustbarkeiten mit bunten Feuerwerken zu bereichern.“

„Erbärmliche Tölpel, diese Chinesen. Feuerwerk!“

Anna schaute ihren Gemahl an. Er schien in der Tat tiefste Verachtung für dieses Volk zu empfinden, das etwas so Bahnbrechendes wie das Schießpulver Jahrhunderte lang nur für friedliche Zwecke benutzt hatte. Wilhelms Auffassung von Politik widersprach ihrem Verständnis grundlegend.

„Kriege verschlingen Geld, das man viel besser einsetzen könnte. Wäre viel sinnvoller, Herr, den Frieden durch Verträge zu sichern? Was denken Sie?“

„Wenn Sie wirklich einen Beitrag zum Wohlergehen dieses Landes leisten wollen, hören Sie auf zu schwatzen und schenken diesem Land einen Erben. Habe ich mich deutlich genug ausgedrückt, Herrin?“ Das letzte Wort stieß er wütend hervor.

Anna verließ wortlos das Arbeitszimmer. Mit diesem einen Satz hatte er ihr nicht nur deutlich gemacht, wo seiner Meinung nach der Platz seiner Ehefrau war, sondern auch, dass sie diesem Platz keineswegs gerecht wurde.

Am Abend dieses Tages lag Anna noch lange wach. Es war schon spät, als Wilhelm leise das gemeinsame Schlafzimmer betrat. Anna lauschte und wartete auf die Geräusche des Entkleidens. Doch Wilhelm stand reglos an der Truhe. Auf dieser Truhe stand ein Kästchen mit einigen seiner ganz privaten Kleinigkeiten. Anna hatte noch nie hineingeschaut. Nun hörte sie, wie Wilhelm den Deckel öffnete und etwas herausnahm. Anna war hellwach und wagte kaum zu atmen. Unter halb geöffneten Lidern beobachtete sie, wie Wilhelm ans Fenster trat. Es war ein kleiner Gegenstand, den er ins Mondlicht hielt und liebevoll betrachtete, sogar streichelte. Anna stockte der Atem. Es war der Trauerflor, dessen Bänder und Schleifen Wilhelm so zärtlich ordnete. Lange stand er da und sah versonnen den Trauerflor an, den er unmöglich noch bei Tage tragen konnte, selbst wenn seine Trauer noch so groß war. Es erschien Anna wie eine kleine Ewigkeit, bis er sich von dem Fenster und dem Flor losgerissen, sich entkleidet hatte und zu ihr ins Bett geschlüpft war. Anna wartete bis sie seine ruhigen Atemzüge hörte, dann erhob sie sich und schlich sich in ihr eigenes Schlafzimmer. Dieses Ehebett war zu eng.

*

Pater Ignatius war müde. Mit zunehmendem Alter sah er immer weniger die Notwendigkeit ein, sein altersschwaches Fleisch mit nächtlichen Gebeten und Fasten zu malträtieren. Die fünfzig Jahre, die er mit sich herumschleppte, geißelten seinen Leib hinlänglich. Seit geraumer Zeit war sein Fleisch schon nicht mehr sündig. Kaum gewährten ihm seine Gebrechen die Ausübung seines Amtes als Abt. Er legte seine Hand auf den Leib, wo Magen und Frühstück einen unerbittlichen Kampf zu führen schienen. Für jeden Winter den er überlebte, war er dankbar. Auch in diesem Jahr genoss er wieder die Kirschblüten. Er hatte das Fenster seiner Schreibstube geöffnet. Er empfand es in jedem Jahr als ein Fest, wenn er zum ersten Mal wieder bei offenem Fenster arbeiten konnte, wenn nicht zahllose Lagen von Wolle seine Schultern beschwerten, sondern er durch seine Kutte spürte, wie viel Kraft die Sonne bereits hatte. Unter seinem Fenster, wo die Stadtmauer steil abfiel, spielten Kinder. Er hörte ihr Lachen und Rufen. „Du bist dran!" rief ein Junge. Was mochten sie wohl spielen? Er hätte Lust gehabt, aufzustehen, ans Fenster zu gehen und den Kindern zuzuschauen, stattdessen beugte er sich etwas vor, um mit seinen immer schwächer werdenden Augen noch etwas auf dem Pergament zu erkennen, das sein Prior Bruder Valentin ihm vorgelegt hatte. Er wusste, dass er sich ohnehin auf den jungen Mann verlassen konnte. Dies tat er mit ruhigem Gewissen und nicht etwa weil ihm nichts anderes übrig blieb. Pater Ignatius schaute auf die schlanken gepflegten Finger des Priors, die das Pergament festhielten. Sie waren so ganz anders als die Hände der Laienbrüder, die man von denen der Handwerker und Bauern kaum unterscheiden konnte. Bruder Valentin war außerdem ein brillanter Kopf. Er hatte die Zwanzig gerade überschritten und war bereits Prior. Das Kloster brauchte junge Menschen mit Ideen und Idealen. Pater Ignatius sah mit Freude, dass sich Bruder Valentins klarer Verstand mit einem aufrechten Herzen vereinte. So viele Ordensleute trieb ihr Verstand, sich ausschließlich für ihren eigenen Vorteil emporzuarbeiten.

„Ich danke Euch, Pater Ignatius", sagte Bruder Valentin, nachdem der Abt Namen und Siegel unter das Pergament gesetzt hatte. Der duftende Rauch des Siegelwachses durchzog mit seinen geisterhaften Armen den Raum, wurde von einem Sonnenstrahl angezogen und leise bewegt.

„Da wäre noch etwas."

„Ja?"

„Ihre Gnaden, die Landgräfin, hat sich durch einen Boten ankündigen lassen. Sie möchte Euch heute nachmittag sprechen."

„Da haben Ihre Gnaden, die Landgräfin, aber Glück, dass wir, Pater Ignatius, Abt des Franziskanerklosters zu Marburg, heute Nachmittag nichts Besseres vorhaben", erwiderte er mit einem Zwinkern. „Um die wievielte Stunde gedenkt unsere Fürstin denn zu erscheinen?"

„Um die dritte Stunde am Nachmittag wird sie hier sein. Sie bittet Euch, ihr die Beichte abzunehmen."

„Sie möchte nicht bei dem braven Pater Marcus beichten? Ja, ich habe gehört, er soll sehr streng sein. Dann dürfen wir wohl gespannt sein, was uns erwartet."

Mit einer leichten Verbeugung verabschiedete sich Bruder Valentin. Pater Ignatius lehnte sich zurück. Sein Blick fiel auf das Kruzifix über seiner Tür, das ihn schon seit vielen Jahren begleitete und mit dem er zuweilen eine stille Zwiesprache hielt. „Ja, Herr Jesus. Der Landgräfin soll ich die Beichte abnehmen. Dieser Nachmittag verspricht interessant zu werden. Aber nun wollen wir zuschauen, wie Marburgs Kinder Fangen spielen."

Es war kurz vor drei Uhr, als Pater Ignatius zur Kirche ging. Von weitem schon hörte er den Gesang der Brüder. Bruder Andreas übte mit seinen Sängern. Er liebte die Gregorianik. Keine andere Musik war so eindeutig, so klar und einfach – und so schwierig zugleich. Wahrhaftig eine Parabel des klösterlichen Lebens, in dem sich jeder einzelne Bruder zurücknehmen musste, um einem größeren, höheren Zweck zu dienen. Auch wenn jeder Bruder Gott nach seinen Fähigkeiten diente, war für individuelle Ausbrüche kein Raum. In der Gregorianik machten die vielen unterschiedlichen Stimmen, die alle eine Melodie sangen, den Reiz aus. Bruder Andreas war erst zufrieden, wenn keiner seiner Sänger sich hervortat, sondern im Klang des gesamten Chores aufging.

Der Pater öffnete vorsichtig die gut geölte Tür, um die Probe nicht zu stören. Für einen Moment nahm er nur die klaren Stimmen wahr, die den weiten Kirchenraum vollkommen ausfüllten. Doch dann klatschte Bruder Andreas in die Hände. „Nein! Das Gloria war mindestens zweistimmig. Es heißt: ‚Gloria'." Er sang den Brüdern die richtige Intonation vor. Pater Ignatius bewunderte seine Stimme. Obwohl Bruder Andreas beinahe so alt war wie er selbst, hatte seine Stimme nichts von ihrer jugendlichen Kraft verloren. „Also, noch einmal! Nicht von vorn. Ab der dritten Zeile." Die Brüder begannen wieder zu singen. Diesmal war Bruder Andreas zufrieden und rief den Brüdern ein Lob zu. Pater Ignatius ließ seine Augen durch die Kirche schweifen. Das Halbdunkel wurde durchschnitten von mächtigen Lichtsäulen, die durch die Fenster von Westen her fielen. In einer der Lichtsäulen stand eine Gestalt, an der die Augen des Paters haften blieben. Das konnte nur Anna von Hessen sein. Keine andere Frau würde mit einem derart gewagten Hut eine Kirche betreten. Lange Federn schmückten diesen Hut, den sich die Trägerin schräg in die Stirn gezogen hatte. Und ihr Kleid! Von leuchtendem Rot war es. Schon von weitem konnte der Pater erkennen, dass es mit breiter Borte besetzt und der Ausschnitt mit Pelz verbrämt war. Die Beichte konnte lange dauern. Pater Ignatius ging auf sie zu. Sie bemerkte ihn gar nicht. Ganz versunken schien sie in die Musik. Aus der Nähe konnte er nun ihr Gesicht sehen. Sie war eine bemerkenswert schöne Frau. Unter dem Hut schaute dichtes helles Haar hervor, die Sonne ließ ihre blauen Augen strahlen und doch war da etwas in ihrem feinen Gesicht, das nicht so recht hineinpassen wollte.

„Euer Gnaden!" flüsterte er. Sie wandte sich zu ihm um und schaute ihn an. Sie lächelte.

„Die Musik ist wunderschön, nicht wahr", flüsterte sie. An ihren Augen konnte er erkennen, dass sie für diesen Moment vollkommen in der Musik aufging. Pater Ignatius lächelte ebenfalls. So hatte er sie sich doch nicht vorgestellt. Schon gar nicht, nachdem er sie von weitem gesehen hatte. Ihre Augen hatten so viel Träumerisches. Und plötzlich wurde Pater Ignatius bewusst, dass da ein halbes Kind vor ihm stand. Sie war fünfzehn Jahre alt. Man hatte sie aus der Heimat herausgerissen und hier nach Hessen verpflanzt. Vermisste sie nicht ihre Eltern, ihre Geschwister?

„Wenn Euer Gnaden mir bitte folgen wollen. Die Beichte kann ich Euch hier nicht abnehmen. Wir wollen den Unterricht nicht stören. Doch biete ich Euch einen Spaziergang im Kreuzgang an."

„Pater Ignatius? Vergebt mir, ich wusste nicht, dass Ihr ...“ Sie kniete kurz nieder und küsste seinen Ring. Als sie sich wieder erhob, war auf ihrem Gesicht die Landgräfin zu erkennen. Gefasst, sich ihres Standes und ihrer Pflichten bewusst. Sie schien nicht im mindesten verärgert darüber, dass er ihr nun nicht hier die Beichte abnehmen würde, wie sie geplant hatte. Er ging ihr voran durch die Seitentür und hinüber ins Kloster. Pater Ignatius warf einen verstohlenen Blick auf das junge Mädchen, das neben ihm ging. Ihr Kleid musste aus Seide sein. Es raschelte auf eine Art und Weise, wie die groben Wollröcke der Bauern und die Leinenröcke der Bürgerinnen niemals raschelten. Ein Hauch von Rosenwasser wehte von Zeit zu Zeit zu ihm herüber. Die Bußen, die Pater Marcus für solche Vergehen auferlegte, waren sicher grausam.

Sie waren nun am Kreuzgang angelangt. Pater Ignatius wollte der Fürstin den Vortritt lassen, doch als er sah, dass dort gerade ein Dutzend Laienbrüder die Beete harkte, schlug er vor, in sein Arbeitszimmer auszuweichen.

„Dort werden wir mit Sicherheit ungestört sein.“

Endlich waren sie dort angelangt und Pater Ignatius hatte die Tür hinter der Fürstin geschlossen.

„Vergebt mir, dass ich Euch nicht in der Kirche die Beichte abnehmen konnte. Wir werden das nächste Mal einen Zeitpunkt finden, zu dem die Kirche frei ist.“

„So hatte ich Gelegenheit, Euer Kloster zu besichtigen und nicht nur die Kirche.“

Auch jetzt sah sie sich wieder um. Ihr Blick wanderte über die Regale mit den Büchern, verweilte kurz an einer Marienstatue, die er selbst als Junge geschnitzt hatte, wanderte weiter zu den Pergamentrollen, die zugegebenermaßen etwas ungeordnet im Regal lagen.

„Verzeiht die Unordnung. Wenn ich gewusst hätte, dass ich heute Besuch empfange ...“

Aber die Landgräfin wischte seine Entschuldigung mit einer leichten Geste fort: „Es ist Euer Arbeitszimmer. In einem aufgeräumten Arbeitszimmer wird meist nichts Rechtes gearbeitet. Das Arbeitszimmer des Landgrafen sieht auch nicht ordentlicher aus.“

Die Landgräfin nahm in dem Lehnstuhl Platz, der dem Schreibtisch gegenüber stand. Pater Ignatius schob seinen Stuhl vor seinen Schreibtisch und nahm bei der jungen Landgräfin Platz.

„Seid Ihr denn oft im Arbeitszimmer des Landgrafen?“ fragte er, um die Plauderei noch etwas fortzusetzen. Er war erstaunt über die Wirkung seiner Worte. Sie schaute ihn geradezu alarmiert an.

„Nein. Ja. Also nicht mehr so oft. Ich versuche mich fernzuhalten. Ich bin ja gekommen wegen der Beichte. Sollen wir beginnen?"

„Sicher. Mir war nicht bewusst, dass Ihr nicht ins Arbeitszimmer des Landgrafen gehen sollt. Hat er es Euch verboten?"

Ohne ihn anzusehen, sagte Anna: „Segnet mich Vater, denn ich habe gesündigt."

„Sprecht ganz frei und offen. Was hat es mit dem Arbeitszimmer Eures Gemahls auf sich?"

Und Anna berichtete, wie sehr sie sich danach sehnte, ihrem Gemahl eine Partnerin zu sein. Wie redlich sie sich bemühe, am Hof Fuß zu fassen, aber oft auf Ablehnung stoße. Wie gerne sie tanze und lustig sei und sich dabei immer nur neue Feinde mache. Wie sehr dann unchristliche Gefühle in ihr aufkochten; Gefühle wie Neid und Hass auf diejenigen, die heimisch in Marburg waren und unangefochten blieben. Sie berichtete von der Mannsbachschen und ihren hämischen Kommentaren, von Boyneburg, der ihr bei jeder Gelegenheit das Gefühl gab, nicht zu genügen. Wie sie immer wieder im Vorbeigehen Bemerkungen aufschnappte, die Wilhelms erste Frau betrafen. Sie erzählte von ihrer Wut auf diese Tote, die sie manchmal in die unterste Hölle wünschte. Man schien ihr ihr eigenes Leben nicht zu gönnen. Diese Frau wurde zur Heiligen erhoben. An ihr wurde sie gemessen und hielt keinem Vergleich stand. Anna redete immer schneller. Wie ein Sturzbach brach es aus ihr heraus, all die Ängste, ihre Wut, die Sache mit dem Trauerflor, ihre verlorenen Hoffnungen, die sie am Hof unter einer Maske kühler Contenance verbergen musste. Und sie erzählte, wie sehr sie sich wünsche, ihre Pflicht als Landesmutter zu erfüllen und dem Land einen Erben zu geben. Wie neidisch sie alle jungen Mütter anschaue. Wie sehr sie ...

Da fühlte sie plötzlich die Hand des Paters auf ihrer Hand. Er drückte ihre Hand so warm und herzlich, schaute sie an und sagte: „Aber das sind doch keine Sünden, mein Kind!"

Anna schaute ihn entgeistert an. „Aber Pater Marcus sagte ..."

„Ja, ich kann mir denken, was Pater Marcus gesagt hat." Er konnte es sich wahrhaftig vorstellen, wie der alte Geier über dieses junge Mädchen hergefallen war. Es war nicht das erste Mal, dass Pater Ignatius bei Adligen, denen es äußerlich an nichts mangelte, in Abgründe schaute. Hier saß nicht mehr die stolze Landesfürstin. Hier saß ein Mädchen, dass Heimweh hatte, das man wahrscheinlich mit Versprechungen in diese Ehe gedrängt hatte und das sich nun allein auf verlorenem Posten fand.

„Nun lasst uns einmal schauen, was wirklich an Euren Sünden so sündig ist. Ihr wollt dem Land einen Erben schenken. Das ist doch wunderbar! Ihr seid jetzt seit nicht einmal sieben Monaten verheiratet. Da dürft

Ihr noch nicht verzweifeln. Alles braucht seine Zeit. Je mehr Ihr darauf dringt, je mehr Ihr es wollt, umso mehr wird Euch dieser Wunsch versagt bleiben. Ein Wunsch ist wie ein Vogel. Je verbissener Ihr ihn fangen wollt, umso weiter wird er von Euch fortfliegen. Haltet ihm Eure Hand ganz still und offen hin, dann wird er sich von selbst darauf niederlassen.

Was den Neid bei Hofe betrifft, so kann ich Euch nur raten, Euren Neidern mit kühler Höflichkeit zu begegnen. Und nun zu Eurem eigenen Neid: Neid ist eine Sünde, zweifellos. Man kann versuchen, dieses Gefühl zu verbannen, doch wird es immer wieder in uns aufkeimen, wenn wir nicht die Wurzel entdecken und ausreißen. Sagt mir, ob es etwas in Eurem Leben gibt, das Euch wirklich froh macht. Es muss im Schloss doch auch Menschen geben, die Euch wohlgesonnen sind."

„Ja, das ist wahr. Da ist Magda, meine Kammerfrau, die aus Mecklenburg mit mir hierher gekommen ist. Es gibt die von Treisbachs, die Ihr wohl auch kennt. Die beiden haben mich sehr herzlich aufgenommen. Es gibt den Herrn Schrautenbach und den Herrn Riedesel, die mir sehr zugetan sind."

„Seht Ihr, ganz so schrecklich ist es nicht bei uns in Marburg. Und was Euren Gemahl betrifft, so kann ich Euch nur sehr schwer etwas raten. Ich kenne ihn auch zu wenig. Er zieht die Beichte bei Pater Marcus vor. Aber ich glaube, Ihr verschreckt ihn wohl eher, wenn Ihr allzu energisch eine Teilhabe an seinem politischen Leben fordert. Schrautenbach und Riedesel sind Männer, die Euch sicher Eure Fragen beantworten. Lest was immer Ihr bekommen könnt, auch die Bibliothek des Klosters steht Euch offen. Verschafft Euch einen Überblick über die hessische Politik soweit dies möglich ist. Der Fürst ist Euer Gemahl. Mit ihm müsst Ihr Erben zeugen, aber über Politik könnt Ihr Euch auch mit anderen Männern unterhalten.

Te absolvo de pecati tui! In nomine patris et filii et spiritu sanctu. Amen." Er schlug ein Kreuz, schlug sich dann auf die Schenkel und erhob sich.

„Und meine Buße?"

„Eure Buße? Ach ja, die hätte ich fast vergessen. Zur Buße müsst Ihr morgen früh zum Gottesdienst kommen. Bruder Andreas wird dann wie immer mit den Brüdern singen. Und ... Ihr werdet jetzt einem alten Mann Gesellschaft leisten müssen bei einem Spaziergang durch die Kirschgärten. Amen!" Er nahm seinen Stock und öffnete die Tür. „Wenn ich Euer Gnaden bitten darf!"

Mit einem Lächeln verneigte sich Anna. Das Lächeln war eindeutig kokett. Vielleicht hätte er ihr doch ein paar Ave Maria aufgeben sollen. Nun

– beim nächsten Mal. Von seinem Herrn Jesus verabschiedete er sich mit einem entschuldigenden Schulterzucken. Dann folgte er Anna und dem Rascheln ihrer seidenen Röcke.

Anna genoss die täglichen Gottesdienste bei den Franziskanern. Sie nutzte die Zeit oft für eine anschließende Beichte. Manchmal ging sie mit Pater Ignatius im Kreuzgang spazieren, berichtete ihm über ihre Fortschritte mit Wilhelm, mit dem sie sich immer besser vertrug, weil sie ihn gar nicht wissen ließ, dass sie sich bei Schrautenbach und Riedesel informierte. Sie erzählte dem Pater, welche Bücher sie gelesen hatte, und davon, dass Schrautenbach ihr mehr oder weniger die hessische Verfassung erklärt hatte. Auch davon durfte Wilhelm natürlich nichts erfahren.

Anna bemühte sich weiterhin, in Marburg heimisch zu werden und nicht mehr allzu sehr gegen die ihr zugedachte Rolle aufzubegehren. Zumindest nicht nach außen. Dass sie viel las und sich oft im Kloster aufhielt, sah Wilhelm gerne. Schließlich wollte er eine Frau, die seine Kinder zu kultivierten Menschen erzog. Doch was sich nicht einstellte, waren eben diese Kinder. Monate vergingen. Monate, in denen Anna vergeblich hoffte, ihre Pflicht zu erfüllen. Wenn sie nur erst einen Erben geboren hätte, würde sich dann nicht alles ändern? Würde Wilhelm sie dann nicht mit anderen Augen ansehen? Im Moment – was sah er in ihr? Ein Kind, das er zu formen hoffte, das aus der starken Hand des Vaters nun auf keinen Fall in allzu sanfte Hände gelangen durfte? Ihr Streben nach Freiheit, nach Mitsprache - was sah er anderes darin als Flausen eines jungen Mädchens, das seinen Platz in der gottgewollten Ordnung noch nicht gefunden hatte? Pater Ignatius beharrte auf seinem Standpunkt, dass sie nur Geduld haben müsse. Insgeheim hoffte er aber, nicht in einigen Jahren mit der Geschichte Sarahs aufwarten zu müssen, die noch schwanger wurde, als es ihr längst nicht mehr nach der Weiber Weise ging.

Zu mancher Gelegenheit tappte Anna in die Falle. Sie wusste, dass es außer Wilhelm dem Mittleren auch einen Jüngeren gegeben, von dessen traurigem Schicksal sie gehört hatte. Aber es musste auch einen Älteren geben. Vorsichtig erkundigte sie sich eines Abends nach ihm. Ihr Gatte machte diese typische Handbewegung, abwehrend, in unbestimmte Fernen schweifend, wenn Anna ein Thema anschnitt, das ihm nicht genehm war.

„Er ist verrückt. Er lebt auf einem kleinen Schloss, wo niemand sich an seinem Wahnsinn stört. Seine Frau lebt mit den Töchtern auf dem Sensenstein bei Kassel."

Wieder hatte Anna den Fehler begangen, den falschen Mann zu viel zu fragen. Dieses Schloss hatte ein schlüpfriges Parkett, auf dem man jederzeit ausgleiten konnte. Fast unmöglich, sich darauf elegant zu bewegen. Es sei denn, man blieb schön brav am Rand. Wilhelms karge Worte über seinen Bruder beschäftigten Anna noch lange. Wie mochte es wohl einer Frau gehen, die man von ihrem wahnsinnigen Mann getrennt auf ein einsames Schloss verbannt hatte, das diese Bezeichnung sicher nicht verdiente. Allein der Name konnte einen Menschen in die tiefste Schwermut stürzen: Sensenstein. Anna erfuhr durch Magda von einer Dienerin, dass diese unglückliche Frau auch Anna hieß und eine geborene Herzogin von Braunschweig war. So hatte sie sich ihr Leben sicher nicht vorgestellt, als sie Wilhelm dem Älteren ihre Hand gereicht hatte. Denn mit Wilhelm I. hatte es die folgende Bewandtnis: Auf einer Pilgerfahrt im Jahre 1491 nach Jerusalem, Venedig und Rom, wo Papst Innozenz III. ihm eine Audienz gewährt hatte, war ihm sein Verstand abhanden gekommen. Manche behaupteten, es seien die Reisestrapazen gewesen, andere munkelten, er habe einen Liebestrank zu sich genommen. Kurz, sein jüngerer Bruder, der jetzige Landgraf, der eigentlich für den geistlichen Stand vorgesehen gewesen war, hatte selbst Herrschaftsansprüche gestellt. Im Jahre 1493 hatte Wilhelm der Mittlere seinen Bruder dazu bewegt, abzudanken. Von einer Krankheit war nicht die Rede gewesen, doch den Lebemann hatte die Auszahlung von 12.000 Gulden und eine jährliche Leibrente von 2.000 Gulden gelockt. Dazu kam der Besitz von Burg, Stadt und Gericht Spangenberg. Doch da ihm Spangenberg nicht sonderlich aufregend erschien, begab sich der Ältere mitsamt seiner Familie auf Reisen und verprasste dabei so viel Geld, dass er schließlich sogar seine Kleinodien einschmelzen musste. Aufgrund seiner Verschwendungssucht wurde er 1496 durch den Kaiser entmündigt und mitsamt seiner Frau und den Kindern der Vormundschaft des Landgrafen unterstellt. Es hieß, dass ab diesem Zeitpunkt die jährliche Rente nicht mehr gezahlt worden sei. Der Ältere wurde in Spangenberg untergebracht, seine Frau bezog angeblich aus freien Stücken den Sensenstein. Immerhin gewährte man Anna von Braunschweig Zutritt zu ihrem Gatten.

Anna konnte sich ein lebhaftes Bild machen, wie Anna von Braunschweig mit ihren Töchtern lebte: vergessen, ohne Unterhaltung, ohne Aussicht, jemals der Eintönigkeit zu entkommen. Wie alt mochten die Mädchen wohl sein? Hatten sie jemals die Möglichkeit, einen Mann kennen zu lernen, ihm so sehr zu gefallen, dass er sie von ihrem Los befreien würde? Und Wilhelm! Machte sich sein jüngerer Bruder Gedanken um seine Pflege? War er versorgt oder ließ man ihn einfach nur vor sich hin vegetieren in seinem Stumpfsinn? Wie sehr man den Älteren vernachlässigte und wie groß die Verbitterung seiner Gattin war, ahnte Anna allerdings nicht. Doch sollte das noch eine Rolle spielen, von der Anna im Moment genau so wenig ahnte.

Anna wusste nicht, dass in diesem Moment eine sächsische Delegation aus Köln nach Eisenach zurückkehrte, im Gepäck einen Vertrag, den sie mit dem Erzbischof von Köln geschlossen hatten. Die Wettiner hatten die Notlage des Geistlichen ausgenutzt, um ihn zu einem Pakt zu bewegen, den dieser niemals Anna gegenüber erwähnen würde. Und wenn er einmal in Kraft war, wie sollte er ihr dann noch in die Augen blicken können? Mit diesem Vertrag fiel er ihr in den Rücken, denn er sicherte den Wettinern die Herrschaft über Hessen zu, sollte Wilhelm kinderlos sterben. In diesem Fall würden die Wettiner dem Erzbischof eine noch ausstehende Schuldsumme erlassen, ihm die verpfändete Stadt Rense zurückgeben und seine Ansprüche auf das Erzkanzleramt in den welschen Landen und in Frankreich unterstützen. Doch der Erzbischof wusste, dass dieser Pakt nur dann wirksam werden würde, wenn Wilhelm vor ihm starb und Anna noch keinen Erben geboren hätte. In Anbetracht seines Alters war er durchaus zuversichtlich, dass es so weit nicht kommen würde. Wenn nur nicht die Wettiner nachhalfen!

Die kommende Zeit war schlimm für Anna. Sie wusste, wie lange dieser Zustand anhalten würde: so lange, bis sich die Zeichen einer Schwangerschaft eindeutig bei ihr zeigen würden und sie schließlich dem Land einen Sohn geboren hätte. Schmerzlich wurde ihr nun bewusst, dass es hier nicht um sie ging. Wie hatte sie nur so blind sein können? Wilhelm hatte lediglich ausgesprochen, was alle dachten. Niemand wollte hier eine kluge Frau an der Seite des Landgrafen. Was hier gefragt war, war im Grunde Annas Alptraum. Ein Frauchen, das im Hintergrund blieb, dort Kinder gebar, in erster Linie natürlich Söhne und das gerade noch in der Lage war, die Söhne zu Größenwahn und die Töchter zu Parkettsicherheit zu erziehen. Anna sah in ihren Spiegel. Das selbstbewusste Mädchen von einst, das über die Ratschläge der Mutter gelacht und sich nicht im mindesten mit dieser Frau identifiziert hatte, wurde nun systematisch demontiert. Sie hatte gemeinsam mit Katharina und den Brüdern die Spiele der Knaben gespielt, sie war stolz gewesen, wenn die Mutter sie gescholten hatte für schmutzige und zerrissene Kleider, für Schrammen an den Armen und Knien, für zerzauste Zöpfe und unberührte Puppen. Hatte sie da nicht immer leisen Stolz in den Augen des Vaters gesehen? Wann war das eigentlich passiert, dass sein Stolz unverhohlener Missbilligung gewichen war? Als Kind wäre es ihr nie in den Sinn gekommen, ihre Mutter als ihr eigenes, zukünftiges Ich zu sehen. Sie hatte sich immer mehr mit dem Vater identifiziert. Das Los ihrer Mutter war ihr keineswegs erstrebenswert erschienen. Als seien Frauen eine andere Art, mit der sie niemals etwas zu tun haben würde, hatte sie erwachsene Frauen betrachtet. Das war nicht das Geschlecht, dem sie, Anna, angehörte. Sie war frei und tat, was ihr beliebte. Das war nun vorbei. Sie hatte eine bittere Lektion gelernt.

Anna ging und schloss das Fenster. Sie wollte jetzt nicht die Kinder im Hof spielen hören. Die Kinder der Mägde, die sich dort balgten, Nachlaufen oder Verstecken spielten. Es musste doch möglich sein, eine erwachsene Frau *und* frei zu sein. Aber Freiheit war nicht das, wozu man Mädchen ihres Standes erzog. Sie dachte noch einmal an den Abschied in Kassel. Die Eltern hatten sie umarmt als sei dies eine letzte Pflicht, die sie nun erfüllt hatten. Anna war das Gefühl nicht losgeworden, dass die Eltern sich erleichtert auf den Heimweg gemacht hatten. Als seien sie mit ihr auch eine Sorge losgeworden. Die Briefe, die sie aus Schwerin erreichten, waren lediglich ein Abbild des kühlen Abschieds. Zwischen den Zeilen las Anna Ermahnungen, und ihre Mutter konnte nicht umhin, sich nach Nachkommen zu erkundigen. Anna schrieb in höflich-kühlem Ton zurück und streifte dabei das leidige Thema nicht einmal aus der Ferne. Mochten sie denken, was immer sie wollten.

Wieder vergingen Monate. Magda hatte sich schon sehr viel besser eingelebt als Anna, doch Magda stellte auch nicht die ihr zugewiesene Rolle infrage. Anna war innerlich zerrissen. Einerseits wollte sie Mutter werden – schließlich war das der Grund, aus dem Wilhelm sie geheiratet hatte. Einerseits dachte sie auch, dass sie mit einem kleinen Erbgrafen sicher ihre Stellung festigen könnte. Wie könnte sie dann Boyneburg gegenübertreten! Wie könnte sie dann die Gesichter der Hofdamen milde anlächeln! Wie könnte sie dann im Stillen denken, dass ihr Sohn noch kräftiger war, wenn sie die Gespräche von Müttern aufschnappte, die sich gegenseitig mit den Fähigkeiten ihrer Sprösslinge übertrumpften!

Andererseits hatte sie Angst, dass man sie mit dem Kind noch enger an ihre Gemächer fesseln könnte. Würde Wilhelm ein Kind nicht als Vorwand gebrauchen, um sie noch besser aus seinen Angelegenheiten herauszuhalten?

Aber sie spürte auch, wie sich diese Fragen allmählich ihrem Kopf entzogen. Ihr Herz entschied sich für ein Kind, was ihre Kinderlosigkeit nicht angenehmer machte.

Wilhelms Art hatte ihn ihr fremd gemacht. Annas anfängliche Illusionen waren tiefer Ernüchterung gewichen. Und Wilhelms anfängliche Leichtigkeit hatte einer Verbissenheit Raum gegeben, die Anna vor allem nachts nur schwer ertrug. Wieder und wieder kam ihr das Lied von dem tapferen Ritter in den Sinn. Sie summte die Melodie leise vor sich hin. Von dem Ritter, der allein auf sich gestellt ein ganzes Heer in die Flucht schlägt, aber zum Tode verurteilt wird, weil er die Prinzessin küsst. Vielleicht waren tapfere Prinzessinnen, die ihre geliebten Ritter vor dem Tod bewahrten, gar nicht vorgesehen. Ebenbürtigkeit war offensichtlich nicht erwünscht. Jegliches Streben danach wurde im Keim erstickt.

Ein Kind! Um des Himmels Willen! Das konnte doch nicht so schwer sein! Jede Ziege brachte das fertig. Warum? Warum strafte Gott sie so sehr und versagte ihr ihren Herzenswunsch, der doch eigentlich nur die Erfüllung ihrer Pflicht war? Wenn sie nur nicht durch die Kinder der Mägde und all der anderen Frauen, die im Schloss lebten, beständig daran erinnert würde. Pater Ignatius sprach ihr oft Mut zu, bat sie Geduld zu haben, führte ihr vor Augen, wie kurz sie erst verheiratet war und wie lange manche Paare auf Kinder hoffen mussten, doch manchmal sehnte sie sich danach, zu fliehen, nur diesem Anblick zu entkommen, und wenn sie dafür in die abgelegensten Gebiete der Welt reisen müsste.

Magda sah, wie Anna oft aus dem Fenster schaute und stumm weinte, wenn sie Kinder im Schlossgarten spielen sah. Sie sah, wie Anna sich selbst quälte und fragte leise, ob sie nicht Fenster und Vorhänge schließen solle. Meist war Anna einverstanden, zog sich zurück vom Fenster und begann zu beten, doch manchmal reagierte sie auf Magdas Ansprache auch gar nicht. Zuweilen ertappte Magda ihre Herrin dabei, dass sie mit einem imaginären Kind sprach, ja sogar die Hand in die Luft hob und zärtlich wie über einen unsichtbaren Kinderkopf strich. Magda begann zuweilen um Annas Geist zu fürchten. Doch diese Furcht verflog, wenn Anna sich in der ihr eigenen energischen Art erhob, ihre Trauer abschüttelte wie einen überflüssigen Mantel und Magda anwies, den Hauslehrer zu rufen.

Es ging schon stark auf den Winter zu. Karl und der Großvater arbeiteten unermüdlich für den Weihnachtsmarkt in Marburg. Anna schlug die Kästchen mit den Tuchen aus, die Karl bei Jacob erstanden hatte. Es war nun über ein Jahr her, dass sie Jacob zum ersten Mal begegnet waren. Mittlerweile schrieb man den Dezember des Jahres 1501. Und es war über ein Jahr her, dass Anna von Mecklenburg den Landgrafen in Kassel geheiratet hatte. Anna Schreuerin dachte oft an ihre Namensvetterin. Wie mochte es ihr wohl gehen in der neuen Heimat?

Auch Jacob wollte diesmal wieder in Marburg sein. Sie saßen in der Küche, denn die Werkstatt war nun zu kalt. Anna hatte ein schönes Feuer im Herd angefacht, ein Kessel hing darüber, in dem die Abendsuppe vor sich hin köchelte. Sie alle trugen Holzschuhe mit dicken wollenen Strümpfen – das Beste gegen kalte Füße. Sie hatten sich sogar den Luxus gegönnt, Honig in ihre heiße Milch zu geben, ganz zu schweigen von dem Hauch Butter und den Nüssen, die die Äpfel in der kleinen gusseisernen Form bedeckten. Dafür war der Großvater immer zu haben. Anna sah ihn von der Seite an, wie er so am Feuer saß, das liebe alte Gesicht ernsthaft über die Arbeit geneigt, das für sein hohes Alter noch sehr dunkle Haar wie immer ordentlich gekämmt. Überhaupt hielt er Wasser und sogar Seife nicht für Firlefanz, sondern benutzte beides täglich und ausgiebig. Seife war beileibe nicht in jedem Haushalt eine Selbstverständlichkeit. Manche Mädchen beneideten Anna um ihren fortschrittlichen Großvater. Anna umarmte und drückte ihn gern. Sie mochte diesen Duft nach Seife und Holz, der ihrem Großvater anhaftete. Wenn er die heiße Milch leise schlürfte, bewegten sich dabei seine großen Ohren. Ein Phänomen, das Anna schon als Kind staunend beobachtet hatte. Sie dankte Gott für diesen Großvater. Sie kannte genügend alte Menschen, die das Leben hart und bitter gemacht hatte. Aber nicht so Reinhard Schreuer, obwohl er hatte mit ansehen müssen, wie seine Familie vor seinen Augen zusammengeschrumpft und er schließlich allein mit seinen beiden Enkelkindern geblieben war. Der Großvater pfiff seine Lieblingsmelodien, die er noch aus seiner Wanderzeit kannte und in die Karl einstimmte. Eines ihrer Lieblingslieder war das Lied vom wandernden Gesell.

Bin ein wandernder Gesell, kenne keine Sorgen,
labt mich heut der Felsenquell, tut's der Rheinwein morgen.
Bin ein Ritter lobesam, reit auf Schusters Rappen
führ den lock'ren Zeisighahn und den Spruch im Wappen.

Zieh ich in ein Städtchen ein, spür ich's im Gehirne
wo man trifft den besten Wein und die schönste Dirne
Spielmann lächelt wohlgemut, streicht die Fiedel schneller
Und ich werf' ihm in den Hut meinen letzten Heller.

Meister Wirt darfst heut nicht ruhn, schlag heraus den Zapfen,
back Frau Wirtin mir ein Huhn und zum Nachtisch Krapfen.
Was ich heut nicht zahlen kann, zahlen will ich's künftig,
darum schreib's mit Kreide an, Wirt sei doch vernünftig.

Wein dir nicht die Äuglein trüb, Mägdelein vor Trauer.
Fahrender Gesellen Lieb ist von kurzer Dauer.
Fahrender Gesellen Lieb endet vor den Toren,
wein dir nicht die Äuglein trüb, hast nicht viel verloren.

Kommt ein Stern mit einem Schweif, will die Welt zertrümmern,
Leiert Euern Rosenkranz, mich soll's wenig kümmern.
Wird dem Weltenbrand zum Raub Berg und Wald und Heide,
wird das Wirtshaus auch zu Staub, schwarzes Brett und Kreide

Und dazwischen stimmte auch Anna mit ein, wenn sie den Kehrvers aus voller Kehle sangen:
Ja immer lustig und heiter froh Sinn
Futsch ist futsch und hin ist hin
Ja immer lustig Blut und heiter froh Sinn
Hin ist hin[2]

Zuweilen sang er auch Lieder, die Anna allerdings Schauer über den Rücken jagten, denn in jeder Strophe starben mindestens zwei Menschen.

„Erzähl' doch mal was Schönes!" bat Anna. Und ihr Großvater erzählte ihr die Geschichte von dem Jüngling, der sich in ein Mädchen verliebt hatte, das weit weg wohnte. Jeden Sonntag, wenn er frei war von seiner Arbeit, machte er sich schon ganz früh auf, um sein Mädchen zu besuchen. Wenn er dann gegen Nachmittag bei ihr ankam, hatte er nur noch Zeit, ihr einen guten Tag zu wünschen, dann musste er sich schon wieder aufmachen. Drei lange Jahre hätten die beiden so gelebt, bis der Jüngling die Erlaubnis hatte, sein Mädchen zu freien.

„Und dann haben sie viele Kinder bekommen und waren ihr Leben lang glücklich und verliebt," schloss Anna die Rede ihres Großvaters. Sie seufzte versonnen. Das war Liebe!

[2] Dieser Text stammt aus Lauras (siehe Danke!) Schallerfleppe, dem Liederbuch der Wandergesellinnen und -gesellen. Ursprung und Copyright waren leider nicht mehr festzustellen.

„Die Geschichte ist wirklich wahr, Anna. Die beiden leben noch in einem der Nachbardörfer. Einer ihrer Söhne, ich glaube, es ist der jüngste, kommt manchmal zu uns. Du hast ihn schon gesehen."

„Das war der stattliche Bursche mit den blauen Augen und den hellen Locken", sagte Karl wie beiläufig. Blitzschnell wandte Anna ihren Kopf. Karl sah nur kurz von seiner Arbeit auf, grinste dabei aber so spitzbübisch, dass Anna erst Luft holte und dann ruhig entgegnete: „Ja, ich kann mich gut erinnern. Alle Frauen finden Männer mit hellem Haar und hellen Augen besonders hübsch."

Karl strich sich die dunklen Locken aus der Stirn und fragte scheinheilig: „Wie bei Jacob?"

Bevor Anna aufbrausen konnte, bat der Großvater, doch endlich den Tisch zu decken für die Abendsuppe.

„Meinst du, wir sehen auch Anna von Mecklenburg wieder?" fragte Anna, als sie mit den beiden Männern am Tisch saß und aß.

„Du meinst Anna von Hessen!" erwiderte Karl. „Natürlich werden wir sie sehen. Sie hat nämlich Kästchen bei mir bestellt und ein Paar Trippen."

Anna zog ihrem Bruder eine Grimasse.

„Als Landesfürstin wird sie wohl nicht über den Markt laufen. Aber man kann nie wissen. Vielleicht führt die junge Frau ein paar Neuerungen ein. Immerhin hat sie keine Schwiegermutter, die beständig darauf achtet, dass sie sich benimmt und ihre Eltern sind weit weg."

„Sie sind schon über ein Jahr verheiratet, die beiden. Da könnte man doch langsam annehmen, dass sie dem Land einen strammen Erbfürsten schenkt", sagte Karl.

„Könntest du in Ruhe pinkeln, wenn alle Welt dir dabei zuschaut?" fragte der Großvater.

„Nein, natürlich nicht, aber das ist doch etwas ganz anderes."

„Nicht unbedingt. Um Kinder zu kriegen braucht man auch ein wenig Ruhe. Wenn alle nur darauf warten, dann wartet man oft vergeblich."

„Was passiert mit Anna, wenn sie keine Kinder bekommt?" fragte Anna teilnehmend.

„Sie wird in eine Kiste gepackt und mit der Kutsche zurück nach Mecklenburg geschickt."

„Du bist schrecklich, Karl!" rief Anna.

„Es ist ja erst ein Jahr, dass sie verheiratet sind. Die letzte Landgräfin hat viel länger warten müssen und ist dann doch dabei gestorben. Der Herrgott wird's schon richten. Nur keine Angst. Es heißt, sie sei eine sehr fromme Frau. Da wird er sie schon nicht vergessen." Anna schaute ihren Großvater dankbar an. So fern ihr diese Frau auch war, Anna Schreuerin nahm einen regen Anteil am Schicksal ihrer Landgräfin.

Während Anna den Haushalt versorgte und in der Küche wieder Ordnung schaffte, auch schon einen Korb mit Lebensmitteln vorbereitete, packten Karl und der Großvater alle Kistchen und Kästen, alle Trippen, Stühle, Schränkchen, Löffel und Kämme ein, damit sie morgen früh gleich aufbrechen konnten. Die großen Möbelstücke wie zwei Tische und eine Truhe standen schon auf dem Wagen. Karl legte noch ein paar Scheite ins Feuer, schaute kurz nach Anna, die schon auf der Bank schlief, und legte sich dann selbst zum Schlafen hin. Nur der Großvater blieb noch wach, hütete das Feuer, lauschte auf den ruhigen Schlaf seiner Enkelkinder und fühlte, wie immer in diesen kleinen Stunden, die Gegenwart seiner Frau.

Der Weihnachtsmarkt in Marburg war immer etwas Besonderes. Es hatte für Anna etwas Abenteuerliches, so weit zu fahren, dass sie den Weg an einem Tag unmöglich schaffen konnten. Glücklicherweise hatten sie etwa eine Wegstunde von Marburg entfernt Verwandte, bei denen sie die Nacht über bleiben konnten, um nach wenigen Stunden Schlaf in der finsteren Nacht aufzubrechen, dick eingewickelt in sämtliche Decken und Schals, die das Haus nur hergab, um dann zur frostigen Morgendämmerung in die Stadt zu kommen. Die Stadt! Von weitem schon leuchtete das Schloss durch den Morgendunst, wo Anna von Hessen jetzt sicher noch in ihren seidenen Kissen ruhte. So stellte es sich Anna Schreuerin zumindest vor. Ob die Landgräfin wohl auch auf den Weihnachtsmarkt ging? Anna von Hessen mitsamt ihrem Gefolge am Stand. Die würden Kästchen kaufen! Aber noch war kaum ein Fenster im Schloss erhellt. Nur ein paar wenige, die sicher zur Küche und zu den Räumen des Gesindes gehörten. Unter dem Schloss, in den Straßen und Gassen, die Anna gut kannte, herrschte schon Leben. Zugegeben, es war nicht ganz so aufregend, wie seinerzeit in Kassel. Aber Marburg, das genügend Pracht bot, um mit offenem Mund zu staunen, bot auch genügend Gefahr. Aber sicher wären wieder ihre Bekannten da, mit denen Anna immer gemeinsam loszog. Mittlerweile kannte sie auch schon viele der Händlerinnen und Händler, und genau wie immer in den letzten fünf Jahren, würde sie auch in diesem Jahr von der Metzgersfrau eine Weihnachtswurst bekommen. Die teilte sie immer mit Karl.

Aber noch waren sie nicht an Ort und Stelle. Erst mussten sie durch die schmalen und sehr steilen Gassen mit dem spiegelglatten Kopfsteinpflaster rumpeln. Hier und da erkannten sie schon vertraute Gesichter, winkten und riefen Grüße. Sie hatten ihren Stand in einer der Seitenstraßen, und als sie in diese einbogen, stand Jacob mit seinem Karren da. Sein Stand war schon aufgebaut. Eben brachte er seine großen Tuchrollen hervor, um sie nach Preisen und Qualitäten auf seinem Tisch zu sortieren.

„Heda, Jacob!" rief Karl. Ein breites Grinsen flog über Jacobs weiche Züge. Er rückte seine Gugel etwas aus der Stirn, um die beiden besser sehen und begrüßen zu können. Während sich die beiden Männer über Marktvogt und Standplatz austauschten, betrachtete Anna Jacobs schönes Wams aus dunkelbraunem Wollstoff, das so warm aussah. Auch die breiten senkrechten Falten über der Brust, die sich bis zu den Oberschenkeln fortsetzten, um schließlich in einem Besatz aus Kaninchenfell zu enden, gaben diesem Kleidungsstück eine gewisse Eleganz, die Anna an Karl vermisste. Ein solches Wams würde ihm sicher auch gut stehen. Aber für Mode war Karl nicht zu haben.

Jacob war zufrieden mit seinem Platz. Auch wenn er nicht direkt auf dem Markt war, so kamen doch durch diese Gasse die meisten Leute. Außerdem standen sie nicht weit von einer Schenke, die einen recht ordentlichen Eindruck machte. Zu dicht sollte man an diesen Häusern auch nicht stehen, vor allem nicht mit Stoffen. Jacob war wie alle Handwerker und Händler Mitglied der Zunft. Dadurch war ihm in Marburg erlaubt, seinen Stand an diesem guten Platz aufzubauen, auch wenn er nicht aus der Gegend kam. Bei den Versammlungen der Zunft erfuhr er, was im Land vor sich ging, auch wenn es ihn nicht sonderlich interessierte, denn ändern konnte er ohnehin nichts an dem, was die hohen Herrschaften beschlossen. Bei den Zusammenkünften der Zunft musste er immer wieder erfahren, wie eisern der Landgraf das Szepter in der Hand behielt und nichts von seiner Macht abgeben wollte. Landtage, zu denen die Stände – und damit auch die Zünfte – erschienen, durften nicht ohne Einverständnis des Landgrafen einberufen werden, obwohl den Ständen so manches unter den Nägeln brannte. Deshalb warf Jacob einen verächtlichen Blick hinauf zum Schloss, wo der Landgraf sich wahrscheinlich gerade ein üppiges Frühstück servieren ließ. Aber von solchen Gedanken wollte er sich nicht den Tag verderben lassen. Er fasste beim Aufbau kräftig mit an, bis schließlich das kunstvolle Gerüst mit der Plane überspannt war und die Geschwister ihre Ware ausbreiten konnten. Jacob bekam von einer stolzen Anna die mit seinem Tuch sorgfältig ausgeschlagenen Kästchen gezeigt. Gegen Mittag erschien der Marktvogt. Sie kannten ihn schon lange. Er war zwar eine imposante bis furchteinflößende Erscheinung, was für seinen Beruf zuweilen recht nützlich war, doch war er im Grunde ein freundlicher Herr, der froh war, wenn er wieder in seiner warmen Stube saß. Da kam er durch die Gasse in seinem langen Mantel, den Schwanz der Gugel fest um den Hals geschlungen, den grauen Bart mit Reif überzogen.

„Die Schreuers-Kinder!“ rief der Marktvogt aus, als er der Geschwister ansichtig wurde. Selbst ein Lächeln brach nun aus dem Bart hervor. „Wie geht es Eurem Großvater?“

„Unverändert, Herr Vogt. Er beschwert sich über alle möglichen Schmerzen, aber bei der Arbeit steckt er die jüngeren Kerle alle in den Sack“, lachte Karl.

„Grüßt ihn von mir, ihr beiden. Ich wünsch Euch gute Geschäfte. Euer Stand ist noch immer acht Ellen breit, dann kostet die Gebühr auch noch immer vier Groschen. Bei Euch weiß ich ja, dass ich sie jetzt schon bekommen kann. Bei manchen muss ich heute Abend noch mal los. – Danke! Und wie steht es bei Euch, Herr Tuchhändler?“

Jacob holte seinen Beutel hervor. „Auch ich kann Euch gleich geben, was ich schuldig bin, Herr Vogt.“

Der Vogt trat prüfend einen Schritt vor Jacobs Stand zurück, schaute zwischen diesem und dem der Geschwister hin und her und sagte schließlich: „Gebt mir fünf Groschen, dann könnt Ihr hier stehen bis Ostern!“

„Ich nehme Euch beim Wort!“ lachte Jacob und zählte das Geld in die große Hand des Vogts.

„So, ich will schnell weiter. Ach, bei Euren Nachbarn komme ich auch nicht vergeblich. Gute Leute. Aber die Bäcker, die unten an der Lahn stehen, die müssen wir alle genau kontrollieren. Letztes Jahr haben sie die Brote zu leicht gemacht. Und ausgerechnet die Schwarzbrote, die nur von den Ärmsten gekauft werden. Diese Kerle könnte ich! Für die Strafe, die sie bezahlt haben, mussten sie einige Brote backen, das kann ich Euch sagen. Also, gute Geschäfte!“

Schon war er bei den Nachbarn, an deren Stand Anna sich noch etwas genauer umtun wollte. Dort gab es Holzschmuck, Spangen, Knöpfe und derlei mehr. Dinge, die Karl als Tand bezeichnete, die Anna aber einfach Freude machten. Aber vielleicht waren irgend wo auf dem Markt noch hübschere Spangen, Ketten und Knöpfe zu haben? Wer wusste das schon? Da musste man schon ausgiebig schlendern, schauen und vergleichen, feilschen und vornehm tun. Eine Gelegenheit dazu hatte sich noch nicht ergeben. Vielleicht später zusammen mit Mia, der Töpferin? Mia hatten sie noch nicht gesehen. Vielleicht kam sie noch oder war in einer anderen Gasse. Mittlerweile tummelten sich schon etliche Menschen auf dem Markt. An engen Stellen herrschte bereits Gedränge. Anna hatte schon einige Löffel, zwei Paar Trippen und sogar eines der größeren Kästchen verkauft. Und Karl hatte schon einen Interessenten für einen der großen Tische. Das war gut. Da konnte sie auch selbst noch ein paar Einkäufe tun.

„Darf Anna mitkommen?“ Karl sah sich zwei Mädchen gegenüber, die er nur zu gut kannte. Zwar nicht den Namen nach, aber diese Gesichter, die er eigentlich triefnasig und sommersprossig in Erinnerung hatte, sahen jetzt gewaschen und gekämmt aus, lugten unter ordentlichen Hauben hervor und machten ganz den Anschein, in den letzten Jahren an Verstand zugenommen zu haben. Anna war schon hinter dem Stand hervorgekommen und hatte sich zwischen den beiden untergehakt. „Ich geh mal eine kleine Runde mit Tine und Katha. Dauert nicht lange, Karl“, sagte Anna über die Schulter, worauf die drei schnatternd loszogen. Tine und Katha. Natürlich. Wie hätte Karl diese Namen vergessen können? Die kleine, rothaarige Tine hatte noch immer ein freches Jungengesicht, Katha hatte sich in den letzten Jahren etwas gestreckt. Karl bemerkte zum ersten Mal, dass Katha richtig hübsch war mit ihren blonden Zöpfen, die ein klein wenig unter der Haube hervorlugten. Außerdem war sie die Tochter eines Schreiners hier in Marburg. Bei einer hübschen Schreinerstochter konnte man schon genauer hinschauen.

Anna sah noch, dass Karl grinsend Jacob ansah, die Arme wie Flügel bewegte und dazu gackerte. Sie schnitt ihm eine Grimasse, dann verschwanden sie in der Menge.

Anna, Katha und Tine tauchten ein in ein Gemisch aus Farben, Leibern, Düften und Stimmen. Ein Markt war immer etwas Aufregendes, Abenteuerliches und Geheimnisvolles. Nirgendwo sonst sah man so viele Menschen beieinander. Menschen aller Stände, in allen möglichen Trachten, kostbaren Stoffen und schmutzigen Fetzen, brave Bürger und Beutelschneider, Handwerker und Gaukler. Selbst mit geschlossenen Augen wusste man auf einem Markt immer, wo man sich gerade befand. Beim Schuster duftete es nach Leder, dort, wo es nach frisch geschnittenen Weidenruten duftete, saß der Korbmacher mit seiner Frau. Auch der Schmied war nicht zu verfehlen. Verbranntes Horn und Glut, dazu das rhythmische Schlagen des Hammers, wiesen unweigerlich den Weg. Bei diesem Schmied lohnte sich immer ein Besuch, auch wenn man gerade kein Pferd zu beschlagen hatte, denn dieser Mann hatte eine künstlerische Ader. Er fertigte ganz zierliche Spangen und Fibeln, die er für wenig Geld anbot. Anna sah eine besonders schöne Fibel, groß, in sich gedreht, mit spiralförmigen Enden und einem fein gearbeiteten Dorn. Das wäre eine Fibel für Karl. Wenn er sich schon kein Wams wie Jacob nähen lassen wollte, sollte er zumindest eine schöne Fibel tragen. Und wenn sie schon nicht aus Silber sein konnte, dann doch wenigstens sorgfältig gearbeitet. Wie sie noch stand und die Fibel betrachtete, war der

Schmied verschwunden und statt seiner stand ein junger Geselle da, der Anna scheu anlächelte. „Die Fibel dort ist sehr schön. Was soll sie kosten?“ fragte Anna, der die Schüchternheit des jungen Mannes ein wenig Selbstvertrauen verlieh. „Sie kostet einen viertel Gulden.“ Seine Stimme war leise, aber warm und tief. Er hatte helle blaue Augen, hellrotes Haar und dort, wo die Haut nicht schwarz war, war sie weiß und übersät mit Sommersprossen. „Sie ist sehr fein gearbeitet“, sagte Anna, worauf der junge Schmied sie anstrahlte. Sicher hatte er die Fibel gemacht, denn er dankte ihr für dieses Lob. „Ich weiß noch nicht, ob ich Geld genug dafür haben werde. Ich muss erst noch andere Dinge kaufen, aber ich werde sicher noch mal zurückkommen.“ Die Mädchen zogen weiter. „Der war ja wirklich hübsch!“ sagte Katha, worauf Anna aber nur mit einem spitzbübischen Lächeln weiter geradeaus blickte.

Ein reicher Kaufmann hatte vor seinem Laden einen kleinen Tisch aufgebaut, um dort die wohlfeileren Dinge anzubieten, die sich auch Leute leisten konnten, die er lieber nicht in seinem Laden empfangen wollte. Kräuter und Trockenfrüchte bot er draußen an. Um drinnen von dem Hausherrn selbst Pfeffer, Muskat und Safran angeboten zu bekommen, musste man sicher mindestens Brokat tragen, dachte Anna. Die Mädchen besahen alle Waren, die sie für brauchbar und halbwegs erschwinglich hielten. Diejenigen, die für sie absolut unerreichbar waren, wie Seidenstoffe, Pelze und Schmuck, besahen sie immerhin von weitem. Anna wollte gleich die Marktstücke für den Großvater einkaufen, damit ihr Geld dafür auch sicher reichte: Seife und Magenbrot. Den Seifensieder-Stand konnte sie schon von weitem riechen. Auch diesen Mann kannte Anna, denn er war wie sie selbst schon viele Jahre auf dem Weihnachtsmarkt in Marburg. Und er kannte Anna und ihre Familie. Vor allem den Großvater schätzte er als einen freundlichen Menschen und gewissenhaften Handwerker, bei dem er gerne kaufte. An Anna hatte er jedoch einen Narren gefressen. Die drei Mädchen wurden höflichst begrüßt, denn der Seifensieder, der mit seiner kräftigen Statur und seinen sich über der Stirne treffenden Brauen eher einem Kämpen als einem braven Handwerker glich, machte sich einen Spaß daraus, die drei Mädchen wie adlige Fräulein zu bedienen. Sie durften an den Seifen und Essenzen riechen, ein wenig von dem Balsam auf ihre Hände tupfen, wurden ausgiebig beraten, welche Seife die wahrhaft vornehme Dame verwandte oder welcher Duft dem Herrn geziemte.

Anna deckte sich mit einigen Stückchen Seife ein. Das war unerhörter Luxus. Aber den würde sie nur mit dem Großvater teilen. Karl musste davon nichts erfahren. Mochte er die Schmierseife nehmen. Bevor der

Mann die drei mit einer tiefen Verbeugung verabschiedete, bekam jede noch ein kleines Säckchen mit duftenden Kräutern geschenkt.

An einem Stand mit Schmuck aus Knochen, Ton und Holz blieben die drei länger stehen. Anna liebte Schmuck über alles. Der Händler hatte eine Kette aus kleinen Perlen, genau solchen, wie Anna sie schon an ihrem Kleid trug. Diese schlichte Kette würde wunderbar dazu passen. Als sie nach dem Preis fragte, schluckte sie kurz. Das wollte sie sich lieber noch einmal überlegen. Es war der Gegenwert eines der kleineren Kästchen. Wenn Karl gut verkauft hatte, könnte sie vielleicht heute Abend noch einmal vorbeikommen. Der Mann hatte nicht nur die eine Kette, sondern mehrere dieser Art, und so machten sich die drei wieder auf. Tine und Katha besorgten die Dinge, die sie im Laufe des Jahres nicht so leicht bekommen würden: bunte Bänder für das Haar, Nähgarn, Nadeln; Tine ließ ihre Scheren und Messer schleifen, und Katha hatte von ihrer Mutter Geld für eine neue Haube bekommen. Die wollte sorgfältig ausgewählt sein.

Das Magenbrot war schnell besorgt. Anna wusste, welche Sorte von welchem Händler ihr Großvater am liebsten mochte. Sie kaufte ein große Tüte, der sie wirklich nur drei Stückchen für sich, Tine und Katha entnahm.

Sie achtete darauf, die Tüte in ihrer Tasche nicht zu dicht bei der Seife zu verwahren. Das war ihr nur einmal passiert! Bei einem Bonbonkocher, der seine Bonbons frisch an seinem Stand herstellte, blieben sie eine Weile stehen. Dieser Mann war ein hagerer Mönch, der von seinen Bonbons wohl nicht allzu viel selbst aß. Das Mischen der Honigmasse, das Ausstreichen und Walzen der Bonbons stilisierte er zu einer artistischen Meisterleistung. Tine überlegte laut, was wohl ihre Mutter sagen würde, wenn sie beim Kochen in solcher Weise herumalberte. Aber der unwürdige Mönch hatte Erfolg. Die Leute kauften seine Bonbons, als gebe es nichts anderes mehr zu essen. Plötzlich fühlte sich Anna unwohl, beobachtet. Sie zog den Kopf unwillkürlich in den Nacken und sah sich um. Mitten in der Menge stand ein hünenhafter Söldner, ganz in Schwarz gekleidet, was zu seinen hellen Augen, der blassen Haut und dem langen blonden Haar einen sonderbaren Kontrast bildete. Noch gestern hatte sie bei Karl behauptet, blondes Haar und blaue Augen bei Männern besonders zu schätzen, aber dieses Haar war schmutzig und strähnig, die Augen starrten sie so unverhohlen an, dass Anna sich brüsk abwandte. Sie hakte sich fester bei ihren Freundinnen unter, nachdem sie ihre Haube zurechtgerückt und tiefer in die Stirne gezogen hatte. Sie wagte noch einen vorsichtigen Blick, da wurden auch Tine und schließlich Katha aufmerksam.

„Was ist denn das für einer?“ sagte Tine abschätzig, indem sie einen Arm in die Hüfte stemmte.

„Der guckt so sonderbar. Was will der denn?“ fragte Katha mit ängstlichem Unterton. Der Mann stand noch immer da und sah unverwandt zu den Mädchen herüber. Bei einem weiteren Blick erkannte Anna, dass dieser Mann betrunken war. Das machte ihn nicht sympathischer.

„Lasst uns gehen. Hier entlang. In die kleine Gasse“, murmelte Anna und zog die beiden mit sich, was in dem Gedränge nicht leicht war. Sie fassten einander an den Händen, duckten sich ein wenig zwischen die vielen Menschen und waren schließlich in einer Nebengasse des Marktplatzes angelangt. Hier waren weniger Menschen und Stände, aber ein Hauseingang, der die drei Mädchen aufnehmen und verbergen konnte. Anna hatte richtig vermutet. Der Mann folgte ihnen. Sie schob sich mit Tine und Katha in den dunklen Hauseingang. Sie hielten die Luft an, standen da, sahen einander stumm an und schließlich den Söldner an ihrem Versteck vorbeimarschieren. Nur auf Tines Gesicht lag ein ‚Der-soll-nur-kommen-Ausdruck‘. Nach einer Weile spähten sie vorsichtig in die Gasse. Die Luft war rein. Also wieder zurück auf den Platz, zwischen die Menschen, wo sie sicher waren. Dort begann gerade ein Puppentheater zum letzten Mal für diesen Tag seinen Vorhang zu heben. Dorthin strebten nicht nur die drei Mädchen, aber sie hatten dank Tines resoluter Art einen Platz, an dem sie sehr gut sehen und hören konnten. Begleitet wurde das Spiel von einem Harfner und einem Flöter. Ganz vertieft waren sie in das Spiel, als sie plötzlich hinter sich eine dunkle Stimme hörten: „Na, ihr Täubchen, gefällt Euch das Theater?“ Sie wandten sich um und schauten in das Gesicht des Söldners. Tine hatte sich als erste wieder gefasst und entgegnete schnippisch und natürlich wieder mit der Hand in der Hüfte: „Natürlich gefällt uns das Theater. Selbst die Hexe ist schöner als du alte Nebelkrähe!“ Anna wandte sich angewidert von dem Bieratem des Söldners ab. „Was stehst du noch da und glotzt? Unsere Ehemänner und Brüder werden gleich hier sein. Also spute dich!“ trumpfte Tine auf. Er trollte sich tatsächlich. Tine kicherte, und auch Katha und Anna grinsten. „Unsere Ehemänner!“ sagte Anna. „Wir haben ja auch so viele davon!“ Bei ihr blieb ein ungutes Gefühl zurück. Nach dem Theater wollte sie gleich zu Karl zurück. Außerdem wurde es langsam duster. Aber da bildeten die Menschen in der Mitte des Marktplatzes einen großen Kreis. Natürlich blieben die Mädchen stehen, um zu schauen, was dort jetzt noch geboten wurde. Wilde Gestalten in abenteuerlicher Lederkleidung, die kein Priester gutheißen konnte, traten in die Mitte, schafften sich Platz und begannen zu den aufpeitschenden Klängen einer Trommel mit Fackeln zu jonglieren. Sie spieen Feuerfontänen in den dunklen Himmel, die mit ihren feurigen Armen nach den nahen Häusern zu greifen schienen. Anna spürte jedes Mal die heftige Hitze des Feuers, einer stand auf den Schultern des anderen, spie sein Feuer noch weiter und in vielen kurzen Stößen in den Himmel, Funken regneten herab wie abertausend Sternschnuppen, sie warfen die Fackeln einander zu, spieen sich ihre Feuerbälle zu, strichen sich mit den brennenden Fackeln über die nackten, rußigen Arme, löschten die Fackeln in ihren Mündern und ließen sich mit ausgebreiteten Armen beklatschen. Anna bewunderte nicht nur das scheinbar mühelose Beherrschen des Feuers, sondern auch die akrobatischen Meisterleistungen dieser Männer. Sie bildeten sogar eine kleine Pyramide aus drei Männern und spieen Feuer nach allen Seiten. Es war ein unheimliches Spektakel, diese wilden Gestalten im Schein des immer wieder aufleuchtenden Feuers zu beobachten. Anna hörte ein Gemurmel wie „Teufelsanbeter und Gotteslästerer“ hinter sich. In der Tat war dies ein höllenhaftes Szenario, das sich ihren Augen bot. Die Gebärden der Männer, ihre Kleidung, ihre von Schweiß und Öl glänzenden Leiber, die Trommelwirbel, das Feuer, das in seiner ganzen Intensität direkt aus der Hölle zu kommen schien. Besonders ein Mann fiel auf durch seine geschmeidigen, katzengleichen Bewegungen, die sich den Gesetzen der Schwerkraft zu widersetzen schienen. Manchmal blitzten seine Augen im Schein des Feuers auf. Dieser Mann hatte Tieraugen, dunkle, geheimnisvolle, unberechenbare Tieraugen. Halb Mensch, halb Wolf schien er mit seinen zottigen Haaren, die ihm bis zu den Hüften fielen. So näherte sich die Darbietung ihrem grandiosen Finale. Nachdem sich alle sechs Feuerspeier dicht an dicht gestellt hatten, um wie aus einem Mund einen riesigen Feuerball in den Himmel zu senden, verneigten sie sich noch unter dem Applaus der Menschen. Sie löschten ihre Fackeln, nur einer tat so, als wolle und wolle seine Fackel sich nicht löschen lassen. Also spie er ein paar kleine Fontänen in die Nacht, dann sah er sich im Publikum um. Sein Blick blieb an einem Bettler haften. Dieser erstarrte, als der Mann auf ihn zukam, ihn an der Hand nahm und ihn mit sich in die Mitte des Kreises zog. Dort drückte er ihm eine brennende Fackel in die Hand, hieß ihn, seinen Arm direkt vor sich auszustrecken, dann nahm er einen tiefen Schluck aus seinem Krug und richtete sich wieder vor dem Bettler auf. Als dieser in der Fortsetzung seines Armes das Gesicht des Mannes sah, die Backen dick gefüllt mit Öl, oder was immer das auch sein mochte, hielt er die Fackel schnell in eine andere Richtung. „Ihr seid wohl verrückt geworden?“ rief er und wollte bei diesem Experiment keineswegs mitmachen. Der Mann schob seine Hand wieder in die von ihm gewünschte Richtung. Das musste er unter dem Gelächter des Publikums noch dreimal tun, bevor der Bettler sich darauf einließ. Er spie – und löschte die Fackel zur großen Erleichterung und Verblüffung des Bettlers. Schallendes Lachen und Applaus ertönten. Dann nahm der Feuerspucker den Bettler an der Hand, um sich mit ihm zu verneigen.

„Lasst uns jetzt gehen!“ sagte Katha und warf einen letzten Blick auf die Feuerspeier, die ihre Fackeln einsammelten und sich für ihren Heimweg rüsteten. Die Mädchen hatten vergessen, wie lange sie schon unterwegs waren. In Anna meldete sich ein schlechtes Gewissen, dass sie Karl den Stand die ganze Zeit allein überlassen hatte. Aber er würde schon Verständnis aufbringen. Außerdem hatte er Jacob direkt bei sich gehabt, so dass die beiden ein Auge auf den Stand des anderen haben konnten, wenn ein menschliches Bedürfnis sie ins Wirtshaus trieb. Mia, die Töpferin, hatten sie nicht gefunden. Wahrscheinlich war sie auf einem Markt, zu dem sie es nicht so weit hatte. Das war etwas, dass Anna auf den Märkten immer wieder traurig machte: Sie lernte jemanden kennen, man verabredete sich für einen nächsten Markt, aber man traf sich nicht mehr. Die Ungewissheit war quälend. War Mia gesund? Ging es ihr gut? Vielleicht hatte sie einen reichen Töpfer geheiratet, bei dem sie schön zu Hause in der Stube bleiben konnte und sich nicht mehr auf Märkten placken musste.

Karl war ganz und gar nicht begeistert, als Anna erst so spät und dann auch noch alleine zurückkam. Von Tine und Katha hatte sie sich schon verabschiedet.

„Was hast du dir denn dabei gedacht? Wie kannst du nur so lange wegbleiben?“ fuhr er sie an.

„Ich dachte, weil du doch neben Jacob stehst ...“ begann Anna kleinlaut.

„Es geht mir nicht um die Arbeit, es geht mir darum, dass du mutterseelenallein durch Marburg läufst. Noch dazu an einem Markttag. Ganz so als wärst du eine Hübschlerin. Wenn du nicht selbst auf dein Benehmen achten kannst, dann kann ich dich nicht mehr mitnehmen. Ich hoffe nur, du hast keine unehrlichen Menschen angefasst oder mit dem Henker an einem Tisch gesessen.“

„Wir waren in keiner Schenke!“ wagte Anna zu protestieren.

„Ich will lieber nicht wissen, wo ihr wart und wo nicht. Ich sollte dir den Hintern versohlen! Du kennst doch die strengen Zunftvorschriften. Allein ins Gerede zu kommen ist schon gefährlich“, giftete Karl sie an. „Geh auf den Wagen und rühr dich nicht mehr vom Fleck!“

Das Fuhrwerk war schon fast fertig gepackt. Auch Annas kleines Lager hatte Karl vorbereitet, denn auf dem Rückweg pflegte Anna zu schlafen.

Sogar einen heißen Stein hatte Karl ihr besorgt und, in Tücher gewickelt, zwischen ihre Decken gelegt.

„Ich habe noch eine Weile mit Jacob zu reden, dann können wir gleich fahren.“ Als er sah, dass sie Tränen in den Augen hatte und ihn wirklich erschrocken anstarrte, wandte er sich wütend ab. Aber Anna sah noch immer die Anspannung in seinem Gesicht. Sie hatte ihn wirklich ernsthaft verärgert und vielleicht nicht nur sich selbst und Karl, sondern auch noch den Großvater in sehr ernste Schwierigkeiten gebracht. Wenn man sie wirklich aus der Zunft ausschloss wegen eines so kleinen Vergehens, dann wären sie verloren. Der Rahmen dessen, was erlaubt war, war so unglaublich eng gesteckt, dass Anna sich manchmal fragte, ob man überhaupt laut niesen durfte, ohne ausgeschlossen zu werden. Sie hatte nichts Unehrenhaftes getan, dessen war sie sicher. Aber wenn nur einer sie allein durch Marburg hatte laufen sehen, der ihr Übel wollte, dann konnte das genügen. Bekümmert kroch sie auf das Fuhrwerk, auf dem sie unter dem kleinen Aufbau wie unter einem Zelt lag. Sie freute sich nicht wie sonst auf die Heimfahrt, eingehüllt in die warmen Decken, den Körper eng um den heißen Stein geschmiegt. Ihr war elend. Da kam ihr ein Gedanke. Wenn sie Karl die Fibel kaufte, die sie heute bei dem Schmied gesehen hatte? Vielleicht war der Schmied noch da und könnte ihr die Fibel geben? Schnell arbeitete sie sich wieder nach draußen und legte ihren Umhang sorgfältig über den heißen Stein. Sie war sicher gleich wieder da, denn der Schmied hatte seine Werkstatt direkt um die Ecke. Und selbst der strengste Zunftmeister hatte wohl nichts dagegen, wenn sie sich nur drei Schritte von ihrem Fuhrwerk entfernte. Sie schaute noch kurz in die Schenke, in der Karl mit Jacob saß, machte Jacob ein kurzes Zeichen, das er hoffentlich verstanden hatte, dann lief sie eilig und fand den Schmied tatsächlich noch in seiner Schmiede. Leider war sein Geselle nicht mehr da. Das meiste seiner Ware hatte er schon weggeräumt, aber die Fibel hatte er noch nicht verkauft, das wusste er. Er musste eine ganze Weile suchen. Anna trat von einem Fuß auf den anderen. Sie hatte das Geld schon abgezählt dabei. Endlich hatte der Schmied die Fibel gefunden, Anna legte ihm das Geld in seine große schwarze Hand und eilte so schnell sie konnte, zurück zu Karl. Doch als sie um die Ecke bog, da stand das Fuhrwerk nicht mehr. Auch Jacob war schon weg. Sie schaute die Straße hinunter, da sah sie ihr Fuhrwerk schon ganz unten, fast an der Lahn. Sie fing an zu laufen, rief Karl hinterher, doch das Rattern der eisenbeschlagenen Räder auf dem Kopfsteinpflaster konnte sie nicht übertönen. Die Straßen waren dunkel und leer, niemand war da, der Karl hätte aufhalten können. Karl bog schon ein auf die Lahnbrücke. Verzweifelt rang Anna nach Atem. Sie blieb stehen, hielt sich die schmerzende Seite und sah sich um. Da gewahrte sie im Schatten einen Mann, der, einen Fuß lässig nach hinten an die Mauer gestemmt, sie schon eine Weile zu beobachten schien. Es war der Söldner. Anna zuckte bei seinem Anblick so deutlich zusammen, dass ihr die Fibel fast aus der Hand fiel. Gelassen, wie ein Mann, der sich seiner Sache sehr sicher ist, stieß er sich mit dem Fuß von der Wand ab und kam auf Anna zu. Da begann Anna wieder zu laufen, kopflos, zurück in die Stadt, den Berg hinauf. Der Söldner war schneller, ausgeruht und schon nach wenigen Schritten dicht hinter ihr.

Karl holperte mit seinem Fuhrwerk durch die frühe Dunkelheit. Etwa eine Stunde brauchte er bis er bei seinen Verwandten war. Die Strecke kannte er so gut, dass er den Weg in der Finsternis wagen konnte. An dem Kutschbock steckten seine Fackeln, die ihm den Weg wiesen. Doch bedurften die Pferde kaum des Lichts. Auf halber Strecke ließ ihn ein menschliches Bedürfnis anhalten. Er sprang kurz vom Bock und schaute, bevor er weiterfuhr, nach hinten, wo er Anna vermutete. Doch dort war es so merkwürdig still. Normalerweise hörte er sie atmen, wenn er hielt, sie regte sich auch immer, wenn er anhielt und protestierte leise im Schlaf, wenn das Schaukeln aufhörte. Er fasste direkt hinter den Kutschbock, wo er Annas Lager hergerichtet hatte. Nichts. Er rief sie beim Namen. Nichts. Er sprang in den Wagen, wühlte alles durch - nichts. Ihm wurde übel vor Angst. Wenn er sie verloren hatte? Das konnte nicht sein. Das war einfach nicht möglich. Anna konnte nicht aus dem Wagen herausgefallen sein. Schließlich waren überall Bretter und Stoff. Wenn man sie gestohlen hatte, während er noch bei Jacob gesessen hatte? Das konnte ganz schnell gehen. Vielleicht hatte jemand gesehen, wie Anna allein in den Wagen gestiegen und er noch einmal in der Schenke verschwunden war. Die Feuerspeier? Seine Gedanken überschlugen sich. Was sollte er tun? Wie sollte er es dem Großvater beibringen? Nein, das konnte er nicht. Er konnte dem Mann, der Anna Schatz und Goldkind nannte, diesem Mann konnte er nicht ohne sie unter die Augen treten und erklären, dass er sie verloren habe. Als sei er in diesem Moment um Jahre gealtert, stieg er wieder auf seinen Bock, wendete an der nächsten Kreuzung das Fuhrwerk und fuhr zurück nach Marburg. Dort angekommen, sah er, dass die Tore schon verschlossen waren. Er klopfte an, rief, bis ihm ein Wächter mit misstrauischem Gesicht ein Fenster in dem Tor öffnete.

„Was willst du?“ fragte er barsch.

„Ich habe etwas verloren, was mir sehr wichtig ist. Bitte, lasst mich ein. Ich muss es finden“, erwiderte Karl flehend. Unmöglich konnte er dem

Mann sagen, dass ihm seine Schwester abhanden gekommen war. Karl wusste, wie schnell sich solche Dinge ausbreiteten. Das wollte er Anna und auch sich selbst nicht antun.

„Was du verloren hast, wirst du jetzt auch nicht finden. Morgen, bei Tag komm wieder. Nach Dunkelheit darf niemand mehr in die Stadt!"

„Ich muss aber in die Stadt!" rief Karl.

„Dann beschwer dich beim Landgrafen!" Mit einem Schlag war das Fenster wieder zu. Karl sank vor dem Tor in die Knie. Wenn er seine Schwester verloren hatte, konnte er dem Großvater nicht mehr unter die Augen kommen. Wenn er Anna wirklich nicht fand oder wenn sie ... Nein, niemals konnte er nach Hause zurückkehren. Er versorgte sein Pferd notdürftig, dann kroch er in das Lager, das er eigentlich für Anna gedacht hatte. Der Stein war noch warm. Er zog die Decken und die Umhänge, die nach Anna dufteten, fester um sich und dämmerte dem Morgen entgegen.

Anna glaubte schon, den Branntweinatem des Söldners zu riechen, da bogen plötzlich direkt vor ihr fünf Männer in die Gasse ein. Sie rannte geradewegs in die Männer hinein, die sie festhielten. Anna hatte das Gefühl, ihr Herzschlag setze aus. Wenn diese Männer unehrenhaft waren und sie nun auch bis an ihr Lebensende unehrenhaft und ausgestoßen war?

„Danke, aber ich hätte sie ohnehin gleich gehabt", sagte der Söldner ruhig, indem er die Hand nach Anna ausstreckte.

„Sie macht nicht den Eindruck, als wolle sie von dir gehabt werden," entgegnete einer ebenso ruhig, worauf die Hand des Söldners unwillkürlich nach dem Schwert ging.

„Lass dein Schwert ruhig stecken, Soldat! Wir sind fünf und haben unsere Messer nicht nur zum Brotschneiden dabei." Alle fünf hatten ihre Messer gezückt und umringten den Söldner. Einer hielt Anna noch immer fest, ohne Gewalt, wie fürsorglich.

„Ihr seid feige. Fünf gegen einen ist feige!" rief der Söldner.

„Ein Mädchen zu verfolgen ist auch nicht gerade mutig! Damit sind wir quitt und du trollst dich!"

„Euch werde ich wieder begegnen. Und du, Kleine, wirst mir eines Tages auch noch in die Finger fallen. Verlass dich drauf!" Damit machte er auf dem Absatz kehrt und ging davon.

„Wer bist du?" fragte nun der Mann, der sie noch immer festhielt und seinen Mantel um sie geschlagen hatte. Als er sah, dass Anna vollkommen erstarrt war und nur noch mühsam schluckte, ohne einen Ton herauszubringen, fragte er: „Was ist mit dir passiert? Hast du deine Leute verloren?" Anna wagte nicht zu nicken. Wenn sie diesen Männern sagte, dass sie jetzt ganz allein war, wäre das sicher nicht klug. Sie wandte sich nur stumm ab, was der Mann richtig zu deuten wusste. „Nun gut," sagte er schließlich, „wir sind fahrende Handwerksgesellen. Du hast von uns nichts zu befürchten. Wir können dich bringen, wohin du möchtest. Hast du niemanden hier in Marburg? – Du musst schon mit uns reden, Mädchen!"

Anna hatte unwillkürlich Vertrauen gefasst, als sie gehört hatte, dass diese Männer fahrende Handwerksgesellen waren. Schließlich waren der Großvater und Karl selbst auch vor Jahren unterwegs gewesen. Und so gab sie ihren Namen preis, was ihr passiert war und bat die Männer, sie zu ihrer Freundin Katha zu bringen. Das taten sie. Kathas Vater öffnete die Tür und staunte, als er so spät am Abend die Freundin seiner Tochter mit fünf Männern vor der Tür fand. Schnell hatte Anna ihm erklärt, was passiert war und dass sie nun ein Nachtlager brauchte. Kathas Vater war ein Schreiner und kannte Anna und ihre Familie.

„Katha!" rief er über die Schulter hinweg ins Haus hinein. Bevor Katha an der Tür war, hatten sich alle ihre kleinen Geschwister um ihren Vater herum versammelt und schauten die Leute, die vor der Tür standen, aus großen Augen und teilweise schmutzigen Gesichtern an.

Bald wärmte Anna ihre Hände an einer Schale heißer Gemüsesuppe. Sie saß nahe beim Feuer, das unter einem großen Kamin brannte. Sie hatte erst hier gespürt, wie kalt und ausgehungert sie war. Katha saß neben ihr. Die Nähe ihrer Freundin beruhigte sie. Kathas Vater war sich mit den Wandergesellen schon einig geworden. Für diese Nacht konnten sie bei ihm bleiben. In der Werkstatt war genügend Platz und die Hobelspäne boten ein warmes, weiches Lager. Einen von ihnen würde er behalten. Die anderen vier – zwei Schreiner, ein Schmied und ein Zimmermann – würden sicher anderweitig in Marburg unterkommen. Dabei wollte er ihnen morgen helfen. Aber nun saßen sie alle in der Küche, um den Kamin herum. Wandergesellen brachten immer Neuigkeiten mit. Kathas Mutter lockerte ihre Zungen mit Gemüsesuppe und Bier.

Von Süden kamen sie her, hatten sich in Augsburg bei einem Jahrmarkt kennen gelernt und waren seitdem gemeinsam unterwegs. Kathas jüngere Geschwister hatten sich leise herangepirscht, unbemerkt von ihren Eltern und waren wild entschlossen, alles mit anzuhören, was diese fünf Männer zu berichten hatten. Die großen Hüte hatten sie mittlerweile abgenommen, sodass man ihre jungen, bärtigen Gesichter sehen konnte, ihre Ohrringe, hier und da auch eine Narbe. In ihren Umhängen hatte sich der Staub hunderter Meilen gesammelt. Ihre Knotenstöcke hatten sicher nicht nur als Wanderstäbe gedient. Ihre Hemden rochen nach frischem Holz, Feuer und Schweiß. Einer von ihnen war in Italien gewesen, in Rom, und beschrieb eine riesige Baustelle, unüberschaubar, die einmal eine Kathedrale werden sollte. Tausende arbeiteten dort. Wie auf einem Ameisenhaufen wimmelte es auf dieser Baustelle. Zwei von ihnen hatten in Frankreich Arbeit gefunden und dabei viel Französisch gelernt, das sie jetzt zum Besten gaben. Einer von ihnen war übers Meer gefahren, nach Afrika, in ein Land, in dem es Pyramiden gab. Riesige Bauwerke, höher als die höchste Kirche, die man sich vorstellen konnte, dreieckig und ganz aus Stein. „Jetzt lügst du aber!" rief ein empörtes Stimmchen aus der Dunkelheit. Da wurden Kathas kleine Geschwister entdeckt und zurück in ihre Betten gescheucht. Es war ohnehin spät geworden. Sie waren alle müde und gingen ebenfalls zu Bett. Anna teilte sich ein Bett mit Katha und einem weiteren Geschwisterchen. Anna lauschte noch lange auf die Atemzüge und die Geräusche der schlafenden Menschen um sie herum. Karl fiel ihr ein. Ob er schon bemerkt hatte, dass sie fehlte?

Am nächsten Morgen machte sich Kathas Vater mit den beiden Mädchen auf in die Stadt. Er kannte Karl als einen zuverlässigen Mann und war sicher, dass er zurückkommen würde, um seine kleine Schwester zu holen. Sie gingen hinunter zum Tor, durch das Karl hereinkommen musste. Das Stadttor wurde eben geöffnet und herein fuhr als erster – Karl! Trotz aller Bedenken fühlte Anna im Moment nichts als Erleichterung. Er war also da, er suchte sie. Aber wie würde er reagieren, wenn er sie gefunden hatte? Anna schaute auf zu Kathas Vater. Ob er sie wohl beschützen würde? Vielleicht würde Karl gar nicht so schrecklich böse werden, wenn er erfuhr, dass ihr gar nichts geschehen war. Sie sah, wie Karl sich voller Angst umschaute, noch nie hatte sie sein Gesicht so angespannt und verkrampft gesehen. Da endlich sah er Anna, die zwischen Katha und dem Schreinermeister stand und winkte. Karl zügelte das Pferd, sprang vom Bock und ließ Anna in seine Arme laufen. Er war so erleichtert, dass er sie fest an sich drückte und ihr nur grob durch die Haare wuschelte, während Anna ihm alles auf einmal zu erzählen versuchte, was ihr passiert war und dabei die Fibel an seiner Gugel befestigte. Karl, der kaum etwas von Annas Redeschwall verstanden hatte, nahm die Einladung des Schreinermeisters, auf ein Frühstück zu ihm zu kommen, dankend an. Und so kehrten sie zurück in das Haus des Schreinermeisters, wo Katha ein zweites Frühstück für die Männer auftrug. Karl war nach der Nacht im Freien richtig ausgehungert. Er hatte kaum ein Auge zugetan und wärmte seine Hände dankbar an einem Becher heißer Ziegenmilch. Anna musste ihm noch einmal langsam erzählen, was sich in der letzten Nacht ereignet hatte, was der Schreinermeister mit einem Nicken bestätigte. Karl bedankte sich herzlich für die Aufnahme seiner Schwester, aber der Meister winkte ab.

„Lasst nur, Karl. Das ist doch selbstverständlich. Man hilft sich doch wo man kann. Wenn meine Katha sich in Homberg verlaufen hätte, wäre sie sicher auch bei Euch untergekommen."

„Natürlich hätten wir Katha aufgenommen. Von mir aus könnte sie immer bei uns sein", sagte Anna und ihr fiel auf, dass Karl ihre Freundin immer wieder verstohlen anschaute. Es schien ihm zu gefallen, wie flink sie in der Küche arbeitete. Selbst die Wandergesellen, die nun aus der Werkstatt kamen und sich mit an den Frühstückstisch setzten, waren kein Problem für Katha. Gleich hatte sie alle versorgt. Irgendwann musste sie wohl bemerkt haben, dass Karl sie ansah und erwiderte seinen Blick mit einem Lächeln, worauf er ihren Gerstenbrei sehr lobte. Einen so guten Gerstenbrei habe er noch nie gegessen. „Anna, lass dir doch mal zeigen, wie Katha den Gerstenbrei macht!"

„Warum heiratest du sie nicht? Dann kann sie dir immer den Gerstenbrei machen", konterte Anna, war aber weit entfernt davon, böse auf Katha zu sein. „Ihr werdet ja rot! Alle beide!" rief sie.

„Ich glaube, wir müssen jetzt nach Hause. Der Großvater wird sich sicher Sorgen machen", sagte Karl und erhob sich.

Auf der Heimfahrt war Karl allerbester Laune. Anna hatte befürchtet, dass er mit ihr schimpfen würde, doch Karl pfiff ein Lied nach dem anderen.

Zu Hause sprang Anna vom Bock und begrüßte den Großvater, der mit einer Laterne in der Tür stand. Über Annas Schulter hinweg sah er Karl an. Er bemerkte sofort die Fibel auf Karls Brust.

„Hm, neue Fibel. War's schön in Marburg?"

„Geduld! Geduld soll ich haben. Woher? Wie kann ich denn Geduld haben, wenn niemand sonst mit mir Geduld hat? Der Erzbischof hat gut reden!"

Anna von Hessen lief in ihrem Zimmer auf und ab, gestikulierte und ballte die Fäuste, sodass der Brief in ihrer Hand knisterte. Ihr weiter Morgenrock fegte über die Dielen und wirbelte feine Stäubchen auf, die in der Sonne glänzten. Sie stand für einen Augenblick am Fenster still, sah hinaus, wandte sich sogleich wieder brüsk ab, um ihre verzweifelte Wanderung fortzusetzen.

„Was schreibt der Erzbischof von Köln denn außerdem?" fragte Magda ganz ruhig, indem sie die Tiegel und Bürsten auf Annas Schminktisch ordnete, wobei sie ihre Herrin etwas von der Seite ansah. Nur kurz, aber Anna kannte diesen Seitenblick. Sofort wurde sie ruhiger. Magda hatte den Titel des ehrwürdigen Herrn in einer Art und Weise ausgesprochen, dass Anna ihres Vergehens sofort inne wurde. Mit einem Seufzer ließ sie sich vor ihrem Spiegel nieder, worauf Magda begann, Annas Haar zu bürsten. Anna legte den Brief, der das Datum des 27. Juli 1501 trug, vor sich auf den Schminktisch, glättete ihn mit einer sorgfältigen Handbewegung und starrte in den Spiegel. Eine bleiche Frau, die Anna seltsam fremd vorkam, starrte zurück. Wie konnte aus einem so prächtigen Spiegel, poliertes Silber, umrandet mit goldenem Zierrat, ein so unglückliches Antlitz blicken? Alles hatte sie, alles, wovon so manche Frau nicht einmal zu träumen wagte, und dennoch fühlte sie sich ärmer als die ärmste Magd in diesem Schloss.

„Gott wird schon alles richten, alles zu seiner Zeit. Es gibt eine Zeit des Säens und eine Zeit des Erntens, eine Zeit des ..."

„Aber was nützt das mir?" unterbrach Anna ihre Kammerfrau. „Ich sehne mich so sehr nach Kindern. Ich bin noch jung. Ich könnte noch ein paar Jahre warten. Aber Wilhelm will nicht mehr warten. Er hat Angst, dass ich zu alt werde und ihm wie seine erste Frau im Wochenbett sterbe. Zu Beginn unserer Ehe - wie anders war er da! Wenn er mich doch ein wenig an seinen Geschäften teilhaben ließe. Sie wissen, Magda, dass ich nicht dafür geschaffen bin, in meinen Gemächern zu verdorren. Wenn ich nur ein wenig Ablenkung hätte! Aber ich bin dazu verdammt, ewig hier zu sitzen, über mein Schicksal zu grübeln. Ich soll Kinder bekommen und mich nicht in seine Angelegenheiten einmischen. Und ich bekomme keine Kinder, weil ich nichts anderes tun darf, als nur hier zu sitzen und darüber nachzudenken."

Anna hatte nicht vergessen, dass Riedesel ihr an ihrem Hochzeitstag seine Hilfe angeboten hatte, in welcher Lage sie sich auch befinden mochte. Dass sie bezüglich ihrer Kinderlosigkeit schlechterdings von seinem großzügigen Angebot Gebrauch machen konnte, verstand sich von selbst. Aber immerhin ...

„Wir sind beide gestrandet, Magda. Hier, an einem fernen, fremden Ufer, wo uns niemand kennt, wo uns niemand wirklich will, wo uns selbst der Gottesdienst fremd und sonderbar anmutet. So schön es auch bei den Franziskanern ist, manchmal sehne ich mich so sehr nach unserer Kirche in Schwerin zurück. Nach unseren Liedern, nach unserem alten Hofprediger. Nichts, nichts macht für mich hier einen Sinn. Beständig werde ich nur auf mich zurückgeworfen, darauf, dass ich meinen Zweck verfehle, dem Land keinen Erben und somit keinen Segen bringe. Ist das nicht grausam? Der Erzbischof ist vielleicht auch schon etwas zu betagt, um die Nöte einer jungen unfruchtbaren Frau zu verstehen. Er schreibt mir, dass die Wege des Herrn manchmal undurchsichtig und für uns Menschen schwer zu verstehen sind. Jeden Morgen gehe ich in die Kirche, beichte und bete stundenlang um Kinder – oder zumindest ein Kind. Das wäre mir für den Anfang schon genug. Aber so sehr ich auch die Muttergottes jeden Tag anflehe, mir ein Kind zu schenken, es tut sich nichts in meinem Leib. Was hat Gott mit mir vor? Soll ich ihm denn dankbar sein dafür, dass er mir keine Kinder schenkt? Woher weiß ich, dass er es ist, der meinen Schoß verschließt und nicht der Satan?"

Magda hatte Annas Haar sorgfältig durchgebürstet und begann nun, es zu flechten. Magda sah Annas Gesicht im Spiegel an. Auf Annas Stirn zeigten sich kleine Fältchen, die nichts mit der kämpferischen Falte zu tun hatten, bei deren Anblick die alte Herzogin von Mecklenburg ihre Tochter zur Contenance ermahnt hatte. „Wo ist Euer Gottvertrauen?" sagte Magda und schaute dabei auf ihre geschäftigen Hände. „Ich kenne Euch nicht wieder! Ihr könnt nicht wissen, was Gott mit Euch vor hat. Wartet ab. Seine Wege sind oft verschlungen und voller Geheimnisse. Ihr werdet sehen, eines Tages werdet Ihr ihm danken."

„Aber wie weit ist dieser Tag denn noch entfernt? Bin ich alt und grau, wenn es endlich so weit ist?" sagte Anna nachdenklich. „Ich möchte hinausfahren zu den Franziskanern. Dort werde ich auf andere Gedanken kommen. In der Klosterluft atme ich freier als hier in diesem Schloss."

„Ich werde sofort der Dienerin Bescheid geben, dass sie anspannen lässt", sagte Magda erleichtert.

Wieder vergingen Monate. Briefe aus der Heimat kamen spärlich. Ihr Bruder Heinrich hatte wenig Zeit, das wusste Anna. Er war sehr zielstrebig und gab sich nur ungern mit privaten Dingen ab. Die Eltern schrieben fast nie. Auch Anna verspürte wenig Bedürfnis, sich den Eltern mitzuteilen. Insgeheim fürchtete sie auch die Antworten. Würden sie nicht wieder fragen, wie es denn nun um das Haus Hessen bestellt sei? Würden nicht wieder Ermahnungen kommen, Erinnerungen an ihre Pflichten, die Frage ob sie sich denn auch genügend bemühe ... Mit ihrem letzten Brief, in dem sie die Bitte geäußert hatte, man möge ihr einen feurigen Hengst überlassen, als Geschenk für Wilhelm, schien sie diese Flut von Vorwürfen etwas eingedämmt zu haben[3].

[3] Diese Briefe befinden sich im Hofarchiv zu Schwerin. Sie sind meist ohne Datum.

Anna fühlte sich immer unwohler. Ihre monatliche Blutung blieb aus. Der Medicus, ein kleiner alter Mann, der die dunkle Mode seiner Jugendjahre trug, kam und ließ sie zur Ader, damit das gestaute Blut den Körper nicht vergifte. Doch Anna blieb bleich, übellaunig und appetitlos. Der Medicus kam jeden Tag zu ihr, sah ihr unverwandt in die Augen und sprach kaum über seine Erkenntnisse.

Magda lächelte still in sich hinein, wenn sie Annas Kleid zuschnürte und sah, dass das Kleid immer weiter auseinander stand. Und schließlich war es so weit, dass Anna die ersten Regungen ihres Kindes spüren konnte. Auch sie hatte gemerkt, dass Magda ihr die Kleider nur noch sehr vorsichtig zuschnürte. Keine der beiden Frauen hatte gewagt, es auch nur auszusprechen, ja nicht einmal zu denken. Anna war in gesegneten Umständen.

Als sie an diesem Abend, an dem sie ein erstes Strampeln, ganz leicht nur, gefühlt hatte, da hatte auch Wilhelm seine Hand auf ihren Leib gelegt, sie mit einer Zärtlichkeit in die Arme genommen, nach der sie sich so lange gesehnt hatte, und an sich gedrückt.

Anna ging es zusehends besser. Sie war fast nur noch im Garten, sah den Kindern zu, genoss die frische Luft und aß mit gutem Appetit. Selbst für Boyneburg hatte sie ein mildes Lächeln. Und die Mannsbachsche! Ha!

Magda wich nicht mehr von ihrer Seite. Die Hebamme war immer im Schloss, um sofort zur Stelle zu sein. Auch Wilhelm blieb immer nur so lange wie gerade notwendig fort, um abgehetzt zurückzukehren und sich nach dem neusten Stand der Dinge zu erkundigen. Am vierten März des Jahres 1502 war es soweit. Um die Mittagsstunde setzten die ersten Wehen ein. Wilhelm war da – und dankbar, dass diesmal eine Hoffnung verheißende Sonne durch die Fenster schien.

Anna sank erschöpft zurück in das Kissen. Die Worte der Hebamme klangen noch in ihren Ohren, ohne dass sie ihren vollen Sinn begriffen hätte. Sie hatte nur das Schreien gehört. Das Schreien eines gesunden Kindes.

„Es ist ein Mädchen," hatte die Hebamme gesagt. Ein Mädchen! Anna atmete auf. Sie wusste nicht, woher diese Erleichterung kam. Nachdem die Amme das Kind gewaschen und gewindelt hatte, legte sie es der jungen Mutter in den Arm. Wilhelm trat ein. Auf seinem Gesicht sah sie, dass er sich eindeutig bemühte, freundlich und aufmunternd zu sein. Aber seine Enttäuschung war nicht zu übersehen.

„Nun, es ist ein Anfang, Anna!" sagte er. Das klang in Annas Ohren, als solle sich das eben Durchgestandene nun alle vierzehn Tage wiederholen. Anna wandte den Blick nicht von dem kleinen Gesicht, das nun leise und friedlich aus dem feinen Linnen hervorlugte. Sie betrachtete die kleinen Finger, die sich schon fest um ihre eigenen schließen konnten, den zarten Flaum, der das Köpfchen bedeckte. Sie wusste, wen sie hier in ihren Armen hielt: ihre Verbündete!

Sie trug ihr Haupt hoch erhoben. Weshalb auch nicht? Hatte sie nicht einem Kind das Leben geschenkt? Anna entschied, dass das Kind Elisabeth heißen sollte. Nach der Heiligen Elisabeth. Die kleine Elisabeth war Annas Stolz und Freude. Und auch ihr Trost, denn in dem folgenden Jahr starben ihr Vater und ihre Schwester Sophia. Anna betete lange für die Seelen der beiden. Die Vorstellung von Fegefeuer und ewiger Verdammnis schreckte sie immer wieder. Auch wenn weder ihr Vater noch ihre Schwester in ihrem Leben große Schuld auf sich geladen hatten, kaufte Anna zur Sicherheit Ablassbriefe, um ihnen wenigstens einige Jahre der Höllenqualen zu ersparen. In dieser Zeit erwies sich Riedesel als ein ehrlicher Freund. Nicht nur hatte er ihr aufrichtig zur Geburt ihrer Tochter gratuliert, er hatte Anna auch in ihrem Schmerz und ihrer Trauer nicht vergessen. Anna hatte des öfteren beobachtet, wie Riedesels Finger über die Narbe auf seiner linken Wange strichen. Sie hätte gar zu gerne gewusst, was ihm diese Narbe eingetragen hatte. Sie sah dünn aus, wie der saubere Hieb einer Schwertspitze. Hatte er in seinem Leben schon Schweres zu tragen gehabt, das ihn mitfühlend machte für die Last anderer? Anna wagte nicht, ihn zu fragen.

Der Erzbischof schickte herzliche Glückwünsche aus Köln. Auch Herzog Georg von Sachsen, der Wettiner aus der albertinischen Linie, gratulierte ihr und gab seiner Hoffnung auf eine Fortführung der Erbverbrüderung Ausdruck. Er sehe es gar zu gerne, wenn die kleine Elisabeth eines Tages seinen Sohn Johann heiraten würde. Der geringe Altersunterschied sei sicher eine gute Voraussetzung, dass die beiden glücklich würden, so schrieb der Herzog. Dieser Satz versetzte Anna einen Stich. Selbst aus der Ferne schien dieser Mann zu ahnen, wie es ihr ging. Aber sie wollte nicht undankbar sein. Herzog Georg und seine Frau Barbara hatten schwer zu tragen an einer unmenschlichen Last. Von sechs Kindern war ihnen einzig und allein der kleine Johann geblieben, um den sie sich genug sorgten. Alle anderen Kinder waren nur wenige Monate oder Tage, eines sogar nur vier Stunden alt geworden. In Herzog Georgs Glückwünschen schwang die Hoffnung mit, dass sein eigener Sohn mit Gottes Gnade das Mannesalter erreichen möge.

Pater Ignatius war höchstselbst aufs Schloss gekommen und hatte Anna an ihrem Wochenbett besucht. Er hatte ihr das Abendmahl gegeben, ihr die Beichte abgenommen und gemeint, er fühle sich, als sei er Großvater geworden.

Die kleine Elisabeth tröstete Anna auch über die schweren Stunden mit Wilhelm hinweg. Es trat ein, was sie befürchtet hatte: Die Tatsache, dass sie nur einer Tochter das Leben geschenkt hatte, festigte ihre Stellung nicht. Boyneburg war giftiger denn je. Er quälte Anna mit seinen scharfen Bemerkungen, versäumte keine Gelegenheit, ihr einen abfälligen Blick zuzuwerfen und machte sich mit dem feisten von Trott offen über Anna lustig. Wallenstein kam glücklicherweise nicht oft ins Schloss, und wenn, ging Anna ihm aus dem Weg. Der Erzbischof hatte allzu guten Grund, diesen Mann zu verabscheuen. Dieser Mensch verbreitete mit seiner übertrieben farbigen und aufwändigen Kleidung eine Aura der Unmoral um sich, die Anna anwiderte.

Ihren Gemahl ertrug sie nur noch. Wieder hatte seine Liebe alle Zärtlichkeit verloren. Das Bett war ein Ort, an dem Politik gemacht wurde, keineswegs ein Altar, auf dem man Venus ein Opfer darbrachte. Anna schalt sich selbst eine Gans, dass sie sich eingebildet hatte, es könnte in ihrem Leben vielleicht anders sein. Anders als für fast alle adligen Mädchen, die aus Staatsraison mit irgendeinem wildfremden Menschen verheiratet wurden, an dem, wenn es ganz schlimm kam, krumme Beine das geringste Übel darstellten. Wie hatte sie sich nur solchen Hoffnungen hingeben können? Gab es denn die Liebe nur in Liedern, Gedichten und Geschichten? Wäre es nicht besser, ein Herz aus Stein zu haben? Wenn man sich Liebe wünschte und immer nur zurückgestoßen wurde, konnte ein Herz aus Fleisch und Blut nicht allzu leicht zerbrechen? Man war so angreifbar, so verletzlich, wenn man sich nach Liebe sehnte. Anna empfand tiefe Bitternis, wenn ihr klar wurde, dass dieser Zustand bis an ihr Lebensende anhalten sollte. Sie hatte einen Mann geheiratet, von dem sie sich so viel mehr erhofft hatte, als er zu geben bereit war, und nun war sie gefangen. Als Wilhelm in der innigsten Umarmung den Namen seiner ersten Frau rief, zerbrach etwas in Anna. Sie floh ihr eigenes Zimmer, das sie noch immer mit der Toten zu teilen schien. Wilhelm schien sich nicht einmal daran zu erinnern, was er ihr angetan hatte. Und selbst wenn, hätte er es gar nicht ernst genommen. Er war von jener Höflichkeit, aus der man niemandem einen Vorwurf machen konnte, die aber gleichzeitig so verletzend kalt war, dass Anna schauderte. Würde sie so leben können bis ans Ende ihrer Tage? Wie lange mochte es wohl dauern, bis das Herz eines Menschen zu Stein geworden war, das keine Freude, keine Liebe, aber auch keinen Schmerz mehr fühlte?

Jette, ein Mädchen aus einem der umliegenden Dörfer, das durch eine außereheliche Schwangerschaft in die glückliche Lage versetzt war, Kinder stillen zu können, war schon Wochen vor der Geburt ins Schloss gekommen. Ihr eigenes Kind hatte sie mitbringen dürfen und war ihrer Herrschaft dafür sehr dankbar gewesen. Sie kümmerte sich rührend um die kleine Elisabeth. Anna war beruhigt und wusste ihr Kind in guten Händen. Sie war überzeugt, dass die Milch dieser drallen jungen Frau, die mit ihren roten Wangen und hellen Zöpfen das Abbild eines gesunden Bauernmädchens war, ihre Kleine groß und stark machen würde. Während die kleine Elisabeth dank der Milch der Amme Jette wuchs und gedieh, stellte sich eine neue Schwangerschaft ein. Nach wie vor ging Anna jeden Morgen zur Kirche. Jeden Morgen kniete sie nieder vor dem Bild der Muttergottes, doch nun um ihr zu danken und um sie zu bitten, diesmal einen Sohn zu schicken. Vergessen schien nun die Zeit, in der sie verzweifelt um Kinder gebetet hatte. Nun hatte sie ein Mädchen und wollte doch wenigstens mit dem zweiten Kind ihre Pflicht erfüllen.

Am achtzehnten Juli des Jahres 1503 erfüllte sich dieser Wunsch nicht. Das Kind, das Anna zur Welt brachte, bekam den Namen Magdalena. Wilhelm hatte sich an Annas Wochenbett nur kurz blicken lassen, um sich zu überzeugen, dass sie es überlebt hatte und war dann mit Boyneburg zur Jagd ausgeritten. Anna war froh, dass ihr Kind gesund war, aber so sehr sie sich auch bemühte - die Erleichterung, die sie bei Elisabeths Geburt gefühlt hatte, stellte sich nicht ein. Zumindest das zweite Kind hätte ein Sohn sein sollen. Ein kräftiger, gesunder Sohn! Stattdessen stillte eine neue Amme wieder ein Mädchen. Jette blieb und kümmerte sich als Dienstältere nicht nur um Elisabeth, sondern auch um die kleine Magdalena, was der neuen Amme – Erna, einer Frau, die sehr unter Heimweh litt – nur recht war. Außer Pater Ignatius war die kleine Elisabeth die einzige, die sich ganz und gar über das neue Baby freute. Für sie war die kleine Schwester wie eine kleine Puppe. Der Stolz stand ihr ins Gesicht geschrieben, wenn sie sich aufs Bett setzte und ihre kleine Schwester, eingewickelt in Unmengen von Leinen und Spitzen, auf ihren Armen halten durfte. Sie schaute aufmerksam zu, wenn Jette die Windeln wechselte, Magdalena gebadet oder gestillt wurde. In Elisabeths Welt gab es ausschließlich Frauen. Männer und ihre Forderungen nach Söhnen, männliches Erbrecht und angebliche weibliche Unzulänglichkeit waren weit entfernt und bedeutungslos.

Im September desselben Jahres gab es Neuigkeiten von Anna von Braunschweig. Sie hatte eine fünfte Tochter zur Welt gebracht, die bei der Taufe den Namen Elisabeth erhielt. Konnte Wilhelm der Ältere wirklich so vollkommen wahnsinnig sein? Wer hatte das Recht und die Kenntnis, das zu beurteilen? Aber die Geburt der kleinen Elisabeth führte dazu, dass man Anna von Braunschweig, die ihren Gemahl von Zeit zu Zeit besucht hatte, jeglichen Kontakt verwehrte, denn der Landgraf hatte Angst, dass seine Schwägerin vielleicht doch noch einen Sohn zur Welt bringen könnte, der seinem eigenen Sohn - den er mit Gottes Hilfe noch zeugen wollte – die alleinige Herrschaft streitig machen könnte.

Magdalena war bereits entwöhnt und Erna wieder entlassen, da sah der Medicus wieder so unverwandt in Annas Augen. Doch diesmal ließ er sich zu der Offenbarung hinreißen, dass die Augen der gnädigen Landesfürstin gar dunkel würden und tief. Gleich darauf ließ er die gnädige Landesfürstin zur Ader, damit ihre Leibesfrucht keinen Schaden nehme. Anna freute sich über ihre dritte Schwangerschaft. Wieder war sie voller Zuversicht, dass es diesmal ein Sohn würde. Darum betete sie jeden Tag.

Herzog Georg und seine Frau Barbara hatten im März wieder einen Sohn bekommen. Der kleine Friedrich lebte und schien entschlossen, diese Welt so bald nicht mehr verlassen zu wollen. Anna betete für dieses Kind als sei es ihr eigenes.

Kurz darauf traf die Nachricht ein, dass Annas Mutter gestorben war. Der Tod ging ihr nahe, auch wenn sie zu ihrer Mutter nie ein sehr inniges Verhältnis gehabt hatte. Sie hatte das Gefühl, überall vom Tod umgeben zu sein. Das Leben schien ihr allzu zerbrechlich.

Es ging schon auf den Herbst zu. Die Felder waren abgeerntet, der Geruch warmer, trockener Erde, die in diesem Sommer alles gegeben hatte und nun ausgelaugt war, hing in der Luft. Die Ernte war reichlich gewesen. Anna fühlte immer häufiger die Bewegungen ihres Kindes. Bei jedem festen Tritt gegen ihren Leib stellte sie befriedigt fest, dass es sicher ein sehr kräftiges Kind sein musste, das da heranwuchs. Das Wort „Sohn“ wagte sie kaum zu denken. Der September brachte die ersten kühlen Tage. Die Blätter färbten sich braun. Ein kühler Wind streifte sie von den Bäumen. Nur wenige Wochen noch und nackte, dunkle Gerippe würden sich gespenstisch gegen die tief hängenden Wolken abheben.

Anna war gerade erwacht, als Jette völlig aufgelöst in ihr Gemach stürzte, sämtliche Form außer Acht ließ und rief: „Kommt, kommt, der Kleinen geht es gar nicht gut. Der Medicus muss her!“ Dann verfiel sie in ihren schweren Dialekt, von dem Anna kein Wort verstand. Anna erbleichte. So schnell, wie ihr Zustand es eben zuließ, war sie aus dem Bett und lief Jette hinterher ins Kinderzimmer. Magdalena lag in ihrem Bett und atmete nicht mehr. Anna hob ihr Kind aus der Wiege, das Köpfchen fiel unnatürlich schlaff nach hinten. Anna nahm es in ihre Arme, drückte es an ihre Brust und wiegte es, aber Magdalena kam nicht zu sich. Der Medicus, der bald darauf kam, nahm das Kind aus Annas Armen, legte es vorsichtig auf die Wickelkommode und untersuchte es. Anna und Jette standen hinter ihm, beobachteten mit ängstlichen Gesichtern jeden seiner Handgriffe und sahen schließlich entsetzt zu, wie der Mann ein Tuch über den winzigen Kinderkörper und das kleine Gesichtchen zog. Jette und der Medicus führten die erstarrte Anna zurück zu ihrem Bett. Aufregung war jetzt das letzte, was Anna vertragen konnte. Wenn nur nichts ihr ungeborenes Kind gefährdete! Deshalb gab ihr der Medicus ein Mittel, das sie in einen gnädigen Dämmerschlaf hinübergleiten ließ. Sie hörte nicht mehr, wie im Nebenzimmer Elisabeth plötzlich in der Mitte des Raumes stand und schrie, als sie sah, dass ein Mann ihre kleine Schwester davontrug. Jette war es, die dem Kind tröstend zur Seite stand und ihm sagte, dass die kleine Magdalena nun zu den Engeln in den Himmel kam und dass die Engel bald ein neues Kind bringen würden.

„Wenn das neue Kind kommt, will ich es aber für immer behalten. Das gebe ich nie mehr her!"

„Das musst du nie mehr hergeben, Kindchen, das verspreche ich dir", sagte Jette und wusste genau, dass dieses Versprechen auf sehr wackligen Füßen stand.

Am dreizehnten November des Jahres 1504 erblickte endlich der langersehnte Erbe des Hauses Hessen das trübe Herbstlicht dieser Welt. Wilhelm und seine Räte warfen einen Blick auf das schwächliche Knäblein. Die Tür war nur angelehnt. Anna, die erschöpft im Bett lag, hörte, dass die Männer sich im Nebenzimmer unterhielten. Sie verstand nicht alles, was sie sagten, aber aus den Worten, die sie aufschnappte und dem Tonfall der Männer schloss sie, dass mit dem Kleinen etwas nicht in Ordnung war. Irgendetwas war mit den Hoden oder dem Glied des Knaben nicht wie bei anderen Kindern, denn Anna hörte Wilhelm sagen: „Wenn mein Sohn an dieser Stelle nicht genauso geschickt ist wie ich, dann kann es mein Sohn nicht sein."[4]

[4] Dieser derbe Ausspruch Wilhelms II. ist tatsächlich überliefert. Allerdings gibt es einen zweiten Ausspruch, den Wilhelm im Beisein seiner Räte gesagt haben soll: „Lib son, schlechstu mir nach, so wurstu ein wildts mendle, schechstu aber der mutter nach, so wurstu noch viel wunderbarlicher; wavern du unser baider aigenschaften an dich nimpst, so wurstu gar kain nutz."
Lieber Sohn, schlägst du mir nach, so wirst du ein wilder Mann, schlägst du deiner Mutter nach, dann wirst du noch viel sonderbarer. Wenn du aber unser beider Eigenschaften hast, dann wirst du gar nichts taugen. Laut Gustav Graf Schenk zu Schweinsberg ist dies eher unwahrscheinlich, da dieser Ausspruch von den Grafen von Zimmern überliefert ist, die heftige politische und religiöse Gegner Philipps des Großmütigen waren. Siehe Festschrift des Vereins für das Großherzogtum Hessen, Marburg 1904, S. 74.

Anna war zu schwach um wütend zu werden. Sie war eben nicht Jolanthe de la Lorraine.

Boyneburg fügte hinzu: „ Nun, sie hat sich immerhin gesteigert. Das nächste Mal wird es dann hoffentlich ein etwas kräftigerer Knabe.“ Dieses Lob Boyneburgs machte Anna ihr Wochenbett nicht angenehmer. Sie erholte sich nur langsam von den Strapazen ihrer dritten Geburt. Ein Knabe. Sie hatte tatsächlich einem Erben das Leben geschenkt. Aber er war zart und schmächtig. Mit Gottes Hilfe würde das Kind schon leben und zu einem kräftigen Burschen heranwachsen, der sicher auch Boyneburg die Stirn bieten konnte. Anna wollte schon dafür sorgen, dass dieses Kind ihr Sohn blieb und nicht zu sehr unter die Vormundschaft des Vaters und dessen Vertrauten geriet. Der Knabe erhielt bei der Taufe den Namen Philipp, nach seinem Paten, dem Grafen Philipp von Waldeck.

Philipp lebte. Entgegen Boyneburgs düsteren Prophezeiungen. Aber er blieb schwächlich und kränkelte viel. Auch wenn Jette, die dank eines schneidigen Offiziers der Schlosswache wieder in die glückliche Lage versetzt war, stillen zu können, sich beständig um den Kleinen kümmerte, ließ Anna es sich nicht nehmen, alles selbst zu überwachen. Immer machte sie sich Sorgen um ihn, schreckte auf bei jedem unruhigen Atmen des Kleinen. Er schien ihr wie eine kleine zarte Pflanze, die sie umsorgen und hüten musste. Er musste leben, er musste groß und stark werden, um eines Tages das Amt seines Vaters zu übernehmen. Nicht zuletzt, um sie selbst zu schützen. Er sollte ganz und gar ihr Sohn sein. Nach ihrem Willen wollte sie ihn erziehen, damit er nicht nur ein tüchtiger Landesherr wurde, sondern auch, um seine Mutter gegen einen Boyneburg zu verteidigen.

Elisabeth wich kaum von der Seite des Kleinen. Sie wollte schon aufpassen, dass die Engel nicht wieder ihr Brüderchen stahlen. Jette musste ihre ganze Überredungskunst aufbieten, damit Elisabeth mit Anna morgens zur Kirche ging. Sie musste ihr mehrfach versprechen, dass sie auf keinen Fall die Tür für irgendwelche Engel aufmachte.

Wilhelm interessierte sich wenig für seinen Sohn. Dies würde sich wohl erst ändern, wenn er fähig war, in einem Sattel zu sitzen und ein Schwert in die Hand zu nehmen. Seit Monaten war er auf Reisen.

*

„Segnet mich Vater, denn ich habe gesündigt."

Pater Ignatius horchte auf. Er lehnte sich etwas vor, um durch das Gitter, das ihn von der Landgräfin trennte, zu blicken. Er sah nur ihre Kapuze, die sie tief ins Gesicht gezogen hatte. Aber ihre Stimme klang fremd und fern, nur mühsam gefasst, als müsse sie mit den Tränen kämpfen. Ihre gefalteten Hände zitterten.

„Euer Gnaden, sprecht!" sagte Pater Ignatius.

„Ich habe eine schreckliche Neuigkeit bekommen. Der Medicus des Landgrafen suchte mich gestern Abend auf. Er sagte mir, dass der Landgraf schwer erkrankt sei. Diese Krankheit, die man die *Malafrantzoß* nennt." Anna wagte kaum, dieses Wort auszusprechen. Der Ekel würgte ihr in der Kehle, wenn sie nur an all die grauenhaften Details dachte, die der Medicus ihr mit der Ruhe des Mediziners beschrieben hatte. Geschwüre an den Geschlechtsteilen, Geschwüre, die sich über den ganzen Leib ausbreiteten, aufplatzten, übelst stanken, dem Kranken so große Schmerzen verursachten, dass er den Verstand verlor. Dazwischen konnte es Phasen geben, in denen sich der Patient wieder erholte, sogar ansprechbar und handlungsfähig war – die nötige Pflege immer vorausgesetzt. Doch schließlich zersetzte die Krankheit das Gehirn, und der Verlust des Geistes, noch weit vor dem Sterben, war unausweichlich.

„Gott steh uns bei!" murmelte der Pater und bekreuzigte sich.

Die Lustseuche oder Syphilis, das erste Geschenk der neuen Welt an das alte Europa, hatte die Bordelle geleert und die Badehäuser - die in dem Ruf gestanden hatten, die Fruchtbarkeit zu mehren - entvölkert. Nun hatte es auch den Landgrafen getroffen. Den Mann, den nichts zu erschüttern schien, warf die Krankheit, die schon so viele dahingerafft hatte, auf ein hoffnungsloses Lager.

„Er war kürzlich auf Reisen und muss sich dort irgendwo angesteckt haben."

„Hat er Euch danach noch einmal berührt?"

„Nein. Mein Sohn ist erst fünf Monate alt. Ich fühlte mich einer neuen Schwangerschaft noch nicht gewachsen." Nach dem schwächlichen Philipp hätte Wilhelm sichergehen wollen, noch einen strammen Erben zu zeugen, doch durch die lange Reise war Anna das gemeinsame Lager erspart geblieben.

„Das dürfte in diesem Fall ein Segen sein. – Was hat der Landgraf vor? Er muss bald seine Sachen ordnen. Trifft er Vorkehrungen?" Anna war froh, dass der Pater sie nicht mit der Verdammnis ob dieser Unmoral malträtierte, sondern in seiner üblichen Sachlichkeit die nahliegenden Überlegungen anstellte.

„Der Medicus sagte, man könne den Tod noch um ein paar Jahre hinauszögern, aber nicht lange genug, um Philipp die Herrschaft übertragen zu können. Wie der Medicus berichtete, nahm der Landgraf die Diagnose tapfer auf. Er hat durchaus Hoffnung, die er ihm nicht nehmen möchte, auch wenn dazu kaum Anlass besteht. Ja, der Landgraf trifft Vorbereitungen. Er hat angeordnet, dass sein Hofmeister Schwertzell ihm einige Zimmer herrichtet, in denen er wohnen will, wenn die Krankheit fortschreitet." Anna stockte. Pater Ignatius hörte ihren Atem. Unregelmäßig und schwer. Dann fuhr sie fort: „Er hat mit seinen engsten Vertrauten gesprochen, sie gebeten, ihn auch in seiner Krankheit nicht zu verlassen und ihn nicht mit Haft und Demütigungen zu bedrängen. - Er weiß wovon er spricht, schließlich hat er das Beispiel seines älteren Bruders vor Augen", fügte Anna leise hinzu.

„Eure Hoffnungen haben sich nicht erfüllt. Es sind seine Vertrauten, seine Räte, mit denen er über seine Krankheit und seine zukünftige Pflege spricht. Ihr musstet es vom Medicus erfahren", sagte Pater Ignatius sanft. Er hätte gerne ihre Hand genommen. „Weint nicht, Anna. Seht, der Herr hat Euch bewahrt. Ihr habt die Krankheit nicht bekommen. Wartet ab, was der Herr mit Euch vorhat. Eure Kinder müsst Ihr vor allem schützen."

„Ja, ich habe die Amme gebeten, mit den beiden noch eine Weile hier zu bleiben. Ich wäre Euch sehr dankbar, wenn Ihr sie segnen könntet. Ich glaube, dass sie dann besser vor der Krankheit geschützt sind."

„Ja, mein Kind, das will ich gerne tun. Und trotzdem solltet Ihr sie von Eurem Gemahl fernhalten. Auch mit göttlichem Segen dürfen wir Gott nicht versuchen. Aber ich freue mich auf Eure Kinder. Ich fühle mich immer wie der Großvater der beiden." Anna lächelte, fuhr dann aber mit einem Seufzer fort: „Pater Ignatius, ich weiß nicht, was ich glauben soll. Ich habe meinem Gemahl doch alles gegeben, was er verlangt hat. Ich habe mich vollkommen zurückgezogen, ihn nicht mehr belästigt mit meinen Fragen. Ich habe ihm Kinder geschenkt. Einen Erben habe ich ihm geboren. Ich hätte es als meine Pflicht angesehen, ihm in seiner Krankheit beizustehen. Aber offensichtlich wäre ich ihm dabei auch lästig."

„Diese Krankheit ist der Tod. Ihr seid eine junge Mutter. Ihr müsst ganz und gar dem Leben zugewandt sein. Vielleicht waren dies seine Überlegungen."

„Ach, Pater Ignatius. Wie gerne würde ich Euch glauben."

„Gott hat Euch aufgespart. Bedenkt, was der Landgraf geschaffen hat. Er muss nun innewerden, dass all sein Bemühen, seine irdische Macht zu mehren, vergeblich war. Der Kaiser hat ihn für seine Dienste mit

Land und Macht belohnt. Als sein Vetter starb, hat er seinen Besitz um dessen Land erweitert. Zwar starb seine erste Frau, doch durch Euch hat Gott ihm auch seinen innigsten Wunsch nach einem Erben erfüllt. Alles schien für ihn so sicher, als könne es gar nicht anders sein. Und nun rafft ihn eine Krankheit dahin. Gerade in dem Moment, in dem er die Früchte all seiner Arbeit ernten, seinen Sohn und Erben aufwachsen sehen könnte."

„Ich frage mich, was ich versäumt habe. Was hätte ich tun können, was hätte ich anders machen müssen?"

„Nichts, mein Kind. Gar nichts. Das ist nun mal der Lauf der Welt. Wie viele Mächtige wurden auf der Höhe ihrer Macht gestürzt. Sei es durch Intrigen, Mord, Revolten. Die Bibel ist voll solcher Geschichten. Quält Euch nicht mit unsinnigen Gedanken. Ihr seid eine pflichtbewusste Frau. Und ich weiß, dass Ihr trotz allem Euren Gemahl nicht im Stich lassen werdet, wenn er Euch brauchen sollte. Doch nun lasst uns hinaus in den Kirschgarten gehen."

Als der Pater mit Anna den Garten betrat, war Jette schon dort mit den Kindern. Philipp hatte sie auf dem Arm. Der Kleine saß auf Jettes draller Hüfte und schaute mit großen Augen seiner Schwester zu, die einem Schmetterling hinterher jagte. Er hob seine Ärmchen und krähte laut.

„Erlauben Sie mir, den Kleinen zu halten?" fragte Pater Ignatius. Jette knickste tief und überreichte dem Pater den kleinen Philipp.

„Na, komm mal zu deinem Opa, mein Kleiner. Oh, bist du schwer geworden! Ja, die Jette füttert dich gut, nicht wahr?"

„Ja, er ist ganz prächtig gediehen. Wir müssen uns nicht mehr ständig um ihn sorgen. Ich bin so froh und dankbar, dass er seinen ersten Winter gut überstanden hat", sagte Anna. Philipp lächelte sie zahnlos an. Anna strich ihm liebevoll über die zarte Wange und ließ ihm einen ihrer Finger, den er fest in seine kleine Faust nahm und zu seinem Mund führte. Doch Mamas Finger schien nicht sonderlich interessant zu sein. Er ließ ihn wieder los und wandte sich der Kapuze des Paters zu. Er fasste den Stoff und schob sich den Rand der Kapuze in den Mund.

„Ach, nicht meine alte Kapuze, kleiner Mann. Die schmeckt doch gar nicht. Jette, haben Sie nicht etwas für den Kleinen, eine Brotkruste oder etwas Ähnliches?"

Jette Knickste und holte unter ihrer Schürze ein Stückchen Brot hervor. Philipp ließ den eingewichten Stoff los und griff nach dem Brot.

„Wisst Ihr noch, mein Kind, als Ihr mir Euer Leid klagtet? Solche Angst hattet Ihr, gar keine Kinder zu bekommen. Und jetzt habe ich schon Euren Sohn auf dem Arm."

„Und seine feuchten Brotkrümel habt Ihr auf Eurem Habit", lachte Anna. „Ich weiß, ich war kleingläubig. Ich wusste nicht, wie gut der Herr es mit mir meinte."

„Elisabeth sieht Euch sehr ähnlich."

„Danke. Schaut nur, wie wild sie durch das hohe Gras rennt. In ihrem Alter."

„Sie ist zu jung, um vor etwas Angst zu haben. In diesem Alter sind wir tollkühn, weil wir die Schattenseiten des Lebens noch nicht kennen. Und ich bin in einem Alter, in dem mich auch nichts mehr schrecken kann. Sonderbar, dass sich im Alter viele Kreise schließen." Pater Ignatius schaute über die Wiese hinweg Elisabeth zu. Er hatte leise gesprochen, wie zu sich selbst. Anna wagte nicht zu fragen, was ihn bewegte.

Wilhelm und seine Vertrauten Boyneburg, Waiblingen, Wallenstein und Trott hatten vereinbart, die Krankheit des Fürsten geheim zu halten. Zu leicht konnte sich durch diese Schwäche die Lage im Land destabilisieren, ganz zu schweigen von der außenpolitischen Situation. Wenn die Wettiner dies erfuhren, würden sie sich ohne Zweifel ihren alten Hoffnungen hingeben. Allgemein war die Lage ernst. Es war klar, dass Wilhelm unheilbar krank war, auch wenn er das selbst nicht wahrhaben mochte. Er würde zu Lebzeiten regierungsunfähig werden, lange bevor Philipp mündig würde. Außerdem gab es mit Wilhelm dem Älteren einen weiteren Landgrafen, der nicht imstande war, die Regierung zu übernehmen. Eine derart katastrophale Lage war einfach nicht vorgesehen in den Gesetzen. Deshalb war es so gänzlich unvorhersehbar, wie die Ritterschaft und die Stände reagieren würden. Vor ihnen besonders musste man Wilhelms Zustand so lange wie möglich geheim halten, denn unweigerlich würden sie in dieser Situation die Gelegenheit erkennen, sich die Rechte zu holen, die sie schon so lange forderten. Dies war auch Anna klar. Sie wusste, dass sie sich in vielerlei Hinsicht auf sehr dünnem Eis bewegte. Aber sie wollte nicht zum Spielball werden. Sie wollte sich die Fähigkeit erkämpfen, ihr Schicksal selbst in die Hand zu nehmen. Weder wollte sie einem Boyneburg unterstehen, noch den Ständen. Sie hoffte, dass Wilhelm sie in seinem Testament entsprechend bedenken würde. Er musste doch selbst sehen, dass sie am besten für das Erbe Philipps sorgen würde. Sowohl Wilhelm als auch sein Vorgänger waren beide noch unmündige Kinder gewesen, als das Land führerlos geworden war. Beide hatten erlebt, wie Vormünder das ihnen anvertraute Gut verprasst und die Herrschaft missbraucht hatten. Wilhelm war vor allem immer darauf stolz gewesen, dass er Hessen zu solcher Größe geführt hatte, obwohl er bei seinem Regierungsantritt die denkbar ungünstigsten Voraussetzungen vorgefunden hatte. Nun musste er doch einsehen, dass Anna diejenige war, die für ihren eigenen Sohn der selbstloseste Vormund wäre.

*

Im Sommer, man schrieb das Jahr 1506, fuhr Anna mit den beiden Kindern, Magda, Jette und ihrem Hofstaat hinaus ins Lahntal. Auf mehreren Wagen waren Tische und Stühle mitgeführt worden, die nun von der Dienerschaft im Schatten aufgestellt, mit weißen Tüchern und allerlei Köstlichkeiten bedeckt wurden. Aus Kisten und Körben wurden Geschirr, Besteck, silberne Schalen und Blumenvasen hervorgeholt. Unzählige Hände richteten die Aue her wie einen Festsaal im Schloss. Dies alles hatte in Windeseile zu geschehen, da die Herrschaften bald von ihrem Spaziergang zurück erwartet wurden und dann eine gedeckte Tafel vorfinden wollten. Der Küchenmeister tranchierte den kalten Braten und den Fasan, die Schwäne und Enten, Diener richteten das Obst in den Silberschalen an, verteilten die Rosen aus dem Schlossgarten auf die Blumenvasen, entkorkten die Weinflaschen und ließen deren Inhalt in Karaffen und Kelche fließen. Die Damen und Herren spazierten am Ufer der Lahn entlang, eine schrie auf, weil direkt vor ihr ein Frosch aufgesprungen war, worauf die Hofmeisterin Mannsbach, die eigentlich von Anfang an gegen diesen Ausflug gewesen war, schadenfroh auflachte. Dies versöhnte sie mit dem strapaziösen Weg auf der Kutsche hinunter in die Aue, denn das Schauspiel der kreischend hüpfenden Dame hätte sie um alles in der Welt nicht verpassen wollen. Peter von Treisbach hatte es sich nicht nehmen lassen, eine seiner zahlreichen Geigen mitzunehmen. Während er sein Instrument noch stimmte, bemerkte er, dass ein Vogel dort drüben im Wald eine große Terz pfiff - ein Musiker durch und durch. Seine Frau hatte ein Liederbuch mitgebracht. Anna freute sich auf ihren Gesang. Sie saß im Schatten, um ihre Blicke über die Tafel, die sich immer reicher deckte und die Hofdamen, denen diese Abwechslung offenbar auch wohl tat, schweifen zu lassen. Annas Augen blieben an ihrer kleinen Elisabeth haften. Das Kind jagte einem Schmetterling hinterher. Philipp stapfte an Jettes Hand durch die Wiese auf das Ufer zu, wo sich drei der Damen auf einer Decke niedergelassen hatten und sich von einem Diener Wein reichen ließen. Die Luft, die Sonne, die Nähe des Flusses taten ihr unendlich wohl. Sie brauchte diese Abwechslung. Hinaus aus dem Schloss, in dem sie alles an Wilhelm und seine Krankheit erinnerte und daran, dass dieses geringe Maß an Freiheit, das man ihr im Moment zubilligte, vielleicht ganz verschwinden könnte. Wilhelm war in Kassel. Seine Räte und sein Hofmeister Schwertzell kümmerten sich um ihn. Anna hatte eine ganze Weile nichts mehr von ihm gehört und hoffte, dass es ihm den Umständen entsprechend gut gehe. Ein wenig musste er noch durchhalten, ein wenig nur, bis sie alles geordnet haben würde. Aber lag es denn in ihrer Macht, zu ordnen? Sie konnte nicht agieren, nur reagieren. Abwarten, was Wilhelm für sie vorsehen würde, um dann das Beste daraus zu machen. Und ein Testament würde Wilhelm machen, in dem er einen Vormund für Philipp einsetzte, der seinem Mündel ein wohlgeordnetes Land übergeben würde.

Die Luft war mild und duftete nach reifendem Getreide, nach Sommerblumen und dem tiefen, klaren Fluss, der sich neben ihnen durch das Tal wand. Irgendwo auf den sonnigen Wiesen wurde gerade eine Sense gedengelt. Insekten summten zwischen den Gräsern. Elisabeth war nun schon ein kleines Mädchen von viereinhalb Jahren. Anna freute sich sehr, wenn sie an ihr kleine Eigenheiten bemerkte, der ihr zeigte, dass sie ihr sehr glich. Elisabeth hatte Annas blaue Augen, vor allem aber ihren Mund und ihre Stirne geerbt, auf der sich schon jetzt eine kleine Zornesfalte zeigen konnte. Anna war froh, dass ihre Eltern das nicht mit ansehen mussten. Sicher hätten sie ihre Tochter auch für die Falte ihrer Enkelin getadelt. Für Elisabeth war die ganze Welt ein einziges Wunder, das es zu entdecken galt. Nichts war selbstverständlich für die Kleine, alles war faszinierend und geheimnisvoll. Anna setzte dem Forschertrieb ihrer Tochter keinerlei Grenzen und wies auch Jette an, dies nicht zu tun. Sollte Elisabeth doch mit zerrissenen, schmutzigen Kleidern heimkehren. In einem landgräflichen Haushalt war es schließlich kein Drama, wenn ein Kinderkleid zerrissen war.

Der Küchenmeister trat vor Anna hin und ließ sie mit einer tiefen Verbeugung wissen, dass man mit dem Mahl beginnen könne. Anna nickte ihm zu, worauf er ein silbernes Glöckchen erklingen ließ, das alle zu Tisch rief.

Philipp und Elisabeth aßen mit den Erwachsenen an einem Tisch. Sonst nahmen sie ihre Mahlzeiten mit Jette im Kinderzimmer ein. Jette hatte sich gescheut, sich mit den Hofdamen und vor allem der gnädigen Landesfürstin an einen Tisch zu setzen, aber Anna hatte keine Einwände geduldet: „Kommen Sie nur, Jette. Hier draußen sind wir nicht so streng." Und nach einer kleinen Weile hatte sie hinzugefügt: „Wir lieben die einfachen Dinge im Leben. Eine einfache Mahlzeit inmitten der Natur, ganz unkompliziert und zwanglos."

Ein livrierter Diener, der sich in der Hitze mit den schweren Möbeln und Kisten abgeplagt hatte, schaute kurz hinauf in das dichte Blätterwerk, fasste sich aber sogleich wieder und sah starr geradeaus.

Elisabeth durfte das Tischgebet sprechen. Anna sah ihre Große mit strahlenden Augen an, als sie ihr Gesicht sehr ernst über die gefalteten Hände neigte und laut und deutlich betete: „Komm Herr Jesus, sei unser Gast, und siehe, was du uns bescheret hast. Amen!“ Die Hofdamen waren entzückt und klatschten in die Hände. Die wenigsten hatten den kleinen Fehler bemerkt. Nur die Mannsbachsche verzog in einem hämischen Grinsen ihr öliges Gesicht. „Lernt man solche Gebete draußen bei den Franziskanern?“

„Ganz recht, liebste Hofmeisterin. Die Franziskaner. Ich kann sie Ihnen nur empfehlen. Sie bringen frischen Wind in verstaubte Köpfe“, erwiderte Anna mit ihrem freundlichsten Lächeln. Und zu Elisabeth gewandt: „Das haben Sie sehr schön gesagt, meine Große. Der Herr Jesus darf ruhig auch sehen, was er uns für wundervolle Gaben beschert. Beim nächsten Mal kann er sie wieder segnen.“ Dieser kleine Zwischenfall trübte keineswegs die Stimmung der Hofgesellschaft. Auch wenn die Hofmeisterin noch einmal zu bedenken gab, dass der gnädige Landesfürst krank darniederliege und ihr das Essen gar nicht schmecke. Hier tat der gute Graf von Berlepsch wieder gute Dienste, indem er der Hofmeisterin versicherte, dass ein Fasten ihrerseits nicht das Geringste zur Genesung des gnädigen Herrn beitragen könne, worauf er ihr den Fasan so schmackhaft machte, dass sie zugriff und schließlich mit gutem Appetit aß.

Nach dem Mahl genoss Magda, deren Gesundheit nach wie vor sehr instabil war, die kühle Luft im Schatten, während die Hofdamen sich beim Federballspiel vergnügten. Die von Treisbachs hatten sich mit ihrer Musik zu Anna gesellt, die Spiel und Gesang der beiden nur mit halbem Herzen genießen konnte, denn sie blickte sich zuweilen etwas unruhig um. Und richtig: Ein Reiter kam. Als man die Hufschläge hörte, wandte sich auch Magda um.

„Das ist Riedesel!“ sagte Anna und stand auf, um ihm entgegenzugehen. Auch die von Treisbachs, deren Lied bei Annas Ausruf abrupt geendet hatte, erhoben sich sich. Riedesel zügelte das Pferd und sprang ab. Nachdem er es einem herbeigeeilten Diener übergeben hatte, ging er auf Anna zu und beugte sein Knie.

„Seid gegrüßt, Euer Gnaden!“

„Erhebt Euch, Erbmarschall Riedesel“, erwiderte Anna. „Lasst uns ein Stück gehen.“

Der Hofmeisterin war Riedesels Ankunft nicht entgangen, noch viel weniger die Tatsache, dass sich die Landgräfin nun mit diesem Mann entfernte. Also näherte sie sich Magda und den Treisbachs, unterbrach deren Lied erneut und fragte, was Riedesel denn so Wichtiges zu besprechen habe.

„Seid versicherte, verehrte Frau von Mannsbach, dass sich unsere gnädige Landesfürstin um das Wohl ihres Gemahls sorgt und sich von Erbmarschall Riedesel berichten lässt, wie es um die Gesundheit des gnädigen Herrn bestellt ist“, sagte von Treisbach mit einer servilen Verbeugung, die es seiner Gemahlin fast unmöglich machte, ernst zu bleiben.

„Aha!“ stieß die Landbotin hervor. „So nennt man das heutzutage!“ Damit wandte sie sich ab und ging davon, um ihrem Spitznamen alle Ehre zu machen. Seufzend begannen die von Treisbachs ihr Lied nun zum dritten Mal.

Auf einen Wink Annas brachte der Diener ein Glas Wein, das Riedesel dankend annahm. Seine Erscheinung hatte nach dem langen Ritt etwas Verwegenes. Der Staub der Landstraße lag nicht nur auf seinem vollen Bart, der dünnen Narbe und seinem langen Haar, sondern auch auf seiner Zunge. Und diese Zunge wollte Anna lösen. Als sie außer Hörweite waren, begann Riedesel seinen Bericht.

Dem Landgrafen ging es zuweilen so schlecht, dass er nicht mehr bei Sinnen war. In seinen klaren Stunden war ihm die Gefahr, in der sein Haus und damit sein Lebenswerk schwebte, sehr wohl bewusst. Deshalb hatte er sich immer mehr zurückgezogen. Er wollte nicht, dass man ihn in seinem Elend sah. Die Menschen sollten ihn noch immer als den stattlichen Landesfürsten sehen, der er schon längst nicht mehr war. Und er hatte einen Schreiber kommen lassen, um ein Testament aufzusetzen. Mit diesem Schreiber namens Nußbicker stand sich Riedesel sehr gut und hatte von ihm alles erfahren, was er zu wissen begehrt hatte - und noch mehr.

Vor allem hatte der Fürst die Vormundschaft für Philipp geregelt. Bei diesen Worten hielt Anna inne und sah den Erbmarschall durchdringend an. Ihre Züge verhärteten sich, als Riedesel ihrem Blick auswich, seine Schultern spannte und schließlich fortfuhr: „Unter anderem hat der Fürst den Landvogt Boyneburg als Vormund eingesetzt. Nicht nur für Philipp und Elisabeth, sondern auch für Euer Gnaden.“

Unwillkürlich griff Anna nach Riedesels Arm. Für einen Moment schien es, als könne sie das soeben Gehörte nicht fassen, doch dann erschien auf ihrer Stirn die Falte, die jedem Gegner Kampf ansagte und die Riedesel fast einen erleichterten Stoßseufzer entlockte.

„Unter der Vormundschaft Boyneburgs? Unsere Kinder? Wir? Seid Ihr sicher, dass unser Gemahl bei Sinnen war, als er dies dem Schreiber diktierte? Seid Ihr sicher, dass es unser Gemahl selbst war, der dieses Schriftstück aufsetzen ließ? Hat nicht Boyneburg seine Finger im Spiel?“ rief Anna aufgebracht.

„So leid es mir tut, Euer Gnaden, ich muss für diesmal Boyneburg entschuldigen. Er war nicht in Kassel, als der Landgraf sein Testament diktierte. Das Testament wurde rechtskräftig abgefasst und dem Komtur des Deutschen Ordens Dietrich von Cleen zur Verwahrung übergeben. Wenn Boyneburg hätte Einfluss nehmen können, hätte er sicher zu verhindern gesucht, dass die Stände ein Aufsichtsrecht über die Regenten haben.“ Anna wandte ihren Kopf ruckartig und sah Riedesel an, aber sie fasste sich und wiederholte nachdenklich:

„Die Stände haben ein Aufsichtsrecht.“ So schrecklich ihr diese Vorstellung erschienen war, so wollte sie doch erst abwarten, was die Befugnisse der Stände vielleicht auch gegen Boyneburg ausrichten konnten. Sie konnten eine kontrollierende Instanz sein. Und jede Kontrolle Boyneburgs war ihr recht, selbst wenn es die Stände waren.

„Wer sind die anderen Männer?“ fragte sie schließlich.

„Es sind im ganzen sechs Männer. Der sechste, Dr. Heinrich Ruland, Dechant des Martinsstifts zu Kassel, ist den Fünfen für geistliche Angelegenheiten beigeordnet. Ihn kenne ich nicht weiter. Zumindest nicht persönlich. Aber Nußbicker hat mir versichert, dass Ruland ein Mann von Ehre ist. Des weiteren Konrad von Mannsbach. Ihn kennt Ihr. Und er ist Euch wohlgesonnen.“

„Vielleicht können wir sie ganz auf unsere Seite ziehen. Aber wer sind nun die anderen?“

„An der Spitze der fünf steht Konrad von Wallenstein.“ Anna traute ihren Ohren nicht. „Wer noch?“ stieß sie tonlos hervor. „Doch nicht etwa Trott und der Waiblinger?“

„Eben diese“, erwiderte Riedesel.

„Diese vier Schurken!“ entfuhr es Anna, worauf Riedesel die Luft scharf durch die Zähne zog. „Boyneburg, Trott, Wallenstein und Waiblinger! Wie konnte unser Gemahl uns das antun, uns unter die Vormundschaft unserer Feinde zu geben? Es ist, als hätte er uns dazu verdammt, diesen Ruchlosen zu dienen! Allein die Vorstellung, dass Boyneburg einst kommen könnte, um uns zu offenbaren, dass er geplant hat, uns in einem wunderschönen Schloss am Ende der Welt unterzubringen ... Wir sehen uns schon mit unserer Schwägerin auf dem Sensenstein vermodern! Was ist mit einer Pension? Wie viel Geld steht uns zur Verfügung?“

„Von Geld war hier noch nicht die Rede. Das ... werden Eure Vormünder zu entscheiden haben. Euer Gemahl vermachte Euch lediglich zwei kostbar gewirkte Tücher, die er wohl auf dem letzten Reichstag in Köln eingekauft hat und zwei Schmuckstücke, verbunden mit dem Wunsch, dass Ihr seine Liebe in freundlichem Gedenken haben möget." Die letzten Worte hatte Riedesel kaum auszusprechen gewagt. Mit einer zittrigen Geste fuhren seine Finger über die Narbe.

„Das also sind wir ihm wert. Zwei Schmuckstücke und zwei Tücher. Ist das nicht ein Hohn, Riedesel? Sagt selbst! Ist das nicht ein Schlag ins Gesicht, an diese Almosen auch noch den Wunsch zu knüpfen, wir mögen seine Liebe in freundlichem Angedenken behalten? Er zeigt uns noch einmal, wie armselig diese Liebe war. Aber wir haben unsere Schuldigkeit getan. Wir haben ihm einen Erben geboren. Was konnte er denn noch mehr verlangen? Alles, was wir von ihm erbeten haben, hat er uns versagt, alles was er von uns gefordert hat, haben wir erfüllt. Warum demütigt er uns jetzt noch einmal so grausam? Wenn wir wirklich mit unseren Kindern unter die Vormundschaft Boyneburgs kämen! Er würde uns den Erbgrafen nicht lassen! Nicht wahr, Riedesel, so wäre es doch? Unser Sohn würde uns genommen. Boyneburg würde ihn uns wegnehmen, um ihn auf seine Art zu erziehen. Er würde ihn uns entfremden, wenn nicht sogar ... Nein das wollen wir nicht aussprechen, nicht einmal denken. Unser Sohn in den Händen unserer Feinde! Sagt, Riedesel, kann man das einer Mutter antun?"

Der Erbmarschall stand erschüttert vor seiner Landgräfin, die sich abgewandt hatte und mit den Augen die Wiese absuchte. Ihr Blick blieb an Jette haften, die von Philipp in immer höheres Gras gezerrt wurde, so dass er selbst nicht mehr zu sehen war. Anna kämpfte mit den Tränen. Der Erbmarschall streckte die Hand nach ihr aus, als wolle er die feine Seide ihres Ärmels streifen, besann sich aber und zog seine Hand wieder zurück.

„Noch ist Euer Gemahl nicht tot", sagte er leise. „Noch seid Ihr nicht Boyneburgs Mündel. Verzagt nicht. Noch gibt es Männer, die zu Euch stehen. Wir haben unseren Treueeid nicht nur auf den Fürsten, sondern auch auf das Land Hessen geschworen. Wenn mein Fürst irre geht, will ich meinem Land treu bleiben und damit Euch." Anna wollte ihm etwas erwidern, wurde aber unterbrochen.

„Mutter, Mutter, seht! Ich habe eine Libelle gefangen!" rief Elisabeth aus vollem Halse über die Wiese. Anna wandte sich zu ihrer Tochter um. „Das ist gut, Elisabeth. Sehr gut!" Sie lächelte, auch wenn ihr die Tränen in den Augen standen.

Der Landgraf blieb noch lange in Kassel. Erst zu Weihnachten kam er zurück zu seiner Familie nach Marburg. Er ging und stand ohne fremde Hilfe, doch war er nur noch ein Schatten seiner selbst. Seine Geschwüre machten einen längeren Aufenthalt in seiner Nähe zur Qual. Boyneburg tat sich diese Qual nicht an. Angeblich hatte er geäußert, der Geruch des Landgrafen verderbe ihm auf Tage hin den Appetit. Tanz und Musik wurden aus dem Schloss verbannt. Ein Hofleben fand nicht mehr statt. Umso mehr sehnte Anna sich nach Abwechslung. Stattdessen zwang sie sich, ihren Gemahl jeden Tag zumindest für eine Weile zu besuchen, trotz der Ansteckungsgefahr, die von Wilhelms Wunden ausging. Der Medicus hatte ihr davon abgeraten, auch um der Kinder willen, doch betete Anna so innig, dass sie sich geschützt fühlte. Auch wenn Wilhelm ihr niemals Anteil an seinem Leben gewährt hatte, hielt sie es doch für ihre Pflicht, ihm nun beizustehen. Schließlich hatte sie ihn geheiratet und der Schwur, den sie vor Gott abgelegt hatte, galt ihr viel. Außerdem hätte sie Untätigkeit noch viel weniger ertragen. Wenn sie bei Wilhelm war, sich um ihn kümmerte, dann hatte sie zumindest das Gefühl, etwas Sinnvolles zu tun. Sie wollte ihn so gut wie möglich pflegen. Jeder Tag, den Wilhelm länger lebte, bewahrte sie vor der Vormundschaft Boyneburgs. Wenn sie im Garten spazieren gingen, war der Geruch der Geschwüre zu ertragen. Wenn Wilhelms Zustand es zuließ, versuchte Anna sehr behutsam, das Gespräch auf das Testament zu bringen, doch schnitt Wilhelm ihr dann das Wort ab.

Selbst Schrautenbach konnte ihr nicht weiterhelfen. Er erhob sich kaum noch aus seiner servil gebückten Haltung vor lauter Verzweiflung, der gnädigen Landesfürstin diesmal nicht zu Diensten sein zu können. Doch versprach er ihr, alles zu tun, was im Bereich seiner Möglichkeiten liege, um das Los der gnädigen Landesfürstin zu bessern, sollten die Räte ihr wirklich übel wollen.

Verzweifelt schrieb Anna wieder an den Erzbischof von Köln, der sich brieflich an Wilhelm wandte und auch versuchte, Anna Trost zu spenden. Nichts! Der Landgraf wollte nicht hören. Vergeblich flehte Anna ihren Gemahl nun an, ihr dies nicht anzutun. Einmal warf sie sich ihm zu Füßen, doch der Landgraf war nicht mehr erreichbar.

Anna fuhr jeden Morgen zu den Franziskanern. Pater Ignatius fiel es immer schwerer, Anna Mut zuzusprechen. Sie saßen nicht mehr im Betstuhl, sondern gingen durch die Stille des Kreuzgangs, durch den Garten und an besonders schönen Tagen an der Lahn entlang. Anna war dankbar, in Pater Ignatius ein Stück Heimat gefunden zu haben. Manchmal erinnerte er sie sogar ein klein wenig an ihren alten Pater in Schwerin. Die Art wie er lachte oder sie ‚mein Kind' nannte. Sie erzählte ihm von dem beständigen Hoffen und Bangen, von kurzfristigen Besserungen, die aber nur böse Täuschungen waren und sich nach wenigen Tagen ins Gegenteil verkehrten. Ein paar Monate vergingen, in denen sich der Landgraf wieder etwas zu erholen schien, doch dann, zu Beginn des

Jahres 1507 verschlechterte sich sein Zustand zusehends. Der Medicus ordnete Bettruhe an. Salben und Umschläge sollten die schmerzenden Geschwüre lindern. Trotz geöffneter Fenster hielt es niemand lange im Zimmer des Kranken aus, denn die Ausdünstungen der offenen Wunden waren ekelerregend. Schließlich verwehrten die Diener, die Boyneburg vor den Gemächern des Landgrafen postiert hatte, dem Medicus den Zutritt. Erbost eilte der alte Mann zur Landgräfin. Anna war empört und stellte Boyneburg zur Rede. Sie wartete nicht, bis er ihr in seiner Gnade ein Audienz gewährte, sondern fuhr ihn auf dem Korridor an. Er verwies kühl auf die Notwendigkeit der Geheimhaltung. Doch Anna hatte die Stirn, ihm zu sagen, was sie dachte, nämlich, dass Boyneburg sich auf unehrenhafteste Weise gegen seinen eigenen Fürsten verschwor, ihm ganz und gar den Gehorsam, den Respekt aufgekündigt hatte und offenbar wollte, dass der Landgraf so bald wie möglich sterbe, um selbst das Regiment zu übernehmen, um das Gut Philipps noch ungehinderter verprassen zu können. Dies hatte zur Folge, dass auch Anna ihren Gemahl nicht mehr besuchen durfte. Weitere Veränderungen traten ein, die Anna sehr beunruhigten. Wieder unter dem Vorwand der Geheimhaltung wurden die Fenster von Wilhelms Gemächern mit Brettern vernagelt. Anna wagte nicht sich vorzustellen, wie es nun in dem Zimmer riechen musste. Außerdem berichteten Diener, die den Landgrafen bisher gepflegt hatten und ihn als ihren Herrn respektierten, dass man sie entlassen habe und den Landgrafen nun mit fremden Dienern umgebe, mit Menschen, die den Fürsten niemals als ehrfurchteinflößenden Herrscher kennen gelernt hatten, sondern in ihm nur einen kranken Narren sahen, mit dem sie ihre Späße treiben konnten.

Wenn Anna im Garten spazieren ging, blickte sie zu den fest geschlossenen Fenstern hinauf, hinter denen Wilhelm lag und litt. Sie wagte kaum, sich seine Schmerzen, seine Einsamkeit und Verzweiflung vorzustellen. Der Frühling wich dem Sommer und schließlich kam der Herbst. Da erreichten Anna Neuigkeiten aus dem verschlossenen Krankenzimmer. Sie fieberte einem Treffen mit Riedesel entgegen, der für ein paar Wochen in eigenen Geschäften unterwegs war. Aber schließlich war er wieder da und Anna floh geradezu aus dem Schloss, um dieser Totenstimmung wenigstens für ein paar Stunden zu entkommen. Die Natur verschwendete sich in Farben und süßen Gerüchen, überall leuchteten die reifen Äpfel durch das Laub, glänzten die abgeernteten Felder in der warmen Herbstsonne wie Teppiche aus Gold. Die Ernte war mehr als reichlich gewesen und noch immer nicht zu Ende. Vor dem Winter brauchte sich in diesem Jahr niemand zu fürchten.

Für eine Weile atmete Anna freier in der frischen Luft des Waldes und genoss, an der Seite Riedesels zu sein, der ihr ein treuer Begleiter war. Er begann ihr Gespräch zunächst mit Plaudereien, bis er schließlich fragte: „Wie steht es um den Landgrafen?“

Anna wurde still, sah in das Dickicht, als lauerten zwischen den bunten Zweigen plötzlich böse Mächte, atmete tiefer und erwiderte schließlich: „Wallenstein ist jetzt sehr viel öfter im Schloss als uns lieb ist. Ebenso Trott und der Waiblinger. Dass Boyneburg ein und ausgeht, als wohne er bereits in den Gemächern des Landgrafen, müssen wir Euch nicht erst sagen. Sie haben uns nun verboten, unseren Gemahl zu besuchen und auch der Medicus darf nicht mehr zu ihm. Immerhin wollten wir ihm einen Priester schicken. Wallenstein schlug uns diese Bitte rundweg ab! Wieder einmal führte er zunächst die Geheimhaltung als Grund an. Man brauche es auch nicht dem Volk zu erzählen, dass es für den Fürsten bete. Stellt Euch vor! Er behauptete, der Landgraf verstehe ohnehin nicht mehr, was man ihm sage, also müsse man nicht auch noch einen Priester herbeischaffen, der sich das Gebrüll und Geschwätz des Landgrafen anhöre und womöglich stundenlang in diesem Gestank verharre.“

„Verwunderlich, dass ausgerechnet dieser unmoralische Wallenstein sich um das Wohl eines Priester Sorgen macht, aber fahrt bitte fort.“

„Die Geheimhaltung ist mittlerweile nichts als ein Vorwand. Der Landgraf wird regelrecht gefangen gehalten. Obwohl die Ärzte sich einig sind, dass ihm frische Luft zuweilen gut täte, entlässt man ihn nicht aus seinen Gemächern, die ihm nun zum Gefängnis geworden sind. Wie wir von einem der Wärter erfahren haben, versorgt man den Landgrafen schlecht. Man kümmert sich nicht um seine Geschwüre, lässt ihm nicht die nötige Pflege angedeihen und schließlich treibt man auch seinen Spott mit ihm, wie mir eine der Mägde gestand. Wir werden sie schon in ihre Schranken weisen, Riedesel. Darauf könnt Ihr Euch verlassen. Aber wir wollten uns zuerst Eurer Unterstützung noch einmal vergewissern und mit Euch Rücksprache halten. Wir möchten nicht ahnungslos ins offene Messer rennen, sondern unseren Schlachtplan klug einfädeln. Habt Ihr noch etwas beizutragen zu unserer Unterstützung? Neuigkeiten von Nußbicker oder gar Mannsbach? Wie stehen die Dinge? Wir wollen erst alles wissen und abwägen, bevor wir handeln.“

Riedesel sah seine Fürstin von der Seite an. Sie hatte während ihrer Rede starr geradeaus geschaut, und dem Erbmarschall war in diesen Augenblicken aufgefallen, wie jung diese Frau war, die hier an seiner Seite ritt und klug wie ein General alle ihre Kräfte sammelte, um die Gegner zu schlagen. So zart und fein dieses Gesicht auch war, das zwischen dem dunklen Samt und dem hellen Pelz noch feiner erschien, es war ein Gesicht voller Anspannung, Energie und Zielstrebigkeit. Als sie ihm nun ihren Blick zuwandte, ihn eindringlich ansah und auf seine Antwort wartete, schluckte er und musste sich erst für einen Moment besinnen, so sehr verwirrte ihn ihr Blick.

„Auch Nußbicker steht felsenfest zu Euch. Sobald Mannsbach erfährt, was vor sich geht, wird auch er auf unserer Seite sein. Aber ich habe weitere Neuigkeiten, vor denen Wilhelm die Augen nicht mehr verschließen kann: Boyneburg vergibt Lehen und Ämter, ohne den Rat des Fürsten einzuholen, der sich dies im Testament ausdrücklich vorbehalten hatte. Außerdem trifft er eigenmächtig Entscheidungen, ohne die anderen Räte anzuhören. Aber das Schlimmste ist, dass sie sich alle mit beiden Händen bedienen, so dass für Euch und Eure Kinder, namentlich für Philipp, schwerlich etwas übrig bleiben wird. Sie verprassen Euer Gut. Wenn gar nichts hilft – das letzte wird den Fürsten in Rage versetzen."

„Allerdings! Schließlich hat sein Oheim Dörrenberg das gleiche getan und sich am Gut seiner Neffen schadlos gehalten. Der Fürst war immer sehr stolz darauf, dass er seine Macht so weit ausbauen konnte, obwohl er dank seines Oheims die schlechtesten Bedingungen hatte. Was Ihr uns sagt, Riedesel, erfüllt uns mit Zorn, gewiss, aber auch mit Freude. Schaufeln sich die Herren doch ihr eigenes Grab! Aber nun müssen wir auch wissen, wie es um die Schlosswache bestellt ist. Sie unterstehen dem Fürsten, doch auf wen hören sie nun? Wem gehört ihre Loyalität? Würden sie sich für den Landgrafen einsetzen? Oder müssen wir fürchten, von den Soldaten festgesetzt zu werden, wenn wir uns gegen Boyneburg durchsetzen?"

„Es gibt einige, die Boyneburg lieber als Herrn sähen, aber mehr von ihnen stehen wohl zum Fürsten. Ihr Eid bindet sie an ihn. Boyneburg hat sich sehr bemüht, die Krankheit des Landgrafen geheim zu halten, was in diesem Fall gut für uns ist. Ich werde mit einem der Offiziere reden. Ich kenne einige von ihnen persönlich. Ich bin sicher, sie stehen zu uns. Wenn sie erfahren, wie übel man ihrem Landgrafen mitspielt, werden sie sich nicht mehr so schnell von Boyneburg beeinflussen lassen.

Wisst Ihr, inwiefern Euer Gemahl noch bei Sinnen ist, zumindest für eine gewisse Zeit, in der man sich bei ihm Gehör verschaffen könnte?"

„Die Magd versicherte uns, es gebe Momente, in denen die Schmerzen nachließen, er ruhig würde und man sogar mit ihm reden könne. Wir denken, wir haben die Möglichkeit, ihm beizukommen. Er soll uns anhören. Und dann werden wir Boyneburg zeigen, wer immer noch der Herr im Hause ist und wer es in Zukunft sein wird. Er muss das Testament ändern. Er wird nicht dulden, dass man Philipp um sein Erbe bringt. Er wird nicht dulden, dass man verfährt, als sei er schon gestorben. Aber dazu brauchen wir Eure Hilfe, Riedesel! An Boyneburgs Dienern werden wir ohne weiteres nicht vorbeikommen. Wenn Ihr bei uns seid und mit Euch Treisbach und ein paar unerschrockene Diener, dann werden wir schon zum Fürsten vordringen. Wenn wir ihn für uns gewonnen haben, wird sich das Blatt hoffentlich wenden. Wir befürchten nur, dass man zu allem bereit sein wird, um das erste Testament bestehen zu lassen."

„Ihr meint ..."

„Wir sind uns nicht sicher, wozu diese Männer fähig sind, aber wir denken, es ist genug, um uns schaudern zu machen. Bleibt bei uns im Schloss und habt auch weiterhin Acht, dass niemand dieser Schurken zu dem Fürsten vordringt und ihn mit Schmeicheleien zu gewinnen sucht und uns dabei verleumdet. Wenn wir unseren Gemahl einmal für uns gewonnen haben, so wollen wir das Heft nicht mehr aus der Hand lassen."

Noch in der Dämmerung desselben Tages gingen sie in den Flügel, zu dem man Anna so lange den Zutritt verweigert hatte. Riedesel, Treisbach, der Medicus und fünf zuverlässige Diener waren mit Anna. Außerdem hohe Offiziere, mit denen Riedesel gesprochen hatte und einige Wachen. Je näher sie dem Gemach des Fürsten kamen, um so lauter wurde ein sonderbarer Lärm. Poltern, Kreischen, Lachen, dazwischen elendes Jammern. Anna stand eine Weile wie versteinert. Gewiss, die Magd hatte ihr davon berichtet, aber es war doch etwas anderes, hier im Zwielicht zu stehen und tatsächlich Zeugin dieses Grauens zu sein. Konnte das sein? Spielte man dem Herrscher über dieses Land in seinen letzten Tagen so übel mit? Anna traute ihren Ohren kaum, als sie die brechende Stimme Wilhelms um Gnade bitten hörte, was schallendes Gelächter und erneutes Poltern zur Folge hatte. Sie nahm ihr Taschentuch, das sie mit einer stark riechenden Essenz beträufelt hatte, aus ihrem Ärmel und ging mit festen Schritten auf die Kammer zu. Die Diener, die Boyneburg davor postiert hatte, versperrten ihr den Weg.

„Tretet zur Seite!" herrschte sie die beiden Männer an. „Noch lebt der Landgraf und wir sind seine Gemahlin, Eure Herrin. Wagt nicht, Euch uns zu widersetzen oder Ihr werdet es bitter bereuen!" Mit einem Blick auf die Soldaten, die ihre Schwerter gezogen hatten, traten die Männer zur Seite.

Annas Stimme klang so kalt und schneidend, dass Riedesel und Treisbach sich ansahen. Diese Frau wollten sie nicht zur Feindin haben. Die Falte auf ihrer Stirn war tiefer denn je. Dann riss sie eigenhändig die Tür weit auf. Der Gestank traf sie wie ein Schlag, doch sie trat mit energischen Schritten mitten in den Raum. Die Männer folgten ihr. Der Anblick, der sich ihnen bot, ließ Anna sofort das Taschentuch zum Gesicht führen: Wilhelm lag fast nackt am Boden. Seine Wunden waren in keiner Weise versorgt. Er war abgemagert und elend. Seine Wächter hatten sich einen derben Spaß daraus gemacht, dem Landgrafen eine Narrenkappe aufzusetzen; auf dem Boden lagen Kissen, Brot, Käse, verschimmelte Äpfel, schmutzige Wäsche und Schuhe, alles durcheinander, und zeugten von der wilden Schlacht, die hier gerade stattgefunden hatte. Beim Anblick der Landgräfin, die, so klein und zart sie auch sein mochte, plötzlich wie eine Rachegöttin aus dem Boden gewachsen zu sein schien, verstummten alle, ließen die Dinge, die sie gerade noch dem Landgrafen an den Kopf hatten werfen wollen, verlegen zu Boden fallen und sahen betrübt auf ihre Schuhe.

„Hinaus! Hinaus mit dem fremden Gesindel!" schrie Anna. Worauf sich das Zimmer schlagartig leerte. Eine Weile stand Anna mit ihrer Gefolgschaft im Zwielicht des Zimmers, presste ihr Taschentuch auf Mund und Nase und sah sich entsetzt in diesem Zimmer um, das ihr Gemahl nun schon seit so vielen Wochen nicht verlassen hatte. Die Hölle konnte nicht viel schlimmer sein als dies. Ein Mensch, dem Mutwillen seiner Wächter preisgegeben, elend und kaum noch bei Sinnen vor Schmerzen, kaum noch zu erkennen als menschliches Wesen, geschweige denn als der Mann, der er einmal gewesen war. Wilhelm wimmerte nur noch leise vor sich hin. Er stieß sonderbare Laute aus, sagte Wörter, die keinen Sinn ergaben. Erschüttert näherte sich Anna den Überresten ihres Gemahls. Noch immer mit einer Hand das Taschentuch fest auf ihr Gesicht gepresst, kniete sie bei ihm nieder und streckte die andere Hand nach ihm aus. Sachte berührte sie ihn an der Schulter, wo seine Haut noch heil schien. Er zuckte zusammen, als habe sie ihn geschlagen und schrie auf. Sanft begann sie, auf ihn einzureden, wie Jette mit Philipp redete, wenn er schlecht träumte oder nicht schlafen wollte. Langsam wurde Wilhelm ruhiger. Anna erhob sich und sah den Medicus, Riedesel und Treisbach an.

„Helft uns, den Landgrafen auf den Stuhl dort zu setzen." Sie näherten sich dem Landgrafen, doch schrie er wieder auf, als sie ihn berührten. Es kostete Anna eine ganze Weile des Zuredens und Liebkosens, bis ihre Güte in Wilhelms Nacht gedrungen war. Dann ließ er sich aufhelfen und unter Ächzen und Stöhnen auf einen Stuhl setzen.

Anna befahl, Ordnung zu schaffen und die Fenster zu öffnen. Wohlweislich hatten die Diener Brecheisen mitgebracht, mit denen sich zwei von ihnen an die Arbeit machten. Die anderen drei kehrten bald mit Leuchtern, frischen Laken, Essen und Kleidung wieder.

Anna trat an eines der geöffneten Fenster. Dort war der Gestank fast erträglich. In Wilhelms Nähe war er unglaublich. Die Diener halfen dem Landgrafen von dem Stuhl auf und legten ihn in das frisch bezogene Bett. Der Medicus trat zu ihm. Der üble Geruch schien ihm nichts auszumachen, zumindest ließ er sich nichts anmerken. Mit geübten Griffen untersuchte er den Landgrafen, brachte Salben auf die Wunden und legte frische Verbände auf. Wilhelm war schließlich versorgt und griff nach Annas Hand. Der Ekel würgte sie zwar in der Kehle, aber sie ließ ihm ihre Hand. Er sah sie aus so hoffnungslosen Augen an, dass Anna seinen Blick sehr mitfühlend erwiderte.

„Ich bin jetzt da, Wilhelm. Es ist alles gut", flüsterte sie.

Magda musste Anna ein Bad bereiten und frische Kleider zurechtlegen. Anna wusch sich gründlichst, doch noch immer hatte sie das Gefühl, der schreckliche Geruch hafte an ihrer Haut. Als sie sich einigermaßen erfrischt und gestärkt fühlte, traf sie sich wieder mit Riedesel und Treisbach. Sie empfing die beiden in den Gemächern des Fürsten, um zu beratschlagen, wie man weiter vorgehen sollte. Die drei stärkten sich mit Wein. Der Raum war erhellt von Kerzen, doch ein bedrücktes Schweigen lag über der Szene. Fast unwirklich schien ihnen nun die Vorstellung, dass der Landgraf, dem sie alle Gehorsam und Respekt schuldeten, der mächtigste Mann in Hessen, elend in einem verdunkelten Zimmer gelegen hatte, abgeschnitten von der Welt, von der Sonne, von der Luft, verspottet und gequält von seinen Wächtern. Riedesel sah Anna an. Er hatte erwartet, Müdigkeit in ihrem Gesicht zu finden, einen Nachhall des Entsetzens, das sie soeben alle drei erlebt hatten. Aber auf ihrer Stirn lag diese Falte, die wieder einmal zeigte, dass Anna von Hessen bereit war zu kämpfen.

„Boyneburg wird bald davon erfahren. Was wollt Ihr ihm entgegnen?" fragte Treisbach.

„Boyneburg soll nur kommen. Auf dieses Zusammentreffen freue ich mich!" sagte Anna in einem Ton, der keinen Zweifel an ihrer Kampfbereitschaft ließ.

„Und Wilhelm soll das Testament ändern. Darauf werden wir dringen. Der Medicus versicherte uns, dass Wilhelm sicher noch Momente haben werde, in denen er klar genug sei. Und mit der notwendigen Pflege werde er sich sogar erholen. Wir geben uns nicht geschlagen. So lange wir atmen, wollen wir unseren Sohn bei uns behalten und ihn selbst erziehen und ihn nicht unseren Feinden ausliefern!"

Am nächsten Tag war Wilhelm wieder etwas bei sich. Die ärztliche Pflege hatte seine Schmerzen gelindert und als Anna das Zimmer betrat, sah er ihr aus halbgeöffneten Augen entgegen. Aber als sie näher trat, sah sie schon, dass sie an diesem Tag wohl nicht mit ihm würde sprechen können. Sie begnügte sich damit, an seinem Lager für eine geraume Zeit auszuharren, was auch den Medicus beeindruckte. Auch in diesem Mann wollte Anna ihre Unterstützung finden.

Da erschienen Boyneburg, Waiblinger und Wallenstein. Bei ihrem Eintreten hatten die Wachen, die Riedesel abgestellt hatte, die Schwerter gezogen. Boyneburgs hageres Gesicht sprühte vor Zorn. Aber gleich änderte sich sein Gesichtsausdruck. Er war schneller hereingestürmt als er den Geruch hatte wahrnehmen können und schnappte nun nach Luft, was ihm in der unmittelbaren Umgebung des Landgrafen keine Erleichterung verschaffte. Er schlug die Hand vor den Mund und fingerte mit der anderen nervös an seiner Rocktasche, um schließlich ein Taschentuch daraus hervorzuzerren. Anna, die sich zwar nicht an den Geruch gewöhnt hatte, sich aber bezwingen konnte, beobachtete ihn mit einem milden Lächeln.

Waiblinger und Wallenstein sah man an, dass sie sich auf diesen Besuch mit Alkohol vorbereitet hatten. Beim Anblick der blanken Schwerter stutzten sie.

„Was soll das heißen? Ihr wagt es, Euch meinen Anordnungen zu widersetzen! Ich hatte Euch ausdrücklich verboten, Euch Eurem Gemahl zu nähern!“ rief Boyneburg, doch war sein Auftritt alles andere als einschüchternd, denn seine Worte kamen kaum verständlich hinter dem Taschentuch hervor. Anna machte sich nicht die Mühe, sich zu erheben.

„Wir haben deutlich gesehen, weshalb Ihr uns dieses Verbot erteilt habt. Wenn Ihr uns noch einmal droht oder versucht, uns an irgendetwas zu hindern, werden wir uns an den Kaiser wenden. Und wen wird der Kaiser wohl unterstützen? Die schändlichen Verräter des Mannes, der im Kampf sein Leben für ihn riskiert hat oder dessen Gemahlin, die nun dafür sorgt, dass ihm eine menschenwürdige Behandlung zukommt? Lebt wohl und grüßt Eure Anhänger recht freundlich von uns!“

Mit einem Blick auf den Landgrafen, der sich nun in den Kissen wälzte und wirres Zeug vor sich hin murmelte, verschwanden die drei.

Als Anna an diesem Abend erschöpft in ihre Gemächer ging, begegneten ihr die Hofmeisterin Mannsbach und Frau von Wallenstein. Die beiden verneigten sich pflichtschuldig, ließen jedoch keinen Zweifel daran, dass ihnen der Zustand der Landgräfin nicht entging. Anna war zu müde, um sich gegen diese beiden zu wappnen und so sah sie an sich hinab, entdeckte Flecken auf ihrem Kleid, die Wilhelms Hände beim Essen dort hinterlassen hatten. Und sie wusste, dass sie selbst deutlich nach den Ausdünstungen der Geschwüre roch. Dieser unglaubliche Gestank setzte sich tatsächlich in den Gewändern, in ihrer Haut und in ihrem Haar fest. Alles worauf sie sich freute, war ein warmes Bad, das Magda ihr hoffentlich schon bereitet hatte und eine Mahlzeit. Die beiden Damen waren kaum vorüber, da hörte Anna die Hofmeisterin Mannsbach sagen: „Und siehe, was du uns bescheret hast!“ Wie viele Monate war es her, dass Elisabeth sich beim Tischgebet versprochen hatte? Diese Worte würde die Landbotin ihr sicher bis in alle Ewigkeiten unter die Nase reiben. Anna bog hastig um die Ecke, doch stutzte sie, denn sie hörte die Stimme des Grafen Berlepsch auf den Flur. Er war wohl gerade aus einer Seitentür getreten, denn Anna hörte eine Tür schlissen. Er hatte gerade noch das Sprüchlein der Landbotin gehört und sagte in der ihm eigenen enthusiastischen Art: „Eine Heilige hat er uns beschert! Eine zweite Elisabeth! Findet Ihr nicht auch, liebste Hofmeisterin?“ Die liebste Hofmeisterin sagte keinen Ton mehr. Anna, die hinter der Ecke stand und den Atem anhielt, konnte sich lebhaft den verkniffenen Mund vorstellen. Sicher lief ihr gleich die Galle über, denn Berlepsch fuhr fort: „Wie die Heilige Elisabeth kümmert sich auch unsere gnädige Frau Venus um die Kranken und Schwachen. Der Segen des Herrn ruht wahrhaftig auf ihr.“

Anna wurde unruhig, denn noch immer war Wilhelm nicht so klar, dass sie ihre Bitten hätte vortragen können. Doch schließlich ließ ihr der Medicus ausrichten, dass der gnädige Herr sich für heute im besten Zustand befinde und sich die Frau Landgräfin nun auf ihr Gespräch vorbereiten möge. Allerdings sei nicht sicher, was von ihrer kürzlichen Pflege ins Gedächtnis des Kranken gedrungen sei. Es sei durchaus möglich, dass der Fürst sich an nichts erinnere. Für diesen Fall ahnte Anna schon, dass ihr kein gnädiger Empfang bevorstand. Doch hatte sie sich schon gewappnet und war auf Wilhelms Vorwürfe gefasst.

„Ihr habt Euch lange nicht bei mir sehen lassen, Frau Landgräfin. Wie komme ich nun zu der Ehre, dass Ihr mir einen Besuch abstattet?“ rief er ihr entgegen. Er hatte sich halb erhoben. Seine Augen blitzten.

„Ich durfte nicht zu Euch kommen. Man hat es mir verwehrt“, erwiderte Anna sehr bescheiden mit gesenktem Blick und ging darauf ein, dass er sie mit „Ihr“ ansprach.

„Wer könnte Euch verwehren, Eure Pflicht an mir zu tun und zu handeln, wie es einer Gemahlin zukommt? Ihr habt mich vernachlässigt,

Euch nicht um mich gesorgt, man hat keinen Medicus kommen lassen, mir nichts gegönnt als diese Hunde von Wächtern, gegen die ich mich kräftig zur Wehr setzen musste", fuhr Wilhelm unbeirrt fort, von Annas Äußerung wenig beeindruckt.

Anna seufzte innerlich. Natürlich. Wilhelm schwatzte sich selbst wieder alles zurecht. Er hatte sich gegen die Wächter behauptet. So ganz war er auch jetzt nicht bei Sinnen. Anna fragte sich, ob Wilhelm überhaupt klar war, in welchem Zustand er noch vor wenigen Abenden vor ihr gelegen hatte. Sie musste behutsam vorgehen und durfte seinen schwachen Geist nicht außer Acht lassen.

„Die Räte, die Ihr in Eurem Testament eingesetzt habt, haben mir nicht erlaubt, Euch zu besuchen. Sie haben nicht einmal erlaubt, dass ich Euch einen Priester schicke, damit Eure Seele gerettet würde." Ein unartikulierter Schrei war die Antwort.

Wilhelm glaubte ihr nicht. Er wurde ärgerlich wie ein verzogenes Kind. Das Schreien strengte ihn an. Sein Gesicht war hochrot. Adern traten an seiner Stirne deutlich hervor. Die Hand des Medicus, die dieser begütigend auf seinen Arm legte, wurde weggefegt. Anna faltete ihre Hände züchtig in ihren Schoß und überließ die Lage dem Medicus. Wilhelm brüllte auf und wühlte in seinen Laken. Der Medicus versuchte nun etwas energischer, den Landgrafen zu besänftigen, indem er beschwichtigend die Hände hob und auf den Fürsten einredete. Doch Wilhelm versank vor lauter Wut und Schmerz in einen halbbewussten Zustand. Für dieses Mal war Annas Vorhaben gescheitert. Dies war ihr klar, noch bevor der Medicus sie angesehen und verneinend den Kopf geschüttelt hatte. Leise erhob sie sich und ging hinaus.

Wieder vergingen Tage, in denen Wilhelm in seinem schlechten Zustand verharrte. Anna zwang sich jeden Tag für ein paar Stunden an Wilhelms Krankenbett. Auch vergewisserte sie sich durch unangemeldete Besuche, dass Wilhelms alte Diener ihren Herrn mit der gebotenen Fürsorge pflegten. Doch Wilhelm fasste kaum Vertrauen zu ihr. Anna verwünschte nun ihre frühere Hartnäckigkeit, mit der sie sich Wilhelms Zuneigung verscherzt hatte. Das brave Weibchen hätte sie spielen sollen, dann wäre es nun sicher leichter, Wilhelm zu ihren Gunsten umzustimmen. Aber wer hätte damals ahnen können, dass Wilhelm seinen Verstand verlieren würde, während Philipp noch in den Kinderschuhen steckte? Wie sollte sie Wilhelm nun überzeugen, dass sein Testament seinen Sohn in Gefahr brachte? Schrautenbach wäre der rechte Mann. Noch ehe Anna den Gedanken zu Ende gedacht hatte, saß sie schon an ihrem Pult, um einen entsprechenden Brief zu verfassen.

Schrautenbach erschien bereits zwei Tage später. Anna schickte ihm eine Eskorte entgegen, um sicher zu gehen, dass ihn nichts auf seinem Weg ins Schloss aufhalten würde. Anna genoss Schrautenbachs Dienstbeflissenheit, die weder Würde noch Selbstachtung entbehrte. Es tat Anna gut, Menschen zu begegnen, gegen die sie nicht kämpfen musste. Sie empfing ihn gemeinsam mit dem Medicus. Schnell hatte sie ihm die Situation auseinandergesetzt, wobei sie feststellte, dass Schrautenbach bestens informiert war und die Reaktionen sowohl Wilhelms als auch Boyneburgs bereits vorausgeahnt hatte. Er schlug Anna vor, zunächst gemeinsam mit dem Medicus den Landgrafen aufzusuchen und ihn auf ihre Bitte vorzubereiten. Dies hielt auch der Medicus für die beste Lösung und gemeinsam machten sich die beiden Männer auf. Anna zog sich in ihre Gemächer zurück, ging dann aber hinüber ins Kinderzimmer, wo Jette mit den Kindern Verstecken spielte. Die Kinder grüßten ihre Mutter artig und Philipp lud seine Mutter ein, mitzuspielen.

„Komm, Mama, spiel auch mit Verstecken! Ich steck hier!" verkündete er und verschwand hinter einem Vorhang. „Aber da gehst du ja immer hin, Philipp", rief Elisabeth. „Du musst dir mal ein anderes Versteck suchen!" Das überzeugte Philipp keineswegs, denn Jette lief bereits durchs Zimmer, schaute in allen Ecken, hinter die Tür und rief immer wieder: „Wo ist denn der kleine Philipp?" Als sie sich Philipps Versteck näherte, riss er den Vorhang zur Seite und brüllte wie ein Löwe. Jedenfalls dachte er es sich so. Jette tat erschreckt, schloss ihn dann aber in ihre Arme und rief: „Da ist ja unser Kleiner. Ich dachte schon, er wäre ganz und gar verschwunden."

Anna lächelte und atmete freier.

„Jetzt will ich euch alle suchen. Ihr müsst euch verstecken. Du auch Mama!"

„Dann wollen wir uns mal verstecken! Kommen Sie mit, Elisabeth?"

„Ja, Mutter! Ich weiß auch schon ein gutes Versteck."

Während Philipp die Hände vor sein Gesicht hielt und laut Zahlen rief, wie sie ihm gerade einfielen, nahm Elisabeth ihre Mutter an der Hand und zog sie mit sich ins nächste Zimmer.

„Wir können uns in dem Schrank verstecken. Der ist schön groß und da wird er uns nicht gleich finden."

„Da passe ich gar nicht hinein, Elisabeth."

„Stimmt. Und Euer Kleid würde auch zerknittert. Jette macht das nichts aus. Ihr Kleid ist aber auch nicht so weit wie Eures, Mutter."

Sie hörten Philipp zählen: „... achtzehn, drei, fünf, einundsiebzehn, dreißig, vierundneunzig, tausend, zwölf ..."

„Wir können uns hinter der Tür verstecken", flüsterte Anna.

„Eckstein, Eckstein, alles muss versteckt sein, hinner mir, vor mir gildets nix, ich komme!“ rief Philipp. „Ein echter kleiner Hesse“, dachte Anna mit einem Lächeln. Im selben Moment hörte sie den Vorhang rauschen, dann Jettes Schrei und Philipps Lachen.

„Jette versteckt sich auch immer hinter dem Vorhang“, flüsterte Elisabeth mit einem tadelnden Ton in der Stimme. Als das Lachen und Schreien im Nebenzimmer kein Ende nahm, fügte sie hinzu: „Seid Sie ihm bitte nicht böse, dass er noch ‚du‘ zu Euch sagt. Das wird er noch lernen.“

„Meine Große!“ flüsterte Anna und nahm ihre Tochter in ihre Arme. „Ich bin ihm ganz sicher nicht böse.“ Gerade als Anna ihre Große auf die Stirn küsste, hörte sie hinter sich: „Ich seh' euch!“ Philipp stand an der Tür und spähte durch den Spalt zwischen Tür und Türrahmen. Anna sah nur einen schmalen Streifen seines Gesichts, ein Auge, das vor Lachen blitzte, die runde Wange, rot vor Aufregung und die weißen Zähnchen. „Ich seh' euch!“ rief er noch einmal und rannte schnell wieder ins Kinderzimmer.

Nur wenige Augenblicke später saß Anna am Bett ihres Gemahls. Der Medicus und Schrautenbach hatten dafür gesorgt, dass Wilhelm ruhig und vernünftig war. Er saß aufrecht im Bett, die Hände, in sauberen Verbänden, lagen gefaltet auf der Bettdecke. Sie hatten ihm offenbar alle Vorkommnisse geschildert, ihm aber auch gleichzeitig einen Ausweg aus seiner trostlosen Situation gezeigt. Wilhelm hatte vor allem Schrautenbach Gehör geschenkt. Diesen Mann hatte er als seinen treuesten Diener kennen- und schätzen gelernt. Dass dieser Mann nun auch berichtete, dass man Anna nicht zu ihm, ihrem Gemahl habe kommen lassen, dass man Wallfahrten zur Erflehung seiner Gesundheit verboten hatte, dass es nur Annas energischem Auftreten und Geschick zu verdanken war, dass ein Medicus nun wieder nach ihm sah und er von höflichen Dienern umgeben war, nötigte Wilhelm Respekt ab für diese Frau, die er zwar geheiratet, die ihm aber bisher wenig Freude bereitet hatte – von einem schwachen Knäblein abgesehen.

„Nun haben wir Unterstützung“, erklärte Anna. „Erbmarschall Riedesel steht uns gegen Eure Peiniger bei. Sie werden nicht mehr wagen, Euch zu bedrängen. Seid getrost. Auch Pater Marcus wird noch heute zu Euch kommen. Eure Seele wird gerettet werden. Außerdem habe ich Ablassbriefe für Euch gekauft.“

„Wenigstens einen Priester hätten sie mir doch schicken können, wenn sie selbst schon nicht bei mir sein wollen. Oder sind es tatsächlich so dringende Geschäfte, die sie davon abhalten?“ jammerte Wilhelm.

„Wallenstein behauptete frech, Ihr hättet gar keine Seele, die man noch retten könne. Und außerdem," fuhr Anna fort, ohne viel auf Wilhelms entsetzten Ausruf zu achten, „außerdem erledigen sie Geschäfte, ohne Euer Wissen und ohne viel auf Euren Willen zu geben." Und Anna fuhr fort, dem Landgrafen zu berichten. Sie schilderte, wie sehr die Räte sein Vertrauen missbrauchten, wie sehr sie sich über alle Bedingungen, die der Fürst ihnen gestellt hatte, hinwegsetzten, ganz so, als sei er schon tot und wie sie eine regelrechte Konspiration und Meuterei errichteten. Sie berichtete, wie sie es wagten, über ihren Landesherrn zu spotten und zu sagen, sie hätten zwei Herren, Wilhelm den Älteren und den Mittleren, doch tauge der Ältere wohl eher zum Regieren. Und schließlich: wie ruchlos sie das Erbe Philipps verprassten.

Diesen Trumpf hatte sie bis zuletzt im Ärmel behalten, um ihn dann um so geschickter einzusetzen. Dieser Pfeil verfehlte seine Wirkung keineswegs. Mit einer Kraft, die vor allem den Medicus in Erstaunen versetzte, richtete sich der Landgraf auf und schwor, er wolle diesen Verrätern zeigen, dass noch immer er das Schwert in der Hand halte und es auch weiterhin halten wolle, bis zu seinem Tode. Darauf sank er wieder zurück in die Kissen. Der Medicus fühlte seinen Puls. Anna sah ängstlich in das Gesicht des Landgrafen, dann in des Medicus'.

„Wir müssen abwarten, Euer Gnaden. Aber ich bin mir sicher, dass er sich an Eure Worte erinnern wird. Dies hat ihn zu sehr aufgerüttelt, als dass er es wieder vergessen könnte. Seid getrost. Ich werde Euch rufen, so bald er wieder bei sich ist."

Gerührt verabschiedete sich Anna von dem Medicus und ging mit Schrautenbach rasch nach draußen, um tief Atem zu schöpfen und auch Riedesel zu einer weiteren Besprechung hinzuzuziehen.

Anna stand in regem Briefwechsel mit dem Erzbischof von Köln. Sie hatte Acht, dass Boyneburg ihre Briefe nicht abfangen konnte und hatte keine Mühe, den Mann zu überzeugen. Er sollte in einem neuen Testament gleichwertig als Mitregent neben ihr stehen. Jeder Briefwechsel dauerte Wochen. Die Zeit schien Anna zwischen den Fingern zu zerrinnen. Es war ein Wettlauf gegen Wilhelms fortschreitende Krankheit. Aber schließlich kam der Bote mit guten Neuigkeiten: Der Erzbischof hatte ein Schreiben direkt an den Landgrafen gerichtet, in dem er Annas Pläne voll und ganz unterstützte. Anna wusste, dass Riedesel und Treisbach unermüdlich waren auf ihrer Suche nach geeigneten Ratgebern, die die Riege um Boyneburg ersetzen sollten.

Der Neujahrsmorgen des Jahres 1508 dämmerte herauf. Anna saß am Fenster und schaute hinunter auf die Stadt, in der sich hier und dort Lichter zeigten. Rauch stieg aus manchen Schornsteinen auf, verweht von einem eisigen Wind, der Anna direkt ins Gesicht zu blasen schien. Das Zimmer war bereits geheizt, Anna wärmte ihre Hände an dem heißen Becher und zog die Schultern hoch. Sie war müde, fühlte sich ausgelaugt und erschöpft. Wilhelms Pflege hatte ihr viel abverlangt. Und immer schwebte Boyneburgs Vormundschaft über ihr wie ein Damoklesschwert. Was hatte Wilhelm sich dabei gedacht? Das fragte sie sich wieder und wieder. Wie hatte er nur alles aufs Spiel setzen können, was er mit so viel Anstrengung erreicht hatte? Anna war angespannt bis zum Äußersten. Sie war jung. Auch wenn sie sich zuweilen schwach fühlte und glaubte, diese Anspannung nicht mehr ertragen zu können, so konnte sie sich immer wieder selbst bezwingen und eisern ausharren. Ihr war, als lebe sie in einer beständigen Mitternacht. Als tappe sie in einer undurchdringlichen Finsternis. Sie hatte Angst. Und doch musste sie stark sein. Würde der Kaiser sie wirklich unterstützen? Einerseits konnte das Beispiel in Hessen Schule machen und andere Fürsten könnten sich mit aufsässigem Adel konfrontierte sehen. Aber Anna war nicht so naiv, ihre Augen vor politischen Notwendigkeiten zu verschließen. Ihr Gegner war ein Kurfürst. Der Kaiser war auf einen Kurfürsten angewiesen. Er konnte ihn nicht einfach vor den Kopf stoßen. Die Unterstützung Kaiser Maximilians erschien ihr wie ein Morgendämmerung nach dieser unseligen Nacht. Doch sie war noch weit.

Wenn sie mit ihren Kindern zusammen war, dann konnte sie alles andere vergessen. Elisabeth glich ihr immer mehr. Anna war weit davon entfernt, dem wilden Treiben ihrer Großen Einhalt zu gebieten, sondern ermunterte sie. Philipp dagegen war ein ruhiges Kind, etwas ängstlich, schreckhaft und weinte viel. Was für eine Herrscherin wäre Elisabeth im Vergleich zu ihrem kleinen Bruder! Aber ein Weiberregiment wollten die hessischen Gesetze nicht zulassen. Nicht mehr. Sophie von Brabant, die dem Haus Hessen vor zweihundertfünfzig Jahren vorgestanden hatte, war längst vergessen. Anna wartete auf Nachricht von Riedesel oder Treisbach. So musste sie sich wieder einmal in der Disziplin üben, die ihr am schwersten fiel: Geduld.

Herr im Himmel! Was für ein Morgen! Konnte man denn nicht einmal nach einer beschwerlichen Reise ausschlafen? Es war noch stockfinstere Nacht, als Georg Nußbicker in dem kleinen Gasthof geweckt wurde. Am Vorabend war der Schultheiß von Kassel in Marburg angekommen. Der Erbmarschall Hermann von Riedesel hatte ihn begrüßt und in diesem

Gasthof untergebracht, der zugegebenermaßen nicht ganz standesgemäß war. Aber was tat man nicht alles für seine Landgräfin? Die noch dazu so jung und hübsch war wie Anna von Hessen. So sagte man zumindest. Gesehen hatte er sie an ihrer Hochzeit nur von weitem. Georg Nußbicker rieb sich den Schlaf aus den Augen, rief irgendetwas, das das Klopfen an seiner Tür zum Verstummen brachte und schlug die Decke zurück. Da er offenbar nicht der erste war, der unter dieser Decke geschlafen hatte, hatte er sich zunächst in seinen langen, dunklen Mantel gewickelt und war dann zwischen die Laken geschlüpft. Also musste er sich jetzt auch noch aus seinem Mantel schälen, bevor er sich erheben konnte. Das tat er, wenn auch nur widerwillig. Offenbar hielt es hier niemand für nötig, ihm Licht zu bringen. Seine Augen gewöhnten sich bald an das Dunkel und er fand seinen Weg zu dem kleinen Tisch, auf dem er am Vorabend einen Krug, eine Schüssel und ein Tuch gesehen hatte. Er warf einen Blick in den Krug und fasste vorsichtig hinein. Das hatte er sich gedacht: Das Wasser hatte eine dünne Haut aus Eis. Er knurrte und hoffte für die Landgräfin, dass die Gerüchte über ihre Schönheit weit hinter der Wirklichkeit zurückblieben, auch wenn er in seinem fortgeschrittenen Alter und aufgrund lebenslang praktizierter Frömmigkeit natürlich über solche Dinge erhaben sein sollte. Wenn er schon in aller Herrgottsfrühe, in Eiseskälte, nach einer Nacht in einem schmutzigen Bett, mit einer Frau verhandeln musste, dann sollte diese Frau zumindest ein schöner Anblick sein. Er fuhr sich mit nassen Fingerspitzen übers Gesicht, wollte nach dem Handtuch greifen, zögerte aber und zog sein Taschentuch hervor, um sich sein Gesicht zu trocknen. Passend zu seinem Namen war sein Haar nussbraun und trotz seines fortgeschrittenen Alters noch ungewöhnlich voll und dunkel. Er kämmte sein Haar sorgfältiger als sonst, bis es in ordentlichen Wellen auf seine Schultern fiel. Über das weiße Hemd zog er ein wollenes Wams. Strümpfe und Hosen hatte er am Vorabend gar nicht erst abgelegt. Er ließ sich noch einmal auf dem Bett nieder, um seine Stiefel anzuziehen. Sein Diener hatte im Stall bei dem Pferd und der Kutsche geschlafen. Auch wenn er ihn jetzt entbehren musste, war Georg Nußbicker doch froh, diesen Diener zu haben, denn auf ihn konnte er sich verlassen. Er passte auf seine Sachen auf, als seien es seine eigenen.

Die schwarze, unauffällige Mappe mit den Arbeitsmaterialien verbarg er sicher unter seiner Kleidung. Er warf sich seinen Mantel um die Schultern, drückte sich den Hut auf den Kopf, zog diesen dem Anlass entsprechend verwegen tief in die Stirn und ging nach unten in die Wirtsstube, wo Erbmarschall Riedesel ihn bereits erwartete. Hier hatte man zumindest eine Kerze auf einen der Tische gestellt, deren Licht aber von den dunklen Wänden, der Kälte und den sonderbaren Gerüchen beinahe verschluckt wurde. Die Männer grüßten einander wortlos, dann öffnete Riedesel die Tür, ließ Nußbicker den Vortritt und schloss die Tür wieder lautlos. Nun standen sie auf dem eisglatten Kopfsteinpflaster. Nußbicker erschrak, als sich aus der Dunkelheit plötzlich mehrere schwarze Schatten lösten und auf sie zukamen. Doch der Erbmarschall beruhigte ihn: „Das sind unsere Männer. Keine Bange, Herr Schultheiß! Hier entlang!“ Riedesel ging den Männern voraus.

„Wäre es nicht angebracht, eine Kutsche zu nehmen? Mein Diener ist hier im Stall und er ...“

„Zu laut, zu auffällig“, erwiderte Riedesel nur und schritt weiter aus. Georg Nußbicker schaute auf den großen, breiten Rücken des Erbmarschalls. Dieser Mann hatte gut reden! Er hatte die Vierzig kaum überschritten. Jung und kräftig wie er war, schien es ihm nicht das geringste auszumachen, mitten in der Nacht durch eisigen Wind zu laufen. Sein Schritt war fest und sicher, während er selbst immer wieder auf dem glatten Pflaster rutschte. Ihm ging es ähnlich wie den beiden anderen Männern, die auch eher in seinem Alter zu sein schienen. Er konnte sich denken, wer sie waren, auch wenn er ihre Gesichter noch nicht gesehen hatte unter den breiten Hüten. Neben Riedesel ging Peter von Treisbach. Auch dieser Mann war vergleichsweise jung und trittsicher, wenn auch nicht ganz so groß und stattlich wie der Erbmarschall. Georg Nußbicker fror. Er war müde und hatte Hunger. Hoffentlich hatte die Landgräfin wenigstens an das leibliche Wohl ihrer Retter gedacht. Stumm gingen sie durch die kalte Dunkelheit. Der Wind zerrte an ihren Mänteln, ihren Hüten, ihrem Haar und ihren Bärten, trieb ihnen die Tränen in die Augen und machte ihre Gesichter und Hände taub. Der Abstand zwischen den beiden jüngeren Männern und den drei älteren vergrößerte sich zusehends. Schließlich wandten sie sich um und blieben stehen. Die drei Herren keuchten heran.

„Ich würde gerne lebend im Schloss ankommen, wenn das möglich ist“, sagte einer. Georg Nußbicker erkannte die Stimme Dr. Rulands.

„Ich denke, das lässt sich arrangieren“, sagte Treisbach, worauf Riedesel ihm einen tadelnden Blick zuwarf. „Verzeiht uns, aber wir sind in Eile. Doch wollen wir nun auf Euch Rücksicht nehmen. Einen Augenblick können wir verweilen, doch dann müssen wir weiter“, bestimmte der Erbmarschall. Da hörten sie ein Geräusch aus einer Gasse, keine fünf Schritte entfernt. Sofort gingen die Hände der beiden Männer nach ihren Schwertern. Mit halb gezogenen Klingen warteten sie und lauschten, doch als alles ruhig blieb, mahnte Riedesel mit einem Kopfnicken zum Weitergehen. Der Weg wurde immer beschwerlicher. Sie hatten die engen Gassen hinter sich gelassen und waren nun auf dem letzten Stück, das immer steiler zum Schloss empor führte.

‚Warum müssen die wichtigen Herrschaften ihre Häuser immer auf Bergen bauen, die kein gewöhnlicher Mensch erklimmen kann?' dachte Nußbicker und versuchte, seinen heftigen Atem zu bezähmen. Doch schließlich standen sie am Schloss, der Weg wurde eben. Riedesel führte sie nicht den üblichen Weg hinein ins Schloss, sondern brachte sie durch die Gärten zu einer Hintertür. Diese wurde von einer jungen Frau geöffnet. Sie führte sie schweigend durch enge Gänge, eine Wendeltreppe hinauf, einen Korridor entlang und blieb schließlich vor einer Tür stehen und klopfte an. Eine andere Frau öffnete die Tür zunächst nur einen Spalt breit, dann weit und ließ die Männer eintreten. Nun standen sie in einem behaglich warmen Zimmer, das von Kerzen schwach erhellt war. Die Männer nahmen Hut und Mantel ab. Da erkannte Nußbicker auch die anderen beiden. Er hatte also richtig vermutet: Ruland und Mannsbach. Sie grüßten einander mit einem Kopfnicken. Nußbicker ließ scheu seinen Blick wandern. Dieses Gemach trug eindeutig die Handschrift einer Frau. Die Wände waren mit Blumenornamenten bemalt; die Vorhänge aus schwerem dunklen Wollstoff waren zugezogen und machten den Raum zu einer Enklave der Wärme. Die Möbel hatten eine Leichtigkeit und Eleganz, die die wuchtigen alten Truhen und Schränke, die er auf den Fluren im Schloss gesehen hatte, entbehrten. Ein duftiger Schal lag wie zufällig über einer Truhe, die mit Intarsien verziert war. Daneben stand ein Korb mit einer Handarbeit. Bequeme Sessel waren um das Kaminfeuer bereitgestellt. Nußbickers Laune besserte sich erheblich. Gespannt sah er nun dem Treffen mit der Herrin dieses Gemachs entgegen. Die Frau, die ihnen die Tür geöffnet hatte, bedeutete ihnen zu warten, dann klopfte sie am Nebengemach an, wartete auf eine Antwort und öffnete leise die Tür.

„Euer Gnaden, die Herren sind erschienen", hörte Nußbicker sie sagen, dann hörte er Schritte, das Rauschen eines Kleides und Anna von Hessen erschien in der Tür. Die Männer beugten ihre Knie vor ihr.

„Wir bitten Euch, erhebt Euch!" Sie taten es. „Wir sind Euch allen sehr dankbar, dass Ihr um diese Stunde hier erschienen seid. Besondere Umstände erfordern besondere Taten. Uns bleibt nicht viel Zeit und wir müssen vorsichtig sein. Noch dürfen unsere Feinde nicht wissen, dass wir uns nicht geschlagen geben wollen."

Ihre Stimme war leise und doch fest, eindringlich. Nußbicker schaute sie nun an. Sie war klein von Gestalt und schien sehr zart. Im Kerzenlicht schimmerte ihr Gewand wie dunkler Honig. Selbstverständlich war das Gewand der Landgräfin nach der neuesten Mode gearbeitet, mit durchbrochenen, unterfütterten Ärmeln und Pelzbesatz, der sich schmal von der Taille zu den Schultern zog, dort breiter wurde und auf ihrem Rücken wieder hinab zur Taille verlief. Auf ihrem züchtigen Dekolleté lag eine schlichte Perlenkette. Dazu trug Anna von Hessen die passenden Ohrringe und einen Ring. Wie sie so dastand, hätte man in ihr nicht die Frau vermutet, die bereit war, die hessische Ritterschaft herauszufordern.

Riedesel räusperte sich. „Euer Gnaden, Konrad von Mannsbach." Mannsbach verneigte sich. Anna sah ihm an, dass er sich unwohl fühlte. Er hatte einen etwas unruhigen Blick. Sein dunkles, leicht grau meliertes Haar stand ihm wirr um den Kopf. Er schien den Blick der Landgräfin zu bemerken und fuhr sich schnell mit der Hand durchs Haar. Er war dank seiner Frau ein Sicherheitsrisiko, das Anna aber einzugehen bereit war.

Riedesel fuhr fort: „Dies ist Dr. Heinrich Ruland, Dechant des Martinsstiftes zu Kassel. Er war den Räten des Testaments für geistliche Belange zugeordnet." Auch dieser verneigte sich noch einmal tief vor ihr. Anna wusste nicht – lag es an dem weißen Haar, dem langen, weißen Bart oder der etwas altmodischen, dunklen Kleidung – sie hatte Vertrauen zu diesem Mann. Sie kannte das Martinsstift in Kassel. Dass dieser Mann dort Dechant war, war ihr genug Versicherung.

„Und dies ist Georg Nußbicker, der Schultheiß von Kassel."

Nußbicker tat wie seine Vorgänger. Als er sich wieder aufrichtete, sah er, dass die Landgräfin lächelte. Die Gerüchte blieben in der Tat hinter der Wahrheit zurück, entschied Nußbicker und senkte den Blick. Dass diese Frau nicht allein schön war, wurde den Männern in den folgenden Augenblicken bewusst. Mit klaren Worten setzte sie ihnen nun ihr Vorhaben auseinander, hörte sich Bedenken und Einwände an, erwiderte diese mit Sachverstand und kühler Vernunft, verwies auf ihr Bündnis mit dem Erzbischof von Köln und die Unterstützung des Kaisers, die ihr so gut wie sicher war. In den Hauptzügen sollte das erste Testament übernommen werden, selbst das Aufsichtsrecht der Stände. Die Landgräfin hielt es für undiplomatisch, zu viel zu ändern. Sie wollte nicht die Stände gegen sich aufbringen. Wenn es einmal so weit sei und das Testament verlesen werden müsse, dann hätte sie sicher genug Aufruhr, auch ohne die Stände. Doch wollte sie das Testament nicht allen hessischen Landschaften zugleich eröffnen. Um nicht ganz Hessen an einem Tag gegen sich zu haben, wollte sie den Niederhessen das Testament am Spieß verlesen und den Oberhessen in Butzbach.

Noch bevor die Dämmerung heraufzog, waren Nußbicker und Ruland wieder auf ihrem Weg in die Stadt, doch wurden sie diesmal in andere, standesgemäßere Herbergen gebracht, wo ihre Diener sie bereits erwarteten. Riedesel und Treisbach versicherten ihnen, dass es ihnen in diesen Unterkünften an nichts fehlen würde und baten, die Widrigkeiten der ersten Nacht zu entschuldigen. Dann verabschiedeten sie sich, worauf sich jeder an die ihm zugedachte Arbeit machte. Mannsbach kehrte zurück zu seiner Frau, die aufgrund seines beharrlichen Schweigens noch am selben Vormittag anspannen ließ, um zu Frau von Boyneburg zu fahren.

Und wieder wurden die Herren in aller Herrgottsfrühe abgeholt, um heimlich ins Schloss gebracht zu werden. An diesem Tag sollten sie dem Landgrafen gegenüberstehen. Nußbicker hatte alles in seiner sorgfältigen Schrift aufgesetzt, die Namen der neuen Räte eingesetzt und alles andere aus dem ersten Testament übernommen. Es bedurfte nur noch der Unterschrift des Landgrafen. Mit Hilfe des Medicus, Annas schmeichelnden Worten und dem Ernst, der Ergebenheit und der Überzeugungskraft der neuen Räte hatte man den Fürsten bald so weit. Er unterschrieb und setzte damit Anna und den Erzbischof von Köln ins Regiment ein, Riedesel, Treisbach, Mannsbach und Ruland als Ratgeber. Um sich der Unterstützung Herzog Georgs zu versichern, ließ Anna noch hinzufügen, dass im Falle ihrer Wiederverheiratung die Regierungsgewalt über Hessen auf ihn übergehen solle. Wilhelm hatte noch einmal daran erinnert, die versprochene Eheverbindung zwischen Elisabeth und Georgs Sohn Johann wirklich zu knüpfen, sobald die beiden im entsprechenden Alter seien.

Dies geschah am 29. Januar des Jahres 1508. Von da an versah Anna von Hessen die Regierungsgeschäfte, selbst wenn der Komtur Dietrich von Cleen, der auch das erste Testament in Verwahrung genommen hatte, nicht willens war, dieses zweite Testament anzuerkennen.

Eine ihrer ersten Amtshandlungen war Boyneburgs Absetzung als Hofrichter. Statt seiner setzte sie Peter von Treisbach ein. Seine Frau Anna würde diese Entscheidung sicher auch begrüßen. Anna enthob Boyneburg aller seiner Ämter, die er von Wilhelm verliehen bekommen hatte. Fast bedauerte Anna, dass Boyneburg nicht mit Sophie von Mannsbach verheiratet war. Die Landbotin würde sie so schnell nicht loswerden. Ihren Gemahl Konrad schätzte sie zu sehr. Aber Boyneburg war nicht der Mann, der dies so einfach hinnehmen würde. Er war nahe genug an der Herrschaft über Hessen gewesen. Zu nah, um sie sich streitig machen zu lassen. Noch dazu von einer Frau! Er wollte sich nun nicht gleich auf einen zermürbenden Kleinkrieg und Streit mit der Landgräfin einlassen, sondern ging hoch erhobenen Hauptes. Als er aus dem Schloss ging, blickte er auf zu ihren Fenstern und schwor Rache.

Übellaunig wie er war, ging er nach Hause zu seiner Frau Mechthild, die außerstande war, ihn aufzuheitern. Nun saß er allein und starrte ins Feuer. Er hatte vorzüglich gespeist, der Lothringer Wein, den er immer wieder über alles schätzte, lagerte fässerweise im Keller und tröstete ihn hinweg über unausweichliche Tatsachen: Die Landgräfin hatte ihn abgesetzt. Der Landgraf wollte ihn nicht mehr vorlassen. Trott und Waiblinger, die beide sehr viel älter waren als er, waren zu träge, um ihrem Zorn die Zügel schießen zu lassen. Aber all dies waren keine Hindernisse. Nicht für einen Ludwig von Boyneburg, der in seinen besten Jahren stand. In Geiste sammelte er seine Armeen. Wie leicht, dachte er sich, konnte er die Stände ganz für sich gewinnen, sich sogar zu deren Führer aufschwingen! Doch wer außerdem stand noch auf seiner Seite? Wen könnte er auf seine Seite bringen und vor seinen Karren spannen - ohne dass dieser es merkte? Die Wettiner? Er wusste, dass Herzog Georg gut mit Anna stand. Aber die weitläufige Familie der Wettiner spaltete sich immerhin in zwei Linien, die Ernestiner und die Albertiner. Herzog Georg war ein Albertiner. Und wie ungemein gelegen kam es da, dass diese beiden Linien verfeindet waren! Nun, sie hassten einander zwar nicht bis aufs Blut und würden niemals mit Waffengewalt gegeneinander vorgehen, doch hatten Streitigkeiten um die Teilung der sächsischen Besitzungen im Jahre 1485 die beiden Linien einander entfremdet. Tiefes Misstrauen und kleinliche Eifersucht beherrschten seitdem das Verhältnis der Vettern und Basen. Daraus ließen sich Fallstricke für Anna knüpfen.

Außerdem lag sein Heimatort in der Nähe der thüringischen Besitzungen der Wettiner. Einige seiner Verwandten waren im Dienst des Kurfürsten und er selbst hatte sogar vor ein paar Jahren die persönliche Bekanntschaft Friedrichs von Sachsen gemacht, als Wilhelm ihn als Gesandten mit einer Botschaft nach Weimar geschickt hatte. Damals, 1504 war es gewesen, wenn er sich recht erinnerte, hatte er Kurfürst Friedrich als weltmännischen Herrscher kennen gelernt. War dieser Mann weltmännisch und offen genug, die Stände zu unterstützen, gegen ein anderes Fürstenhaus? Das wäre eine ungewöhnliche Haltung, in der Tat. Doch da er selbst, Boyneburg, der Vermittler zwischen dem Kurfürsten und den Ständen war, lag es an ihm, Informationen und Sachlagen zwischen den Parteien hin und her zu tragen. Er brauchte den Ständen nicht unbedingt mitzuteilen, wie viel Macht die sächsischen Fürsten tatsächlich beanspruchten. Und der Kurfürst musste nicht erfahren, wie viel Mitspracherecht die Stände verlangten. Boyneburg grinste in seinen

Weinkelch, den er fast bis zur Neige geleert hatte. Er goss Wein nach, so übermütig, dass der gute Lothringer auf den Tisch floss und trank sich selbst zu. Man würde eines Tages zugeben müssen, dass er noch weiser war als der Kurfürst.

Im September erreichten schlechte Neuigkeiten das Marburger Schloss. Annas Bruder Erich, um dessen Gesundheit es seit jeher schlecht bestellt gewesen war, war gestorben. Unverheiratet, im Alter von nur fünfundzwanzig Jahren. Erich. Anna flüsterte seinen Namen in die Stille. Sie hatte ihn lange nicht gesehen. Sie erinnerte sich an ihn als den Jugendlichen, der immer voller Übermut ihre Spiele angeführt hatte, obwohl er damals schon krank war und immer wieder von einem zerstörerischen Husten geschüttelt wurde. Er hätte sich schonen müssen. Wahrscheinlich war er gerade deswegen – und wegen der überbordenden Fürsorge seiner Mutter für das kränkliche Kind – wild bis zur Tollkühnheit. Ein Lächeln stahl sich auf Annas Gesicht, als sie daran dachte, wie er bei klirrender Kälte seinen Namen in den Schnee gepinkelt hatte und die Mutter in ihrer Aufregung nicht wagte, die Sache beim Namen zu nennen, sondern nur ihrer heftigen Sorge um seine Nachkommen Ausdruck verlieh. Vorbei.

Und noch eine Todesnachricht traf ein, die allerdings weiterreichende politische Konsequenzen hatte: Erzbischof Hermann von Köln war gestorben. Diese Nachricht löste bei Anna und den Wettinern Trauer aus, wenn auch aus sehr unterschiedlichen Gründen. Anna trauerte aufrichtig um den Mann, der ihr nicht nur ein Ratgeber gewesen war, sondern auch ein Verbündeter und väterlicher Freund. Sie ließ Messen lesen und betete lange und innig für ihn.

Friedrich von Sachsen saß an seinem Schreibtisch, als er die Nachricht bekam. Er bekreuzigte sich, stieß leise einen harmlosen Fluch aus und bekreuzigte sich schnell noch einmal. Er selbst bezeichnete sich als besonnen, wenn bösartige Mitglieder seiner Familie ihn auch schlichtweg behäbig nannten. Ein Großteil seiner derben Gesichtszüge war von einem buschigen Bart bedeckt. Er war ein dicker, gemütlicher Mann, der gerne alles beim Alten ließ. Die Gründung der Universität Wittenberg im Jahre 1502 war zweifellos ein Glanzpunkt seines bisherigen Wirkens. Er regelte seine Geschäfte gerne ruhig und bedächtig. Säbelgerassel war ihm zuwider. Lieber schloss er Verträge und verheiratete seine weitläufige Familie, um an seine Ziele zu kommen. Der Pakt, den er mit dem Erzbischof geschlossen hatte, würde nun nicht mehr in Kraft treten können.

Seine Gesichtszüge spannten sich. Die Gelegenheit, Hessen so leicht an sich zu bringen, würde sicher nicht noch einmal kommen. Auf jeden Fall würde er nun in irgendeiner Form gemeinsame Sache machen müssen mit diesem Boyneburg. Ja, ja, die Stände. Wie froh waren sie, in den sächsischen Fürsten mächtige Unterstützer zu finden. Er hatte dem jungen Boyneburg versichert, wie viel ihm an dem Land Hessen gelegen war und dass er mit aller Hilfe rechnen konnte. Über diese Zusicherung waren die Stände so froh, dass sie nicht merken würden, dass Friedrich ihr Land so heiß und innig liebte, dass er nicht eines seiner Dörfer wieder hergeben wollte, wenn er es nur erst in seinen Besitz gebracht hatte.

Die schmählich abgesetzten Ritter waren unterdessen beileibe nicht untätig. Anna vermutete, dass etwas im Gange war, konnte aber nichts herausfinden. Sie war beschäftigt mit Regierungsgeschäften, die ihr ungewohnt genug waren. Einerseits wollte sie alles selbst tun, über alles einen Überblick haben, musste aber bald einsehen, dass ihr das nicht gelingen konnte und sie verschiedene Aufgaben abgeben musste, um sich nur noch Bericht erstatten zu lassen. Ihre Räte standen ihr zur Seite, wenn sie auch vor allem Schrautenbach, Riedesel und Treisbach vertraute.

Im Juni 1509 versammelten sich die Stände heimlich am Spieß – entgegen Annas ausdrücklichem Landtagsverbot – und arbeiteten eine Beschwerdeschrift aus. Sie protestierten gegen die Änderung des Testaments, die Absetzung der Räte, Besteuerung der Hintersassen* und das Landtagsverbot, mit dem Anna allzu offensichtlich die Macht der Stände beschränken wollte. Eine Gesandtschaft, der sich Boyneburg wohlweislich nicht anschloss, machte sich auf den Weg nach Marburg.

Der Medicus beugte sich über den Landgrafen. Sein Zustand war seit einigen Wochen unverändert gewesen, aber an diesem Morgen lag Wilhelm mit aschfahlen Zügen zwischen den verschwitzten Laken und atmete nur noch schwach. Der Medicus fühlte den Puls des Fürsten, seine Stirn und Wangen und schickte schließlich nach der Landgräfin.

Anna kam. Sie schaute auf Wilhelm, dann auf den Medicus und erschrak. Denn das Gesicht des Medicus' war noch ernster als sonst. Er

* Hintersassen: Dies waren unter anderem Bauern, die nur dem örtlichen Adelsherrn unterstanden und auch nur an diesen Steuern zu zahlen hatten. Eine Besteuerung dieser Menschen durch die Landgräfin wäre eine doppelte Steuerlast gewesen, bzw. hätte die Steuersumme gemindert, die der örtliche Adel eintreiben konnte.

schlug die Augen nieder und verneigte sich tief vor Anna. Bei ihrem Eintritt hatte er sich erhoben, doch mit einer fast ungeduldigen Geste bedeutete sie ihm, dass ihr im Moment die Etikette nicht wichtig war.

„Wie steht es mit dem Landgrafen?“ fragte sie leise, nachdem sie sich an Wilhelms Seite niedergelassen und seine Hand ergriffen hatte.

„Sein Zustand hat sich sehr plötzlich verschlechtert, Euer Gnaden. Noch gestern dachte ich, der gnädige Fürst könnte noch eine Weile durchhalten, doch heute befürchte ich, dass Gott der Herr ihn bald abberufen wird.“

„Aber er muss noch durchhalten, eine Weile noch. Ich bin noch nicht bereit, ihn herzugeben.“

In Annas Kopf überschlugen sich die Gedanken. Mit Schaudern dachte sie an all die Vorbereitungen, die die Ritter und Stände in letzter Zeit immer offener und unverschämter getroffen hatten. Man rüstete sich. Man war offenbar bereit, mit Waffengewalt zu erstreiten, was Wilhelm in seinem letzten Testament versagt hatte. Ihre Hand zitterte, als sie Wilhelms Hand leicht drückte. Er reagierte kaum noch.

Pater Marcus kam und gab dem Kranken die letzte Ölung. Wilhelm hatte ihn seit Jolanthes Tod kaum noch aufgesucht. Pater Marcus ließ es sich nicht nehmen, dies Anna anzulasten. Gott allein wusste, wie er dazu kam.

Der Geruch im Krankenzimmer war nun kaum noch erträglich, denn man hielt die Fenster fest verschlossen, um dem Tod keinen Einlass zu gewähren. Doch der Tod war ein Eindringling, gegen den Schloss und Riegel, Mauern und Zinnen nichts halfen. Er trat ein; unbemerkt schwebte er im Raum, wie ein schwerer, süßlicher Duft, eine Ahnung, ein Klang. Allein Wilhelm nahm ihn wahr, hieß ihn willkommen und wehrte sich nicht. Wie durch einen Schleier sah er Menschen um sein Bett versammelt, sah Anna an seinem Bett sitzen und weinen – oder war es Jolanthe? Zwei Kinder waren da, die gleichfalls weinten und sich an ihre Mutter schmiegten. Doch schienen sie mehr über die Trauer der Mutter zu weinen als über das, was hier geschah. Für Wilhelm war es ein leichter Abschied. Er war froh, dem Gefängnis dieses Zimmers und dem Gefängnis seines kranken Körpers zu entkommen. Er fühlte sich zum ersten Mal seit langer Zeit frei von Schmerzen, zufrieden und – glücklich.

Am 11. Juli 1509 saß Anna im Arbeitszimmer des Landgrafen, das sie sich mittlerweile ganz zu eigen gemacht hatte, um den Tod ihres Gemahls in das Familienbuch einzutragen. Es war um die Mittagszeit. Die Hitze draußen war unerträglich, nur innerhalb der dicken Schlossmauern herrschte Kühle. Und Stille. Kaum war ein Flüstern zu hören. Der Landgraf lag aufgebahrt in der Kapelle. Pater Marcus hatte Messen gelesen und Anna dabei angesehen, als hätte sie ihren Gemahl vergiftet. Gerade als Anna Sand über die frische Tinte streute, hörte sie vor dem Fenster eine große Menschenmenge vorbeiziehen. Sie trat an eines der Fenster und schaute hinaus. Eine abenteuerlich bunt gemischte Schar kam den Schlossberg herauf, wie sie durch die Butzenscheiben erkennen konnte. Den Farben der Gewänder nach zu urteilen, waren es keine Bauern, sondern Handwerker und wohl auch Ratsherren der Städte. Die Stände. Sie schienen nicht zornig, doch in ihrem Anliegen sehr bestimmt. Anna ahnte, worum es ihnen ging. Sie eilte hinaus auf den Flur, um Treisbach Anweisungen zu geben. Sie wollte einige Vertreter der Stände sprechen. Ihr sollten sie nun ihre Beschwerden vortragen. Treisbach ging hinunter ans Tor. Anna wartete im Saal. Das Herz schlug ihr bis zum Hals. Sie versuchte, ihren hektischen Atem zu bezähmen, was ihr schließlich gelang. Dies sollte nun ihre Feuertaufe werden. Würden sie ihr zuhören? Anna wurde heiß, selbst in dem kühlen Saal, dessen Fenster zum Teil durch die schweren Vorhänge verdunkelt waren. Da hörte sie den einsamen Schritt eines Mannes auf dem steinernen Korridor. Es war unverkennbar Peter von Treisbach, denn selbst sein Schritt war Rhythmus.

„Werden sie kommen? Was haben sie gesagt?" Anna kam ihm durch den Saal entgegen. Der kräftige Mann schwitzte in seinem Hofgewand über die Maßen.

„Ich selbst habe sie nicht einmal angetroffen. Als ich am Tor ankam, hatte man ihnen bereits gesagt, dass der Landgraf verstorben sei. Mit niemandem sonst wollten sie sprechen."

„Da liegt harte Arbeit vor uns, Treisbach."

„Das ist wahr. Aber sie werden uns zuhören müssen. Verlasst Euch auf uns, Euer Gnaden."

„Wir danken Euch, Treisbach. Ohne unsere Räte wären wir verloren."

Wilhelm wurde feierlich in der Elisabeth-Kirche zu Marburg beigesetzt.

Anna gab einen ungewöhnlichen Sarkophag in Auftrag. Der Steinmetz runzelte die Stirn, als Anna ihm schilderte, wie sie die Arbeit wünschte, doch schickte er ihr in nach drei Tagen Entwürfe. An den Entwürfen befahl Anna noch einige kleine Änderungen. Der Steinmetz versprach, den Sarkophag in spätestens fünf Monaten fertig zu stellen.

Am 14. Juli abends gegen acht Uhr erhielt Friedrich von Sachsen einen Brief. Die kurzen, dicken Finger des sächsischen Landesherrn hielten das Papier gegen das Licht einer Kerze, um die braven, geraden Schriftzüge eines hessischen Kanzleibeamten zu entziffern. Der Diener, der ihm den Brief gebracht hatte, stand still und erwartete weitere Anweisungen.

„Ich will Thun sprechen. Er soll gleich morgen früh in meinem Amtszimmer erscheinen“, sagte der Kurfürst und entließ den Diener. Die Frist war knapp. Ganz so, als wolle man vermeiden, dass die Sachsen zur rechten Zeit einträfen. „Dieses Mecklenburger Mädchen!“ lachte er leise in sich hinein. Diese kleine Anna sollte schon erfahren, mit wem sie es zu tun hatte. Er wollte ihr durch unfeine Hast nicht das Gefühl geben, dass Sachsen in ihr eine ernstzunehmende Gegnerin sehe. Der Kurfürst hatte die Geschehnisse in Hessen genau beobachtet. Sicher, die Stände und Boyneburg hatten zu Lebzeiten des alten Fürsten wenig Spielraum gehabt. Doch nun sah die Sache anders aus. Der männliche Erbe war ein Kind von nicht einmal fünf Jahren. Und ein Mädchen von - wie alt war sie doch gleich? Vierundzwanzig? Fünfundzwanzig, wenn überhaupt - dachte tatsächlich, sie könne sich die Herrschaft aneignen. Friedrich schüttelte den Kopf. Diese Anna machte sich keinen Begriff davon, was es hieß, ein Land zu regieren. Dachte sie tatsächlich, ihre Arbeit als Fürstin sci damit getan, dass sie in schönen Kleidern umhergehe, ab und an ein Briefchen unterzeichne und nach einem Spaziergang ein Gesetzchen erlasse? Ein Weib an der Macht! Der Kurfürst stieß verächtlich die Luft durch die Nase und löschte die Kerze. Sein Hauptmann Thun würde sich um alles kümmern. Nur nicht selbst in Erscheinung treten und der Sache zu viel Ehre antun! Hessen war den Sachsen so gut wie sicher. Und mit dieser beruhigenden Erkenntnis bettete der sächsische Kurfürst sein weises Haupt zur Nachtruhe.

Anna hatte den Brief an Friedrich von Sachsen nur nach Eisenach geschickt, wohl wissend, dass dies die Botschaft um mindestens einen halben Tag verzögern konnte. Außerdem hatte sie die Eröffnung des Testaments bereits auf den 19. Juli angesetzt. Und obendrein hatte sie keinen Ort angegeben, an dem dies stattfinden sollte. Friedrich würde selbstverständlich davon ausgehen, dass dies in Kassel geschehen würde. Also schickte er seinen Hauptmann nach Kassel. Doch zur Testamentseröffnung hatte Anna die niederhessischen Stände nach dem Spieß beschieden.

Marburg, 16. Juli 1509

Euer Liebden[5],

in all unserer Trauer und Verzweiflung über den Tod unseres lieben Gemahls sind wir doch froh, dass Ihr in Kassel seid, denn so können wir sicher sein, dass Ihr unseren Brief erhalten werdet. Deshalb wollen wir auf den Boten vertrauen und ganz offen sein. Wir wissen, der Landgraf stand auch Euch sehr nahe und Eure Treue und Güte bewies uns stets, dass Eure Freundschaft zu ihm aufrichtig war. Im Namen dieser Freundschaft bitten wir Euch nun um Hilfe. Als unser Gemahl noch lebte, haben sich die Stände bereits gerüstet und sich ganz unverhohlen auf eine Meuterei vorbereitet, doch durften sie es da noch nicht wagen. Nun, da Gott der Herr den Landgrafen abberufen hat, stehen wir allein und fürchten das Äußerste. Wir bitten Euch daher, hundert wohlgerüstete Reiter für uns bereit zu halten. Wenn der Zeitpunkt kommt, was Gott der Herr verhüten möge, dann werden wir Euch den Ort angeben, an den Ihr die Reiter bitte senden mögt. Wolle Gott Euch Eure gute Tat belohnen. Es grüßt Euch

Anna von Hessen

[5] Euer Liebden war die damals in Briefen übliche Anrede unter Freunden und Verwandten.

Am nächsten Tag machte sie sich auf den Weg zum Spieß, ohne zu ahnen, was Boyneburg und Trott in der Zwischenzeit trieben:

Anna von Braunschweig, die Gemahlin Wilhelms des Älteren, des Blöden, fristete mit ihren Töchtern ein Dasein in Verbitterung. Weder ihrem Gemahl und schon gar nicht ihr ließ man die Aufmerksamkeit zukommen, die Landgraf Wilhelm II. versprochen hatte. Bei dem Sensenstein handelte es sich um eine Ansammlung von Gebäuden, die vor mehreren hundert Jahren eine stattliche Burg gewesen sein mochten. Bergfried, Zinnen und Wohnhäuser waren zum größten Teil verfallen und nicht mehr bewohnbar. Im Burggraben wurden Erbsen, Bohnen und dergleichen mehr angebaut, Vögel hatten Schießscharten zu Nistplätzen erkoren, selbst aus den Pechnasen, die Belagerer früherer Zeiten geschreckt haben mochten, rann allenfalls Vogelkot. Eines der Gesindehäuser hatte noch eine Konstruktion, die man mit viel Wohlwollen als Dach bezeichnen konnte. Dort hatte sich Anna von Braunschweig mit ihren Töchtern eingerichtet. Sie empfing niemals Besuch und war überzeugt, dass man weder in Kassel noch in Marburg wisse, ob sie überhaupt noch lebe oder vielleicht schon gestorben sei. Deshalb war sie begreiflicherweise sehr misstrauisch, als eine Kutsche vorfuhr und zwei elegant gekleidete Herren ausstiegen. Anna von Braunschweig stand hinter dem ausgebleichten und zerrissenen Vorhang und sah hinunter in die Auffahrt, wo natürlich kein Diener bereitstand, die Herren zu empfangen. Ihre magere Hand, auf der sich bereits deutliche Altersflecken zeigten, strich ein paar der grauen Strähnen zurück unter die Haube. Der einzige Diener, der trotz des kargen Lohns noch bei ihr geblieben war, arbeitete gerade im Garten. Sie eilte zum hinteren Fenster und rief: „Hannes, geh und säubere er sich. Da ist eine Kutsche angekommen. Er empfange die Herrschaften und bringe sie in den Salon!" Als der alte Hannes dies hörte, blieb er für einen Moment mit offenem Munde stehen und starrte seine Herrin an, die in ihrem fadenscheinigen Kleid, das längst aus der Mode war und an dem er jeden einzelnen Flecken und Flicken kannte, am Fenster stand. „Spute er sich!" rief sie nun, worauf er alles stehen und liegen ließ, den zerfledderten Strohhut vom Kopf fegte und die Hände an der Schürze abwischte. Da gewahrte Anna von Braunschweig ihre Töchter. Die Comtesschen saßen zwischen den Himbeersträuchern. Die sechzehnjährige Katharine fütterte die kleine Elisabeth mit den wenigen Früchten, die die Sträucher hergaben. Elisabeth war mit ihren sechs Jahren noch weit davon entfernt, beim Spielen auf ihre Kleider zu achten und auch Katharina hatte sich einfach auf die Erde gesetzt. Mit einem

Blick hatte die Mutter den wenig repräsentativen Zustand ihrer Töchter erfasst und rief: „Ihr bleibt wo ihr seid!"

Das Hämmern von Fäusten gegen die Tür dröhnte immer energischer durchs Haus, bis der alte Hannes mit betont würdevoller Geste öffnete und nach Namen und Begehr der Herren fragte. Der eine hieß Ludwig von Boyneburg, der andere Friedrich von Trott und beide wünschten die Herrin des Hauses zu sprechen. Ob sie denn angemeldet seien? Dies verneinten die Herren, versicherten jedoch, es sei eine sehr wichtige Angelegenheit, die keinen Aufschub dulde. Hannes bat die Herren ins Haus und in das Zimmer, von dem er vermutete, dass es das war, das seine Herrin mit „Salon" gemeint hatte. Er straffte sich, drückte Knie und Rücken durch und setzte eine Miene auf, als sei er der routinierteste Diener der Welt, der jeden Tag hohe Herrschaften empfing, sofern sie angemeldet waren. Boyneburg und Trott entging nichts - weder an der Gestalt dieses Dieners (schmutzige Hosen, eine alte braune Jacke, die er über seinem Bauch nicht mehr zu schließen vermochte, Dreckspritzer im Gesicht, abgearbeitete Hände, die über und über mit Erde verkrustet waren und schließlich Holzschuhe voller Dung) noch im Hausflur (abgeblätterte Farbe, graue Flecken an Wänden und Decke, ein ausgetretener Steinfußboden, auf dem sogar hier und dort Hinterlassenschaften von Hühnern lagen) noch im Salon (ein ausgefranster Teppich, auch hier abgeblätterte Farbe und Stockflecken, sehr wenige, zerschlissene Polstermöbel, eine Laute mit zerbrochenem Torso und ohne Saiten). Boyneburg und Trott fühlten sich einerseits unbehaglich. Besonders Boyneburg liebte es nicht, sich mit dem Elend anderer Menschen zu befassen. Er hatte zwar immer Bescheid gewusst über das Schicksal Annas von Braunschweig, mit Wilhelm auch den einen oder anderen derben Scherz darüber gemacht, doch sich nie wirklich vorzustellen vermocht, wie es wohl an einem Ort aussah, den man „den Sensenstein" nannte. Andererseits stieg in ihm Siegesgewissheit auf. Die beiden Männer wechselten nur einen kurzen Blick, um sich zu verständigen. Ihnen beiden war klar, dass sie schon gewonnen, noch bevor sie ihr Anliegen vorgebracht hatten. Da kündigte der Diener die Herrin des Hauses an.

Anna von Braunschweig erschien. Boyneburg bezwang ein höhnisches Zucken um seine Mundwinkel. So hatte er sich eine Anna von Braunschweig nicht vorgestellt: Sie war vor der Zeit gealtert, ihre Gesichtszüge waren hart und bitter und passten zu dem schäbigen Kleid, das sie als Frau von Adel zu tragen gezwungen war. Trotzdem bemühte sie sich um Haltung und Würde, was zumindest Trott einen gewissen Respekt abnötigte. Boyneburg und Trott verneigten sich tief vor ihr und grüßten sie mit Namen und Titel, worauf sie sich selbst noch einmal vorstellten.

Boyneburg, als der Redegewandtere von beiden, begann ihr Anliegen in einfachen Worten vorzutragen, spürte, dass Annas Augen etwas Lauerndes bekamen, je mehr er ihr versicherte, dass er ihr zu Ansehen und Reichtum verhelfen wollte und holte immer weiter aus, um den Sachverhalt verständlich zu machen. Als er geendet hatte, sah er sie an. Sie hatte sich in einem der Sessel zurückgelehnt, vorsichtig, als befürchte sie, er könne unter ihr zerbrechen und blickte ihn aus Augen an, die auf Erlösung im Diesseits nicht mehr hofften. „Ihr habt nun sehr lange geredet. Was Ihr gesagt habt, möchte ich nun kurz zusammenfassen, nur um sicher zu sein, dass ich Euch richtig verstanden habe. Landgraf Wilhelm ist gestorben, seine Frau hat das Testament zu ihren Gunsten ändern lassen und sich damit lauter Feinde im Volk und bei den Ständen gemacht. Statt ihrer wollt Ihr nun meinen Gemahl, Wilhelm den Älteren, als Regenten einsetzen, da dieser wieder genesen sei, wie Ihr Euch selbst überzeugt habt. Und ich soll als Landesmutter Ruhm und Ehre erfahren, weil sich das Volk an die gütige Regentschaft meines Gemahls erinnert und meinen Gemahl und mich noch immer heiß und innig liebt?“

„In der Tat, Euer Gnaden, so verhält es sich. So wahr ich hier vor Euch sitze! Ich habe ein Schreiben Eures Gemahls bei mir, das Zeugnis abgibt über seinen vortrefflichen Geisteszustand. Hier, wenn Euer Gnaden erlauben ...“ Er brachte ein Schreiben hervor, das er Anna von Braunschweig reichte. Sie nahm es entgegen, nicht ohne sein Gesicht aus den Augen zu lassen. Sie entfaltete es und überflog die Zeilen. Ihre Kiefer spannten sich. Mit einer Mischung aus Abscheu und Bewunderung, Hoffnung und Zweifel gab sie ihm das Schriftstück zurück. „Wie ist Euer Plan?“

„Anna von Hessen wird bald das Testament verlesen. An diesem Tag werden wir ihr den rechtmäßigen Landgrafen präsentieren. Sie soll sich vorsehen. Überlasst alles mir. Ihr werdet sehen, ihr seid im Handumdrehen Landesfürstin. Wir wissen sehr wohl, dass Ihr eines anderen Lebensstiles bedürft. Deshalb haben wir Euch einen kleinen Betrag an Geld mitgebracht und ein paar weitere Dinge, die noch in der Kutsche sind, wie Stoffe für Kleidung und dergleichen mehr. Und sehr bald werden wir Euch wieder mit Eurem Gemahl vereinen.“ Damit händigte Trott der alten Landgräfin einen stattlichen Beutel aus, in dem es golden klimperte. Da schien es, als entspannten sich die verkniffenen Züge der alten Landgräfin, die Falten um ihren Mund glätteten sich, fast hätte man es als ein Lächeln bezeichnen können. Ihre mageren Hände klammerten sich so fest um den unverhofft gewonnen Schatz, dass die Knöchel weiß hervortraten.

*

Nur wenige Monate später, es war im Oktober, saß Pater Ignatius im Beichtstuhl. Es war ein stürmischer Herbstnachmittag. Schon vielen Brüdern hatte er die Beichte abgenommen. Es war das ewige Einerlei, das die Mönche zu berichten hatten. Bei der Ernte heimlich Äpfel gegessen, unkeusche Gedanken, lustloses Herunterbeten der nächtlichen Stundengebete, Neid auf einen Mitbruder, weil dieser schöner sang und im Chor bevorzugt wurde. Kaum war etwas dabei, das den Pater aufhorchen ließ. Alles kannte er aus eigener Erfahrung und hatte Verständnis dafür. Besonders die jüngeren Brüder, die angesichts ihrer Sünden allzu zerknirscht waren, beruhigte er eher, als dass er sie strafte. Er gab ihnen ein paar Rosenkränze auf, nur um nicht durch Straffreiheit völlige Verwirrung zu stiften. So saß er sinnend in der Kirche, erinnerte sich an die Zeiten, in denen sich seine eigene Beichte noch gelohnt hatte und genoss die Stille.

Diese wurde sehr plötzlich unterbrochen. Die Tür wurde aufgerissen, gleich darauf wieder zugeschlagen, energische Schritte kamen über den Steinfußboden heran. Er lugte aus dem Beichtstuhl hervor. Wahrlich, das war Landgräfin Anna von Hessen! Er hätte sie gleich am Rascheln ihrer Kleider erkennen können. Heute stand auf der sonst so glatten Stirn der Fürstin eine tiefe Falte, ihre Augen sprühten. In der Hand hielt sie eine Reitgerte. Kein Zweifel! Man durfte sich auf Abwechslung gefasst machen!

„Segnet mich Vater, denn ich habe ... gesündigt!“ Sie hatte diesen Satz gefaucht, das letzte Wort wutentbrannt hervorgestoßen und dabei offensichtlich ihre Reitgerte – war es möglich, dass sie solches tat? – auf das Brett geknallt, das für ihre betenden Hände vorgesehen war.

Pater Ignatius schaute durch das Gitter, sah Annas Gesicht und stellte fest: „Ihr bereut Eure Sünde keineswegs.“

„Ich habe sündige Gedanken!“ Sie fauchte noch immer.

„Diese sündigen Gedanken sind eher ... gewalttätiger Natur? Was ist vorgefallen?“ Der Pater war ganz Ohr.

„Schrautenbach! Meinen treuen Diener, auf den ich nicht verzichten kann; ihn hat dieser Unrat, der sich Regenten nennt, all seiner Ämter und Lehen beraubt und in den Kerker geworfen. Seine Frau war gestern Abend bei mir und bat mich um Hilfe. Ich habe sofort Riedesel geschickt. Er hat sich ein paar Bewaffnete mitgenommen. Ich habe noch keine Nachricht von ihm, habe ihm aber befohlen, nicht eher zurückzukommen, als bis er mir eine gute Nachricht bringen kann.

Meinen Hofrichter Treisbach hat man seines Amtes enthoben. Man hat ein Regiment aufgestellt, ohne mein Wissen, ohne meine Einwilligung. Man hat das Testament meines verstorbenen Mannes einfach umgestoßen, für ungültig erklärt. Man hat mich aus der Regierung gedrängt. Und man droht, mir meinen Sohn wegzunehmen. Meinen Sohn!" Annas Stimme überschlug sich.

„Euer Gnaden, das wird man nicht wagen. Es gibt immer noch Auswege. Ihr seid keine hilflose Frau. Aber nun müsst Ihr Euch der Hilfe eines Mächtigeren versichern. Fahrt zum Kaiser. Er muss Euch helfen. Er schuldet es dem Andenken Eures Gemahls, auch wenn er nicht ganz unabhängig von dem Kurfürsten ist."

„Politik verdirbt den Charakter, aber interessieren muss man sich doch dafür!" sagte Reinhard Schreuer und nahm einen kräftigen Schluck Bier. Es war der zweite Sonntag im Advent 1509. Anna hatte einen Kranz aus Tannenzweigen geflochten und mit einem bunten Band umwunden. Karl hatte das zwar als Verschwendung bezeichnet, aber der Großvater schätzte diese Behaglichkeit sehr und hatte Anna und ihren Kranz verteidigt. Der Haushalt war gewachsen. Karl hatte tatsächlich um Annas Freundin Katha gefreit. Die beiden hatten vor zwei Jahren geheiratet und Kathas erstes Kind war unterwegs. Aus diesem Anlass hatte der Großvater begonnen, kleine Tiere und Püppchen zu schnitzen, die sich auf den Märkten gut verkauften.

„Willst du denn nicht auch bald heiraten?" hatte Karl sie einmal gefragt.

„Bisher ist mir noch kein Mann begegnet, der mir gefallen hätte."

„Aber hier in Homberg gibt es doch Männer, denen du gefällst. Götz zum Beispiel. Er ist Metzger. Und sein Vater ist auch ein angesehener Mann. Zunftrat ist er. Mit deinem hübschen Gesicht könntest du sogar Frau Rätin werden, wenn Götz eines Tages selbst Rat wird."

„Du kannst die Maria nach Götz fragen. Die hat ihn mal näher kennen gelernt, wenn ich das so sagen darf. Ich hatte ihn immer nur für einen Maulhelden gehalten, aber nachdem Maria erzählte, was sie mit ihm erlebt hat, weiß ich, dass er auch ein grober Rüpel ist. Nein. Ich will einen Mann, mit dem ich mich auch verstehe und der freundlich zu mir ist." Damit hatte Anna das Gespräch für beendet erklärt. Natürlich sehnte sie sich nach einem Mann und Kindern. Aber sie wollte nicht heiraten, nur um versorgt zu sein. Homberg bot nicht viel Auswahl. Der hübsche Schmied hatte sich als der Schwiegersohn des Meisters entpuppt. Und die durchreisenden Handwerksgesellen blieben immer viel zu kurz, um sie kennen zu lernen. Also blieb ihr wohl nichts anderes übrig, als alleine zu bleiben. Dass Karl ihre Freundin Katha ins Haus geholt hatte, versöhnte Anna mit ihrem Schicksal. Sie würde sich liebevoll um ihre Nichten und Neffen kümmern. Die Hausarbeit teilten sie sich und waren in ihrem Alltag auf eine stille Art zufrieden und glücklich. In wenigen Monaten würde das Schreien eines Kindes das Haus füllen. Sie alle freuten sich darauf und schonten Katha, die sich auch an diesem Abend schon zurückgezogen hatte.

„Warum muss man sich denn dafür interessieren, wenn es den Charakter verdirbt?“ fragte Anna, wobei sie wieder fasziniert beobachtet hatte, wie sich beim Trinken die Ohren des Großvaters bewegten.

„Weil wir keine perfekten Untertanen sein wollen. Und damit wir unsere Selbstachtung nicht vollends verlieren, müssen wir uns wenigstens dafür interessieren, was die hohen Herrschaften mit uns machen, auch wenn wir wenig dagegen tun können“, erwiderte ihr Großvater.

„Was hilft es dir aber zu wissen, wer dir dein Brot wegnimmt und wer dich schlägt? Dein Magen ist leer und dein Buckel voller Striemen, egal ob der, der dir das angetan hat, nun ein Hesse oder ein Sachse ist.“ Karl war nicht leicht zu überzeugen.

„So gleichgültig darf man nicht sein, denn dann gibt man denen da oben recht, wenn sie sagen, wir seien ohnehin zu dumm und verdienten es nicht, besser als Vieh behandelt zu werden. Wir gehören ihnen, wir sind ihr Eigentum, aber das heißt noch lange nicht, dass wir nicht auch selbst denken dürften. Das Denken wäre uns sicher verboten, wenn es nach den hohen Herrschaften ginge. Mit Menschen, die nicht denken, lässt sich viel leichter Politik machen. Man kann sie viel leichter herumstoßen und sie als Soldaten an irgendeinen anderen Fürsten verschachern, man kann sie sogar als Pfand einsetzen für Schulden, von denen die Menschen, die dafür gerade stehen, nie einen Nutzen hatten. Aber wir können trotzdem aufrecht gehen und sagen: ‚Es ist nicht recht! Und wir sind auch Menschen, die Träume haben, Sehnsüchte und Hoffnungen.“

„Welche Träume, Sehnsüchte und Hoffnungen darf aber einer haben, wenn er von der Hand in den Mund lebt, immer die Knute des Büttels im Nacken, bedrückt von Steuern oder wenn er gerade weggerissen wurde von seiner Familie, weg aus seiner Heimat, um sich für einen fremden Fürsten totschießen zu lassen?“

„Hoffnungen, Träume und Sehnsüchte werden wichtiger, je schwerer man bedrückt ist. Sie sind das, was uns zu Menschen macht, uns vom Tier unterscheidet, uns erhebt und trägt. Wenn jemand nichts mehr hat, keine Heimat, keine Familie, keine Freunde, wird ihm die Sehnsucht das einzige sein, was ihm bleibt. Er kann sich in seinen Träumen ausmalen, wie es sein wird, wenn er eines Tages wieder bei seinen Lieben sein wird und er darf niemals die Hoffnung aufgeben, dass er sie irgendwann tatsächlich wiedersehen wird. Wenn man seine Träume, Hoffnungen und Sehnsüchte verliert, dann ist man ein perfekter Untertan."

„Mit solchen Reden schwatzt du dich an den Pranger!" sagte Anna ängstlich.

„Deshalb sage ich es auch nur bei euch beiden. Ihr dürft niemandem sonst sagen, was wir hier reden. Aber etwas mutiger darfst du schon sein. Hier in der Stube musst du deinen Gedanken keine Zügel anlegen."

„Willst du denn nicht hören, was der Bürgermeister auf der Versammlung erzählt hat?" fragte Karl schließlich.

„Sicher. Schließlich interessiere ich mich für Politik. Aber meinen Charakter will ich mir nicht verderben lassen", fügte der Großvater mit einem verschmitzten Lachen hinzu. „Also, was wusste der Bürgermeister zu berichten? Werden wir alle demnächst Sachsen?"

„Müssen wir dann auch so reden wie die Leute da drüben?" wollte Anna wissen. Der Großvater war auf seiner Wanderschaft nämlich auch in vielen Länder gewesen und machte die Sprachen manchmal nach. Schwäbisch und Friesisch gehörten auch zum Repertoire des Großvaters, doch das Sächsische war eindeutig Annas Favorit. Karl verdrehte die Augen.

„Der Bürgermeister hat erzählt, dass Anna von Hessen ihren Sohn wird hergeben müssen."

„Um Himmels Willen, warum denn das?" rief Anna.

„Weil die Stände das Testament anfechten und darin unerbittlich sind. Sie wollen kein Weiberregiment, sondern eher bis zu den Sporen im Blut waten. Hessen hat einen heißen Sommer hinter sich. Aber der Herbst war noch viel heißer. Der ärgste Feind der Landgräfin, ein gewisser von Boyneburg, hat, nachdem eine offizielle Versammlung beendet gewesen war und man sich schon getrennt hatte, mit ein paar Gefolgsleuten eine Regierung gebildet. Sie haben ihn zu ihrem Oberhaupt gewählt. Er ist nun Landhofmeister und hat acht Mitregenten, die unser Bürgermeister aber nicht weiter kannte. Boyneburg und den Regenten war wohl klar, dass sie damit etwas voreilig waren. Das Ganze hat fast den Ruch von Revolution. Deshalb haben sie auch ein Entschuldigungsschreiben an Kurfürst Friedrich nach Weimar geschickt, um ihm die Lage hier zu erklären. Sie behaupten, dass Hessen durch die unsichere politische Lage in Gefahr sei. Nachbarstaaten könnten sich den Erbschaftsstreit zunutze machen und das Land an sich bringen. Deshalb habe man schnell eine Regierung gebildet, wolle sich aber ganz der Vormundschaft der

Sachsen unterstellen. Die Landgräfin und die Regenten mit den Ständen haben sich mehrfach an verschiedenen Orten getroffen. Eine Versammlung war am Spieß, dem Versammlungsplatz im Norden, sie mussten sich trennen, ohne sich geeinigt zu haben. Eine weitere Versammlung war im November in Mühlhausen, doch auch dort hat jede Partei nur auf ihrem Standpunkt beharrt. Die größte Uneinigkeit herrscht über die Frage, ob eine Frau überhaupt in der Lage sei, ein Land zu regieren. Die Fürstin dagegen spricht den Ständen von vornherein das Recht ab, das Testament des Landgrafen überhaupt anzufechten, denn dies ist es, was sie im Grunde tun, indem sie Anna in der Regierung nicht dulden wollen. Und schließlich beanspruchen die Stände den kleinen Philipp für sich als ihren zukünftigen Herren. Sie wollen ihn erziehen, die Landgräfin soll ihn dann für ein paar Tage im Jahr sehen dürfen. Das ist offensichtlich der Punkt, gegen den sich diese Frau am heftigsten wehrt. Sie bittet um Aufschub, sie will ihren Knaben wenigstens bis zu dessen vierzehntem Lebensjahr bei sich behalten, aber die Stände verlangen, dass sie ihren Sohn sofort herausgibt, auch wenn er erst fünf Jahre alt ist. Sie bestehen darauf, denn ihnen ist da eine Geschichte zu Ohren gekommen ..."

„Was für Gerüchte sind denn im Umlauf über die schlechte Erziehung des kleinen Landgrafen? Legt er beim Essen die Füße auf den Tisch?" erkundigte sich der alte Meister und zwinkerte Anna zu.

„Die Landgräfin sei mit ihren Kindern in einem Kloster gewesen. Sie habe ihren Sohn vor sich auf den Tisch gehoben, warum auch immer, aber dabei habe der Kleine gesehen, dass seine Mutter weinte und habe gerufen: 'Oh, Frau Mutter, dass ich doch schon so groß wäre!'

Und als sie ihn gefragt habe, warum er das wünsche, habe er gesagt: ‚Ich wollte denen allen die Köpfe abhauen, die gegen Euch sind.' An dieser Geschichte machen die Stände nun ihren Protest fest. Auf keinen Fall wollen sie sich das Kind vollkommen entfremden lassen. Sie befürchten, das Kind könne zu einem strengen Herrscher erzogen werden, der ungnädig und hart gegen seine Untertanen ist. Sie verlangen, dass sich die Fürstin auf einen Witwensitz zurückzieht , wie es sich gehört, aber das will diese stolze Frau auf keinen Fall."

„Das hat doch nichts mit Stolz zu tun. Stell dir vor, du müsstest dein Kind, das demnächst zur Welt kommt, in fremde, feindliche Hände geben. Dann würdest du dich auch mit allen Mitteln wehren, die dir zur Verfügung stehen", sagte Anna.

„Ach ja?" giftete Karl. „Der Landgräfin stehen Mittel zur Verfügung, die viele ihrer Untertanen Kopf und Kragen kosten könnten. Sie will nämlich fremdes Kriegsvolk nach Hessen bringen, um ihren Willen durchzusetzen. Wie findest du das? Kannst du das etwa gutheißen?“

„Nein, natürlich nicht. Aber sie ist eine Mutter, die um ihr Kind kämpft. Sicher hat sie Angst, dass dem Kleinen ein Leid geschehen könnte.“

„Ich muss sagen, dass dies den Sachsen und den Regenten sicher sehr gelegen käme. Wenn Philipp aus dem Weg geräumt wäre, dann könnte die Landgräfin keinerlei Rechte mehr geltend machen“, gab der Großvater zu bedenken. „Dass sie gerade in diesem Punkt so unnachgiebig ist, nötigt mir Achtung ab und lässt mich für ihren Charakter hoffen. Eine Mutter, die für ihr Kind kämpft, empfindet nur natürlich, sei sie eine Politikerin oder nicht. Und wer weiß, ob diese seltsame Klostergeschichte überhaupt wahr ist. Steht immer jemand mit Papier und Feder neben der Landgräfin und notiert, was sie und ihr Kind miteinander reden?“

„Bist du sicher, dass sie nicht aus bloßer Berechnung den Kleinen bei sich behalten will? Solange sie den Kleinen hat, kann sie sich immer noch einmischen in alle möglichen Geschäfte des Landes. Und das hat sie auch in den Verhandlungen gefordert. Mitspracherecht bei wichtigen Entscheidungen will sie haben! Als ob eine Frau die Situation eines Landes überblicken könnte!“ ereiferte sich Karl.

„Warum sollte eine Frau das nicht können?“ entgegnete der Großvater ruhig. Gerade sein kühles, klares Denken, egal zu welcher Frage, liebte Anna an ihrem Großvater. Und so ärgerte sie sich gar nicht erst über ihren Bruder, sondern hörte aufmerksam zu, was ihr Großvater noch zu sagen hatte. „Bei den hohen Herrschaften werden auch die Mädchen ausgebildet und unterrichtet. Sie kann mit Sicherheit lesen und schreiben. Sie ist aufgewachsen in einer Familie, die seit vielen Generationen ein großes Land regiert. Ich bin sicher, sie hat oft die Möglichkeit gehabt, Einblick zu nehmen in die Arbeit ihres Vaters. Warum soll immer ein Mann das Sagen haben? Das ist im Kleinen genau wie im Großen. Sieh dir den Schuster unten an der Ecke an. Seine Frau ist viel intelligenter als er. Sie ist es, die die Wirtschaft führt. Er tut die handwerkliche Arbeit, aber fürs Geschäftliche reicht sein Kopf nicht aus. Das überlässt er seiner Frau. Da beweist er wirklich Einsicht, der Gute, wenn er auch sonst ein Einfaltspinsel ist. Warum soll es bei den Herrschaften nicht genauso sein? Warum sollte eine Frau nicht auch das Zeug haben zur Herrscherin? Frauen stehen in der Regel dem Haushalt vor und haben weise zu wirtschaften, damit sich in ihrer Familie der Wohlstand mehrt. Schau dir deine Katha an. Eine bessere Wahl hättest du nicht treffen können. Sie ist klug und fleißig, sie geht mit dem, was wir haben, sparsam um, ohne geizig zu sein. Sie kümmert sich um alles hier und ist ein Geschenk für unseren Haushalt. Mit der Regierung eines Landes ist es nicht anders.

Da kann eine Frau auch weise wirtschaften, zum Wohle aller. Und vielleicht gelingt es ihr mit Diplomatie und Geschick, eine schwierige Lage, wie zum Beispiel einen Streit mit ausländischen Fürsten, zu meistern, anstatt zu den Waffen zu greifen. Wenn eine Frau mütterlich für ihre Untertanen sorgt, dann geht es diesen vielleicht besser als unter einem Mann, der beständig mit den Säbeln rasselt und allen anderen Fürsten beweisen muss, dass er ein toller Kerl ist. Mir wäre es sehr Recht, wenn die Landgräfin das Regiment übernehmen würde. Aber davon ist sie offenbar noch weit entfernt."

„Und was wird nun passieren?" fragte Anna.

„Der Bürgermeister sagte, dass für Januar eine weitere Verhandlung angesetzt sei. Die Wettiner, also die Sachsen, sollen dann ein rechtsverbindliches Urteil fällen."

„Wie können denn die Sachsen Richter sein? Sie werden doch die Sache zu ihren eigenen Gunsten entscheiden", rief Anna.

„So einfach ist das nicht. Die Wettiner teilen sich in zwei Linien, die Albertiner und die Ernestiner. Diese beiden Linien sind untereinander verfeindet. Friedrich von Sachsen, der Kurfürst, ist ein Ernestiner. Er steht auf der Seite Boyneburgs. Dann gibt es noch einen Herzog Georg. Der ist ein Albertiner und unterstützt die Sache unserer Landgräfin. Diese beiden Linien sind wegen eines Erbschaftsstreites seit mehr als 20 Jahren miteinander verfeindet."

„Ja, das kommt auch bei den hohen Herrschaften vor. Dort vielleicht noch öfter als bei den kleinen Leuten. Denn da hat es immer mit Macht und Politik zu tun. Die Hessen sollten auf der Hut sein. Pack schlägt sich, Pack verträgt sich, wie es immer heißt. Am Ende werden sie vielleicht alle Wettiner gegen sich haben", sagte der Großvater.

„Das ist gut möglich. Unser Bürgermeister fand das Gebaren der Stände etwas zu kurzsichtig, aber man wollte ihn nicht hören. Je mehr die Stände sich gegen Anna auflehnten, umso eifriger schlossen sie sich an die Sachsen an und drängten sie geradezu, Herrschaft und Vormundschaft zu übernehmen."

„Das ist bedenklich. Was sollen uns hier fremde Herren? Man will lieber den eigenen Herrn über sich haben, sei es nun ein Herr oder eine Herrin. Aber ein Fremder wird das Land halten wie ein Stiefkind. Diese Gefahr besteht zweifellos. Die Wettiner werden nicht aus ihrem schönen Sachsen nach Hessen übersiedeln. Wenn wir hier in Hessen etwas auf dem Herzen haben, dann müssen wir diese Beschwerde nach Sachsen bringen. Bis die Sachsen unsere Beschwerde erhalten haben, sind die Missstände vielleicht noch viel schlimmer geworden. Und bis die Sachsen uns eine Antwort und Abhilfe geschickt haben, stecken wir sicher in neuen, noch größeren Schwierigkeiten. Nein, ich halte nichts davon, wenn wir ausländische Herrscher bekommen. Aber mal was anderes - gibt's eigentlich noch Bratäpfel?"

„Ja, schau, zwei hab ich noch. Einen für dich und einen für Karl."

Anna war schon aufgestanden und hatte den Topf geöffnet, aus dem es verführerisch duftete. Während sie mit einem großen Löffel die beiden restlichen Äpfel auf die Teller tat und mit der geschmolzenen Butter übergoss, die sich am Boden des Topfes gesammelt hatte, stand Karl auf und ging zu seiner Jacke, die er neben der Tür an den Haken gehängt hatte.

„Ich habe ja ganz vergessen, dass ich noch etwas ganz Leckeres dabei habe. Du, Anna, kannst den Bratapfel haben. Ich habe hier noch Äpfel in flüssiger Form. Den Schnaps hat Martin, drüben von der Bleiche, gebrannt."

Er zog eine kleine verkorkte Tonflasche hervor. Großvater Reinhards Augen blitzten. Für einen Schnaps war er immer zu haben. Er war ein Genießer, der sich gleich beides schmecken ließ, sowohl den Bratapfel als auch den Apfelschnaps.

„Donnerwetter, der Martin versteht nicht nur was von Holz. Der Schnaps ist wirklich gut."

„Müssen wir uns denn keine Sorgen machen, wegen all dem, was da noch auf uns zukommt? Wie wird es denn sein, wenn die Sachsen hier die Herren sind, oder wenn Anna von Hessen wirklich fremde Söldner ins Land holt. Ich habe Angst. Wir essen hier Bratäpfel und ihr trinkt Schnaps als sei gar nichts." Karl sah seine kleine Schwester etwas besorgt an. Sie machte sich doch mehr Gedanken, als er geahnt hatte.

„Es wird für uns so schlimm nicht werden. Allzu großen Einfluss hat die große Politik nicht auf unser alltägliches Leben."

Der Großvater machte ein skeptisches Gesicht, denn das bezweifelte er denn doch. Ein guter Landesherr sorgte für befestigte Straßen, hielt die Steuern in einem erträglichen Maß und war milde in der Gerichtsbarkeit. Ein schlechter Fürst, der in seiner Schlechtigkeit vielleicht auch noch fantasievoll war, konnte seinen Untertanen das Leben schwer machen. Aber seine Bedenken wollte er lieber für sich behalten.

„Was denkt ihr, was der Bürgermeister noch erzählt hat? Dieser Boyneburg macht tatsächlich Anstalten, den alten Landgrafen, also Wilhelm I., wieder in die Regentschaft einzusetzen."

„Es geht doch hoffentlich nicht um den Wilhelm, dem man den Beinamen ‚der Blöde' verpasst hat?" rief der Großvater.

„Um eben den! Er hat ein Schriftstück gezeigt, das Wilhelm I. verfasst hat, zum Beweis seiner Genesung. Sie wollen ihn gegen Anna von Hessen ins Feld führen, damit sie die Herrschaft nicht weiter beanspruchen kann."

„Da haben wir's! Politik verdirbt den Charakter. Prost!"

Es regnete. Die Dämmerung war kalt und feindlich. Die Straßen sollten um diese Jahreszeit gefroren und gut befahrbar sein, doch der Regen, der schon seit Weihnachten anhielt, hatte die Straßen in grundlose Schlammspuren verwandelt, in denen Pferde nur mühsam vorankamen, ganz zu schweigen von Kutschen und Wagen, die mit ihren Rädern immer wieder festhingen, auf Steine aufsetzten, brachen, und für ihre Insassen das Reisen so beschwerlich wie nur irgend möglich machten. Gegen eine trockene Kälte hätte man sich mit dicken Pelzen wappnen können. Ein scharfer Ritt unter einer klaren Wintersonne über verschneite Wege, durch Wälder, die von Raureif überzogen waren, wäre eine angenehme Sache gewesen, aber diese feuchte Kälte kroch durch jede Kleidung hindurch und machte sich im Körper breit. Der heiße Stein, den man in der letzten Gaststätte besorgt hatte, war schon lange kalt. Als das eintönige Rauschen des Regens durch scharfes Prasseln abgelöst wurde, bemerkte Anna von Hessen, dass es nun hagelte. Wenigstens eine kleine Abwechslung. Es tropfte durch den Baldachin, worauf ein Diener ihn von innen anhob, um gleich darauf einen Sturzbach an der Seite der Kutsche niedergehen zu lassen. Die ledernen Vorhänge, mit denen die Kutsche ringsum behängt war, boten nur wenig Schutz gegen die Kälte und den Wind. Durch die Spalten zwischen den Vorhängen konnte Anna die graue Welt dort draußen sehen, die so ganz und gar ihrer eigenen Gemütsverfassung entsprach. Magda war gestorben und damit hatte sie das Letzte verloren, das sie an ihre alte Heimat erinnert hatte. Magdas Gesundheit war immer schlechter geworden in den letzten Monaten. Anna hatte sie nur noch geschont und bereits eine neue Kammerfrau eingestellt, damit Magda sich ganz in Ruhe erholen konnte. Doch alle Kunst des Medicus half nichts mehr. Kurz vor Weihnachten war Magda gestorben.

Wenigstens Schrautenbach war nach einer kurzen Kerkerhaft wieder freigekommen und hatte sie bereits auf den Schiedstag zu Mühlhausen im November begleitet. Doch hatte ihr selbst Schrautenbachs Redekunst nicht helfen können. Auch seine Lehen und sein Amt als Rentmeister hatte Anna ihm nicht wieder erwirken können. Er und seine Familie mussten nun von dem leben, was Anna ihm zahlen konnte. Angesichts seiner guten Dienste war Anna großzügig, wenn sie ihm auch gerne noch mehr gegeben hätte. Aber sie tröstete sich mit dem Gedanken, dass sie ihn irgendwann auch wieder fürstlich würde entlohnen können. Je mehr die Regenten diesem Mann zusetzten, umso besser würde Schrautenbach für Anna arbeiten.

Annas Hand schloss sich um einen kleinen Hund aus Holz, den ihre neue Kammerfrau vom Marburger Markt für Philipp mitgebracht hatte. Der Hund war sogleich das Lieblingsspielzeug Philipps geworden und hörte mal mehr, mal weniger auf den Namen Paule. Für diese Reise hatte Philipp sich von seinem Spielzeug getrennt. Der Paule werde die Mama beschützen und den Sachsen in die Beine beißen, wenn sie sich nicht fügen wollten, hatte der Kleine ihr gesagt. Nur gegen den Kaiser werde er sich schön brav benehmen.

„Euer Gnaden sollten sich nicht so große Sorgen machen. Der Herrgott wird die Sache schon richten. Sagen Euer Gnaden nicht immer, dass der Kaiser ein Mann von Weitblick und Vernunft ist? Welcher Mensch könnte es denn wagen, ein Kind von seiner Mutter zu trennen? Das ist unerhört, sei es nun Tradition oder nicht." Anna musste lächeln beim Anblick des entrüsteten Gesichtes ihrer Kammerfrau. Grete war nun schon ein ganzes Jahr bei ihr. Sie war eine echte Hessin, durch und durch. Bodenständig, gerade heraus, das Herz auf dem rechten Fleck, dabei nicht unverschämt gegenüber ihrer Herrschaft, aber von einer Fürsorglichkeit, die Anna genoss. Grete war eine verwitwete Gräfin aus verarmtem Adel, eine Frau in ihren späten Vierzigern, von kleiner kräftiger Statur, dabei sehr wendig und flink. Grete saß neben Anna in der Kutsche, um sich ständig um die Bedürfnisse ihrer Herrin kümmern zu können. Doch Annas dringlichste Bedürfnisse konnte auch Grete nicht befriedigen. Schließlich hatte Anna selbst befohlen, trotz des schlechten Wetters weiterzureisen. Die Zeit drängte. Boyneburg würde auch zum Kaiser gehen, aber sie wollte vor ihm dort sein. Die dreißig Reiter, die Anna zu ihrem Schutz mit sich führte, waren darüber nicht glücklich gewesen. Aber Befehl war Befehl. Im hinteren Teil der langen Kutsche, wo auch Annas Gepäck verstaut war, schwiegen sich zwei Knechte, Joppe und Hannes, die sie für die gröbere Arbeit mitgenommen hatte, schon seit Tagen an.

Grete ließ es sich nicht nehmen, zuweilen sehr kräftig auf Boyneburg zu schimpfen und gebrauchte dabei Wörter, die Anna noch nie gehört hatte. Selbst wenn sie den hessischen Dialekt, der Grete dann entschlüpfte, nicht verstand, ahnte sie, dass die Bezeichnung „üwwerzwerche Schmeeleproffer[6]", wie Grete den Landhofmeister am liebsten nannte, nicht sehr schmeichelhaft war.

„Der Kleine mag zwar zart sein, aber sein Sinn ist fest. Er hat schon seinen eigenen Kopf, da ist nichts zu machen. Er wird das Regiment im Schloss übernehmen, solange Euer Gnaden beim Kaiser sind."

Anna lächelte, als sie an den Abschied von ihren Kindern dachte. So klein die beiden noch waren - Elisabeth war sieben Jahre alt und Philipp fünf - nahmen sie die Sorgen ihrer Mutter doch sehr ernst und wussten, dass auch sie davon betroffen waren. Anna hatte noch nicht gewagt, ihrem Sohn zu sagen, dass er sich vielleicht von ihr trennen müsse und sie sich nur noch für wenige Tage im Jahr sehen würden. Daran wollte sie nicht denken. Das durfte einfach nicht sein. Der Kaiser musste, er *musste* ihr helfen! Als auch die Versammlung Anfang Januar kein Ergebnis gebracht hatte, war ihr klar geworden, dass der Kaiser ihre letzte Rettung war. Die Forderungen der Stände waren auch hier unannehmbar gewesen. Und als die sächsischen Räte dann entschieden hatten, die Versammlung erneut zu vertagen, um die sächsischen Herzöge ein endgültiges, rechtskräftiges Urteil fällen zu lassen, das die unterliegende Partei nicht mehr anfechten dürfe, war sie Hals über Kopf abgereist. Damit hatte sie sich keine Freunde gemacht. Selbst Herzog Georg, der sie sonst so treu unterstützte, hatte diese Entscheidung missbilligt. Aber auf ein solches Spiel wollte Anna sich nicht einlassen. Ihren Sohn! Wie konnte man verlangen, dass sie ihren Sohn hergab? Noch dazu in einem so zarten Alter. Und das Kind war von schwacher Konstitution. Die hohe Stirn, die großen, tiefliegenden Augen, die kleine Nase, dieser schmächtige Leib, der so schnell fror und mit Fieber darniederlag – all das schien so zerbrechlich. Allein die Vorstellung, dass Boyneburg das Recht haben sollte, über den Knaben zu bestimmen, versetzte Anna in Rage. Die Vorstellung, dass dieser Mensch es wagen könnte, das Kind zu züchtigen ... Darüber wollte sie lieber gar nicht erst nachdenken. Und Boyneburgs geradezu groteske Aktion, Wilhelm den Blöden als Regenten einzusetzen! Nun – so weit war es noch nicht. Aber er drohte ernsthaft damit. Anna war von dieser Drohung unbeeindruckt, selbst als Boyneburg ein Schriftstück des Blöden gezeigt und gerufen hatte: „Seht, ist das ein Narr, der so schreiben kann?" Da viele der Anwesenden des Schreibens ohnehin nicht mächtig waren, konnten sie sich darüber kein Urteil erlauben, ganz zu schweigen von der Tatsache, dass Wilhelm der Blöde dieses Schriftstück nicht vor ihrer aller Augen abgefasst hatte.

[6] Üwwerzwerche Schmeeleproffer: Dieser Ausdruck bezeichnet einen Menschen, in dem sich Starrsinn und Arroganz mit Unfähigkeit verbinden.

Jeder könnte diesen Brief geschrieben haben. Herzog Georg hatte sich dennoch besorgt gezeigt. Er befürchtete allerdings, dass die Vormundschaft, die die Sachsen über Hessen anstrebten, verloren sei, wenn ein rechtmäßiger Fürst, sei er nun tatsächlich blöde oder nur dem Namen nach, die Regentschaft übernähme. In diesem Fall wäre klar, dass Boyneburg sich schon seinen Teil an der Herrschaft sichern würde. Politik war ein schmutziges Geschäft, stellte Anna mit einem Seufzer fest. Auf den Kaiser setzte sie ihre Hoffnung. Er musste sich zu ihren Gunsten entscheiden. Wenn sie ihm nur die Lage in Hessen auseinandersetzen könnte! Er musste einsehen, dass dieses Beispiel Schule machen könnte, wenn er nicht durchgriff. Wenn die Stände mit ihren unverschämten Forderungen durchkamen und über die fürstliche Macht triumphierten, könnten sich bald mehr und mehr Herrscher rebellischen Ständen gegenüber sehen.

Anna lächelte unter Tränen und hob den kleinen geschnitzten Hund ins trübe Licht des vergehenden Tages. Nicht nur den Sachsen könnte er in die Beine beißen - diesem Boyneburg dürfte der Paule auch den Hosenboden zerfetzen.

Nach fünf beschwerlichen Tagen waren sie fast in Augsburg. Nur noch etwa drei Stunden dauere die Fahrt, wie der Wirt versichert hatte, bei dem sie ihre letzte Rast gemacht hatten. Der Himmel riss auf und machte Platz für strahlende Sonne.

Auch wenn Grete ihre Heimat liebte, war sie doch glücklich, mit ihrer Herrin reisen zu können, sei es nun beschwerlich oder nicht. Die Landtage und Versammlungen, zu denen ihre Herrin immer wieder reisen musste, dauerten lange. Gewöhnlich mietete die Fürstin ein ganzes Haus in der entsprechenden Stadt an, und abgesehen von den Diensten, die Grete für ihre Herrin zu verrichten hatte, waren diese Aufenthalte für sie eine willkommene Abwechslung. Sie liebte es, sich mit der Küche fremder Länder vertraut zu machen, durch die Läden und über die Märkte fremder Städte zu schlendern. Die Landgräfin bezahlte den Dienst großzügig, denn sie selbst liebte schöne Kleider und wünschte auch, dass ihre Kammerfrau einen stattlichen Anblick bot. Und nun Augsburg! Am Hoflager des Kaisers! Hier wurde sicher ein Markt gehalten, auf dem man nach Herzenslust einkaufen konnte.

„Denken Sie doch nur, Grete, hier in Augsburg sind die Fugger! Die werden für ein Angebot sorgen, das man so schnell nicht wieder antrifft. Stellen Sie sich doch nur die Auswahl an Stoffen und Spitzen vor. Aus aller Herren Länder bieten sie hier Waren feil. Gewürze, Pelze und goldenen Schmuck aus dem Morgenland. Wie werden die Kinder staunen, was wir ihnen alles mitbringen. Wir werden genügend Zeit haben, um nach Herzenslust einzukaufen."

„Augsburg!" rief der Kutscher. Anna und Grete schauten hinaus. Augsburg! Anna sah es als gutes Zeichen, dass die Sonne auf den noch regennassen Dächern lag. Die Vorhänge der Kutsche wurden nach oben gewickelt und rund um den Baldachin mit Schnüren befestigt. Augsburg war eine reiche Stadt. Das konnte man schon von weitem erkennen. Welche Stadt hatte schon so zahlreiche Kirchen, einen so stattlichen Dom und so hohe Bürgerhäuser? Ja, vor allem die Bürger bauten sich wunderschöne Häuser, um ihren Reichtum zur Schau zu stellen. Bescheidenheit war ihnen fremd. Das Hoflager des Kaisers sahen die Bürger und Kaufleute eher als willkommenen Anlass für noch mehr Geschäfte. Sie waren weit davon entfernt, vor Ehrfurcht zu erstarren. Vor allem Jacob Fugger, den man auch „den Reichen" nannte, war sich seiner Stellung sehr wohl bewusst und verfügte dadurch auch über eine Selbstsicherheit, die manchen Adligen erschreckte.

Im hinteren Teil der Kutsche schauten nun selbst Joppe und Hannes zwischen den Vorhängen hindurch. Hannes brach angesichts der beeindruckenden Architektur sein Schweigen und ließ sich zu der Äußerung hinreißen: „Wann's doas bei ies nit gebt, brauch mer doas aach nit![7]", worauf Joppe bedächtig nickte, aber weiterhin mit großen Augen hinausstarrte.

„Der Kaiser hat mich schon eingeladen. Ich soll heute Nacht, nach seinen Tagesgeschäften, zu ihm kommen. Er gewährt mir eine Audienz, ganz intim, nur er und ich. Das ist sehr ungewöhnlich. Meine Sache steht unter einem guten Stern, Grete. Was sagen Sie?" Natürlich hatte Anna alles vorbereitet. Sie überließ nichts dem Zufall. Nicht nur das Haus, in dem sie wohnten und in dessen großzügigem Saal sie gerade standen, hatte sie schon längst angemietet, sondern auch Boten vorausgeschickt, die dem Kaiser ihre Ankunft anzeigten. Nach ihrer Ankunft hatte sie sich kaum Ruhe gegönnt, sondern hatte sich im Reichstag gleich nach ihrer Sache erkundigt.

„Jeder ehrliche Mensch wird sich für Eure Sache entscheiden. Jetzt müssen wir Euer Gnaden nur noch schön zurechtmachen, damit der Kaiser Euch auf keinen Fall widerstehen kann."

„Welches Kleid soll ich nun tragen?" murmelte Anna und schaute auf die Kisten, die alle ihre Kleider, Unterkleider, Schuhe, Hauben und Mäntel bargen. „Geben Sie mir das Dunkelrote heraus. Das mit der goldenen Borte."

[7] Wenn es das bei uns nicht gibt, braucht man das auch nicht.

„Nicht lieber das Graublaue mit dem etwas züchtigeren Ausschnitt?"

„Dieser Ausschnitt ist nicht züchtig, sondern warm und praktisch, will heißen langweilig. Und langweilen möchte ich seine kaiserliche Majestät auf keinen Fall", sagte Anna mit einem Lächeln.

„Aber Ihr wärt das Bild einer bedrängten Witwe, die sich standhaft gegen ihre Widersacher wehrt." Grete stemmte ihre Arme in die Hüften und schaute ihre Herrin gewichtig an.

„Man nennt mich doch ohnehin *Frau Venus*", erwiderte Anna leichthin. „Der Kaiser ist ein älterer Herr, der beständig von älteren Herren umgeben ist, Menschen, die ihn beraten oder ihn um etwas bitten wollen. Ich biete ihm etwas Abwechslung von seinem grauen Alltag und ganz nebenbei kann er noch eine Tat der Nächstenliebe vollbringen. Also - das Dunkelrote!" sagte Anna mit einem Augenzwinkern und hob kokett eine Schulter.

Grete brummte etwas, doch Anna lachte spitzbübisch. Auch wenn sie das Gefühl hatte, als stünde ihr Leben auf dem Spiel, als hinge ihr Seelenfrieden von dem Urteil des Kaisers ab, als wäre sie lebendig begraben, wenn man ihr den kleinen Philipp nähme, konnte sie doch nicht aus ihrer Haut – einer Haut, die jung und warm war, die das Gefühl seidener Kleider liebte und beim Tanzen gerne rosig schimmerte.

Es ging bereits auf Mitternacht zu, als Anna im Reichstagsgebäude angelangt war. Ein Diener hatte sie empfangen und über entlegene Korridore, abseits der hell erleuchteten Säle, der von Bittstellern und Kämmerern wimmelnden Flure und Treppen in die privaten Gemächer des Kaisers gebracht. Das war in der Tat ungewöhnlich. Anna konnte sich den Tagesablauf des Kaisers lebhaft vorstellen. Es hieß, dass er nicht einmal sein Frühstück in Ruhe einnehmen könne, ohne mindestens zwanzig Mal unterbrochen zu werden, um die Anliegen seiner Untertanen anzuhören. Viele kamen direkt zu ihm – Bürger, Adlige, manchmal sogar Bauern, wenn sie anständig genug gekleidet waren, so dass man sie zum Kaiser durchließ. Er musste mit weniger als vier Stunden Schlaf auskommen, wollte er alle seine Angelegenheiten erledigen. Abgesehen davon lag er seit seiner Jugend beständig im Krieg mit Frankreich um die Gebiete in Oberitalien. Er hatte politische und persönliche Niederlagen hinnehmen müssen. Seine Stellung war keineswegs gefestigt. Er war zwar der Kaiser, aber seine Macht war nicht unumschränkt. Um Boyneburg in seine Schranken zu weisen, sollte sie allemal ausreichen, dachte Anna. Sie war nervös, ging in dem Zimmer, in dem man sie zu warten gebeten hatte, auf und ab, ohne auf die Deckenmalereien, die Wandteppiche oder die eleganten Möbel zu achten. Nur vor einem Spiegel, der vom Boden bis zur Decke reichte, blieb sie kurz stehen und betrachtete sich. Die bestickte Haube, passend zu ihrem Kleid, saß genau richtig, der durchsichtige Schleier spielte um ihre Stirn und ihren Hals, der Ausschnitt war für diesen Anlass durchaus angemessen, auch wenn Grete anderer Meinung war. Das Oberteil lag schön fest um ihren Körper und betonte ihre schmale Taille, der weite Rock war rundum mit der gleichen goldenen Borte besetzt, die auch den eckigen Ausschnitt umschloss. Ihr Dekolleté war fein und weiß, von blauen Äderchen durchzogen. Der Ansatz ihrer Brüste war rund und fest. Unwillkürlich fuhren ihre Hände über ihren Ausschnitt. Sollte sie? Nein, das denn doch lieber nicht. Der Ausschnitt zeigte auch so genug.

„Befürchten Euer Gnaden einem alten Mann nicht zu gefallen?“ Die Stimme des Kaisers riss Anna aus ihren Gedanken. Erschrocken drehte sie sich um, wobei sie gleichzeitig in einen tiefen Hofknicks fiel. Sie fühlte sich ertappt und ihr wurde bewusst, dass in dieser Haltung ihr Dekolleté allemal weit genug war.

Kaiser Maximilian I. kam auf sie zu. Er war ein Mann von fünfzig Jahren. Man sah ihm an, dass er seine Tage nicht nur am Kaminfeuer verbracht hatte. Er war groß und kräftig und selbst unter der modischen Kleidung, die alles tat, um ihn wie einen nur dem Wohlleben ergebenen Menschen aussehen zu lassen, erkannte man doch den Krieger. Sein Wams war aus gelbem Atlas. Sein gefälteltes Hemd, das daraus hervorsah, betonte seinen kräftigen Hals mit dem markanten Adamsapfel. Sein weit geschnittener Mantel ließ ihn noch breiter und stattlicher erscheinen, als er ohnehin war. Doch auch seine Kleidung täuschte nicht darüber hinweg, dass Maximilian I. vor der Zeit gealtert war. Die endlosen Tage in endlosen Kriegen hatten ihn ausgelaugt und taten es noch immer. Nächte in feuchten Zelten, Tage im Sattel, dem Wetter preisgegeben und nicht zuletzt die Schlachten hatten ihren Tribut gefordert. Sein Haar, das ihm glatt bis auf die Schultern fiel, war von grauen Strähnen durchzogen, seine Züge, deren Schönheit man gepriesen hatte, waren angespannt und hart. Er besaß dieses typische Habsburger Profil – eine große starke Nase, die in einem kühnen Bogen im Gesicht stand, einen kleinen festen Mund mit schmalen Lippen und ein rundes, weiches Kinn, das nicht so recht zum Übrigen passen wollte. Doch gerade darin spiegelte sich die Persönlichkeit dieses Kaisers: Er war ein Mann der Tat, zweifellos. Er konnte ohne Mühe eine zehn Ellen lange Lanze mit einer Hand heben und führen. Aber er war auch der Verfasser vollendeter literarischer Werke. Der Zwiespalt, in dem sich sein Geist befand, der sich einerseits mit Krieg beschäftigen musste, während er sich nach ruhigen Musestunden sehnte, stand ihm deutlich ins Gesicht geschrieben. Der Kampf in seinem Inneren, das beständige Sich-Wehren gegen die äußeren Umstände, hatten ihn müde gemacht. Auch jetzt, in diesem Moment, sehnte er sich danach, die Augen für ein paar kurze Stunden zu schließen. Nur mit Mühe hatte er sich aus dem Kreis seiner Räte und Kämmerer verabschiedet. Aber Anna war ihm wichtig. Sie war die Witwe eines Mannes, der für ihn sein Leben eingesetzt, ihn aus einer demütigenden Gefangenschaft befreit hatte. Für einen Augenblick sah er wieder seine Vertrauten vor sich, die man in dieser Zeit vor seinen Augen hingerichtet hatte. Dass er sich nun um Anna kümmerte, war er dem Andenken Wilhelms schuldig. Auch wenn seine Augen sich angesichts seiner jungen Besucherin um ein freundliches Lächeln bemühten, war doch nicht zu übersehen, dass ihr Glanz verloschen war. Er reichte Anna beide Hände und sagte: „Erhebt Euch!“ Anna tat es und stand nun doch etwas hilflos vor dem Mann, von dem sie sich so viel Unterstützung erhoffte.

„Mein Beileid möchte ich Euch aussprechen. Der Tod des Landgrafen hat auch mich schwer getroffen. Als ich Euren Brief bekam, ließ ich unverzüglich Messen lesen.“ Seine Stimme war tief und warm. Anna genoss nun diese Aura der Macht, in deren Schutz sie sich stellen wollte. Die Anspannung der letzten Monate fiel von ihr ab und es hätte nicht viel gefehlt und ihre beherrschte Fassade, die sie schon so lange aufrecht erhielt, wäre zusammengebrochen. Doch Anna wusste, was sie ihrem Titel und dem Kaiser schuldete. Sie fasste sich und entgegnete leise: „Ich danke Eurer Kaiserlichen Majestät. Das war sehr gütig von Euch. Und auch für Euren freundlichen Brief, den Ihr mir bald darauf geschickt habt. Ich kann Euch nicht sagen, wie erleichtert ich war, als Ihr mir Euren Schutz für meine Kinder und mich zugesichert habt. Wir waren schon vor dem Tod des Landgrafen in Bedrängnis, aber als ich Witwe war, da trieben es die Ritter und Stände umso ärger.“

„Das wagen sie tatsächlich?“ sagte der Kaiser, indem er Anna einen Sessel anwies und sich ihr gegenüber setzte. „Der Landgraf war mir ein treuer Gefährte. Ich wünschte, ich hätte ihn an meiner Seite in dem Krieg um Italien. Dann wäre dieser schon längst entschieden. Auf ihn konnte ich mich verlassen und ohne seine Hilfe würde ich wohl jetzt noch in Brügge im Gefängnis sitzen. Sagt, hat er Euch je davon berichtet?“

Nun musste Anna lächeln. „Ich glaube, er hat es mir wohl an die hundert Mal erzählt, wie er mit fünfhundert Reitern Eure Kaiserliche Majestät aus der Gefangenschaft in Brügge befreit hat und wie tapfer Ihr Euch geschlagen habt, nachdem Ihr erst wieder ein Schwert in der Hand hattet. Wenn mein Sohn schon alt genug wäre, dann würde er Euch unterstützen wie sein Vater es tat." Der Kaiser lächelte wehmütig über Annas Worte.

„Wenn meine Ritter nur alle Euren Mut hätten, Anna, dann wäre mir schon geholfen. Aber nun berichtet mir! Ihr bietet den hessischen Rittern die Stirn? Sie fechten das Testament an und wollen Euch nicht in der Regierung dulden. So viel konnte ich Eurem Schreiben bereits entnehmen."

„So ist es. Sie haben sich bei der ersten Versammlung von vornherein geweigert, das Testament auch nur anzuhören. Sie wollen kein Weiberregiment. Regieren sei nun mal Männerhandwerk, weil es auch ab und an mit dem Schwert zu geschehen hätte. Aber das Testament meines Gemahls ist eindeutig. Mir hat er die Vormundschaft übertragen. Aber nun wollen die Stände durchaus die Wettiner als Vormünder haben. Friedrich von Sachsen beansprucht die Vormundschaft, obwohl das Haus Hessen mit den Wettinern lediglich eine Erbverbrüderung hat. Es ist doch nicht rechtens, die Notlage einer Witwe auf so schamlose Weise auszunutzen! Aber - und da hoffe ich ganz und gar auf die Unterstützung Eurer Kaiserlichen Majestät – die Stände fordern meinen Sohn. Ich soll ihnen meinen kleinen Philipp überlassen! Sagt selbst! Ist das nicht über alle Maßen grausam? Und er ist noch so klein, so zart. Er kommt so gar nicht nach seinem Vater. Ich habe solche Angst um ihn. Boyneburg – ich darf gar nicht daran denken, was er ihm antun könnte! In Mühlhausen habe ich den Kurfürsten unter Tränen angefleht, mir mein Kind nicht wegzunehmen. Er hat sich bei den Ständen wohl für mich verwandt, doch sie sind hart. Sie wollen den Kleinen haben. Sofort. Er ist erst fünf Jahre alt. Da braucht ein Kind noch seine Mutter." Anna konnte ihre Tränen nicht mehr zurückhalten. „Helft mir, ich bitte Euch! Ihr wisst doch wie es ist, ein Kind in fremde, feindliche Hände zu geben. Wenn es in Eurer Macht steht, erspart mir diesen Schmerz."

„Ja, Anna, ich weiß wie es ist, ein Kind in fremde Hände zu geben. Meiner Frau und mir hat es damals das Herz zerrissen, als wir unsere kleine Margarete – und sie war erst drei Jahre alt – an den französischen Hof schicken mussten. Das Kriegsglück war auf der Seite des französischen Königs. Er hatte mich in der Hand und forderte unsere Tochter. Es hieß offiziell, sie solle am Hof erzogen werden, um auf ihre Ehe mit dem Thronfolger vorbereitet zu werden. Im Grunde genommen war sie eine Geisel in der Hand meiner Feinde ..." Der Kaiser verstummte. Anna schaute auf und sah, dass die Züge des Mannes plötzlich weich und mild waren. Seine Augen schauten in eine andere Zeit, sahen Menschen, die Anna nicht kannte, deren Schicksal sie aber doch anrührte. Es hieß, der Kaiser habe seine erste Frau wirklich geliebt, auch wenn es eine politische Ehe gewesen sei. Maria von Burgund und Maximilian hatten sich nicht einmal verständigen können, als sie einander geheiratet hatten. Sie sprach nur Französisch und Niederländisch, er nur Deutsch. Aber trotzdem – oder vielleicht gerade deswegen? – pflegten die beiden einen liebevollen Umgang miteinander. Mit sehr viel Liebe und Humor hätten sich die beiden gegenseitig ihre Sprachen gelehrt. Wehmütig dachte Anna an ihre eigene Ehe zurück. Natürlich war bei einer politischen Heirat überhaupt nicht vorgesehen, dass man einen *liebevollen* Umgang miteinander zu pflegen hatte. Aber Höflichkeit, Achtung und Respekt waren schließlich nicht verboten und dies hätte sich Anna zu Lebzeiten ihres Gemahls gewünscht. Wie musste das wohl sein, mit einem Mann verheiratet zu sein, der seine Frau wirklich liebte, ihr zeigte, dass er gerne sein Leben mit ihr teilte, ihre Anwesenheit schätzte, anstatt auch noch das Ehebett zu einem Ort der Politik zu machen? Viel zu früh war Maria bei einem Jagdunfall gestorben. Der Kaiser hatte danach lange Jahre getrauert, bis man ihn wieder zu einer politischen Ehe gedrängt hatte. Bianca Sforza war eine schöne Frau, doch hing das Herz des Kaisers nach wie vor an Maria. Vielleicht war Wilhelm für Jolanthe ein anderer Ehemann gewesen? Vielleicht hatte er sie geliebt, wie der Kaiser seine Maria geliebt hatte?

„Ich werde alles tun, was in meiner Macht steht. Aber auch meine Macht hat Grenzen. Obwohl Ihr Witwe seid, seid Ihr doch keine alleinstehende Frau, vielmehr eine allein aufrecht stehende Frau, wie mir scheint." Über Annas verweintes Gesicht stahl sich ein Lächeln beim Scherz des Kaisers. „Manchmal scheint es mir wirklich so, als sei ich ganz allein, wenn ich in meinen dunkelsten Stunden Angst habe und nicht einmal im Gebet Trost finden kann, aber es gibt doch Menschen, die zu mir stehen, die ihren Landgrafen nicht vergessen haben und seinen letzten Willen achten." Anna berichtete von all denen, die zu ihr standen.

Aber sie erzählte auch von der sehr sonderbaren Rolle, die die Wettiner in dieser Geschichte spielten. Sie bemühte sich, so sachlich wie möglich über Boyneburg und seine Intrigen zu berichten, wie er die Wettiner ins Land geholt hatte und nun tatsächlich willens war, den Blöden als Regenten einzusetzen. Der Kaiser schüttelte darüber nur ungläubig den Kopf. Schließlich war er es gewesen, der den Blöden entmündigt hatte – nicht ohne Grund. Er erinnerte sich ungern an die Begegnung mit dem Blöden. Damals war er bereits nach wenigen Augenblicken davon überzeugt, dass dieser Mensch eine Zumutung für seine Umgebung und schon gar nicht in der Lage war, ein Land zu regieren.

Der Reichstag hatte eben erst begonnen und würde sich noch eine Weile hinziehen. Er war in der Tat willens, so viel wie möglich für Anna zu tun, doch konnte er es sich auch nicht leisten, Friedrich von Sachsen vor den Kopf zu stoßen. Ein Kaiser war in gewisser Weise auch auf einen Kurfürsten angewiesen. Sicher hatte er Mitleid mit Anna, die inzwischen tapfer ihre Tränen niedergekämpft hatte. Maximilian überkam plötzlich Müdigkeit. Er schaute zum Fenster hin, wo das Glas, durchzogen von feinen Schlieren, die dunklen Häuser zu schwarzen Linien verzerrte. Irgendwo aus der Dunkelheit hörte man den Nachtwächter die Mitternacht ausrufen. Maximilian fragte sich, warum eine Stadt einen Nachtwächter bezahlte, der zur Schlafenszeit jede volle Stunde aus vollem Halse brüllte. Wer das wohl wissen wollte? Wer im Bett lag und schlief - und das waren um diese Uhrzeit alle anständigen Menschen - brauchte die Uhrzeit nicht zu wissen. Und wer in der Schenke saß, fragte erst recht nicht danach. Der Kaiser unterdrückte einen Seufzer. So vieles hing an ihm, die Franzosen hielten sich hartnäckig in Italien. Die Fürsten waren ständig bestrebt, seine Macht zu schmälern, es kostete ihn enorm viel Kraft, dieses riesige Reich zusammen zu halten. Aber seine Kraft war in seinem fortgeschrittenen Alter sehr begrenzt und er musste sie einsetzen, wo es wirklich notwendig war, wenn er nicht seine ohnehin wenigen Erfolge aufs Spiel setzen wollte. Wie viel war Anna ihm wert?

*

Anna von Braunschweig hatte ihrerseits eine kleine Reise unternommen. In neuen Gewändern war sie mit ihren Töchtern vom Sensenstein abgereist und nach wenigen Tagen auf Schloss Spangenberg angekommen. Wie versprochen, hatten Boyneburg und Trott alles vorbereitet für einen standesgemäßen Empfang. Nicht nur Schloss Spangenberg war frisch gefegt, gebohnert und gewienert, auch den Blöden hatte man gewaschen, rasiert, in neue, saubere Kleider gesteckt und ihn auf die Ankunft seiner Familie vorbereitet. Er hatte mit freudiger Erregung der Kutsche entgegengesehen, gewunken und gerufen, sein Sacktuch geschwenkt und vor Freude getanzt. Die von Boyneburg engagierte Dienerschaft versuchte das Treiben ihres Herrn mit stoischer Gelassenheit zu nehmen, ganz wie Boyneburg es ihnen befohlen hatte.

Anna von Braunschweig hatte nur einen Blick auf ihren Gemahl werfen müssen, um zu wissen, dass er mit Sicherheit nicht der Verfasser des Briefes war, den Boyneburg ihr gezeigt hatte. Dennoch war sie nicht gewillt, diesen Betrug anzusprechen. Die Genesung ihres Gemahls war die einzige Möglichkeit, ihrem bisherigen Leben zu entfliehen. Und sie würde ihren Gemahl für gesund halten, koste es was es wolle.

Wilhelm der Blöde hatte sich höchst entzückt gezeigt, als seine Frau und seine Töchter der Kutsche entstiegen waren. Wer diese schönen Frauen waren, warum sie ausgerechnet bei ihm waren und was das alles zu bedeuten hatte, drang jedoch nicht in seine Nacht. Dies hinderte ihn aber nicht daran, in grotesken Bewegungen um seine Frau herumzuspringen, immer wieder in Lob ihrer Schönheit auszubrechen und sie zu fragen, ob er sie heimführen dürfe auf sein Schloss. Anna von Braunschweig ertrug all dies mit steinerner Miene und harrte des Tages, an dem Boyneburg seine Versprechen wahr machen würde.

„Regiert hier demnächst mal wieder jemand oder wird die Ordnung ganz und gar den Bach runtergehen?“ rief Karl und warf seine Mütze auf die Bank, kaum dass er die Tür hinter sich geschlossen hatte.

„Was ist denn passiert?“ fragte Anna und sah ihren Bruder besorgt an.

„Raubritter. Sie machen sich einen Spaß daraus, die Leute am helllichten Tag anzugreifen. Und niemand ist da, der ihnen Einhalt gebietet. Die Herren sind noch damit beschäftigt, sich zu streiten, wer das Land regiert und wer nicht. Bis die da oben alles geregelt haben, kann noch viel Wasser den Bach runterfließen und die Raubritter freuen sich.“

„Von wem weißt du das?“ wollte Katha wissen, die unwillkürlich ihr Kind fester in die Arme genommen hatte.

„Der Schmied drüben hat einen neuen Wandergesellen eingestellt. Er ist den Raubrittern in die Hände gefallen. Heilfroh kann er sein, dass er mit dem Leben davongekommen ist. Seine ganze Habe musste er hergeben, bis aufs Hemd haben sie ihn ausgezogen. Sein Wanderbuch, seine Zeugnisse, sein Werkzeug, Dinge, die er geschmiedet hat, alles ist fort. Er stand tatsächlich im Hemd in der Schmiede. Es ist eine Schande. Ein Glück, dass sie ihn nicht im Winter erwischt haben. Jetzt im Mai ist er wenigstens nicht erfroren.“

„Ist der neue Geselle denn so klein und schmächtig, dass die Räuber sich so ohne weiteres an ihn wagen?“ fragte Anna.

„Aber nein! Einen solchen Hünen hast du noch nicht gesehen. Ein Kerl wie ein Baum, schwarze Haare und dunkle Augen, dass man sich fürchten könnte. Aber die Raubritter sind bewaffnet, gerüstet, beritten und in der Überzahl. Da nutzen selbst die stärksten Arme nichts.“

„Wer sind diese Raubritter?“ fragte Katha.

„Unter anderem ist da ein gewisser Philipp Waise von Feuerbach unterwegs. Ich weiß nicht, ob er ein verarmter Adeliger ist und sich auf diese Weise schadlos hält oder vielleicht sogar eine Untat begangen hat und auf der Flucht vor seiner gerechten Strafe ist."

„Sag nur, man verurteilt die hohen Herren?"

„Natürlich, wenn sein Gegner ein noch höherer Herr ist, dann verurteilt man auch einen Mann von Adel."

„Wo war denn der Überfall genau?" fragte Katha.

„Zwischen Marburg und Ziegenhain."

„Das ist dreist! Wieso wagen sich Raubritter so dicht an Marburg heran? Sie müssen doch damit rechnen, dass sie von den Soldaten und Bütteln gejagt werden", empörte sich Anna.

„Die Raubritter sind schnell und wenige. Sie machen hier einen Überfall und ehe es bis ans Ohr eines Büttels gedrungen ist, sind sie schon längst weitergeritten und treiben ihr Unwesen woanders. Man müsste sie gemeinsam jagen, aber dazu müsste man sich organisieren und dazu brauchen unsere Regenten erst den Segen der Wettiner. Du kannst dir vorstellen, was die Räuber alles angestellt haben, bis eine Nachricht zu Friedrich von Sachsen gedrungen ist, dieser sich überlegt hat, was er wohl dagegen tun könnte und sein Beschluss per Bote wieder nach Hessen kommt. Die Räuber lachen sich tot über die Trägheit der Regenten, die es nicht einmal fertig bringen, sich zu verteidigen, ohne die Sachsen um Erlaubnis gebeten zu haben."

Karl hatte sich auf die Bank gesetzt, rieb sich mit der flachen Hand über den Kopf, so dass seine braunen Haare noch viel unordentlicher aussahen als sie ohnehin waren und schaute Katha an. „Sie werden nicht bis hierher kommen. Hab keine Angst. - Und jetzt will ich mal meinen Sohn begrüßen", rief er dann fröhlich. Katha reichte ihrem Mann den Kleinen, um den sie beide schon viel Angst ausgestanden hatten. Im Januar dieses Jahres war er geboren. Die beiden hatten die Geburt gut überstanden, aber nach einem verregneten Januar hatte es heftige Kälteeinbrüche gegeben. Erst im April war all der Schnee verschwunden und man konnte wieder nach draußen gehen. Der kleine Johannes kränkelte und schrie viel. Außerdem wuchs er sehr langsam, denn er trank Kathas Milch nur unter Mühe. Aber endlich war nun alles ausgestanden. Johannes hatte in den letzten Wochen alles aufgeholt, was er in dem langen Winter versäumt hatte. Er war nun ein kräftiger kleiner Kerl mit Pausbacken und Annas Liebling. Der Großvater war nun ein Urgroßvater und überglücklich, wenn er den Kleinen auf seinen Knien schaukeln konnte. Er hatte für ihn eine Wiege gebaut, die schönste, die er jemals gemacht hatte. Mit kleinen Engeln und Rosen am Kopfende. Und er war der einzige, der bemerkte, dass Anna mit etwas Neid schaute, wenn Katha den Kleinen stillte. Es war ein Unterschied, ob eine Frau Mutter oder Tante war. Und nur Tante zu sein, reichte Anna offensichtlich nicht aus. Einerseits war sie natürlich glücklich, einen Neffen zu haben, aber andererseits machte ihr der Kleine auch bewusst, was sie entbehrte. Sie war nun schon fünfundzwanzig Jahre alt. Langsam wurde es Zeit ... Aber die Zeit verging, ohne dass sich ein Bräutigam für Anna vorgestellt hätte.

Der kleine Johannes Schreuer wuchs und gedieh. Ebenso wuchs auch der Unmut der Hessen gegen die Regenten und die sächsische Fremdherrschaft und außerdem wuchs ein Schuldenberg.

Dank der Regelungen, die Friedrich von Sachsen mit den hessischen Räten getroffen hatte, konnten die Raubritter unbehelligt ihrem Handwerk nachgehen, Boyneburg verteilte Lehen und Ämter nach seinem Gutdünken, bediente sich herzhaft an dem, was er für den kleinen Philipp verwalten sollte und hielt sein Arbeitspensum so gering wie möglich.

Doch all dies bewegte Boyneburg nicht dazu, seine Amtsführung zu ändern.

Die Zeit in Augsburg wurde Anna lang. Monate waren bereits verstrichen. Ihre anfängliche Zuversicht war einer tiefen Sorge gewichen. Sie hatte sehr bald begriffen, dass ihre Angelegenheit eine winzige Sache unter vielen für den Kaiser war, selbst wenn er sich ihrem verstorbenen Gemahl noch so sehr verbunden wusste. Ende März hatten sich die Regenten mit Friedrich von Sachsen in Augsburg vereint und einen schriftlichen Antrag an den Kaiser gestellt, in dem sie ihm nahegelegt hatten, Annas Anliegen abzuweisen. Diesem Antrag hatte Maximilian stattgegeben. Ein harter Schlag für Anna. Doch sie wollte sich so schnell nicht geschlagen geben. Sie blieb, und forderte vom Kaiser vieles, um wenigstens etwas zu erhalten. Sie stand in Kontakt mit Herzog Georg, der ihr aus Sachsen wenig Neues berichten konnte. Trost und Mut versuchte er ihr zuzusprechen, doch über die jüngsten Entwicklungen war Anna untröstlich.

Unterdessen kamen die Nachrichten aus der Heimat zwar regelmäßig, aber für Annas Gefühl viel zu spärlich. Alles stehe zum Besten, die Kinder seien gesund und munter, hier und da ein kleiner Schnupfen, eine drollige Begebenheit, die Anna die Tränen in die Augen trieb. Sie hatte Heimweh nach ihren Kindern. Philipps kleiner Holzhund Paule war ihr ein ständiger Begleiter. Sie trug ihn in ihrer Tasche, selbst wenn sie auf Bälle und Jagden ging, die am kaiserlichen Hoflager veranstaltet wurden und an denen Anna doch nur halbherzig teilnahm. Zu jeder anderen Zeit wäre Anna glücklich gewesen, solche Gesellschaften zu erleben. Ein Ball beim Kaiser unterschied sich doch sehr maßgeblich vom Ball eines hessischen Landgrafen. Aber im Moment konnte sie die Zerstreuung kaum genießen. Die Angst saß ihr beständig im Nacken. Manchmal hatte sie das Gefühl, hier in Augsburg einfach nur kostbare Zeit zu verlieren, die sie viel besser mit ihren Kindern, vor allem mit Philipp verbringen sollte, denn die Zeit, die man ihr in Zukunft mit ihm lassen würde, wäre begrenzt. ‚Auf ein paar Tage im Jahr, an denen sie mit ihrem Sohn ihre Freude haben solle.' So hieß es immer wieder in den Forderungen der Stände. Ein paar Tage im Jahr ... Die Stände sahen nun ihre Zeit gekommen. Schon in den letzten Generationen hatten sie immer wieder versucht, die Macht des Landesfürsten zu schmälern. Wobei die Stände in Hessen lediglich ihren Mut in die Waagschale werfen konnten. Anders sah es hier in Augsburg aus. Zwar waren zwei Drittel der Stadtbewohner so arm, dass sie von der Steuer befreit waren, dafür gab es eine Oberschicht, die so unglaublich reich war, dass sie sich Gesetze und Herrscher kaufen konnte. Das Bürgertum stellte seinen Reichtum schamlos zur Schau und entfaltete einen Prunk, der fast an Rebellion grenzte. Immer wieder versuchten die Stadtväter vergeblich, Einhalten zu gebieten. Aber wenn ein Jacob Fugger ein Fest ausrichtete, konnte er es sich wenigstens leisten, Hunderten von Menschen die feinsten Speisen vorzusetzen, im Gegensatz zu manchem Adligen. Auch die Bürger hielten Bälle ab, auf denen es vor allem galt, zu sehen und gesehen zu werden. Im Tanzhaus am Weinmarkt geschah dies mit Regelmäßigkeit. Gerade gestern war Grete dort gewesen, wenn auch nur kurz. Die pure Neugier hatte sie getrieben. Und so konnte sie ihrer Herrin aus dem Tanzhaus am Weinmarkt berichten: „Es sind Bürgerliche. Unerhört ist der Aufwand, den sie betreiben. Euer Gnaden werden mir kaum glauben!" sagte sie sichtlich empört. Auch wenn Grete als kleine Gräfin eine Stellung als Kammerfrau hatte annehmen müssen, war ihr Standesbewusstsein ungebrochen. Es gab Grenzen, die eingehalten werden mussten. Und Bürgerliche, die sich in prächtigen Kleidern dem Tanzvergnügen hingaben, überschritten nach Gretes Meinung diese Grenzen deutlich. Anna saß in ihrer Stube am Kamin. Selbst der Mai war hier in Augsburg noch empfindlich kühl und schien ihnen feindlich. Anna hatte eine sehr lieblos begonnene Stickerei zur Hand genommen, die sie aber gerne wieder sinken ließ, als Grete kam und ihr Wein und Gebäck brachte. Und während Grete mit dem feinen Geschirr hantierte, alles ordentlich und appetitlich anrichtete, ließ sie sich aus über die Ungeheuerlichkeiten, deren Zeugin sie am Vorabend geworden war: „Die Farben, die ausgefallenen Schnitte! Die Dekolletés! Hauben, die ganz viel Haar sehen ließen. Manche haben sich nicht einmal die Mühe gemacht, ihr Haar überhaupt unter die Haube zu bringen. Es fiel ihnen einfach offen über den Rücken hinab bis zu den Hüften und schwang bei jeder Drehung weit mit. Und Federn hatten sie sich zu allem Überfluss noch auf ihre Hauben gesteckt. Schmuck tragen sie! Formen und Farben, kostbare Steine! Der Kopfputz einer dieser Bürgerinnen erinnerte verdächtig an eine Krone. Dass die Stadtväter hier nicht härter durchgreifen, ist ein Skandal! Und bunt sind ihre Kleider. Aus vielen farbigen Tuchen zusammengesetzt. In dieser Stadt muss ein ganzes Heer von Schneidern existieren. Und alle tragen schon diese neuen Kuhmaulschuhe. Aus feinem Leder, unterfüttert mit farbigem Stoff. Ein solcher Aufwand für bürgerliche Füße!“

Grete schilderte noch ausgiebig jeden Ärmel, jeden Mantel und jeden Ohrring. Die Musik hatte ihr gefallen, das musste sie zugeben. Und wie sie erfahren hatte, dauerte der Tanz für gewöhnlich bis in die Morgenstunden.

„Haben Sie auch Jacob Fugger gesehen?“ wollte Anna wissen. Nach Gretes Erzählung war ihr der Appetit ohnehin vergangen. Da konnte sie sich auch noch etwas über Jacob Fugger anhören.

„Sicher doch. Er hat den Tanz veranstaltet. Er ist kein schöner Mensch. Eher gewöhnlich, fast etwas derb. Er trägt weder einen Bart, noch hat er allzu viel Haar auf dem Kopf. Er sieht dadurch etwas nackt aus. Und die kleine Mütze, die er auf dem Hinterkopf trägt, ist nicht genug, um den Schaden zu kaschieren. Er war im Vergleich zu den anderen Bürgern fast schlicht gekleidet. Aber ich bin mir sicher, dass das Tuch, das er trug, sündhaft teuer war. Der Schnitt war schlicht, aber gerade dadurch sehr elegant – das kann ich nicht anders sagen. Er hat es nicht mehr nötig, seinen Reichtum zur Schau zu stellen. Jeder kennt ihn und weiß ohnehin, dass er Geld genug hat, um das ganze Reich zu kaufen.“

„Einen so mächtigen Mann möchten wir nicht in Hessen haben. Das wäre uns zu gefährlich. Da ist uns sogar Boyneburg lieber.“

„Na, das will was heißen!“ sagte Grete, indem sie ihrer Herrin noch einmal Wein eingoss. „Möchten Euer Gnaden jetzt nicht lieber ausruhen? Der Ball heute Abend wird sicher wieder lange dauern.“

„Uns ist zwar nicht nach Tanzen zumute, aber wir wollen trotzdem hingehen. Es soll nicht heißen, dass wir uns geschlagen geben und in unser Kämmerlein zurückziehen. Aber wir werden diesen Brief noch fertig schreiben, dann kann ihn der Bote gleich morgen früh mit nach Sachsen nehmen. Wir danken Ihnen, Grete. Wir werden Sie rufen, wenn wir uns umkleiden möchten."

Grete verließ den Raum mit einer leichten Verbeugung.

Anna trank den Wein aus und ging hinüber zum Fenster, wo ein Schreibtisch Pergamente, Federn, Tinte und Sand bereithielt.

Augsburg, 20. Mai 1510

Euer Liebden, Herzog Georg,

Euer Gnaden werden sich fragen, was wir so lange hier in Augsburg zu schaffen haben, da unsere Sache unter einem so schlechten Stern zu stehen scheint. Zwar hat der Kaiser unser Anliegen abgelehnt, wie wir Euer Liebden bereits geschrieben haben. Doch war er offensichtlich unzufrieden mit seiner eigenen Entscheidung, die er gezwungenermaßen getroffen hat. Wir wollen alles daransetzen, unseren Sohn zu behalten und aus diesem unheiligen Zwist unbeschadet hervorzugehen. Wir haben nach der Ablehnung durch den Kaiser von ihm gefordert, dass Philipp bis zu seinem zehnten Lebensjahr bei uns bleiben soll. Erst dann sollen die Stände ihn haben. Der Kaiser selbst hat uns vorgeschlagen, unser Wittum[8] um 5000 Gulden jährlich aufbessern zu lassen. Außerdem sollen uns die Räte eine Morgengabe von 10.000 Gulden zahlen, denn wir haben dem

[8] Wittum: Witwenrente

Land einen Erben gegeben und unser Gemahl hatte das Land inne. An der Vormundschaft sollen sie uns beteiligen, indem sie uns selbst oder einen unserer Vertreter am hessischen Staatsrat teilnehmen lassen.

Unsere Forderungen sind recht und billig. Doch auch diese haben die Räte und sächsischen Herzöge abgelehnt, da die hessischen Stände ihnen für derlei Verhandlungen keine Vollmacht erteilt hätten. Also sah sich der Kaiser gezwungen, eine Tagleistung[9] anzuberaumen. Dies soll am 13. Juli dieses Jahres in Marburg geschehen. Die Kommissare des Kaisers sollen den Vorsitz haben. Der Kaiser hat die Herren bereits bestimmt und ihnen genaue Anweisungen gegeben. Auch wenn er nun unser Anliegen abgewiesen hat, setzen wir doch nach wie vor unsere Hoffnung auf ihn. Wir legen Euer Liebden eine Abschrift der Instruktion bei, aus der Euer Liebden ersehen können, dass der Kaiser unsere Forderungen, die wir oben in diesem Brief genannt haben, zu den Hauptpunkten der Tagesordnung gemacht hat. Der Kaiser tut alles für uns, was in seiner Macht steht. Nun müssen wir beten, dass die hessischen Räte und Stände diesmal ein Einsehen haben und unsere billigen

[9] Tagleistung: Versammlung

Forderungen akzeptieren werden. Wir wären Euer Liebden dankbar, wenn Ihr an diesem Tag die Sitzung leiten könntet.

Es grüßt Euch Eure

Anna von Hessen

Die Heimreise ging Anna nicht schnell genug. Es war Sommer. Die Wege waren trocken. Die Vorhänge der Kutsche waren rundum nach oben gerollt, so dass man Luft und Licht im Wagen spüren konnte. Die Weinberge hatten sie bald hinter sich gelassen und waren auf dem Weg ins Hessische, das Anna niemals vorher so lieblich erschienen war. Die Verhandlung in Marburg war ein Strohhalm, an den sie sich klammerte. Und endlich, endlich fuhren sie über den letzten Hügel, der sie von Marburg trennte. Anna hatte befohlen, einen Reiter vorauszuschicken, der ihre Ankunft im Schloss melden sollte. Nur noch ein kurzes Stück Weg und sie waren in Marburg. Nur noch die steilen Gassen hinauf und hinein in den bergenden Schlosshof. Anna sprang aus der Kutsche und sah auch schon ihre Kinder an der Treppe stehen. Als ihre Amme Jette sich zu ihnen herabbeugte und ihnen etwas zuflüsterte, sprangen sie ihrer Mutter entgegen und umarmten sie. Anna fühlte nur noch die weichen Ärmchen ihrer Kinder um ihren Nacken, spürte ihre kleinen Gesichter an ihren Wangen und verstand kaum, was sie sagten, denn beide redeten auf einmal und aufgeregt und durcheinander. Grete stieg aus der Kutsche und gab den Dienern schon Anweisungen, das Gepäck abzuladen. Den Rest des Tages verbrachte Anna mit ihren Kindern im Garten, wo Philipp das neue Steckenpferd ausprobierte und Elisabeth ihre neue Puppe all ihren alten Puppen vorstellte. Philipp hatte natürlich als erstes seinen Paule wiederbekommen, mit der Versicherung, dass der Paule gut auf die Frau Mutter aufgepasst und dem Boyneburg den Hosenboden zerfetzt habe. Darauf hatte er ein sehr zufriedenes Gesicht gemacht und dem Paule einen extra großen Knochen versprochen. Nun schaute Anna zufrieden ihren Kindern zu, die sich gegenseitig um die Bäume jagten. Sie saß auf einer Bank in der Sonne, genoss eine Schale Erdbeeren und fühlte sich für einen Augenblick wohl und sicher. Jette stand neben der Bank und sah ebenfalls den Kindern zu.

„Jette berichten Sie uns!“ sagte Anna. „Was war in der Zwischenzeit? Wenn wir Briefe bekommen, wissen wir nie, ob man uns die Wahrheit sagt oder ob man uns nur beruhigen will.“

„Es ist ganz so gewesen, wie es Euer Gnaden in den Briefen erfahren haben. Es war alles in Ordnung. Der Kleine hatte einen Schnupfen, ist aber gut drüber hinweggekommen. Die Große ist sehr kräftig. Manchmal ein wenig wild, aber das scheint Euer Gnaden ja eher zu gefallen.“

Anna lächelte wehmütig. Es war seltsam, sich von Jette erzählen zu lassen, wie es ihren eigenen Kindern ging. Sie war lange weggewesen. Zu lange. In diesem Alter gehörten die Kinder noch allzu sehr den Ammen. Auch wenn Philipp und Elisabeth ihre Mutter liebten, wäre es wahrscheinlich schlimmer für sie gewesen, Jette entbehren zu müssen. Jette war die einzige Konstante im Leben der landgräflichen Kinder. Jettes gute starke Milch hatten sie beide getrunken. Jette hatte an ihren Krankenbetten gewacht. Zu Jette kamen sie gelaufen, wenn sie sich beim Spielen ein Knie aufgeschlagen hatten. Denn Jette war es, die eine Schürze trug. Diese Schürze konnte man abnehmen und waschen. Die Kleider der Landgräfin waren fein und durften nicht beschmutzt werden. Anna hatte ihre Kinder immer nur als sauber gewickelte und gewindelte Pakete empfangen. Sie hatte nie ihre Nasen geputzt oder ihre Tränen abgewischt. Auf Jettes Schürze war der Brei gelandet, den die Kinder wieder ausgespuckt hatten und in Notfällen hatte man sich die schmutzigen Hände an dem Rock abwischen dürfen, der von der Schürze verdeckt wurde, wenn man zum Beispiel gerade im Garten gespielt hatte und die Frau Mutter gekommen war und mit sauberen Händen begrüßt werden wollte.

„Die Kinder haben sich wieder so sehr verändert. Besonders Philipp. In diesem Alter verändern sie sich so schnell. Sein Gesichtsausdruck ist wieder ganz anders geworden.“

„Darf ich Euer Gnaden fragen, wie es denn nun steht?“

Anna sah Jette erstaunt an. Das war eine Vertraulichkeit, die ihr zu weit ging. Aber ihre Hoffnung wollte sie mit der Amme teilen und vertraute ihr an, dass zwar noch nichts entschieden sei, sie aber Grund habe, auf einen guten Ausgang zu hoffen.

„Wie geht es Anna von Treisbach? Als wir abfuhren, war sie mit ihrem dritten Kind schwanger. Ist es ein Junge oder ein Mädchen?“

„Ach, Euer Gnaden!“ jammerte Jette und fing an ihre Schürze in ihren großen roten Händen zu kneten. „Das ist keinem guten Loch hinausgegangen. Die gute Frau von Treisbach. Der gnädige Herr hat tagelang kein Essen angerührt, wie mir das Lieschen, seine Haushälterin gesagt hat.“

„Jette, sprechen Sie deutlich!“ fuhr Anna alarmiert auf. „Was ist denn Schlimmes geschehen? Sie wird sich doch wieder erholen?“ Aber sie schenkte ihren eigenen Worten keinen Glauben. Jette standen die Tränen in den Augen.

„Anfang Mai wurde sie beerdigt. Der Medicus konnte nichts für sie tun."

„Und das Kind? Hat wenigstens das Kind überlebt?"

„Nein, ach nein. Das Kind war tot. Ein Junge. Wieder ein Junge. Der arme Herr von Treisbach. Er ist untröstlich."

Anna rang um Fassung. „Mein Gott!" flüsterte sie. „Mein Gott! Mein Gott! Warum nur?"

Am nächsten Morgen fuhr sie mit den Kindern und Jette wieder hinunter zu den Franziskanern. Pater Ignatius empfing sie nach dem Gottesdienst.

„Lasst uns in die Kirschgärten gehen. Es wäre geradezu eine Sünde, sich in den dunklen Beichtstuhl zu setzen."

Die beiden gingen schweigend hinaus, wo Jette mit den Kindern bereits spielte. Die Kinder mochten die langen Gottesdienste nicht. Besonders Philipp plapperte in einem fort, sodass Jette die Kinder nur kurz in der Kirche ließ, um sie dann hinauszuführen in die Sonne. Die Lahn führte viel Wasser. In den letzten Wochen hatte es stark geregnet. Doch jetzt war es warm und der Garten lag im vollen Licht. Der Pfad, der durch die Kirschgärten führte, bot kaum genügend Platz für Anna und den Pater. So bat Pater Ignatius die Landgräfin, vorauszugehen. Anna ging den steilen Pfad bergan. Ihr Ziel war eine Bank, die einen wunderbaren Ausblick über das Tal bot.

„Wisst Ihr noch? Als Ihr mich zum ersten Mal aufgesucht habt, sind wir durch die Kirschgärten gegangen. Jetzt sind die Blüten schon verschwunden, aber Kirschen kann ich Euch noch keine anbieten." Anna hörte, wie Pater Ignatius schnaufte und verlangsamte ihren Schritt.

„Ja. Ich weiß. Damals war es Teil meiner Buße", erwiderte sie mit einem Lächeln.

„Wie viele Jahre ist das nun her? Zehn?"

„Nein, es sind neun Jahre her. Damals war ich erst wenige Monate verheiratet. - Und ich wünschte, ich hätte meine Sorgen von damals", fügte sie düster hinzu.

„Ich weiß noch, Ihr wolltet so gerne am Leben Eures Gemahls teilhaben. Aber Ihr hattet nur an seinem Sterben teil." Sie waren bei der Bank angelangt und setzten sich. Anna schaute den Pater von der Seite an. In seinem alten Gesicht konnte man noch immer den jungen, agilen Mann erkennen, der er einst gewesen war. Er hatte die Augen geschlossen und sog den Duft der Blumen tief in sich hinein. Jette konnte Elisabeth kaum davon abhalten auf einen Baum zu klettern, während Philipp die Ärmchen emporreckte und auf den Arm genommen werden wollte, obwohl er mit seinen viereinhalb Jahren dafür schon viel zu alt war. Anna und Pater Ignatius schauten den dreien lächelnd zu.

„Ich war in der Elisabethkirche", begann Pater Ignatius dann. „Der Steinmetz hat vor kurzem das Grabmal für den Landgrafen aufgebaut."

„Was denkt Ihr darüber?"

„Der Steinmetz hat gute Arbeit geleistet. Es ist ein außergewöhnliches Grabmal. Noch nie habe ich die Vergänglichkeit so drastisch dargestellt gesehen. Ihr wart sehr mutig, eine solche Arbeit in Auftrag zu geben. Das Gerippe im unteren Teil ist wohl sehr realistisch. Mit Skeletten kenne ich mich nicht gut aus. Die Schlangen und Würmer sind in der Tat sehr natürlich. Der Landgraf, der oben auf dem Grabstein liegt, ist gut getroffen. Er sieht stattlich aus mit seiner Rüstung und dem Schwert. Das wird manche versöhnen, die dem Grabmal kritisch gegenüberstehen."

„Ich kann mir lebhaft vorstellen, dass die Landbotin ihr Sprüchlein wieder aufgesagt hat.

Der Steinmetz wollte sich auch nicht recht dran wagen. Aber ich habe darauf bestanden. Könnt Ihr Euch an unser Gespräch erinnern als ich Euch zum ersten Mal von der Krankheit meines Gemahls berichten musste? Wir sprachen über die Vergänglichkeit. "

„Sicher kann ich mich daran erinnern."

„Deshalb habe ich das zweiteilige Grabmal in Auftrag gegeben. Oben liegt der Landgraf wie er zu seinen Lebzeiten ausgesehen hat und unten liegt das verwesende Gerippe."

Die Luft war hier so mild und frisch, so voll Duft nach neuem Leben.

„Die Amme berichtete mir von Frau von Treisbach. Eine so gute Frau. Eine Mutter. Sie war noch so jung. Sie war doch erst Mitte Dreißig. Wie kann das zugehen? Muss man da nicht an Gott selbst zweifeln? An ihm verzweifeln? Ich werde ihr nie vergessen, dass sie mir Euch empfohlen hat. Sie war mir eine gute Freundin. Eine der ganz wenigen im Schloss, der ich vertrauen durfte. Es heißt, Treisbach habe seit dem Tod seiner Frau nicht eines seiner Instrumente mehr angerührt."

„Für unsere menschlichen Augen sieht das ganz und gar sinnlos und ungerecht aus. Wir hadern mit Gott und klagen ihn an. Wir können nicht verstehen, warum er eine so gute Frau zu sich nimmt, die auf Erden noch so dringend gebraucht wurde. Von ihrem Mann, ihren Kindern, von Freunden. Die göttliche Sicht der Dinge ist uns verborgen. Aus Gottes Sicht kann ihr Tod durchaus Sinn machen. Der Tod ist wie ein Land, das uns fremd ist. Wir können nicht sagen, wie es dort aussieht. Wir glauben an das Paradies, die ewige Glückseligkeit. Und wir glauben fest daran, dass Frau von Treisbach in diese ewige Glückseligkeit eingegangen ist. Im Grunde ist unsere menschliche Trauer egoistisch. Wir trauern um unseren Verlust. Vielmehr sollten wir bedenken, dass ein Mensch, der gestorben ist, bei Gott ist. Vielleicht hat Gott sie dringend für sein Paradies gebraucht. Nichtsdestotrotz war es ein schwerer Schlag für Herrn von Treisbach. Aber auch mir ist ihr Tod nahegegangen. Sie war eine so unbeschwerte, fröhliche Frau. Ich weiß nicht, was aus den Kindern werden soll. Sie brauchen ihre Mutter. Eine Amme oder Kinderfrau kann die Mutter nicht ersetzen."

Für eine Weile schwiegen sie miteinander und sahen gemeinsam den letzten Kirschblüten zu, die braun und trocken von den Ästen wehten.

„Von Treisbach war beinahe jeden Tag hier. Es ist gut, dass Ihr jetzt wieder zurück seid aus Augsburg. Von Treisbach braucht eine Aufgabe. Berichtet mir wie es Euch in Augsburg erging! An Euren Augen kann ich erkennen, dass man den kleinen Erbgrafen bei seiner Mutter lässt, wie es sich gehört!"

Aber Anna hatte nicht mit dem Starrsinn der Hessen gerechnet. Die Verhandlung in Marburg begann am 16. Juli des Jahres 1510. Wie von ihr gewünscht, leitete Herzog Georg die Verhandlung. Anna hatte Peter von Treisbach inständig gebeten, ebenfalls zu erscheinen. Sie wollte ihn aus seiner Starre reißen, die ihn seit dem Tod seiner Gemahlin ergriffen hatte. Er hatte sich verändert. Seine Instrumente lagen nach wie vor unberührt. Er vernachlässigte seine Körperpflege und kleidete sich mit weitaus weniger Sorgfalt als Anna es von ihm gewohnt war. Sein Bart wucherte und scheuerte nicht nur die Kragen seiner Hemden, sondern auch seiner Jacken durch. Er musste wieder auf andere Gedanken kommen.

Die kaiserlichen Gesandten waren Johann Storch, der Nürnberger Probst Erasmus von Dopler und ein gewisser Graf Adam von Beichlingen, der neben den kaiserlichen Angelegenheiten auch private Dinge regeln würde, auch wenn ihm dies selbst noch unbekannt war. Dies begann damit, dass Räte der Anna von Braunschweig die Kaiserlichen Gesandten über Boyneburgs Versprechen in Kenntnis setzten und verlangten, dass der Landhofmeister diese nun erfülle. Storch und Dopler kannten die Hintergründe dieser Affäre und mochten sich nicht für Wilhelm den Blöden verwenden. Für sie war diese Sache der Nebenschauplatz eines Nebenschauplatzes. Beichlingen, noch jung an Jahren, ließ sich von den Räten der Anna von Braunschweig überzeugen und versprach, sich selbst um die Angelegenheit zu kümmern. Boyneburg gab zu, Wilhelm den Blöden als Regenten in Erwägung gezogen zu haben, doch könne man diese Sache besser ohne ihn klären. Die Entscheidung der kaiserlichen Gesandten werde sicher weise ausfallen, meinte Boyneburg und hoffte auf gute Zusammenarbeit.

Storch, Dopler und Beichlingen waren gewissenhafte Diener ihres Kaisers und nicht gewillt, sich kampflos zu ergeben. Die Wettiner hatten es nicht für nötig befunden, selbst zu erscheinen, sondern hatten ihre Räte geschickt, allen voran den Weimarer Hauptmann Friedrich Thun, der sich mehr oder weniger zurücklehnen und das Geschehen still beobachten konnte. Die Hessen erledigten hier alles. Keine einzige Forderung der Landgräfin wollte man auch nur ansatzweise erfüllen. Selbst als die kaiserlichen Gesandten mit harten Worten gegen die Hessen vorgingen, blieben diese scheinbar gelassen. Sie wussten, dass diese drei Männer ihnen nicht ernsthaft schaden konnten. Wenn der Kaiser ein wirkliches Interesse hätte, die Sache zu Annas Gunsten zu entscheiden, dann hätte er dies bereits im Januar in Augsburg tun können.

So wurde schließlich am 24. Juli 1510 durch die kaiserlichen Räte ein Vertrag aufgesetzt, der in seinen Hauptpunkten den Forderungen der Stände folgte. Ausgerechnet die Sachsen sorgten dafür, dass Annas Interessen zumindest zu einem kleinen Teil gewahrt wurden. Aber dies schien Anna eher wie ein Hohn, ein Almosen für eine Frau, der man sonst alles genommen hatte: Auf Befehl der Vormünder willigten die Stände ein, Erbmarschall Herrmann Riedesel zu den jährlichen Rechnungen und zu Besprechungen über wichtige Dinge hinzuzuziehen. Immerhin wurde ihr Wittum um 2500 Gulden jährlich aufgebessert. Dazu wurde ausdrücklich vermerkt, dass dies nicht mit Zustimmung der Landschaft geschah, sondern auf ausdrücklichen Wunsch der Vormünder, die den Regenten versprachen, diese Entscheidung vor ihrem zukünftigen Landesherrn Philipp zu verteidigen. Und Philipp sollte in die Obhut der Landschaft kommen. Anna sollte ihn, wie angekündigt, nur noch wenige Tage im Jahr sehen dürfen.

Anna hatte den Vertrag mit aschfahlem Gesicht gelesen. Riedesel hatte sich angekündigt und darum gebeten, mit ihr sprechen zu dürfen. Anna empfing ihn in ihren Gemächern. Der Erbmarschall war entsetzt beim Anblick seiner Landgräfin. Sie war nun nicht mehr Herrin ihrer selbst. Sie hatte geweint und nicht darauf geachtet, dass ihr Gesicht verquollen und rot war. Ihre Haube musste sie sich vom Kopf gefegt haben, denn sie lag in einer Ecke, ihr Haar war zerrauft und stand ihr wild vom Kopf ab. Anna, die sonst so sehr auf ihr Äußeres achtete, schien ihr Zustand nicht im mindesten zu kümmern. Sie war so sehr gefangen in ihrem Schmerz, dass sie Riedesel entgegenging und beide Hände nach ihm ausstreckte. In der einen hielt sie den unseligen Vertrag.

„Sie verlangen, dass ich meinen Sohn herausgebe! Riedesel! Meinen Sohn! Könnt Ihr Euch das vorstellen? Und wenn es zehnmal alter Brauch ist, so ist es doch ein so himmelschreiendes Unrecht. Ich bin zwar die Landesfürstin und habe einen kleinen Erbgrafen zur Welt gebracht, aber ich bin doch auch eine Mutter, die fühlt, wie jede andere Mutter. Kann man denn einer Mutter den Sohn wegnehmen? Man kann doch keinem Menschen das Herz herausreißen und verlangen dass er still hält! Mein Sohn in den Händen meiner Feinde! Riedesel, ich kann allein die Vorstellung nicht ertragen. Keinen Augenblick fände ich mehr Ruhe, aus lauter Sorge, man könnte dem Kleinen ein Leid zufügen. Zum ersten Mal in meinem Leben habe ich wahrhaftig Angst, Riedesel. Früher glaubte ich schon, die Angst kennen gelernt zu haben. Der Kampf mit den Ständen, mit Boyneburg hat mir einiges abgenötigt. Doch war dies alles nichts im Vergleich zu dieser bodenlosen Angst, in die ich nun hinabstürze, in der es kein Halten und keinen Trost mehr gibt. Ich will mich bei Herzog Georg in Kost und Logis begeben und mich als Kammerfrau um seine Kinder kümmern. Das ist doch alles, was ich noch von diesem Leben zu erwarten habe."

Riedesel wurde so bleich, dass man die Narbe kaum noch erkennen konnte. Noch niemals zuvor hatte die Landesfürstin sich selbst und ihren Stand so sehr vergessen, dass sie von sich als „ich" gesprochen hätte. Der Vertrag war zu Boden gefallen, sie hatte beide Hände vors Gesicht geschlagen und weinte hemmungslos. Riedesel holte ein Taschentuch aus seinem Ärmel und reichte es seiner Fürstin, nachdem er es einer kurzen Prüfung unterzogen hatte. Anna war weit davon entfernt, irgendetwas in ihrer Umgebung zu bemerken.

„Euer Gnaden?" flüsterte Riedesel. Anna reagierte nicht. Riedesel trat näher. Er hätte nur die Hand auszustrecken brauchen, um Anna zu berühren. Seine Hand, die noch immer das Taschentuch hielt, sank herab. Er hob beide Arme, ganz so als wolle er Anna tröstend in seine Arme schließen, ließ sie aber wieder sinken und flüsterte: „Euer Gnaden! Fasst Euch! Betet!" Dann verließ er den Raum.

Es dauerte nicht lange und der Beschluss wurde in die Tat umgesetzt. Anna musste sich von Philipp trennen. Nicht einmal in Marburg wollten sie ihn lassen, sondern in Kassel sollte er fortan leben und erzogen werden. Boyneburg selbst hatte es sich nicht nehmen lassen, diesen Triumph über seine Feindin voll und ganz auszukosten. In einer Kutsche war er vorgefahren, bis in den Schlosshof, war mit seinen Vertrauten eingedrungen in den privaten Bereich des Schlosses, in dem er schon lange nichts mehr zu suchen hatte und hatte Philipp gefordert. Anna hatte sich auf den schwersten Gang ihres Lebens vorbereitet. Lange hatte sie gebetet; für ihn, den Kleinen, dass ihm kein Leid geschehen möge und für sich selbst um Fassung. Den Triumph wollte sie Boyneburg keineswegs gönnen, auch nur eine einzige Träne von ihr zu sehen. Boyneburg wartete im großen Saal. Einige der Regenten waren um ihn, wie Anna beim Eintreten in den Saal feststellte. Philipps Gepäck war bereits auf der Kutsche verstaut worden. Den kleinen Holzhund Paule hielt er fest in der rechten Hand. Seine linke wurde von seiner Mutter gehalten. Er fühlte, wie fest sie ihn hielt. Fast tat es ihm weh, aber er wagte nicht zu klagen. Aufmerksam schaute er die Herren an, auf die sie zugingen. Der Griff seiner Mutter wurde noch fester. Philipp spürte den kalten Schweiß ihrer Hand.

„Herr von Boyneburg hat sich neue Hosen gekauft", stellte Philipp fest, so laut, dass die Herren es hörten.

Anna stutzte erst, wusste dann aber sogleich, worauf er hinauswollte und erwiderte: „Ja, mein Sohn. Und zwar von Ihrem Geld!"

Boyneburg hob eine seiner struppigen Augenbrauen und verzog seinen Mund zu einem hämischen Grinsen. Er sagte etwas, doch Anna ignorierte ihn. Sie beugte sich zu Philipp hinab, drückte ihn ein letztes Mal an sich und küsste ihn auf die Stirn, die so hoch und bleich war und die Jette ihm schon so oft hatte kühlen müssen. Dann richtete sie sich auf und blickte Boyneburg gerade an.

„Wenn unserem Sohn ein Leid geschieht, werdet Ihr die Rache einer Mutter zu spüren bekommen." Dann wandte sie sich ab und ging schnell davon. Sie erreichte die Tür, die von zwei Dienern hinter ihr geschlossen wurde. Mit letzter Kraft rettete sie sich in ihre Gemächer, wo Grete, Jette und Elisabeth mit verweinten Gesichtern am Fenster standen, um einen letzten Blick auf den Kleinen zu erhaschen. Wie um ihren Schmerz noch zu steigern, gesellte sie sich zu den Dreien. Philipp, der nun an Boyneburgs Hand ging, schaute noch einmal hinauf zu den geöffneten Fenstern. Der Blick, den er seiner Mutter zuwarf, war undurchsichtig. Angst mischte sich mit Tapferkeit. Sein kleiner, verkniffener Mund war ein einziger Vorwurf gegen sie. Anna konnte nur noch ihren Blick senken und sich abwenden. Sie sah nicht mehr, wie er in der Kutsche verschwand. Sie hörte die Hufe der Pferde und die eisenbeschlagenen Räder auf dem Pflaster. Ein Geräusch, das sich entfernte und immer leiser wurde und schließlich vom Weinen der Frauen übertönt wurde.

Noch Tage danach wollte Anna weder essen noch sprechen. Sie hatte sich ganz in sich selbst zurückgezogen und wollte nur noch mit Grete, Elisabeth und Jette verkehren. Das ganze Schloss trauerte mit ihr. Nur die Mannsbachsche brachte ihr Sprüchlein wieder an: „Und siehe, was du uns bescheret hast!" Was Anna zu der Überzeugung brachte, dass diese Frau weder ein Herz noch Verstand hatte.

„Segnet mich Vater, denn ich habe gesündigt." Annas Stimme klang so schwach, dass Pater Ignatius sofort ihre Hand ergriff. Wieder einmal saßen sie im Kirschgarten. Anna war so langsam zu der Bank hinaufgestiegen, dass der Pater ihr schließlich seinen Arm angeboten hatte.

„Erzählt mir, Anna. Und mir scheint, nicht Ihr habt gesündigt, sondern andere."

„Es ist so grausam, so ungerecht. Ich habe solche Angst um mein Kind. Ich fühle mich, als sei ich in einen bodenlosen Abgrund gestürzt, hinein in eine ewige Mitternacht, in der es keine Hoffnung auf Dämmerung mehr gibt."

Pater Ignatius nahm sie in seine Arme und drückte sie leise an sich. Er spürte, wie sich ihr Körper in seinen Armen entspannte und wie sie zu weinen begann. Lange saß er so mit ihr.

Aus den Bäumen leuchteten die ersten Kirschen.

*

Sogleich nach dem unglücklichen Ausgang der Verhandlungen hatten die Räte der Anna von Braunschweig sich auf den Rückweg nach Spangenberg gemacht. Beichlingen hatte sich bereiterklärt, mit ihnen zu reisen und ihre Sache auch weiterhin zu unterstützen. Geduldig hörte sich dieser Mann, der zwar nur ein Graf war und somit weit unter dem Rang derer von Hessen und Braunschweig stand, Anna von Braunschweigs Ausführungen an. Als kaiserlicher Gesandter hatte er ein Auftreten, das seinem Dienstherrn würdig war. Sein Erscheinungsbild war äußerst gefällig, seine Kleidung war von einer Raffinesse, von der die Kleider Annas und ihrer Töchter weit entfernt waren. Er war ein schlanker junger Mann, mit vertrauenheischendem Gesicht und guten Manieren. Er lehnte sich vor, um sein Interesse zu bekunden, wenn Anna ihm berichtete, was bisher vorgefallen war und zeigte sich empört über Boyneburgs Rohheit, als er bei einer Taufe, bei der er selbst und Anna von Braunschweig Pate gestanden hatten, sich nicht an seine Versprechen hatte erinnern wollen. Mit trockenem Spott habe er erwidert: ‚Die Lage Eures Gemahls wird sich von selbst bessern, einmal wenn ihm der Allmächtige aus seiner Blödigkeit helfen, zum andern, wenn ihm der liebe Gott einen männlichen Erben schenken wird.'

Der junge Mann hatte bei Anna von Braunschweig einen guten Eindruck hinterlassen. Sie sah ihn nur ungern wieder abreisen. Aber er wollte nach Felsberg, wohin Anna von Hessen übergesiedelt war und seiner Unterstützung bedurfte. Nicht genug, dass Boyneburg der Landgräfin ihren Sohn weggenommen hatte, er beschuldigte sie nun auch noch, sich unrechtmäßigerweise Kleinodien, die dem Lande Hessen gehörten, angeeignet zu haben. Also musste er versuchen, auch in dieser Sache zu retten, was zu retten war.

Wie fatal seine Abwesenheit war, zeigte sich ein paar Tage später, als die Regenten und die sächsischen Räte auf Schloss Spangenberg ankamen. Sie machten sich nicht die Mühe, um Einlass zu bitten. Der Burggraf war ohnehin auf ihrer Seite und hatte das Aufhebens, das man um den Blöden plötzlich machte, mit Argwohn beobachtet.

„Holla, Frau Gräfin!" riefen sie und waren auch schon eingedrungen ins Schloss. Anna von Braunschweig hatte vom Fenster aus beobachtet, wie die Reiterschar in den Schlosshof eingeritten war. Sie waren bewaffnet, und ihr Gebaren ließ nicht darauf schließen, dass man zerknirscht war über die gebrochenen Versprechen. Anna von Braunschweig straffte sich, strich mit ihrer knochigen Hand eine Strähne, die sich gar nicht aus ihrer strengen Frisur gelöst hatte, zurück unter die Haube und eilte nach unten, wo ihr der ungebührliche Lärm heftig entgegenschlug. Als sie noch halb auf der Treppe war, herrschte sie die Männer bereits an: „Wer wagt es, so roh ins Schloss des Landgrafen einzudringen!"

„Dies ist nicht das Schloss des Landgrafen, gute Frau! Und wer es wagt? Nun, es sind die hessischen Regenten und die sächsischen Räte, die dies wagen. Mein Name ist Friedrich Thun, Hauptmann zu Weimar, Vertrauter des Kurfürsten Friedrich von Sachsen", sagte ein hünenhafter Mensch, der breitbeinig an der Spitze der Gruppe stand, lässig die Arme verschränkt hatte und sie höhnisch anschaute. „Wenn Ihr es noch einmal wagen solltet, Euch in unsere Angelegenheiten zu mischen, wird Euch das schlecht bekommen."

„Wie könnt Ihr es wagen!" fuhr Anna von Braunschweig den Menschen an. „Der Landhofmeister selbst hat mir sein Ehrenwort gegeben, dass mein Gemahl die Regentschaft über Hessen erhalten soll. Sein Ehrenwort!"

„Das Ehrenwort eines hessischen *Landhofmeisters* (Thun bemühte sich, dieses Wort so geringschätzig wie möglich auszusprechen) ist mir bei weitem nicht so wichtig wie der Befehl meines Herrn, des Kurfürsten. Also fügt Euch in Euer Schicksal, wenn Ihr ein nicht noch ärgeres erdulden wollt."

„Der Sensenstein ist noch immer frei, Frau Landgräfin. Wie ich hörte, ist dort in der Zwischenzeit niemand eingezogen." Es war Trott, der diese frechen Worte äußerte. Er hatte ihr auf dem Sensenstein gehuldigt, ihr wie Boyneburg versprochen, sie wieder zu höchsten Ehren im Land kommen zu lassen. Und nun dies!

„Herr Burggraf!" rief Thun. Der Burggraf erschien mit einer Verbeugung vor dem sächsischen Hauptmann. „Sie werden dafür sorgen, dass der Landgraf wieder unter Verschluss kommt. Alles soll so gehandhabt werden wie zur Zeit Wilhelms II."

Mit einer weiteren Verbeugung verschwand der Burggraf, um den Befehl auszuführen. Ein Wink von ihm genügte und zwei der Diener folgten ihm.

„Bis Dezember könnt Ihr noch hier bleiben. Dann werdet Ihr mit Euren Töchtern wieder auf den Sensenstein umsiedeln", sagte Thun.

Bald hörte man das Schreien des Blöden, der sich mit aller Kraft wehrte. Die Tür, durch die der Burggraf und die Diener vor wenigen Augenblicken verschwunden waren, flog auf und sie erschienen nun mit dem Blöden in ihrer Mitte. Dieser stieß die sonderbarsten Laute aus, rief seiner Anna zu, sie solle sich nicht fürchten, er werde ihr beistehen und sie befreien. Darauf folgten Schmähreden auf die unritterlichen Herren, die eine Dame bedrängten und eine Reihe zusammenhangloser Sätze. In diesem Moment stürzte Annas Tochter Katharine in die Halle und klammerte sich an ihren Vater. Trott packte sie grob am Arm und zerrte sie fort. Anna von Braunschweig stand starr vor Entsetzen auf der Treppe. Mit weit aufgerissenen Augen beobachtete sie, wie man ihren Mann unter Anwendung grober Gewalt zum Verstummen brachte und ihn wieder in das Verlies schleifte, in dem er schon so lange Jahre gelegen hatte. Ihre Tochter schrie und weinte und wurde von Trott angeherrscht zu schweigen. Die Regenten hatten Diener mitgebracht, die unterdessen all das mitnahmen, was das Leben auf Schloss Spangenberg angenehm gemacht hatte: Die Wandteppiche, die den abgeblätterten Putz verborgen hatten, das Mobiliar, Geschirr, Besteck, Kerzen. Das alles ging so schnell, dass Anna von Braunschweig erst wieder aus ihrer Starre erwachte, als alles um sie herum still war. Nur Katharine schluchzte noch leise vor sich hin. Da kam die siebenjährige Elisabeth in die Halle. Katharine nahm die Kleine, die nicht verstand, was passierte, aber ein deutliches Gefühl für das Entsetzen der Frauen hatte, in die Arme. Anna von Braunschweig ballte ihre Hände zu Fäusten. So fest, dass die Knöchel weiß hervortraten. Sie hatte sich lange in Geduld geübt. Sehr lange. Sie konnte nun wieder warten. Sie wartete auf Beichlingen, der versprochen hatte, wiederzukommen. So einfach wollte sie die Herren Regenten nicht vom Haken lassen. Beichlingen hatte gesehen, wie man den Spangenberg ausgestattet hatte. Er hatte mit Boyneburg gesprochen. Er konnte ein wichtiger Zeuge werden in einer Verhandlung, die eines Tages anberaumt werden würde. Dessen war sich Anna sicher. Dann sollte Boyneburg sehen, dass man einer Braunschweiger Prinzessin gegebene Versprechen zu halten hatte.

Und Beichlingen kam. Er brachte Peter von Treisbach und Hans Knaut mit, die beide wenig Grund hatten, die Regenten zu unterstützen. Treisbach aus alter Anhänglichkeit an Anna von Hessen und weil er eine neue Aufgabe brauchte; Knaut wegen Lohnes für etliche Dienste, den ihm der verstorbene Landgraf versprochen hatte, worauf die Regenten ihm jedoch jegliches Anrecht absprachen.

Beichlingen hatte seit seiner Abreise von Spangenberg den Streit um die hessischen Kleinodien zu Gunsten Annas von Hessen entschieden. Sein Ruf als Beistand der Witwen und Waisen eilte ihm seither voraus. Daher empfing Anna von Braunschweig die Männer mit einer Freude und Warmherzigkeit, die das Gesicht der alten Frau weich und fast liebenswert machten.

Die drei Männer kamen eines Abends im September auf Schloss Spangenberg an. Es war bereits dunkel. Ihre Fackeln hatten die Männer gelöscht, als sie sich der Burg auf Sichtweite näherten. Annas Tochter Katharine hatte die Herren im Garten erwartet und verschaffte ihnen ungehinderten Einlass. Mit größter Zufriedenheit schaute Anna von Braunschweig aus dem Fenster hinunter in den Hof, wo die Reiterschar ihre Pferde versorgte. Die Fackeln warfen die Schatten der Männer, Pferde und Hellebarden an die Schlosswände. Die zwanzig bewaffneten Reiter, die sie im Gefolge hatten, sorgten dafür, dass Wilhelm der Blöde wieder aus seiner Gefangenschaft befreit wurde. Den Burggrafen sperrte man zur Sicherheit ein. Zu leicht hätte er davonlaufen und die Regenten warnen können. Es war ein kleiner Anfang. Aber ein Anfang war gemacht auf Annas Weg, den sie unbeirrt bis ans Ende gehen wollte. Sie wollte die Macht in Hessen, genau so, wie Boyneburg es ihr versprochen hatte.

Sie trat den Männer an derselben Stelle entgegen, wie vor wenigen Wochen den Regenten und Sachsen. Nur waren jetzt die Vorzeichen geändert. Als eine Herrscherin erschien sie oben auf der Treppe und genoss es, die Stufen langsam hinunterzusteigen zu ihrem Volk, das in Form von Beichlingen, Treisbach, Knaut und ihrer Tochter Katharine am unteren Ende der Treppe ihr entgegensah und sich pflichtschuldig verneigte.

„Seid uns gegrüßt! Der allmächtige Gott hat Euch sicher hierher geführt. Unsere Sache ist gerecht, wenn sie so deutlich unter dem Schutz des Höchsten steht. Seine Gnaden, Wilhelm I. von Hessen, werden sich von den Strapazen seiner Gefangenschaft noch erholen müssen. Wir haben seine Gnaden in sein altes Gemach bringen lassen. Sobald seine Gesundheit es zulässt, wird er unsere Pläne nach Kräften unterstützen."

Die Männer folgten ihr in den Gartensaal, während Katharine nach oben ging, um nach ihrem Vater zu sehen. Beichlingen war noch einen Augenblick länger stehen geblieben, um zu beobachten, wie Katharine die Treppe hinaufging. Beichlingen bemerkte, dass sie ihr langes Kleid mit einer besonders anmutigen Bewegung gefasst hatte und ihre Hand auf dem Geländer nicht zu sehr von der Sonne verbrannt war. Sie musste seinen Blick bemerkt haben, denn sie wandte sich um und schaute ihn unverwandt an. Erst nachdem Beichlingen sich tief verneigt hatte, folgte er den anderen in den Gartensaal.

Im Kamin brannte ein Feuer. Die Abende in diesem September waren bereits kühl. Anna von Braunschweig ließ sich am Kamin in einem Sessel nieder. Die Männer standen in gebührendem Abstand und in entsprechend dienstbeflissener Haltung vor ihr. Sie hatte es so arrangieren lassen, dass sie selbst auf die Wand mit der abgeblätterten Farbe und dem bröckeligen Putz schaute, während die Wand hinter ihr noch ganz annehmbar war.

„Berichtet uns! Wie steht es in Hessen?"

Auf Beichlingens Gesicht lag ein triumphierendes Lächeln. Knaut und Treisbach wechselten Blicke und schauten dann Anna von Braunschweig an. Beichlingen begann zu berichten:

„Die Sachsen machen sich unbeliebt. Sie lähmen das Land mit ihrer Bürokratie. Ein Regieren ist den Regenten – so schlecht ihre Regierung auch sein mag – nicht möglich. Alles wird verschleppt. Entscheidungen dauern ganze Ewigkeiten, weil die Regenten auch für die kleinsten, unwichtigsten Dinge die Zustimmung der Sachsen benötigen. Das allein wäre schon schlimm genug, aber die Sachsen sind auch untereinander zerstritten. Die Albertiner trauen den Ernestinern nicht über den Weg und umgekehrt. Soll eine Entscheidung für Hessen getroffen werden, müssen sich die beiden Parteien erst einmal auf einen gemeinsamen Termin einigen. Wenn das geschehen ist, heißt das noch lange nicht, dass bei diesem einen Termin schon ein Ergebnis zu erwarten ist. Dazu kommt, dass Boyneburg dem ihm anvertrauten Amt nicht gerecht wird. Er wirtschaftet schlecht. Die Kassen werden über kurz oder lang leer sein. Man kann das Volk nicht weiter auspressen. Die Bauern sind schon genug bedrückt. Und in der allgemeinen Unordnung machen es sich Raubritter und Strauchdiebe bequem. Kurz und gut: Hessen ist geschwächt, angreifbar für Feinde von außen. Die Menschen wissen das. Die Fremdherrschaft beginnt bereits, sie zu drücken. Nach den Jahren der Unsicherheit, die dem Tode des Landgrafen folgten, hätte es einer starken Regierung bedurft, die geordnete Verhältnisse wieder herstellt. Aber nichts dergleichen ist geschehen. Das Volk sehnt sich nach einem Herrn."

„Das Volk soll bekommen, was es verlangt", erwiderte Anna von Braunschweig. „Gerade die Städte haben die milde Regentschaft meines Gemahls nicht vergessen. Wir wollen die Städte einnehmen. Wisst Ihr, wie die Bürgermeister der Städte zu uns stehen?"

„Auch die Städte stöhnen unter der Schwerfälligkeit der Sachsen", sagte Treisbach.

„Hat Euer Gemahl nicht Homberg von einem letzten Überbleibsel der Leibeigenschaft befreit? Bürgertöchter konnten damals gezwungen werden, Staatsdiener zu ehelichen", erinnerte sich Knaut. „Dessen werden sich die Homberger noch entsinnen. Und die Bürgermeister sähen ohnehin lieber heute als morgen Euren Gemahl wieder an der Regierung."

„Wir werden den Regenten ein Schreiben schicken, in dem wir alle unsere Forderungen aufzählen. Es wird nicht mehr und nicht minder sein als die Hälfte des Landes Hessen. Danach werden wir die Stände an den Spieß bestellen."

„Wer ist noch für unsere Sache?" fragte Beichlingen.

„Der Erzbischof von Mainz und der Graf von Henneberg. Außerdem meine Schwägerin, Anna von Hessen, der Ihr so treulich beigestanden habt. Mit ihr habe ich bereits Kontakt aufgenommen. Sie wird gleichfalls am Spieß erscheinen und, indem sie ihre eigenen Klagen gegen die Regenten führt, uns unterstützen. Gleich morgen früh will ich dem Schreiber die Briefe diktieren. Eure Männer können sie dann an ihre Bestimmungsorte bringen. Ihr, Knaut und Treisbach, werdet persönlich nach Marburg reiten und mit den dortigen Regenten und Räten verhandeln."

Das Feuer war fast erloschen. Morgen würde ein neuer Tag beginnen. Und für Anna von Braunschweig sollte es ein völlig neues Leben sein. Davon war sie überzeugt. Ihr Leben in Zurückgezogenheit, Armut und Tatenlosigkeit war vorbei.

Die Versammlung am Spieß war für den 14. Oktober 1510 angesetzt. Obwohl Anna von Braunschweig den Ständen nicht viel mehr als vierzehn Tage Zeit gegeben hatte, waren sie zahlreich erschienen. Ob aus purer Neugierde oder mit dem echten Bedürfnis, mit ihr zu verhandeln, stellte sich bald heraus.

Leider war es ausschließlich ersteres. Anna von Braunschweig führte dem Volk ihren Gemahl vor, erklärte seine Schweigsamkeit damit, dass er sich noch von seiner Gefangenschaft zu erholen habe und schonen müsse. Dass er aber bei Gesundheit sei. Und dass man fortan Steuern und Beschwerden an ihn zu richten habe.

Anna von Hessen, die ihrerseits Beschwerden vorbrachte bezüglich der nicht eingehaltenen Verträge, wurde gleichfalls abgewiesen. Man habe erst kürzlich ein Regiment gewählt, erklärten die Stände. Daher wolle man nicht hinter dem Rücken desselben etwas Feindliches vornehmen.

Alles, was an diesem Tag geklärt wurde, war die Tatsache, dass Anna von Hessen und Anna von Braunschweig zwar im selben Boot saßen, doch jede das Ruder für sich beanspruchte. Anna von Braunschweig wollte dieses ‚junge Gänschen', wie sie ihre Schwägerin nannte, nicht noch einmal bemühen. Anna von Hessen machte sich ihrerseits kein allzu großes Kopfzerbrechen um ihre Schwägerin als Konkurrentin in der Regierung. Beim Anblick Wilhelms des Blöden war ihr durchaus klar gewesen, dass die Argumentation der Braunschweigerin auf tönernen Füßen stand. Wie konnte sie auch nur annehmen, dass dieser Mann, der seinen Beinamen offensichtlich noch immer zu Recht führte, regierungsfähig war?

Anna von Braunschweig setzte einen zweiten Landtag auf Mitte November an. Diesmal lud sie die Stände nach Spangenberg. Doch auch dieser Tag verlief ergebnislos. Friedrich Trott sagte ihr im Namen der Stände, sie solle ihr Anliegen vor die sächsischen Fürsten und vor den Kaiser bringen. Damit hielt er diese Angelegenheit für erledigt.

Ende November kamen die Wettiner selbst nach Kassel. Sie schickten eine Abordnung nach Spangenberg, die der alten Landgräfin das Missfallen der sächsischen Fürsten kundtun und damit eine Warnung verbinden sollte. Anna von Braunschweig ließ die Gesandtschaft gar nicht erst ein. Die Marburger Regenten ließen nach gescheiterten Verhandlungen Hans Knaut und Peter von Treisbach kurzerhand ins Gefängnis werfen. In diesem Zusammenhang erfuhr Anna von Hessen, dass Peter von Treisbach sich wieder dem Leben zugewandt hatte. Sie erhielt nämlich ein Schreiben, das offensichtlich ein bezahlter Schreiber aufgesetzt hatte und das sehr ungelenkt mit dem Namen ‚Madame Lulu' unterzeichnet war. Die unterzeichnende Dame setzte die Fürstin davon in Kenntnis, dass Peter von Treisbach gefangen lag und bat sie inständig, sich für ihn zu verwenden. Es sei schließlich Winter und so fort. Auch wenn dieses Schreiben Treisbachs Konkubine einem Schreiber diktiert und ihn mit Geld bezahlt hatte, über dessen sicher höchst unappetitliche Herkunft Anna lieber nicht weiter nachdenken wollte, setzte sie alle Hebel in Bewegung, um Treisbach und Knaut frei zu bekommen. Sie wandte sich an Riedesel, der bei den Regenten immerhin eine komfortable Unterbringung der beiden durchsetzte. Madame Lulu konnte sich bald darauf selbst davon überzeugen, dass der Gefängnisaufenthalt keineswegs der Treisbachschen Gesundheit schadete, allenfalls dem Ruf, der nach dem Besuch der Dame ohnehin ruiniert war.

Anna von Hessen hatte Riedesel weiterhin beauftragt, Treisbach ins Gewissen zu reden. Sie wollte auf seine Dienste nicht verzichten. Er war ein guter Mann, mutig und aufrecht. Aber eine Konkubine war ein Angriffspunkt. Annas Kammerfrau Grete hatte nicht einmal das Wort vollständig ausgesprochen. („Seine Kon...? Euer Gnaden belieben zu scherzen!") Treisbach sollte seine privaten Angelegenheiten in Ordnung bringen und wieder heiraten. Riedesel würde das schon regeln.

Und Anna von Braunschweig tat, was Trott ihr geraten hatte, nämlich ihre Sache vor den Kaiser zu bringen. In einem ausführlichen Brief wandte sie sich an ihn und gab damit dem Geschehen in Hessen eine ganz neue Wendung, deren Folgen abzusehen sie nicht in der Lage war.

*

Philipp fror. Die Zeit in der offenen Kutsche, in der sie über die vereisten Landstraßen rumpelten, erschien ihm wie eine Ewigkeit. Er wollte in eine warme Stube. Aber es war erst Mittag und vor Abend musste noch eine gute Wegstrecke zurückgelegt werden, wollte man pünktlich in Marburg ankommen. Herr von Boyneburg hatte ihm etwas von einer Huldigung erzählt. Verstanden hatte der Sechsjährige davon nur, dass hohe Herren sich alle seinetwegen in Marburg träfen, um sich vor ihm zu verneigen und ihm die Treue zu schwören als ihrem Herren, der er später, wenn er groß war, sein würde. Diese Vorstellung beeindruckte Philipp nicht wirklich. Ein Hund, ein richtiger, großer Hund wäre ihm viel lieber. Er lugte zwischen den ledernen Vorhängen in die verschneite Landschaft. Am Horizont sah er eine Burg.

„Dort drüben ist Felsberg!" rief er freudig aus und riss trotz der Kälte die Vorhänge auseinander.

„Was fällt Ihnen ein? Sind Sie toll geworden?" schimpfte Boyneburg und schloss die Vorhänge sogleich wieder.

Der Kutscher ließ die Pferde unmerklich langsamer laufen. Ihn dauerte der Kleine, der seine Mutter so selten sah, nun so nah an ihrer Burg vorbeifuhr und sie doch nicht sehen durfte.

„Das ist Felsberg. Dort wohnt meine Mutter. Ich will zu ihr. Wir können doch dort eine Rast machen. Sie freut sich sicher, wenn ich komme."

„Das ist nicht Felsberg", erwiderte Boyneburg schroff. „Wir können unsere Zeit nicht mit Ihrer Mutter vertändeln. Sie haben Wichtigeres vor. Die Huldigung der sächsischen Fürsten und Herzöge, der hessischen Ritter und Städte sollte Ihnen wichtiger sein als ein Nachmittag bei Ihrer Frau Mutter. Setzen Sie sich wieder hin!"

Der Kutscher schüttelte den Kopf. Dieser Boyneburg hatte mit seiner Mathilde doch auch eigene Kinder. Wusste er denn gar nicht, dass es für einen Sechsjährigen nichts Wichtigeres gab als seine Amme, seine Schwester und seine Mutter?

„Das ist Felsberg! Ich weiß es genau. Meine Mutter hat mir ein Bild von ihrer Burg gezeigt. Wenn ich Herr bin in Hessen, dann kann ich meine Mutter besuchen so oft ich will!"

‚Recht so, mein Kleiner!' dachte der Kutscher und fuhr noch langsamer.

Philipp blieb hartnäckig. Der markante Turm ließ keinen Zweifel: dies war Felsberg, wo seine Mutter, Elisabeth und Jette wohnten. Aber Boyneburg blieb hart und begann, dem Kleinen zu drohen. Er werde die Besuche seiner Mutter ganz und gar unterbinden, wenn er sich nicht wie ein zukünftiger Landesfürst und mannhaft betragen könne.

Darauf schwieg Philipp. Es war wunderbar warm gewesen, als er die drei Frauen das letzte Mal gesehen hatte. In Kassel waren sie durch die Schlossgärten spaziert, er hatte mit Jette und Elisabeth Fangen und Verstecken gespielt, hatte auf dem Schoß seiner Mutter gesessen und sich in die kühle Seide ihrer Gewänder geschmiegt. Und Jette. Wenn er sich doch nur jetzt zwischen ihren Rockfalten verstecken und wärmen könnte. Nur für einen Augenblick ihre großen starken Hände fühlen könnte, die ihn emporhoben, auf ihre Arme; wenn er nur seine Arme um ihren Hals schlingen könnte, um sein Gesicht an ihrem Hals zu bergen, der so gut nach frischer Wäsche und Seife roch. Philipps Hand schloss sich fester um Paule, den kleinen hölzernen Hund, den Jette ihm noch schnell in die Tasche gesteckt hatte, bevor Boyneburg ihn mitgenommen hatte.

„Noch sind Sie nicht der Herr in Hessen. Und wenn Sie es einst sein werden, dann haben Sie hoffentlich genug Verstand, auf kluge Ratgeber zu hören. Dann werden Sie Ihre Mutter nicht mehr brauchen", keifte Boyneburg weiter.

‚Ja, wenn es so weit überhaupt kommt und du den Erbfürsten nicht vorher klein kriegst mit deinen unsinnigen Reisen durch Eis und Schnee!' dachte der Kutscher. ‚Also, hüh, Ihr Pferde! Schneller! Damit der kleine Ruutlaafsfänger[10] ins Warme kommt.'

[10] Ruutlaafsfänger: ein Mensch von schwacher Gesundheit, der sich beim geringsten kühlen Lüftchen eine ernsthafte Krankheit zuzieht.

Vor den Toren Marburgs wurde Philipp von Bürgermeistern, Priestern und den sächsischen Herzögen empfangen und zur Elisabeth Kirche geführt. Die Marburger hatten sich auch am Straßenrand eingefunden und jubelten ihrem Herrn zu. Die wenigen unter ihnen, die wirklich wussten, worum es ging, riefen besonders laut Philipps Namen und Herrschertitel, um den Sachsen zu zeigen, wen man hier für den Herrn hielt. In der Kirche der Heiligen Elisabeth fand ein feierlicher Gottesdienst statt. Danach ging es hinauf zum Schloss. Philipp wurde in die große Halle geführt, wo er auf einem Lehnstuhl Platz nahm. Er hatte etwas Mühe, den großen Stuhl zu erklimmen, rutschte auf dem kalten Leder ganz nach hinten, wo er wiederum kaltes Leder im Rücken fühlte. Seine Füße baumelten in der Luft. Seine Hände lagen auf den Lehnen. Der Anblick des schmächtigen Knaben in dem riesigen Lehnstuhl hob nicht die Laune der Männer, von denen die meisten ohnehin zähneknirschend erschienen waren. Bleich sah der Junge aus, geradezu verhärmt schaute er aus seinen Augen und für einen Sechsjährigen viel zu ernst. Er schaute über die Menschenmenge, die sich vor ihm versammelt hatte. Sie alle sollten sich heute vor ihm verneigen? Es waren so viele Menschen. Philipps Augen huschten umher auf der Suche nach einem bekannten, freundlichen Gesicht. An Pater Ignatius' altem Gesicht blieben seine Augen haften. Ihre Blicke trafen sich. Der Pater lächelte ihn an und nickte ihm aufmunternd zu. Philipp wagte kaum, das Lächeln zu erwidern.

„Schau ihn dir an, den kleinen Hoinkdurmel[11]! Übers Jahr sind wir alle Sachsen", flüsterte einer der Bürgermeister seinem Rat zu. Er konnte sich sicher fühlen in der Menschenmenge. Die meisten waren seiner Meinung.

„Ja! Sie werden ihn schon klein kriegen. Worauf das hinauslaufen soll, kannst du sehen. Hast du schon einen Blick auf den Eid geworfen?"

Zur Antwort verzog der Bürgermeister nur das Gesicht.

In der Nähe des Throns trat Schwertzell zu Boyneburg. „Sie sind nicht erschienen!" raunte er.

„Wer?" Boyneburg war höchst alarmiert.

„Die Bürgermeister von Homberg, Treysa und Ziegenhain. Und sie haben auch keine Abordnung geschickt."

„Für eine Huldigung wäre selbst eine Abordnung ein Affront. Sie haben höchstselbst zu erscheinen. Alles andere ist Aufruhr!"

„Was sollen wir tun?"

„Die Zeremonie wird stattfinden. Und die drei Städte werde ich schon zur Vernunft bringen."

[11] Hoinkdurmel: schmächtiger Mensch.

Zuerst traten die Prälaten vor Philipp hin. Sie knieten nieder vor ihm, um ihren Schwur abzulegen. Ihnen folgten die Adligen, die jedoch vor Philipp stehen blieben, zum Zeichen, dass sie keine Schutzbefohlenen des Fürsten waren, sondern freie, wehrhafte Männer. Schließlich legten die Bürgermeister und Räte von Kassel und Marburg stellvertretend für alle Bürger den Schwur ab. Alle schwuren Philipp die Treue „... *als unserem rechten natürlichen Landesfürsten und Herrn und seinen Leibslehenserben und in gebrech derselbigen Landgraf Wilhelm und seinen Leibslehenserben und wenn keiner mehr wäre, alsdann und nicht eher den Herren von Sachsen und ihren Leibslehenserben ...*“[12] Besonders die letzten Worte wollten vielen kaum über die Lippen.

Jemand klopfte an die Haustür. Es klang zaghaft, aber der kleine Johannes, der in seiner Wiege nahe am Herd seinen Mittagsschlaf hielt, war trotzdem wach geworden. Sein erstes Jahr hatte er gut überstanden. Die ganze Familie hütete ihn wie ihren Augapfel. Katha war mit Karl in der Stadt unterwegs, um Einkäufe zu machen und ein fertiges Werkstück abzuliefern. Also stand Anna von ihrer Näharbeit auf, um erst die Wiege ein wenig anzustoßen und dann die Tür zu öffnen. Aber Johannes wollte sich nicht beruhigen. Sein Schreien übertönte das Klopfen bei Weitem. Anna streichelte den Kleinen, sprach mit ihm und schaukelte ihn. Aber das half alles nichts, denn Johannes Schreuer hatte Hunger. Anna wollte ihn nicht aus der Wiege nehmen und mit ihm zur Tür gehen. Es schneite noch immer. Das Kind konnte sich leicht erkälten. Also ging Anna schnell zur Tür und öffnete sie einen Spaltbreit, um nicht zuviel Wärme in diesen Januarnachmittag zu entlassen. Vor der Tür stand ein Wanderer. Hut und Mantel waren dick mit Schnee bedeckt. Seine Hand, die einen Knotenstock umklammerte, war blaugefroren. In seinem Bart hatte sich der Atem als Raureif niedergeschlagen. Er musste wohl den Schrecken in Annas Augen bemerkt haben, denn er sagte: „Bitte, schlagt Eure Tür nicht gleich wieder zu! Ich bin ein Wandergeselle auf der Suche nach Arbeit. Die Werkstatt war verschlossen. Man hat Euch empfohlen.“ Seine Stimme klang tief und warm, etwas rau. Ein Sachse. Anna erkannte ihn eindeutig an seinem Dialekt. Sie überlegte nur kurz. Einerseits

[12] Glagau S. 77

war es nicht ganz ungefährlich, wildfremde Männer ins Haus zu lassen. Aber immerhin konnte sie ihn gleich in die Werkstatt zum Großvater bringen. Außerdem war er auch ein Schreiner, ein Wandergeselle, wie auch der Großvater und Karl einst gewesen waren. Und wäre es nicht furchtbar unchristlich gewesen, einen Menschen im Schneegestöber draußen auf der Straße stehen zu lassen? Sei er nun ein Sachse, Schwabe oder sonst ein Ausländer. Also öffnete sie die Tür gerade so weit, dass der Mann eintreten konnte.

„Schnell, kommt herein", sagte Anna und eilte zurück zur Wiege, um Johannes auf ihre Arme zu nehmen und zu trösten. Tatsächlich beruhigte sich der Kleine und schaute mit seinen großen Augen den Fremden an, der in der Stube stand und Wasserpfützen auf Annas frisch gefegtem Boden verteilte. Der Mann nahm sich den breiten Hut vom Kopf.

„Mein Name ist Friedel Gutmann. Ich bin Wandergeselle. Kann ich den Meister hier sprechen?"

„Der junge Meister ist in der Stadt. – Aber er kommt gleich. Ich erwarte ihn jeden Moment zurück", fügte Anna schnell hinzu. Es war nicht klug, einem Fremden zu sagen, dass Karl gar nicht da war. „In der Zwischenzeit könnt Ihr mit meinem Großvater sprechen. Er ist in der Werkstatt drüben. Ich zeige Euch den Weg."

„Danke, Meisterin", sagte er und ging hinter Anna her in die Werkstatt, wo der Großvater am Ofen stand und Knochenleim kochte. Diesen Geruch mochte Anna gar nicht, wenn sie auch sonst den Duft des frisch gesägten und gehobelten Holzes, der ihrem Großvater und Karl anhaftete, sehr gerne roch.

„Hier ist ein Wandergeselle, Großvater!" sagte Anna. Reinhard Schreuer schaute kurz auf und schwang den Topf von der Feuerstelle. Er löste ihn von der Kette und stellte ihn zum Abkühlen auf den Boden.

„Dann wollen wir uns den jungen Mann bei Licht und ohne diesen Gestank betrachten. Hier drin lässt es sich jetzt ohnehin kaum aushalten. Außerdem ist es Zeit für einen Nachmittagsimbiss. Machst du uns etwas zu Essen, Anna?"

Anna nickte und lief zurück in die Küche, wo sie auch schon Katha und Karl hörte, die eben nach Hause kamen. Katha hatte schnell ihren Umhang abgelegt und ihren Sohn aus Annas Armen genommen. „Schreit er schon lange?"

„Nein, er hat sehr lange geschlafen. Er ist eben erst aufgewacht. Bei dem Wetter ist Schlafen auch das Beste, was man tun kann." Katha setzte sich mit dem Kleinen ans Feuer, mit dem Rücken zur Stube und bald war nur noch das zufriedene Seufzen des Kleinen zu hören. Katha stillte ihn noch immer, selbst wenn er schon Brei essen konnte. Aber seinen

Brei mochte Johannes Schreuer nicht immer essen. Viel lieber spuckte er ihn in alle Himmelsrichtungen.

„Der Schnee hat uns überrascht. Wir wären längst zu Hause gewesen, aber bei diesem Wetter kann man ja keinen Schritt vor die Tür gehen. Wir haben uns eine Weile beim Bäcker am Ofen gewärmt. Den neuen Backschießer, den ich ihm gebaut habe, hat er gleich eingeweiht. Schaut mal, er hat uns gleich bezahlt und noch ein paar süße Wecken obendrein geschenkt, weil ihm der Stiel so gut in der Hand liegt." Karl legte einen Beutel mit frischem Brot und den Wecken auf den Tisch. „Und wer seid Ihr?" fragte er, als sein Blick auf den Fremden fiel, der auf das frische Brot starrte.

„Mein Name ist Friedel Gutmann. Ich bin Wandergeselle. Kann ich bei Euch bleiben?" Diese Einführung war etwas unüblich. Normalerweise berichteten Wandergesellen, wo sie vorher gearbeitet hatten, woher sie kamen und was sie bisher hauptsächlich gearbeitet hatten, bevor sie fragten, ob sie bleiben konnten. Aber der Mann war offenbar erschöpft und hungrig. Karl musterte den Mann, der ihm obendrein etwas scheu erschien, ganz so, als habe er etwas zu verbergen. Er sah abgehärmt aus, für einen Wandergesellen auch zu alt. Der Winter hatte ihm zu schaffen gemacht.

„Warum seid Ihr im Januar unterwegs? Man sucht sich doch eine Stelle, wo man den Winter über bleiben kann", forschte Karl. Der Mann wurde unruhig. Er trat von einem Bein aufs andere und schaute zu Boden. Den Hut drehte er dabei in seinen noch immer blauen Händen. „Der Meister.." begann er.

„Bei welchem Meister wart Ihr?" fragte der Großvater.

„Meister Gottlieb in Treysa. Es ist nicht weit von hier. Ihr könnt ihn fragen, ob ich mir was habe zuschulden kommen lassen", sagte Friedel fast trotzig.

„Hat er Euch entlassen, weil Ihr ein Sachse seid?" fragte der Großvater weiter, der sehr wohl den Dialekt erkannt hatte. Damit hatte er ins Schwarze getroffen. Das folgende „Nü!" ließ keinen Zweifel an Friedels Herkunft. „Ich hab kein Geld mehr. Den Lohn ist er mir schuldig geblieben. Bei dem Wetter komme ich nicht weit an einem Tag. Letzte Nacht habe ich in einem Stall geschlafen. Wenn Ihr mir nur für ein paar Tage Arbeit geben könntet, damit ich genug Geld habe, um aus Hessen herauszukommen ... Und alles nur wegen dieser Erbhuldigung. Mir huldigt doch gar keiner. Als ob ich was damit zu schaffen hätte!"

„Meister Gottlieb ist kein guter Schreiner und ein noch schlechterer Denker. Bei uns könnt Ihr mehr lernen als bei ihm. Was sagst du, Karl? Haben wir jetzt einen neuen Gesellen?" Karl hätte nicht ganz so schnell eingewilligt, aber auf das Urteil des Großvaters konnte er sich verlassen.

„Den haben wir! Schlagt ein, Mann!“

Friedel schaute von einem zum anderen, als vermute er hinter der Freundlichkeit eine neue Art der Bosheit, aber als ihn Anna anlächelte und nickte, nahm er Karls dargebotene Hand und besiegelte den Vertrag.

„Nun setzt Euch, Friedel. Langt zu“, forderte Anna ihn auf, indem sie ihm seinen Umhang abnahm und am Feuer zum Trocknen aufhängte.

Das ließ Friedel sich nicht zweimal sagen. Anna setzte sich ihm gegenüber, nachdem sie ihm heiße Milch eingegossen hatte. Friedel legte die Hände um die Tasse und zog die Schultern hoch. Er war durchgefroren bis auf die Knochen.

„Karl, hast du noch von dem Schnaps, den du neulich wieder von der Bleiche mitgebracht hast?“

„Ja, da ist noch was da. Ein kleiner Rest nur, aber um einen Wandergesellen aufzutauen, wird es wohl genügen. Schau mal in der Kammer auf dem Regal, Anna.“

Anna war gleich wieder zurück mit der Flasche und goss Friedel einen guten Schuss in die heiße Milch.

„Du meinst es aber gut mit ihm!“ lachte Karl. Anna wurde rot und setzte sich. Sie hörte kaum, dass Friedel ein Danke murmelte. Erst als Karl und der Großvater nach Neuigkeiten fragten, wagte sie wieder ihn anzusehen. Natürlich wollten sie wissen, wie die Stimmung in den anderen Städten war. Wandergesellen kamen immer mit ihresgleichen zusammen und waren die besten Träger und Verteiler von Neuigkeiten im Land. Friedel berichtete, was sich ohnehin mit den Erfahrungen der Homberger Bürgerinnen und Bürger deckte: Die Erbhuldigung stieß bei den hessischen Städten auf wenig Begeisterung. Man warf den Rittern, die sich so schnell hatten umstimmen lassen, Feigheit vor. Und man witterte Unrat: Der kleine Philipp, der sonst in Kassel wohnte, war eigens für die Erbhuldigung nach Marburg gebracht worden. Mitten im Winter. Hätte man nicht bis zum Sommer warten können? Ganz abgesehen davon, dass man hätte warten sollen, bis Philipp zu seinen mündigen Jahren kam. Und hätten die Sachsen nicht auch nach Kassel reisen können? Statt dessen schleppte man den Kleinen, von dem allgemein bekannt war, dass es mit seiner Gesundheit nicht zum besten stand, durch Eis und Schnee. Offensichtlich hatte man es darauf abgesehen, den Kleinen gar nicht erst an die Regierung kommen zu lassen. Die bösen Hintergedanken der Sachsen schienen eindeutig. Man wollte sich das Land Hessen aneignen, indem man dem hessischen Mannesstamm zum Aussterben verhalf. Anfang Januar war ein Städtetag anberaumt worden, bei dem es zu keiner Einigung zwischen den Städten und den Regenten gekommen war. Immerhin hatte man sich auf einen erneuten Termin, den 25. Januar, einigen können, an dem erneut verhandelt werden sollte.

In diesem politischen Klima als Sachse in Hessen unterwegs zu sein, war beileibe kein Spaziergang. Das hatte Friedel am eigenen Leibe erfahren. Sein Glück war, dass die wenigsten seinen Dialekt einordnen konnten und er oft unerkannt blieb.

Anna hörte kaum zu. Vielmehr schaute sie sein Gesicht an, wie es sich beim Sprechen bewegte. Friedels Augen waren blau, sein Haar war dunkel und trotz seiner Jugend schon von silbrigen Fäden durchzogen. Das Leben auf der Straße war nicht leicht, wie Karl und der Großvater oft selbst berichtet hatten. Da konnte ein Mann schon graue Haare vor der Zeit bekommen. Er sah nicht aus wie einer der üblichen Wandergesellen. Unter dem kurzen Bart waren seine markanten Gesichtszüge zu erkennen. Seine Hände waren nicht sehr groß, aber kräftig und zeigten, dass er zupacken konnte. Über seine Handrücken schlängelten sich dicke Adern. Plötzlich schaute Anna auf und sah, dass er ihr ins Gesicht schaute. Sie wurde rot und wandte sich ab. So viele Handwerksburschen waren schon hier gewesen, aber die meisten waren nur für ein paar Tage, manche immerhin ein bis zwei Wochen geblieben. Sie wollten schnell wieder fort aus dem kleinen Homberg, in größere, bedeutendere Städte, wo sie auf den großen Baustellen lernen konnten.

Friedel blieb. Der Großvater und Karl waren zufrieden mit ihm. Die große Politik interessierte bei der Arbeit nicht. Sie hörten zwar, dass der zweite Städtetag ebenfalls ohne Ergebnis blieb, aber das hatte keinen Einfluss auf ihren Alltag – noch nicht. Die Städte beharrten stolz auf ihrer Position. Solange sie noch Erbfürsten im Land hätten, wollten sie sich nicht auf eine so hinterhältig eingefädelte Erbhuldigung einlassen.

Friedel war fleißig und arbeitete sehr sorgfältig, worauf vor allem der Großvater Wert legte. In der Winterzeit mussten oft Fenster ausgebessert werden, wenn der Wind gar zu heftig an ihnen gerüttelt hatte. Das Leder, mit dem die Rahmen bespannt waren, war zerrissen und musste ersetzt werden, Fensterläden wurden geflickt oder erneuert. Friedel arbeitete selbständig. Niemand brauchte ihm zu sagen, wie er etwas zu tun hatte. Manchmal fand er eine Lösung, die selbst den Großvater in Erstaunen versetzte, worauf Friedel ihm erzählte, wo er diese Fertigkeiten gelernt hatte. In den letzten Jahren war er fast durch ganz Europa gekommen. Vor allem Anna war glücklich, wenn er davon nicht nur in der Werkstatt erzählte (denn wie sollte sie ihre ständige Anwesenheit dort rechtfertigen?) sondern in der Küche beim Essen. Es hatten schon viele fahrende Handwerksgesellen an ihrem Tisch gesessen, aber keiner konnte so schön erzählen wie Friedel. Wenn er von den Sonnenaufgängen über italienischen Städten berichtete, von der Weite des Meeres und den schneebedeckten Gipfeln der hohen Berge weit unten im Süden, dann sah Anna all diese Dinge wirklich vor sich, so als sei sie selbst dabei gewesen. Und die drei Männer tauschten ihre Erfahrungen ihrer Wanderschaften aus. Manche Städte hatten sie alle drei gesehen. Friedel konnte von Gebäuden berichten, die der Großvater und sogar Karl noch als Baustelle erlebt hatten. Auch Friedel berichtete von der riesigen Baustelle in Rom, wo eine Kirche entstehen sollte. Aber er erzählte auch von den prächtigen Ruinen in der ewigen Stadt, dem Collosseum und dem Marsfeld. Von mächtigen Säulen, die nun in Trümmern auf der Erde lagen, geschaffen von Meistern, die seit über 1500 Jahren tot waren. Unvorstellbar. Nur der Großvater bemerkte, wie Anna an Friedels Lippen hing. Unvermittelt brachte er das Gespräch auf die wichtigen Dinge im Leben: „Wie wird es weitergehen mit Euch? Ihr seht schon älter aus. Müsstet Ihr nicht schon längst wieder ein Einheimischer sein?"

Friedel schaute kurz Anna an, dann auf seine Hände. Es dauerte einen schweren Atemzug lang, bis er antwortete: „Das ist wahr. Meine Wanderzeit ist schon seit über drei Jahren um. Ich sollte schon längst wieder ein Einheimischer sein, aber als ich nach Gotha kam, wo mein Vater eine Werkstatt hat, konnte ich dort nicht bleiben. Mein älterer Bruder hat die Werkstatt bekommen. Ich habe versucht, mich wieder einzugewöhnen, aber schließlich hat mich dort nichts gehalten. So bin ich wieder losgezogen und bin seitdem als Scheinheimischer unterwegs." Als er in Karls leicht entsetztes Gesicht sah, beeilte er sich hinzuzufügen: „Aber ich bin auf der Suche. Ich hoffe, dass ich bald einen Platz finden werde, an dem ich bleiben kann."

„Es kommt öfter vor als Ihr glaubt, dass sich ein Mann nach der Wanderschaft nicht mehr an die Sesshaftigkeit gewöhnen kann", sagte der Großvater. Mir ist es damals auch schwer gefallen, mich wieder einzugewöhnen. Sicher – das Leben zu Hause ist bequemer, aber die Freiheit, die man auf der Wanderschaft hat, die gibt man nicht so leicht wieder auf."

„Ich wäre gerne zu Hause geblieben, aber es war schwierig, mit meinem Bruder in einer Werkstatt zu arbeiten. Er war natürlich auch auf Wanderschaft gewesen, hat sich aber hauptsächlich in den angrenzenden Ländern wie Thüringen und Mecklenburg herumgedrückt. Weiter als Friesland und ins Rheinland ist er nie gekommen. Ich war in Frankreich und Italien und habe dort ganz andere Kenntnisse gesammelt, von denen er nichts wissen wollte. Ich bin sogar übers Meer gefahren, hinüber nach England und bin von dort eine Weile mit einem Handelsschiff gefahren. Dort habe ich eine ganz andere Art des Schreinerns gelernt. Auf einem Segelschiff wird der wenige Platz, den man hat, bis auf das letzte winzige Eckchen sinnvoll ausgenutzt. Das hat mir gut gefallen. Alles war durchdacht und nützlich. Aber mein Bruder baute lieber für die großen Bürgerhäuser und hatte nur Spott übrig für das, was ich gebaut habe. Wir gerieten immer öfter in Streit. Ich habe seine Engstirnigkeit nicht mehr ertragen und mein Bündel wieder geschnürt."

„Ihr macht wirklich gute Arbeit, Friedel. Wir sind sehr zufrieden mit Euch. Ihr findet Lösungen, auf die nicht mal ich gekommen wäre. Das muss Eure Zeit als Schiffsschreiner gewesen sein. Uns seid Ihr mehr als recht."

Friedel lächelte und dankte mit einem Nicken. Anna wagte nicht, jetzt seinem Blick zu begegnen und schaute angestrengt in ihren Becher.

„Erzählt uns von Eurer Zeit auf dem Segelschiff", bat Karl.

Und Friedel berichtete von fremden Häfen, von einer Mannschaft, deren Hautfarben beinahe alle Schattierungen des Herbstlaubes aufwiesen, von den rauen Sitten dieser Männer, wo selbst kleine Streitigkeiten mit dem Messer ausgetragen wurden, die im Sturm aber wieder zusammenhielten wie ein Mann. Denn wenn die Wellen haushoch über das Deck schlugen, wenn der Schiffsbauch sich immer höher mit Wasser füllte, der Sturm die Takelage zerriss und der zersplitterte Topmast das Deck durchschlug, war keine Zeit für Streit. So mancher Matrose hatte in solchen Sturmnächten wieder das Beten gelernt. Es fiel ihm schwer, das wunderbare Gefühl zu beschreiben, wenn er im Mastkorb gestanden hatte, unter sich nur das weite blaue Meer, die riesigen weißen Segel, die im Wind knarrten, den Wind, den man im Haar und auf der Haut fühlte, von dem Gefühl zu fliegen, wenn man die Arme ausstreckte. Allein ein solcher Augenblick sei die Gefahr eines Sturmes wert. Und er erzählte von fremden Ländern, von bunten Märkten, von Tieren, die den Menschen dort in den Wüsten als Pferde dienten, sonderbare Höcker auf dem Rücken hatten und viele Tage ohne Wasser auskamen, von Städten mit goldenen Dächern.

Die Nacht hatte sich unbemerkt über Homberg gesenkt. Katha hatte eine Kerze angezündet. In ihrem Schein wurden Friedels Geschichten so lebendig, als bevölkerten all die fremden Menschen plötzlich ihre hessische Küche. Anna wurde nicht müde, Friedel zuzuhören. Sie hatte den ganzen Abend über kein Wort gesprochen, sondern nur Friedel zugehört, seiner warmen tiefen Stimme gelauscht und sich in seine Geschichten geträumt.

Katha beobachtete ihre Freundin natürlich genauer als die Männer. Friedel war nun schon über drei Wochen bei ihnen. Und als die beiden Frauen eines Tages allein in der Küche waren und im Bottich die kleine Wäsche wuschen, beobachtete Katha, wie sorgfältig Anna das Hemd des Gesellen wusch. Der abwesende Blick, als Annas Hände über die Schulterpasse des groben Hemdes glitten, entging ihr nicht. Außerdem hatte Anna seit kurzem das hessische ‚Jo' gegen ein sächsisches ‚Nü' ausgetauscht.

„Er gefällt dir wirklich gut, nicht wahr?"

Anna sah etwas erschrocken auf und schaute ihre Schwägerin mit einer Mischung aus schlechtem Gewissen und Freude an.

„Nü", sagte sie nach einer Weile, in der sie Friedels Hemd kräftig auswrang. „Aber was nützt mir das? Bisher hat er noch nicht gesagt, dass er mich auch mag und ich kann wohl schlecht den Anfang machen." Sie warf das Hemd in den Eimer mit der sauberen Wäsche.

Er ist wirklich ein ganz besonderer Mann. Anders als alle Wandergesellen, die wir sonst hier hatten. Er ist sicher fast dreißig Jahre alt. Du wärst also nicht zu alt für ihn."

„Er kann so lebendig erzählen. Und seine Augen! Hast du jemals so wunderschöne blaue Augen gesehen?"

Katha nahm ihre Hände aus dem Bottich, setzte sich auf einen Schemel und schaute ihre Schwägerin mit einem Lächeln an. Anna war dazu übergegangen, in der Seifenlauge zu rühren und mit den Händen zu planschen. Die Wäsche war vergessen. Anna beschrieb Friedels blaue Augen, seine Art zu lächeln, die kleinen Lachfältchen an seinen Augen und natürlich seine schönen dunklen Haare. Und die wenigen grauen, die sich schon dazwischenschoben, gaben ihm ein reifes, männliches Aussehen. Und wenn der Großvater selbst sagte, dass er ein guter Schreiner sei, dann müsse wohl ...

„Es läutet Sturm!" rief Katha und sprang auf. Da hörte auch Anna die Glocken läuten.

In diesem Moment wurde die Tür aufgerissen. Karl stand da, kreidebleich. „Die Regenten ziehen mit einem Heer gegen uns. Wir müssen zur Bürgerwehr."

Katha wurde blass und schaute auf Johannes, der friedlich in seiner Wiege schlief. Sie stand auf und umarmte Karl, der sie fest an sich drückte. Friedel erschien hinter Karl.

„Ich werde mitkommen!" Wie gerne hätte Anna nun Friedel umarmt, aber sie musste sich wohl oder übel auf ein Erbleichen beschränken. Karl hatte natürlich als einfacher Schreiner keine Rüstung und keine

Waffe, wie es die reichen Bürger der Stadt hatten. Aber er hatte einen Sauspieß, den er nun zur Hand nahm. Friedel hatte nichts außer seinem Stock. Auf der Straße hörten sie Stimmen. Das Geräusch der Schritte wurde auf der verschneiten Straße gedämpft. Als Karl die Haustür öffnete, brandete der Lärm herein. Nun sahen auch die Frauen in der Stube die vielen Männer, die alle zur südlichen Stadtmauer hin eilten. Karl war schon aus der Tür, Friedel folgte ihm, da hielt ihn Anna kurz am Mantel fest. „Passt auf Euch auf, Friedel!“ sagte sie. Für einen kurzen Moment schaute er sie an. Und dann, als wisse er für einen Augenblick nicht was er tue, nahm er sie ganz kurz und fest in seine Arme. Darauf schien er etwas erschrocken über seinen eigenen Mut und beeilte sich, Karl zu folgen.

Die Männer versammelten sich alle auf der Straße, die an der südlichen Stadtmauer entlang führte. Die Stadttore waren geschlossen und mit riesigen Querbalken gesichert. Die Mauer selbst war schon bevölkert mit Bewaffneten, die ihre Büchsen luden, ihre Armbrüste und Bögen spannten oder die Schärfe ihrer Klingen prüften. Auch fremde Söldner waren unter ihnen, die für die Seite kämpften, die den meisten Lohn zahlte. Und immer mehr eilten hinauf. Jede Zunft hatte ihren Mauerabschnitt zugeteilt bekommen, den sie zu verteidigen hatte. Karl und Friedel liefen die Treppe hinauf und auf der Mauer entlang, der zu ihrem Abschnitt führte. Schon oft hatte Karl dies mit den anderen Männern der Stadt geübt. Aber niemals war es Ernst gewesen. Als sie den Abschnitt der Metzger passierten, hielt einer Friedel am Arm fest.

„Heda! Einen Sachsen können wir bei unserem ehrlichen Kampf nicht gebrauchen.“

Es hatte sich langsam in der Stadt herumgesprochen, dass bei Schreuers ein Sachse arbeitete. Das erschien den Bürgern schlimm genug, aber dass sich dieser Fremde, dieser Feind, nun erdreistete, an ihrem Kampf teilzunehmen, ging manchen zu weit.

„Er steht auf unserer Seite und er wird für uns kämpfen“, erwiderte Karl ruhig.

Friedel bemerkte aus den Augenwinkeln, dass die anderen Metzger näher kamen und sich um sie scharten. Er wusste, dass Karl zu ihm halten würde. Aber Karl hatte nur einen Sauspieß, er selbst nur seinen Wanderstab. Friedel zwang sich, tief und ruhig zu atmen, obwohl der Ring Metzger, die teilweise ihr Werkzeug als Waffe mitgebracht hatten, sich um ihn und Karl schloss und die Männer sich gegenseitig zu überbieten suchten in ihren Feindseligkeiten.

„Warum geht ihr da vorne nicht weiter? Los! Wir müssen zu unserem Abschnitt!“

„Der Sachse hier macht Ärger!“ rief der Metzger über die Schulter, der noch immer Friedels Arm festhielt.

„Mein Geselle macht hier nicht den Ärger. Du bist derjenige, der den Ärger macht, Götz!“ sagte Karl.

„Das ist mir gleich! Er ist ein Sachse und wir wollen ihn nicht dabei haben. Wer sagt, dass er uns nicht feige in den Rücken fällt?“

„Er ist ganz bestimmt nicht feige!“ rief eine ärgerliche Frauenstimme. Die Männer fuhren herum. Da stand Anna Schreuerin und hatte die Hände in die Hüften gestemmt. Sie hatte sich durch den Wall aus Männerleibern hin zu Friedel und Karl gedrängt. „Beweist er nicht schon größten Mut, indem er als Sachse sich zu Euch gesellt? Das ist mutig, denn er kann ja nicht erwarten, dass ihr denken könnt und versteht, dass er ein Sachse aus dem einfachen Volk ist, dem diese Erbhuldigung gar nichts bringt. Er ist ein Handwerker wie wir, wie so viele von Euch und er ist bereit, diese Stadt zu verteidigen!“ Anna hatte sehr schnell gesprochen. Sie wollte so viel wie möglich gesagt haben, bevor man sie unterbrach und davonjagte.

„Anna!“ sagte Karl. „Du wirst jetzt sofort nach Hause gehen. Mach uns hier keine Scherereien und keine Schande!“

Anna stand noch eine Weile und sah die Männer herausfordernd an. Da nahm Friedel ihre Hände in seine und sagte leise: „Bitte, Jungfer Anna! Geht nach Hause. Ich möchte nicht, dass Euch etwas zustößt. Es kann hier gefährlich werden.“

Anna nickte. Sie erwiderte seinen Händedruck und wandte sich dann ab.

„Seht euch das an!“ schrie Götz. Dass Anna ihm einen Korb gegeben hatte, konnte er noch immer nicht verwinden. „Der Sachse macht unseren Jungfrauen auch noch schöne Augen. Will er gar eine von ihnen ...“ Weiter kam er nicht, denn Anna fuhr noch einmal herum, trat mit blitzenden Augen vor Götz hin und sagte: „Er mag ein Fremder sein, aber er versteht sein Handwerk wie kein Geselle vor ihm und er hat mehr Verstand als fünf von deiner Sorte! Und die Frau, die er einmal heimführt, wird sich glücklich schätzen können! Und jetzt habt ihr alle anderes zu tun, als über einen sächsischen Handwerker zu streiten.“

Sie zwängte sich zwischen all den Männern hindurch zur Treppe und wieder hinunter auf die Straße. Von dort lief sie wieder zu dem Abschnitt, wo sie Karl und Friedel verlassen hatte. Sie konnte die beiden nicht mehr sehen. Sie lief an der Mauer entlang bis zu dem Abschnitt der Schreiner. Doch auch dort konnte sie die beiden nirgends entdecken. Das konnte nur heißen, dass die beiden in einer der vorderen Linien direkt an der Mauer standen. Sie musste sich zwingen, weiterzugehen. Da hörte sie

Lärm am Stadttor. Menschen liefen hin, um zu sehen, was dort geschah, und so lief auch Anna. Ein Reiter war angekommen. Für ihn und sein Pferd hatte man eine kleine Tür im Stadttor geöffnet. Gleich hatte sich eine Menschenmenge um ihn versammelt, so dass er dicht an sein Pferd gedrängt wurde. Der Atem des Tieres gefror in der kalten Luft.

„Sie kommen!“ rief er. In spätestens einer halben Stunde werden sie auf Schussweite heran sein.“ In diesem Moment hörte man Männer von den Stadttürmen rufen, dass das Heer in Sicht war.

Anna wollte zurück zur Mauer, aber da hielt eine vertraute Stimme sie fest. „Komm nach Hause, Anna. Ich will dich nicht verlieren. Bitte!“ Sie schaute in das Gesicht des Großvaters, das ihr noch nie so sonderbar ernst erschienen war. Anna folgte ihm, denn sie ahnte, wie ihm zumute war. Er hatte seine Tochter und seinen Schwiegersohn begraben. Seinen Enkel wusste er auf der Mauer, und er wollte zumindest seine Enkelin in Sicherheit bringen.

Katha, Anna und der Großvater saßen am Feuer und starrten in die Flammen. Eine seltsame Ruhe hatte sich über die Stadt gelegt. Von weitem schwoll nun langsam Lärm an. Schüsse fielen. Katha presste Johannes an sich und Anna barg ihr Gesicht an der Schulter des Großvaters, der sie sanft wiegte. Wieder fielen Schüsse. Der Lärm wurde lauter, das Geschrei aus vielen Männerkehlen schwoll an und schien kein Ende nehmen zu wollen. Aber irgendwann klang der Lärm nicht mehr kriegerisch, sondern ... fröhlich. Ja, eindeutig fröhlich. Auch direkt vor dem Fenster hörten sie nun die Stimmen. Männer und Frauen riefen durcheinander und lachten sogar. Die drei in der Stube sahen sich an. „Ist denn jetzt die ganze Stadt verrückt geworden?“ Der Großvater ging zur Tür und schaute hinaus. Er hielt eine der Nachbarinnen an und fragte, was das zu bedeuten habe. Die Frau strahlte ihn an und rief: „Sie sind gelaufen wie die Hasen! Sobald die ersten Schüsse fielen, hat sich das Heer der Regenten in alle Winde zerstreut. Wir sind frei und haben den hohen Herren getrotzt!“

„Was?“

„Ja, kommt doch mit und schaut selbst!“

„Wenn ihr beiden nach euren Helden Ausschau halten wollt, lauft nur zu! Ich kann bei Johannes bleiben. Von mir wird sowieso keiner einen Kuss wollen.“

Lachend und weinend zugleich vor Erleichterung drückte Anna ihrem Großvater einen Kuss auf die Wange und eilte mit Katha dem Lärm entgegen.

„Unsere Helden!“ kicherte Katha. „Dann wollen wir sie mal suchen in diesem Gewühl – unsere Helden. Auch wenn es nur ein paar Schüsse gebraucht hat, um das Heer in die Flucht zu treiben, haben sie sich doch einen Kuss verdient, oder?"

Anna lachte und stieß Katha in die Seite. Einen Kuss! Einen Kuss von dem Mann, der ihr wirklich wichtig war. Den sie ... liebte?

Sie waren umringt von Männern und Frauen, die sich jubelnd in den Armen lagen. Bekannte und Freunde griffen nach ihren Mänteln, ihren Armen, hielten sie fest, um mit ihnen den Sieg zu feiern. Katha blieb zurück, um pflichtschuldig zu gratulieren und die Sieger hochleben zu lassen, aber Anna riss sich los. Sie kämpfte sich vor zu dem Mauerabschnitt, den die Schreiner verteidigt hatten, aber er war fast leer. Nur noch ein paar Jungs, die mit ihren kleinen Bögen und Holzgewehren den Kampf nachspielten und den letzten Resten des flüchtenden Heeres hinterher johlten, als sei der Sieg allein ihr Verdienst, standen noch auf den Zinnen. So fröhlich und ausgelassen wie die Stadt war, konnte es keine Toten gegeben haben. Manche Männer waren schon betrunken. Anna fragte sich, wie sie das wohl bewerkstelligt hatten in der kurzen Zeit. Ihre Augen huschten durch die Menschenmenge, alles verschwamm vor ihren Augen, der Lärm drang nur noch wie durch dicken Nebel an ihre Ohren. Sie suchte nur ein einziges Gesicht. Sie irrte durch die Gassen ohne zu wissen, wo sie suchen sollte. Und plötzlich legte sich ein Arm um ihre Schultern.

„Jungfer Anna!" sagte Friedel. „Ich hab Euch überall gesucht."

Anna warf sich in seine Arme und spürte überglücklich, wie er sie fest an sich zog als wolle er sie nie mehr loslassen.

„Friedel, ich hatte solche Angst um Euch!"

„Das war ganz unnötig, Jungfer Anna. Wir sind gar keine Helden, sondern unser Sieg ist eindeutig der Feigheit dieser Handvoll Soldaten zu verdanken. Denn mehr als eine Handvoll waren es gar nicht. An deren Stelle hätte ich auch die Flucht ergriffen."

Anna lächelte. „Aber es war doch mutig von Euch, mit auf die Mauer zu gehen." Sie schmiegte sich noch enger an seinen warmen Leib. Sie roch den vertrauten Geruch nach Holz, den sie auch an ihrem Großvater und Karl so sehr liebte. Sie schaute zu Friedel auf, der nun doch ganz heldenhaft kühn wurde und drauf und dran war, sie zu küssen.

„Ach hier seid ihr!" rief Karl. Anna und Friedel fuhren erschrocken auseinander. Ohne auf die erröteten, schuldbewussten Mienen der beiden zu achten, fuhr Karl fröhlich fort: „Wir haben euch gesucht. Kommt, lasst uns ins Wirtshaus gehen und einen heißen Apfelwein trinken. Ich lade euch alle ein." Er ging voraus, aber Katha warf Anna einen Blick zu, der ihr zeigte, wie schade sie die Unterbrechung fand. Alle Wirtshäuser der Stadt waren voll. Im überschwänglichen Siegestaumel feierten alle

Menschen gemeinsam, ungeachtet ihrer Zunftzugehörigkeit. Nur um die Unehrlichen machte man selbst an diesem Tag einen Bogen. Nur wegen eines einzigen Sieges wurden schließlich keine ehernen Gesetze aufgehoben.

„Ihr werdet noch sehen, was Ihr davon habt! Jetzt habt ihr gesiegt. Aber ihr habt nicht für euch selbst gesiegt, sondern nur für dieses Weib, diese Mecklenburgerin. Ihr werdet sehen, ihr kommt noch alle unter das Joch der Weiberherrschaft!“ hörten sie einen Mann sagen.

„Hier, trink noch was, damit dein Kopf wieder klar wird!“ war die Antwort. Nur wenige nickten unmerklich und flüsterten sich zu, dass der wirre Severin gar nicht so Unrecht habe.

„Wer ist das?“ wollte Friedel wissen.

„Das ist Severin. Er gehört nicht gerade zum Rat der Stadt, ist aber der Meinung, dass der Rat ohne ihn nicht auskommt. Er ist nicht ganz richtig im Kopf, aber harmlos“, erklärte Karl.

„Aber er trägt doch die Kleidung eines Ratsherren. Wie kann er das ungestraft tun, wenn er kein Ratsherr ist?“

„Severin hat Narrenfreiheit. Und wenn Ihr genauer hinschaut, könnt Ihr erkennen, dass das Tuch, aus dem sein Mantel gearbeitet ist, nicht nur von schlechter Qualität, sondern auch völlig abgetragen ist.“

„Einmal hat er wirklich Ärger bekommen“, erinnerte sich Anna. „Da ist er dem Bürgermeister zuvorgekommen und hat offiziellen Besuch empfangen.“

„Wenn der Bürgermeister geschwiegen hätte, anstatt sich bei seinem Amtskollegen zu entschuldigen, hätte dieser gar nichts bemerkt. Severin ist ein grandioser Schauspieler, müsst Ihr wissen“, sagte Anna lachend.

Es dauerte, bis sie an einem Tisch eine kleine freie Ecke erobert und ihren heißen Apfelwein vor sich stehen hatten. Dicht gedrängt saßen sie beieinander. Die Wärme tat ihnen allen gut. Anna merkte erst jetzt, wie kalt ihr war. Sie schmiegte sich noch enger an Friedel, der ihren Druck sanft erwiderte.

„Nun erzählt! Was ist passiert?“ wollte Katha endlich wissen.

„Es ist wirklich nicht viel passiert. Boyneburg tauchte mit ein paar Hanseln am Horizont auf. Ein paar Schüsse von unserer Bürgerwehr genügten und der kleine Haufen stob auseinander. Möchte wissen, was dieser Boyneburg sich gedacht hat. Dass wir vor lauter Ehrfurcht einen roten Teppich für ihn und seine mutigen Soldaten ausrollen? Ihr seht – unser Sieg war gar nicht heldenhaft.“

„Und was war mit dir, Friedel? Haben sie dich dann in Ruhe gelassen?“ fragte Anna.

„Nachdem du da gewesen warst, haben sie nichts mehr gegen Friedel gesagt."

„Was? Du warst wirklich dort bei den Männern? Auf der Mauer?" rief Katha ungläubig.

„Ja, das war sie," sagte Karl. Er klang ganz fröhlich. So, als sei das eine mutige Tat gewesen und keineswegs eine unsinnige Idee von Anna, die der Familie nicht gerade zur Ehre gereichte.

„Der Martin von der Bleiche drüben hat gesagt, du wärst zwar ein Weib, aber man könnte meinen, unser Großvater spricht, wenn man dich hört."

Das war das schönste Kompliment, das man Anna je gemacht hatte. Sie wurde rot und strahlte erst Karl, dann Friedel an, der sie voller Anerkennung anschaute.

„Ohne dich hätten sie mich wahrscheinlich über die Mauer geworfen!" rief er.

„Mindestens!" bestätigte Anna.

„Da warst du ja richtig heldenhaft, Anna, wenn es schon die Männer nicht waren. – Aber ich glaube, ich bin schon viel zu lange von zu Hause fort. Johannes hat sicher Hunger und ewig kann ihn der Großvater auch nicht mit einer Brotkruste beruhigen. Den Brei kann ich sicher wieder aus allen Ecken kratzen. Bringst du mich bitte nach Hause, Karl? Ihr beiden könnt noch bleiben und feiern."

„Es ist noch so früh. Meinst du nicht, du könntest alleine ..."

„Karl! Die Gassen sind voller Betrunkener. Du wirst deine Ehefrau wohl nicht solcher Gefahr aussetzen wollen!" unterbrach Katha ihn bestimmt und fügte mit ihrer Miene hinzu: ‚Los! Sei nicht so begriffsstutzig und komm jetzt!'

Karl und Katha verabschiedeten sich. Für eine Weile saßen Anna und Friedel schweigend nebeneinander, bis Friedel schließlich fragte: „Möchtest du noch einen Apfelwein?"

„Nü!" antwortete Anna, worauf Friedel sie scheu anlächelte. Er stand aber nicht auf, um den Apfelwein zu holen, sondern fragte nach einigem Zögern: „Jungfer Anna, stimmt das wirklich was Ihr vorhin gesagt habt?"

„Was meint Ihr denn Friedel?" Anna hörte kaum noch den Lärm der Gaststube. Alles um sie herum war verschwunden. Sie sah nur noch Friedels Gesicht ganz dicht vor sich, seine blauen Augen, seinen kurzen Bart.

„Dass die Frau, die ich heimführe, sich glücklich schätzen kann."

„Ja, das meine ich wirklich."

„Junger Anna, darf ich Euch fragen, ob Ihr ...“ weiter kam Friedel nicht. Eine Faust landete polternd auf dem Tisch. Götz stand da mit seinen Gesellen und Zunftbrüdern. Die Metzger schienen nur darauf gewartet zu haben, Friedel allein anzutreffen. Ihre Werkzeuge hatten sie nicht nach Hause gebracht, sondern hielten sie in ihren Fäusten.

„Ich sage dir, Sachse! Lass die Finger von unseren Frauen!“

Friedel schaute den angetrunkenen Götz nur verächtlich an. Anna erhob sich.

„Unser Geselle Friedel Gutmann hat mir gerade einen Antrag gemacht. Und meine Antwort lautet Ja!“ Und zu Friedel gewandt: „Ja, Friedel, ich will gerne deine Frau sein! Und jetzt lass uns gehen. Ich will meine Familie nicht länger auf diese gute Nachricht warten lassen! Götz! Wenn du erlaubst!“ Anna nahm Friedel bei der Hand, warf Götz noch einen sehr giftigen Blick zu und drängte sich mit ihrem Bräutigam durch die Menge davon.

„Du wirst schon sehen, was du davon hast!“ schrie Götz ihnen nach. Doch Anna hörte ihn nicht mehr. Sie war mit ihrem Friedel schon auf der Gasse.

„Ihr wart zum zweiten Mal heute heldenhaft, Jungfer Anna.“

„Ich hoffe, du bist mir nicht böse. Auf einen Kampf hätten wir es nicht ankommen lassen sollen. Und jetzt, wo wir verlobt sind, kannst du ruhig du und Anna zu mir sagen.“

Eilig liefen sie nach Hause.

„Meinen Segen habt ihr beiden“, sagte der Großvater, als sie gemeinsam am Tisch saßen. Karl schenkte heißen Apfelwein nach und sah seine Schwester an. „Dass es ausgerechnet dieser Götz sein muss, dem du einen Korb gegeben hast. Er kann uns Scherereien machen. Ich will dir nicht deine Freude verderben, aber warte mit den Hochzeitsvorbereitungen, bis ihr auch den Segen der Zunft habt.“

„Was soll die Zunft gegen Friedel einwenden können? Er hat sein Auskommen, er ist ein ehrlicher Handwerker und seine Eltern sind auch beide ehrliche Menschen. Außerdem ist Götz Metzger und hat uns gar nichts zu sagen.“

„Aber sein Vater ist Zunftmeister und Ratsherr.“

„Ich bin ein Sachse. Und wenn dieser Götz wirklich so viel Einfluss hat, dann können sie uns hier schon Steine in den Weg legen. – Aber wir werden schon einen Weg finden“, sagte er zu Anna und drückte ihre Hand.

Am nächsten Morgen machten sich Karl, der Großvater und Friedel mit Anna schon früh auf zum Rathaus, um das Aufgebot zu bestellen. Der Stadtschreiber nahm alles auf und versprach, ihr Anliegen weiterzuleiten. Es könne etwas dauern. Ehen mit Ausländern kämen nicht sehr häufig vor. Aber es kam, wie Karl prophezeit hatte: Götz' Vater, der alte Jost, hatte den Rat und die Zünfte auf seine Seite gebracht und behauptete, Friedel sei zwar ein ehrlicher Geselle, aber man könne nicht feststellen, ob seine Eltern auch ehrliche Menschen seien. Er sei nun mal ein Sachse und bei Ausländern verhalte sich diese Sache grundsätzlich anders.

„Du verstößt gegen das Gesetz, Jost!" sagte der Großvater, der sich nicht zurückhalten wollte.

„Ich bin das Gesetz, Reinhard Schreuer!" konterte Jost bissig. „Wenn dieser Friedel eines Tages Meister ist, dann soll er meinetwegen deine Enkelin haben. Aber niemals als einfacher Geselle."

„Und wenn ich dein Urteil nicht achte und meine Enkeltochter diesem Mann zur Frau gebe?"

„Dann werde ich dich und Karl aus der Zunft ausschließen!" polterte Jost.

„Wirst du dein Wort halten, wenn Friedel als Meister vor der Tür steht?"

„Willst du etwa frech werden? Selbstverständlich werde ich mein Wort halten. So wahr ich hier sitze. Und nun geht. Wir haben noch Wichtigeres zu tun!"

Katha hatte Suppe gekocht, doch niemand hatte Appetit. Stumm saßen sie am Tisch, nachdem sie ihr Gebet gesprochen hatten, nur der kleine Johannes krähte vor sich hin.

„Dieser Betrüger!" rief Anna schließlich. „Er weiß genau, dass Friedel nur durch Einheirat in einen Meisterbetrieb Meister werden kann. Er kann nicht Meister werden und gleichzeitig frei sein für mich." Der Großvater zuckte mit den Schultern. Es gab keinen Ausweg. Und ihm war klar, dass Jost seine Drohung wahrmachen würde. Der Ausschluss aus der Zunft würde das Ende bedeuten. Er konnte Anna nicht einfach mit Friedel ziehen lassen. Man würde ihnen sofort auf die Schliche kommen.

„Anna, sei nicht traurig! Es wird schon einen Weg für uns beide geben", sagte Friedel und nahm sie in die Arme.

„Wenn man diesen Jost hört, könnte man meinen, Sachsen und Hessen sind noch unterschiedlicher als Kühe und Eichhörnchen!" fauchte Anna. Katha musste ein Lachen unterdrücken.

„Siehst du nun, dass die große Politik auch Auswirkungen auf unser Leben hat?“ sagte der Großvater.

„In erster Linie ist es wohl mein Starrsinn, was Götz angeht. Hätte ich seinem Werben nachgegeben, könnte meine Schwester, wenn ich denn eine hätte, heiraten, wen immer sie wollte. Aber könnt ihr euch vorstellen, dass ich mit einem so hinterhältigen, bösartigen, groben Klotz glücklich geworden wäre? Niemals. Diesen Kerl würde ich nicht einmal mit Handschuhen anfassen. Und diese satten Ratsherren! Lassen sich einfach so von ihrem Zunftmeister unter Druck setzen. Wegen einer offensichtlich privaten Sache! Was geht es denn die Ratsherren an, ob ich Götz einen Korb gegeben habe oder nicht?“

„Anna, die Ratsherren sind mächtig. Es liegt nun allein an mir. Ich muss dafür sorgen, dass ich ein Meister werde. Dann kann ich dich heiraten. Ich will alles tun, damit ich eines Tages wieder hier stehen und von dem Zunftmeister das Einhalten seines Versprechens fordern kann.“

An den folgenden Sonntagen waren Friedel und Anna gemeinsam in der Kirche und gingen anschließend spazieren. Die Wirtshäuser mieden sie und gingen stattdessen hinaus in die Freiheit, wie das Stück unterhalb der Oberstadt hieß. Anna zeigte Friedel das Gärtchen, in dem sie auch in diesem Jahr wieder Obst und Gemüse für die ganze Familie ziehen würde. Sie erzählte von ihrer Großmutter, die für den Garten immer ein besonderes Händchen gehabt hatte. Aber sonntags hatte die Großmutter nie im Garten gearbeitet, denn auf der Arbeit, die man am Sonntag tue, liege kein Segen, wie sie immer gesagt hatte. Hand in Hand gingen sie über die Wiesen und Felder.

Es wurde Frühling. Friedel hätte schon vor ein paar Wochen weiterziehen können, doch blieb er, bis Karl einen Markt in Rotenburg an der Fulda hatte. Dort würde er sicher jemanden finden, der ihn Richtung Heimat mitnehmen konnte. Er hatte beschlossen, sich dort wieder einmal blicken zu lassen. In den Tagen vor dem Markt wurden Anna und Friedel immer stiller und gingen sich sogar ein wenig aus dem Weg. Anna half auch nicht beim Beladen des Wagens, wie sie es sonst immer getan hatte. Sie war in der Küche beschäftigt, buk Brot und Kuchen und bereitete für die beiden Männer Speisen vor, damit sie unterwegs dafür kein Geld ausgeben mussten. Für Friedel schnürte sie ein Bündel, in das sie ein besonders großes Stück Kuchen und einen Brief tat. An diesem Brief hatte sie lange geschrieben. Sie ahnte, dass sie ihn nie mehr wiedersehen würde und hatte sich alles von der Seele geschrieben. Ihr war klar, dass das sehr ungehörig war, aber sie wollte und konnte nicht all das, was sie gemeinsam erlebt hatten, einfach so auf sich beruhen lassen und vergessen.

Am Morgen vor der Abreise legte sie nur schnell das Bündel auf den Tisch und bat Katha, es Friedel zu geben. Dann zog sie sich in ihre Kammer zurück und erschien nicht eher wieder, bis der Hufschlag ihres Pferdes auf der Gasse verklungen war.

Katha wusch das Frühstücksgeschirr ab. Johannes lief auf stämmigen Beinchen durch die Küche, der Großvater war schon in der Werkstatt. Auf dem Tisch stand ein Kästchen. Es war aus Eiche. Anna hob den Deckel. Er ging leicht auf und zu, war passgenau und mit einer Sorgfalt gearbeitet, die sicher auch den Großvater begeisterte. Außerdem war es mit Einlegearbeiten verziert, wie Anna sie noch nie gesehen hatte. Ihre Hände strichen über das feine Muster. Lauter kleine Herzen, Blumen und Vögel, die aus einem hellen Material eingesetzt waren, das aber kein Holz zu sein schien. Nicht einmal Birke war so weiß.

„Das sind Knochen. Diese Technik hat Friedel in Italien gelernt", sagte der Großvater, der in die Küche gekommen war.

Anna wandte sich zu ihm um und sah ihn aus so traurigen Augen an, dass der Großvater sie in seine Arme nahm und fest an sich drückte.

„Mutter, schaut Euch diesen Stoff an. Meint Ihr, ich könnte ...?"

„Aber ja, Katharine, aber ja, mein Kind. Wir sind schließlich auf dem Weg zum Kaiser. Da wollen wir nicht ankommen wie Bettler. Wir würden Ihnen sogar zu diesem Stoff dort drüben raten. Schauen Sie, der ist viel edler. Und fassen Sie ihn einmal an! Das ist beste Ware, sagen wir Ihnen."

Anna von Braunschweig ließ hellblaue Seide durch ihre Finger gleiten. Seit Stunden waren die Frauen in den Geschäften unterwegs. Es war zwar erst Mitte März des Jahres 1511, doch hier in Freiburg war der Frühling schon mächtig. Die hessischen Damen hatten bereits die verschiedensten Tuche bei fast allen Tuchhändlern der Stadt in Augenschein genommen, hatten Schmuck und Spitzen, Schuhe und Hauben anprobiert, doch war Anna von Braunschweig kaum etwas gut genug für sich selbst und ihre Tochter. Die kleine Elisabeth hatten sie mit dem

Vater in ihrer Unterkunft zurückgelassen, einigen großzügigen Räumlichkeiten im ersten Haus der Stadt. Dorthin hatten Laufburschen und Diener der Geschäfte bereits eine stattliche Anzahl von Päckchen und Schachteln gebracht. Allerdings hatten sie dort kein Geld bekommen, sondern die Auskunft, dass noch mehr dazu komme und dass man am Ende alles auf einmal zahlen werde.

„Die Farbe passt wunderbar zu Ihren blauen Augen, Kind! Und zu Ihrem blonden Haar ... Lassen Sie uns sehen, was wir da noch finden. Unser lieber Beichlingen kann sich nicht beklagen. Er bekommt eine hessische Landgräfin, die noch dazu außergewöhnlich hübsch ist."

„Mutter!" flüsterte Katharine, lächelte aber, denn sie war weitaus realistischer als ihre Mutter. Ihr war klar, dass die Verbindung mit Beichlingen ein Glücksfall für sie war. Auf dem Sensenstein hatte sie lange genug Zeit gehabt, vor ihrer Zukunft Angst zu haben. Die Schreckensbilder, die sich damals immer wieder in ihre Gedanken geschlichen und in denen sie sich als alte Jungfer auf dem Sensenstein gesehen hatte, waren ihr noch lebhaft in Erinnerung. Außerdem war Beichlingen ein Mann von ansprechendem Äußeren, guten Manieren und für Katharines Ansprüche reich und großzügig. Als kaiserlicher Gesandter hatte er sicher niemals Not zu leiden. Er hatte sich die Erlaubnis, um Katharine zu werben, zunächst bei Anna von Braunschweig eingeholt, die ihm dank seiner tatkräftigen Unterstützung sogleich gewährt wurde. Daraufhin hatte er so charmant um Katharine geworben, dass sie seinen Antrag glücklich angenommen hatte. Seit zwei Wochen war Katharine nun verlobt und fühlte sich großartig.

„Aber wir sind ohnehin eine ganze Weile hier. Die Verhandlungen werden nicht nach ein paar Tagen abgeschlossen sein. Also brauchen wir beide eine gewisse Anzahl von Gewändern. Wir können nicht jedes Mal im gleichen Staat vor dem Kaiser erscheinen."

Nun schaltete sich der Tuchhändler in die Unterhaltung der Damen ein.

„Wenn ich den gnädigen Damen behilflich sein dürfte – dort drüben haben wir auch einen Brokat von erlesener Qualität. Feinste Arbeit aus Seide und Silber. Eine gelungene Kombination mit der hellblauen Seide, die Euer Gnaden bereits ins Auge gefasst haben."

„Tatsächlich?" erwiderte Anna von Braunschweig etwas gelangweilt. „Nun, wir wollen sehen, was er noch anzubieten hat. Was ist mit Schnüren und Bändern? Hat er da eine gute Auswahl?"

„Aber sicher doch, Euer Gnaden. Wenn Euer Gnaden sich die Mühe machen möchten, mir zu folgen ..."

„Und kann er uns auch die Adresse der besten Schneiderin in Freiburg nennen? Wir möchten unsere Kleider natürlich nur nach der neuesten Mode gefertigt haben."

„Aber sicher, aber sicher, Euer Gnaden, ich kann Euer Gnaden gleich mehrere vorzügliche Adressen nennen. Denn bei der Anzahl von Kleidern, die Euer Gnaden benötigen, wird ein Schneider allein die Arbeit in der gewünschten Zeit nicht fertig stellen können ..."

Anna von Braunschweig hatte es tatsächlich verstanden, den Kaiser für ihre Sache zu interessieren. Am 12. Februar des Jahres 1511 hatte er von Freiburg im Breisgau aus ein Mandat erlassen, dass beide Parteien unverzüglich vor ihn forderte. Den Regenten verbot er strikt, irgendetwas gegen Wilhelm I. zu unternehmen, außerdem befahl er, Knaut und Treisbach aus ihrer Gefangenschaft in Marburg zu entlassen. Anna von Braunschweig triumphierte und kaufte ein, als gehöre ihr bereits ganz Hessen.

Damit war sie allerdings etwas zu voreilig gewesen, denn Wilhelm I. wurde in den Verhandlungen, die Anfang April begannen, mit seinen Ansprüchen auf die Hälfte von Hessen und Katzenelnbogen abgewiesen und zur Rückkehr nach Hessen aufgefordert. Kurfürst Friedrich von Sachsen versprach immerhin, die Familie dort fürstlich zu versorgen und mit allem auszustatten, was für einen angemessenen Lebensunterhalt notwendig war. Kaiser Maximilian I. atmete auf und glaubte diese peinliche Sache damit aus der Welt geschafft. Dies war jedoch weit gefehlt. Denn Anna von Braunschweig hatte sich in Schulden gestürzt. Sie war vollkommen mittellos in Hessen aufgebrochen, hatte überall Anleihen machen müssen für Unterkunft und Verpflegung für sich und die sechzig Reiter, die sie begleiteten, ganz zu schweigen von den Summen, die sie für Kleider und Schmuck ausgegeben hatte. Die Sachsen forderten von den Regenten, die Summe zu bezahlen. Wer sonst hätte auch für Schulden aufkommen sollen, die ihr Landesfürst – sei er nun blöde oder nicht – im Ausland machte? Die Regenten weigerten sich zu zahlen und reisten ab. Die Sachsen sahen keinen Grund, die Schulden aus eigener Tasche zu begleichen und reisten ebenfalls ab.

Für Anna von Braunschweig begann nun eine peinliche Zeit: Nicht nur, dass man ihr Anliegen vollkommen abgewiesen hatte - schon diesen Schlag konnte sie kaum verwinden. Aber dass man sie obendrein als Schuldnerin festhielt, dass man all die feinen Dinge zurückforderte, die ihr in der kurzen Zeit schon ganz selbstverständlich geworden waren, dass man sie und die Ihren behandelte wie Diebe - das ging über ihre Kräfte. Und ob sie wollte oder nicht, sie musste bleiben und für Wucherzinsen immer neue Anleihen machen, um für eine notdürftige Unterkunft und recht bescheidenes Essen für sich und ihre Familie zu sorgen. Ihr einziger Trost war, dass Katharine bald verheiratet und versorgt war.

Es war Mai. Und der Mai des Jahres 1511 war ein besonders schöner Mai. Warm und sonnig. Die Zugvögel waren ungewöhnlich früh aus ihren Winterquartieren zurückgekehrt. Anna versuchte, sich über die jungen Gänse, die sie im Hinterhof hatten, zu freuen. Sie versuchte redlich, all die Blumen, den Sonnenschein, die Wärme und das Leben wahrzunehmen, aber es gelang ihr kaum. Sie lebte in den Tag hinein, verrichtete ihre Arbeit wie in einem Traum und merkte oft nicht, wenn Katha sie ansprach. Aber dann, Mitte Mai, erreichten Neuigkeiten die Stadt, die Anna und alle anderen Homberger zutiefst beunruhigten. Boyneburg habe bei Ziegenhain ein stattliches Heer versammelt, bei dessen Anblick die Stadt sofort die Tore geöffnet habe. Mit weißen Fahnen seien die Ziegenhainer Boyneburg entgegengezogen und hätten noch am selben Tag die Erbhuldigung geleistet.

Homberg war gespalten: Die einen wollten ihren Bürgermeister schon beknieen, es den Ziegenhainern gleichzutun und mit Boyneburg zu verhandeln, bevor er mit seinem Heer vor Homberg stünde. Die anderen wollten jetzt erst recht diesem sächsischen Vasallen, wie sie Boyneburg nannten, trotzen.

Es dauerte weniger als eine Woche, bis das Heer auch Treysa eingenommen hatte. Auch dort war kein Schuss gefallen. Allein der Anblick des stattlichen Heeres hatte auch die Treysaer dazu bewegt, ihre Bettlaken über die Mauer zu hängen.

Ende Mai läuteten in Homberg die Sturmglocken. Diesmal war kein Friedel da, um den Anna sich sorgen musste. Karl nahm wieder seinen Sauspieß zur Hand und ging zum Marktplatz, wo sich die Bürgerwehr versammelte. Von der Schreinerzunft waren außer Karl noch Martin von der Bleiche und der Joppe vom Nordtor schon da mit ihren Gesellen. Die Stimmung war schon fast wieder so übermütig wie im Februar. Karl blickte überall in vor Abenteuerlust blitzende Gesichter. Noch einmal wollten sie sich als Helden beweisen. Der allzu leichte Sieg im Februar hatte den Blick der meisten getrübt. Für die Ziegenhainer und Treysaer hatten sie nur Spott übrig. Karl dagegen hatte schon mit dem Großvater gesprochen. Er ahnte, dass sein Sauspieß ihm wenig nutzen konnte, denn noch einmal würde Boyneburg ihnen den Sieg nicht so leicht machen.

Da kam ein Türmer und berichtete, dass immer mehr Reiter und Fußsoldaten aufmarschierten. Mittlerweile stehe ein Heer von mindestens eintausend Reitern und dreitausend Fußsoldaten auf den Hügeln vor der Stadt. Soviel er erkennen konnte, waren sie allesamt schwer bewaffnet und führten schweres Kriegsgerät wie Kanonen und Feldschlangen mit sich.

Unwilliges Gemurmel erhob sich in der Menge. Die einen, die auch zuvor schon den Bürgermeister zu Verhandlungen hatten bewegen wollen, sahen sich bestätigt. Ihr Stolz war ihnen weit weniger wert als ihre Stadt. Hatte Boyneburg sich in den anderen Städten nicht milde gezeigt? Warum sollten sie die Zerstörung der Stadt riskieren? Die Zahl der Befürworter dieser Taktik wuchs schlagartig an. Diejenigen, die noch vor kurzem Boyneburg trotzen wollten, nahmen Vernunft an. Nur einige wenige gab es noch, die starrsinnig darauf bestanden, die Stadt zu verteidigen, wenn es sein müsse, bis zum letzten Mann. Aber das waren ohnehin diejenigen, die keine Frauen und Kinder hatten und sich auch nicht um allzu viel Besitz sorgten.

Der Bürgermeister wischte sich den Schweiß von der Stirn. Seine Augen glitten über seine Bürgerwehr, die sich um ihn versammelt hatte. Brave Handwerker mit Hellebarden, Knüppeln und Spießen, ein paar reiche Bürger mit Büchsen. Die Anzahl ihrer Kanonen auf der Stadtmauer erschien lächerlich im Vergleich zu dem, was dort auf den Hügeln stand. Die Kanonen waren schlimm genug, aber die Zielgenauigkeit der Feldschlangen mit ihren langen Rohren konnte im Nu die Bürgerwehr von der Stadtmauer schießen. Im Februar hatte Boyneburg seine Lektion gelernt und nun richtig Geld ausgegeben, oder besser gesagt, ausgeben lassen, um den Trotz der Städte zu brechen.

„Lasst uns auf die Stadtmauer gehen und selbst sehen, wie es um uns bestellt ist“, entschied der Bürgermeister.

Da tauchte Severin auf. Energisch warf er sich seinen Umhang auf den Rücken, damit er nicht stolperte und rief schon von weitem: „Ergeben müsst Ihr Euch, Herr Bürgermeister! Ergeben! Lasst mich mit Boyneburg verhandeln! Ich weiß ihn zu nehmen!“

„Gott, gib mir Fassung!“ knurrte der Bürgermeister und verfügte sich mit der Homberger Bürgerwehr zur Stadtmauer. Der Bürgermeister stieg als erster die Treppe hinauf. Ihm folgten seine Stadträte und die Zunftmeister. Der Rest der Wehr stand unten auf der Gasse und gaffte nach oben, wo die sonst so stolzen Figuren der Stadt in sich zusammenfielen.

Severin wurde von einem der Metzger zum Schweigen gebracht. Nicht dass dieser ihn hätte anrühren müssen. Ein Blick und das Heben seines Werkzeugs genügten.

Der Bürgermeister legte die Hand an die Augen, um besser nach Süden schauen zu können. Eine riesige Staubwolke, an deren Rändern man Reiter auf schweren Schlachtrossen erkennen konnte, bewegte sich auf die Stadt zu. Allen voran ritt Boyneburg. Er hob die Hand, das Heer hielt an und brachte sich in Stellung. Kanonen, deren Anzahl endlos schien, tauchten aus der Staubwolke auf, ihre Rachen allesamt auf die Stadt gerichtet. Wenn es wirklich zum Kampf kam, dann wäre am Ende dieses Tages von der Stadt Homberg nicht viel mehr übrig als ein Häuflein Asche.

„Ich kann doch meine Stadt nicht opfern. Denkt an all die Einwohner. Eure Frauen und Kinder." Der Bürgermeister schaute seine Räte und Meister an.

„Was sollen wir tun? Was schlagt Ihr vor, Herr Bürgermeister?"

„Ich will ihm entgegenziehen und sehen, ob er mit sich reden lässt. Um die Erbhuldigung werden wir nicht herumkommen. Eine weiße Fahne!" Der am nächsten wohnte, hatte schnell aus einem großen Tuch und einem Stock das lebensnotwenige Zeichen des Friedens gebastelt und dem Bürgermeister in die Hand gedrückt. Außerdem hatte er mehrere Bettlaken mitgebracht, die nach Ziegenhainer Art über die Mauer gehängt wurden.

So standen die Männer nun hinter dem noch verschlossenen Stadttor. Sie tauschten unsichere Blicke.

„Also los! Wir können nicht warten, bis der erste Schuss fällt. Mit jedem Augenblick, den wir zögern, wird es dort draußen gefährlicher. Öffnet das Tor!"

So geschah es. Kein Schuss fiel, als sich das Stadttor öffnete und der Bürgermeister mit seinen Räten dem Heer entgegenzog. Auf der Mauer hatten sich die Bürger nun ohne Waffen versammelt und schauten gebannt zu, wie ihr Bürgermeister auf Boyneburg traf. Von weitem konnten sie erkennen, dass Boyneburg stolz auf seinem Pferd sitzen blieb, während die angesehensten Männer der Stadt vor ihm niederknieten. Offensichtlich machte er es ihnen nicht leicht, denn es dauerte eine ganze Weile, bis die Homberger sich wieder erheben und Boyneburg in die Stadt vorausgehen durften.

Dem Heer brandete kein Jubel entgegen. Ängstlich harrten die Homberger Bürgerinnen und Bürger in ihren Stuben hinter verschlossenen Läden aus. Die Fußsoldaten lagerten vor der Stadt, wo sie vorsichtshalber ihre Kanonen noch einmal in Stellung brachten. Die Berittenen folgten

Boyneburg in die Stadt. Hinter den verschlossenen Läden konnte man deutlich die großen Hufe der Schlachtrösser auf dem Kopfsteinpflaster hören. Dieser Lärm schien kein Ende nehmen zu wollen. Er hallte zwischen den Mauern wider, bedrohlich, dumpf und kalt, als sei von diesem Heer der Frühling aus der Stadt vertrieben worden.

Katha, Anna und der Großvater saßen in der Küche und beteten. Als sich der Abend über die Stadt senkte, kam Karl endlich nach Hause. Was er zu berichten hatte, munterte niemanden auf: 1200 Reiter waren in die Stadt eingezogen. Da das Heer einen mehrere Tage währenden Marsch hinter sich hatte von Treysa nach Homberg, musste die Stadt nun nicht nur die von Boyneburg auferlegte Buße zahlen, sondern auch das Heer verpflegen. Das eine würde die Stadtkasse und das andere sämtliche Vorratsräume der Stadt erschöpfen.

„Uns wird nichts bleiben. Gar nichts. Was für ein Glück, dass unsere Ernten erst noch kommen werden. Der Sommer beginnt erst und uns steht noch kein Winter ins Haus", sagte Anna.

Das Heer blieb länger als erwartet. Offenbar wollte Boyneburg seinen Sieg richtig auskosten, denn Homberg war die letzte Stadt, die den Erbhuldigungseid schuldig geblieben war. Das Leben in der Stadt hatte sich mit dem Einzug der Soldaten schlagartig geändert. Die Homberger gingen nur noch aus ihren Häusern, wenn es unbedingt notwendig war. Die Wirtshäuser waren ausschließlich von Boyneburgs Soldaten belagert. Nur Severin wurde nicht müde, überall zu berichten, dass er darauf gedrungen habe, sich zu ergeben. Auf seinen Rat habe der Herr Bürgermeister gehört. Dies nahmen ihm die Homberger ausgesprochen übel. Die Belagerung hielt an, doch irgendwie musste man seinen Alltag bewerkstelligen. Frauen und Mädchen blieben in den Häusern und ließen ihre Männer, Väter und Brüder die Besorgungen machen, die sonst ihre Aufgabe waren. Aber die Zeit wurde lange. Erst recht zu dieser Jahreszeit. Nach einer Woche hielt Anna nichts mehr im Haus. Sie warf sich ihr Schultertuch über den Kopf, zog es tief in ihr Gesicht und ging hinaus in den Garten vor der Stadt. Karl hatte ihr gesagt, dass in diesem Bereich keine Soldaten lagerten. Anna hatte ihren Korb und frische Setzlinge für Kohlrabi dabei. Wenn jetzt so viel für die Soldaten gebraucht wurde, dann wollte sie wenigstens den Sommer über genug Gemüse für ihre Familie ziehen. Doch als sie den Garten von weitem sah, ahnte sie, dass sie heute nicht viel zu arbeiten brauchte. Sowie sie näher kam, bestätigten sich ihre schlimmsten Befürchtungen. Alle Beete waren zertrampelt, der Salat, das gesäte Gemüse, das langsam aufkeimte, ausgerissen, die Blumen zertreten und sämtliche Töpfe zerschlagen. Nicht einmal der Gießtopf war noch heil. Anna kniete weinend inmitten dieser Zerstörung. Hilflos versuchte sie, die Pflänzchen wieder aufzurichten, die Blumen wieder in die Erde zu drücken, aber es war vergeblich. Traurig machte Anna sich auf den Weg zurück in die Stadt. Dass ihr jemand folgte, der sie schon eine ganze Weile beobachtet hatte, fiel ihr nicht auf. Es war ein Söldner. Groß, breitschultrig mit langem, blonden, fettigen Haar und blauen Augen. Zufällig nur war er vor dieses Stadttor gegangen. Eigentlich hatte er das Stadttor gesucht, das ihn zu seinem lagernden Heer führte, aber er hatte sich geirrt. Zunächst war er ärgerlich gewesen, aber als er diese Gestalt von weitem gesehen, die weinend in ihrem Gärtchen gekniet hatte, war sein Ärger verflogen und in Jagdlust umgeschlagen. Wenn ihn nicht alles täuschte, war das sogar seine kleine Bekannte aus Marburg, der er geschworen hatte, dass sie ihm nicht entkommen sollte. Er nahm sich vor, diesen Schwur heute zu erfüllen. Er folgte ihr. Doch war sie schneller am Tor als er. Er eilte hinter ihr her hinein in die Stadt. Da schaute sie sich um und sah ihn. Sein Anblick ließ sie zusammenzucken. Sie musste ihn also erkannt haben. Sie klemmte ihren Korb fester an sich und beschleunigte ihre Schritte soweit es ihre Trippen zuließen.

Wieder schaute Anna sich um. Er war noch immer hinter ihr. Sicher, das war dieser schreckliche Kerl, dem sie in Marburg schon einmal entkommen war. Und auch jetzt ging er wieder mit großen Schritten hinter ihr her, wie ein Jäger, der sich seiner Beute schon sicher ist. In diesem Teil der Stadt waren kaum Menschen unterwegs. Sie konnte also nicht irgendwo in der Menge verschwinden. Die Trippen behinderten sie. Aber wenn sie sie auszog, um schneller zu laufen, hätte sie für einen Moment weniger Vorsprung und er würde seine Schritte sicher beschleunigen. Ihr Herz raste. Die Trippen boten ihr auf dem Pflaster kaum Halt. Immer wieder glitt sie aus, konnte sich aber fangen. In diesem Viertel hatte sie keine Verwandten, zu denen sie sich schnell flüchten konnte. Und zu Fremden ins Haus gehen und sie um Hilfe bitten? Sie musste damit rechnen, dass die Menschen mit einem Söldner in Boyneburgs Diensten keinen Ärger haben wollten. Sie bog um eine Hausecke. Vielleicht konnte sie in einem der Schuppen oder Scheunen ein Versteck finden?

„Mein Gott, mein Gott, hilf mir!“ betete sie.

Als sie an einer Scheune vorbeiging, spürte sie plötzlich, wie jemand ihren Arm fasste und sie zu sich herein in die Scheune zog. Ihr Aufschrei wurde von einer Hand erstickt, die sich über ihren Mund legte. Der Mann, der sie festhielt, hatte seinen Mantel um sie geschlagen, sodass ihr helles Kleid verborgen war. Im ersten Moment glaubte Anna, dieser Teufel habe sie überlistet und erwischt. Sie sträubte sich, aber der Mann hielt sie fest umklammert. Da nahm sie einen ihr vertrauten

Geruch wahr: Holz. Der Mann, der sie in der Dunkelheit der Scheune festhielt, duftete nach Holz. Und nach frischer Luft, nach Rauch und noch etwas, das Anna kaum zu hoffen wagte. Sie hörte Schritte draußen auf der Gasse, die jedoch an ihrem Versteck vorbei gingen. Sie entfernten sich weiter und verstummten schließlich ganz.

„Jungfer Anna! Verzeiht mir bitte, wenn ich Euch erschreckt habe!"

„Friedel!" flüsterte Anna und umarmte ihn. „Warum seid Ihr hier? Ich dachte, Ihr wärt auf dem Weg nach Sachsen. Was ist passiert?"

„Ich habe gehört, dass die Regenten eine ganze Armee versammeln. Ich hab mir solche Sorgen um Euch gemacht und wollte sicher gehen, dass Euch nichts passiert ist. – Vielen Dank für Euren Brief."

Anna wurde in der Dunkelheit tiefrot. Sie hatte in diesem Brief ihre Gefühle sehr offen gestanden. Es war der erste Liebesbrief, den sie je in ihrem Leben geschrieben hatte. Und wahrscheinlich würde es auch der letzte sein. Also hatte sie sich nicht zurückgehalten. Ihre Offenheit hatte allerdings auf der tiefen Überzeugung beruht, dass sie Friedel nie mehr wiedersehen würde.

„Ja? Habt Ihr ihn bekommen?" fragte sie unsicher.

„Natürlich. Und ich hab ihn gleich gelesen."

„Oh, auch das mit dem ..."

„Ja. Auch das mit dem ..." Selbst jetzt wagten sie beide nicht, das Wort Kuss auszusprechen. Anna schluckte und sah zur Seite.

„Glaubt Ihr, dass wir hier sicher sind?" versuchte sie nun ein anderes Thema.

„Wir sollten noch eine Weile warten, um sicherzugehen, dass der Kerl Euch nicht doch noch irgendwo auflauert."

„Das ist sicher das Vernünftigste, was wir tun können", sagte Anna im Brustton der Überzeugung. „Und als Verlobte können wir ruhig ‚Du' sagen", fügte sie hinzu.

Als sie Stunden später in Annas Zuhause zurückkehrten, waren Katha, Karl und der Großvater erleichtert, sie wohlbehalten wiederzusehen. Karl und der Großvater hatten schon überall nach ihr gesucht und gefragt. Nachdem Anna von dem Söldner und ihrer Rettung durch Friedel erzählt hatte, fragte Karl streng: „Warum seid ihr beiden so lange in der Scheune geblieben?"

„Das habe ich dir doch erklärt: Wir hatten Angst, dass der Söldner mir noch auflauert."

„Und was habt ihr so lange in der Scheune gemacht?"

„Och, nix", sagte Anna mit merkwürdig hoher Stimme. „Ist noch Apfelwein da? Ich hab ziemlich Durst."

Am nächsten Tag machte Friedel sich früh auf den Weg. Anna hätte ihn gerne noch ein Stück Wegs begleitet, aber dann hätte sie alleine den Weg zurück gehen müssen und das wollte Friedel auf keinen Fall. Also verabschiedeten sie sich nun am Stadttor, wohin Karl ihnen unbemerkt gefolgt war. Am Abend zuvor, als Anna schon im Bett gelegen hatte, war Friedel noch einmal bei Karl gewesen, um ihm zu sagen, dass er seiner Schwester nicht zu nahe getreten war. Karl hatte Friedel stumm mit einem Kopfnicken gedankt. Jetzt sah Karl von weitem, dass Friedel die Wahrheit gesprochen hatte, denn die beiden standen nun so unbeholfen voreinander, schüchtern, aber auch traurig. Er hörte nicht, was sie sprachen, aber er sah, dass Annas Schultern zitterten. Sie weinte. Da zog Friedel etwas aus seiner Jacke hervor. Ein Brief, den Anna an sich drückte und Friedel unter Tränen anstrahlte. Friedel nahm sie kurz in seine Arme, küsste sie dann auf die Stirn und ging dann schnell aus dem Stadttor davon. Anna blieb stehen und winkte ihm mit dem Brief nach. Friedel drehte sich noch oft um und winkte ihr, bis er sie nur noch als kleinen hellen Punkt in dem großen Stadttor ausmachen konnte und sie ihn auf den Hügeln im Wald verschwinden sah.

Zwei Jahre vergingen. Zwei Jahre, in denen Friedel Gutmann nichts mehr von Anna Schreuerin hörte und sie nichts von ihm.

Zwei Jahre, in denen Anna von Braunschweig mit ihrer Familie im Ausland festsaß, weil die hessischen Regenten sich immer noch weigerten, ihre Schulden zu begleichen. Erst am 31. Mai des Jahres 1513 verpflichtete sich Boyneburg zur Zahlung von 20.000 Gulden, damit dieser peinliche Handel ein Ende hatte. Zu Michaelis kehrte Anna von Braunschweig mit ihrer Familie nach Hessen zurück. Sie bezogen wieder ihr Quartier in Spangenberg, das die sächsischen Fürsten ganz annehmbar ausstatteten, wenn die Räumlichkeiten und Möbel auch weit hinter den Erwartungen der Hausherrin zurückblieben.

Ende September des Jahres 1513 hatte Treisbach, der bei Madame Lulu nicht nur das Lautespielen wieder gelernt hatte, endlich dem Drängen Riedesels und Annas von Hessen nachgegeben und erneut geheiratet. Die – keineswegs von ihm selbst - Auserwählte war Gertrud Keudel, die an ihre Einwilligung in diese Verbindung die folgende Bedingung geknüpft hatte: Dieses Weibsstück (so sprach sie von Madame Lulu, was ihren zukünftigen Gatten sichtlich grämte) sollte Marburg verlassen. Dies grämte wiederum den Herrn von Treisbach noch viel mehr, aber er beugte sich ihrem Willen. Vorerst zumindest. Rein optisch war Frau Gertrud Keudel nicht in der Lage, einer Madame Lulu das Wasser zu reichen. Von deren Kunstfertigkeiten, die sich beileibe nicht auf die Horizontale beschränkten, ganz zu schweigen. Nach einer letzten Nacht mit Lulu stattete Peter von Treisbach seine Liebste mit Geld und Gut aus, damit sie sich ein schönes Leben machen konnte und ihren Leib, ihren süßen Leib, nicht mehr zu Markte tragen musste. Der Abschied fiel nicht allzu schwer, denn Herr von Treisbach verfügte über Pferde und Kutschen.

Es waren zwei Jahre, in denen sich die Hessen immer feindlicher gegen die Sachsen stellten. Auch wenn Anna von Braunschweig mit ihren unsäglichen Forderungen ein großes Loch in die Kasse des Landes Hessen gerissen hatte, sah das Volk doch in ihr und ihrem Gemahl die unschuldigen Opfer der sächsischen Hegemonie. Genau wie in den Städten Homberg, Ziegenhain und Treysa.

Es waren zwei Jahre, in denen der hessische Staatshaushalt in einen desolaten Zustand geriet. Boyneburg hatte für Wilhelm I. bereits 20.000 Gulden bezahlt. Die laufenden Kosten betrugen 23.000 Gulden. Diesen Ausgaben standen Einnahmen von 28.588 Gulden gegenüber.

Und es waren zwei Jahre, in denen sich Anna von Hessen keineswegs mit ihrem Schicksal abfand. Vielmehr beobachtete sie in dieser Zeit genau, was in Hessen vor sich ging. Zwar hatte sie sich schon lange aus Marburg zurückgezogen und in Felsberg eingerichtet. Dass sie dort nicht von ihrer Umwelt abgeschnitten lebte, bekamen die Regenten bald zu spüren: Wann immer Anna die wenigen Rechte, die man ihr noch gelassen hatte, in irgendeiner Weise verletzt sah, sorgte sie vehement für Genugtuung. Sie wusste, dass die Regenten und die Wettiner Fehler gemacht hatten und dies noch immer taten. Und sie wusste, dass sie nur auf den geeigneten Moment warten musste, um aus diesen Fehlern ihren Vorteil zu ziehen.

Im Jahre 1512 heiratete ihre Schwester Katharina von Mecklenburg den Bruder Herzog Georgs, Herzog Heinrich. Auch dies sah Anna als gutes Zeichen. Herzog Georg stand nach wie vor in Kontakt zu ihr. Seine Unterstützung war ihr gewiss, sollte sich eine Gelegenheit ergeben.

Dank Katharina würde sie sicher einen zweiten Verbündeten im sächsischen Lager haben.

In dieser Zeit widmete sie sich außerdem intensiv der Erziehung ihrer Tochter. Elisabeth war ein aufmerksames und verständiges Kind. Anna erinnerte sich nur zu gut an ihren eigenen Wissensdurst, den man wohlweislich nicht gestillt hatte. Sie erkannte sich selbst wieder in ihrer Tochter und unterließ nichts, um ihren Horizont zu erweitern. Elisabeth bekam nicht nur Unterricht in Französisch und Latein, sondern Anna weihte sie auch in alle wichtigen Vorkommnisse ein, die die hessische Politik betrafen. Vor allem interessierte sich Elisabeth für die Regenten und die Vormünder und dafür, wie man ihnen den kleinen Bruder wieder abjagen konnte. Dabei erschein auf Elisabeths Stirn die Falte, die sie von ihrer Mutter geerbt hatte und die Anna dazu veranlasste, ihre Tochter immer wieder innig an sich zu drücken. entwickelte sich eine innige Beziehung zwischen den beiden. Als Elisabeth begriff, wie schwer es sein würde, Philipp zurückzuholen, brach sie in Tränen aus, worauf Anna sie fest in ihre Arme nahm, wie sie es sich als Kind auch oft gewünscht hatte. Sie strich ihrer Tochter über die blonden Haare und wiegte sie sachte.

„Sie werden ihm aber doch nichts tun, nicht wahr, Mutter?"

„Nein, mein Kind. Das werden sie nicht wagen." Inständig hoffte sie, dass dies den Tatsachen entsprach. Unmöglich konnte sie Elisabeth erklären, in welcher Gefahr Philipp schwebte.

Weder die Schwerfälligkeit der sächsischen Bürokratie, noch Boyneburgs großzügiger Umgang mit hessischen Steuergeldern und Philipps Vermögen entging ihr. Regelmäßig besuchte sie Philipp in Kassel, sah mit Sorge, dass er noch immer sehr zart war, aber wurde immer zuversichtlicher, dass er mit Gottes Hilfe das Mannesalter erreichen würde.

Eines Tages kamen zwei Diener aus Kassel nach Felsberg, die schlimme Nachrichten hatten. Philipp hatte sich beim Spielen verletzt. Auch Tage später hatte er noch Schmerzen, doch ein Arzt durfte ihn nicht ansehen. Sofort machte sie sich auf nach Kassel, um diese Sache zu klären. Zunächst hieß man sie in den Frauengemächern zu warten, wo sie auf ihre Schwägerin, Anna von Braunschweig traf. Auch diese war mit ihrer Lage auf Spangenberg keineswegs zufrieden. Zu hoch hatte Boyneburg ihre Erwartungen fliegen lassen als dass sie sich jetzt in Bescheidenheit üben könnte. Sie klagte fleißig ihre Rechte ein, dem Buchstaben des Vertrages nach.

Die Begrüßung zwischen den beiden Frauen im Frauengemach war von kühler Höflichkeit. Anna von Braunschweig sah mit Genugtuung, dass ihre jüngere Schwägerin pflichtschuldig tief knickste. Anna von Hessen ließ es sich jedoch nicht nehmen, ihr kostbares Kleid bei diesem Knicks mit besonders koketter Geste weit auszubreiten. Und dass dabei auf ihrem tief geneigten Gesicht ein spöttisches Lächeln lag, entging der Älteren. Die beiden Frauen nahmen Platz, Anna von Hessen erkundigte sich nach dem Befinden der Töchter und gratulierte ihrer Schwägerin zur Hochzeit ihrer Tochter Katharine mit dem Grafen von Beichlingen. Anna von Braunschweig reagierte kaum auf diesen Seitenhieb. Jeder wusste, dass diese Verbindung skandalös war. Beichlingen hatte ihnen beiden gute Dienste geleistet, doch so weit ging die Dankbarkeit einer Anna von Hessen nicht, dass sie einen Diener in die eigene Familie aufgenommen hätte. Ein einfacher kleiner Graf, der sich von seinem Dienstherrn durch die Lande schicken ließ. Mochte dieser Dienstherr nun der Kaiser persönlich sein oder nicht, es blieb ein Skandal. Und Anna empfand es als Zumutung, diesen Mann zu ihrer nächsten Verwandtschaft zählen zu müssen. Die Frauen seufzten und sahen aus dem Fenster. Um ein versöhnlicheres Thema anzuschneiden, gingen sie dazu über, auf ihre gemeinsamen Widersacher zu schimpfen. Anna von Hessen verschwieg den Grund ihres Kommens lieber. Während Anna von Braunschweig berichtete, dass man ihr die Gobelins nicht rechtzeitig geliefert habe, zog ihre Schwägerin eine Augenbraue steil nach oben und bemerkte mit einem Seufzer, dass es doch recht schwierig sei, ohne Gobelins zu leben. Als Anna von Braunschweig zu allem Überfluss auch noch behauptete, man habe ihr das Silbergeschirr nicht einmal vollständig geliefert, wie es ausgemacht gewesen sei, hob Anna mit einer grazilen Geste die Hand an ihren Mund. Sie brachte ein sonderbares Geräusch hervor und bat gleich darauf um Verzeihung. Sie habe sich etwas erkältet.

„Bei dieser heißen Witterung? Eine Sommergrippe hat man sich leicht zugezogen. Ihr solltet besser auf Euch achten, dass Ihr keinen Zug bekommt. Habt Ihr denn einen guten Medicus?“

„Ach, einen Medicus, liebe Schwägerin ... Kaum dass man das Nötigste hat. Alles was die Herren Regenten uns geben sollen, das ist ihnen zuwider und beschwerlich. Aber was sie den Herren von Sachsen geben sollen - da ist ihnen nichts zu viel. Obwohl diese nicht die geborenen Herren und noch nicht einmal rechtmäßig ernannte Vormünder sind, sondern sich in dieses Amt gedrängt haben.“

„Das segne ihnen tausend Teufel!“ [13]

Es dauerte, bis man sie zu Philipp vorließ. Der Arzt, den Anna mitgebracht hatte, durfte nicht mit eintreten. Anna eilte auf Philipp zu und umarmte ihn.

[13] Glagau, S. 96, Bericht ernestinischer Räte 1513

„Mein Kind, man hat Sie verletzt?" fragte sie, ohne zu bemerken, dass ihre Fürsorge dem Knaben eher unangenehm war.

„Es ist schon gar nicht mehr schlimm, Mutter. Es geht schon wieder."

„Wo hat man Ihnen weh getan?" forschte sie weiter. Sie hatte ihn losgelassen, aber noch immer einen Arm und seine schmalen Schultern gelegt und sich zu ihm hinabgebeugt. Philipp zeigte vage auf seine Hosen.

„An den Beinen? Hat man sie getreten?"

„Nein. Etwas weiter oben." Philipp wand sich. Anna ahnte, an welcher empfindlichen Stelle man ihn getroffen hatte.

„Wer war das?"

„Es war keine Absicht, Mutter. Er wollte mir nicht weh tun."

„Wer?" fragte Anna nun strenger.

„Friedrich von Trott." Trotts Sohn. Ausgerechnet. Anna richtete sich auf. Philipp spürte ihren Zorn und beeilte sich zu wiederholen: „"Er geschah nicht mit Absicht. Mutter. Wir haben Fangen gespielt und ein wenig gerauft. Dabei hat mich Friedrich aus Versehen gegen eine Bank gestoßen. Es hat ihm aber gleich sehr leid getan. Friedrich ist mein Freund."

Mein Freund. Er hatte diese Worte so eigentümlich ausgesprochen. Mit einem kindlichen Ernst, der Anna rührte. Ganz so, als habe er die tiefe Bedeutung dieses Wortes durch diesen Knaben erfasst.

Mein Freund.

Ein Mensch, dem er vertraute, von dem er wusste, dass er ihm nichts Böses tun wollte und den er selbst auch nicht in Schwierigkeiten bringen wollte.

Mein Freund.

Sonderbar, dachte Anna, dass dieses eine Wort so sehr in ihrem Innern nachhallte. Hatte sie selbst Freunde? Pater Ignatius war ein Freund. Er war ein Geistlicher. Gewissermaßen war es sein Beruf, ein guter Mensch zu sein und anderen nichts Böses zu wollen. Aber wie stand es mit anderen Menschen? Sie schob diese Gedanken beiseite.

Unverrichteter Dinge musste Anna wieder abreisen. Auch wenn es keine Absicht von Philipps Spielkamerad gewesen war, hätte man ihn trotzdem untersuchen müssen. Anna hatte noch versucht, Trott zur Rede stellen. Trott war nicht zu sprechen. Der Arzt hatte Philipp nicht untersuchen dürfen. So sehr sie auch darunter litt, ihrem Kind nicht helfen zu dürfen – sie ahnte, dass genau dieses Vorgehen der Regenten, nämlich die Vernachlässigung des Erbfürsten, eine wichtige Rolle beim Sturz ihrer Feinde spielen würde.

Sie vermisste die Gespräche mit Pater Ignatius. Sie stand mit ihm im Briefwechsel, doch berührten sie in ihren Briefen keine brisanten Themen. Zu leicht hätte man die Briefe abfangen können. In Felsberg hatte sie in geistlicher Hinsicht keine neue Heimat gefunden. Einen zweiten Pater Ignatius würde sie nirgends finden.

Es war unerträglich heiß in Marburg. Die Hitze flimmerte über dem Kopfsteinpflaster, kaum bewegte sich ein Blatt an den Bäumen, unter deren Schatten zwei Männer hinauf zum Schloss ritten. Gemächlich trotteten die Tiere, die diesen Weg zur Genüge kannten, den steilen Berg hinauf. Die Männer mussten ihren Tieren beinahe jeden einzelnen Schritt abringen. Es waren zwei Regenten auf dem Weg zu Kurfürst Friedrich von Sachsen. Landmarschall Eitel von Löwenstein und der Komtur des Deutschordens, Dietrich von Cleen, ritten schweigend nebeneinander her. Jeder der Männer hing seinen eigenen Gedanken nach. Beide wussten, dass ihr Besuch – wenn man sie überhaupt zum Kurfürsten vorlassen würde – ohnehin keinen Nutzen bringen würde. Aber sie waren Männer von Ehre und wollten ihr Möglichstes getan haben. Niemand sollte ihnen einen Vorwurf machen, niemand sie des Verrats bezichtigen können. Aber man musste etwas ändern, wenn das Land nicht zum Teufel gehen sollte. Wenn der Kurfürst weise wäre, hörte er sie an. Vielleicht würde er sogar auf ihre Vorschläge eingehen? Wer wusste das schon? Aber die beiden Männer machten sich keine falschen Hoffnungen. Die letzten Jahre hatten gezeigt, dass der Kurfürst kein Mann der Tat war. Und schnelle Taten lagen ihm erst recht fern. Löwenstein erinnerte sich an die starken Worte des Komturs, als sie sich in einem vertraulichen Gespräch verständigt und eine Beschwerdeschrift ausgearbeitet hatten. ‚Versammlungen sind nicht möglich. Die eine Hälfte der Regenten sitzt im Wirtshaus und die andere Hälfte liegt bei den Hübschlerinnen.' Das Maß war in der Tat voll bis oben hin, wenn der Komtur des Deutschordens in dieser Weise sprach.

Die beiden Männer mussten lange warten, bis sie vorgelassen wurden. Der Kurfürst sei sehr beschäftigt, wurde ihnen ein ums andere Mal mitgeteilt. Schließlich wurde der Komtur ärgerlich und verlangte mit aller Vehemenz, die ihm seine Höflichkeit erlaubte, den Kurfürsten zu sehen. Endlich ließ man die beiden hessischen Regenten vor. Kurfürst Friedrich von Sachsen saß im Amtszimmer des alten Landesfürsten. Seine Leibesfülle hatte er im Lehnstuhl Wilhelms II. untergebracht und betrachtete eingehend eine Locke, die man ihm kürzlich übersandt hatte nebst eines Briefes, in dem beglaubigt wurde, dass dies eine Locke der Heiligen Elisabeth sei. Der Kurfürst liebte Reliquien und konnte sich ganz und gar in ihre Betrachtung verlieren.

Löwenstein räusperte sich, worauf der Kurfürst aufsah.

„Seid gegrüßt, Löwenberg und ... wie war noch Euer Name, werter Herr?"

Indem sich die beiden Regenten aus ihrer tiefen Verneigung erhoben, wechselten sie einen kurzen Blick, in dem all ihre ohnmächtige Wut lag. Löwenstein sagte mit einer Stimme, aus der alle Freundlichkeit und die Hoffnung auf die Gunst des Sachsen gewichen waren: „Mein Name ist Löwenstein. Nicht Löwenberg. Landmarschall Eitel von Löwenstein."

„Mein Name ist Dietrich von Cleen, Komtur des Deutschordens. Wir danken Euer Gnaden, dass Ihr uns empfangt. Wir wissen, dass Euer Gnaden mit wichtigen hessischen Staatsgeschäften beschäftigt sind und wollen Euer Gnaden daher gar nicht lange aufhalten." Den ironischen Unterton hatte der Kurfürst nicht bemerkt, denn er hielt die beglaubigte Haarlocke der Heiligen in die Höhe und sagte mit feierlicher Stimme: „Seht, dies hier ist eine Locke vom Haupt der Heiligen Elisabeth. Es ist ein erhabener Augenblick, solches Kleinod in Händen zu halten. Wenn die Herren auch einmal ..." Er bot den Regenten das Haarbüschel dar.

„Nein, danke. Verbindlichsten Dank, Euer Gnaden!" erwiderte Löwenstein mit nur mühsam unterdrücktem Zorn. „Wir sind hier, um etwas sehr Weltliches zu besprechen. Die Verträge, die vor vier Jahren geschlossen wurden, werden nicht gehalten."

„Ihr werft uns Vertragsbruch vor?" Der Kurfürst tat entrüstet.

„Wenn Ihr erlaubt, überreiche ich Euch hier dieses Schriftstück, in dem wir alle unsere Beschwerdepunkte aufgeführt haben." Löwenstein zog ein Pergament hervor und gab es dem Kurfürsten mit einer Verbeugung. Friedrich von Sachsen öffnete und überflog es, worauf er es wieder zusammenfaltete und auf den Tisch legte. „Wir werden es an unsere Beamte weitergeben. Sicher ist schnell Abhilfe geschaffen."

„Wir möchten mit Eurer fürstlichen Gnaden gerne jetzt darüber sprechen. Wir sind unzufrieden. Es ist uns an einer gütlichen Lösung mit Sachsen gelegen." Löwenstein war sich der Kühnheit seiner Worte wohl bewusst. Aber er stand aufrecht und sah dem Kurfürsten gerade ins Gesicht.

„Es ist gegen unser Rechtsempfinden, dass neue Regenten nicht von uns Regenten und den Ständen gewählt, sondern von den sächsischen Herzögen bestimmt werden. Außerdem wurde uns strengstens verboten, die Stände zur jährlichen Rechnungslegung hinzuzuziehen."

„Den Ständen seid Ihr keine Rechenschaft schuldig, sondern nur uns Vormündern. Wir verstehen Euren Ärger nicht."

„Aber Wilhelm II. hat in seinem Testament festgelegt, dass zwölf Mitglieder der Landschaft bei der Rechnungsprüfung anwesend sein sollen. Wir dürfen keine selbständigen Landtage abhalten. Dies wird uns untersagt – von Ludwig von Boyneburg."

„Aber wozu solltet Ihr Landtage abhalten wollen? Es ist alles in Ordnung hier in Hessen. Wir verstehen nicht, dass Ihr Euch überhaupt die Mühe machen wollt, Landtage einzuberufen, wenn es gar nichts zu verhandeln gibt. Wir möchten Euch daran erinnern, dass die Bezeichnung ‚Regenten' ohnehin irreführend ist. Mit der Regierung habt Ihr rein gar nichts zu schaffen. Vielmehr seid Ihr Beamte. Als Herzog Georg vorschlug, den Regenten den Titel ‚Verordnete Räte der Fürsten von Sachsen als Vormünder der Landgrafen von Hessen' anzunehmen, begrüßte Euer Oberhaupt Ludwig von Boyneburg dies ausdrücklich."

Der Komtur atmete tief durch. „Ludwig von Boyneburg spricht nicht in unserem Sinne. Er überschreitet täglich seine Kompetenzen. Er vergibt Lehen und Ämter, was ihm nicht zusteht. Er kümmert sich nicht um die öffentliche Sicherheit. Er hat Amtleuten, die ihn um Hilfe gegen einen Raubritter baten, jegliche Unterstützung versagt. Allein aus christlicher Nächstenliebe wäre es seine Pflicht gewesen, diesen Menschen in ihrer Not beizustehen."

„Ja, die Sache mit dem Raubritter ist mir zu Ohren gekommen. Boyneburg hat uns schriftlich unterrichtet. Wir werden mit den sächsischen Herzögen einen Termin vereinbaren, um über diesen Punkt zu verhandeln. Beruhigt Euch das etwas, lieber Komtur?"

An dieser Stelle fürchtete Löwenstein um die Fassung des Komturs. Ein schneller Seitenblick hatte ihm die deutlich geschwollenen Adern auf der Stirn des sonst so gefassten Mannes gezeigt. Bevor der Komtur sein Schwert ziehen und seiner sehr unzureichenden Beruhigung Ausdruck verleihen konnte, hatte Löwenstein das Wort ergriffen und fügte in barschem Ton hinzu: „Außerdem besorgt er wichtige Staatsgeschäfte, ohne unseren Rat zu hören. Er ernennt und entlässt Amtleute und gibt uns keine Rechenschaft über die Einnahmen und Ausgaben. Um unseren Staatshaushalt ist es schlecht bestellt, nicht zuletzt, weil Boyneburg schlecht wirtschaftet."

„Aber Boyneburg leistet ganz hervorragende Arbeit. Wir können nicht klagen über diesen tüchtigen Staatsdiener. Aber lasst uns nur Euer Briefchen da. Wir werden uns darum kümmern. Dessen könnt Ihr gewiss sein."

„Ist *das* Eure Antwort? Ist das *alles*, was Ihr jetzt zu sagen habt?"

„Sicher, sicher. Man wird Euch über alles weitere unterrichten. Wir wünschen den Herren noch einen schönen Tag!" sagte der Kurfürst und bedachte die Regenten mit einer abweisenden Handbewegung, als wolle er eine Fliege verjagen.

Löwenstein und Cleen deuteten eine Verbeugung an und wandten sich ab. Der Diener, der an der Tür gewartet hatte, öffnete. Im Hinausgehen sahen sie, wie der Kurfürst wieder die Locke ins Licht hob und hörten ihn murmeln: „Die Heilige Elisabeth. Ein Vorbild an Tugend und Barmherzigkeit."

Als die beiden Regenten wieder auf dem Flur standen, wechselten sie einen kurzen Blick. Cleens Gesicht war angespannt wie eine Bogensehne. Schnellen Schrittes durchmaßen sie die steinernen Korridore, genossen die Kühle der dicken Schlossmauern, bevor die Hitze sie wieder überfiel. Erst draußen, als sie mit ihren Pferden schon fast in der Stadt waren, sagte Cleen: „Nun haben wir unsere Schuldigkeit getan. Wir kamen mit ehrlichen Absichten. Wenn er uns ernsthaft angehört hätte, wenn er nur begriffen hätte, was in Hessen vor sich geht, dann hätte er mit unserer Hilfe auch seine eigene Stellung festigen können."

„Das ist wahr. Keinem der sächsischen Herzöge, keinem der Regenten und schon gar nicht Boyneburg selbst ist bewusst, dass sie sich ihr eigenes Grab schaufeln."

„Als gute Christenmenschen sollten wir ihnen dabei behilflich sein", sagte Cleen grimmig.

„Dann werden wir Frau Venus treffen. Noch heute Nacht." Und leiser, mit Trauer in der Stimme fügte Löwenstein hinzu: „Wir leben in sonderbaren Zeiten."

Bevor die Stadttore geschlossen wurden, ritten die beiden Männer hinaus. Löwenstein und Cleen hatten nie aufrechter auf ihren Pferden gesessen.

Hätten die beiden geahnt, dass spätere Zeitalter dem Kurfürsten von Sachsen den Beinamen ‚der Weise' verehren würden - sie hätten die Zeit, in der sie lebten, weit weniger sonderbar gefunden.

Anna Schreuerin war allein in ihrem Gärtchen. Nichts erinnerte mehr an die Verwüstung durch die Soldaten Boyneburgs. Alle zerbrochenen Töpfe und auch den Gießtopf hatte sie inzwischen ersetzt. Es war ein guter, sonniger Sommer gewesen, mit warmen Regenschauern. Sie hatte mehr Früchte geerntet als erhofft. Die Erdbeersträucher standen nun braun und ausgelaugt, die letzten Kirschen waren zur Erde gefallen, überreif und wurmig. Nun waren die Himbeersträucher an der Reihe. Anna schnitt sie zurück und band sie mit einer Kordel zusammen. Alle nacheinander. Fast war sie am Ende der Reihe angelangt. Hier und dort hingen noch vereinzelt Früchte, die meisten vertrocknet und grau, manche noch saftig und von einer schweren Süße. Seit sie Friedel hatte ziehen lassen, war ihr diese Zeit im Garten, wenn alles zur Neige ging, besonders schwer. Sie war nun achtundzwanzig Jahre alt.

Sie hatte sich jede einzelne Lachfalte, jedes graue Haar, seine blauen Augen und den kurzen Bart genau eingeprägt, hatte dieses Bild jede Nacht vor Augen und hoffte inständig, dass es ihm gut ging. Sie hatte in all den vielen Monaten nichts von ihm gehört. Sie wusste nicht, ob er noch ledig war und noch immer an sie dachte, oder ob er Trost bei einer anderen Frau gefunden hatte. Anna hoffte, dass er glücklich war. So glücklich, wie sie ihn gerne gemacht hätte. In stillen Stunden redete sie manchmal mit ihm, ganz so, als sitze er neben ihr am Feuer. Kein Tag war je vergangen, an dem sie nicht an Friedel gedacht und sich ausgemalt hätte, wie ihr Leben wohl wäre, wenn sie es mit ihm teilen könnte. Aber solche Gedanken waren vergeblich. Als hoffe sie auf Erdbeeren in diesen toten Büschen.

Immer wenn sie Götz begegnete, sang dieser schon von weitem das Lied, das alle fahrenden Gesellen kannten.

Wein dir nicht die Äuglein trüb, Mägdelein vor Trauer.
Fahrender Gesellen Lieb ist von kurzer Dauer.
Fahrender Gesellen Lieb endet vor den Toren,
wein dir nicht die Äuglein trüb, hast nicht viel verloren.

Einmal hatte er es gewagt, sie zu bedrängen und als sie ihn von sich gestoßen hatte, hatte er ihr gedroht, sie als Hexe anzuklagen.

„Dem Henker entkommst du nicht! Anna Schreuerin! Ich muss ihm nur sagen, dass du mich verhext hast!“

„Er wird dir nicht glauben, Götz. Denn wenn ich wirklich hexen könnte, dann hätte ich dir ein wenig Verstand in deinen hässlichen Schädel gehext! Und nun lass mich in Frieden!“

Sie war mutig aufgetreten. Aber ihr Herz hatte umso ängstlicher geschlagen. Wenn er sie wirklich als Hexe anklagte, dann gab es für sie keine Rettung.

Felsberg, im Dezember 1513

Meine lieben Brüder!

Ich grüße Euer Liebden und hoffe, Ihr seid bei guter Gesundheit in dieser kalten Jahreszeit. Hier in Hessen haben wir einen heißen Winter. Vieles hat sich geändert und noch mehr wird sich ändern. Löwenstein und Cleen, zwei der hessischen Regenten, haben mich hier in Felsberg aufgesucht, um mir die Lage in Marburg und Kassel zu schildern. Ihr könnt Euch kaum vorstellen, wie sehr die Stimmung zu meinen Gunsten umgeschlagen ist. Die Sachsen haben sich dem hessischen Volk und vielen der Regenten ganz und gar verleidet. Außerdem hat Boyneburg sehr umsichtig dafür gesorgt, dass der hessische Staatshaushalt vollkommen marode ist. Dies soll ihn schließlich zu Fall bringen. Unsere Sache steht ganz wohl.
Im Interesse meines Sohnes habe ich mit einigen der Regenten und den Ständen ein Bündnis geschlossen. Am Montag nach dem Dreikönigstag wollen wir einen Landtag hier in Felsberg abhalten. Ich bitte Euch herzlich, Euch Eurer früheren Verheißung zu erinnern. Ihr hattet mir Unterstützung mit Leib

und Gut zugesichert. Nun ist der Zeitpunkt gekommen, da ich von Eurem Versprechen Gebrauch machen muss, da dieser Handel nicht allen Leuten wird lieb sein. Daher ersuche ich Euch, der hessischen Ritterschaft zu Hilfe zu eilen, wo es Not tut.

Weiterhin bitte ich Euer Liebden, reitende Boten durchs Land zu senden, die allen versichern, dass Ihr mir beistehen werdet, damit die Furchtsamen zuversichtlicher werden und wir neue Anhänger für unsere Sache finden. Es wird höchste Zeit, das Land von der sächsischen Vormundschaft zu befreien und die Macht in die Hände derer zu geben, die Gott zur Regierung berufen hat.

Es grüßt Euch Eure Schwester Anna

Am 22. Dezember ritten Boten durch Hessen, die zum Felsberger Landtag einluden. Die Schriftstücke trugen sie verborgen unter ihren Sätteln. Zu leicht hätten Männer Boyneburgs oder des Kurfürsten sie anhalten und durchsuchen können. Trotz der Kälte schwitzten die Pferde und dampften in der sonnigen Luft. Das lederne Sattelzeug knirschte bei jedem Schritt. Der tiefe Schnee verschluckte jeden Hufschlag, bis sie an die großen Straßen kamen, die zu den Städten führten. Dort war der Schnee festgetreten von vielen Pferdehufen, Menschenfüßen und Karrenrädern. Mit jeder Stadt, jedem Marktflecken, den ein Bote mit einer Einladung bedacht hatte, fiel etwas Anspannung von ihm ab, ritt er leichteren Herzens seine Strecke. Denn was Anna von Hessen plante und mit diesen Briefen einfädelte, war nicht weniger als eine Revolution.

Anna Schreuerin saß in der Küche am Herd und flickte im Schein des Feuers die Hemden ihres Großvaters. Der kleine Johannes spielte neben ihr am Tisch mit Holzfiguren und Klötzchen, die sein Urgroßvater ihm geschnitzt hatte. Wieder war es Winter und Johannes Schreuer war schon ein Junge von vier Jahren. Draußen tobte ein Schneesturm. Katha versorgte gerade die Hühner. Außer Vorbereitungen für das Weihnachtsfest im Winter war sonst nicht viel zu tun. Der Großvater und Karl arbeiteten drüben in der Werkstatt. Manchmal hörte man ein Hämmern oder Sägen. An einem solchen Winternachmittag war es gewesen, als Friedel vor ihrer Tür gestanden hatte. Wie misstrauisch sie erst gewesen war. Dabei hätte sie doch gleich an seinen Augen sehen können, dass er ein guter Mensch war.

Johannes hatte aus den Klötzchen einen Bauernhof gebaut und alle Tiere darin untergebracht. Nun war er der Bauer, der für sein Vieh im Stall sorgte. Ein paar Fäden, die Anna von ihrer Flickarbeit abgeschnitten hatte, dienten ihm als Stroh. Brotstückchen mit Honig waren das Futter, das dem Bauern selbst am besten schmeckte. Immer wenn Anna ihren Neffen ansah, musste sie an Friedel denken. Mit jedem Fingerbreit, den der Junge wuchs, wurde ihr bewusst, wie lange es her war, dass sie Friedel hier bei sich gehabt hatte. Ob er auch noch an sie dachte? So oft wie sie an ihn? Vielleicht, obwohl er verheiratet war? Ob sich wohl ihr Bild in seine Gedanken stahl, wenn er seine Frau umarmte?

Anna hörte kaum, wie Karl nach Hause und auch der Großvater in die Küche kam. Die Männer setzten sich zu Anna.

„Schwesterchen! Bekommen wir denn nichts zu trinken?“

„Wie, was?“

„Na, bleib sitzen, ich geh schon.“ Karl stand auf und holte drei Becher vom Regal. Die Ziegenmilch, die schneeweiß aus dem Krug in die Becher floss, schmeckte wie frisch gemolken.

Später, als Anna wieder allein in der Küche saß, kam der Großvater noch einmal kurz in die Küche. Er schaute Anna an, die noch immer seine Hemden auf ihrem Schoß liegen hatte, aber nicht mehr nähte, sondern nur stumm ins Feuer sah. Er strich ihr leise über den Kopf und setzte sich zu ihr.

„Ach, Großvater! Ich will doch nur glücklich sein."

„Anna, mein Goldkind. Glück ist, wenn der Platz, an den Gott uns in diesem Leben gestellt hat, vollkommen mit unseren Wünschen übereinstimmt."

„Aber wenn das nicht so ist? Wie kann man denn seinem Glück nachhelfen? Man darf sich doch nicht gegen Gottes Willen auflehnen."

„Da hast du Recht. Man kann nicht Gottes Willen ändern, nur seine eigenen Wünsche."

„Meine Wünsche kann ich auch nicht ändern. Meine Wünsche sitzen in meinem Herzen, mein Wille sitzt im Kopf. Und mein Kopf hat keine Macht über mein Herz."

„Ich weiß, Anna, ich weiß. Umgekehrt ist es viel leichter."

Anna freute sich auf das Weihnachtsfest. Es wurde immer in der Zunftstube gefeiert, wo seit einigen Jahren sogar ein Baum aufgestellt wurde. Homberger Wandergesellen hatten diesen Brauch aus Straßburg mitgebracht. Anna liebte den Duft, den der Baum in der warmen Zunftstube verbreitete. Die jungen Leute zogen los in den Wald, um einen Baum zu schlagen, der dann mit großem Hallo in die Zunftstube gebracht und aufgestellt wurde. Diese Arbeit wurde von den jungen Männern übernommen. Den Mädchen war es vorbehalten, den Baum mit Nüssen und Backwerk zu schmücken. In wenigen Jahren würde auch Johannes Schreuer mit dabei sein, wenn die Kinder über den Baum herfielen. Jetzt war er noch zu klein. Weihnachten war immer eine besondere Zeit. Man schaut zurück auf das vergangene Jahr, hofft auf Besserung im nächsten, denkt an die glücklichen Augenblicke. Anna dachte an Friedel. Zu gerne hätte sie gewusst, wo er war, wo er Weihnachten feierte. Ob er in einer warmen Zunftstube sitzen konnte? Genug zu essen hatte? Vielleicht sogar ein richtiges Festmahl? Sie sehnte sich nach einem gemeinsamen Weihnachtsfest mit ihm. Wie wunderschön musste es sein, mit dem Menschen, den man liebte, an Weihnachten in der Kirche zu sitzen, auf gemeinsame Jahre zurückzublicken. Obwohl sie mit ihrer Familie feierte, überkam sie immer wieder diese kalte Einsamkeit.

„Die Landgräfin Anna beruft einen Landtag ein! Was sagen Sie dazu, Otto?“ Graf Philipp zu Solms stand am Fenster des Schlosses zu Lich. Mit der einen Hand hielt er den Brief in das spärliche Licht, das an diesem frühen Winternachmittag zum Fenster hereindrang, mit der anderen hatte er sich auf das breite Fenstersims aufgestützt.

„Diese Frau hat Mut. Ich denke, wir sollten ihr die Ehre tun und erscheinen.“ Bei diesen Worten wandte sich Graf Philipp zu Solms seinem Sohn zu, der am Tisch saß und eines der neuen Bücher studierte, die die Grafen zu Solms kürzlich für ihre Schlossbibliothek erworben hatten. Der Sohn hatte so beiläufig gesprochen, als sei es das Selbstverständlichste, dass er seinen Vater zu Landtagen begleitete. Nicht einmal aufgesehen hatte er von seinem Buch.

„Wir? – Heißt das etwa, Sie möchten mich begleiten?“ Der Vater tat halb amüsiert, halb entrüstet.

„Es sind zwar noch ein paar Monate, bis ich achtzehn Jahre alt bin, aber ich denke, dass ich eine solche Gelegenheit nicht verpassen sollte.“ Nun hatte er doch aufgesehen, sah seinen Vater gerade an und hielt dessen Blick stand. Der Vater lächelte. Dieser Landtag, einberufen, eröffnet und geleitet von dieser Frau, war in der Tat sehenswert für einen jungen Grafen, der die Regierungsgeschäfte noch nicht übernommen hatte. Entweder würde der Junge von dieser Frau einiges lernen oder man könnte sie ihm als schlechtes Beispiel vor Augen führen. Die Solmser hatten sich seit jeher den Luxus gegönnt, ihren Zeitgenossen weit voraus und anderer Meinung zu sein als die meisten Adligen und die Welt mit nüchternem Auge zu betrachten. Die Inquisition beispielsweise hielt Graf Philipp zu Solms für ausgemachten Unsinn. Auch wenn er sich selbst verdächtig machte, hatte er doch soviel Mut besessen, die Inquisition in seinem Herrschaftsbereich zu verbieten.[14]

Philipp zu Solms sah seinen Sohn Otto an. Siebzehn Jahre war er nun alt, in weniger als einem halben Jahr war er achtzehn und mündig. Er hatte das typische Solmser Gesicht, wie alle Männer in der Familie: eine starke, gerade Nase, etwas hervorstehende Wangenknochen und ein markantes Kinn, dazu war er blond und blauäugig. Selbst seine adeligen Altersgenossen überragte Otto um Haupteslänge. Aus dem Jungen war augenscheinlich ein Mann geworden.

„Dann lassen Sie uns gemeinsam fahren. Ich werde den Bürgermeister, die Stadträte und die Zünfte einberufen. Die Einladung richtet sich

[14] Tatsächlich wurde in der Solmser Grafschaft nie eine Frau als Hexe verbrannt.

auch an sie. Wir sollten gemeinsam fahren. Da sind wir sicherer. Nicht überall sorgt man für die öffentliche Sicherheit. Der Landtag ist auf den 10. Januar angesetzt. Spätestens am 8. sollten wir losfahren. Ich will nicht hetzen müssen oder mir ein Zimmer in einem Gasthaus mit hundert anderen teilen."

„Also, auf nach Felsberg!"

*

„Sind denn schon Leute angekommen, Grete?"

„Sicher, Euer Gnaden. Der lange Strom von Menschen will gar kein Ende nehmen", erwiderte Grete, die am Fenster stand und zwischen den Vorhängen hinaus auf die Straße spähte, wo unzählige Karren sich mit Fackeln einen Weg durch die Dunkelheit bahnten. Die Wirtshäuser waren überfüllt, wer Familie oder Freunde in Felsberg hatte, schätzte sich glücklich. In der Burg hatten Annas Vertraute mit ihrem Gefolge bereits vor Tagen ihr Lager aufgeschlagen.

Anna ging im Zimmer auf und ab. Es war noch früh am Morgen des zehnten Januar 1514. Anna blieb vor dem Spiegel stehen, zupfte ihr Kleid zurecht, strich unsichtbare Stäubchen von den Ärmeln und schaute noch einmal prüfend mit zusammengekniffenen Augen in den Spiegel. Der Raum war nur schwach von Kerzenlicht erhellt. Die Sonne würde erst in einer Stunde aufgehen. Über was für einem Tag mochte sie heute wohl scheinen? Anna trat neben Grete. Im Schein der Fackeln sah sie neben den Kutschen, in denen wohl die Bürgermeister und Stadträte saßen, auch viele einfache Karren, mit denen sich Handwerker auf den Weg gemacht hatten. Viele waren zu Fuß unterwegs, eingehüllt in wollene Umhänge.

„Euer Gnaden sehen, wie sehr sich die Menschen nach Veränderung sehnen. Wären sie gekommen, wenn sie zufrieden wären? Sie hoffen auf Euch."

„Wir danken Ihnen, Grete. Wir wollen unser Bestes tun. Sie sollen nicht enttäuscht werden." Anna straffte sich und zog sich dann zurück. Sie wollte noch einmal ihre Rede durchgehen, die sie gemeinsam mit Schrautenbach so lange und sorgfältig vorbereitet hatte. Zum Mittagessen brachte sie kaum einen Bissen hinunter. Die letzten Stunden vor Beginn des Landtages – des ersten Landtages, den sie einberufen hatte und den sie eröffnen würde – wollte sie in aller Stille verbringen, um Ruhe und Kraft im Gebet zu finden. Das Lied der Schweriner Magd kam ihr wieder in den Sinn. Von dem tapferen Ritter. Der Mann, in dem sie gehofft hatte, den tapferen Ritter zu finden, der seine Prinzessin über alles liebt, hatte sie nicht nur zu seinen Lebzeiten enttäuscht, sondern war obendrein auch noch gestorben. Sie musste jetzt wie die Prinzessin sein - tapfer und mutig. Eine Frau, die kämpfen konnte für den Mann, den sie liebte. Nun wollte sie kämpfen für Philipp. Bei sich wollte sie ihn haben. Sie wollte ihn erziehen. In ihrem Sinne. Wenn er die Regierung übernehmen würde, sollte er ein wohlbestelltes Haus vorfinden, in dem kein Vormund ihm einen Schuldenberg hinterließ, noch Fremde jeden seiner Schritte bestimmten. Bis dahin wollte sie selbst die Geschicke dieses Landes lenken. Die Zeit war gekommen, die Regenten und Sachsen in ihre Schranken zu verweisen.

Es war nachmittags gegen fünf Uhr. Es klopfte. „Herein!" rief Anna, worauf Elisabeth erschien. „Ihr wolltet mich sprechen, Mutter."

Anna sah ihre Tochter an. Bald würde sie ihr zwölftes Jahr vollenden. Elisabeth sah ihr ähnlich. Darüber freute Anna sich immer wieder. Für ihr Alter war Elisabeth etwas zu klein und zart, doch hatten sich in ihrem Gesicht Züge eingegraben, die alles Kindliche daraus vertrieben hatten. Sie litt sehr unter der Sorge um den kleinen Bruder. Beruhigenderweise zeigte sich auch immer wieder die kämpferische Falte auf ihrer Stirn.

Ich möchte, dass Sie uns zur Versammlung begleiten und neben uns sitzen." Elisabeth atmete heftig ein. „Es sei denn Sie haben bereits etwas Besseres vor", fügte Anna mit einem Zwinkern hinzu. Elisabeth strahlte sie freudig an. „Es ist lediglich eine Fortsetzung unseres Unterrichts. Ich möchte, dass Sie vorbereitet sind, sollten Sie einmal in meine Lage kommen."

„Die Stände werden uns helfen, Philipp zu befreien, nicht wahr?"

Anna lächelte. „Das werden Sie hoffentlich. Es wird noch eine Weile dauern, doch die Regenten sind geschwächt und die Sachsen unbeliebt. Bald werden sie uns Philipp ausliefern müssen. In wenigen Augenblicken wird der Landtag eröffnet. Kommen Sie!"

Anna erhob sich, nahm ihre Tochter bei der Hand und öffnete die Tür. Draußen standen Grete, Riedesel und Schrautenbach. Die drei verneigten sich. Grete nickte ihr aufmunternd zu und zog sich dann zurück. Fackeln erhellten die Korridore. Ihr Flackern verzerrte die Schatten zu grotesken Figuren. Anna schritt mit Elisabeth, flankiert von den beiden Herren, zum Versammlungssaal.

„Man hat Eurem Aufruf in großer Anzahl Folge geleistet, Euer Gnaden."

„Ritterschaft und Landschaft sind vollzählig anwesend. Ebenso sind viele Vertreter der Zünfte gekommen. Auch viel einfaches Volk, dem wir den Zutritt nicht verwehrt haben."

„Das ist gut. Wir danken Euch."

Je näher sie dem Saal kamen, umso stärker wurde der Lärm, bis ihnen schließlich die Stimmen vieler Menschen entgegenbrandeten. In den Räumen und Gängen vor dem Saal drängten sich Angehörige niederer Stände, die im Saal selbst keinen Platz mehr gefunden hatten. Man wich vor Anna und den Herren zurück und verneigte sich tief. Anna nickte höflich. Sogar ein Lächeln gelang ihr. Sie schaute den Menschen in die Augen, sah in ihre Gesichter, die sich nach der pflichtschuldigen Verbeugung hoben und sich ihr neugierig entgegenstreckten. Gesichter von Menschen, die ihre Hoffnungen auf sie setzten. Gesichter, in denen sich die harte Arbeit vieler Jahre eingegraben hatte, Entbehrung und Not, Gesichter, aus denen zahnlose Münder lächelten. Junge und alte Gesichter. Manche hübsch, umrahmt von langem Haar. Und viele Gesichter, in denen Anna hinter der Hoffnung auch Zweifel sah. Zweifel, ob sie der Not ein Ende bereiten würde. Eine Frau. So jung. So hübsch. Lagen ihr von Natur aus nicht ganz andere Dinge am Herzen als das Wohl eines Volkes, das letztlich nicht ihr angestammtes Volk war, sondern das ihr Gemahl mit in die Ehe gebracht hatte? Konnte ihr dieses Volk so wichtig sein, dass sie Mühsal und Zwist auf sich nahm? Und selbst wenn sie dies wirklich wollte – sie war immer noch eine junge, hübsche *Frau*. Diese drei Tatsachen trugen nicht dazu bei, dass man ihr Vertrauen entgegenbrachte. Und sie selbst? Hatte sie denn Vertrauen in sich selbst?

Immer dichter standen die Menschen im Korridor, kaum fanden sie Raum, um Anna eine Gasse freizumachen. Der Geruch dieser Menschen war nicht angenehm. Und doch waren es Menschen, die zu ihrem Volk gehörten, Menschen die sie regieren, denen sie eine gute Landesmutter sein wollte. Anna unterdrückte den Impuls, ihr Taschentuch an die Nase zu führen. Sie musste tapfer sein. Anna hatte schon ganz anderen Widrigkeiten getrotzt und würde auch diesen Kampf durchstehen. Die Begegnung mit dem einfachen Volk sollte sie nicht schrecken. Sie erwiderte Elisabeths fester werdenden Händedruck. Wachen mit Hellebarden standen vor dem Eingang zum Versammlungssaal. Als Anna erschien, nahmen sie Haltung an.

Der Zeremonienmeister schlug seinen Stock drei Mal auf den Boden, um sich Gehör zu verschaffen. Das laute Stimmengewirr schwoll tatsächlich auf einen Raunen ab und erstarb schließlich ganz, als der Mann mit lauter Stimme rief: „Anna, geborene Herzogin von Mecklenburg, Landgräfin von Hessen!“

Anna nickte kurz der Menge zu, die ihr stumm entgegenstarrte. Aber sie entschloss sich, die Blicke der Menschen auszuhalten und sah fest in einzelne Gesichter. Für sie war ein imposanter Lehnstuhl bereitgestellt, doch sie verzichtete darauf und zog es vor, aufrecht vor ihrem gleichfalls stehenden Volk zu stehen. Elisabeth blieb zwischen Riedesel und Schrautenbach stehen.

„Ich entbiete Euch allen meinen Gruß und danke für Euer Erscheinen. Unter Gottes gnädige Hand stelle ich nun diesen Landtag. Möge er unsere Gedanken und Worte lenken, dass sie unserem Land zum Heil werden und Ihm zur Ehre."

„Haben Sie das gehört, mein Sohn?" flüsterte Graf Philipp zu Solms. „Unsere Fürstin sagt ‚ich' statt ‚wir'. Sie will sich volksnah geben!"

„Es ist lange her, dass Ihr zu mir gekommen seid. Im Oktober des Jahres 1509 habt Ihr mich am Spieß nicht anhören wollen. Ihr habt das Testament meines Gemahls, des verstorbenen Landesfürsten, verworfen und statt dessen Ludwig von Boyneburg zu Eurem Oberhaupt gewählt."

Anna schaute nun in Gesichter, in denen man Augenbrauen hob und Münder in leichtem Spott verzog. Schon einmal hatte man ihr gesagt, dass man nach Vögeln nicht mit Knütteln werfen dürfe, wenn man sie locken wolle, sondern ihnen süß pfeifen müsse. Hatte sie das etwa vergessen? Anna hielt den kritisch abwartenden Blicken stand und fuhr fort: „Aber diese Verträge wurden unter falschen Voraussetzungen mit Euch gemacht. Man hat Euch belogen und verführt. Man hat Euch gegen mich aufgebracht, Euch viel versprochen, aber nichts gehalten. Deshalb will ich dessen nicht mehr gedenken und Euch allezeit eine gnädige Frau sein. Auch wenn Ihr es damals gut gemeint habt, so ist es doch anders geraten. Eure Neuerungen sind meinem Sohn und dem Land zum Verderben ausgeschlagen. Diese Wirkung liegt deutlich vor jedermanns Augen. Ich bitte nun die Landschaft, das Übel an der Wurzel zu packen und für eine gute Regierung zu sorgen. Wenn Ihr dies tut, so will ich meinen lieben Sohn stets an Eure Loyalität und guten Willen erinnern, damit er Euch allzeit ein gnädiger Herr sei und nicht mehr bedenken soll, dass Ihr das Testament seines Vaters verworfen habt. Darin will ich ihn mütterlich und treulich anweisen."

„Ein kluger Schachzug! Dieses Weib macht mir Spaß! Sehen Sie, Otto? Indem sie die Schuld den Rädelsführern zuschiebt und uns Anwesenden schmeichelt, wir hätten es sicher gut gemeint, macht sie uns gleichzeitig deutlich, dass sie von Anfang an eine gerechte Sache verfochten hat. Damit bedarf nicht sie, sondern die Landschaft der Vergebung, die sie nun gnädig gewährt. - Als hätte es damals irgendjemand gut mit dem kleinen Landgrafen oder dem Land gemeint. Mit sich selbst hat es damals jeder gut gemeint." Graf Philipp zu Solms hatte sich flüsternd zu seinem Sohn Otto gebeugt. Die beiden hatten nur in einer der hinteren Reihen einen Platz bekommen. Aber als hochgewachsene Solmser Grafen hatten sie natürlich keine Schwierigkeiten, über die Menge hinwegzuschauen. Otto hörte kaum, was sein Vater sagte. Die Versammlung am Spieß hatte ihn damals weitaus weniger interessiert. Wenn er sich recht erinnerte, hatte er zu dieser Zeit Frösche gefangen. Aber nun, über vier Jahre später, war es etwas ganz anderes. Damals waren die Frösche für ihn interessanter gewesen. Damals hätte er sicher nicht bemerkt, wie schön diese Frau in ihrer Stärke war. Aber heute bemerkte er es. Als einzige Frau behauptete sie sich vor all diesen Männern. Waren es dreihundert? Vierhundert? Aufrecht stand sie da, sprach laut und deutlich, ließ sich nicht einschüchtern von den vielen skeptischen Gesichtern. Kaum war es Otto möglich, sich auf ihre Worte zu konzentrieren.

„Aber auch mir wurden Versprechen nicht gehalten. In dem Vertrag war festgelegt, dass Erbmarschall Riedesel zu den großen Sachen und jährlichen Rechnungslegungen hinzugezogen wird. Nichts dergleichen ist geschehen. Dadurch hatte ich keinerlei Kenntnis, wie es um das Land, das mein Sohn einmal regieren soll, bestellt war. Die Regenten haben absichtlich vertuscht, wie teuer der wilhelminische Handel das Land Hessen letztlich zu stehen kam. In ihrer Heimlichkeit haben sie leichtfertig Land und Leute, Schlösser und Flecken hinweggegeben. Der Abt von Fulda hat sich des Stiftes Hersfeld bemächtigt, ohne von Boyneburg Widerstand zu erfahren.“ Zustimmendes Gemurmel wurde laut. Selbst die ehrwürdigen Ratsherren nickten einander zu und schauten dann wieder aufmerksam nach vorn, um noch mehr von der jungen Frau zu hören, die so klein und zierlich vor ihnen stand und offenbar keine Scheu kannte.

„Nur aus mütterlicher Treue“, fuhr die junge Landgräfin fort, „habe ich diesen Landtag einberufen. Für mich selbst beanspruche ich weder Macht noch Gut, noch sonstigen Nutzen. Allein um unseren Sohn sorge ich mich. Das Kind ist mein und geht mir zu Herzen. – Ich hätte recht gern den jungen Landgrafen in meiner Obhut, aber die Entscheidung, wer ihn erziehen und versorgen soll, stelle ich Euch anheim. Nur bitte ich Euch aufs Dringlichste, das Kind auf keinen Fall länger in Boyneburgs Händen zu lassen.

Wenn Ihr dies tut, so sollt Ihr nicht nur eine gnädige Frau, sondern auch eine Mutter an mir haben. Wenn Ihr dies aber nicht tut und die Sache anders als recht zugeht – was der Allmächtige gnädig verhüten möge – so hätte ich mich ewig über Euch zu beklagen. Denn Ihr seid es meinem Sohn schuldig. Wenn Ihr ihm nicht aus seiner Not helft, könnt Ihr Euch nimmer mehr vor Gott, Ihm und der Welt mit Ehre verantworten. Und wenn ihm etwas zustößt, so werdet Ihr an ihm schuldig als hättet Ihr ihn mit Eurer eigenen Hand erschlagen.“

Teilweise erhob sich unwilliges Gemurmel. Graf Philipp zu Solms schaute seinen Sohn Otto vielsagend an. Nicht allen Anwesenden war das Ausmaß der Gefahr bewusst, in der ihr kleiner Landgraf schwebte. Graf Solms flüsterte seinem Sohn zu: „Das scheint vielleicht übertrieben, aber wenn man es recht bedenkt, käme das Ableben des Kleinen nicht nur Boyneburg, sondern auch den Sachsen sehr gelegen. Sie werden ihn nicht erschlagen – Gott behüte – schließlich sind sie Menschen und keine Wilden. Aber man kann ein schwächliches Kind auch ohne viel Zutun den Weg alles Irdischen gehen lassen."

Da schaltete sich ein anderer in das Geflüster des Solmser ein: „Recht habt Ihr. Mir ist zu Ohren gekommen, man verweigere dem Knaben ärztlichen Beistand. Eine Schande ist es!" Otto wollte dem Herrn beipflichten, aber sein Vater stieß ihn leicht in die Seite. Anna von Hessen war mit ihrer Rede bei einem neuen Thema angelangt. Boyneburg.

„Denn Ihr seht, wie stolz, prächtig und mächtig Ludwig von Boyneburg alle Handlungen, meinen Sohn, Land und Leute an sich reißt und nicht anders regiert als sei er selbst ein Fürst. Ich will ihn und alle seine Anhänger aus ihren Ämtern vertreiben. Er hat Euch alle Verträge gebrochen, die Ihr 1509 mit ihm geschlossen habt. Längst ist er nicht mehr Euer Landhofmeister, der das Land in Eurem Sinne regiert. Habt Ihr etwa Einfluss auf seine Entscheidungen? Habt Ihr die Möglichkeit einzugreifen, wenn er allein zum Nutzen der sächsischen Vormünder sein Amt führt? Hört er Euch noch an? Mit militärischer Gewalt ist er gegen unsere Städte vorgegangen, nur weil sie die boshafte List der Sachsen durchschauten und den so schändlich eingefädelten Erbhuldigungseid verweigerten. Er hat sie bestraft für ihre Treue zu meinem Sohn!

Außerdem hat Boyneburg eine Schatzung[15] ausgeschrieben und erhoben, ohne Rechenschaft über Höhe und Zweck abzugeben. Für die öffentliche Sicherheit gibt er das Geld offensichtlich nicht aus, denn der Raubritter Philipp Waise zu Feuerbach fügt unserem Land durch seinen Raub und seine Mordbrennerei schon seit langer Zeit erheblichen Schaden zu. Die Amtmänner in den betroffenen Gebieten sind machtlos. Sie haben Boyneburg um Hilfe gebeten, doch vergeblich. Er müsse dies erst mit den Sachsen abklären. Da plötzlich muss er eine Entscheidung, bei der es für viele Menschen um Leben und Tod geht, erst mit den Sachsen abklären. Warum verlässt ihn da seine Eigenmächtigkeit?

Ich bitte Euch, bedenkt dies alles bei Eurer Entscheidung. Dann will ich dies wiederum gnädig anerkennen und Euch auch vor meinem lieben Sohn, sobald er zu seinen mündigen Jahren kommt, aufs Fleißigste rühmen."

[15] Schatzung: Steuer

Zum Zeichen, dass sie geendet hatte, waren Annas Hände nun gefaltet und sie sah zu Boden, als erwarte sie den Urteilsspruch der Landschaft gleich in diesem Augenblick. Gemurmel erhob sich und schwoll an zu einem freundlich zustimmenden Lärm. Anna hob den Kopf und schaute in ein Meer von Gesichtern, die ihr alle wohlgesonnen schienen. Hier und dort hörte man sogar ein verhaltenes ‚Vivat!'

Löwenstein erhob sich und schaute in die Menge. Er wollte der Landgräfin diesen kleinen Triumph gönnen. Die Menschen sollten ihr zujubeln. Er war selbst überrascht, wie freudig man Annas Vorschläge begrüßte. Offensichtlich hatten die Menschen sich schon viel länger nach Veränderung gesehnt, als den Regenten klar war. Schließlich sorgte Löwenstein mit einem Wink für Ruhe und sprach: „Wir müssen nun handeln. Da wir nicht den gleichen Fehler machen wollen wie unser Widersacher, müssen wir ihm Gelegenheit geben, sich zu verteidigen. Wir wollen ihn anhören. Es soll ein neuer Landtag einberufen werden, auf dem Boyneburg sich unseren Vorwürfen stellen muss."

Ein Vertreter der Landschaft trat vor und bat um Erlaubnis, eine Beschwerdeschrift verlesen zu dürfen. Der Mann war nervös, fingerte an den Knöpfen seiner Jacke, beruhigte sich aber schließlich, als Anna ihn noch einmal sehr freundlich aufforderte, seine Beschwerden vorzutragen. Mit zittriger Stimme verlas er all die Mißstände, die Anna der Landschaft bereits vor Augen geführt hatte und zu denen es nach Annas Darstellung nur durch die Missachtung des landesfürstlichen Testaments hatte kommen können. Man war sich einig. Ein neuer Landtag wurde auf den 6. Februar angesetzt, zu dem man Boyneburg laden wollte, damit er sich verteidigen könne.

Nun erhob sich Cleen, der die Versammlung mit aufmerksamer Miene verfolgt und die Gesichter der Anwesenden genau gemustert hatte.

„Wir können nicht das Regiment ändern, ohne die Wettiner zu unterrichten und zunächst Friedrich von Sachsen um Abhilfe zu bitten." Und zu Anna gewandt fuhr er fort: „Vergebt uns, Euer Gnaden, dass wir zögern, doch wollen wir alles vermeiden, was dem Land und dem Volk weiteren Schaden zufügen könnte. Auch wenn Friedrich von Sachsen eine Politik der ruhigen Hand betreibt, könnten sich die Wettiner in diesem Fall für ein militärisches Eingreifen entscheiden. Mit etwas Weitblick werden die sächsischen Herzöge erkennen, dass unser Tun und Handeln auf ein Ende ihrer Macht und Vormundschaft hinausläuft. In Naumburg werden wir in wenigen Tagen auf Friedrich von Sachsen treffen. Dort wollen wir unseren Beschwerden Nachdruck verleihen."

„Wir danken Euch, Komtur Cleen!" erwiderte Anna. „Wir kennen Euch als einen Mann von Ehre. Niemand soll behaupten können, wir hätten unrechtmäßig gehandelt. Daher ersuche ich Euch, mit einer Abordnung bei Friedrich von Sachsen vorzusprechen. Er soll noch eine Möglichkeit bekommen, die Geschicke des Landes zu beeinflussen. Doch sollte er sich wieder so uneinsichtig zeigen wie bei Eurem letzten Treffen, so werden wir handeln müssen, ohne Rücksicht auf die wettinischen Ansprüche. Wenn die Wettiner nicht bereit sind, für Land und Volk zu sorgen, dann werden wir es mit Gottes Hilfe selbst tun."

Nach einer mehr oder weniger bequemen Nacht trat man am nächsten Tag die Heimreise an. Auch die Solmser Grafen ritten gemeinsam mit ihren Stadträten und Zunftmeistern zurück nach Lich.

„Es wird noch lange keine Ruhe einkehren. Bis dieses Weib seinen Willen hat, kann es noch dauern. Ich glaube nicht, dass sich der Kurfürst so einfach aus der Vormundschaft verdrängen lässt. Ich hoffe nur, die Oberen machen das unter sich aus und lassen es das Volk nicht zu sehr spüren. Es muss doch einmal wieder Ordnung herrschen im Land! – Otto! Hören Sie mir überhaupt zu?" Graf Philipp zu Solms richtete sich im Sattel auf und schaute seinen Sohn erstaunt an. Otto saß schweigend auf seinem Pferd. Während sein Vater geradeaus auf den Weg geschaut und von Politik gesprochen hatte, war Otto immer stiller geworden, hatte sich abgewandt und in den tief verschneiten Wald geschaut, der unter einer ungewöhnlich strahlenden Wintersonne glitzerte. Auf jedem einzelnen Zweig funkelte es wie von Tausenden Diamanten.

Anna.

*

„Euer Gnaden, die Reiter kommen zurück!" Schrautenbach stand am Fenster und schaute hinaus in die Winterlandschaft, wo ein kleiner Reitertrupp über die verschneiten Felder auf Felsberg zukam. Anna erhob sich von ihrem Sessel am Kamin und trat neben Schrautenbach.

„Nun dürfen wir gespannt sein, Schrautenbach, was unsere kleine Abordnung bei dem Kurfürsten ausgerichtet hat. Um ehrlich zu sein – es sollte mich wundern, wenn Friedrich von Sachsen nun einen Handlungsbedarf erkannt hätte. Ich kann mir beim besten Willen nicht vorstellen, dass er die Lage hier in Hessen ernst genug nimmt, um wirklich tätig zu werden. Aber lasst uns erst anhören, was sie zu berichten haben.

Ich bin nur froh, dass Riedesel bei ihnen ist. Er ist ein Mann, dem ich bedingungslos vertrauen kann. Der Bürgermeister von Marburg ist wohl auch auf unserer Seite, aber Wallenstein und Dörrenberg sind mir nicht geheuer. Sie haben meinen Gemahl unterstützt, als das Glück auf seiner Seite und er ein starker Herrscher war. Sie haben sich in seiner Krankheit von ihm abgewandt und haben Boyneburg unterstützt, als dieser sich selbst zum Landhofmeister ernannte. Nun sehen sie Boyneburgs Stern sinken und kommen zu uns gelaufen. Was soll man von solchen Männern halten? Dieser Wallenstein verbreitet noch immer einen Ruch der Sünde und Unmoral um sich. Ich traue ihm nicht über den Weg. Dem alten Dörrenberger genauso wenig. Mein Gemahl war sein Mündel. Einen schlechteren Vormund hätte man ihm kaum geben können. Ein Prasser und Verschwender. Bei Cleen und Löwenstein ist es anders. Sie sind ehrenhaft."

„Wallenstein ist ruhiger geworden. Fast benimmt er sich nun, wie es sich für sein Alter geziemt. Doch liegt dies bei ihm wohl nicht an der Weisheit, die man dem Alter zuschreibt. Davon ist er leider noch immer weit entfernt. Die Gicht plagt ihn und lässt seine gewagten Sprünge auf dem Tanzboden zuweilen abrupt enden. Sehr zum Amusement der jungen Damen, die er noch immer beeindrucken will. Aber Euer Gnaden haben Recht: Unsere wirklichen Ziele müssen Wallenstein und Dörrenberg sicher nicht erfahren."

In weniger als einer Stunde waren die Reiter an der Burg angekommen. Anna sah, wie die Männer mit steifgefrorenen Beinen mühsam abstiegen. Vor allem Wallenstein hatte der Ritt durch die Kälte zugesetzt. Er stand gebeugt und mit eingezogenem Nacken im Hof. Vorsichtig zog er die Handschuhe aus und versuchte, die steifen Finger zu bewegen. Knechte führten die Pferde in den Stall, ein Diener brachte die Herren in die Vorhalle, wo man ihnen die schneebedeckten Mäntel und Hüte abnahm. Riedesel schritt den Herren voran in das Gemach, in dem Anna sie erwartete. Er stand aufrecht und verneigte sich mit elegantem Schwung. Die anderen drei beließen es bei einer pflichtschuldigen Verbeugung.

„Seid gegrüßt! Nun sprecht! Was habt Ihr uns aus Naumburg zu berichten?" leitete Anna ohne weitere Umschweife das Gespräch ein.

„Der Kurfürst gab uns keinen gnädigen Empfang. Er war empört über das selbständige Vorgehen der hessischen Landschaft und bestand darauf, dass etwaige Missstände zuerst ihm angezeigt werden müssten, anstatt sie durch eine unrechtmäßig einberufene Versammlung breit zu treten. Ihr hättet die Gesichter Boyneburgs und der Regenten sehen sollen. Hochmütig sahen sie uns an als seien wir Bittsteller. Wir haben dem Kurfürsten von dem Vorfall in Kassel berichtet, dass Ihr den Erbgrafen bei einem Eurer Besuche nach einer Rangelei mit Trotts Sohn kränklich vorgefunden hattet und dass man Euch verwehrt hat, den Medicus zu rufen. Da konntet Ihr Boyneburg erbleichen sehen. Doch dies führte dazu, dass der Kurfürst einlenkte. Er versprach, mit seinen Verwandten all diejenigen zur Rechenschaft zu ziehen, die Eurem Sohn Schaden zufügen und gab darauf Boyneburg die Gelegenheit, sich zu verteidigen. Boyneburg behauptete, dem Erbgrafen gehe es glänzend. Keineswegs sei er kränklich. Auch die Regenten boten an, sich auf der Stelle zu verantworten. Dies lehnten wir jedoch ab, da Ihr uns keine Vollmacht für Verhandlungen erteilt hattet. Also versprach der Kurfürst, in Hessen einen Landtag anzuberaumen. Für den Donnerstag nach Invocavit will er die Stände nach Kassel einberufen."

„Wir danken Euch. Ihr könnt Euch zurückziehen. Eine Stärkung wurde für Euch vorbereitet."

Die Männer verneigten sich noch einmal und verließen den Raum.

„Was haltet Ihr davon, Schrautenbach? Eine Versammlung Anfang März. Bis dahin sind es noch sechs Wochen. Für den Kurfürsten ist dies geradezu eine überstürzte Handlung."

Schrautenbach konnte sein Lächeln kaum verbergen.

„Wir haben unseren Landtag in Treysa auf den sechsten Februar angesetzt. Glaubt er wirklich, er könne uns davon abhalten?"

„Ich glaube, er hat noch immer nicht die Stimmung erfasst, die im Volk herrscht."

Anna und Katha kamen gerade von der Freiheit zurück. Die beiden hatten einen kleinen Spaziergang gemacht, um nach ihrem Gärtchen zu sehen. Im Garten, wo alles dick mit Schnee bedeckt war, hatten sie sich entschlossen, ihren Spaziergang zum Wald hin auszudehnen, waren über die Wiesen und Felder gestapft und hatten ihre freie Zeit genossen. Es kam nicht oft vor, dass sie spazieren gingen. Aber nun, im Januar, der einen klaren, sonnigen Wintertag bereithielt, genossen sie die zarten Strahlen der Wintersonne, bewunderten die vielen Formen der Eiszapfen am Bach, lauschten dem Gurgeln des Wassers unter dem Eis und versuchten, die Spuren der Wildtiere im Schnee zu erraten. Es war schon später Nachmittag, als sie wieder zur Stadt zurückgingen. Sie waren erschöpft vom Stapfen durch den hohen Schnee. Der Weg zur Stadt stieg steil bergan. Sie keuchten in der kalten Luft. Ihr Atem gefror an ihren Gugeln. Ihre Wangen waren rot.

„Jetzt sind wir ja bald wieder zu Hause. Schau, da sind wir schon auf dem Marktplatz. Nur noch die drei Schritte in die Holzhäuser Straße und wir sind da. – Warte! Was ist das denn?"

Anna schaute zur Mitte des Marktes, wo sich vielleicht zwei Dutzend Homberger um drei Reiter scharten. Einer von ihnen entrollte ein Pergament und begann mit lauter Stimme zu lesen. Da sahen sie auch den Großvater. Er stand am Rand der Menge, hatte die Hände auf dem Rücken verschränkt und schaute in der ihm eigenen Art, mit leicht in den Nacken gelegtem Kopf, zu dem Reiter auf.

„Was gibt es denn für Neuigkeiten?" fragte Anna, als sie bei ihrem Großvater angelangt waren.

„Der Kurfürst hat uns etwas zu sagen. Nein. Er hat uns natürlich nichts zu sagen, sondern lediglich mitzuteilen. Ich hoffe, ihr habt euch alle eure Ohren gewaschen. Worte eines Kurfürsten kann man nicht mit ungewaschenen Ohren hören. Das ist Majestätsbeleidigung."

„... ist es bei Androhung von Kerkerhaft verboten, den Landtag in Treysa, der für den 6. Februar angesetzt ist, zu besuchen. So schreibt der Kurfürst Friedrich von Sachsen."

Der Bote stieg ab und ließ sich von einem seiner Kameraden Nägel und einen Hammer geben, um das kurfürstliche Schreiben an die Pforte der Kirchhofsmauer zu schlagen. Dann trieben die Männer ihre Pferde durch die Menge. Der Großvater sah ihnen nach und flüsterte: „Da reiten sie nun hin, die Tölpel, um allen Menschen mitzuteilen, wann und wo der Landtag stattfindet. Ist das nicht freundlich von ihnen? Anna von Hessen wird ihnen dankbar sein. So erfährt auch der letzte, wann er sich in Treysa einzufinden hat."

Am nächsten Morgen hingen von dem kurfürstlichen Schreiben nur noch ein paar schmutzige Fetzen an der Kirchhofspforte. Irgendjemand hatte sich sogar die Mühe gemacht, Erde unter dem Schnee auszugraben, um das kurfürstliche Schreiben damit zu verschmutzen. Nun war Severins Stunde gekommen. Weil niemand ihn ernst nahm, hatte er überall Zutritt. So auch zu den Ställen der Ratsherren. Niemand war da, der ihn hätte aufhalten können, als er sich ein Pferd nahm und aus der Stadt hinaus nach Norden ritt. Nach Kassel, wo er Boyneburg selbst zu treffen hoffte.

*

„Ein Ratsherr der Stadt Homberg?“ fragte Boyneburg erstaunt beim Anblick des Severin, der sich nach zwei Tagen zu Pferd in einem mehr als kläglichen Zustand befand.

„Ja, Herr. Ich stand immer treu zu den Regenten. Ich sah es als meine Pflicht, Euch davon zu unterrichten, dass man in Homberg das Schreiben des Kurfürsten zerrissen und in den Schmutz getreten hat.“

„Melsungen ist mit dem kurfürstlichen Schreiben nicht anders verfahren“, bestätigte der Schreiber, der Severin eingelassen hatte.

„Wir danken ihm. Er darf sich entfernen“, sagte Boyneburg und wandte sich ab. Hofmeister Schwertzell machte eine ungeduldige Handbewegung, um Severin loszuwerden. Dieser verbeugte sich noch mehrfach, bevor er rückwärts zur Tür hinausging.

„Dieser sonderbare Rat bestätigt nur, was uns Sekretäre und treue Räte aus anderen Städten berichten. Wir brauchen die Unterstützung des Kurfürsten. Ein Heer, wie wir es hatten, um die Erbhuldigung einzufordern – das bräuchten wir wieder.“

Hofmeister Schwertzell sah Boyneburg an. „Denkt Ihr, wir sollten den Landtag in Treysa mit militärischer Gewalt sprengen? Wenn wir das tun, hätten wir Hessen ein für allemal verloren.“

„Nach der Erbhuldigung haben wir ohnehin das Vertrauen des Volkes verloren. Aber ich verlange von diesem Volk nicht, dass es mir vertraut. Es braucht mir lediglich zu gehorchen und seine Steuern zu zahlen. Das genügt mir vollkommen. Ich werde dem Kurfürsten einen Boten schicken. Er muss handeln. Wenn er jetzt nichts tut, dann wird Anna von Hessen ihm die Vormundschaft entreißen.“

„Und wir werden mit ihm untergehen!“

„Schweigt, Schwertzell, schweigt!“ erwiderte Boyneburg leise und sah aus dem Fenster. Er wusste, wie recht der Hofmeister hatte. Dieser sonderbare Stadtrat war nur einer von vielen gewesen, die ihm die Lage in Hessen geschildert hatten. Der Boden wurde heiß unter seinen Füßen. Er sandte einen Boten mit einem verschlüsselten Schreiben nach Sachsen. Es war ein Hilferuf, den Boyneburg nicht dringlicher hätte formulieren können. Die Zeit drängte. Es war bereits Ende Januar. In einer Woche würde sich das Volk in Treysa treffen. Die Woche verstrich. Jeden Tag hoffte Boyneburg auf Antwort aus Sachsen. Jeder Reiter, der sich dem Schloss näherte, ließ den Landhofmeister den Kopf hoffnungsvoll heben, doch es trafen nur neue Nachrichten von Aufruhr ein. Erst am fünften Februar erhielt Boyneburg ein Schreiben, in dem der Kurfürst ihm allerdings jegliche Hilfe versagte. Friedrich von Sachsen versicherte, dass die Lage in Hessen weit weniger dramatisch sei, als sie sich dem Herrn Landhofmeister darstelle. Schließlich habe die Stadt Kassel – das müsse er doch selbst am besten wissen – ein Schreiben nach Sachsen gesandt, in dem Bürgermeister und Räte versichern, treu zu den Regenten zu stehen. Boyneburg musste einsehen, dass sein Hilferuf wirkungslos verhallt war.

„Was hat er vor, Schwertzell? Was glaubt er, was wir hier tun? Ich könnte mir die Haare raufen! Es ist ungeheuerlich! Ich kann nicht fassen, dass er noch immer keinen Anlass zum Handeln sieht. Kassel steht zu uns. Aber was ist mit all den anderen Städten? Was ist mit Gießen, Marburg, Eschwege, Grünberg, Felsberg; ich könnte alle Städte aufzählen. Warum will er nicht begreifen, was hier auf dem Spiel steht? Die Landgräfin zettelt eine Revolution an und wir sollen tatenlos zusehen. Aber das werde ich nicht, Schwertzell! Das werde ich nicht!"

„Wenn es schief geht, hat der Kurfürst immer noch die Möglichkeit, einen Sündenbock zu finden und sich die Vormundschaft nach wie vor zu sichern."

„Ich weiß auch schon, wer dieser Sündenbock wäre. Aber da spiele ich nicht mit!"

Er schlug mit der Faust auf den Tisch und starrte Schwertzell auf eine Art und Weise an, die dem Hofmeister deutlich machte, dass Boyneburg sich am Rande des Abgrunds befand. Und er wusste, dass dieser Mann sich eisern an die Macht klammern würde. Dieser Mann würde vor nichts zurückschrecken, um die Landgräfin in ihre Schranken zu weisen.

*

Anna Schreuerin sah ihrem Bruder zu, wie er in der Küche Proviant in einen Beutel steckte. Es war der vierte Februar.

„Nimm mich mit, Karl. Bitte!"

„Das ist doch nichts für dich. Was willst du denn da? Ein Landtag ist doch Männersache."

„Wer hat den Landtag denn einberufen?"

„Das hat doch damit nichts zu tun. Nur weil Anna von Hessen ihn einberufen hat, heißt das noch lange nicht, dass du mitfahren darfst."

„Und erst recht heißt es nicht, dass es Männersache ist. Es ist Februar. Arbeit gibt es im Moment kaum. Weder in der Werkstatt noch im Haus. Der Großvater wird es schon schaffen. – Sieh mal, Karl, was habe ich denn vom Leben zu erwarten? Ich bin neunundzwanzig Jahre alt. Ich bin nicht verheiratet und ich werde vermutlich als alte Jungfer sterben. Lass mich doch wenigstens einmal ein wenig Abwechslung haben. Ich versauere hier in Homberg an der Efze. Gut, wir fahren ab und zu auf

Märkte. Aber ein Landtag! Den kann ich mir doch nicht entgehen lassen!"

„Da wird der Großvater noch ein Wörtchen mitzureden haben", sagte Karl schließlich, in der Hoffnung, dass der Großvater Anna verbieten würde, zu einem Landtag zu gehen, dessen Besuch der Kurfürst unter Strafe gestellt hatte.

Der Großvater und Katha kamen in die Küche. In Windeseile hatte Anna ihr Anliegen vorgebracht, nebst unzähligen Beteuerungen, vorsichtig zu sein, sich zu benehmen, Karl keine Scherereien und der Familie keine Schande zu machen. Der Großvater sah sie lange an.

„Und das muss wirklich sein?" fragte er. Anna nickte. „Bitte, lass mich mitgehen. Ich sehne mich nach Abwechslung. Ich halte es kaum noch aus hier."

„Ach! Sind wir denn so unerträglich?" fragte er in gespieltem Entrüsten.

„Nein, Unsinn! Aber ... du weißt schon!"

„Da musst du Katha fragen. Sie ist diejenige, die dich nötig brauchen könnte."

„Katha?"

„Ich werde doch meiner Freundin nicht im Wege stehen, wenn sie mit etwas Glück einen Sachsen zu Gesicht bekommt!" lachte sie.

„Na gut. Aber dass du mir gut auf deine kleine Schwester aufpasst!"

„Die kleine Schwester ist fast Dreißig und kann gut auf sich selbst aufpassen!" erwiderte Anna. Fügte aber schnell hinzu: „Natürlich werde ich immer in Karls Nähe bleiben."

„Dann pack dein Bündel", sagte Karl. „Morgen früh werden wir aufbrechen. Um die achte Stunde treffen wir uns am Marktplatz." Selten war Anna schneller fertig gewesen. Ein Landtag! Und sie durfte dabei sein!

Anna Schreuerin hatte kaum geschlafen. Und die nächste Nacht schlief sie nicht viel besser, denn sie übernachtete mit Karl in einem Wirtshaus, in dem es bis in die späte Nacht keine Ruhe gab. Sie musste sich wohl oder übel ein Bett mit Karl teilen. Aber so konnte sie wenigstens sicher sein, dass ihr nichts passierte. Immer wieder hörte sie andere Schlafgäste ins Zimmer kommen. Sie zogen sich aus und legten sich ins Bett, zu Bettgenossen, die schimpfend wieder erwachten. Die Leute im Zimmer waren alle aus Homberg. Mit Wildfremden hätte Anna nicht in einem Zimmer schlafen wollen. Das Bettzeug roch muffig, über Annas Kopf hing eine dicke Spinne und sie glaubte, verschiedenes Kleingetier im Bettzeug zu hören, aber sie hütete sich, auch nur einen Ton zu sagen. Karl schlief schon längst tief und fest. Es war schön, sich in seinen Arm zu schmiegen. Anna dachte an Katha, die das noch auf ganz andere Art genießen konnte. Und wieder wanderten ihre Gedanken zu Friedel. Sachsen kamen auch zu diesem Landtag. Wandergesellen würden wohl keine dabei sein. Eher Beamte und Gesandte des Kurfürsten. Ob sie auch so schön sprachen wie Friedel?

Aber schließlich war auch diese Nacht überstanden. Beim Frühstück musste sich Anna noch ein paar boshafte Bemerkungen anhören, doch schwiegen die Männer, nachdem Karl sie an Annas Auftritt auf der Stadtmauer und Martins Worte erinnert hatte. Anna war mit dabei. Der Großvater hatte es erlaubt und damit Schluss!

„Wir müssen zeitig aufbrechen, damit wir im Saal noch einen Platz bekommen. Los! Lasst uns zahlen, damit wir hier fortkommen!" Es war noch nicht einmal neun Uhr, als sie am Rathaus zu Treysa ankamen. Aber dort mussten sie feststellen, dass viele noch früher gewesen waren als sie. Nur mit Mühe konnten sie sich noch einen Platz in den letzten Reihen erobern. Ihr Herr Bürgermeister drängte sich etwas weiter nach vorn, wurde am Mantel festgehalten doch wenn er sich umdrehte, schätzte er mit einem kurzen Blick den Mann ein, der sich erdreistete, ihn zu berühren und gab ihm mit einem Blick zu verstehen, dass sein Mantel zu schade sei für dessen Hände.

„Hättest du gedacht, dass so viele Leute kommen würden?" flüsterte Anna.

„Ich hatte es gehofft. In Hessen geht es jetzt ums Ganze. Wir können uns nicht mehr unter das Joch der Regenten und der Sachsen fügen. Es muss wieder eine Ordnung hergestellt werden. Selbst wenn es ein Weib sein sollte, das diese Ordnung herstellt."

„Wahr gesprochen, Karl Schreuer!"

„Jacob! Gott zum Gruße! Wie gut, dich zu treffen! Wie gehen die Geschäfte? Ich sehe schon wieder ein neues Wams an dir. Da scheinen die Märkte zu laufen."

„Ja, es geht mir gut. Und Gott zum Gruße, Jungfer Anna! Wie geht es dir? Ich habe euch lange nicht mehr auf Märkten gesehen. Wir müssen uns einmal austauschen. Mit euch als Standnachbarn macht es noch viel mehr Freude, einen guten Markt zu halten."

„Danke, Jacob, es geht mir gut."

„Aber etwas aufgeregt scheinst du mir. Es ist gewiss dein erster Landtag."

„Ja", erwiderte Anna nur und schaute sich wieder um. So viele Menschen, die alle durcheinander sprachen. Die so unterschiedlich gekleidet waren, die vollkommen unterschiedliche Interessen haben mussten. Oder konnte ein Ritter mit einem Zunftmeister an einem Strang ziehen?

Konnten Adel und Handwerker die gleichen Ziele haben? Und hier sollte nun Politik gemacht werden? Hier sollten nun all diese Menschen unter einen Hut gebracht werden? Von weitem sah sie den Bürgermeister mit einigen seiner Stadträte. Dort standen noch mehr Herren, die wohl Amtskollegen waren. Zunftmeister, Vertreter der Bauern, standen dagegen hinten. Weiter vorn standen die Männer, die der Ritterschaft angehörten. Sie hörte kaum noch zu, was Karl und Jacob sprachen, so aufmerksam sog sie den Anblick dieses übervollen Saales in sich auf. Das war die große Politik. Diese Stimmung! Wie die Leute miteinander sprachen! Eine Mischung aus Empörung und guter Zuversicht. Das Maß war voll. Auch wenn Anna früher nicht geglaubt hätte, dass die große Politik sie allzu sehr betreffe, musste sie doch nun erkennen, dass es viele Menschen gab, die die schlechte Regierungsweise der Regenten sehr deutlich spürten, die endlich das Joch der sächsischen Vormundschaft, die das Land lähmte, abschütteln wollten. Und sie erhoffte sich selbst Frieden zwischen Hessen und Sachsen. Sie hoffte darauf, dass Friedel davon erfahren und zu ihr zurückkehren würde, sei er nun Meister geworden oder nicht.

„Sie kommt!" rief jemand, worauf der ganze Saal in Wallung geriet. Alle reckten die Hälse. Anna stellte sich auf die Zehenspitzen. Jetzt wollte sie ihre Namensvetterin sehen. Es war so lange her, dass sie in Kassel als Braut eingezogen war. Und Anna von Hessen kam. Sie musste klein sein, denn Anna Schreuerin konnte nur sehen, wie Männer, die wohl die Fürstin flankierten, in den Saal traten, wie die Menge bereitwillig eine Gasse freimachte. Schließlich waren die Männer vorn angelangt, dort wo ein großer Lehnstuhl bereitstand und endlich erhaschte Anna Schreuerin einen Blick auf die Fürstin. Im Vergleich zu dem Kleid, das sie in Kassel getragen hatte, war sie heute eher schlicht gekleidet. Ein einfaches Kleid aus dunkler Wolle, wie es einer Witwe anstand – und einer Frau, die ihr Volk überzeugen will. Sie hob ihre Hand, das Gemurmel verstummte und Anna von Hessen eröffnete mit einer kurzen Rede den Landtag. Sie dankte allen für ihr Erscheinen. Sie lobte ihren Mut, denn sie wisse wohl, dass der Kurfürst von Sachsen alle bedrohe, die treu zu ihrem Sohn stünden. Aber nun sei nichts mehr aufzuhalten. Ihre Bewegung sei schon zu stark, als dass Briefe des Kurfürsten ihr Einhalt gebieten könnten. Sie stellte fest, das Ludwig von Boyneburg nicht erschienen war, obwohl man ihm auf diesem Landtag die Möglichkeit hatte geben wollen, sich gegen alle Anschuldigungen zu verteidigen. Die Stunde der Offenlegung all seiner Vergehen werde noch kommen. Darauf erteilte sie einem Herrn das Wort, der sehr lange und ausführlich über den verstorbenen Landgrafen sprach.

„Wer ist das?“ fragte Anna.

Jacob beugte sich zu ihr hinunter und flüsterte: „Das ist Wallenstein. Vor fünf Jahren war er es gewesen, der sich bitter über den toten Fürsten beklagt hatte. Zum Beispiel dieser Handel mit Herzog Georg, von dem der Fürst Friesland hatte kaufen wollen, war damals ein wichtiger Punkt in Wallensteins Beschwerde gewesen. Nun höre dir an, was er jetzt sagt. Er bestreitet die Sache mit Friesland und hebt den Fürsten in den Himmel, obwohl dieser ihn seines Amtes enthoben hatte. Nun, immerhin ist das Andenken an den Gemahl der Anna von Hessen wiederhergestellt. Aber nun höre, was Frau Anna zu sagen hat!“

„Wir wollen Euer Recht auf Landtage bestätigen, wie es zu Felsberg bereits geschehen ist. Sollte Euch der Fürst unbillig bedrücken, so habt Ihr das Recht, ihm Widerstand zu leisten. Selbständig sollt Ihr Eure Landtage einberufen. Kein Fürst, sei er nun Hesse oder Sachse, soll Euch dieses Recht nehmen. Außerdem darf niemand einen Landesbewohner hindern, an den Landtagen teilzunehmen.“

Diese Zusagen wurden mit lautem Beifall und Vivat-Rufen belohnt.

Darauf meldeten sich Vertreter der Ritterschaft zu Wort, die bestätigten, dass sich das Regiment bereits auflöste. Mehrere Regenten hatten ihr Amt niedergelegt, da sie es nicht mit ihrer Ehre vereinbaren konnten, Boyneburg zu dienen. Boyneburg selbst habe verlauten lassen, er sei keineswegs von den Ständen erkoren, sondern von den Sachsen ernannt worden. Ausführlich wurden die umständlichen Amtswege geschildert, die Bittsteller an der Nase herumführten. Eine rasche Abhilfe war selbst in dringlichsten Fällen unmöglich. Außerdem trieben nach wie vor Raubritter ihr Unwesen, obwohl man bereits vor Jahren um Unterstützung gebeten hatte.

In den folgenden Tagen wurde eine Einung[16] ausgearbeitet:

Niemals sollten die Stände umgangen werden, wenn es um die Ausschreibung einer Steuer, den Beginn eines Krieges oder einer Fehde, um die Dämpfung eines Aufruhrs oder die Veränderung der Münze ging.

Solange der Landesherr noch minderjährig war, sollten seine Vormünder jedes Jahr vor einem Ausschuss der Stände Rechenschaft über Einnahmen und Ausgaben ablegen, damit die Stände jederzeit wussten, wie es um den hessischen Staatshaushalt bestellt war.

Außerdem richtete der Landtag am 10. Februar ein Schreiben an die verbliebenen Regenten und an die Stadt Kassel den gemessenen Befehl, den jungen Landgrafen in die Obhut seiner Mutter zu geben - unter Berufung auf die mangelhafte Fürsorge für den Landgrafen.

[16] Einung: Einigung, Abschluss einer Versammlung, die von allen Teilnehmenden unterschrieben wurde.

Jedes Jahr sollte am Dienstag nach dem Fronleichnamsfest ein Landtag am Spieß abgehalten werden. Die Teilnahme an diesem Landtag sollte für die Stände Pflicht sein. Außerdem sollten an diesem Landtag Arme, die von den Amtleuten oder Amtsknechten über die Maßen beschwert wurden, gehört werden.

Es unterzeichneten Anna von Hessen, die Ritterschaft und alle größeren Städte wie Marburg, Eschwege, Gießen, Allendorf an der Werra, Spangenberg, Grünberg, Gießen, Grebenstein, Treysa und Witzenhausen mit dem ausdrücklichen Vermerk: „Bürgermeister, Rat und die ganze Gemeinde."

Kassel fehlte, da es nach wie vor treu zu Boyneburg stand.

„Wir haben uns schon Sorgen gemacht, wo ihr so lange bleibt!" empfing sie der Großvater, als sie am 13. Februar wieder zu Hause eintrafen.

„Keine Sorge, Großvater! Der Landtag war so gut besucht, dass Boyneburg es niemals gewagt hätte, uns militärisch anzugreifen!" erwiderte Anna Schreuerin und sprang vom Wagen.

„Ich hoffe nur, ihr habt euch euren Charakter nicht verderben lassen", lachte er nun und umarmte seine Enkelin. Auch Karl lachte über Annas Worte, die aus ihrem Mund so sonderbar klangen – als sei sie die engste Vertraute der Landgräfin und Boyneburg ihr persönlicher Feind.

Sie saßen abends noch lange zusammen. Anna erzählte ausführlich, während Katha und der Großvater aufmerksam zuhörten. Karl wunderte sich, wie viel Anna behalten hatte von dem, was verhandelt worden war. Nicht einmal er selbst hatte sich so viel gemerkt wie Anna. Aber sie hatte sich auch ernsthaft dafür interessiert. In Treysa hatten sie abends im Wirtshaus noch lange zusammengesessen, Anna hatte Jacob Löcher in den Bauch gefragt, dass es Karl schon peinlich war, aber sie hatte sich nicht ins Bett schicken lassen. Schließlich war sie fast Dreißig! Da hatte einem auch ein älterer Bruder nichts mehr zu sagen.

„Ihr hättet ihr Gesicht sehen sollen, als es um ihren Sohn ging. Man konnte ihr ansehen, dass sie sich bemühen musste, gefasst zu bleiben. Ihr Kind liegt ihr am Herzen. Es muss doch schrecklich sein, das Kind seinen Feinden ausliefern zu müssen und schließlich zu erfahren, dass sie das Kind vernachlässigen."

Katha schaute Johannes zu, der vor dem Feuer saß und versuchte, einen Kreisel zu drehen, den der Großvater ihm geschnitzt hatte.

„Wenn ich mir vorstelle, ich müsste Johannes hergeben. Nein, das könnte ich nicht!"

„Jacob hat übrigens geheiratet, wie er mir berichtete. Besonders glücklich scheint er aber nicht zu sein. Sie hat wohl Geld mit in die Ehe gebracht, so dass er nicht mehr so viele Märkte machen muss wie früher, doch versteht er sich nicht mit seiner Frau. Darüber hat er nicht mehr so ausführlich gesprochen. Ich weiß nicht, wieso."

„Das liegt doch auf der Hand, wieso!" sagte Anna. „Weil die Menschen davon überzeugt sind, dass ein Kaufmann sich mit einer reichen Frau verstehen muss. Als sei es das Selbstverständlichste der Welt. Aber ein Tuchhändler ist nicht nur ein Tuchhändler."

„Was soll er denn sonst noch sein, Schwesterchen?"

„Er ist auch ein Mensch. Wenn er abends aus seinem Geschäft zurückkehrt, ist er nicht mehr der Tuchhändler. Dann hat der Tuchhändler in ihm Feierabend. Dann ist er jemand, der vielleicht gerne singt, ein Instrument spielt, sonntags spazieren geht, draußen in der freien Natur, um den Vögeln zuzuhören. Vielleicht ist er ein Mensch, der sich über Schneeglöckchen besonders freuen kann. Vielleicht freut er sich auf seine Kinder, um mit ihnen zu spielen. Und die reiche Kaufmannstochter könnte doch eine Frau sein, die Schneeglöckchen langweilig findet und die ihre Kinder lieber von der Amme erziehen lässt. Die niemals auf den Gedanken käme, hinauszugehen in die Natur, sondern die allenfalls in einem feinen Kleid durch die Straßen der Stadt flanieren will. Aber trotzdem muss der Tuchhändler die reiche Frau heiraten, obwohl die Tochter des Flickschusters nichts lieber mag als Spaziergänge im Frühling draußen vor der Stadt, wo sie Schneeglöckchen pflücken kann. Die nichts lieber hört als das Lachen ihrer Kinder und eine Amme niemals ins Haus holen würde, selbst wenn sie es sich leisten könnte."

Genauso wenig wie Jacob nur ein Geschäftsmann ist, ist Anna von Hessen nur eine Fürstin. Du hast selbst gesehen, dass sie auch eine Mutter ist. Und eine Frau ist sie auch. Hast du gesehen, wie dieser Edelmann sie angesehen hat?"

„Da waren so viele Edelmänner. Die haben alle die Fürstin angesehen."

„Ja, aber keiner hat sie so angesehen wie dieser eine! Ich weiß natürlich nicht, was er genau ist. Ein Graf oder Baron oder Herzog. Jedenfalls sah er unglaublich gut aus. Ein so stattliches Mannsbild kann man doch nicht übersehen! Der große blonde Mann. Der mit dem Backenbart und dem dunkelblauen Barett mit der langen Feder. Die wirklich wichtigen Sachen hast du gar nicht mitbekommen, Karl!"

Euer Liebden,

Felsberg, 21. Februar, 1514

Aufs Dringlichste müssen wir Euch nun um die Entsendung von Truppen bitten. Aus sicherer Quelle wissen wir, dass Boyneburg das Land mit ausländischen Soldaten überfallen wird. Es heißt, dass sich im Schloss zu Marburg bereits viertausend Soldaten versammelt haben, täglich treffen Hunderte Söldner in Hessen ein. Weiterhin hat Boyneburg Kassel befestigt und auch dort mehrere Tausend Söldner versammelt. Hier in Felsberg haben sich unsere Anhänger um uns geschart, um gemeinsam mit uns zur Hauptstadt zu reiten. Dort hat der Kurfürst einen Landtag einberufen auf den zehnten März. Wir haben das Schreiben heute bekommen. Wir werden zunächst nur mit vierzig Pferden aufbrechen und die Lage in Kassel erkunden. Wir hoffen , dass Ihr uns mit Gottes Hilfe so bald als möglich mit Truppen vor Kassel begegnen könnt, damit uns unsere Anhänger aus Felsberg folgen und bei dem Landtag unterstützen.

Es grüßt Euch Eure Schwester

Anna

Es war der Abend des neunten März. Anna war mit Schrautenbach, Riedesel, Treisbach und vierzig Berittenen am Vortag in Felsberg aufgebrochen. Cleen und Löwenstein wollten sie ebenfalls begleiten, doch Anna hatte ihnen befohlen, den Zug der Felsberger zum Landtag zu führen. Zu leicht hätte man sie aus der kleinen Schar heraus als Verräter verhaften können. Sobald der Landtag begonnen hatte, wären auch sie sicher in Kassel.

Nun hatte Anna zwei der Berittenen vorausgeschickt, um den Wettinern anzuzeigen, dass sie auf dem Weg war und um sicherzustellen, dass man ihr freies Geleit geben würde, ohne sie zu bedrängen. Seit Stunden warteten sie schon in dem kleinen Gasthof. Anna wurde immer unruhiger. Was, wenn man ihre Diener nicht zum Kurfürsten vorgelassen hatte? Wenn man sie bestochen hatte, um sie in eine Falle zu locken? Unter solchen Gedanken ging sie in ihrem Zimmer auf und ab. Die Fensterläden waren geschlossen und mit Säcken verhängt. Anna konnte also nur lauschen, ob sich Reiter näherten. Dann und wann rüttelten Windböen an den Fensterläden, aus der Schenke hörte man Stimmen, irgendwo wieherten Pferde. Sonst war die Dämmerung still. Doch schließlich hörte sie, wie Reiter die Straße heraufkamen. Die Schritte der Pferde verlangsamten sich. Anna lauschte gespannt ins Zwielicht. Die Männer stiegen ab. Es dauerte eine ganze Weile, bis Anna die Tür des Gasthofes hörte. Riedesel hatte versprochen, ihr sogleich Bescheid zu geben, wenn seine Männer zurückkämen, doch nach einer Weile hielt Anna nichts mehr in ihrem Zimmer. Sie ging hinunter in die Gaststube, die fast ausschließlich von ihren Männern bevölkert war. Sie tranken nur mäßig. Man sprach leise, nichts deutete auf ein Gelage hin, wie es zwangsläufig kam, wenn so viele Männer beisammen saßen. An einem der Tische sah sie Schrautenbach, Treisbach und Riedesel. Die drei erhoben sich, als Anna zu ihnen trat.

„Reiter sind gekommen. Waren das nicht unsere Leute?“

„Nein, Euer Gnaden!“

Riedesel sah die Sorge auf Annas Gesicht, als sie sich setzte und den Männern bedeutete, ebenfalls wieder Platz zu nehmen. Treisbach ging zur Theke.

„Euer Gnaden sollten sich nicht sorgen. Noch ist Zeit. Bedenkt das schlechte Wetter, den Zustand der Wege um diese Jahreszeit. Selbst wenn sie erst in einer Stunde ankommen, können wir noch immer aufbrechen.“

„Aber dann werden wir erst spät in der Nacht in Kassel ankommen.“

Schrautenbach und Riedesel wechselten einen Blick, der Anna nicht beruhigte, doch kam sie nicht mehr dazu, nach den Bedenken der Männer zu fragen, denn schon standen die ausgeschickten Soldaten in der Tür des Gasthauses und sahen sich suchend um. Ihre breiten Hüte, ihre Mäntel troffen vom Regen. Sie sahen erschöpft aus. Riedesel gab ihnen ein Zeichen. Sie bahnten sich einen Weg durch ihre Kameraden, ließen sich hier und dort auf die Schultern klopfen – kein Zweifel, man war erleichtert, sie heil wiederzusehen. An Annas Tisch angelangt, wollten sie niederknien, doch Anna bot ihnen einen Platz an ihrem Tisch an. Etwas unbeholfen setzten sich die beiden hin, nachdem sie Hüte und Mäntel abgelegt hatten. Noch nie hatte ein Mensch von Stand ihnen einen Platz an seinem Tisch angeboten. Treisbach kam zurück, hinter ihm kam der Wirt mit einem Tablett voll dampfender Krüge. Erst als vor jedem ein Krug heißer Apfelwein stand und der Wirt sich wieder entfernt hatte, sagte Anna: „Sprechen Sie! Was haben Sie zu berichten?"

„Es war nicht schwierig, in die Stadt zu kommen. Man ließ uns am Tor ohne Umstände ein."

„Und die sächsischen Fürsten haben uns auch gleich empfangen. Sie haben uns nicht lange warten lassen."

Die Soldaten hatten ihre erstarrten Hände um die Krüge gelegt. Mit hochgezogenen Schultern saßen sie da und schlürften den ersten Schluck des heißen Weines. Sie verzogen die Gesichter, denn sie hatten sich die Lippen verbrannt.

„Was hat der Kurfürst gesagt? Wird er uns freies Geleit geben oder müssen wir Boyneburgs Söldner fürchten?" fragte Riedesel etwas ungeduldig.

„Freies Geleit ist uns sicher. Die Sachsen haben uns ihr Wort gegeben. Der Kurfürst selbst ist gar nicht in Kassel. Er hat sich entschuldigen lassen wegen wichtiger Geschäfte."

Riedesel stieß ein bitteres Lachen hervor. „Wichtige Geschäfte! Was für ein Schlag ins Gesicht! Dieser Mann ist zu bequem, sich dieser Herausforderung zu stellen, hält aber mit Zähnen und Klauen an seiner Vormundschaft fest. Das ist ein solcher Hohn!"

Anna legte begütigend ihre Hand auf seinen Arm. Sie hatte schon längst keine Illusionen mehr, was die sächsische Politik anging. Die Männer fuhren fort: „ Die Herzöge ließen uns sogleich dieses Schreiben hier ausfertigen, mit dem Euer Gnaden jederzeit Zutritt zur Stadt haben." Anna nahm die Pergamentrolle entgegen und erbrach das Siegel.

„Danke! Sie haben Ihren Auftrag gut ausgeführt."

„Haben Sie Boyneburg gesehen?" fragte Schrautenbach mit gedämpfter Stimme, denn die ohnehin leisen Gespräche in der Schankstube waren bis auf ein Murmeln erstorben.

Die beiden nickten. „Wir haben ihn gesehen. Er selbst geht in Rüstung. Noch nie habe ich diesen Schreiberling in einer Rüstung gesehen.“ Der Mann beugte sich vor und flüsterte: „Kassel ist befestigt, als erwarte man die Osmanen. Die Stadt wimmelt nur so von Söldnern. Es war noch hell, als wir in Kassel ankamen. Überall auf der Stadtmauer konnten wir Geschütze sehen, schweres Kriegsgerät, Kanonen und Bewaffnete ohne Zahl. Die Stadt gleicht einer Festung.“

„Das ist sonderbar! Die Sachsen geben uns freies Geleit und Boyneburg rüstet über alle Maßen. Sollte er sich mit dem Kurfürsten überworfen haben? Was hat er vor?“ sagte Schrautenbach und sah mit gerunzelter Stirn in die Runde. „Wenn Friedrich von Sachsen nun einen Landtag abhält, weil ihm bewusst geworden ist, dass Hessen ihm entgleitet, dann könnte er bereit sein, ein Bauernopfer zu bringen, um seine Vormundschaft zu retten. Boyneburg ist der Einzige, den er als Sündenbock opfern könnte“, erwiderte Riedesel.

„Und wenn Boyneburg tatsächlich schon Wind davon bekommen hat, wird er zu allem fähig sein, um seine Haut zu retten. Er wird sich nicht friedlich wie ein Lamm zur Schlachtbank führen lassen. Das liegt nicht in seiner Natur.“

„Ihr Herren!“ meldete sich einer der Reiter noch einmal zu Wort. „Wir haben in Erfahrung gebracht, dass die Sachsen selbst mit dreihundert bewaffneten Reitern in Kassel angekommen sind. Es besteht also kein allzu großer Zwist zwischen dem Kurfürsten und Boyneburg.“

„Also werden wir auf der Hut sein müssen. Wir sollten sofort aufbrechen. In der Dunkelheit sind wir sicherer.“

Riedesel ging, um dem Hauptmann die nötigen Befehle zu geben. Anna ging zurück auf ihr Zimmer, wo sie ihren Mantel abgelegt hatte. Gerade als sie wieder zur Tür hinauswollte, kam Riedesel ihr entgegen. Unter dem Arm trug er ein Bündel Kleider.

„Euer Gnaden, ich bitte Euch, dies hier anzuziehen.“

„Riedesel! Das sind Hosen! Ich werde doch keine Hosen tragen!“

„Es ist sicherer. Wenn der Kurfürst nicht selbst in der Stadt ist, hat er sicher seinen Hauptmann Thun geschickt. Dieser ist weit weniger friedlich als der Kurfürst. Ich will diesem Mann nichts unterstellen, aber wir wollen nichts riskieren. Ihr solltet nicht sofort erkennbar sein. Wir werden Euch in unsere Mitte nehmen. Dort können wir Euch besser schützen.“

„Ich werde Euch voran in die Stadt reiten. Ich will mich nicht feige zwischen Euch verstecken.“

„Ich weiß, dass Ihr sehr mutig seid. Doch bedenkt, dass Ihr es seid, die wir am nötigsten brauchen. Ein Armbrustbolzen, eine Kugel genügen, um alles zunichte zu machen. Wir sind kurz vor unserem Ziel. Wir können nicht riskieren, dass man Euch auslöscht."

Anna sah Riedesel an. Sie sah, wie angespannt sein Gesicht war, so bleich, dass man die Narbe kaum erkennen konnte.

„Gut, Riedesel. Ihr habt mir noch nie einen schlechten Rat gegeben. Ich will nicht ausgerechnet jetzt anfangen, an Eurem Rat zu zweifeln."

„Die Wirtin wird gleich hier sein, um Euch beim Umkleiden zu helfen."

Riedesel übergab ihr sichtlich erleichtert die Kleider und entfernte sich. Kurz darauf trat Anna zum ersten Mal in Hosen aus ihrem Zimmer. Es war ein sonderbares Gefühl, aber angenehm warm war dieses Kleidungsstück. Man konnte die Treppe viel leichter gehen, ohne dass unzählige Ellen Stoff vor den Füßen herumbaumelten. Anna erinnerte sich an den Morgen vor ihrer Hochzeit, als sie mit ihrer Schwester Katharina über Hosen gesprochen hatte. Nun hatte es fast vierzehn Jahre gedauert, bis sie es tatsächlich wahrgemacht und Hosen angezogen hatte. Aber ihr Kleid war in ihrer Satteltasche verwahrt. Unmöglich wollte sie vor den Sachsen in durchnässten Männerkleidern erscheinen. Riedesel stand mit ihrem Pferd bereit. Die Männer waren schon aufgesessen, die Pferde schnaubten in der Dunkelheit. Sie würden nur mit kleinen Laternen reiten, um den Wachen auf der Stadtmauer ihr Kommen so spät wie möglich anzuzeigen. Fackeln hatten in dieser Nacht ohnehin keinen Sinn. Wind und Regen hätten sie sogleich gelöscht. Aus der Tür des Gasthauses fiel ein Lichtschein auf Riedesels Gesicht.

„Glaubt Ihr wirklich, wir werden die Wachen mit dieser Verkleidung täuschen?" fragte Anna.

„Eine Laufbahn beim Militär würde ich Euch nicht ans Herz legen, aber als Schreiber geht Ihr allemal durch!" erwiderte er nur und hielt ihr die verschränkten Hände hin, damit sie aufsitzen konnte.

„Riedesel!"

Er sah zu ihr hinauf, wo sie sich im Sattel zurechtrückte und die Zügel fest in ihre Hände nahm.

„Boyneburg und die Sachsen mögen gerüstet haben als warteten sie auf die Osmanen, doch wenn sie meinem Sohn auch nur ein einziges Haar gekrümmt haben, werde ich unter ihnen wüten wie Attila der Hunne." Sie stieß ihrem Pferd die Fersen in die Weichen. Und Riedesel beeilte sich, ihr zu folgen, hoffend, dass der kleine Philipp wohlauf war. Denn diese Frau würde Attila in den Schatten stellen.

Die Dunkelheit hatte das Land schon vor über einer Stunde ergriffen. Nun bahnten sich die Reiter ihren Weg durch die Nacht. Den vorderen

Reitern mit den Laternen folgten dicht an dicht die Kameraden. Noch immer goss es aus dicken Wolken, kein Stern war zu sehen, kein Mond schien auf ihren Pfad. Sie kamen auf den aufgeweichten Wegen nur langsam voran, passierten Dörfer und Gehöfte. Anna konnte sich nicht erinnern, jemals so erbärmlich gefroren zu haben. Sie zog den Mantel, den Riedesel ihr gegeben hatte und der jeglichen Schmuck entbehrte, fester um sich. Doch die nasse Wolle schien ihren Körper nur zu kühlen. Sie spürte die Nervosität der Männer. Sie ritt mit Riedesel in der dritten Reihe. Das spärliche Licht der Laternen wurde durch den breiten Rücken eines Hauptmannes abgeschirmt und zuckte nur dann und wann über Riedesels angespanntes Gesicht. Anna schaute ihn an. In seinem vollen Bart waren seine Lippen kaum zu erkennen und auch die Narbe konnte man nur erahnen. Noch immer hatte Anna nicht zu fragen gewagt, wer oder was ihm diese Narbe eingebracht hatte. Sie wusste über ihn nur, dass er niemals eine Frau geheiratet hatte. Hatte dieser Mann, dessen Miene oft so undurchdringlich war wie der Nebel in der Lahnaue, wirklich niemals geliebt? Was ließ diesen Mann milde werden? Was konnte ihm wohl ein Lächeln entlocken?

„Euer Gnaden, wir nähern uns der Hauptstadt." Riedesels Stimme riss Anna aus ihren Gedanken. Am Horizont war Kassel aufgetaucht. Hier und dort konnte man auf der Stadtmauer Feuerschein erahnen. Anna konnte sich lebhaft vorstellen, wie sich schwerbewaffnete Söldner um diese Feuer scharten, ihre schwieligen Hände über die Flammen streckten, sie hörte förmlich die Geräusche von knirschendem Leder und klirrendem Eisen, die diese Männer umgaben wie ein Geruch. Ein Gestank nach Gewalt und Tod. Und hinter diesen Mauern lag irgendwo Philipp. Wie es ihm wohl gehen mochte? Ob er noch immer solche Angst hatte, wenn der Wind an den Läden rüttelte und den Regen gegen die Fenster peitschte? Sicher hatte er die vielen Söldner gesehen. Was hatte Boyneburg auf seine Fragen – die Philipp mit Sicherheit gestellt hatte - geantwortet? So lange hatte Anna den Kleinen nicht gesehen. Neun Jahre war er alt. Ob er sich auch so sehr nach ihr sehnte wie sie nach ihm? Anna dachte an Elisabeth und Jette, die in Felsberg sehnlichst auf gute Neuigkeiten warteten. Wann, wann durften sie kommen, um den Kleinen endlich wieder in die Arme zu schließen?

Anna blickte sich um nach Treisbach und Schrautenbach, die direkt hinter ihr ritten. Treisbach, der gegen Kälte vollkommen immun zu sein schien, ritt ohne Mantel. Der Regen hatte die breite Krempe seines Hutes aufgeweicht und aller Form beraubt. Schrautenbach dagegen hatte wie Anna seinen Mantel fest um sich gezogen. Ihm gelang sogar ein aufmunterndes Lächeln, als ihre Augen sich begegneten. Schrautenbach war gewohnt, der Herr der Lage zu sein. Doch ob ihm seine Redekunst in dieser Nacht helfen würde? Die vergangenen Jahre der Unsicherheit und Bedrohung schienen auch ihn verändert zu haben. Längst hatte er diese kleine fahrige Geste, mit der er unsichtbare Stäubchen von seinen Ärmeln gestreift hatte und die Anna bei ihrer ersten Begegnung aufgefallen war, abgelegt.

Die Straße wurde immer breiter, schon konnten sie die Mauern der Hauptstadt in der Dunkelheit erkennen. Sie erhoben sich grau und mächtig vor ihnen. Auf den Zinnen flackerten Feuer, dazwischen gingen Wachen mit geschulterten Büchsen hin und wider. Je näher sie kamen, umso deutlicher fanden sie die Worte der Späher bestätigt: Kanonen ragten ihnen zwischen den Zinnen entgegen. Ohne Zahl. Mit stillen schwarzen Rachen. Lauernd und kalt.

Riedesel ergriff Annas Zügel. „Wartet, Euer Gnaden. Wir nähern uns der Stadt auf Schussweite. Wir werden uns zurückfallen lassen. Lasst die anderen passieren."

Offensichtlich hatten die Männer nur auf sein Zeichen gewartet, denn schon zogen zwanzig Reiter an ihnen vorbei, neben Riedesel kam einer zum Stehen, neben Anna zwei, sodass sie nun genau in der Mitte der Schar ritt. Auf ein kurzes Kommando Riedesels setzten sie sich wieder in Bewegung. Deutlich hörten sie nun die Turmuhr schlagen. Mitternacht. Da waren sie kurz vor dem Tor. Durch das spärliche Licht der Laternen waren die Wachen tatsächlich erst im letzten Moment aufmerksam geworden. Anna schaute auf zu den Zinnen. Der Regen prasselte ihr ins Gesicht. Kaum konnte sie die Augen öffnen.

„Nicht! Nicht nach oben schauen, Euer Gnaden!" knurrte Riedesel.

Schon rief einer der Wachen: „Holla! Wer ist da?"

Der Hauptmann an der Spitze antwortete: „Wir kommen in friedlichen Absichten. Wir tragen ein Schreiben der sächsischen Herzöge bei uns. Öffnet das Tor!"

„Zeigt uns erst das Schreiben!"

Riedesels Pferd begann zu tänzeln. Der Hauptmann sprang ab und näherte sich dem Tor, wo sich ein kleines Fenster aufgetan hatte. Anna konnte nun nicht mehr hören, was gesprochen wurde. Riedesel starrte den Rücken des Hauptmanns an, während er noch immer versuchte, sein Pferd zu bändigen. Eine Ewigkeit schien vergangen zu sein, als der Hauptmann sich endlich umwandte, Riedesel zunickte und wieder aufsaß. Das Tor wurde ihnen aufgetan. Als der letzte Reiter das Tor passiert hatte, wurde es von den Wachen mit lautem Krachen geschlossen. Als Anna sich umdrehte, konnte sie sehen, wie die Männer einen mächtigen Querbalken vor das Tor legten. Kein beruhigender Anblick. Riedesel sah starr geradeaus, erst als das schwere Kriegsgerät, Kanonen und Feldschlangen auf den Stadtmauern zu sehen war, wandte er den Kopf. Selbst Bliden[17] hatte Boyneburg noch auffahren lassen. Diese Wurfgeschütze wurden seit langem nicht mehr verwendet, doch hier hatte der Landhofmeister alles aufgeboten, was er hatte auftreiben können.

Innerhalb der Stadt waren sie zumindest vor dem Wind geschützt. Der Regen prasselte unvermindert auf sie ein. Bald waren sie am Schloss angelangt. Anna sah, wie auch hier der Hauptmann abstieg, um sich mit dem Schreiben der Sachsen den Einlass zu erkaufen. Auch das Schloss war verbarrikadiert. Wieder dauerte es, bis man auch hier den Querbalken vom Tor entfernt hatte und es öffnete. Der Schlosshof war voller Söldner. Überall waren behelfsmäßige Zelte aufgestellt, Planen gespannt, unter denen sich schwer bewaffnete Männer um Feuerschalen drängten. Ihre Schatten zuckten über die Wände, hinauf zu den Fenstern. Anna dachte an Philipp. Irgendwo hinter diesen Fenstern lag er und schlief – oder hatte ihn der Lärm aufgeweckt? Was ging in seinem Kopf vor, wenn er die Truppen sah, die sich immer zahlreicher im Schloss einfanden? Die Fenster blieben dunkel. Offensichtlich hatten sich die Sachsen zur Ruhe begeben und nicht damit gerechnet, dass Anna von Hessen in einer solchen Nacht ankommen würde. Wahrscheinlich würden die Sachsen sie nicht vor morgen früh nach einem ausgiebigen Frühstück empfangen. Die Reiter drängten sich dichter um sie, Riedesel half ihr vom Pferd und schnallte ihre Satteltasche ab. Er wechselte kurze Worte mit dem Hauptmann. Zehn Reiter, die sie begleitet hatten, führten ihre Pferde mit sich fort. Die meisten von ihnen kannten das Kasseler Schloss und seine Stallungen aus früheren Zeiten, als sie noch unter Landgraf Wilhelm II. gedient hatten. Die anderen folgten ihnen ins Schloss, wo sich ihnen ein ähnliches Bild bot wie in der Stadt: Überall Wachen. Keine Handbreit würden sie sich unbemerkt im Schloss bewegen können.

Hofmeister Schwertzell kam ihnen im Schloss entgegen. Riedesel hatte diesem geputzten Laffen nie viel Ehrerbietung entgegengebracht. Daher übersah er die spöttische Miene Schwertzells, mit der dieser die durchnässte Schar überflog. Anna drückte ihren Hut tiefer ins Gesicht und wandte sich ab.

„Wir haben mit der Abordnung der Landgräfin nicht vor morgen früh gerechnet. Wir können Euch nur bescheidene Schlafplätze anbieten. Folgt mir!“

[17] Bliden: Wurfgeschütze ähnlich den römischen Katapulten, allerdings werden Bliden nicht gespannt durch Verdrillen von Seilen, sondern erhalten ihren Schwung durch ein Gewicht, das am Wurfarm befestigt ist und nach oben gezogen wird, wodurch die andere Seite des Wurfarms nach unten kommt, wo das Geschoss in eine Lasche eingelegt wird.

Sie alle folgten ihm in einen Seitenflügel des Schlosses, wo die Dienerschaft wohnte. Sie hofften auf ein warmes Feuer, etwas Essen und ein paar trockene Decken für die Nacht. Sie sollten nicht enttäuscht werden. Trotz der offenen Feindseligkeit sorgte man für sie. Die Dienerschaft war bereits geweckt worden. Die Glut wurde wieder zu einem Feuer entfacht, heißer Wein, Brot und kalter Braten wurden gereicht. Die nassen Kleider der Männer begannen in der Wärme des Feuers zu dampfen. Sie sprachen nur leise miteinander. Bald stießen auch die Männer, die die Pferde versorgt hatten, wieder zu ihnen. Sie waren in den Ställen von Boyneburgs Söldnern angefeindet worden und hatten sich die Plätze für die Pferde erst nach langen Wortgefechten sichern können. Decken wurden gebracht, die Männer würden sich mit den Bänken begnügen müssen, die in diesem Raum standen, viele von ihnen mussten auf dem Boden schlafen. Das angrenzende Zimmer verfügte sogar über drei Betten, doch sollte Anna dieses Zimmer allein für sich in Anspruch nehmen. Offensichtlich hatte niemand bemerkt, dass Anna von Hessen mit angekommen war. Die Zwischentür sollte Anna nicht verschließen. Sie hielt nach einem bekannten Gesicht Ausschau. Tatsächlich fiel ihr eine junge Frau auf, deren Dienste sie schon früher auf dem Schloss in Anspruch genommen hatte und die ihr vertrauenswürdig erschien. Als die Frau einen Krug heißen Weins auf dem Tisch abgesetzt hatte, sagte Anna: „Helfen Sie uns beim Auskleiden!"

Sie wurde rot und starrte Anna erschrocken an, erkannte sie aber. „Ja, Euer Gnaden!"

Sobald Anna mit der Frau allein war, flüsterte sie: „Wo ist unser Sohn? Wir wollen ihn sehen!"

Die Frau setzte die Satteltasche auf dem Boden ab und sah Anna kurz an.

„Bitte, Euer Gnaden, das geht nicht", stammelte sie. „Ich kann Euer Gnaden nicht an den Wachen vorbeiführen."

„Wir wollen Sie nicht in Schwierigkeiten bringen!" erwiderte Anna, während sie den nassen Mantel, den Hut abwarf und ungeduldig an dem Wams zerrte.

„Wartet, ich helfe Euch", flüsterte die Frau, um mit kundiger Hand die Schnüre und Haken der Uniform zu lösen. „Der Herr Landhofmeister Boyneburg hat erfahren, dass man Euch erwartet und hat Wachen aufstellen lassen."

Endlich konnte Anna auch das nasse Hemd abstreifen.

„Aber wie geht es unserem Sohn? Ist er wohlauf?" Die Frau sah Anna gerade an. Noch nie hatte sie die Stimme dieser Frau, der Landesfürstin, so ängstlich gehört.

„Es geht ihm gut. Euer Gnaden müssen sich keine Sorgen machen. - Dort im Kamin ist etwas Glut. Ich werde Tücher und Holz holen."

Sie verschwand. Anna ging barfuss über die kalten Steinplatten zu dem Kamin, vor dem ein Fell lag. Sie kniete nieder vor der Glut und streckte ihre erstarrten Hände danach aus. Vorsichtig blies sie hinein, wie sie es schon bei den Mägden beobachtet hatte. An den Seiten lagen kleine Holzstücke, die nicht mitverbrannt waren. Anna legte sie auf die Glut und blies weiter. Tatsächlich züngelten Flammen hervor. Sie genoss den warmen Schein auf ihrer Gänsehaut. Philipp. Es ging ihm also gut. Sie entschloss sich, den Worten der Frau Glauben zu schenken. Sie war nun nicht mehr fern von ihm. Sicher schlief er längst tief und fest. Die Dienerin kam zurück mit trockenen Tüchern und einem Krug heißen Weins, damit Anna ihren Becher noch einmal füllen konnte. Anna nahm beides dankbar an. Sie rubbelte ihre Haut, bis sie rot war, trank immer wieder kleine Schlucke Wein, der ihr heiß und stark durch die Kehle floss und sie von innen wohlig wärmte. Schließlich hatte die Dienerin Annas Kleider aus der Satteltasche geholt und ausgebreitet, so dass sie trocknen und sich zumindest etwas glätten konnten. Selbst in die Satteltaschen war der Regen gedrungen. Die Dienerin schüttelte das Bett auf. Anna schlüpfte hinein. Sie zitterte am ganzen Körper.

„Ich werde Euer Gnaden noch einen heißen Ziegelstein bringen. Verzeiht, dass ich daran nicht früher gedacht habe."

Anna rollte sich unter der kalten Decke zusammen, schlang die Arme um ihre Knie und erwartete sehnsüchtig den heißen Stein. Fast hatte sie sich warmgezittert, als die Frau endlich zurückkam. Sie fühlte den Stein groß und warm, in Tücher eingewickelt, an ihrem Körper. Für eine Weile hörte sie noch die Männer im Nachbarzimmer reden. Dann tat der heiße Wein seine Wirkung.

Am anderen Morgen kehrte sie zu Riedesel, Treisbach, Schrautenbach und ihren Reitern zurück. Die Männer hatten ihre Kleider am Feuer getrocknet und sich, so gut es eben ging, etwas hergerichtet.

„Seid Ihr bereit?" fragte Riedesel. Er sah Anna unter seinen buschigen Augenbrauen hervor an. Sie nickte und sah in die Runde. Schrautenbach bot den besten Anblick. Ein Staatsdiener und Mann von Welt. Treisbach hatte schon lange nicht mehr darauf geachtet, sein Hemd zu wechseln. Der Kragen war von seinem starken Bartwuchs vollkommen durchgescheuert. Aber er hielt sich aufrecht und war entschlossen, sich diesmal nicht in den Kerker werfen zu lassen. Seine Gertrud würde sich kaum die Mühe machen, ihn in einem Kasseler Gefängnis aufzusuchen. Die Soldaten wechselten kurze Blicke mit Riedesel. Ihr Hände lagen gelassen auf den Knäufen ihrer Schwerter. Anna straffte sich und ging ihrer kleinen Truppe voran. Sie ging mit energischen Schritte durch die Korridore, die sie so gut kannte und so lange nicht betreten hatte. Dieses Schloss war ihr niemals zu einer Heimat geworden. Draußen bestieg sie eine Kutsche, die sie zum Rathaus brachte. Die Männer folgten ihr auf Pferden. Auf dem Weg dorthin konnten sie das ganze Ausmaß der Rüstungen sehen. Sämtliche Zinnen und Türme waren mit Kanonen besetzt. Überall marschierten Söldner. Die wenigen Bürgerinnen und Bürger, die sie sahen, huschten eilig vorüber, ohne die Kutsche anzuschauen. Wie in Kriegszeiten! dachte Anna. Die gesamte Reiterschar folgte ihnen. Um die zehnte Stunde hatten die Sachsen ihnen ihre Aufmerksamkeit versprochen. Anna hielt es nicht für nötig, um Punkt zehn Uhr zu erscheinen. Sie kam an, als die Turmuhr das erste Viertel schlug. Anna ging mit ihren Männern die Treppen zum Saal hinauf, wo ihnen von Dienern die Türen aufgetan wurden. Herzog Johann und Herzog Heinrich von Sachsen waren erschienen. An Leibesfülle und Behäbigkeit standen sie dem Kurfürsten in nichts nach. Allerdings wusste Anna nicht, wie weit die Befugnisse dieser Herren ging. Sie fürchtete, dass die Herzöge sie hinhalten könnten mit dem Argument, sich erst mit dem Kurfürsten beraten zu müssen. Immerhin fühlte sie sich in der Gegenwart der Sachsen ihres Lebens sicher. Eine Verhandlung allein mit Boyneburg hätte sie im Moment nicht führen wollen. Riedesel hätte dem auch niemals zugestimmt.

Anna hätte sich gefreut, ihren alten Freund Herzog Georg zu begrüßen, doch leider hatte er sich einen unseligen Krieg mit Friesland aufgehalst. Es stand so schlecht um seine Sache, dass die Friesen schon Spottlieder sangen:

Friesland mag wel Fressland heeten,
Heeft Sachsen en Meißen opgegeten.[18]

Herzog Georg war also unabkömmlich in Friesland und konnte sie diesmal nicht unterstützen. Immerhin hatte er seine Räte geschickt. Georgs Bruder, ihr Schwager Herzog Heinrich, war anwesend. Ihre Schwester Katharina hatte ihrem Gemahl bereits vor einem Jahr eine Tochter geschenkt und war wieder schwanger. Ihre Nichte hatte Anna noch nicht gesehen. Mit Bitterkeit stellte sie fest, dass ihr eigener Schwager auf der Seite ihrer Feinde stand. Herzog Heinrich war ein Albertiner, stand aber neben Herzog Johann und würdigte die Räte seines Bruders keines Blickes. Katharina, ihre eigene Schwester hatte sich auf die Seite ihrer Feinde geschlagen, anstatt auf ihren Gemahl einzuwirken, dass er ihre gerechte Sache unterstützte. Es war ungeheuerlich!

[18] Friesland mag wohl Fressland heißen, hat Sachsen und Meißen aufgegessen.

„Wir grüßen Euch und alle die mit Euch sind. Wir haben gehört, dass Ihr zu unerhört später Stunde hier in Kassel angekommen seid“, sagte Herzog Johann.

„Wir danken Euer fürstlichen Gnaden für den freundlichen Empfang“, erwiderte Anna betont kühl und verneigte sich nicht tiefer als unbedingt notwendig. Ihr Blick verfinsterte sich, als sie Boyneburgs und seiner Getreuen ansichtig wurde. Immerhin hatte dieser Thun ihr seine Anwesenheit erspart. Sie nahmen alle an einem zu großen Tisch Platz, die Herzöge und die Regenten an einem Kopfende, Anna und ihre Bundesgenossen am anderen. Öfen hatten diesen Saal behaglich geheizt, an die hundert Kerzen erhellten den Raum - denn das Tageslicht war spärlich - beleuchteten die schweren Vorhänge der hohen Fenster, die Ornamente des Holzfußbodens, die Malereien an Decke und Wänden.

„Wir hatten Euer Gnaden bereits früher erwartet. Für gewöhnlich erscheinen Euer Gnaden schon Tage vor dem Beginn der Land- oder Reichstage.“

Anna überhörte diese Spitze. Nun ergriff Schrautenbach das Wort.

„Wie sollte dies ein Landtag sein? Die Landschaft müsste um ihr Leben fürchten, sollte sie sich der Stadt auch nur nähern. Auf unserem Weg vom Schloss zum Rathaus konnten wir sehr eindrücklich Eure Vorbereitungen für den Landtag in Augenschein nehmen. Ihr habt die Stadt in eine Festung verwandelt. Die Tore sind verbarrikadiert. Das Schloss ist erfüllt von fremden Truppen. Überall sahen wir Söldner und Bürger in Waffen. Die Stadtmauer und sämtliche Türme sind mit Kanonen bestückt als befinde man sich im Krieg.“

„Aber, aber! Diese Vorbereitungen waren nicht mehr als notwendig“, erwiderte Herzog Heinrich in einer gemütlichen Art, wie es wohl der Kurfürst selbst getan haben würde. Dabei machte er beschwichtigende Gesten mit seinen fleischigen Händen, die eher an Rehkeulen als an Schwerter gewöhnt waren. „Die Vergangenheit hat gezeigt, dass wir Vorsicht walten lassen müssen. Wir erinnern nur an den Aufstand der Stadt Homberg. Die Befestigung dient ausschließlich der Sicherheit der Stadt und wurde auf unseren Befehl hin vorgenommen. Bedenkt, dass die Sachen im Land allzu zwiespältig stehen. Aber niemals haben die Herzöge von Sachsen ihre Mündel gekränkt.“

Schrautenbach spürte, wie Anna neben ihm vor Wut um Fassung rang. Er beeilte sich, den Herzögen so ruhig wie möglich zu erwidern: „Die Landschaft, die treu hinter der Landesfürstin steht, hat sich bereits in Felsberg versammelt. Die Nachricht Eurer Kriegsvorbereitungen ließ uns um die Sicherheit der Landschaft fürchten. Wir sind bereit, eine Malstatt zwischen Kassel und Felsberg zu suchen, um dort den Landtag abzuhalten. Oder man muss uns die Gelegenheit geben, uns gleichfalls zu rüsten. Dafür ersuchen wir um eine Frist von vier Tagen."

„Entfernt diese Truppen!" rief Anna nun. „Was fürchtet Ihr, dass Ihr Euch rüstet und verschanzt? Sind wir es? Sind es unsere Verbündeten oder sind es die berechtigten Forderungen, die die Landschaft unausweichlich stellen wird? Wollt Ihr die Menschen, die hier für ihr gutes Recht einstehen, gegen gebrochene Verträge - von Euch gebrochene Verträge!" schleuderte sie Boyneburg entgegen, „Wollt Ihr diese Menschen alle erschießen lassen?"

Boyneburg hatte sich erhoben. Seine Augen sprühten, doch Herzog Heinrich verwies ihn in seine Schranken.

„Die Truppen bleiben wo sie sind. Was wir Euch anbieten, ist ein Geleitbrief für die gesamte Landschaft. Das mag angehen. Aber die Truppen werden wir nicht abziehen."

Schon wollte Anna wieder aufbrausen, doch Schrautenbach legte seine Hand auf ihren Arm und sagte sehr höflich, aber bestimmt: „Das Angebot nehmen wir an. Wir werden hier solange warten, bis das Schriftstück ausgefertigt ist."

Am Nachmittag kam Schrautenbach in den Gasthof, in dem Anna mit ihrem Gefolge Quartier bezogen hatte. Das Schloss war ihr zu eng. Sie wollte nicht mit fremden Söldnern unter einem Dach schlafen.

„Hier ist der Geleitbrief, Euer Gnaden. Ich habe bereits mit Riedesel gesprochen. Er wird den Brief persönlich nach Felsberg bringen. Er wird nur zehn Reiter mitnehmen, die anderen dreißig bleiben hier zu Eurem Schutz."

„Wir danken Ihnen, Schrautenbach."

Er sah sie einen Moment an. Sie hatte sich verändert und doch war noch immer das Mädchen zu erkennen, das er vor vielen Jahren durch das Marburger Schloss geführt hatte. Sie stand an einem schmutzigen Fenster eines kleinen Gasthofes und schaute hinaus in einen grauen Märztag. Nirgendwo war der Frühling auch nur zu erahnen. Die Landgräfin sah müde aus. Sie hatte lange Jahre gekämpft. Nun war sie kurz davor entweder alles zu gewinnen oder alles zu verlieren. Sie sah zerbrechlich aus. Angreifbar. Ohne Riedesel war sie noch angreifbarer.

„Kann ich noch etwas für Euer Gnaden tun? Soll ich einen heißen Wein bringen lassen? Etwas zur Stärkung?"

„Nein, Schrautenbach. Danke. Wir danken Ihnen. Es geht uns gut." Er sah, wie sie sich straffte, die Schultern zurückbog und ihr Kinn kurz hob. „Es geht uns gut. Wir sind zuversichtlich. Bald ist dieser unselige

Handel ausgestanden. Dann werden wir wieder in Frieden leben können."

Er lächelte und sah freudig, wie sie es flüchtig erwiderte.

Riedesel war abgereist. Anna konnte die Zeit in dem Gasthof kaum ertragen. Schrautenbach und Treisbach waren in der Stadt unterwegs. Sie kamen mit guten Nachrichten zurück, die Anna die Zeit verkürzten: Tatsächlich standen die Kasseler Bürgerinnen und Bürger auf der Seite ihrer Landesfürstin. Es war ausschließlich der Rat der Stadt, der sich auf die Seite der Regenten geschlagen hatte.

Schon am zweiten Tag hielt Anna beständig Ausschau nach den Felsbergern. Der Regen hatte aufgehört. Bisweilen kam sogar die Sonne hervor und verwandelte die nassen Wiesen rings um Kassel in ein Meer aus glitzernden Grashalmen. Gutes Reisewetter! Dies müsste das Fortkommen der Freunde und Verbündeten doch erleichtern. Anna wurde immer ungeduldiger. Bis schließlich Schrautenbach am dritten Tag, es war Montag, der 13. März 1514, außer Atem im Gasthof anlangte und meldete, dass nicht nur die Felsberger angekommen seien.

„Seht selbst, Euer Gnaden. Ich habe Euer Pferd schon satteln lassen. Reitet ihnen entgegen."

Anna warf sich ihren Mantel um die Schultern und eilte die Treppen hinab, in den Hof, wo der Bursche drei gesattelte Pferde bereithielt. Treisbach saß gerade auf, Schrautenbach war noch immer außer Atem und kaum in der Lage sein Pferd zu erklimmen. Anna hatte noch nie so schnell im Sattel gesessen.

„Auf geht's!" rief sie und drückte ihrem Pferd die Fersen in die Weichen. Auf den Gassen begegneten sie Bürgerinnen und Bürgern, die den Aufmarsch vor den Toren zu deuten wussten und ihren Jubel nun nicht mehr unterdrückten. Als sie am Tor anlangten, wurde ohne jeglichen Widerspruch der Querbalken zur Seite gelegt. Die großen Flügel des Tores öffneten sich und gaben den Blick frei auf die Ebene vor der Stadt. Bei diesem Anblick schlug Annas Herz bis zum Hals. Mindestens fünfhundert Reiter waren dort versammelt. Dazu gesellten sich zahllose Menschen zu Fuß, teilweise bewaffnet. Und wie Schrautenbach schon berichtet hatte, waren es nicht nur die in Felsberg versammelte Landschaft, sondern auch mecklenburgische, brandenburgische und württembergische Gesandtschaften. Ihre Wappen leuchteten in der Sonne. Anna jubelte innerlich. Dort sah sie das Wappen ihrer Familie. Ihr Bruder Albrecht hatte sein Versprechen wahr gemacht. Albert hätte keinen besseren Zeitpunkt wählen können. Dieser Aufmarsch war beeindruckend. Anna trieb ihr Pferd an und galoppierte ihrem Bruder entgegen. Albrecht grinste, als hätte er seiner Schwester wie in Kindertagen bei einem ihrer Streiche geholfen.

„Wir hoffen, das Aufgebot entspricht Euren Erwartungen, liebste Schwester!“ Anna lachte. Zum ersten Mal seit langer Zeit lachte sie unbeschwert und frei heraus, wie früher, als sie noch die Tochter des Herzogs von Mecklenburg gewesen war und keine anderen Sorgen als eine drohende Heirat gekannt hatte.

„Euer Aufgebot übertrifft meine Erwartungen. Ihr seid mehr als willkommen. Seid gegrüßt. Nun lasst uns einziehen in diese Stadt, die uns allen mit Jubel begegnen wird.“

Sie sah Cleen und Löwenstein in der Menge, die sich voll Anerkennung vor ihr verneigten. Anna erwiderte ihren Gruß. Dann wendete sie ihr Pferd und hob die Hand wie eine Feldherrin, die ihre Truppen befehligt. Allen voran ritt sie ein in die Stadt, wo die Bürgerinnen und Bürger nun die Straßen säumten. Die Söldner hatten sich auf die Stadtmauern zurückgezogen, um nicht unterzugehen in der Menge, die der Landesfürstin entgegeneilte. Deutlich erinnerte sich Anna daran, wie man ihr vor Jahren in dieser Stadt begegnet war: feindselig und voller Häme, als man ihr Philipp weggenommen hatte. Es waren nun dieselben Menschen, die ihr zujubelten. Sie jubelten, um ihrem Zorn über die wettinische Fremdherrschaft und Boyneburgs Vasallentum Luft zu machen. Als sie in die vielen freudigen Gesichter sah, verschwendete Anna keinen Gedanken mehr daran, wie schnell dieser Jubel wieder enden konnte.

Am nächsten Tag versammelten sich die Stände, die fast ausnahmslos hinter Anna standen, im Rathaus. Sie erwarteten mit Spannung ihre Landesfürstin, dazu die sächsischen Herzöge und die Regenten. Anna kam pünktlich. Sie wollte die Stimmung genießen, die nun im Saal herrschte. Riedesel, Treisbach, Cleen und Löwenstein erwarteten sie bereits.

„Heute ist der Tag, Euer Gnaden!“ sagte Löwenstein.

„Und er wird unser sein!“ erwiderte Anna.

Ihr Blick überflog die Menge. Überall standen die Männer beisammen, redeten und gestikulierten – Ratsherren mit reichen Kaufleuten, Ritter mit ihresgleichen und auch die Handwerker blieben unter sich. Anna hoffte inständig, dass diese Männer, die so sehr auf ihren Stand bedacht waren, bei diesem Landtag die Notwendigkeit einsehen würden, an einem Strang zu ziehen. Da sah sie Schrautenbach in der Menge. Und bei ihm erblickte sie alte Bekannte. Schrautenbach hob die Hände, als wolle er ihnen bedeuten, im Hintergrund zu bleiben. Über Annas Gesicht huschte ein Lächeln. Dieser Schrautenbach war nicht mit Gold aufzuwiegen. Er verneigte sich vor den Herrschaften und kam nach vorn zu Anna.

„Ich bin froh, dass sie gekommen sind. Sie werden uns nützliche Zeugen sein."

„Wir danken Ihnen, Schrautenbach. Das war ein kluger Schachzug."

Plötzlich erhob sich unwilliges Gemurmel im Saal. Die Männer sahen sich zornig um. Da hörte auch Anna den Lärm, der durch das Treppenhaus hallte und bedrohlich anschwoll: Soldaten näherten sich mit schweren Stiefeln und scheppernden Rüstungen. Die Männer drängten sich dichter um sie. Anna erbleichte, doch Albrecht neigte sich zu ihr und flüsterte: „Das Anschleichen müssen sie noch üben!" Trotz aller Anspannung musste Anna lachen, verstummte aber, als die Türen aufflogen und hundert Bewaffnete den Raum besetzten. Den Soldaten folgten die Sachsen, zunächst die Ernestiner, danach die albertinischen Räte Herzog Georgs. Auf diese folgten Boyneburg und die Regenten, die noch zu ihm standen. Die Soldaten stellten sich den Wänden entlang auf, während sechs Bewaffnete den Sachsen voran durch die Menge nach vorn schritten.

Das Lärm schwoll ab zu einem unwilligen Murmeln. Die Stände schienen sich dichter zusammenzudrängen. Viele sahen Anna an, die ganz ruhig zwischen ihren Männern stand. Die Herzöge hatten Platz genommen. Sie überließen den Vorsitz über den Landtag Hauptmann Thun. Sobald die Menge verstummt war, ergriff Anna das Wort, ohne dass Thun einschreiten konnte:

„Wir grüßen die Landschaft und heißen sie willkommen. Wir danken Euch für Euer Erscheinen. Wir haben darauf verzichtet, dem Kaiser selbst unsere Beschwerden unverzüglich vorzutragen, in der Hoffnung, dass die Landschaft auf diesem Landtag Abhilfe schaffen wird."

„Das wollen wir wahrlich! – Euer Gnaden!" rief einer aus Boyneburgs Reihen, Annas Titel wie eine Schmähung hervorstoßend. „Wir, die Landschaft des Landes Hessen wollen Euren Beschwerden Abhilfe schaffen, auf dass Ihr niemals wieder Gelegenheit haben werdet, Euch zu beschweren."

„Ihr wagt es, Euch als Landschaft zu bezeichnen?" rief Löwenstein zornig. „Die rechtmäßige Landschaft steht hier! Auf unserer Seite steht die ansehnliche Mehrheit der hessischen Stände!"

„Ihr mögt über die ansehnliche Mehrheit verfügen, doch haben wir mehr Ansehen. Auf unserer Seite stehen die ältesten und angesehensten Mitglieder des Adels, die meisten Prälaten und die Landeshauptstadt Kassel. Deshalb dürfen wir uns mit Fug und Recht als Landschaft bezeichnen. Die Handwerker unter Euch dürften noch die ehrenhaftesten

Mitglieder sein – sehen wir doch in Euch und allen ehemaligen Regenten Verräter!"

„Ihr seid die Verräter!" ereiferte sich Cleen nun. „Ich habt alles verraten, was ihr beschworen habt, alle Verträge habt Ihr gebrochen, das Land dem Ruin ausgeliefert!"

Schon hatten Cleen und Löwenstein die Hände am Schwert, da dröhnte die befehlsgewohnte Stimme Hauptmann Thuns durch den Saal: „Schweigt! Alle miteinander! Oder wir lassen den Saal räumen."

Den Herzögen war dieser Einstieg in die Verhandlungen sichtlich unangenehm geworden.

„Wir werden die Frage, wer sich als Landschaft bezeichnen darf, später zu einem günstigeren Zeitpunkt erörtern. Die Verhandlungen sind hiermit eröffnet. Wir legen den Verhandlungen die Beschwerdeschrift der Landgräfin Anna von Hessen zugrunde, die diese uns nach Naumburg übersenden ließ.

Der erste Verhandlungsgegenstand ist der Gesundheitszustand des jungen Landgrafen Philipp von Hessen. In ihrer Beschwerdeschrift bezichtigt die Landgräfin die Vormünder, den Landgrafen unzureichend zu versorgen. Was habt Ihr dazu zu sagen, Landhofmeister von Boyneburg?"

Boyneburg trat vor. Er war noch hagerer und bleicher als Anna ihn in Erinnerung hatte. Er sprach sehr ruhig und gefasst. „Der junge Landgraf wurde zu keiner Zeit vernachlässigt. Er war stets gesund und nichts hat ihm gefehlt. Wäre er krank gewesen, hätten wir ihm selbstverständlich ärztliche Hilfe zuteil werden lassen. Dies sind wir unserem Amt und unserer ritterlichen Ehre schuldig. Ich bitte Euch, den Knaben herbeizuholen, damit sich jeder der hier Anwesenden selbst davon überzeugen kann, dass der Knabe wohlauf ist."

„Eure Behauptung, unser Sohn sei niemals krank gewesen, kann nicht wahr sein. Einmal besuchten wir ihn hier in Kassel. Da war er kränklich, nachdem ihn einer seiner Spielkameraden gegen eine Bank gestoßen habe. Es geschah im Spiel und ohne böse Absicht, wie er uns versicherte. Als wir einen Medicus rufen wollten, wurde uns dies verwehrt. Kein Arzt durfte nach dem Knaben sehen, der über Schmerzen klagte. Nennt Ihr das Fürsorge?"

Anna hatte Mühe, ihre Stimme zu mäßigen. Unter ihren Anhängern wurden Misstrauen und Argwohn laut gegen Boyneburgs Aussage.

„Tatsache ist, dass der Knabe ein kleines Gebrechen hat. Eine leichte Deformierung des Hodensacks. Davon habe ich dem Kurfürsten Mitteilung gemacht. Der Knabe wurde daraufhin von mehreren Ärzten untersucht, die einhellig zu der Meinung kamen, dass der Knabe dies bereits von Geburt an habe."

„Wie könnt Ihr es wagen, solches zu behaupten? Wir haben dem Land einen gesunden Erben geboren! Bei voller Gesundheit haben wir den Knaben dem Regiment übergeben. An eben jener Stelle hatte er die Schmerzen nach dem Unfall. Wir bitten alle, die Ihr hier versammelt seid, Ihr Prälaten, Ritterschaft, Grafen und Stände, uns beizustehen, damit wir unseren Sohn dem Regiment wieder abringen, bevor dem Kind noch Schlimmeres zustößt."

Boyneburg blieb ruhig. Mit gefasster Stimme sagte er: „Als der Knabe geboren war und wir ihn gemeinsam mit dem verstorbenen Landgrafen in Augenschein nahmen, konnten wir deutlich sehen, dass der Hodensack des Kindes eine sonderbare Form hatte." Anna wollte aufspringen, doch Schrautenbach hielt sie am Arm.

Boyneburg fuhr fort: „Der Landgraf, als er dies sah, sagte damals, wenn sein Sohn an dieser Stelle nicht genauso geschickt wäre wie er selbst, dann könne er sein Sohn nicht sein."

„Das ist gelogen!" schrie Anna, die sich nicht mehr von Schrautenbach zurückhalten ließ.

„Landgräfin Anna von Hessen!" donnerte Thun. „Wir erteilen Euch hiermit einen Verweis!"

„Wir werden nicht mehr schmählich reden, wenn Ihr es auch unterlassen wollt!" konterte Anna bissig.

Herzog Johann lehnte sich hinüber zu Thun. Dieser nickte und sagte laut: „Wir werden nun zum nächsten Artikel übergehen. Diese Rede bringt zu viel Schimpf und Nachteil. Außerdem kann nichts entschieden werden, ohne den Knaben besichtigt zu haben. Wir ordnen daher eine Besichtigung des jungen Landgrafen an."

Anna stöhne innerlich. Wie gerne hätte sie Philipp aus alldem herausgehalten.

Der nächste Beschwerdepunkt auf der Liste war die Absetzung von Amtleuten durch Boyneburg. Entscheidungen, die er einsam getroffen und durchgesetzt hatte. Dies begründete er mit dem Ungehorsam eben jener Männer. Diese Fälle lagen teilweise über drei Jahre zurück. Die genauen Umstände waren nicht mehr festzustellen. Auch war keiner der Herren anwesend, um seinen Ungehorsam zu begründen. Boyneburg gewann an Sicherheit, zumal ihm beim nächsten Punkt, der eigenmächtigen Vergabe weltlicher und geistlicher Lehen, die Herzöge zu Hilfe kamen und behaupteten, Boyneburg habe diese Lehen mit ihrer Billigung vergeben.

„Aber nicht mit unserer Billigung!" rief jemand aus der Landschaft.

„Wir sind die Vormünder!“ erwiderte Herzog Johann betont ruhig. Eine Bewegung ging durch die Soldaten. Sie schienen nur auf ihren Befehl zu warten. Anna wurde unruhig. „Euer Gnaden, die Verhandlung ist noch nicht vorbei. Seid getrost. Vertraut mir!“ Anna versuchte, innerlich ruhig zu werden. So viel hing nun an diesem Tag. Würde man Philipp wirklich einer öffentlichen Leibesvisitation unterziehen? Das musste ihm erspart bleiben. Sie streifte Boyneburg mit einem kurzen Blick. Seine Miene war so voll Hochmut und Siegesgewissheit. Anna hätte ihn ohrfeigen mögen. Sie wollte sich nicht geschlagen geben. Niemals!

„Wir kommen zum nächsten Punkt. Man wirft dem Landhofmeister vor, den Marburger Vertrag und die Abrede am Spieß gebrochen zu haben, indem er weder Hermann Riedesel, noch den ständischen Ausschuss zu den jährlichen Rechnungslegungen und wichtigen Regierungsgeschäften hinzugezogen habe.“

Boyneburg, der ganz und gar das Bild eines zu Unrecht Angeklagten bot, der dem Gericht beflissen zu Diensten ist, um seine Gegner zu überführen, erhob sich würdevoll. „In der Tat haben wir weder Herrn Erbmarschall Riedesel noch die Stände zu diesen Geschäften hinzugezogen. Doch geschah dies nicht aus bösem Willen oder aus der Absicht heraus, die Verträge zu brechen, sondern wir wussten uns im Einklang mit dem Kurfürsten. Der Kurfürst selbst hat diese Vorgehensweise gebilligt. Er ist der Vormund. Wie hätten wir uns gegen die Anordnung der Erbvormünder auflehnen können?“ Den Zorn der Stände konnte man mit Händen greifen.

„Der Landhofmeister spricht die Wahrheit.“ Herzog Heinrich von Sachsen hatte das Wort ergriffen. „Ein Hinzuziehen Erbmarschall Riedesels oder der Stände war niemals vonnöten. Alle Rechnungen waren vollkommen korrekt. Niemals hatten wir eine Beanstandung. Weshalb also hätten wir irgendjemanden bemühen sollen?“

Nun erhob sich Schrautenbach. Und Thun erteilte ihm das Wort.

„Niemand bezweifelt die Redlichkeit, mit der Ihr die Rechnungen geführt habt. Wir glauben alle gerne, dass sie korrekt waren bis auf das letzte Tüpfelchen auf dem i. Doch mit Verlaub, Ihr Herren, zielt Eure Antwort an der Frage vorbei.“ Er schwieg für einen Moment und schaute in die Runde. Die Stände waren still geworden und schauten ihn gespannt an. „Was wir beanstanden, ist die Tatsache, dass in dem Marburger Vertrag und in der Abrede am Spieß festgelegt wurde, dass der Erbmarschall und ein ständischer Ausschuss hinzugezogen werden *müssen* – und dies niemals geschehen ist. Bei diesem Punkt geht es nicht um Rechnungen – dazu werden wir später noch einmal kommen; es geht um nicht weniger als Vertragsbruch! Wie, Herr Landhofmeister, könnt

Ihr rechtfertigen, dass Ihr diese Verpflichtungen bei Eurer Wahl zwar anerkannt, aber niemals in die Tat umgesetzt habt? Vollmundig habt Ihr damals Mitspracherecht und Aufsichtsrecht gefordert. Und doch habt Ihr es den Ständen abgesprochen. Ihr habt die Stände von der Regierung vollkommen ausgeschlossen. Ihr habt ihnen jegliches Aufsichtsrecht über die finanziellen Verhältnisse des Landes verweigert."

„Dies geschah auf ausdrücklichen Wunsch der Vormünder", rechtfertigte sich Boyneburg.

„Das ist richtig", kam Herzog Heinrich ihm zu Hilfe. Es geschah auf Wunsch des Kurfürsten."

Ganz so, als sei damit bereits alles geklärt, lehnte sich der feiste Herzog wieder in seinem Lehnstuhl zurück. Doch Schrautenbach war noch nicht am Ende. „Wenn die sächsischen Vormünder tatsächlich die Vernachlässigung der Stände gewünscht haben, dann wäre es an den Regenten und vor allem an dem Landhofmeister gewesen, den Kurfürsten ausdrücklich auf die festgelegten Verträge aufmerksam zu machen. Sehr wahrscheinlich hätte der Kurfürst seinen Wunsch zurückgenommen, allein schon um keinen Unmut im Land aufkommen zu lassen."

Riedesel beugte sich zu Anna und flüsterte: „Jetzt hat er ihn angeschossen."

„Ist denn tatsächlich Unmut im Land aufgekommen?" wagte Herzog Johann noch zu fragen. Als Antwort scholl ihm bitteres Lachen der Stände entgegen. Schrautenbach fuhr fort: „Der Landhofmeister hatte sich damals ganz liberal gegeben. An die Spitze der ständischen Bewegung hatte er sich gegen die Landgräfin gestellt. Erinnert Ihr Euch?" fragte er die Stände. „Schon nach kürzester Zeit hat dieser Mann, der sich die Mitbestimmung der Stände auf die Fahnen geschrieben hatte, eine ganz andere Fahne gehisst. Eine sächsische Fahne hat er gehisst. Zu einem Vasallen der Vormünder ist er geworden. Eure Ansprüche wollte er eifrig verfechten, doch er ist Euch untreu geworden."

„Wenn ich geahnt hätte, wie wichtig Euch die Teilnahme an den Rechnungslegungen ist, hätte ich ..." weiter kam Boyneburg nicht.

„Wagt nicht zu behaupten, wir hätten die ganze Zeit geschwiegen!" rief Cleen. „Nicht nur wir sind auf taube Ohren gestoßen. Niemanden wolltet Ihr hören. Einmal sind wir bis zum Kurfürsten durchgedrungen. In aufrichtiger Sorge um das Land. Er hat uns vertröstet und abgewiesen. Wie Lakaien hat er uns abgewiesen. Aber wir haben Eide geschworen, dem Land Hessen zu dienen. Niemals haben wir geschworen, den Sachsen zu dienen."

„Das ist richtig!“ meldete sich ein Mann zu Wort, der die Ratsherrenkette der Stadt Treysa trug. „Wir haben Einlass begehrt, aber auch wir wurden fortgeschickt. Bedroht hat man uns.“

„Wir fordern nur die Rechte, die man uns in den alten Verträgen zugebilligt hat!“ rief ein anderer. Eine Woge des Aufbegehrens ging durch den Saal. Niemand achtete mehr der Redeordnung, alle riefen durcheinander, dass man diesen Vertragsbrecher absetzen müsse. Thun sorgte mit seiner Feldherrnstimme für Ruhe. Die Soldaten an den Wänden setzten ihre Hellebarden wieder ab, die sie in dem kleinen Tumult aufgenommen hatten, um auf einen Wink ihres Hauptmanns bereit zu sein.

„Wir werden auch diesen Punkt später ausführlicher behandeln“, sagte Thun. Die Menge stöhnte auf.

„Kommen wir nun zum nächsten Punkt. Wilhelm der Ältere. Zur Zeit ist er auf Schloss Spangenberg untergebracht. Die Landschaft verlangt seine Auslieferung. Außerdem wurden die Kosten, die seine Reise zum Kaiser im Ausland verursacht hat, aus Steuergeldern bezahlt. Was mich interessiert, ist der Ursprung dieses unseligen Handels. Bevor dieser nicht geklärt ist, können wir in dieser Sache nichts entscheiden. Herr Landhofmeister, ich bitte Euch dazu Stellung zu nehmen.“

„Wir hatten keine Wahl. Wir mussten diese Kosten aus der Staatskasse begleichen, da Wilhelm der Ältere nichts mehr besitzt, was man hätte einbringen können.“

Schrautenbach erhob sich. „Wieder geht Eure Antwort an der Frage vorbei. Hauptmann Thun forscht nach den Ursachen dieser Affaire. Ich denke, ich kann Licht in dieses Dunkel bringen.“ Anna sah mit Genuss, wie Boyneburg sich mit fahrigen Fingern über die Stirn strich.

„Sicher erinnert man sich an die Versammlung am Spieß, bei der Herr von Boyneburg ein Schriftstück zeigte.“ Er schwieg für eine Augenblick und schaute in die Menge, in der er viele nickende Köpfe sah. Man erinnerte sich. „Erinnert Ihr Euch auch daran, dass er sagte, dass dieser Brief von der Hand Wilhelms des Älteren stamme, des Mannes, den man den Blöden nennt? - Hat irgendjemand von Euch gesehen, wie Wilhelm der Ältere dieses Schriftstück verfasst hat? Niemand hat es gesehen! Denn Boyneburg hat es wahrscheinlich selbst geschrieben.“

„Das ist eine infame Lüge!“ schrie sein Widersacher, doch Schrautenbach ließ sich nicht aus der Ruhe bringen.

„Er hat behauptet, der Blöde sei von seiner Krankheit genesen und zur Regierung tauglich. Wilhelm den Älteren, der vor vielen Jahren aus gutem Grund abgedankt hatte, wollte er wieder zum Landesherrn erheben. Mit dieser Intrige hat er die Landgräfin aus der Regierung gedrängt. Nichts weiter. Aber als er zum Landhofmeister gewählt und zum Vasallen der Sachsen emporgestiegen war, wollte er von Wilhelm I. nichts mehr wissen."

„Das hat dieser Mensch erfunden!" ereiferte sich Boyneburg. „Ihr dürft ihm keinen Glauben schenken." Thun blieb unbeeindruckt. Nur die Herzöge änderten ihre bequeme Stellung.

„Mit Verlaub, wir haben Zeugen. Wenn ich Landgräfin Anna von Hessen, geborene von Braunschweig an meine Seite bitten dürfte."

„Ein Weib wollt Ihr ernsthaft als Zeugin gelten lassen? Ihr müsst von Sinnen sein!" rief Boyneburg. Thun musste wieder für Ruhe sorgen im Saal, bevor die Herzöge eine Vernehmung der alten Landgräfin für überflüssig erklären konnten.

„Wenn Ihr mich der Lüge bezichtigt, wäre es angebracht, meine Aussagen zu überprüfen. Dies biete ich Euer Gnaden an. Lasst Anna von Hessen die Ältere sprechen."

Während die Herzöge sich noch mit ihren Räten und Hauptmann Thun berieten, und in der Menge die Forderung nach der Zeugin immer lauter wurde, hatte sich Anna von Braunschweig bereits einen Weg nach vorn gebahnt. Ihr war klar, dass dies ihre letzte Möglichkeit war, ihrem Leben doch noch ein gute Wendung zu geben. Daher war sie nicht aufzuhalten.

„Dieser Mann hat mich auf dem Sensenstein aufgesucht!" Boyneburg erbleichte. „Er hat mir versprochen, meinen Gemahl wieder zum Fürsten zu machen und mich zur Fürstin. Er hat mir Geld mitgebracht, Kleider, Stoffe und gesagt, ich müsse mich jetzt wieder standesgemäß kleiden. Er hat mich zu meinem Gemahl nach Spangenberg gebracht. Er hat uns dort mit Möbeln, Wandteppichen, Geschirr und Silber ausgestattet. Er hat gesagt, es sei nur noch eine kleine Weile, bis wir wieder unsere angestammten Plätze im Lande Hessen einnehmen würden. Die kühnsten Hoffnungen hat er in mir geweckt. Aber dann brauchte er meinen Gemahl plötzlich nicht mehr und hat sich von uns abgewandt. Er hat uns einfach fallen lassen! Und Ihr Herren" - sie zeigte auf Thun und die ernestinischen Räte – „habt gleichfalls versucht, mich mundtot zu machen, als ich darauf bestand, dass das mir gegebene Versprechen eingelöst würde. Mit Gewalt seid Ihr eingedrungen in die Burg Spangenberg und habt meinen Gemahl wieder aufs schmählichste gefangengesetzt."

Beinahe hätten die Soldaten den Tumult, der nun ausbrach, beenden müssen. Es genügte ein Wink ihres Hauptmanns, ein Heben der Hellebarden und der Lärm schwoll ab zu einem unwilligen Gemurmel. Hauptmann Thuns Miene war wie immer so undurchdringlich wie die thüringischen Wälder. Ruhig entgegnete er: „Da Ihr ein Weib seid, können wir Eure Aussage nicht einfach gelten lassen. Habt Ihr Zeugen, die Euch bestätigen?"

Adam von Beichlingen, elegant gekleidet und selbstsicher, wie es seinem Dienstherren angestanden hätte, hatte sich bereits zu Schrautenbach gesellt und war mehr als bereit, die Aussagen der alten Landgräfin zu bestätigen. Das Wort eines kaiserlichen Beamten wog schwer. Zwar konnte er nicht direkt bezeugen, wie Boyneburg das Versprechen gegeben hatte, doch war er dabei gewesen, wie Boyneburg der Landgräfin mit unverhohlenem Spott gesagt habe, er gedenke nicht, das Versprechen zu halten. Er hatte die Sache der Landgräfin bei seinem Herrn, dem Kaiser, unterstützt. Der Kaiser habe angeordnet, dass Wilhelm I. wieder nach Hessen zurückzukehren und das Land Hessen für die Kosten aufzukommen habe. Erst durch die Verschleppung der Sache, durch die Weigerung der Regenten, die Summe zu bezahlen, seien die Schulden in unermessliche Höhe gewachsen, wodurch der Staatshaushalt ruiniert sei.

„Ich hoffe, die Aussage eines kaiserlichen Beamten ist gut genug für Euch, Hauptmann Thun, sagte Schrautenbach, der sich mit einem Nicken bei Graf Beichlingen bedankte. Nicht nur, dass dem Herrn Landhofmeister von Boyneburg seine eigene Integrität vollkommen abhanden gekommen ist, er hat sich auch wenig gesorgt um die Integrität der hessischen Besitzungen. Ich möchte hier nur auf ein Beispiel eingehen. Das Stift Hersfeld ist von dem Fuldaer Abt eingenommen worden, ohne dass der Landhofmeister Gegenmaßnahmen ergriffen hätte, obwohl ihn Hersfelder Bürger um Hilfe ersucht haben. Er hat das Stift einfach aus der Hand gegeben, obwohl der Hersfelder Abt noch den letzten Krieg des verstorbenen Landgrafen mit dreihundert Fußsoldaten und eintausendachthundert Gulden unterstützt hat. Der Landhofmeister, anstatt sofort zu handeln, wie es die Situation erfordert hätte, schiebt diese wichtige, dringende Sache auf die lange Bank, bis der Abt von Fulda sicher in Hersfeld sitzt und sich nicht mehr vertreiben lässt."

„Was sagt Ihr zu diesen Vorwürfen, Landhofmeister von Boyneburg?"

Boyneburg, froh, dass er sich nicht direkt zu der wilhelminischen Sache äußern musste, nutzte die Gelegenheit, die Aufmerksamkeit von sich abzulenken.

„Es war uns nicht möglich, schneller zu handeln. Wir mussten in allem erst Rücksprache halten mit den Vormündern. So verstrich wertvolle Zeit. Gerne hätten wir die Hersfelder unterstützt, doch waren uns leider die Hände gebunden."

„Was sollen wir mit Regenten, denen die Hände gebunden sind, wenn es um dringliche Fragen der Sicherheit geht?" rief einer aus der Menge.

„Ihnen die Hälse auch noch binden!" antwortete ein anderer.

„Das könnt ihr alle gleich haben!" knurrte Thun. „Zum nächsten Punkt: Angeblich soll ein Raubritter namens Philipp Waise von Feuerbach die Rheingegend unsicher machen. Es wird behauptet, man hätte die Regenten um Hilfe gebeten, doch nichts sei geschehen."

Thuns Miene verfinsterte sich, als er sah, dass wieder Männer zu Schrautenbach getreten waren, die mit diesem im Einvernehmen zu stehen schienen. Es waren Männer aus der Niedergrafschaft Katzenelnbogen, Stadträte aus St. Goar, die nun um Gehör baten.

„Wir haben die Regenten, namentlich den Herrn Landhofmeister, mehrfach gebeten, uns hundert Reiter zu schicken. Doch auf unsere Bitten erhielten wir allenfalls Schreiben, in denen er uns vertröstete. Dieser Feuerbach hat viele Gemeinden in Flammen aufgehen lassen. Die Straßen sind so unsicher, dass zeitweise der Handel zum Erliegen kommt. Wir sind verzweifelt und bitten die Herren inständig, nun endlich Abhilfe zu schaffen. Wir wissen nicht mehr, wie wir unsere Stadt und die umliegenden Ortschaften noch schützen können."

Anna beriet sich kurz mit ihrem Bruder, dann sagte sie laut: „Wir werden Euch zweihundert Bewaffnete schicken."

„Dazu habt Ihr nicht die Befugnis. Das ist unsere Sache!" erwiderte Thun knapp.

„Es wäre schon seit Jahren Eure Sache gewesen, aber Ihr habt es versäumt. Jetzt tun wir es!"

„Wir danken Euer Gnaden." Die Amtmänner verneigten sich vor Anna und zogen sich zurück. Die Herzöge Heinrich und Johann wurden sichtlich unruhig. Ihre lässige Haltung hatten sie schon längst zugunsten einer angespannten Aufmerksamkeit aufgegeben, zumal Schrautenbach sich zu einer letzten Rede erhob: „Unsere berechtigten Forderungen ergeben sich klar aus allen Anklagepunkten. Wir fordern die Enthebung des Landhofmeisters und aller Regenten aus ihren Ämtern. Der junge Landgraf Philipp, ebenso Wilhelm I. müssen der Landschaft übergeben werden. Wir versprechen den Vormündern, kein Regiment ohne ihren Rat aufzurichten, wobei wir uns zu allererst den früheren Verträgen verpflichtet fühlen. Gemäß dieser Verträge fordern wir augenblicklich Rechenschaft von den Regenten und dem Herrn Landhofmeister. Mit ihren privaten Gütern sollen sie einstehen für den Schaden, den sie dem Land Hessen hinterlassen haben[19], vor allem müssen sie die Kosten des wilhelminischen Handels dem Land wiedererstatten."

[19] An dieser Stelle kann ich nicht umhin, diese Idee des Herrn Schrautenbach ausdrücklich zu loben und für eine Wiedereinführung dieser Praxis zu plädieren. AZ

„Wir werden uns zurückziehen und Euch unsere Entscheidung mitteilen!“ erwiderte Herzog Johann nur und erhob sich. Damit war der Landtag für heute geschlossen. Die Sachsen und Regenten verließen den Saal. Um weitere Debatten oder gar Zusammenschlüsse unter Annas Anhängern zu verhindern, wurde der Saal geräumt. Übrig blieben allein Anna und ihre engsten Vertrauten.

„Sie werden versuchen, uns mit leeren Versprechungen hinzuhalten. Aber wir werden uns nicht am Narrenseile führen lassen!“ sagte Anna und sah Schrautenbach an. Ihr Bruder trat zu ihr. „Wenn wir einmal einen Rechtsstreit auszufechten haben, dürft Ihr uns Euren Schrautenbach schicken. Es wird schon werden, Schwester!“

„Lasst uns ins Gasthaus zurückkehren. Ich habe Hunger.“

„Bei Wein und Braten lässt sich leichter debattieren.“

„Bitte, lasst uns schweigen von diesen unseligen Dingen. Berichtet mir lieber von Schwerin. Ich bin gespannt auf Eure Neuigkeiten aus der Heimat. Kommt, lasst uns gehen!“

Anna und Albrecht zogen sich zurück und speisten gemeinsam. Es dauerte nicht lange und jeder zweite Satz begann mit „Weißt du noch, als...“ Für wenige Stunden hatten sie ihre Gegenwart vergessen, um ganz in die Vergangenheit einzutauchen. Erst sehr viel später an diesem Abend teilten sie auch ihre Sorgen. Albrecht stand nicht im besten Verhältnis zu seinem Bruder, der ihm seine Ansprüche nicht zubilligen wollte. Und Anna quälte nicht nur die Frage, wann sie endlich Philipp wiedersehen würde, sondern auch, was Boyneburgs Erziehung aus dem Kind gemacht hatte.

Der Landtag zog sich noch über mehre quälende Tage dahin. Thun hatte bei jedem Punkt die Versammlung auf einen späteren, günstigeren Zeitpunkt vertröstet, doch standen die Wettiner auch in den folgenden Tagen in keinem günstigen Licht. Die Hauptanklagepunkte der Landschaft ließen keine gütliche Einigung zu. Boyneburgs Vertragsbruch und das schwerfällige Regiment der Sachsen, das den Bedürfnissen des Landes in keiner Weise gerecht wurde, waren zu gravierend. Der Vorschlag der Herzöge, ihre Räte in Hessen zu belassen, damit diese wichtige Entscheidungen sofort treffen und Zwist zwischen den Regenten schlichten konnten, reichte Anna nicht aus. Ihr war klar, dass die sächsischen Räte sich bei wichtigen Entscheidungen auf das Urteil des Kurfürsten stützen und damit die Sache wieder verzögern würden. Die Unentschlossenheit der anwesenden Herzöge zeigte zur Genüge, dass mit diesem Vorschlag Hessen nicht gedient war. Die Herzöge Johann und Heinrich und mit ihnen alle Räte waren nicht einmal in der Lage, endgültig zu entscheiden, ob sie Boyneburg absetzen oder unterstützen sollten. Wenn Kurfürst Friedrich persönlich anwesend gewesen wäre, hätte auch dieser keine Entscheidung getroffen, dessen war sich Anna sicher. Schon lange hatten die Herzöge Kenntnis über die Unzufriedenheit der Hessen. Auch die Gründe mussten ihnen deutlich sein. Also hätten sie längst Zeit gehabt, sich Maßnahmen zu überlegen, um beim Landtag die entsprechenden Entscheidungen zu verkünden. Aber nichts dergleichen hatten sie zustande gebracht. Was nutzte Anna ihr Zorn, ihr Schimpfen auf diese unfähigen Kalbsköpfe? Am 24. März stellten die Wettiner ihre Gegner vor vollendete Tatsachen. Ohne sich mit ihren Gegnern geeinigt zu haben, setzten sie folgenden Abschied auf: Kraft ihres Amtes als Vormünder und nächste Schwertmagen[20] der Landgrafen und durch kaiserliche Bestätigung geboten sie Anna und ihren Anhängern ihr Bündnis, das der fürstlichen Obrigkeit in Hessen zuwiderlaufe, bis zur Mündigkeit Philipps fallen zu lassen. Am Montag nach Trinitatis sollte in Schmalkalden auf einem neuen Landtag das Regiment neu bestellt werden. Selbst Herzog Georgs Räte hatten gegen diesen Abschied nichts ausrichten können. Sie protestierten ebenso wie Anna gegen diesen Vertrag, der den Ernestinern nur Zeit sicherte. Niemand rechnete ernsthaft damit, dass die Sachsen in Schmalkalden Entscheidungen treffen würden. Noch am selben Tag reiste Anna schweren Herzens ohne Philipp ab nach Felsberg, nicht ohne den Ratsherren von St. Goar ihr Versprechen zu halten.

Das schöne Wetter hielt an. Es war angenehmes Reisewetter. Doch Anna schaute zurück nach Kassel. Sie hatte ihr Kind nicht einmal sehen dürfen. Ihre Angst wuchs. Wie mochte es ihm gehen und wie mochte er ihr gegenübertreten? War es Boyneburg gelungen, ihn nach seiner Fasson zu verbiegen? So viele Menschen hatte sie bewegt. Fünfhundert Reiter waren zu ihrer Unterstützung gekommen, so viele Bürgerinnen und Bürger hatten ihre Abneigung gegen die bestehenden Verhältnisse bekundet und ihr gezeigt, dass sie ihre Hoffnungen auf sie setzten. Sie hatte sich so viel mehr versprochen von diesem Landtag und war doch nur wieder abgespeist worden.

Es war Schrautenbach, der Anna ihren Mut wiedergab. Er hatte sein Pferd angetrieben und ritt nun neben ihr. Seine Erscheinung hatte nichts von ihrer alten Würde eingebüßt, aber man sah ihm mittlerweile an, dass er nicht nur in einer wohlgeheizten Kanzlei saß.

[20] Schwertmagen: die gesamte männliche Linie eines Hauses. Die weibliche Linie wurde als Spindelmagen bezeichnet.

„Euer Gnaden werden sehen, dass die Sachsen Euch einen großen Gefallen getan haben." Als sie ihn nur erstaunt ansah, fuhr er fort: „Wenn sie auf Eure Forderungen eingegangen wären, hätten sie ihre Vormundschaft und sicher einen großen Teil ihrer Macht gerettet. So aber ist der Preis in diesem Spiel nach wie vor die Macht im Land Hessen. Lasst uns in Felsberg nur kurz lagern. Die Männer und Pferde sollen sich ausruhen und stärken. Wir werden uns mit einem Ausschuss der Stände zurückziehen und ein Schreiben verfassen, in welchem wir den Wettinern mit Ausnahme Herzog Georgs die eidlichen Verpflichtungen aufkündigen, durch welche wir ihnen als unseren Vormünder verbunden waren. Es kann nicht angehen, dass Boyneburg im Amt bleibt und man uns die beiden Fürsten vorenthält, sowohl Euren Sohn als auch Wilhelm I. Angesichts der Umstände kann nur dies unser nächster Schritt sein. Wenn es die Sachsen darauf anlegen, das Land an den Rand des Abgrundes zu führen, wo wir sehr bald wären, würde man diesen Schlafmützen weiter das Regiment überlassen, dann müssen wir selbst handeln. Das sind Euer Gnaden Eurem Volk schuldig."

„Das ist eine offene Kriegserklärung, Schrautenbach!"

„Ich weiß, aber auch diese werden die Sachsen verschlafen. Wir werden Stadt für Stadt einnehmen und der Kurfürst wird dabei untätig zuschauen. Vielleicht wird er eine Augenbraue heben, niemals aber einen Säbel."

In Felsberg wurde sie ungeduldig von Elisabeth, Jette und Grete empfangen. Die drei standen in der Tür, als der lange Zug von Reitern ankam. Anna konnte sich lebhaft vorstellen, wie sie in den letzten Tagen am Fenster gestanden und Ausschau gehalten hatten.

„Philipp, Philipp!" rief Elisabeth.

Anna atmete schwer auf, als sie Elisabeths Gesicht sah, rot vor Aufregung und Vorfreude. Sie war nun ein Mädchen von zwölf Jahren. Der Verlust ihres Bruders hatte ihr viel von ihrer kindlichen Unbeschwertheit genommen. Nur jetzt blitzte sie kleine übermütige Elisabeth durch. Jette musste sie festhalten, sonst wäre sie vor die Hufe der Pferde gesprungen.

„Bald, sehr bald werden wir ihn wieder ganz für uns haben. Das können wir Ihnen versprechen. Nur noch wenige Wochen."

Es geschah, wie Schrautenbach vorgeschlagen hatte. Die Stände unterzeichneten das Schreiben mit grimmiger Begeisterung. Ein Bote wurde sofort zurück nach Kassel geschickt. Schon am nächsten Tag, dem 26. März 1514, erstieg Anna mit ihrem Heer die nur wenige Stunden entfernte Burg Spangenberg, um Wilhelm I. zu befreien. Die Wachen auf der Burg hatten keinerlei Widerstand geleistet. Seine Gemahlin Anna von Braunschweig war vorerst zufrieden. Von dort aus machten sie sich am nächsten Morgen bei Tagesanbruch auf. Noch vor dem Abend hatten sie Ziegenhain erobert. Ihren Truppen voran ritt Anna in die Stadt ein, die ihr bereitwillig die Tore öffnete. Am 28. März ritten sie nach Marburg. Dort hatte Anna sich annähernd heimisch gefühlt. Sie hoffte inständig, dass man ihr auch hier die Tore öffnen würde. Im Gegensatz zu Ziegenhain war Marburg eine große Stadt von einiger Bedeutung. Schließlich war Marburg in früheren Zeiten die Hauptstadt Hessens gewesen und auch heute noch Sitz des Fürsten. Wie würde man sie im Schloss empfangen? Wie standen die Bürgerinnen und Bürger zu ihr? Anna freute sich auf Menschen, die ihr dort wichtig geworden waren. Abt Ignatius würde ihr sicher wieder die Beichte abnehmen in der ihm eigenen Art. Sie hatte ihm viel zu berichten. Der Frühling kam und sie würde bald wieder mit ihm durch den Kirschgarten des Klosters spazieren können.

Riedesel und Albrecht von Mecklenburg besprachen die militärischen Möglichkeiten der Stadt. Eine Belagerung war unmöglich. Dazu hätte es eines weitaus größeren Heeres bedurft. Schrautenbach gelang es, ihre Bedenken zu zerstreuen.

Treisbachs Freude auf seine Heimatstadt hielt sich dank seiner neuen Gemahlin in Grenzen. Er ritt mit gleichgültiger Miene nach Marburg, ahnungslos, dass er dort nicht nur von *zwei* Damen, sondern auch dem dazugehörigen Unheil erwartet wurde.

Als sie über die Lahnberge kamen, konnten sie schon von weitem erkennen, dass ihnen das Volk aus den Stadttoren entgegenströmte. Unter Jubelgeschrei und Vivat-Rufen ritten sie durch das Stadttor ein. Ihr Ritt durch die Stadt glich einem Triumphzug. Als sie das Schloss erreichten, kam ihnen der Hauptmann entgegen. Es bedurfte keiner Worte, um zu wissen, auf wessen Seite dieser Mann stand. Er verneigte sich vor Anna und salutierte vor Erbmarschall Riedesel. Auch das Schloss war kampflos in ihre Hände gefallen.

Anna betrat das Schloss als erste. Sie dachte daran, wie sie mit fünfzehn Jahren in dem engen Hof gestanden hatte. Wie anders stand sie heute hier. Sie war nun die Herrin dieses Schlosses.

Als ihre Truppen absaßen und ihre Vertrauten sich um sie scharten, um sie ins Innere des Schlosses zu begleiten, trat ihnen die Hofmeisterin in der Tür entgegen.

„Wir geben Euch drei Stunden Zeit, um aus dem Schloss zu verschwinden, Frau von Mannsbach“, sagte Anna ohne weiteren Gruß.

„Das könnt Ihr nicht tun! Dazu habt Ihr kein Recht!" rief die Landbotin empört.

„Ich habe das Recht, weil ich es mir nehme! – Und siehe, was du uns bescheret hast! Wir erlauben Euch zu gehen. Ihr solltet Euch sputen. Ihr habt nur noch drei Stunden Zeit, um Eure Sachen zu packen. Wir wünschen Euch noch einen angenehmen Tag."

„Ihr verliert wahrlich keine Zeit, Euer Gnaden", raunte Albert seiner Schwester spöttisch ins Ohr.

„Auf diese Amtshandlung habe ich mich seit dem Herbst des Jahres 1500 gefreut. Lasst uns nun Quartier nehmen im Schloss."

Schon am nächsten Tag erließ Anna eine Proklamation an das Land, in der sie die Absetzung der Regenten durch die Stände verkündete und ihrem Volk ans Herz legte, nun nicht mehr Boyneburg gehorsam zu sein, sondern allein der Landschaft. Sie kündigte an, auf einem bald einzuberufenden Landtag eine neue Ordnung zu schaffen. Sollten die Regenten in der Zwischenzeit jemanden anfechten, sollten sie sich an sie wenden oder an ein anderes Mitglied des Marburger Ausschusses. Sie empfahl den Städten, die Tore fest verschlossen zu halten und keine Fremden, namentlich nicht die Regenten einzulassen.

Nun war Kassel die letzte Festung, die es zu erobern galt. Doch auch ihre letzte Bastion spielten die Wettiner ihrer Feindin durch eigenes Verschulden in die Hände. Am 30. März gelangte eine Gesandtschaft aus Kassel nach Marburg, die mit Anna Frieden schließen wollte. Man fürchtete, die Fürstin könne noch mit Waffengewalt gegen die Stadt vorgehen, deren Rat regentisch gesinnt war. Noch als der Rat in Marburg war, kam in Kassel selbst das Gerücht auf, die sächsischen Herzöge hätten den jungen Landgrafen an einem Seil aus dem Schloss herabgelassen, um ihn nach Sachsen zu entführen. Dies erregte die Volksseele dergestalt, dass den Wettinern der Boden unter den Füßen zu heiß wurde. Sie flohen tatsächlich – ohne Philipp, den sie zuvor einigen friedlichen Mitgliedern der Stände übergeben hatten. Boyneburg und die übrigen Regenten schlossen sich den Sachsen an. Als Anna dies hörte, machte sie sich sogleich mit dreihundert Reisigen[21] auf nach Kassel. Riedesel, Löwenstein und Schrautenbach begleiteten ihre Fürstin. Anna verzichtete darauf, die Sachsen persönlich abzufertigen, sondern überließ dies ihren Räten. Einerseits war sie erleichtert, dass Kassel nun endlich frei war und sie sich die Stadt kampflos würde aneignen können, doch sie ärgerte sich sehr darüber, dass Boyneburg und die Räte geflohen waren.

[21] Reisige: bewaffnete Reiter

Sie hätte diese Männer gar zu gerne in den Kerker geworfen. Nun – immerhin würde sie alle ihre Güter einziehen. Das würde sie empfindlich treffen. Sie würde Boyneburg leider nicht für vogelfrei erklären können, doch ein Leben in Armut traf diesen Mann sicher härter als der Tod.

Am Abend des zweiten Tages sahen sie von weitem die Stadt. Sie trieb ihr Pferd an, die Reiter folgten ihr. Sie achtete kaum auf die Wachen am Tor, die Menschen in der Stadt, die die Straßen säumten. Sie war im Schlosshof im Nu vom Pferd und eilte hinein. Hier bot sich ihr ein Bild der Verwirrung. Kaum waren die Flure beleuchtet, die Fackelständer waren leer. Dienerinnen und Diener liefen über die Korridore, schienen fast zu fliehen bei ihrem Anblick. Von irgendwo hörte sie durchdringenden Lärm. Riedesel hielt einen an Ärmel fest, und herrschte ihn an „Wie wagst du es uns so zu begegnen? Ohne Gruß, ohne Verbeugung? Wo sind die Herzöge?"

„Sie sind nicht mehr da. Abgereist. Euer Gnaden", stammelte der Mann und war die Unterwürfigkeit in Person.

„Und die Räte? Antworte!"

„Die sind auch geflohen."

„Wo ist der junge Landgraf?"

„Der junge Fürst ist in seinen Gemächern. Er ist unversehrt", fügte er hinzu, als wolle er sich dadurch das Wohlwollen Riedesels sichern.

Er ließ ihn los, der Mann fiel zu Boden.

„Ihr schafft hier Ordnung in diesem Chaos!" befahl Riedesel seinen Reitern. Anna hatte bereits eine der wenigen Fackeln aus der Halterung genommen und war fortgeeilt, um Philipp zu suchen. Ihre Vertrauten folgten ihr und hatten sie bald eingeholt. Sie eilten durch die düsteren Flure, über die breiten Treppen, wo ihr bald niemand mehr begegnete. Der erste Stock war wie ausgestorben. Nirgends brannten noch Kerzen oder Fackeln. Es waren nur noch wenige Augenblicke, wenige Schritte, die sie von ihrem Kind trennten. Das Herz schlug ihr bis zum Hals. Endlich, endlich würde sie ihr Kind wieder in die Arme schließen können. Ihr Kind, um das sie so lange gebangt hatte. Um das sie so erbittert gekämpft hatte. Sie war sicher, dass er sich in ihre Arme werfen würde. Er wäre erleichtert und glücklich, endlich wieder bei ihr zu sein. Sie würde ihn fest an sich drücken, ihn sanft streicheln und ihm versichern, dass jetzt alles gut war. Dort vorn war die Tür. Die Düsternis in diesem Schloss war erdrückend. Philipp war sicher verängstigt durch die vielen Soldaten, deren Lagerfeuer wilde Schatten bis hinauf zu den Fenstern schickten. Anna hoffte inständig, dass Philipp dort war, wo sie ihn vermutete. Wenn die Sachsen ihn nur nicht entführt hatten! Sie wäre ihnen noch in dieser Nacht hinterhergeritten. Sie ging immer schneller, hatte endlich die Tür erreicht, riss sie auf und stand mit ihrer Fackel mitten im Raum. Die Männer drängten ihr nach ins Zimmer. Anna sah sich um. Es war lange her, dass sie Philipps Gemächer betreten hatte. Im schwachen Schein erkannte sie eine Art Schreibpult, einen Schrank, sie ging ins nächste Zimmer. Dort stand ein Bett. Es war zerwühlt und leer. „Philipp!" rief sie. Und noch einmal „Philipp, mein Junge!" Da gewahrte sie eine Gestalt am Fenster. Riedesel konnte ihr noch die Fackel aus der Hand nehmen, bevor sie auf Philipp zueilte. Sie nahm Philipp in ihre Arme, drückte ihn an sich und küsste ihn. Sie war so erleichtert und glücklich, dass sie nicht spürte, wie das Kind sonderbar steif in ihren Armen blieb und ihre Umarmung nicht erwiderte.

„Philipp, mein Sohn! Jetzt wird alles gut. Sie sind in Sicherheit. Sie müssen nun keine Angst mehr haben."

Philipp blieb stumm und starrte seine Mutter nur mit großen Augen an. Noch einmal drückte sie ihr Kind innig an sich, strich ihm übers Haar, küsste seine Wange, doch dies schien nicht zu behagen und er wand sich aus ihren Armen. Anna dachte, dass die Männer ihn ängstigten und sagte: „Diese Männer sind unsere treuen Freunde und Ratgeber. Und die Soldaten, die Sie drunten im Hof gesehen haben, sind zu Ihrem Schutz da, mein Sohn. Sie werden Ihnen nichts tun. Sie werden heute Nacht ihren Schlaf bewachen. Legen Sie sich nun wieder ins Bett."

Sie nahm den Knaben an der Hand und führte ihn zu seinem Bett. Philipp legte sich ohne ein Wort hinein. Anna deckte ihn zu, wie sie es bei Jette oft beobachtet hatte. Und wie Jette strich sie ihm das Haar aus der Stirn, streichelte noch einmal über seine Wangen und gab ihm einen Kuss. Philipp hatte noch immer kein Wort gesprochen. Anna konnte sich nicht entschließen, das Kind nun allein zu lassen und zu gehen.

„Wir müssen morgen nur noch ein paar wenige Dinge erledigen. Spätestens übermorgen werden wir mit Ihnen nach Marburg aufbrechen. Elisabeth und Jette freuen sich schon auf Sie." Da endlich schien der Knabe erleichtert aufzuatmen. Er lächelte sogar und sagte: „Das ist gut. Gute Nacht, Mutter!"

„Gute Nacht, mein Sohn! Schlafen Sie gut."

Die Männer hatten sich zurückgezogen, für Anna aber eine Kerze entzündet. Riedesel wollte Wache halten und sich ablösen lassen von fünfen seiner Soldaten. Anna ging mit Schrautenbach und Löwenstein nach unten, um alles Erforderliche zu veranlassen.

Mitternacht. Anna von Hessen stand am Fenster ihres alten Schlafgemaches und sah hinaus in die Nacht. Nicht weit von ihr lag Philipp und schlief. Wie ängstlich er sie angesehen hatte! Dieser Tumult hatte das Kind sichtlich verstört. Das Wichtigste war nun, die entsprechenden Schritte zu tun. Gleich morgen früh würde sie sich wieder mit Schrautenbach, Riedesel und Löwenstein treffen. Mit den Städten wollte sie gnädig verfahren. Sie sollten ihr nur huldigen, aber keine Abgabe leisten. Die Befehle, um die Güter und Lehen der ehemaligen Regenten einzuziehen, mussten ausgefertigt und unterzeichnet werden. Anna hatte keine detaillierten Kenntnisse über die Vermögensverhältnisse dieser Männer, hoffte jedoch, dass sie vom Eigentum dieser unfähigen Politiker den Staatshaushalt wenigstens in Ansätzen sanieren konnte. Anna hatte in den letzten Jahren, als das Debakel immer deutlicher wurde, oft gedacht, wenn jede hessische Hausfrau wirtschaften würde, wie diese hohen Herren, dann würden alle Schuldtürme nicht ausreichen. Blind für die Belange ihres Volkes, für den immer stärker gewordenen Zorn der Menschen, hatten diese Männer regiert. Sich selbst die Taschen gefüllt, anstatt Abhilfe zu schaffen, wenn die Menschen mit ernsten Sorgen gekommen waren. Wie hatten sie nur das Land den Raubrittern preisgeben können, ohne auch nur einen Finger zu rühren? Anna würde niemals in ihrem ganzen Leben begreifen, wie man auf einen Raubritter, der jeden Tag mordete und brandschatzte, mit einem Briefchen an den Kurfürsten reagieren konnte. Wie hatten die Sachsen auch nur annehmen können, mit einem trägen Verwaltungsapparat, der noch langsamer mahlte als Gottes Mühlen, ein Land zu regieren, in dem täglich neue Herausforderungen auftauchten? Und jetzt waren sie geflohen. Feige. Sie hatten nicht den Mut gehabt, sich ihrer Verantwortung zu stellen. Anstatt für ihre Fehler gerade zu stehen, waren sie sicher unter die Fittiche des Kurfürsten geflohen. Anna glaubte kaum, dass der Kurfürst für die Rechte seiner hessischen Vasallen auch nur einen Finger rühren würde. Was hätten diese Regenten ihrem Sohn hinterlassen, wenn sie weiter bis zu Philipps Mündigkeit regiert hätten? Ein verarmtes Land, ein ausgepresstes Volk und gierige Nachbarstaaten. Das sollte sich ändern! Sie würde ihrem Kind ein wohlbestelltes Haus übergeben.

Nach einem arbeitsreichen Vormittag aß Anna mit Philipp zu Mittag. Anna fragte nach seinem Unterricht. Philipp gab höflich Auskunft über Lehrer und Inhalte seiner Lehrstunden. Die Naturwissenschaften nahmen viel Raum ein. Oft war er mit seinem Lehrer, der ein begeisterter Naturfreund war, in den Gärten unterwegs, um die Namen der Blumen und Bäume, der Vögel und Insekten zu erlernen. Dies machte offenbar auch Philipp sehr viel mehr Freude als das Auswendiglernen lateinischer Vokabeln. Geographie wiederum war ein weiteres Gebiet, das Philipp interessierte. Als zukünftiger Herrscher musste er schließlich wissen, wo seine Landesgrenzen verliefen, welche Städte in seinem Reich lagen und welche Länder an Hessen grenzten. Bei dieser Gelegenheit erklärte sie Philipp, wie wichtig es war, sich mit seinen Nachbarn zu verbünden. Sie sprach von Verträgen, die sie mit den Nachbarstaaten schließen würde, von Schrautenbach und Riedesel, die sie berieten; davon, dass diese Männer auch bald ihn beraten würden und er sich auf sie verlassen könne. Dies alles hörte Philipp mit ruhiger Höflichkeit an. Anna bemerkte nicht, dass Philipp kaum aß und der Diener einen fast vollen Teller wegnahm. Nach dem Essen ging Anna mit Philipp in dessen Gemächer, um dort das Packen seiner Koffer zu überwachen. Sie kannte diese Zimmer, doch waren sie nun so verändert. Es waren nicht mehr die Zimmer eines Kindes, die sie betrat. Es waren die Räume, in denen ein Knabe wohnte. Sie hatte ihn nun weit über ein Jahr nicht mehr besuchen dürfen. Er war in dieser Zeit ein ganzes Stück in die Höhe gewachsen, ohne auch nur einen Fingerbreit in die Breite gegangen zu sein. Er war zu dünn und bleich. Er stand zunächst nur da und beobachtete, wie die Hände der Diener seine Wäsche in Kisten verpackten. Dann wollte er selbst auch ein paar Dinge einpacken, die ihm wichtig waren. Bücher, ein paar Steine von ungewöhnlicher Form, die er auf der Fensterbank gesammelt hatte, ein Fernrohr, Zweige und getrocknete Früchte. Anna stand dabei und beobachtete das stille, ernste Gesicht ihres Kindes, das ihr noch nie so verschlossen und fern erschienen war.

Am kommenden Tag saßen sie gemeinsam in der Kutsche. Anna hatte sich so sehr auf die Heimreise gefreut. Endlich konnte sie ihr Kind wieder ganz und gar für sich haben. Aber Philipp wehrte ihre Zärtlichkeiten ab und antwortete auf ihre Fragen zwar höflich, aber sehr einsilbig. Schließlich gab Anna auf und schaute nach draußen, wo überall das Leben mit Macht hervorspross.

Unterdessen war es im Hause des erst kürzlich wieder in sein altes Amt eingesetzten Hofrichters Peter von Treisbach zu einem hässlichen Zwischenfall gekommen, der am Tag darauf sogar das Licht der Öffentlichkeit erblicken sollte. Peter von Treisbach war spät nach Hause gekommen. Er hatte sich auf Zehenspitzen ins Schlafgemach geschlichen. Er war guter Dinge gewesen. Hatte er doch wunderbare Neuigkeiten erfahren, als er mit seinen Freunden auf sein neues Amt als Hofrichter angestoßen hatte. Aufgrund eben dieser Neuigkeiten, die auch seiner Gattin zu Ohren gekommen waren, lag diese seit Stunden wach. Zunächst tat sie, als ob sie schliefe, als ihr Gatte das Schlafzimmer betrat, lauschte aber angestrengt auf jedes Geräusch, das er verursachte und wartete auf einen geeigneten Moment, den Gewittersturm zu entfachen.

Treisbach hatte sich ausgekleidet und war mit größter Vorsicht zwischen die Laken geschlüpft, hatte sein Kopfkissen zurechtgerückt und seine müden Glieder wohlig entspannt. Ein friedliches Lächeln lag auf seinem Gesicht und er gedachte, seine Träume, die ihn in dieser Nacht der Vorfreude hoffentlich heimsuchen würden, bald wahr werden zu lassen. Ruckartig richtete sich Frau Gertrud auf und fuhr ihn mit strenger Stimme an: „Woher kommen Sie um diese Zeit, Herr?"

Treisbach, dessen friedliches Lächeln zu einem Sinnbild schlechten Gewissens zerbarst, versuchte sich von seinem Schrecken zu erholen, während er stammelte: „Ich bitte um Verzeihung, Herrin, wenn ich Sie geweckt habe."

„Das war keine Antwort auf meine Frage!"

Dieser Satz, so schneidend und gnadenlos, hätte von Schrautenbach kommen können.

„Ich war im Wirtshaus. Wir haben angestoßen auf meine Ernennung zum Hofrichter. Die Landesfürstin war so gnädig, mich wieder in mein altes Amt einzusetzen. Meine Besoldung wird fürstlich sein. Sie können gleich morgen früh zum Schneider gehen und sich zehn neue Kleider bestellen! – Ach, was sage ich! – Hundert neue Kleider können Sie sich bestellen. Nun, liebe Herrin, sind das denn keine guten Neuigkeiten?" Frau Gertrud blieb unbeeindruckt.

„Ich habe auch Neuigkeiten für Sie! Eine gewisse Meta Krautbauer ist wieder in der Stadt. Sagt Ihnen dieser klangvolle Name etwas?" Frau Gertrud hatte diesen Namen ausgespuckt wie einen Knorpel im Suppenfleisch.

„Meta Krautbauer?" wiederholte Treisbach langsam. „Nicht dass ich wüsste. Wer soll das denn sein?" Seine Stimme klang gleichgültig, fast angewidert.

„Gefällt Ihnen der Name nicht? Er klingt ziemlich gewöhnlich, nicht wahr? Kaum verheißungsvoll." Die Stimme seiner Gattin klang honigsüß, doch der Herr Hofrichter hatte in seiner kurzen Ehezeit bereits gelernt, den giftigen Beigeschmack im Honig zu bemerken. „Vielleicht kennen Sie diese Dame besser unter dem Namen ‚Madame Lulu'?"

Treisbach holte tief Luft, doch seine Gattin war schneller. „Sie ist wieder hier. Wenn ich Sie daran erinnern darf, hatte ich mein Jawort an eine einzige Bedingung geknüpft. War das etwa zuviel verlangt? Die Fürstin selbst hat darauf gedrungen, dass Sie sich wieder verheiraten, damit Ihr Ansehen in der Öffentlichkeit keinen Schaden nehme. Aber was tun Sie? Wir sind gerade ein halbes Jahr verheiratet und Sie brechen das einzige Versprechen, um das ich Sie bat." Das Gewitter blieb nun nicht länger trocken. Heftige Regengüsse kündigten sich an und brachen hervor, als

Treisbach seine Gattin nur stumm anstarrte. Er beobachtete, wie seine Frau ihre Hände vors Gesicht schlug und hemmungslos zu schluchzen begann. Fast empfand er Mitleid mit ihr. Sie war eine Tochter aus gutem Hause. Sie hatte sich durch die Heirat mit ihm Ansehen und ein angenehmes Leben erhofft. Wer wusste, was man diesem nicht mehr ganz so jungen Mädchen erzählt hatte über Männer im Allgemeinen und Ehemänner im Besonderen? Nun kniete sie in dem zerwühlten Ehebett, ihre Haare hingen strähnig herab und Tränen quollen zwischen ihren kurzen Fingern hervor.

„Herrin!" begann er langsam. „Beruhigen Sie sich. Ich bin müde. Lassen Sie uns morgen darüber reden!"

„Gehen Sie! Verschwinden Sie aus meinem Bett!" schrie sie, nur um darauf in noch heftigeres Schluchzen auszubrechen.

Treisbach sprang aus dem Bett, riss seine Kleider vom Stuhl und eilte zur Tür. „Wenn es das ist, was Sie wollen, Herrin - bitte!" sagte er und schlug die Tür hinter sich zu.

Wo und wie er den Rest der Nacht verbrachte, muss nicht erwähnt werden.

Am nächsten Morgen hatte Frau Gertrud die nötigen Schritte eingeleitet. Sie hatte sich mit ihrem Vater in Verbindung gesetzt, der nicht bereit war, das Benehmen seines Schwiegersohnes zu tolerieren. Man ging vor Gericht. Und über den Herrn Hofrichter selbst wurde ein Urteil gefällt. Meta Krautbauer, bekannt unter dem Namen Madame Lulu, hatte für immer die Stadt zu verlassen. Peter von Treisbach musste schwören, dass er sich der Dame nicht mehr nähern würde, auch nicht außerhalb Marburgs. Damit hoffte Frau Gertrud, sich die Rivalin ein für allemal vom Halse geschafft zu haben. Gleichzeitig hatte sie sich allerdings auch ihren Gatten vom Halse geschafft. Treisbach begegnete seiner Frau nur noch mit kühler Höflichkeit, aus der sie ihm keinen Vorwurf machen konnte, die sie aber zutiefst verletzte. Doch nicht nur gegen seine Gattin hegte Treisbach einen tiefen Groll. Auch gegen die Fürstin, die ihm diese Ehe aufgezwungen hatte.

In Homberg herrschte Hochstimmung. Die Fürstin würde ihren Landtag, bei dem sie ihr neues Regiment aufrichten wollte, in Homberg abhalten. Dies war eine Auszeichnung und Belohnung für die Standhaftigkeit, die die Stadt bei der Erbhuldigung bewiesen hatte. Mit der Wahl einer Stadt, die gegen die sächsische Fremdherrschaft offen rebelliert hatte, wollte die Fürstin zeigen, dass sie nun einen neuen Weg einschlagen würde. Überall in den Gasthäusern, seien es nun einfache oder komfortable, wurden Vorbereitungen getroffen, um all die Gäste aufzunehmen, die man zu diesem Landtag erwarten durfte. Wenn ein Landtag gut besucht werden würde, dann sicher dieser! Es war Samstag, der 22. April des Jahres 1514. Noch drei Tage bis zur Eröffnung. Schon strömten die Menschen durch die Stadttore. Nicht nur solche, die an dem Landtag ein politisches Interesse hatten, sondern auch diejenigen, die sich von der Menschenmenge einen guten Verdienst erhofften. Seien es nun Bettler, Gaukler, Hübschlerinnen oder ehrbare Kaufleute. Auch Karl und Katha Schreuer bereiteten mit Eifer den Markt vor. Endlich hatten sie einen Markt, zu dem sie nicht weit fahren mussten, sondern den sie direkt vor ihrer Werkstatt abhalten konnten. Karl und Katha fegten die Werkstatt, der Großvater ordnete die Waren und schloss die Werkzeuge fort, während der kleine Johannes Schreuer in der Abfallkiste lauter Dinge fand, die er unbedingt gebrauchen konnte.

Anna Schreuerin bemerkte kaum etwas von dem Lärm in den Hauptstraßen. Sie hatte früh am Morgen damit angefangen, die Feuerstelle sauberzumachen, hatte dann die Regale in der Küche von Ruß, Asche und Staub befreit, alle Teller, Schüsseln und Krüge gewaschen, den Boden gefegt und war nun soweit, dass sie selbst sich dringend nach Wasser und Seife sehnte. Es klopfte. Sie hatte kaum gemerkt, wie düster es in der Küche geworden war, so emsig hatte sie gearbeitet. Nun erst merkte sie, wie ihre Glieder schmerzten. Anna streckte sich und ging zur Tür. Sie öffnete, worauf die Sonne hereinflutete. Vor der Tür stand ein Mann. Seinen Hut hatte er tief ins Gesicht gezogen, seine Hand hielt einen Knotenstock.

„Gott zum Gruße, Jungfer Anna!"

Anna schaute in ein Gesicht, das ihr seltsam bekannt vorkam. Aus ihren Träumen. Es war drei Jahre her, dass sie dieses Männergesicht gesehen hatte, aber als sie ihn nun wieder leibhaftig vor sich sah, verschlug es ihr die Sprache. Sie öffnete die Tür, um ihn eintreten zu lassen, brachte aber kein Wort heraus. Konnte das wirklich wahr sein? Er schloss die Tür hinter sich.

„Jungfer Anna! Erkennt Ihr mich denn nicht mehr?" Wie zum Beweis, dass er es war, hielt er Anna einen Brief hin. Es war ihre Schrift. Sie erkannte ihren Brief sofort wieder und wurde auch jetzt noch einmal rot.

„Friedel? Seid Ihr das wirklich?" Sie war nicht in der Lage, ihn gleich wieder mit dem vertraulichen Du anzusprechen.

„Ja, ich bin es."

Anna zog aus ihrem Hemd ebenfalls einen Brief hervor. „Da, seht! Ich hab Euren Brief auch noch."

„Ihr tragt ihn immer bei Euch!" Er strahlte sie mit seinen blauen Augen, seinem jungenhaften Lächeln an. Anna versuchte, ihre schmutzigen Hände an ihrem Kittel zu säubern und ihre Haarsträhnen, die sich aus ihren Zöpfen gelöst hatten und sicher wirr um ihren Kopf herumstanden, zu zähmen.

„Wie geht es Euch? Was führt Euch zurück nach Homberg? Habt Ihr hier noch Geschäfte zu erledigen?" fragte sie in abgehackten Sätzen, während sie sich mit ihren Fingern durchs Gesicht strich, um dort Spuren von Ruß und Asche zu hinterlassen.

„Jungfer Anna, ich ... bin jetzt Meister", sagte Friedel langsam.

„Das freut mich sehr für Euch, Friedel. Wirklich, das ist schön. Habt Ihr eine ..."

‚Schreinerstochter geheiratet' dachte Anna, aber Friedel unterbrach sie.

„Mein Bruder ist leider gestorben", erwiderte Friedel, bemüht traurig.

„Das ist ja schrecklich!" sagte Anna, konnte jedoch die bange Hoffnung nicht aus ihrer Stimme verbannen.

„Und Ihr habt Eure Schwägerin geheiratet?" fragte sie leise.

„Nein. Meine Schwägerin ist auch gestorben. Sie sind beide an der Franzosenkrankheit gestorben."

„Das tut mir unendlich leid, Friedel. Was für ein schwerer Schicksalsschlag!" rief sie, war jedoch nicht in der Lage, dem Strahlen auf ihrem Gesicht Einhalt zu gebieten.

„Ich kann die Werkstatt unseres Vaters übernehmen."

„Das freut mich sehr für Euch, Friedel."

„Ja, und jetzt bin ich Meister", sagte er noch einmal, während er mit seinem Knotenstock unbeholfene Linien auf den Boden zeichnete.

„Das ist wundervoll, Friedel."

„Es ist ja eine ganze Weile her, dass wir uns getroffen haben, aber ich dachte, ich schaue mal nach, ob Ihr vielleicht noch ... In Eurem Brief hattet Ihr damals geschrieben, dass Ihr ..."

„Das stimmt. Und es gilt noch immer."

„Jungfer Anna, wollt Ihr ...?"

Weiter kam Friedel nicht. Anna hatte schon ihre Arme um seinen Hals geschlungen und „Nü" gerufen. Und dann tat Friedel, wonach sich Anna immer wieder gesehnt hatte, seit er es zum ersten Mal getan hatte, damals in der Scheune, als Homberg belagert gewesen war. Ganz vorsichtig küsste er sie. Etwas scheu, behutsam und liebevoll. Es dauerte eine

Weile, bis sie das Räuspern wahrnahmen. Erschrocken fuhren sie auseinander und schauten in das lachende Gesicht des Großvaters.

„Nun Friedel, mir scheint, Ihr wollt uns eine Frage stellen."

Als Friedel ging, um in der Werkstatt mit anzupacken, kam Katha in die Küche. Erst als sich die beiden vergewissert hatten, dass die Männer draußen waren und die Türen geschlossen hatten, brachen sie beiden in Jubelgeschrei aus und fielen sich um den Hals.

„Er ist Meister und ledig! Stell dir das vor! Und er ist aus Gotha gekommen, um mich zu fragen, ob ich ihn noch immer heiraten will!" rief Anna. Die Tränen liefen ihr übers Gesicht. Katha hielt inne und betrachtete ihre Schwägerin. Annas Freudentränen hatten helle Spuren in ihrem Gesicht hinterlassen.

„Du meinst, er hat dich noch einmal gefragt, obwohl du so aussiehst?"

„Meine Güte, sehe ich denn so schlimm aus?"

„Wie die Tochter eines Köhlers. Heilige Jungfrau, dieser Mann muss dich wirklich lieben! Aber jetzt stellen wir Wasser auf und baden."

„Jetzt hier zu Hause?"

„Natürlich. Heute ist Samstag. Außerdem ist die Stadt schon voller Menschen, die zum Landtag wollen. Im Badehaus hättest du schon vor Tagen einen Zuber reservieren müssen. Also los!"

Damit war die Küche bis auf weiteres besetzt. Der Wäschezuber wurde hereingeholt, Eimer wurden am Brunnen gefüllt, das Feuer wurde angeheizt und der Kessel darüber aufgehängt. Großvaters feine Seife kam zum Einsatz. Als die Männer nach getaner Arbeit in die Küche wollten, riefen die Frauen wie aus einem Mund: „Nein, kommt nicht herein!" Mit einem Seufzer gingen sie ins Wirtshaus.

Katha war nur kurz eingetaucht, um dann den Zuber Anna zu überlassen, die das Bad sehr viel nötiger hatte. Katha spielte gerne die Bademagd, schrubbte Annas Rücken, seifte ihr Haar ein, während sie sich gemeinsam überlegten, welche Frisur jetzt am besten passen würde. Als das entschieden war, Anna in ihrem besten Kleid am Feuer saß und Katha Annas noch leicht feuchtes Haar kunstvoll flocht und aufsteckte, war es höchste Zeit, das Naheliegendste zu besprechen, nämlich den Hochzeitstag. Endlich würde das Brautkleid ihrer Mutter zum Einsatz kommen. Der Zunftmeister musste einfach sein Wort halten. Vor Zeugen hatte er es gegeben. Anna konnte und wollte sich nicht vorstellen, dass der alte Jost noch einmal Schwierigkeiten machen würde. Heute war Samstag. Konnten sie morgen schon heiraten? Katha bat Anna lachend um Aufschub. Sie wollten doch schließlich nicht ganz alleine feiern. Eine Woche musste man den Verwandten und Nachbarn schon Zeit geben. Und in dieser Zeit konnte man alles in Ruhe vorbereiten, einen frischen Brautkranz winden, Kuchen backen und die erlaubten Speisen vorbereiten. Bei einer Handwerkerhochzeit durften nur drei verschiedene, einfache Speisen gereicht werden. Dies hatten die Stadtväter so bestimmt, nachdem immer mehr Bürger sich für die Hochzeiten ihrer Kinder ruiniert hatten. Über diesem Gesprächsthema hatten die beiden Frauen ganz und gar die Zeit vergessen. Die Turmuhr schlug schon die fünfte Stunde an. Da beeilten sie sich, ins Wirtshaus zu kommen, damit ihre Männer nicht ungeduldig würden. Der goldene Krug, in den Karl am liebsten ging, war voll als sie ankamen. Man hätte kaum noch Platz zum Umfallen gehabt. Aber Anna und Katha hatten sich in die Ecke vorgekämpft, in der sie ihre Männer schon am Fenster hatten sitzen sehen.

„Das Warten hat sich gelohnt, Schwesterchen! Was sagt Ihr, Friedel?"

Friedel schaute Anna glücklich an. Sie setzten sich zu ihnen und schauten sich nach dem Wirt um. Allerdings bestand wenig Aussicht, das man in der nächsten Zeit etwas bekommen würde, so übervoll war die Gaststube.

„Kann man jetzt die Küche wieder betreten? Ich würde auch gerne mein Samstagsbad nehmen", fragte der Großvater. „Ja, die Küche ist wieder frei. Wir haben dir auch frisches Wasser geholt und im Kessel ist noch heißes Wasser. Wir wissen doch, was wir dir schuldig sind, Großvater."

Er hatte sich vorgebeugt und eine Hand hinter eines seiner großen Ohren gelegt, um Anna besser zu verstehen.

„Ich hoffe, ihr habt mir auch noch etwas von der Seife übriggelassen."

„Sicher!"

„Na, dann will ich mich mal aufmachen. Hier kann ich ohnehin mit niemandem reden. Das ist mir zu laut. Da verstehe ich kein Wort." Er stand auf und hatte Mühe, sich durch die Menge einen Weg zu bahnen. Anna sah ihm nach. „Kommt, lasst uns auch gehen. Ich möchte ihn nicht allein nach Hause gehen lassen. Die Straßen sind immer noch voll. Da sind vielleicht nicht nur freundliche Menschen unterwegs." Sie standen auf und gingen dem Großvater nach. Er schritt auf der Straße wacker aus. Von weitem hielt man ihn sicher nicht für einen Mann von achtzig Jahren. Gott allein wusste, wie er sich seine Kraft erhalten hatte. Katha hatte sich bei Karl und dem Großvater untergehakt, Anna und Friedel folgten in etwas Abstand.

„Was hat der Großvater denn gesagt, als du ihn gefragt hast?"

„Er hat zwar nicht nü gesagt, aber immerhin ja! Jetzt muss nur noch der Zunftmeister sein Wort halten."

Am nächsten Tag gingen Anna und Friedel mit dem Großvater zum Rathaus. Dort war kein Vordringen möglich. Also warteten sie an der

Tür. Jost würde irgendwann entweder herauskommen oder hineingehen. Ihre Geduld wurde auf eine harte Probe gestellt. Die Probe wurde noch viel härter, als Jost endlich kam und an ihnen vorbeieilen wollte. Doch Friedel hielt ihn am Arm fest.

„Auf ein Wort, Zunftmeister!"

„Ich habe keine Zeit! Wir stehen kurz vor dem Landtag. Da werde ich mich doch nicht ..." Sein Blick fiel auf Anna und den Großvater. Da dämmerte ihm, wer ihn am Ärmel hielt.

„Lass mich sofort los, verdammter Sachsenhund!"

„Ich bin jetzt Meister!" entgegnete Friedel ruhig. „Haltet mir nun Euer Wort!"

„Von wegen! Geht mir aus denn Augen!" rief er und verschwand im Rathaus. Anna wollte ihm nacheilen, doch der Großvater hielt sie zurück. „Lass Anna, der kommt nicht zur Vernunft."

„Aber er hat sein Wort gegeben! Das muss er halten!"

„Das wird ihm nicht auf der Straße einfallen. Wir müssen abwarten, bis nach dem Landtag. Dann werden wir ihn vor Zeugen an sein Wort erinnern. Dann kann er nichts mehr verweigern."

Am Sonntag waren Anna und Friedel gemeinsam in der Kirche. Der alte Priester war glücklich, als Anna ihm ihren Friedel vorstellte. Er hatte Anna getauft und gefirmt, hatte ihre Eltern beerdigt und Annas Leid und Klagen angehört, wenn sie mit ihrem Schicksal gehadert hatte.

„Siehst du, Anna, ich habe dir immer gesagt, dass sich dir die Güte des Herrn noch offenbaren wird. Jetzt hast du einen Mann, der gut zu dir sein wird, mit dem du wirklich glücklich wirst. Ich wünsche euch beiden alles Gute und Gottes Segen. Darf ich euch am Sonntag nach dem Landtag trauen?"

„Das wäre uns eine große Freude!" sage Friedel.

Am nächsten Tag flohen sie aus der immer voller werdenden Stadt, um durch die Wälder zu streifen. Anna berichtete, was sich in der Zwischenzeit in Hessen zugetragen hatte, Friedel erzählte, wohin sein Weg ihn noch geführt hatte. Nachdem er Homberg verlassen hatte, war er kurz zuhause gewesen, nur um festzustellen, dass sich nichts geändert hatte, worauf er schon nach drei Wochen sein Bündel wieder geschnürt und sich nach Norden aufgemacht hatte, ans Meer. In Hamburg hatte er Arbeit auf einem Handelsschiff gefunden, war nach Dänemark gesegelt, Schweden, England und schließlich auch wieder ins Mittelmeer. Obwohl sie durch die hessische Landschaft spazierten, tauchten vor Annas Augen fremde Länder auf, wie damals, als sie in der dämmrigen Küche gesessen und Friedel zum ersten Mal von seinen weiten Reisen berichtet hatte. So lange hatten sie sich nicht gesehen und waren sich doch gleich wieder vertraut.

Und dann kam der Landtag. Schon am Vormittag traf Anna von Hessen ein. Dieses Schauspiel ließ sich niemand entgehen. Auch Anna, Friedel und Katha waren zur Hauptstraße gelaufen, um den langen Zug anzuschauen. Anna fühlte sich an den Einzug der Herzogstochter in die Stadt Kassel erinnert, so viele neugierige Menschen drängten sich auf der Straße, und brannten darauf, ihrer Fürstin zuzujubeln. Das Wetter war schön. Man hatte die ledernen Vorhänge der fürstlichen Kutsche nach oben gerollt, sodass man Anna von Hessen und den kleinen Philipp gut sehen konnte. Da die Fürstin mit Brokat nicht gegeizt hatte, kam Anna Schreuerin voll auf ihre Kosten.

„Siehst du, das ist sie. Das ist Anna von Hessen. Unsere Fürstin. Ihr Kleid ist aus Brokat." Friedel sah seine Braut lächelnd von der Seite an. In ihrer Stimme schwang so etwas wie Besitzerstolz mit.

„Und der Junge neben ihr?"

„Das ist Philipp von Hessen, ihr Sohn. Das wird einmal unser Landesfürst, wenn er alt genug ist."

„Ja, wenn er's erlebt, der kleine Hoinkdurmel!" sagte ein älterer Herr, der offenbar keinen Hunger litt.

„Was ist denn ein – wie hat er doch gleich den Knaben genannt?" flüsterte Friedel.

„Hoinkdurmel. Das ist ein schmächtiger Kerl. Aber seine Mutter wird ihn schon wieder aufpäppeln."

„Das ist richtig", sagte der Mann. „Es wurde höchste Zeit, dass man das Kind wieder seiner Mutter gegeben hat. Bei diesem Boyneburg wäre er nicht mehr viel älter geworden. Schaut Euch das Kerlchen doch nur an. Ganz bleich und mager. Kaum Speck auf den Rippen. Da zahl ich doch gern meine Steuern, wenn der Junge mal ein ordentliches Wurstbrot kriegt."

Anna und Friedel wandten sich lachend ab. An Wurstbrot würde es im landesfürstlichen Haushalt wohl nicht fehlen.

„Schau, Friedel. Diesen Mann habe ich auf dem Landtag zu Treysa gesehen. Den da drüben, der Große mit dem blauen Barett. Er ist mir da schon aufgefallen, weil er die Fürstin die ganze Zeit angeschaut hat. Ich glaube, er hat kein Wort von dem verstanden, was sie gesagt hat."

„Eure Fürstin ist aber auch eine ungewöhnlich schöne Frau. Nicht nur wegen ihres Brokatkleides."

„Muss ich jetzt eifersüchtig werden?" neckte Anna ihren Bräutigam, der ihr als Antwort einen Kuss gab. Anna wurde rot und wand sich aus seinen Armen. „Friedel! Doch nicht vor allen Leuten!"

„Wieso nicht? Warte nur ab, wie ich dich in der Kirche vor allen Leuten küssen werde!“

Bald war der Zug am Rathaus angelangt und in der Menschenmenge zeichnete sich ab, wer zu seinem Vergnügen nach Homberg gekommen war und wer sich tatsächlich für die Politik interessierte. Die ersteren waren eindeutig in der Überzahl. Für sie war genug Unterhaltung in den Gassen, wo Marktstände aufgebaut waren, Gaukler ihre Späße trieben und die gelüstigen Fräulein flanierten. Für die ernsthaft Interessierten war nicht genügend Raum im Rathaus und so drängte man sich vor der Tür in der Hoffnung, etwas zu erfahren.

Anna, Friedel und Katha beschlossen, vorerst dem Großvater und Karl zu helfen und falls das nicht nötig sein sollte, wollten sie über den Markt schlendern.

In den folgenden Tagen hatten sie alle noch oft die Möglichkeit, beides zu tun. Der Landtag dauerte lange. Immer gegen sechs Uhr abends, wenn die Tagung beendet wurde, trat der Bürgermeister vor die Tür des Rathauses, um die Beschlüsse des Tages zu verkünden.

Man sah dem Herrn Bürgermeister der Stadt Homberg an der Efze deutlich an, dass er sich der Ehre bewusst war, die ihm zuteil wurde. Er stand dort auf der Treppe des Rathauses in seinem feinsten Staat, seine Bürgermeisterkette hatte er offensichtlich frisch poliert. Er räusperte sich, hüstelte noch einmal und ließ seinen Blick über die Menge schweifen, die sich aufgeregt näher drängte.

„Wir haben eine neue Regierung“, rief er, als sei es allein sein Verdienst. „Grundlage dieser Regierung ist das Testament unseres verstorbenen Landesherrn Wilhelms II. Unsere Regierung besteht aus unserer Landesfürstin und fünf Räten, die von der Landschaft gewählt wurden.“ Zunächst war nur verhaltene Zustimmung zu hören, als überlege man noch, ob dies nun eine gute Nachricht sei oder nicht, schließlich hatte man sich gegenseitig überzeugt, dass man nun Grund zum Jubeln hatte und tat dies ausgiebig. Doch keiner jubelte wie Severin, der in seiner schäbigen Ratsherrentracht in der vordersten Reihe stand und beteuerte, er habe immer gewusst, dass die Landgräfin eine gute Frau sei. Als der freudige Lärm abgeebbt war, fuhr der Bürgermeister fort: „Unsere gnädige Fürstin hat den Ständen ein weitgehendes Mitspracherecht garantiert. Außerdem hat sie versprochen, jedermann, der zu ihr kommt, Gehör zu schenken, Zugang zu unserem künftigen Landesherrn zu gewähren und uns nicht mit unbilligen Neuerungen zu beschweren.“ Nun kam der Jubel prompt und überzeugt. Der Bürgermeister hob die Hände zum Zeichen, dass er noch mehr gute Neuigkeiten auf Lager hatte.

„Für das Finanzwesen des Landes soll ein Kammerschreiber zuständig sein, der alle Einnahmen in einem sicheren Kasten verwahren wird. Mit drei Schlössern ist der Kasten versehen, zu denen einen Schlüssel die Fürstin, einen der Kammerschreiber und einen Schlüssel die Räte haben, so dass niemand ohne das Wissen der anderen den Kasten öffnen kann. Zur jährlichen Rechnung sollen ausgewählte Mitglieder der Landschaft hinzugezogen werden, denen die Regierung Rechenschaft über jede einzelne Ausgabe abzulegen hat.

Außerdem soll die Fürstin ihren Sohn bei sich behalten und erziehen dürfen, bis er zu seinen mündigen Jahren kommt." Der Bürgermeister hatte geendet und wandte sich um. Hinter ihm brandete der Jubel ins Rathaus, wurde aber bald leiser, da sich die meisten Menschen besannen, weshalb sie nach Homberg gekommen waren und sich den wirklich wichtigen Dingen widmeten - dem Marktleben. Anna Schreuerin hatte aufmerksam zugehört. Vor allem, dass die Fürstin jedermann Gehör schenken wollte, der mit einem Anliegen zu ihr kam.

Niemand sah, wie Anna von Hessen lächelte, als sie abends in ihrem Gemach allein war. Sie allein durchschaute das Fundament, auf das sie ihr Haus bauen wollte. Die Bürger würden kaum die Möglichkeit haben, an der Regierung entscheidend mitzuwirken. Dafür hatte sich der Adel zu viele Rechte gesichert. Allerdings war Anna nicht willens, dem Adel auf lange Sicht allzu viel Freiheit zu gewähren.

Gleich am nächsten Tag gingen Friedel, Anna, der Großvater und Karl wieder ins Rathaus. Dort stellten sie fest, dass noch viele andere aufmerksam die Rede des Bürgermeisters angehört hatten und ihr Anliegen vor fürstliche Ohren bringen wollten. Auch Severin hatte sich schon eingefunden. Bei manchen, die nicht aus Homberg waren, sondern aus weiter entfernten Städten gekommen waren, gelang es ihm, Eindruck zu machen. Er befragte sie bereits nach ihrem Begehr, machte eine gewichtige Miene, nickte bedächtig oder schüttelte den Kopf, wenn ihm ein Fall zu aussichtslos erschien. Die Homberger waren jedoch so freundlich, die Fremden aufzuklären und so machten sie sich bald gemeinsam einen Spaß daraus, Severin mit den haarsträubendsten Fällen zu konfrontieren und ihn nach seinem Rat zu fragen.

„Nein, nein", konnte man Severin mit erhobenem Zeigefinger sagen hören. „Wenn das Schwein dieses Mannes alle Eure Bohnen mitsamt den Stangen gefressen hat, steht Euch nicht nur eine Wurst zu, sondern mindestens ein Braten. Ihr werdet sehen, guter Mann, die Fürstin wird in ihrer Weisheit gleich ganz genauso entscheiden."

Zum ersten Mal war Anna von Herzen dankbar, dass es Severin gab, denn er verkürzte die langen Stunden des Wartens. Gegen Mittag kam Katha und versorgte sie mit Essen und Trinken. Anna hoffte inständig, dass Katha nicht auch noch Decken für die Nacht würde bringen müssen. Es war schon später Nachmittag, als sie endlich an die Reihe kamen. Ihr war nun schon etwas bange zumute, als sie endlich den Rathaussaal betrat, um Anna von Hessen gegenüberzustehen. Friedel hielt sie fest an der Hand. Sie spürte seinen Händedruck. Dann verneigten sie sich tief vor Anna von Hessen.

„Was führt euch zu mir?“ fragte die Fürstin, worauf sich Anna, Friedel, Karl und der Großvater wieder aufrichteten und ihre Fürstin anschauten.

„Mein Name ist Friedel Gutmann. Ich stamme aus Gotha und ich begehre Anna Schreuerin zur Frau, Euer Gnaden“, sagte Friedel. „Wir erfüllen sämtliche Voraussetzungen, doch verweigert uns der Zunftmeister seinen Segen.“

„Wo ist der Zunftmeister?“ fragte Anna von Hessen, wobei ihr Blick über die Homberger Ratsherren glitt. Jost trat vor. „Ich. Ich bin hier der Zunftmeister.“

„Warum dürfen diese beiden nicht heiraten?“

„Euer Gnaden, dieser Mann ist ein Sachse. Ich will nicht, dass eine ehrliche Hombergerin einen Sachsen heiratet.“

„Was sagen Sie dazu? Warum wollen Sie einen Sachsen heiraten?“ Anna von Hessen sah Anna Schreuerin an.

Anna Schreuerin schluckte und holte tief Luft. „Es ist mir doch gleich, ob er ein Sachse ist oder ein Hesse, Euer Gnaden. Ich liebe ihn und will mein Leben mit ihm teilen. Er ist ein ehrlicher Handwerker, der sein Handwerk versteht. Und er ist der wundervollste Mensch, der mir jemals begegnet ist. Außerdem ist er mutig und tapfer. Als Boyneburg Homberg angriff, ging er mit auf die Mauern, um die Stadt zu verteidigen. Und als Boyneburg später noch einmal mit einem großen Heer kam und unsere Stadt einnahm, da kam Friedel zurück, weil er um mein Leben fürchtete und er hat mich damals vor schlimmem Übel bewahrt. Deshalb will ich ihn heiraten.“

Die Fürstin nickte anerkennend.

„Wir erfüllen sämtliche Voraussetzungen“, fügte Friedel hinzu. „Wir sind beide ehrlicher Leute Kinder, haben uns nie etwas zuschulden kommen lassen und haben unsere Entscheidung aus freien Stücken getroffen. Schon vor Jahren hat Anna Schreuerin meinen Antrag angenommen, doch da schickte mich der Zunftmeister wieder fort. Ich solle erst ein Meister werden, dann könne ich meine Verlobte heiraten.“

„War das nicht damals schon eine unbillige Entscheidung?“ fragte Anna von Hessen mit einer leichten Schärfe in der Stimme und sah Jost an.

„Normalerweise muss ein Mann kein Meister sein, um zu heiraten. Aber dieser Mann ist ein Sachse.“ Jost betonte das letzte Wort, als sei damit schon alles erklärt.

„Das haben Sie nun schon mehrmals betont. Meine eigene Tochter ist seit ihrer Geburt einem Sachsen versprochen. So verwerflich ist dies nicht!“

Mit emporgezogenen Augenbrauen beobachtete Ana von Hessen nun, wie der Zunftmeister sich wand. „Nein, nein, natürlich nicht. Wenn die Tochter Euer Gnaden selbst ...“

„Aber sagt mir doch endlich, was der Grund für Eure Weigerung ist!“

Als Jost nur dumm dastand und nichts zu sagen wusste, meldete sich Anna Schreuerin zu Wort.

„Ich habe seinem Sohn vor Jahren einen Korb gegeben.“

„Tatsächlich? So jung sind Sie nicht mehr. Es wird Zeit, dass Sie heiraten. Hatten sie keine Angst, als alte Jungfer sitzen zu bleiben, wenn sie den Sohn dieses Mannes verschmähen?“

„Sein Sohn ist ein grober Kerl und ich wollte lieber keinen Mann als diesen.“

Anna von Hessen lächelte.

„Sind Sie denn jetzt Meister?“

„Ja, ich konnte die Werkstatt meines Vaters übernehmen. Ich habe meinen Meisterbrief bei mir, ich wollte ihn vorlegen, doch noch immer verweigert der Zunftmeister seine Zustimmung.“

„Hatten Sie nicht vor Jahren versprochen, dass dieser Mann seine Verlobte heiraten dürfe, sobald er Meister sei? Sie haben Ihr Wort nicht gehalten. Ich habe langsam genug von gebrochenen Versprechen. Sie werden heiraten. Meinen Segen haben Sie. Ich denke, das dürfte dem Rat genügen! Wie steht es mit Ihnen?“ fragte Anna von Hessen nun und sah Karl und den Großvater an.

„Meinen Segen haben die beiden schon lange!“ sagte Reinhard Schreuer, Karl pflichtete mit einem Nicken bei. „Friedel Gutmann ist ein guter Schreiner, der beste Geselle, den wir je hatten.“

„Dann steht Ihrem Glück wohl nichts mehr im Wege. Ich wünsche Ihnen alles Gute. Das ist ein schöner Abschluss. Notieren Sie die Namen der Leute, die noch draußen stehen und schicken sie sie für die Nacht nach Hause. Morgen früh werden wir fortfahren.“ Anna von Hessen erhob sich.

Familie Schreuer verneigte sich noch einmal tief. Als Anna Schreuerin sich wieder erhob, strahlte sie die Fürstin an. „Ich danke Euer Gnaden.

Ich wünsche Euer Gnaden auch so viel Glück, wie Ihr uns gerade beschert habt."

Anna von Hessen lächelte sie an. „Alles Gute!" sagte sie, dann wandte sie sich ab. Friedel legte seinen Arm um Annas Schultern und ging mit ihr nach draußen, wo er sie fest an sich drückte und küsste.

„Also, ihr beiden, wann ist Hochzeit?" fragte der Großvater.

„Nächsten Sonntag. Der Priester weiß schon Bescheid. Jetzt müssen wir nur noch unsere Verwandten einladen. Lasst uns schnell nach Hause gehen zu Katha. Sie sitzt sicher da und kann es kaum erwarten, endlich gute Nachrichten zu hören."

Am darauffolgenden Nachmittag gingen sie zu allen Verwandten in der Stadt, um sie zu ihrer Hochzeit einzuladen. Es waren nicht viele. Mit insgesamt zwanzig Tanten, Onkeln, Vettern und Basen war das Haus ohnehin voll. Wie gut, dass sie die Küche so gründlich saubergemacht hatte. Jetzt musste nur noch die Stube gefegt und gekocht werden. Kuchen würden die Tanten backen. Tante Maria war bekannt für ihre Nonnenfürze, doch ersetzte sie die unerschwinglichen Mandeln durch Nüsse.

Und am Abend holten Anna und Katha das Brautkleid ihrer Mutter aus der Truhe, damit der Stoff etwas lüften und sich glätten konnte. Das dunkelgrüne Leinen war über und über mit Blumenranken bestickt, deren Blüten aus kleinen bunten Perlen bestanden. Auch ein schwarzes Schultertuch und schwarze Schuhe gehörten dazu.

„Du wirst richtig fein aussehen. Noch feiner als heute", sagte Katha.

In der Werksatt legte sich unterdessen Friedel schlafen, nachdem er ein feines schwarzes Wams und ebensolche Hosen ordentlich über einen Bock gehängt hatte. Er zog die Wolldecke über seine Schultern. Die Nächte, in denen er allein schlief, waren nun gezählt.

An Friedels und Annas Hochzeitstag war der Landtag vorüber und die meisten Menschen abgereist. Die Stadt war wieder ruhiger geworden. Nur Anna und Friedel waren aufgeregt. Da sie beide im selben Haus wohnten, holte Friedel seine Braut in der Küche ab. Die beiden strahlten einander an. Noch nie hatten sie sich in so schönen Kleidern gesehen. Dieser Tag war für sie beide etwas so Besonderes und Festliches. Friedels Hosen und das Wams waren schon etwas aus der Mode, doch sah man den Kleidungsstücken an, dass sie selten getragen und in Acht genommen worden waren. Anna trug das grüne Kleid ihrer Mutter. Katha hatte ihr Haar kunstvoll geflochten, aufgesteckt und mit einem Brautkranz geschmückt.

„Jungfer Anna, darf ich bitten?" fragte Friedel und bot ihr seinen Arm, den Anna gerne ergriff.

In den folgenden Wochen lebte sich Anna von Hessen wieder ganz und gar in Marburg ein. Längst hatte sie die regelmäßigen Gottesdienste und Beichten bei Abt Ignatius zu einem festen Bestandteil ihrer Tage gemacht und auch ihre Kinder mit in diese Rituale einbezogen, obwohl Elisabeth und Philipp offenbar nicht die gleiche Erbauung aus den täglichen Gottesdiensten zu ziehen schienen wie sie selbst. Doch eines Nachmittags kam sie ohne ihre Kinder zu Abt Ignatius. Sie hatte sich nicht angekündigt. In meergrüner Seide betrat sie sein Arbeitszimmer. Der Abt atmete kurz und heftig ein, warf einen entschuldigenden Blick auf den Gekreuzigten, um sich dann mit voller Aufmerksamkeit seiner Besucherin zu widmen.

„Euer Gnaden, seid mir willkommen. Was führt Euch zu mir?"

„Vater, ich muss etwas mit Euch bereden. Ich weiß nicht mehr weiter. Es lastet mir auf der Seele."

„Lasst uns eine Weile hinausgehen. Ich bin ohnehin fertig mit meiner Arbeit hier. Wir wollen wie früher unter den Kirschbäumen spazieren gehen." Der Abt öffnete ihr die Tür. Schweigend gingen sie durch die stillen Flure hinaus in den Kirschgarten. Es war Mai. Die Bäume standen in voller Blüte. Anna sog den Duft mit geschlossenen Augen ein.

„Nun sprecht, mein Kind. Was bedrückt Euch?" Pater Ignatius wählte gerne diese vertrauliche Anrede.

„Es ist mein Sohn."

„Was ist mit ihm? Kränkelt er?"

„Nein, es geht ihm gut. Aber er ist mir so fremd und fern." Anna schwieg für eine Weile und schaute hinunter ins Lahntal.

„Wisst Ihr, anfangs habe ich es nicht bemerkt. Vielleicht wollte ich es auch nicht bemerken. Ich war so glücklich und erleichtert, ihn wiederzuhaben. Er war fast fünf Jahre lang in Boyneburgs Händen. Er hat ihn mir entfremdet. Aber er war noch so jung, als man ihn mir wegnahm. Fünf Jahre alt war er! In einem halben Jahr wird er zehn. Boyneburg hat das Kind ganz und gar in seinem Sinne geformt und verbogen. Ich möchte mir nicht vorstellen, mit welchen Methoden er meinen Sohn gebrochen und mir abspenstig gemacht hat.

Von mir will er kaum etwas wissen. Seine Amme hat nach wie vor sein Vertrauen. Und mit seiner Schwester verbringt er lange Stunden im

Garten. Ich beobachte die beiden von weitem – wenn es meine Zeit zulässt. Sie reden und lachen miteinander. Ich weiß nicht worüber. Wenn ich zu ihnen gehe, ist er wie ausgewechselt. Die Fröhlichkeit fällt von ihm ab und er ist kalt. Nicht unhöflich – versteht mich nicht falsch. Sie sind beide wohlerzogen. Aber dieses ‚Ja Frau Mutter, nein Frau Mutter, ich danke Euch, Frau Mutter' ist grauenhaft. Natürlich sollen sie mich höflich ansprechen, aber Philipp schaut mich oft mit ängstlichen Augen an. Boyneburg muss ihm erzählt haben, ich sei ein Monster. Auf dem Landtag in Homberg und bei anderen Verhandlungen sitzt er nur stumm und bleich neben mir wie ein Fisch. Er sieht mich scheu von der Seite an, als könne ich im nächsten Augenblick sein Todesurteil verkünden. Aber ich tue doch alles für ihn. In jeder Hinsicht. Er soll ein gutes Land erben. Ein Land, in dem Ordnung herrscht. Ein Land, in dem er regiert und nicht der Adel. Niemand soll ihn bevormunden. Ich weiß, wie quälend es ist, wenn man über jeden einzelnen Gulden, den man doch mit gutem Gewissen zum Wohle seines Volkes ausgibt, Rechenschaft ablegen muss. Er soll frei sein in seinen Entscheidungen. Alle Anstrengungen, die ich jetzt unternehme, tue ich für ihn. Für wen würde ich mir all dies aufladen, wenn nicht für ihn? Er ist mein Kind, das ich von Herzen liebe. Es ist als lebte ich noch immer in meiner Mitternacht. Ich dachte, der Morgen sei nun endlich angebrochen. Ich hatte schon Licht gesehen und geglaubt, nun würde alles gut. Aber ich tappe noch immer im Dunkel, versuche mein Bestes zu geben und habe dabei das Gefühl, gerade mit Philipp alles falsch zu machen."

Pater Ignatius sah, dass Anna um Fassung rang. Sie hatte sich abgewandt und betrachtete eingehend einen Blütenzweig, der über dem Weg hing. Der Abt konnte sich lebhaft vorstellen, wie der Landhofmeister mit dem Erbfürsten umgegangen war. Philipp war schon früh ein verständiges Kind gewesen, dem man die komplizierte Welt der Erwachsenen bereits auseinandersetzen konnte. Auf die eine oder andere Weise. Ein Kind, das man beeinflussen, seinen biegsamen Charakter formen konnte, indem man ihm immer nur den eigenen Blickwinkel auf die Welt gewährte. Der Kampf um Philipp, den Anna zunächst verloren hatte, hatte sie viel Zeit gekostet. Jetzt, da der Kampf endgültig gewonnen schien, hatte sie ihren Sohn offenbar auf eine ganz andere Weise verloren.

„Ihr habt lange gekämpft, um Euren Knaben dem Landhofmeister zu entreißen. Nun steht Euch ein neuer Kampf bevor. Ihr müsst nun den Geist und die Seele Eures Kindes zurückerobern. Doch das ist ein Kampf, der mit viel Geduld, Liebe und Gefühl ausgefochten werden muss. Ihr könnt nichts erzwingen. Philipp ist noch ein Kind. Auch wenn er sehr viel verständiger ist als viele seiner Altersgenossen, so kann man doch nicht von ihm verlangen, dass er die Situation mit den Augen eines erwachsenen Mannes beurteilt. Noch hat er die Regierung nicht übernommen. Ich bin mir sicher, dass er eines Tages sehen wird, was Ihr für ihn getan habt."

„Ich danke Euch, Pater Ignatius. Ich hoffe, Ihr werdet Recht behalten. Natürlich würde ich mich gerne meinen Kindern und ihrer Erziehung widmen. Aber wenn ich mich nach dem Tod meines Gemahls aus der Politik zurückgezogen, wenn ich die Vormundschaft wirklich den Sachsen überlassen hätte, dann hätte mein Sohn kein Land mehr, das er regieren kann. Oder wenn sie ihm das Land gelassen hätten, dann hätte er keine Mittel mehr, um seine eigene Dienerschaft zu bezahlen. Der Kurfürst sitzt mir im Nacken. Er wird sich die Vormundschaft, die ihm der Kaiser bestätigt hat, nicht so ohne weiteres entreißen lassen. Ich befürchte einen Überfall der Sachsen."

„Wie schützt Ihr Euch?"

„Gegenwärtig bemühe ich mich um ein Schutzbündnis mit Herzog Georg von Sachsen. Bisher hat er mir noch keine Zusage gemacht. Der Krieg mit Friesland nimmt ihn wohl sehr in Anspruch. Dafür konnte ich mit Herzog Georg von Braunschweig ein Schutz- und Trutzbündnis abschließen. Wir haben uns gegenseitig versprochen, bei Gefahr mit einer Schar von zweihundertfünfzig Reitern und zweitausend Fußsoldaten zu Hilfe zu eilen. Aber kann das denn genügen? Der Kurfürst ist mächtig."

„Seid Ihr sicher, dass Herzog Georg auf Euren Vorschlag überhaupt eingehen kann? Seine diplomatische Unterstützung für Euch hat das Haus Wettin belastet. Wenn er Euch zudem noch militärisch unterstützt, könnte dies die Wettiner spalten."

„Die Wettiner sind bereits gespalten."

„Aber sind sie sich auch auf Generationen hin so entfremdet, dass sie aufeinander schießen würden? Dies würde ein solcher Vertrag und seine Ausführung nach sich ziehen."

„Ich brauche Schutz! Aus wessen Seite steht Ihr überhaupt?" fragte Anna. Ihre Stimme klang empört.

„Ich stehe auf Gottes Seite. Wie es sich für meinen Stand geziemt", erwiderte Pater Ignatius gelassen und mit einer kleinen Verbeugung.

„Gott! Aber er steht doch *mir* bei! Er hat mich nun an diesen Platz gestellt, mir Tatkraft und Willensstärke verliehen. Ihm habe ich es zu verdanken, dass mir alles, was ich mir erkämpfen wollte, nun tatsächlich gehört. Nun muss er mir doch beistehen, damit ich das Erreichte sichern kann. Ich komme jeden Tag zu Euch, ich bete, ich beichte jeden Tag, ich habe so viel für die Kirche gespendet, Ablass gekauft für meine ganze Familie. Alle habe ich sie aus dem Fegefeuer freigekauft. Gott muss mich jetzt beschützen."

„Gott lässt nicht mit sich handeln. Ihr könnt ihm nichts abringen. Ihr könnt nur hoffen und vertrauen, dass er Euch beistehen wird."

Mit diesem Bescheid war Anna keineswegs zufrieden, doch war ihr klar, dass sie ihr Hadern mit Gottes Verhandlungsresistenz in der Beichte vorbringen musste. Pater Ignatius war gnädig mit ihr und versuchte ihr so schonend wie möglich beizubringen, dass Gott nun mal Gott war und kein politischer Gegner, den sie aufs Glatteis führen konnte. Eben dies tat sie in den folgenden Monaten mit Kurfürst Friedrich. Denn der Kurfürst war weit davon entfernt, Hessen zu überfallen. Vielmehr versuchte er, sich die Vormundschaft auf diplomatische Weise zu sichern. Dafür hatte Anna nur ein grimmiges Lachen. Wie damals, als sie vergeblich um ihr Kind gekämpft, als die Wettiner sie immer wieder von einem Landtag zum nächsten vertröstet hatten, zu dem sie dann Räte ohne Befugnisse schickten - genau so verfuhr Anna jetzt mit dem Anliegen des Kurfürsten. Als der Kurfürst eine Versammlung nach Mühlhausen einberief zwecks der jährlichen Rechnungslegung, ließ man ihn lediglich wissen, dass man Mühlhausen für keinen geeigneten Ort halte, um hessische Rechnungen offen zu legen. Während der Zwist mit seinem Vetter Georg immer offener zutage trat, wandte sich der Kurfürst direkt an die hessischen Stände. Am 30. Oktober 1514 sollte zu Bercka an der Werra ein Schiedstag stattfinden, zu dem Anna ihren Hofrichter Peter von Treisbach schickte, dem sie selbstverständlich keine Vollmachten für Beschlüsse erteilte. So mussten die sächsischen Räte wieder unverrichteter Dinge abziehen. Als Anna erfuhr, dass der Kurfürst auf dem Weg zum Kaiser war, fuhr auch sie nach Innsbruck ins kaiserliche Hoflager, kam dem Kurfürsten in bewährter Weise zuvor und konnte auch diesmal den Kaiser wieder für sich einnehmen. Der Kaiser hatte zwar einerseits kein Interesse, den Kurfürsten zu unterstützen, konnte sich aber andererseits keinen offenen Bruch mit diesem mächtigen Mann erlauben. Auch er hielt den Kurfürsten eine Weile hin, speiste ihn ab mit Versprechungen und machte schließlich den wohlwollenden Vorschlag, die Sache vors Kammergericht zu bringen.

Noch im Sommer des Jahres 1515 schloss Anna ein Schutz- und Trutzbündnis mit Herzog Georg von Sachsen ab, das sich gegen Kurfürst Friedrich richtete. Dass Herzog Georg seinem Vetter eine Abschrift des Vertrages schickte, nebst der Beteuerung, dass dieses Bündnis nur geschlossen worden sei zur Sicherheit der Wettiner, dass er darauf hinwies, dass es viel besser sei, mit der hessischen Fürstin Verträge abzuschließen, anstatt sich durch ewiges Klagen vor dem Kaiser beim hessischen Volk ganz und gar verhasst zu machen und der Bitte, etwaigen Verleumdern keinen Glauben zu schenken - all dies konnte den Familienfrieden nicht mehr retten.

Unterdessen wurde die Angelegenheit des Kurfürsten durch die gelehrten Perücken des Kammergerichts, die auf keinen Fall ein vorschnelles Urteil fällen wollten, von Termin zu Termin verschleppt, bis sie mit den üblichen Ehren begraben wurde.

Homberg, 12. Februar 1516

Meine liebe Freundin und Schwägerin Anna,
wie sehr vermissen wir Dich hier in Homberg. Aber natürlich haben wir uns über alle Maßen gefreut, als wir so gute Neuigkeiten von dir gehört haben. Herzlichen Glückwunsch zu deiner ersten Tochter, die Du sicher wie versprochen Anna genannt hast. Wir sind froh und erleichtert, dass die Geburt so gut verlaufen ist und Du nach wenigen Tagen wieder auf den Beinen warst. Dein lieber Friedel pflegt Dich sicher entsprechend. Wir freuen uns auch mit Dir, dass Du mit Deiner Heirat die Stiefmutter von zwei lieben Neffen geworden bist. Die beiden scheinen ganz nach ihrem Onkel zu geraten. Du hast ihnen sicher gut geholfen, über den Verlust ihrer Eltern hinwegzukommen.
Und wie schön ist es für Dich, dass Du wieder Eltern hast. Unserem Großvater geht es nach wie vor gut, auch wenn er morgens jetzt gerne etwas länger liegen bleibt. Wir gönnen ihm die Ruhe. In seinem Alter haben sich die meisten schon aus der Werkstatt zurückgezogen. Ich glaube, er vermisst Dich sehr. Nachdem ihr weggefahren seid, hat er eine ganze Weile nicht gesungen. Wenn Dein Kind groß genug ist, würden wir es zu gerne kennen lernen. Und natürlich auch deine beiden Stiefsöhne.

Da ich weiß, dass Du Dich immer für eine gewisse Anna sehr interessierst, will ich Dir auch von ihr berichten. Die Stimmung hier ist sonderbar. Einerseits sind die Menschen mit ihrer Regierung zufrieden. Unsere Fürstin sorgt gut für uns. Sie hat die Steuern gesenkt, kümmert sich um die Straßen, die Raubritter sind verhaftet und bestraft worden. Das Land wird wieder regiert und blüht auf. Aber es gibt auch Menschen, die damit nicht zufrieden sind, sondern gerne selbst mehr Anteil an der Regierung hätten. Wie Karl mir berichtete, wurde schon lange kein Landtag mehr abgehalten. Der Landtag hier in Homberg, kurz vor Eurer Hochzeit vor zwei Jahren, war der letzte. Im Grunde sind die Landtage nicht mehr nötig, weil unsere Landgräfin allem Übel rasch Abhilfe schafft, doch hatten sich die Adligen mehr Macht erhofft.
Karl war auf dem Allerheiligenmarkt in Marburg. Dort hat er auch Jacob, den Tuchhändler, wiedergetroffen und auch Mia, die Töpferin. Sie hatte geheiratet und war nun mit einer großen Tochter auf dem Markt. Wir haben uns also ganz unnötig um sie gesorgt. Jacob hat immer Neuigkeiten aus der Politik. Aber er wusste nicht, ob sich der Unmut des Adels auch zu Taten steigern wird. Den Städten ist es sogar lieber, wenn keine Landtage abgehalten werden. Das waren immer hohe Kosten, auch wenn es eine Ehre war für die Stadt. Aber die Adligen werfen der Fürstin vor, sie habe ihre Versprechen gebrochen, genau wie Boyneburg. Viele von ihnen scheinen einen regelrechten Hass gegen die Fürstin zu haben. Aber ich denke nicht, dass sie ihr wirklich schaden können.

Jetzt muss ich schließen, denn unser Geselle, der hier zwei Monate gut gearbeitet hat, will wieder losziehen. Er ist ein tüchtiger Bursche. Den könnt Ihr ruhig eine Weile behalten. Hier hat er sehr gut gearbeitet. Wir haben ihm Gotha ans Herz gelegt und er war gleich bereit, den Brief für Dich mitzunehmen. Er kommt aus Hamburg und hat schon auf Schiffen gearbeitet. Da werden er und Friedel sich viel zu erzählen haben.

Wir grüßen Euch alle ganz lieb und herzlich, umarmen Euch und wünschen Euch alles erdenkliche Gute,

Deine und Eure Katha, Karl, Johannes und der Großvater.

Am 4. März des Jahres 1516 wurde Elisabeth von Hessen vierzehn Jahre alt. Am Morgen dieses Tages stand Anna früh auf. Sie wollte ihre Geschäfte erledigen, um später Zeit für ihre Kinder zu haben. Es war noch dämmrig, als sie an der Zimmertür ihrer Tochter vorbeiging. Beinahe hätte sie übersehen, was dort auf der Schwelle lag. Anna hielt inne und bückte sich. Ein Lächeln flog über ihr Gesicht, als sie erkannte, was dort lag. Es war ein kleiner Strauß Veilchen und ein Billett. Sie hob es auf, roch an den Blumen und öffnete das zusammengefaltete Pergament. F. stand darin. Nichts weiter. Wer war F Punkt? Sie legte beides zurück und ging dann weiter in ihr Arbeitszimmer. F Punkt. Ein stiller Verehrer. Sie gönnte ihrer Tochter diese Freude. Zu dieser Zeit waren die Vorbereitungen für Elisabeths Hochzeit mit Herzog Johann dem Jüngeren, dem Sohn Herzog Georgs, dem sie seit ihrer Geburt versprochen war, bereits in vollem Gange.

Anna sprach Elisabeth nicht auf den Strauß an. Sie fand auch nicht heraus, wer F. war. Ihr Bräutigam schied eindeutig aus. Anna dachte an die erste Begegnung der beiden. Bis dahin hatte sie Elisabeth immer wieder von dem Herzog erzählt, der sie einmal heiraten würde. Vielleicht war das ein Fehler gewesen, denn Elisabeth hatte sich in ihren Gedanken einen Traum-Johann geformt. Zweifellos war der Johann in Elisabeths Träumen ein schöner Mann, der ihr jeden Wunsch von den Augen ablas und sie auf Händen trug. Ganz wie die Prinzen in den Geschichten, die Jette zu erzählen wusste. Der reale Johann blieb weiter hinter seinem Traumbild zurück. Drei Jahre war es nun her, dass die beiden sich zum ersten Mal gesehen hatten. Elisabeth war damals elf, Johann fünfzehn Jahre alt gewesen. Zunächst war er kein schöner Mann, sondern ein hässlicher Jüngling gewesen, dessen abstehende Ohren und schiefe braune Zähne nicht die Gunst seiner Braut zu gewinnen vermochten. Das einzig Stattliche an ihm war sein Leibesumfang, der leider nicht auf Lebensfreude und Genuss zurückzuführen, sondern lediglich seiner unglaubliche Trägheit anzulasten war. Außerdem machte er keinen Hehl daraus, dass ihn dieses Kind, wie er Elisabeth nannte, nicht im geringsten interessierte. Weder las er ihr irgendetwas von den Augen ab, in die er nicht einmal schaute, noch trug er sie auf Händen. Anna sah mit Sorge, dass ihre temperamentvolle Elisabeth mit diesem Menschen rein gar nichts gemein hatte. Damals hatte sie sich noch der Hoffnung hingegeben, dass sich das vielleicht noch ändern könnte, wenn die beiden erst erwachsen wären, doch diese Hoffnung verflüchtigte sich, als Herzog Georg mit seiner Gemahlin Barbara, Johann und dessen Geschwistern Friedrich und Christina Anfang Mai anreiste. In den drei Jahren hatte sich Herzog Johann nur dahingehend verändert, dass er noch dicker und behäbiger geworden war und sich noch weniger für seine Braut interessierte. Dies hatte Elisabeths Abneigung noch vertieft. Anna war klar, dass es keinen Ausweg gab aus dieser Situation. Johann war ein durch und durch verwöhntes und verzärteltes Bürschlein. Er war eines der wenigen Kinder, die seine Eltern nicht begraben hatten. Sechs seiner acht Geschwister waren früh gestorben. Manche nach wenigen Monaten, der kleine Christof sogar nach vier Stunden. Das Leben war wie eine kostbare Pflanze, die der kleinste Lufthauch zerstören konnte. So waren Johann und seine Geschwister wie unter einer Glasglocke aufgewachsen, immer überwacht von einer überängstlichen Mutter, die vor allem ihren ältesten Sohn nicht gerne von sich ließ und in Elisabeth keine weitere Tochter, sondern eine Konkurrentin erblickte.

„Ich kann doch diesen Mann nicht heiraten", schluchzte Elisabeth, als sie von einem gemeinsamen Spaziergang wieder zurückkamen. „Habt Ihr bemerkt, wie kurzatmig er ist? Und wie ängstlich seine Mutter über jeden einzelnen seiner Schritte wacht? Mich hat sie getadelt! Mich! Weil ich schneller den Berg hinaufgestiegen bin als für ihr Jungchen gut war. Als hätte ich versucht ihn umzubringen. Mutter, helft mir! Ich kann ihn nicht heiraten."

Anna nahm ihr Tochter in ihre Arme und hielt sie lange fest. Es dauerte eine ganze Weile, bis ihr Schluchzen verebbte. Anna streichelte Elisabeths Arme, ihr Haar, wischte ihr die Tränen vom Gesicht und wiegte sie sanft in ihren Armen. Elisabeth war noch so jung.

„Johann soll bald nach der Hochzeit abreisen. Aber Sie werden ihm nicht so bald nach Sachsen folgen. Ein paar Jahre können wir ihn vielleicht hinhalten. Wobei es wohl eher sein Vater sein wird, der Ihre Anwesenheit am sächsischen Hof verlangen wird. Hätte ich geahnt, dass aus Herzog Georgs Sohn ein solches Kerlchen wird – Grete hätte sicher einen passenderen Ausdruck parat – ich hätte der Verbindung niemals zugestimmt. Ich kann Ihnen so gut nachempfinden. Ich wollte damals auch nicht heiraten. Obwohl Ihr Vater ein Mann war und kein Muttersöhnchen. Ich habe Sie zu einer starken Frau erzogen. War das etwa ein Fehler?"

„Nein, nein Mutter. Das war bestimmt kein Fehler!" sagte Elisabeth nun, indem sie sich aus der Umarmung ihrer Mutter löste und sogar ein wenig lächelte.

„Sie werden Ihren Platz auch am sächsischen Hof finden. Einen Bereich, der ganz allein Ihnen gehört. Mit ihrem Gemahl werden Sie Kinder haben müssen, aber Lebenszweck können Sie anderweitig finden. Seien Sie getrost. Und in den Jahren, in denen Sie hier bei uns bleiben, werden wir es uns schön machen. Bälle werden wir abhalten, Musikanten und Schausteller kommen lassen und unser Leben genießen. Philipp ist endlich bei uns, wie wir es uns in all den langen Jahren gewünscht haben. Es geht uns gut. Die Hochzeit werden wir noch überstehen und dann schicken wir ihn fort."

„Wir können ihm sagen, dass die Aussteuer noch nicht fertig ist. Seine Mutter fragte mich nämlich eindringlich danach und rümpfte die Nase, als ich ihr aufzählte, wie viel Tafelsilber ich mit in die Ehe bringe. Es schien ihr nicht zu genügen für ihren lieben Sohn."

„Ihr würde nicht einmal unser ganzes Marburger Schloss in Silber genügen. Aber wir sind hessische Fürstinnen. Wir brauchen uns nicht zu schämen." Und nach einer Pause fügte sie hinzu „Ich wünschte, ich hätte Ihnen einen Ehemann aussuchen können. Einen, der Ihnen gefällt, den Sie vielleicht sogar ein wenig lieb gewinnen können. Vor zwei Jahren in Homberg auf dem Landtag trat ein junges Paar vor mich. Nun, ganz so jung waren sich nicht mehr, aber sie wollten heiraten und durften nicht, weil der Zunftmeister seine Zustimmung verweigerte. Die beiden hatten sich schon vor Jahren verlobt, der Mann war wieder weitergezogen, um die Bedingungen des Zunftmeisters zu erfüllen und seine Verlobte hat auf ihn gewartet. All die Jahre haben sie aufeinander gewartet. Und auf dem Landtag haben sie ihr Anliegen vor mich gebracht, denn der Zunftmeister verweigerte noch immer seine Zustimmung."

„Habt Ihr ihnen Euren Segen gegeben?"

„Natürlich. Sie hätten sehen sollen, wie glücklich die beiden waren. Ich glaube, sie haben sich wirklich richtig geliebt."

„Ja, so etwas gibt es wirklich", seufzte Elisabeth.

„Sie denken an einen gewissen F Punkt?" fragte Anna leise, legte aber gleich ihre Hand beruhigend auf Elisabeths, als diese alarmiert auffahren wollte. „Seien Sie ruhig, mein Kind. Ich habe nur einen Brief gesehen und ein Sträußchen Veilchen. Ich gönne Ihnen dieses kleine Glück von Herzen. Und ein klein wenig beneide ich Sie auch. Ist er denn ein feiner Mensch?“

„Ja, das ist er“, nickte Elisabeth unter Tränen.

„Auch für mich gab es damals in Schwerin einen Jungen, dem ich einmal einen Kuss gegeben habe. Glücklicherweise hatte ich einen nachsichtigen Beichtvater. Meine Eltern hätten es um Himmels Willen nicht erfahren dürfen. Das hätte einen Skandal gegeben. Niemals hat uns jemand beobachtet. Und natürlich wusste ich auch, wo meine Grenzen sind. Nicht auszudenken, wenn ich mir einen Fehltritt erlaubt hätte.“

„Mutter, ich weiß schon, was ich Ihnen schuldig bin. Ihr werdet keinen Grund haben, über mich zu klagen. Und einen Skandal werde ich Ihnen auch nicht bescheren.“

„Meine Große! Ich will wenigstens versuchen, Ihr Los zu erleichtern, sofern es in meiner Macht steht.“

Einige Tage später stand Anna am offenen Fenster und schaute hinunter in den Schlosshof. Dort gingen Elisabeth und Philipp hinüber in den Park. Die beiden waren in ein leises Gespräch vertieft. Anna sah die Gesten der beiden, konnte aber keinen Laut hören. Sie sah nur, dass Philipp sich etwas ängstlich an seine Schwester drängte, worauf sie liebevoll ihren Arm um seine Schultern legte. Auch Philipp war Herzog Johann gegenüber von Anfang an scheu und zurückhaltend gewesen. Er wusste, dass dieser Mann ihm seine Schwester, seine engste Vertraute und Freundin wegnehmen würde. Die beiden waren unzertrennlich. Und doch würde man die beiden trennen müssen. An der Vermählung in wenigen Tagen ging kein Weg vorbei. Das war auch Elisabeth klar, denn sie war vernünftig und sehr gefasst. Aber nun war dieser F Punkt aufgetaucht. Elisabeth hatte ihn mit keiner Silbe erwähnt, aber Anna hatte bemerkt, dass in Elisabeths Zimmer immer frische Veilchen zu finden waren. Das würde sich geben. Anna beschloss, zuversichtlich zu sein.

Am Morgen der Hochzeit erwachte sie mit einem Gefühl, das sie kaum beschreiben konnte. War das Glück? Wie fühlte es sich an, wenn man wirklich glücklich war? Sie streckte sich wohlig zwischen den Laken, machte sich bewusst, dass sie die Herrin dieses Schlosses war. Ihr Sohn, um den sie so lange gekämpft hatte, lebte bei ihr und würde auch wieder ihr Sohn werden. Boyneburg hatte das Kind nicht vollkommen verderben können. Sie war nicht nur die Herrin dieses Schlosses, sondern Herrin des ganzen Landes. Beinahe uneingeschränkt war ihre Macht. Um ihr Land regieren zu können, hatte sie alle Güter und Lehen der ehemaligen Regenten eingezogen und Weinzoll erhoben auf allen Landstraßen, die nach Hessen führten. Dadurch hatte sie sich zwar bei ihren Nachbarn Feinde gemacht, doch dies musste sie riskieren, wenn sie ihrem Land wieder zur Blüte verhelfen wollte. Vor allem durch den Weinzoll hatte sie genügend Mittel, um die von Boyneburg eingeführten Steuern wieder abzuschaffen. Das hatte ihr beträchtliche Sympathien beim Volk eingetragen. Außerdem hatte sie den Raubrittern das Handwerk gelegt. Die Straßen waren befestigt und sicher. Und so vieles hatte sie sich noch vorgenommen. Für die Armen und Kranken würde sie sorgen. Auf ihren Reisen hatte sie viel Elend gesehen. Sie war sicher, dass die Menschen nach der langen Misswirtschaft durch die Regenten und die Fremdherrschaft der Sachsen glücklich waren, endlich wieder von einer hessischen Fürstin regiert zu werden. Ihre Position musste sie noch weiter festigen. Der Kurfürst würde so leicht keine Ruhe geben. Solange sie noch nicht sicher war, musste sie noch den Ausschuss der Stände einberufen. Anna verdrehte die Augen, als sie daran dachte. Der ständische Ausschuss. Ihn würde sie lieber heute als morgen auflösen, doch Schrautenbach hatte ihr dringend geraten, die Herren nach wie vor auch zu den belanglosesten Entscheidungen hinzuzuziehen. Es war zu riskant, schon jetzt alle Instrumente der Kontrolle abzuschütteln. Es war genug, dass sie seit dem Landtag in Homberg im April vor zwei Jahren keinen Landtag mehr einberufen hatte – entgegen ihrem Versprechen. Aber vom Adel wollte sie sich nicht auf die Finger schauen lassen. Bisher hatte niemand Grund zur Klage gehabt und selbst wenn, hätte sie immer noch auf den Ausschuss verweisen können. Sie hatte kluge Bündnisse geschlossen, dank derer sie die Sachsen kaum zu fürchten brauchte. Sie hatte alles erreicht, was sie in ihrem Leben erreichen wollte. Philipp würde in weniger als sechs Jahren volljährig werden. Sie würde ihm ein wohlbestelltes Haus übergeben können. Und sie wäre frei zu leben wie es ihr gefiel! Aber wie würde es ihr denn gefallen? Sollte sie noch immer bei Philipp bleiben? Ihn beraten? Er würde es sicher als Einmischung empfinden. Nein. Wenn er einmal volljährig war, sollte er die Geschäfte allein übernehmen und sie nur um Rat fragen, wenn er selbst es wünschte. Aber nun – wie würde es ihr gefallen, zu leben? Das konnte sie sich immer noch überlegen, wenn es soweit war. Sie war dreißig Jahre alt. Gott konnte ihr noch viele gute Jahre schenken. Die Welt würde ihr offen stehen. Der einzige bittere Tropfen war diese unselige Hochzeit. Mit einem Seufzer erhob sich Anna, um dem Unausweichlichen ins Auge zu sehen.

Elisabeth hatte sich ganz auf Jette verlassen, die ihre junge Landgräfin für ihren Hochzeitstag ganz besonders sorgfältig herausgeputzt hatte. Annas gute Laune verflog beim Anblick ihrer Tochter im Brautstaat. Elisabeth stand verloren mit hängenden Armen mitten in ihrem Zimmer und sah unglücklich aus. Auch der versprochene Aufschub konnte Elisabeth nicht darüber hinwegtäuschen, dass sie heute einen Mann heiraten musste, mit dem sie zwar das Lager, aber niemals ihr Leben und ihre Gedanken teilen würde. Elisabeth hatte sich überlegt, Annas Brautkleid zu tragen, doch Anna hatte ihr geraten, etwas nach der neuesten Mode schneidern zu lassen, auch wenn sich in diesen sechzehn Jahren nicht viel geändert hatte. Und so stand Elisabeth nun da in einem Kleid aus leuchtend roter Seide, bestickt mit Goldfäden und Perlen. Die Veilchen, die Elisabeth in ihrem Ausschnitt trug, bildeten einen sonderbaren Kontrast zu dem prächtigen Kleid. Die Dienerinnen legten letzte Hand an das Kleid und an Elisabeths Frisur, dann zogen sie sich zurück. Erleichtert sah Anna, wie ihre Tochter sich straffte, aufrichtete und mit bemüht fester Stimme sagte: „Ich bin bereit. Lasst uns gehen."

Elisabeths Anblick riss Herzog Johann für einen Moment aus seiner Lethargie. Immerhin. Anna ließ ihren Blick über die Menge schweifen, die sich in der Kirche der Heiligen Elisabeth eingefunden hatte. Schrautenbach war mit seiner gesamten Familie gekommen. In der knapp bemessenen Zeit, in der er bei seiner Frau weilte und nicht für seine Fürstin unterwegs war, war es ihm gelungen, sechs Söhne zu zeugen. Anna erinnerte sich noch gut daran, wie Schrautenbachs Frau zu ihr gekommen war, um ihr zu berichten, dass man ihren Mann ins Gefängnis geworfen hatte. Eine kleine, tatkräftige Frau, die das Leben mit einem ständig abwesenden Mann offenbar zu meistern wusste. Auch die Familie Treisbach war vollzählig anwesend. Treisbachs Söhne aus erster Ehe, zwei Jünglinge, die ihrer Mutter ähnlich sahen, standen neben ihrem Vater, der sich dann und wann flüsternd zu ihnen neigte. Frau Gertrud hatte die Gehaltsaufbesserung ihres Gemahls tatsächlich in Kleider investiert und machte Staat, schien jedoch gänzlich unbeteiligt am Familienleben. Es hieß, dass er das Lautespielen wieder vollkommen eingestellt habe und seiner Frau sogar verbot, zu singen. Anna hatte ihn vor diesem peinlichen Prozess, den Frau Gertruds Vater gegen ihn angestrengt hatte, nicht retten können. Sie hatte befürchtet, sich unglaubwürdig zu machen, wenn sie ihren Hofrichter vor dem Gesetz schützte. Die wenigsten Ehen wurden im Himmel geschlossen, dachte Anna mit einem Seufzer. Das Homberger Paar fiel ihr wieder ein. Ob sie wohl noch glücklich waren mit einander?

Riedesel, der selbst in festlicher Kleidung etwas Verwegenes an sich hatte, stand ebenfalls mit feierlichem Gesicht in der Menge. Anna sah, dass manche Witwe in seinem Alter ihn verstohlen ansah. Er war Mitte Vierzig, schien aber den Zenit seiner körperlichen Kraft noch nicht überschritten zu haben. Er war noch immer ein stattliches Mannsbild.

Gab es denn wirklich keine Frau, die ihm gefiel? Dieser Mann lebte wie ein Mönch, ein Einsiedler. Würde er je einer Frau den Zutritt zu seiner Klause gestatten?

Natürlich waren auch die Wettiner gekommen. Allerdings nur die Albertiner. Herzog Johann der Ältere mit seiner Frau Katharina, Annas Schwester, hatten gebeten, ihr Fernbleiben zu entschuldigen. Im Juli würde Katharina ihr zweites Kind zur Welt bringen und wollte sich nicht den Strapazen einer so langen Reise aussetzen. Herzog Georg selbst sah glücklich und zufrieden aus. Eine feierliche Eheschließung war Politik nach seinem Gusto. Sein jüngster Sohn Friedrich und die elfjährige Christina standen zwischen ihm und seiner Gemahlin. Der Krieg mit Friesland hatte Herzog Georg nicht nur viel Geld, sondern auch Kraft gekostet. Aber diese Gedanken hatte er offenbar beiseite geschoben.

Annas Brüder waren erschienen, deren Zwist offenbar auch hier nicht ruhte. Sie hatten sich weit auseinander gesetzt und würdigten sich keines Blickes. In diesem Moment war Anna froh, nur einen einzigen Sohn geboren zu haben, der sich mit seiner Schwester sicher niemals um ein Erbe und die Herrschaft zu streiten brauchte.

Während der Zeremonie schwankte Anna zwischen Bitternis und banger Hoffnung. Die Ansprache des Priesters, die Gebete, die Gesänge und das Segnen des Brautpaares erinnerten sie an ihre eigene Hochzeit. Sie war damals voller Hoffnung gewesen, Elisabeth wusste bereits, dass ihr Gemahl in ihr nichts weiter als ein notwendiges Übel sah. Ob Elisabeths F Punkt auch hier irgendwo war? Ob er sich gut versteckt hinter einer Säule mit dem Anblick seiner Liebsten quälte? Darüber wollte Anna lieber nicht nachdenken. Sie war erleichtert, als es vorüber war. Der Prunk und die Pracht, den sie an diesem Tag mit ihrer Familie entfaltete, lenkte sie ab von den Sorgen um ihre Tochter, die sie ohnehin bei sich behalten würde so lange es möglich war. Anna liebte die Gassen und Straßen voller Menschen, die alle gekommen waren, um sie zu sehen. Denn was wäre der Prunk ohne Menschen, die ihn anschauten und bejubelten? Anna sah zufrieden, wie begeistert die Menge dem jungen Paar, ihrem Sohn und ihr selbst zujubelte. Ja, das Volk liebte sie. Und sie liebte dieses Volk.

Es war schon weit nach Mitternacht. Eine warme Nacht, die einen heißen Sommer ahnen ließ. Elisabeth und Johann hatten die Prozedur des Zubettgehens bereits über sich ergehen lassen, hatten in ihrem Ehebett sitzend all die Glückwünsche und Geschenke entgegengenommen und waren nun allein miteinander. Anna machte sich Sorgen um ihre Tochter. Wie würde sie ihr am nächsten Tag begegnen? Wahrscheinlich machte sich der kleine Philipp noch mehr Sorgen um seine Schwester. Anna hatte gesehen, wie ihr Sohn vor dem Herzog gestanden und mit sehr ernstem Gesicht gesagt hatte: „Versprecht mir, dass Ihr immer freundlich sein werdet zu meiner Schwester."

Herzog Johann hatte den Jungen nur angestarrt und nichts erwidert. Am liebsten hätte Anna diesen Burschen geschüttelt.

Nicht nur der große Saal war voller Menschen. Im ganzen Schloss, im Schlosshof und im Park fanden Lustbarkeiten statt. Anna war es gelungen, ihre düsteren Gedanken abzuschütteln. Sie schritt wie eine Königin zwischen all den festlich gekleideten Menschen, ließ sich beglückwünschen, genoss die Bewunderung und Ehrfurcht. Hier drinnen im Schloss hatten es sich um diese Zeit die älteren Herrschaften gemütlich gemacht, die Musikanten spielten langsamere Weisen, auf den Tafeln hatten die Köche nun Gebäck, Schinken und riesige Schüsseln Blanc manger[22] angerichtet.

Vom Fenster aus konnte Anna sehen, wie wunderbar Schlosshof und Garten erleuchtet waren. Fackeln und bunte Laternen wiesen die Wege durch den Park, ließen die Gewänder der Damen und Herren aufleuchten, beschienen eine kleine Theaterbühne, vor der sich zwei Dutzend lachende Menschen versammelt hatten und in die Hände klatschten vor Vergnügen. Dort unter den Bäumen war eine Tafel aufgebaut, mit Früchten, Braten und süßem Gebäck. Ein großes Weinfass stand gleich daneben, auf dass die Kelche niemals leer wurden. Musikanten mit Vogelmasken spielten auf, schlichen sich an Pärchen heran, um den Spaziergang mit einer lieblichen Weise zu versüßen. Am anderen Ende der Wiese spielten die Jüngeren Blindekuh. Und plötzlich fiel ihr wieder dieser Mann auf. Groß und schlank, mit langem blonden Haar. Er schien noch sehr jung zu sein, doch lag etwas so Großartiges in seinem Gebaren, eine Selbstsicherheit, gleichzeitig eine stille Gelassenheit, als gehöre ihm die Welt. Er war ihr schon einmal aufgefallen. Auf einem Landtag. Vielleicht hatte man ihn sogar mit Namen vorgestellt, aber Anna hatte ihn wieder vergessen. Er lehnte an einem Rosengitter, nippte an einem Kelch und beobachtete mehr das Publikum als das Theaterspiel selbst. Dies schien ihn mehr zu amüsieren. Anna hatte ihn lange angesehen. Sie war etwas in Gedanken versunken und kam erst wieder zu sich, als sie gewahr wurde, dass er ihren Blick bemerkt hatte und nun gar kühn genug war, ihr mit seinem Kelch zuzuprosten. Sie wandte sich ab, zögerte für einen Moment und entschloss sich dann, hinauszugehen.

[22] Blanc manger: eine im Mittelalter sehr beliebte Nachspeise aus Mandeln, auch Blamensir genannt.

Das Theaterspiel war beendet, man klatschte Applaus und wandte sich um auf der Suche nach neuer Zerstreuung oder machte sich auf den Heimweg. Die Blindekuh hatte noch immer niemanden gefangen. Anna ging zur Tafel, um sich noch etwas von dem Gebäck zu holen. Außerdem war ihr Kelch leer.

„Erlaubt Ihr?“ hörte sie neben sich eine tiefe Stimme. Dieser kühne Mensch erdreistete sich nun, ihr den Kelch aus der Hand zu nehmen, eigenhändig zu füllen und ihr mit einer galanten Verbeugung zu reichen.

„Euer Benehmen ist anmaßend. Ihr müsst wohl der Kaiser sein!“ sagte Anna spöttisch.

„Ich bin ein Graf zu Solms. Das ist noch viel besser.“ Bei diesen unverschämten Worten sah er Anna mit einem so entwaffnendem Lächeln an, dass sie auflachte.

„Gut. Herr Graf zu Solms. Wenn wir den Kaiser das nächste Mal sehen, werden wir ihm berichten, dass er hier in Hessen einen ernsten Konkurrenten hat. Wie sehen Eure politischen Pläne für die Zukunft aus? Werdet Ihr Italien erobern? Oder Frankreich?“

„Frankreich gehört mir bereits und Italien wird sich morgen freiwillig ergeben.“ Er lachte. Es war ein jungenhaftes, spitzbübisches Lachen. Anna musste ihren Kopf in den Nacken legen, um sein Gesicht zu sehen. Sie sah, wie sein Kehlkopf beim Lachen auf und nieder hüpfte. Seine Zähne blitzten weiß und gleichmäßig aus seinem Bart hervor. Er war ein schöner Mann, gekleidet in feines Tuch, das ein Meister, der sich auf die Mode verstand, zugeschnitten haben musste.

„Dieser Wein ist ausgezeichnet. Ein Italiener, nicht wahr?“ Drei der maskierten Musikanten waren zu ihnen getreten und spielten besonders liebliche Melodien. Es bedurfte eines Blickes, und sie zogen sich zurück. Auf Annas Stirn war diese Falte erschienen, die die Musiker wohl zu deuten gewusst hatten.

„Liebt Ihr denn nicht die Musik?“ fragte Graf zu Solms.

„Nicht hier und jetzt. Das war sehr unpassend“, erwiderte Anna knapp, stellte ihren Kelch ab und verschwand so schnell wie sie gekommen war. Graf zu Solms sah ihr nach und fragte sich, wie Anna von Hessen sich denn eine passende Gelegenheit vorstellte.

Es war Anfang August des Jahres 1516, als Kurfürst Friedrich einen letzten Versuch unternahm. Anna war gerade von einem Jagdausflug zurückgekehrt, auf den Riedesel sie begleitet hatte. Schrautenbach kam ihr bereits im Schlosshof entgegen.

„Euer Gnaden, ich habe leider schlechte Neuigkeiten.“

„Was ist vorgefallen?“ forschte Anna, indem sie einem Diener Reitgerte und Handschuhe gab, sich aus dem Mantel helfen ließ und den Hut abnahm und auch diesen an den Diener weiterreichte, ohne den Mann anzusehen. Sie ließ den Hut los, doch der Diener war so beschäftigt mit Annas Mantel, dass er den Hut erst bemerkte, als dieser bereits zu Boden gefallen war. Mit einem ängstlichen Blick bückte sich der Mann, doch Anna war mit Schrautenbach schon auf der Treppe. Riedesel folgte den beiden.

„Er hat die Stände zu einem Landtag auf den Spieß eingeladen. Am 30. September soll er stattfinden.“

„Wenn er nun genügend Unzufriedene findet, könnte er sich mit den Ständen wieder gegen uns verbünden. Ich wette, Boyneburg liegt schon auf der Lauer und wartet nur darauf, uns wieder aus der Regierung zu vertreiben. Diese Pläne wollen wir ihm gründlich durchkreuzen.“

„Ich werde einen Erlass vorbereiten. Für alle weiteren Maßnahmen werde ich mich bereithalten. Wir wollen es ihm nicht so leicht machen, wie er es uns gemacht hat.“

„Richtig. Und um es ihm noch ein wenig schwerer zu machen, wird unser Sohn den Erlass unterschreiben. Wo ist der Knabe?“

„Er ist mit seiner Schwester draußen im Garten. Ich werde ihn sogleich rufen lassen.“

„Lasst nur, Schrautenbach. Wir wollen selbst gehen und nach den Kindern sehen.“ Anna ging davon. Schrautenbach und Riedesel sahen ihr nach und tauschten einen kurzen Blick. Man musste nur Annas Gang sehen, um zu wissen, dass man diese Frau nicht unterschätzen durfte.

Philipp und Elisabeth saßen unter einer der großen Eichen mit dem Rücken an dem Stamm gelehnt und schauten hinauf ins Blätterdach. Sie sprachen leise miteinander, schienen ein Spiel zu spielen, das Anna nicht kannte. Jette saß nicht weit von den beiden entfernt auf einer Bank. Wie immer hatte sie eine Handarbeit dabei. Anna fragte sich unwillkürlich, ob Jettes Hände jemals still standen. Sie dachte an Frau Henriette, die Hauswirtschafterin in Schwerin. Sie hatte ähnlich große, rote, starke Hände gehabt, die nur still in ihrem Schoß gelegen hatten, wenn die Magd ihre schönen Lieder gesungen hatte. Anna kam in Hörweite der Kinder.

„Ist es der Himmel?“ fragte Philipp.

„Nein“, sagte Elisabeth.

„Es sind die Blumen dort drüben!“

„Nein, falsch.“

„Dann ist es Jettes Kleid“, vermutete Philipp.

„Richtig. Jetzt bist du dran."

Philipp schaute sich um als suche er etwas und gewahrte seine Mutter. Er sprang auf und verneigte sich, Elisabeth stand auf und knickste.

„Wir müssen Ihr Spiel unterbrechen. Philipp, Sie müssen uns unverzüglich ins Arbeitszimmer folgen." Philipp tat wie ihm geheißen, Elisabeth knickste noch einmal, um sich dann zu Jette zu gesellen.

Philipp folgte seiner Mutter ins Arbeitszimmer. Für einen Augenblick schauerte er in der Kühle des Schlosses. Herr Schrautenbach saß bereits an seinem Schreibtisch und schrieb mit einem hastigen Federkiel. Philipp blieb mitten im Raum stehen, während sich seine Mutter an ihren Schreibtisch setzte.

„Kommen Sie, kommen Sie, mein Sohn. Das ist jetzt eine wichtige Sache. Der Kurfürst, der sich in die Vormundschaft gedrängt hat, braucht eine passende Antwort. Einen Landtag will er am Spieß abhalten. Schon einmal hat er sich mit den Ständen gegen uns verbündet. – Schrautenbach, was habt Ihr bisher geschrieben?"

Herr Schrautenbach, der die Feder beiseite gelegt hatte, nahm das Pergament, hielt es ins Licht und las: „Wir, Philipp von Hessen, rechtmäßiger Landesfürst von Gottes Gnaden, untersagen unseren Untertanen hiermit ausdrücklich den Besuch des Landtages, den Kurfürst Friedrich von Sachsen ohne unser Wissen und gegen unseren Willen einberufen hat. Wir erinnern daran, dass die Umstoßung des Testamentes unseres Vaters der Ursprung der unrechtmäßigen sächsischen Vormundschaft war. Nun sind die Wettiner abermals im Begriff, in Hessen Unruhe zu stiften, indem sie einen Landtag auf hessischem Boden abhalten wollen, zu dem sie die hessischen Stände eingeladen haben. Solange ein hessischer Fürst dieses Land regiert, haben die Sachsen kein Recht, sich in hessische Angelegenheiten einzumischen. Wir gemahnen Euch alle an die Eide und Pflichten, durch die Ihr uns als dem rechtmäßigen Erbherrn und Landesfürsten verbunden seid und verbieten Euch, dem Ausschreiben des Kurfürsten Folge zu leisten. Vielmehr müsst Ihr verhüten, dass Fremde im Fürstentum nach ihrem Gefallen Versammlungen abhalten dürfen. Wenn man Beschwerden vorzubringen hat, so wende man sich an unsere Mutter oder die verordneten Räte. Sollte ein Aufruhr entstehen, hat jeder auf ein Glockenzeichen der Fürstin zur Verfügung zu stehen.

Wir, Landgraf Philipp von Hessen.

Den letzten Satz müssten Euer Gnaden noch eigenhändig einfügen", sagte Herr Schrautenbach, indem er sich mit einer Verbeugung Philipp zuwandte. Philipp nickte nur und setzte sich auf den Stuhl, auf den seine Mutter ein Kissen für ihn gelegt hatte. Er nahm die Feder in die

Hand, tauchte sie in die Tinte und begann mit der noch etwas ungelenken Schrift eines Elfjährigen seinen Titel und Namen aufs Papier zu schreiben.

„Darf ich jetzt wieder hinaus zu Elisabeth?"

Seine Mutter schaute ihn an. Er las nicht gerade Missbilligung in ihren Augen, doch schien er ihr mit dieser Frage auch keine Freude gemacht zu haben. Sie zögerte für einen Augenblick, sah kurz Herrn Schrautenbach an und nickte dann.

Philipp, glücklich der Amtsstube entkommen zu sein, in die ihn seine Mutter immer wieder rief, lief eilig hinaus, über den Schlosshof in den Garten, wo Jette und Elisabeth ihn freudig begrüßten und keine Fragen stellten.

Schrautenbach gab das Pergament an die Schreiber in der Kanzlei weiter, damit es für alle Städte kopiert würde. Philipp unterschrieb am Abend jedes Exemplar persönlich.

Die Antwort der Städte kam prompt und zufriedenstellend. Die Städte bekräftigten ohne Ausnahme ihre Treue zu Anna und Philipp.

Nichtsdestotrotz entschloss sich Anna, das Gebiet um den Spieß abzuriegeln. Schon zwei Tage vor dem Landtag wollte sie in Marburg mit einer stattlichen Anzahl bewaffneter Reiter aufbrechen. Die Männer waren bereits alle im Schlosshof versammelt und aufgesessen. Sogar Philipp ritt zum ersten Mal auf einem eigenen Pferd. Herzog Johann machte eine klägliche Figur. Noch kläglicher als seine Figur war sein Gesicht. Ängstlich musterte er die Soldaten, versuchte vergeblich, sein tänzelndes Pferd zu beruhigen und erwähnte, dass sein Vater in Friesland große militärische Erfolge hatte. Anna warf ihm nur einen kühlen Blick zu, der ihn sofort verstummen ließ. Sie hatte sich in der Hochzeitsnacht vollkommen zu Unrecht Sorgen um ihre Tochter gemacht. Als sie Elisabeth am nächsten Morgen sehr vorsichtig gefragt hatte, wie sie denn geschlafen habe, hatte Elisabeth berichten müssen, dass ihr Gemahl aufgrund des vielen guten Essens und Trinkens gleich eingeschlafen sei und laut geschnarcht habe. Grundgütiger! Immerhin war er nicht rücksichtslos und roh gewesen, wie so viele Ehemänner. Konnte es denn keine Ehe geben, in der man glücklich war, in der man gerne das Lager teilte? Wie gerne hätte sie ihre Tochter am Morgen nach der Hochzeit mit einem Lächeln gesehen. Gab es denn gar keine ... Liebe? Irgendwo gab es sie vielleicht, aber nicht hier, wo der Pesthauch der Politik jedes Gefühl tötete.

Als Anna aufsaß und den Männern voran durchs Tor ritt, schob sie diese privaten Gedanken beiseite. Doch war jemand unter den ihr folgenden Männern, der sie in den folgenden Tagen wieder daran erinnern sollte. Otto Graf zu Solms, der nach Elisabeths Hochzeit keineswegs abgereist war, wartete noch immer auf eine passende Gelegenheit.

*

„Um Himmels Willen! Auf was habe ich mich hier nur eingelassen? Eisenach ist doch eine wunderschöne Stadt! Warum nur habe ich sie verlassen? Wenn ich jemals wieder diese Stadt lebendig erreichen sollte, werde ich dir eine Kerze spenden. Heilige Maria, beschütze mich! Ich bin Fritz, ein einfacher Knecht. Ich habe nichts Böses getan. Ich schlage mich hier durch das hessische Unterholz, weil auf den Straßen überall die Soldaten reiten. Die brennen mir ein Loch in mein Sonntagsgewand. In meiner Tasche trage ich einen Brief, den ich der Fürstin geben soll. Ja, die sächsischen Räte haben sich nicht getraut, selbst nach Hessen zu gehen und zu sehen, wie es um ihre Sache bestellt ist. Meinen Herrn, den Amtmann, haben sie vorgeschickt. Und als ich mit meinem Herrn nach Melsungen kam, haben uns hessische Edelleute berichtet, dass es uns Kopf und Kragen kosten würde, wenn wir weitergingen. Den Landtag wollten sie besuchen, aber doch nicht unter Lebensgefahr! Und wer muss sich nun in Lebensgefahr begeben? Der Fritz! Der Knecht des Amtmanns. Die Fürstin wird allen, die zum Spieß kommen, ihre Lehen abnehmen. Zum Glück kann sie mir nichts abnehmen. Nur mein Leben. Und das will ich doch behalten! Heilige Maria, ich will auch nie mehr fluchen."

„He! Wer da?"

„Verdammt! Jetzt haben sie mich!"

Ein Soldat hatte den unglücklichen Knecht gesichtet. Mit erhobenen Büchsen standen er und seine Kameraden auf der Straße und zielten auf den armen Fritz, der die Hände hoch über den Kopf erhoben hatte und zwischen den Bäumen und Sträuchern hindurch auf die Straße stolperte.

„Wer bist du und wohin willst du?" herrschte der Soldat ihn an.

„Zehn Kerzen!" stammelte Fritz.

„Was schwätzt du da? Bist du nicht gescheit?"

„Doch, doch! Ich habe einen Brief für die Fürstin. Ein Auftrag meines Herrn", beeilte Fritz sich zu sagen.

„Das lassen wir gelten. Wir werden dich zum Spieß bringen."

Das taten die Soldaten. Fritz schaute die Männer scheu an. Sie schienen keine schlechten Menschen zu sein. Man sah ihnen an, dass sie den

Spaziergang durch die spätsommerliche Wärme genossen und nur ganz nebenbei ihre Aufgaben erfüllten.

Am Spieß sah Fritz die Befürchtungen der sächsischen Räte bestätigt: Niemand hatte es gewagt, zum Landtag zu erscheinen. Nur die Fürstin stand dort inmitten von gut dreihundert geharnischten Reitern. Ein Mann kam auf ihn zu, nahm ihm den Brief aus der zitternden Hand und schickte ihn wieder fort. Und Fritz beeilte sich, diesem Befehl nachzukommen.

Dies war der letzte Versuch des Kurfürsten, in Hessen Fuß zu fassen. Diesem denkwürdigen Tag folgten in den nächsten beiden Jahren sehr viele unterschiedliche Ereignisse:

Kurfürst Friedrich von Sachsen fand sich damit ab, dass er die Vormundschaft für immer verloren hatte.

Fritz der Knecht spendete tatsächlich zehn Kerzen für die Heilige Mutter Gottes. Weg, Angst und Kerzen hätte er sich allerdings sparen können, denn:

Landgräfin Anna von Hessen überantwortete Fritzens Briefchen mit einem milden Lächeln dem Feuer, ohne auch nur einen Blick auf das Siegel geworfen zu haben.

Otto zu Solms hatte mindestens dreimal fast eine Gelegenheit gehabt.

Anna von Braunschweig, deren Gemahl Wilhelm der Blöde im Februar 1515 gestorben war, verfügte sich ans Kaiserliche Hoflager, um dort weiterhin auf ihre Ansprüche zu pochen.

Die Ritter Eitel von Löwenstein und Dietrich von Cleen verschwanden spurlos aus Annas Umkreis, um ihre Treue zu Hessen erneut zu bekräftigen, indem sie nun wieder Ludwig von Boyneburg und die anderen entlassenen Räte aufsuchten.

Ludwig von Boyneburg verfasste eine Staatsschrift, in der er darlegte, dass alle Macht allein dem Fürsten gebühre. Niemand kann sagen, wie deutlich seiner Beamtennatur der Widerspruch war, in dem sein neustes Werk zu seiner derzeitigen Situation und seinen Äußerungen aus dem Jahre 1509 stand.

Annas Schwiegersohn Herzog Johann reiste nach Sachsen ab. Allerdings durfte er seine Gemahlin nicht mitnehmen. Anna versprach jedoch, ihre Tochter so bald wie möglich nachreisen zu lassen, gedachte aber nicht, dieses Versprechen allzu schnell einzulösen, wofür ihre Tochter ihr innigst dankte. Darauf folgten rauschende Feste, bei denen Elisabeth ihre Freiheit und Jugend in vollen Zügen auskostete.

Annas Schwester Katharina gebar eine weitere Tochter und gab ihr den Namen Sidonia.

Und in Wittenberg nagelte ein junger Mönch einen Zettel an eine Kirchentür.

Außerdem gelang es der Landgräfin, ihre Position immer weiter zu festigen. Den ständischen Ausschuss berief sie zunächst nur noch bei weniger wichtigen Entscheidungen, dann bei unwichtigen Dingen und schließlich gar nicht mehr ein. Sie herrschte allein und niemand schränkte ihre Macht und Entscheidungsfreiheit ein. Die Räte des ständischen Ausschusses gaben ihr Murren bald auf.

Anna bekam immer häufiger Briefe von Adligen, die sie aufforderten, Boyneburg und die ehemaligen Räte zu rehabilitieren. Immer dreister wurden die Forderungen. Man verlangte sogar, dass sie die eingezogenen Lehen und Ämter zurückgeben solle. Viele Adlige solidarisierten sich mit ihren unglücklichen Standesgenossen, vielleicht auch aus der Überlegung heraus, es könne ihnen eines Tages ähnlich ergehen. So zum Beispiel Franz von Sickingen, dieser dreiste Mensch. Ein Ritter, der im Auftrag seines Vetters und eines weiteren Auftraggebers agierte und die von Anna annektierten Besitzungen der beiden Herren forderte.

Anna schlug aus diesen Briefen ein harscher Ton entgegen. Manche drohten ihr sogar Gewalt an und versicherten, sie würden, falls Anna sich nicht ihrem Willen beugte, mit ihrem Gut und Blut für Boyneburg und die anderen Räte eintreten. Sie musste sich bemühen, alle Briefe höflich, aber bestimmt zu beantworten. In ihren entschlossenen Schriftzügen legte sie allen ihre Gründe dar und versicherte, sie werde Gewalt mit Gewalt zu vertreiben wissen, sollten die Ritter ihre Gründe als triftig ansehen.

Am 2. März des Jahres 1518 ließ sie den dreizehnjährigen Philipp vom Kaiser für mündig erklären. Damit hatte sie dem Adel und den Ständen den Boden entzogen. Der Vertrag von Homberg hatte sich auf die Minderjährigkeit Philipps und ihre Vormundschaft gegründet. Die Tatsache, dass Philipp selbst nun regierte (was er tatsächlich nicht tat) schaffte neue Voraussetzungen. Der Landesfürst hatte keinen offiziellen Vormund mehr, sondern regierte allein. Damit bedurfte es keiner Ausschüsse und Adligen mehr, die den Vormund kontrollierten.

Doch nur wenige Wochen später kamen Herren in Marburg an, die bald ein sehr offenes Ohr für das Murren der ständischen Räte haben sollten. Es waren Gesandte des Kaisers, die Anna darum baten, das Fräulein Elisabeth, die jüngere Tochter der Anna von Braunschweig, an den kaiserlichen Hof kommen zu lassen. Elisabeth lebte in Melsungen bei ihrer Schwester Katharina und ihrem Schwager Adam von Beichlingen. Sie war vierzehneinhalb Jahre alt. Keine blendende Schönheit, doch hatte sie etwas Liebenswertes in ihrem runden Gesicht. Dazu hatte sie das sonnige Gemüt ihres Vaters geerbt. Beichlingen stand noch immer hoch in der Gunst des Kaisers. Wenn der Kaiser diesem Mädchen eine Mitgift zahlen würde, könnte sich doch der eine oder andere finden, der Elisabeth vor den Altar führen würde. Allerdings – und dies war der Grund, weshalb Anna es strikt ablehnte, ihre Nichte an den Hof zu schicken – wollte sie nicht in ihrer eigenen Verwandtschaft einen Reichsritter haben, dem der Kaiser selbst den Rücken stärkte und der ihrem Sohn gefährlich werden könnte. Es war gute kaiserliche Politik, die Macht der Fürsten durch mächtige Reichsritter im Zaum zu halten. Und so gab Anna vor, zumindest diese Nichte vor einer unstandesgemäßen Heirat schützen zu wollen. Tatsächlich dachte Anna mit Grausen an die Skandalheirat ihrer älteren Nichte. Beichlingen hatte sich sehr verdient gemacht, zweifellos! Doch musste man ihn deshalb gleich in die Familie einheiraten lassen? Zwar versicherten die Gesandten, dass man das Fräulein auf keinen Fall ohne die Zustimmung der Frau Landgräfin verheiraten würde, doch Anna blieb hart. Die Gesandten wollten den ständischen Ausschuss entscheiden lassen, doch Annas Räte versicherten ihnen, dass der Ausschuss nicht mehr existiere. Manche der Mitglieder seien gestorben, andere habe es hierhin und dorthin verschlagen, kurz – der Ausschuss sei nicht mehr arbeitsfähig. Mit diesem Bescheid mussten sich die kaiserlichen Gesandten zurückziehen, gaben sich jedoch nicht damit zufrieden. Vielmehr stellten sie eigene Nachforschungen an und wurden bald fündig: Die Herren waren keineswegs verstorben. Auch hatte niemand Marburg verlassen. Und als die Gesandten einen der Räte ausfindig gemacht hatten, taten sich vor ihnen Abgründe auf. Ohne weiteres konnte man der Landgräfin Vertragsbruch und Betrug unterstellen. Keines der Versprechen, das sie in Homberg gegeben hatte, hatte sie gehalten. Man musste ihr zugute halten, dass sie gut wirtschaftete und gut regierte, doch änderte dies nichts an der Tatsache, dass sie entgegen der Vereinbarung von Homberg bisher keinen Landtag mehr einberufen hatte, obwohl dies mindestens jährlich hätte geschehen sollen.

Die Gesandten verfassten nun ein Ausschreiben an die Mitglieder des Ausschusses, um sie zu einer Versammlung nach Fritzlar einzuladen. Aber Anna erfuhr davon. Sie schickte ein Pergament an den Kaiser, bedeckt mit ihren klaren, energischen Schriftzügen und der Klage über die Einmischung in hessische Angelegenheiten.

*

„Segnet mich Vater, denn ich habe gesündigt."

Pater Ignatius beugte sich vor und schaute durch das Gitter. Das runde, kindliche Gesicht eines noch sehr jungen Mädchens neigte sich über gefaltete Hände.

„Ihr seid Elisabeth, nicht wahr? Die Fürstin war so freundlich, Euch anzukündigen. Erzählt mir, wie lange Ihr schon in Marburg seid."

„Ich bin hier seit Ende April. Meine Tante, die Landgräfin, hat mich vor etwas mehr als zwei Wochen aus Melsungen holen lassen. Landgraf Philipp hat mich hierher gebracht."

„Dieser allein?"

„Nein, da waren noch viele Reiter. Sie waren bewaffnet. Meine Schwester wollte mich nicht gehen lassen. Mein Schwager, Graf Beichlingen, hat versucht, mit den Herren zu sprechen, aber sie haben gesagt, sie hätten einen Befehl der Landgräfin. Wir konnten uns nicht zur Wehr setzen. Ich hatte solche Angst!"

Das glaubte Pater Ignatius gerne. Noch immer zitterte die Stimme des Mädchens ein wenig.

„Wisst Ihr, warum die Landgräfin Euch hat holen lassen?"

„Sie will verhindern, dass ich mit den kaiserlichen Gesandten an den Hof des Kaisers gehe. Sie befürchtet, man könne mich dort verheiraten. – Ebenso unstandesgemäß wie meine Schwester. Aber Graf Beichlingen ist ein guter Ehemann. Ein feiner Mensch. Niemals hat er schlechte Laune. Immer ist er freundlich zu uns, lädt uns in die Stadt ein oder zu Kutschfahrten. Niemals schlägt er uns einen Wunsch ab. Ist das nicht viel mehr als eine Frau sich erhoffen kann? Meine Schwester ist froh, einen solchen Ehemann zu haben."

Der Pater seufzte. Anna ging zu weit. Aber wie sollte er ihr die Leviten lesen, ohne das Beichtgeheimnis zu verletzen?

„Und worin besteht Eure Sünde?"

„Die Landgräfin sagt, ich sei undankbar. Es sei sündig, den Menschen, die einen vor einem schlimmen Schicksal bewahrten, nicht dankbar zu sein. Aber ich kann nicht erkennen, dass meine Schwester ein schlimmes Schicksal hat."

Pater Ignatius schwieg. Er schwieg lange und sah Elisabeth an. Er dachte an dieses Mädchen, das vor vielen Jahren in seinem Beichtstuhl gekniet hatte, das vor dem gestrengen Pater Marcus geflohen war. Das so allein und verlassen gewesen war in dieser fremden Umgebung. Wo war dieses Mädchen geblieben? Wo war es verlorengegangen? Hatte die Landesfürstin dieses Mädchen verloren auf ihren vielen Reisen zu Landtagen, auf denen sie um ihren Sohn hatte kämpfen müssen? Auf den Reisen zum Kaiser, den sie um Schutz angefleht hatte? Im Grunde brauchte diese kleine Elisabeth nun Schutz vor Anna. Pater Ignatius bezweifelte, dass es nur die unstandesgemäße Heirat war, die Anna fürchtete. Sie war zwar eine ausgesprochen standesbewusste Frau, doch der Pater ahnte, dass sich hinter diesem Vorwand die Furcht vor Machtverlust verbarg. Dieses unglückliche Mädchen hatte das Pech, für einen Reichsritter eine gute Partie zu sein. Die kaiserliche Politik versuchte immer, die Reichsritter zu stärken, damit die Fürsten kein allzu großes Gegengewicht zum Kaiser darstellen konnten. Als Cousine des Fürsten konnte Elisabeth einem Reichsritter schon den Rücken stärken. Um ihrem Sohn die Herrschaft zu sichern, schreckte Anna offenbar auch nicht vor gewaltsamer Entführung zurück. Natürlich war es gut und richtig, dass sie alles tat, um ihrem Sohn die Macht zu sichern. Doch bewegte sie sich mit derlei Unternehmungen weit außerhalb dessen, was Pater Ignatius gutheißen konnte. Die kleine Anna, die vor Jahren in seinem Beichtstuhl gekniet und manches Mal geweint hatte – hätte sie sich damals träumen lassen, dass sie einmal so viel Macht haben würde? Wo war der Landgräfin dieses unglückliche, schutzbedürftige Mädchen von damals abhanden gekommen? Das Leben konnte die Menschen hart machen. Aber man konnte nicht immer alles auf das Leben schieben. Viele hatten schlimmere Schicksalsschläge als Anna hinzunehmen und wurden trotzdem nicht zu Machtmenschen. Er musste Anna ins Gewissen reden. Sie musste einsehen, dass sie durch ihre Irrfahrt alles gefährdete, was sie aufgebaut hatte. Andererseits – wer wusste schon, mit wem der Kaiser dieses Mädchen verheiraten würde. Pater Ignatius hatte Annas Schwiegersohn nur von weitem sehen müssen, um zu wissen, weshalb Anna ihre Tochter nicht nach Sachsen reisen ließ. An der angeblich unfertigen Aussteuer konnte es unmöglich liegen.

„Pater Ignatius?“ Elisabeths Stimme schreckte ihn auf aus seinen Gedanken.

„Wisst Ihr, auch wenn Eure Tante Euch hat entführen lassen, tut sie Euch sehr wahrscheinlich einen großen Gefallen. Ihr habt erkannt, dass Graf Beichlingen sehr viel mehr für Eure Schwester tut, als eine Frau von ihrem Ehemann erhoffen kann. Nicht jeder Ehemann ist wie Graf Beichlingen. Genießt Eure Zeit hier in Marburg. Die Landgräfin feiert schöne Feste. Genießt Euer Leben, bevor man Euch verheiratet mit einem Mann, der Euch nicht gefällt und der Euch in die Frauengemächer seiner Burg einsperrt. Und nun kommt mit mir hinaus in den Garten. Dort blühen die Kirschbäume.“

„Aber meine Buße?“ fragte sie. Der Pater lächelte. Dieselbe Frage hatte auch Anna damals bei ihrer ersten Begegnung gestellt.

„Ihr müsst mit einem hässlichen alten Mann spazieren gehen. Ist das etwa nicht Buße genug?“

*

„Meine Herren! Wir haben gute Neuigkeiten!“

Die Männer horchten auf, als Franz von Sickingen vor sie trat. Dies taten sie nicht wegen seiner verwegenen, kriegerischen Erscheinung. Seit Tagen hatte er sich nicht mehr rasiert, sein dunkles Haar hing bis zu seinem Gürtel hinab, an dem zwei große Messer steckten und Beutelchen mit Schießpulver baumelten. Seine Füße steckten in riesigen Stiefeln, an denen bei jedem Schritt Sporen klirrten. Man horchte auf, weil manche der anwesenden Herren ihre ganze Hoffnung auf ihn setzten. Wer, wenn nicht dieser Raubritter konnte ihnen noch beistehen im Kampf um ihre Rechte? Keiner von ihnen besaß die Kühnheit eines Franz von Sickingen, dessen Fehden mit benachbarten Reichsstädten selbst kaiserliche Kriegszüge in den Schatten stellten und der sich trotz der Acht, die der Kaiser über ihn verhängt hatte, frei bewegte, als ginge ihn dies alles nichts an. Dem Kaiser selbst bot dieser Mann die Stirn. Gebannt lauschte man ihm, als er verkündete, der Stern der Frau Venus sei im Sinken begriffen. Boyneburg, Trott, Waiblingen und all die Räte, die Anna nicht nur aus ihren Ämtern vertrieben, sondern von deren Lehen sie große Teile ihres Staates finanziert hatte, hofften nun, mit Hilfe dieses kühnen Ritters, wieder zu ihrem Recht zu kommen. Ebenso Schwertzell, der ehemalige Hofmeister. Die Bittbriefe hatten nichts genützt. Die Drohbriefe ebenso wenig. Löwenstein und Cleen, die sich einst der Landgräfin angeschlossen hatten, befanden sich nun wieder unter ihren ehemaligen Kollegen, denen sie Vertragsbruch vorgeworfen hatten. Den gleichen Vorwurf mussten sie nun der Landgräfin machen. Diese stolze Frau sollte sich vorsehen! Sie hatten sich in der Stammburg derer von Sickingen versammelt. Der Saal, in dem sie nun standen, zeugte von Reichtum. Wappenschilde und Fahnen der besiegten Gegner schmückten die Wände. Und so hing über dieser Versammlung eine Aufbruchstimmung, wie sie dem mit Macht vordringenden Sommer entsprach.

„Wir werden nun die Möglichkeit haben, Anna von Hessen zu stürzen. Wir werden die Regierung wieder an uns reißen und auch ihren Sohn in unsere Gewalt bringen.“

Franz von Sickingen hatte seine Stimme kaum erhoben. Seine Worte fielen in eine atemlose Stille wie eine Fackel in einen Heuschober. Ein Sturm der Begeisterung brandete los. Endlich sprach jemand die Worte aus, auf die so viele lange gewartet hatten. Als sich der grimmige Jubel wieder etwas gelegt hatte, fuhr Sickingen fort: „Die Landgräfin hat fast sämtliche ihrer Nachbarn gegen sich aufgebracht. Beinahe der gesamte Adel ist gegen sie. Und nun hat sie sich auch die Gunst des Kaisers verscherzt. Einer einfachen Bitte, nämlich ihre Nichte an den kaiserlichen Hof kommen zu lassen, ist sie nicht nachgekommen. Vielmehr hat sie das Mädchen gewaltsam aus Melsungen entführt und nach Marburg gebracht. Seine kaiserlichen Gnaden sind darüber sehr aufgebracht!" schloss er seine Rede mit einem breiten Lachen. Lachen schallte ihm entgegen.

„Seid Ihr dessen ganz sicher?" fragte ein Vorsichtiger aus der Menge, nachdem die Männer wieder still geworden waren.

„Ich habe meine Leute am kaiserlichen Hoflager. Mein Freund Dietrich Spät berichtete mir, dass wir ganz sicher sein können, dass Frau Venus keine Unterstützung mehr vom Kaiser zu erwarten hat. Mehr noch: Der Kaiser hätte gegen einen Feldzug gegen Hessen nichts einzuwenden."

„Aber ihre Brüder?"

„Im Moment befindet sich Herzog Albrecht nicht in ihrer Gesellschaft. Und auch nicht die zweihundert Reisigen, die er ihr vor Jahren gestellt hat. Wir sind ihr zahlenmäßig weit überlegen. Ein weiterer Vorteil ist, dass wir die tatsächliche Lage in Hessen kennen und Frau Anna in ihrem Hochmut glaubt, unangreifbar zu sein. Die Grafschaft Katzenelnbogen ist schlecht bewacht. Diese Frau vernachlässigt die Sicherheit ihrer Grenzen. Aber das wollen wir ihr nicht zum Vorwurf machen!"

*

Die Kirschen standen in voller Blüte, als Anna an diesem Morgen mit Pater Ignatius durch das Gartentor trat.

„Man atmet immer freier hier unten im Tal. Man kann den Fluss förmlich riechen. Ein ganz eigener Geruch. Kühl und schwer. Selbst die Blüten duften hier unten süßer."

„Das sagte Eure Nichte auch. Sie ist ein braves Mädchen."

„Nach dem Gespräch mit Euch ist sie sehr viel gelassener und glaubt nicht mehr, dass ich sie fressen will."

„Mein Kind!" sagte er, „es ehrt Euch, dass Eure Liebe zu Eurem Sohn grenzenlos ist, doch sollte das, was Ihr für Euer Kind tut, Grenzen haben. Wenn ich Euch richtig verstehe, ist das Fräulein Elisabeth nicht ganz freiwillig hier."

Anna wollte etwas entgegnen, doch der Pater hob beschwichtigend die Hand. „Ihr könnt nicht auf so gewaltsame Weise in das Leben anderer Menschen eingreifen. Ihr könnt nicht verhindern, dass der Kaiser eines Tages dieses Mädchen nach seinem Gutdünken verheiraten wird. Er wird derjenige sein, der sie mit einer Mitgift versieht, also wird er ihr einen Mann aussuchen dürfen, der in sein politisches Kalkül passt. Ihr würdet sie lieber mit jemandem verheiraten, der in Eure politischen Pläne passt. – Nein, leugnet es nicht!"

„Gut, ich leugne es nicht. Aber ist es nicht meine Pflicht, nun dafür zu sorgen, dass mein Sohn alle Macht auf sich vereint? Er regiert nun. Ich bin nur noch seine Beraterin. Ich rate ihm nach bestem Wissen und Gewissen."

„Nach bestem Wissen glaube ich gerne, aber wie steht es mit dem Gewissen? Mir kommen Gerüchte zu Ohren über Unruhen im Land. Die Ritter begehren auf."

„Das mag sein. Hier und dort sind Ritter unzufrieden. Es sind Einzelne, die uns nicht weiter Schaden zufügen können. Ich werde ihnen auf keinen Fall nachgeben. Sie verlangen, dass ich Boyneburg seine Lehen zurückgebe. Wenn ich das täte, kämen alle plötzlich auf den Gedanken, von uns Dinge unrechtmäßig zu fordern, uns zu bedrohen, wenn wir nicht Folge leisten. Der Fürst muss seine Macht wahren. Anders ist ein Land nicht zu regieren. Alles was ich in meinem Leben getan habe, habe ich für meinen Sohn getan. Ihr wisst, wie hart ich mir alles erkämpfen musste. Nun werde ich nicht leichtfertig aus der Hand geben, was meinem Sohn gehört."

„Die Ritter könnten es Euch gewaltsam aus der Hand ringen."

„Das werden sie nicht wagen. Ich habe Schutzbündnisse geschlossen. Selbst wenn Hessen angegriffen wird, werden wir unser Land verteidigen können."

„Hochmut ist eine Todsünde."

„Ich bin nicht hochmütig. Gott allein hat mich an diesen Ort gestellt. Meine Macht habe ich von Gottes Gnaden. Nun ist mein Sohn der Fürst von Gottes Gnaden. Wäre es nicht gotteslästerlich, eine Stellung, die man von Gottes Gnaden erhalten hat, leichtfertig aufzugeben? Wir sind es Gott schuldig, dass wir unsere Macht, die er uns verliehen hat, verteidigen. Und ich wäre eine schlechte Mutter, wenn ich die Interessen meines Sohnes nicht zu wahren wüsste."

Pater Ignatius sah Anna von der Seite an. Ihr Mund hatte etwas Hartes, einen verkniffenen Zug. Ihre Augen waren kalt. Was sie tat, tat sie aus tiefster Überzeugung – kein Zweifel! Welche Mutter würde nicht alles tun für ihr Kind? Allerdings hatten die wenigsten Mütter solche Macht, hatten ihre Taten solchen Einfluss auf so viele Menschenleben. Sie bereute rein gar nichts von dem, was sie getan hatte.

„Wann werdet Ihr Eure Nichte wieder nach Melsungen entlassen?"

„So bald es geht. Beim Ball gestern Abend hat sie sich ganz prächtig amüsiert. Ich glaube kaum, dass man in Melsungen solche Bälle feiert. Sie hat sich lange mit meiner Tochter unterhalten. Ich habe die beiden im Garten gesehen. Ich weiß nicht, was sie gesprochen haben, meine Tochter sagte mir nur, dass ihre Cousine nun ganz gerne in Marburg sei. Ich mache mir solche Sorgen um meine Tochter. Lange werde ich den Herzog nicht mehr hinhalten können.“ Leise fügte sie hinzu: „Und immer trägt sie Veilchen an ihrem Kleid. Im Frühjahr frische und jetzt getrocknete.“

*

„Was in drei Teufels Namen ist das?“

Der in aller Ruhe ergraute Hauptmann eines kleinen Vorpostens in der Grafschaft Katzenelnbogen legte die Hand an die Augen, um besser sehen zu können. Aber auch nachdem ihn die Sonne weniger blendete, lösten sich die Schatten dort am Horizont nicht in flimmernde Hitze auf. Vielmehr wurden sie deutlicher, verdichteten sich zu Männern, Pferden, Wagen, Kanonen. Es war ein riesiges Heer, das sich ihnen unaufhaltsam entgegenwälzte. In weniger als einer Stunde würden sie auf Schussweite herangekommen sein.

Der Bote, der das Heer hatte kommen sehen und beinahe sein Pferd zuschanden geritten hatte, um seinen Hauptmann zu warnen, stand immer noch heftig atmend neben ihm.

„Franz von Sickingen. Ein Meer von Fahnen. Man könnte meinen, sie zögen zu einem Landtag. So viele Wappen hoher Familien habe ich selten auf einem Haufen gesehen. Wir werden ihnen nicht standhalten können. Es sind zu viele Ritter und Fußsoldaten. Sie führen schweres Kriegsgerät mit sich. Als hätten sie aus jeder Burg alle Kanonen mitgenommen.“

„Rückzug!“ murmelte der Hauptmann.

„Rückzug!“ bellte der Offizier neben ihm hinunter in den Hof, wo die Soldaten sofort reagierten. Wenn sie den Befehl zum Rückzug erhielten, ohne dass sie gekämpft hatten, musste die Lage aussichtslos sein. Ihre Haut wollten sie lieber retten als ihren Posten. In wenigen Augenblicken hatten sie die spärlichen Pulvervorräte verladen, waren aufgesessen und verließen ihren hoffnungslosen Posten.

Ihr Hauptmann führte sie nach Darmstadt, wo in den folgenden Tagen immer wieder kleine Grüppchen von Soldaten ankamen. Nicht alle Hauptmänner waren so klug und umsichtig gewesen, die Lage realistisch einzustufen und zu fliehen, anstatt in den sicheren Tod zu gehen.

So retteten sich auch immer wieder Verwundete und zersprengte Haufen in die Stadt. Jeder Neuankömmling wurde nach seinen Erlebnissen befragt. Die Zahl der Gegner erhöhte sich von Mal zu Mal. Wollte man allen Berichten Glauben schenken, musste man sich auf Hunderttausende Raubritter gefasst machen. Die Stadt war in Alarmbereitschaft. Sämtliche Pulvervorräte wurden auf die Stadtmauern geschafft, die Bürgerwehr mobilisiert, Essensvorräte in geheimen Laden versteckt und Barschaften in Gemüsebeeten vergraben. Doch das war nichts, worauf Franz von Sickingen es abgesehen hatte. Er schloss mit seinem riesigen Heer die Stadt ein und belagerte sie. Aus dem Umland wurde ihm Verpflegung geschickt. Die hessischen Ritter, die noch zu Anna standen und nun in der Stadt eingeschlossen waren, wussten keinen Rat. Noch hungerte niemand. Noch gab es genug Brunnen in der Stadt. Eine Belagerung konnte man lange aushalten, solange es nur an die Ehre ging, aber nicht ans Leben. Doch eines Morgens mussten die Wachleute auf den Zinnen beobachten, wie Sickingen seine Kanonen und Feldschlagen in Stellung bringen ließ. Die morgendliche Stille wurde zerrissen vom Donner der Geschütze. Die großen Kanonenkugeln flogen pfeifend in die Stadt, zerstörten Häuser und Menschenleben. Panik brach aus. Die Sturmglocke klang wie ein Hohn. Wer die Kanonen nicht gehört hatte, der würde auch die Sturmglocke nicht hören. Es gab kein Entrinnen. Von allen Seiten schlugen die Kugeln in die Stadt ein. Manche retteten sich in die Kellergewölbe der Stadt, doch Unzählige kamen ums Leben. Mit den zielgenauen Feldschlangen mähte Sickingen die Zinnen leer und ließ schließlich die Pulvertürme explodieren. Die Erde bebte unter diesen Donnerschlägen. Steine flogen nach allen Seiten und wurden zu tödlichen Geschossen. Die Explosionen wollten kein Ende nehmen. Immer wieder fand das Feuer neue Pulverfässer, fraß sich durch jedes einzelne Stockwerk, unaufhaltsam. In den Gassen wurde die flüchtende Menge von wilder Angst gepackt. Manche glaubten, das Jüngste Gericht sei über sie gekommen. Niemand achtete mehr auf den anderen, die Menschenmenge floh kopflos durcheinander, ohne Ziel und Verstand. Dazwischen preschte Vieh, das sich losgerissen hatte, durch die Menge und trampelte nieder, was ihm in den Weg geriet. Als die Pulvertürme zerstört waren und der Dampf sich gelegt hatte, flogen keine Kugeln mehr in die Stadt. Der Beschuss hatte aufgehört. Doch nun galt es, die riesigen Feuer zu löschen, die die Stadt gleich einem weiteren Belagerungsring einzuschließen drohten. Den überlebenden Räten und Rittern gelang es, das Löschen zu organisieren. Als man das Feuer unter Kontrolle hatte und wieder wahrnehmen konnte, was in der Welt geschah, musste man erkennen, das Sickingen seine Truppen zum Sturm auf die Stadt formiert hatte. Eiligst wurden weiße Fahnen geschwenkt, worauf die Truppen still standen. Die Ritter und Räte sammelten sich, um Sickingen aus der zerstörten Stadt heraus entgegenzugehen. Ein armseliger Haufen war es, der Sickingen um Verhandlungen bat. Ihre Reihen war gelichtet, viele von ihnen hatten ihr Leben gelassen, die Übrigen standen schmutzig und mit angesengten Kleidern vor dem Raubritter und baten um Gnade. Sickingen zeigte sich großzügig. Er schenkte ihnen das Leben, versprach, die Stadt nicht zu stürmen zwang sie aber zu einem Vertrag, von dem die Ritter annahmen, dass Anna von Hessen ihn nicht unterzeichnen würde. Aber Zeit war gewonnen. Der Vertrag wurde Ende August des Jahres 1518 zu Darmstadt von der hessischen Ritterschaft unterzeichnet und an Anna und Philipp geschickt, die sich gerade in Gießen aufhielten.

Anna liebte an dieser Stadt die Großzügigkeit, die breiten Alleen, den Wassergraben, der von der Lahn gespeist wurde und die Stadt wie einen kühlenden Ring umgab.

Anna war empört. Waiblingen, ihren alten Widersacher, der es sich nicht hatte nehmen lassen, höchstselbst nach Gießen zu reiten und der darauf bestanden hatte, seine Nachricht direkt dem jungen Landgrafen zu übermitteln, hatte sie noch mit kühler Geringschätzung entlassen, doch nun, da sie mit Philipp, Elisabeth, Schrautenbach und Riedesel allein war, brach ihr Zorn los.

„Was erlaubt sich dieser Mensch? Eine Vollmacht! Aufknüpfen werden wir ihn mit unserer eigenen Hand!“ Sie hielt das unselige Pergament so fest in ihrer Faust, dass es knisterte. Mit energischen Schritten durchmaß sie das Zimmer. Schrautenbach und Riedesel sahen sich schweigend an. Philipp beobachtete die feinen Stäubchen, die der Rocksaum seiner Mutter aufwirbelte und in der Sonne tanzen ließ. Elisabeth legte fürsorglich ihren Arm um den kleinen Bruder. Landgraf Philipp – so verlangte Sickingen – sollte eine Vollmacht ausstellen, in der er im voraus alle Bedingungen zu erfüllen versprach, die Sickingen den in Darmstadt Eingeschlossenen auferlegen würde. Dies kam einer totalen Kapitulation gleich. Aber was konnte Anna tun, als ihrem Sohn zu raten, diese Vollmacht zu unterschreiben? Im Augenblick waren sie machtlos. Sickingens Heer übertraf bei weitem alles, was sie mobilisieren könnten. Der Adel gab alles. Auch diejenigen, die nicht direkt an dem Zwist beteiligt waren, hatten sich Sickingen angeschlossen, da niemand hinnehmen konnte, dass Ritter, die sich gegen die Bedrückung durch die Fürstin gewehrt hatten (worin die wenigsten ein Vergehen, sondern vielmehr ihr gutes Recht sahen), mit Schimpf und Schande wie Meuterer aus dem Land vertrieben wurden. Nachdem Annas Wut verebbt war, stand sie ruhig am Fenster und schaute hinaus. „Es wird uns nichts anderes übrigbleiben, als diesen schmählichen Unsinn zu unterzeichnen. Wir haben ihm militärisch nichts entgegenzusetzen."

Fast konnte man die Erleichterung der beiden Männer greifen. Beiden war die Lage klar, aber keiner war erpicht darauf, der Landgräfin ihre Ohnmacht vor Augen zu führen und darzulegen, dass es keinen anderen Ausweg gab, als die verlangte Vollmacht zu unterzeichnen. Philipp unterzeichnete schließlich den Vertrag, Waiblingen ritt damit noch in derselben Nacht davon und nahm unerkannt Quartier auf dem Land.

Am 23. September wurde der Vertrag von allen Rittern in Darmstadt unterzeichnet. Vier Herren, darunter Eitel von Löwenstein, überbrachten Philipp den fertigen Vertrag nach Gießen. Neben vielerlei Forderungen, die sich auf eine Neuordnung der Landschaft und deren Rechte bezogen, forderten die Ritter, dass alle ehemaligen Regenten wieder in ihre Güter eingesetzt würden. Außerdem sollten der alten Landgräfin Anna von Braunschweig, die am kaiserlichen Hof noch immer Klage gegen ihre Schwägerin führte wegen nicht eingehaltener Verträge, alle Forderungen erfüllt werden. Außerdem verlangte Sickingen eine Kriegsentschädigung von fünfunddreißigtausend Gulden.

Wieder hatte sich Anna mit ihren Kindern, Schrautenbach und Riedesel zurückgezogen.

„Fünfunddreißigtausend Gulden verlangt er!" rief sie. „Als Kriegsentschädigung! Er hat angefangen, unser Land mit Krieg zu überziehen. Als sei es unsere Schuld, dass er ein riesiges Heer unterhalten musste! Wäre dieser Auswurf unter der Topfscherbe geblieben, unter der er hervorgekrochen ist, hätte er gar keine Ausgaben gehabt! Löwenstein! Wie konnten wir diesem Menschen nur trauen? Ein Ehrloser, der sein Fähnchen nach dem Wind hängt. Wir sind auf ihn hereingefallen!"

Etwa eine Stunde später trat Philipp mit seiner Mutter wieder in den großen Saal des Giessener Schlosses, in dem die Ritter ihn erwarteten. Er nahm Platz auf seinem Sessel, seine Mutter blieb nahe der Tür stehen, von wo aus sie die Ritter genau beobachtete. Elisabeth wartete hinter der angelehnten Tür.

„Wir sind zu dem folgenden Entschluss gekommen", begann Philipp mit bemüht kräftiger Stimme. „Wir können den Vertrag noch nicht unterzeichnen und bitten um Aufschub."

Die Räte sahen einander an, dann begann Eitel von Löwenstein: „Euer Gnaden haben eine Vollmacht unterschrieben, in der Euer Gnaden versichern, alle Forderungen zu erfüllen, die der Vertrag Euch auferlegen wird. Ihr seid gebunden durch Euer Wort!"

„Wir haben unser Wort gegeben. Aber nun haben wir unsere Räte nicht bei uns. Sobald wir nach Marburg zurückkehren, werden wir unsere Räte befragen und Euch dann einen neuen Bescheid geben."

„Das ist Vertragsbruch!" rief einer.

„Wir sagten Euch doch, dass wir uns jetzt nicht entscheiden können. Das ist eine Entscheidung, die wir mit unseren Räten abwägen müssen."

Nun kam Leben in die Ritter: Sie riefen durcheinander, traten sogar auf Philipp zu und wollten ihn mit allen Mitteln bewegen, den Vertrag zu unterzeichnen. Ein Wink der Landgräfin genügte und die Wachen an der Tür hoben ihre Hellebarden.

„Wir wünschen nun alleine zu sein. Ihr seid entlassen", rief Philipp über die Empörung der Ritter hinweg. Die Ritter wollten noch einmal aufbegehren, doch die Wachen an der Tür ließen keinen Zweifel daran, dass sie ihre Hellebarden notfalls benutzen würden. So verneigten sich die Ritter und zogen mit finsteren Mienen von dannen. Philipp sah seine Mutter an, die auf ihn zueilte. „Das haben Sie sehr gut gemacht. Recht so, mein Sohn! Wir werden sie hinhalten und ihnen das Hälmchen durch den Mund ziehen."

Elisabeth fand ihren Bruder am Teich, wo er Steine übers Wasser springen ließ. Er schien wütend zu sein. Die Art, wie er die Steine schleuderte, hatte etwas Verbissenes. Sie hatte ihn gesucht. Sie wollte mit ihm reden. Nun setzte sie sich still auf einen Baumstumpf und beobachtete ihren kleinen Bruder. Mit jedem Stein, den er warf, schien er ruhiger zu werden, schien sein Zorn zu verrauchen. Manche sprangen nur ein oder zwei Mal, manche versanken gleich, aber die meisten Kiesel hüpften etliche Male übers Wasser, viele weite Kreise ziehend, die sich ineinander woben, von immer neuen Kreisen überlagert wurden, so dass der ganze Teich eine verwirrende Fläche aus immer neuen Kreisen wurde. Elisabeth zählte mit. Als sie sieben Hüpfer zählte, klatschte sie in die Hände. Philipp erschrak und sah sich um.

„Du bist es!" Er klang erleichtert.

„Das machst du gut. Wer hat dir das beigebracht? Oder können das einfach alle Knaben?"

„Mein Freund Friedrich hat mir das beigebracht."

„Friedrich Trott?"

„Ja, mein Freund."

„Du vermisst ihn sehr, nicht wahr?"

„Mit dir kann man einfach nicht so gut raufen. - Aber für ein Mädchen bist du wirklich gut!" fügte er nach einem Augenblick hinzu.

Elisabeth lachte leise. „Das ist wohl ein großes Kompliment." Er nickte und schleuderte den nächsten Stein. Fünf Hüpfer.

„Kannst du mir das beibringen?"

„Ich weiß nicht. Du kannst es versuchen. Schau, du musst den Stein so werfen, dass er flach auf dem Wasser aufsetzt."

Elisabeth probierte es, doch der Stein versank mit einem Plumps.

„Schau, nimm den Stein mal zwischen Daumen und Mittelfinger. Den Zeigefinger legst du an den Rand des Steins. Ja, so ist es gut. Und wenn du jetzt wirfst, dann gibst du dem Stein einen Drall mit dem Zeigefinger. Schau!"

Er warf und der Stein setzte sechs Mal auf. Elisabeth warf ihren Stein, doch auch diesmal ohne Erfolg.

„Mehr aus dem Handgelenk, mit Schwung!" rief Philipp und ließ seinen Stein fünf Mal hüpfen. Elisabeth übte eifrig, ohne darauf zu achten, dass der Saum ihres Kleides nass wurde. Es waren genügend Steine da.

„Hast du das gesehen! Mein Stein ist gehüpft, zwei Mal!"

„Gut! Mach gleich weiter. Das geht noch öfter!" sagte Philipp und sah seiner Schwester zu, die mit angestrengtem Gesicht den Stein warf, der nur einmal hüpfte. Daran änderte auch Elisabeths Zunge nichts, sich vor Anspannung ganz undamenhaft hervorgewagt hatte.

„Macht nix! Gleich noch mal!"

Die dunkle Oberfläche des Teiches war ein Wirrwarr aus ineinanderfließenden Kreisen.

„Warum bist du allein rausgegangen. Ich dachte, wir würden noch gemeinsam spazieren gehen."

Philipp antwortete nicht, sondern warf einen Stein, der in der Mitte des Teiches einmal aufsetzte und dann verschwand.

„Du hast dich geärgert über die Versammlung, nicht wahr? Was hättest du anders machen können? Du musstest die Ritter abweisen."

Philipp hielt inne und sah seine Schwester an. Elisabeth, die an körperliche Ertüchtigung dieser Art nicht gewöhnt war, atmete heftig.

„Ich bin es ja gar nicht, der etwas tut. Ich habe die Ritter nicht abgewiesen. Ich habe nur ausgesprochen, was unsere Mutter mir in den Mund gelegt hat. War das gut? War das wirklich gut? Sie hat mich gelobt, das mag wohl wahr sein. In ihrem Sinne habe ich meine Sache gut gemacht. Aber war das wirklich richtig? Ist es nicht unehrenhaft, einen Vertrag erst zuzusagen, während man doch schon genau weiß, dass man ihn nicht halten wird? Wie konnte es überhaupt erst dazu kommen, dass Sickingen unser Land überfällt? Was hat die Ritter so sehr verärgert, dass sie einem Raubritter folgen und eine ganze Stadt in Schutt und Asche legen? Wäre es nicht an uns gewesen, Anzeichen für solchen Unmut früher zu erkennen? Vielleicht wären wir dann gar nicht in dieser Situation."

„Mutter will immer nur das Beste für dich. Sie ..."

„Ja, sie weiß auch genau, was das Beste für mich ist", stieß er wütend hervor.

„Du musst mit ihr darüber reden", sagte Elisabeth.

„Das habe ich versucht. Ich will mir nicht noch einmal anhören müssen, wie undankbar ich bin. Selbständig denken soll ich, das sagt sie mir immer wieder. Aber wenn ich selbständig etwas anderes denke als sie, dann ist es ihr nicht recht."

Er schleuderte einen weiteren Stein. Er setzte hart auf der Oberfläche auf um in einem schnellen Wirbel weiterzufliegen und immer wieder aufzusetzen. Sieben Mal setzte der Stein auf, zog unendliche Kreise, jeder einzelne Wassertropfen, der aufgespritzt war, zog seine eigenen Kreise, die sich zu einem undurchdringlichen, unentwirrbaren Bild verwoben.

Schrautenbach klügelte mit Anna ein Schreiben aus, in dem Philipp erklärte, dass er den Vertrag Sickingens niemals als unbegrenzte Vollmacht verstanden habe. Vielmehr habe er seinen Rittern lediglich Verhandlungsvollmachten erteilt bezüglich der im Vertrag erwähnten Punkte. Darüber hinaus könne er nichts bewilligen. Allerdings kam Anna nicht umhin, die fünfunddreißigtausend Gulden zu zahlen, denn für die Übergabe dieser stattlichen Summe hatten sich die treu zu Philipp stehenden Ritter verbürgt.

Vor allem die gegnerischen Ritter waren empört über den Vertragsbruch und schickten sich an, einen Landtag einzuberufen, um alle ihre Forderungen durchzusetzen. Anfang November sollte der Landtag in Homberg stattfinden. Sie versuchten, auch die Städte auf ihre Seite zu bringen, aber vergeblich. Die Städte waren zufrieden mit Annas Politik und sahen keinen Grund, sich über ihren Vertragsbuch zu beschweren. Trotzdem wollten die Ritter im Oktober einen Landtag abhalten, dessen Besuch Anna wiederum bei Verlust der Lehen verbot.

„Sollen wir wieder das Gebiet abriegeln?" fragte Schrautenbach und sah seine Fürstin von der Seite an.

„Nein. Die Ritter sind in der Überzahl. Sicher würde dieser Sickingen sie auch unterstützen, sollten wir versuchen, sie mit Waffengewalt an ihrem ungerechten Landtag zu hindern. Wir wollen nicht das Leben unserer Soldaten aufs Spiel setzen. Wir brauchen jeden einzelnen von ihnen. Wir können es uns nicht leisten, unsere Truppenstärke in einem aussichtslosen Kampf zu dezimieren. Aber wir wollen unseren Bruder um Hilfe anschreiben. Es ist uns schon nicht recht, dass unsere Gegner wissen, wo wir uns aufhalten. Wir werden morgen früh nach Spangenberg aufbrechen. Dort sind wir sicherer als hier in Gießen."

Es war der letzte Abend in Gießen. Anna lag in ihrem Bett und lauschte auf die Geräusche, die von draußen zu ihr hereindrangen. Schritte der Diener, die noch mit Vorbereitungen für den Aufbruch beschäftigt waren. Pferdewiehern. Rufe. Hier und dort schlug eine Tür. Der Wind in den Bäumen. Die Blätter färbten sich bunt. Sie hatten einen letzten sonnigen Tag in Gießen genossen. Sie dachte an Pater Ignatius und seinen Kirschgarten. Dort waren die Kirschen längst abgeerntet, zu Boden gefallen und dienten nun den Würmern als Nahrung. Anna dachte an ihre letzte Begegnung mit Pater Ignatius im Kirschgarten. Hatte er Recht gehabt? War sie wirklich hochmütig gewesen? Aber sie hatte dies alles doch nicht für sich selbst getan, sondern nur für ihren Sohn. Nun war sie in einer Zwangslage. Die Ritterschaft hatte sie niederhalten wollen und hatte dadurch diesen Aufstand herbeigeführt. War es ein Fehler gewesen, keine Landtage mehr einzuberufen? Die Städte standen doch noch zu ihr. Also konnte ihre Politik nicht grundsätzlich schlecht sein. Ihre Politik war für ihr Volk. Und ihr Volk war ihr wichtig. Eine gute Fürstin wollte sie sein, ebenso wie Philipp ein guter Fürst sein sollte. Sie wusste selbst am besten, was gut war für ihr Volk. Warum sollte sie sich vom Adel dreinschwatzen lassen? Die Ritter hatten nicht das Recht, sie zu kontrollieren. Weshalb sollte sie ihnen Mitsprache gewähren in Dingen, die sie allein besser regelte? Noch immer standen viele Adlige treu zu ihr. Unter anderem dieser Solmser Graf. Otto war sein Name. Otto Graf zu Solms-Lich. Anna lächelte, als sie an ihre erste Begegnung mit ihm dachte. Groß, stattlich, kühn war dieser Mann. Und treu. Dabei keineswegs hündisch ergeben, sondern seine Treue basierte offensichtlich auf seiner Überzeugung, dass ihre Politik gut und richtig war. Er war zwar noch sehr jung, doch hatte er eine Reife, die ihn über seine Altersgenossen erhob. Gleichzeitig konnte er übermütig ausgelassen feiern, wie Anna es sich nur wünschen konnte. Wurde ein neuer Tanz gespielt, Otto kannte bereits die Schritte dazu. Wurde Wein eingekauft, konnte dieser junge Mann sagen, welcher Wein sein Geld wert war. Beim Schach war er ungeschlagen. Und selbst Riedesel hatte ihn kürzlich gelobt, sein scharfes Auge und seine ruhige Hand, die ihn zu einem hervorragenden Schützen machten.

Otto.

Es war schon Oktober. Karl und Katha Schreuer hatten gut für den Winter vorgesorgt. Es würde ihnen mit Gottes Hilfe an nichts mangeln. Der Großvater freute sich mittlerweile über zwei Urenkel. Johannes' kleine Schwester, der Katha den Namen ihrer Tante gegeben hatte, tröstete Reinhard Schreuer darüber hinweg, dass er seine Enkelin so bald nicht mehr wiedersehen würde. Auch Nachrichten kamen nur spärlich. Boten waren teuer und nicht alle Wandergesellen gingen direkt von Homberg nach Gotha oder umgekehrt. Die Landstraßen waren in Hessen wieder unsicher geworden. Offenbar hatte der Adel keine andere Möglichkeit gefunden, seinen Unmut zu äußern, als sich aufs Raubrittertum zu verlegen. Dass diese Strauchdiebe, wie der Großvater sie gerne nannte, sich nun in Homberg versammelt hatten, begeisterte die Homberger Bürgerschaft keineswegs. Die Stadt befand sich wie in einem Belagerungszustand. Nicht alle Ritter waren bereit oder in der Lage, zu bezahlen, was sie zum Leben brauchten. Natürlich war ihre Wahl auf Homberg gefallen. Nicht umsonst hatte Anna von Hessen diese Stadt ausgewählt, um ihr neues Regiment aufzurichten und aus eben diesem Grunde wollten die Ritter nun hier ihren Landtag abhalten. Wenn die Fürstin nur nicht mit Waffengewalt gegen sie vorging! Gerüchte drangen aus dem Versammlungssaal im Rathaus hinaus auf die Straßen. Die Stadträte blieben angeblich unbeugsam und wollten sich gegen ihre Fürstin nicht auflehnen. Der Kernpunkt des Streits zwischen der Fürstin und dem Adel war die Frage, ob der Adel selbständig einen Landtag einberufen dürfe oder nicht. Boyneburg und seine Anhänger drohten der Fürstin, sie wollten vor ihren Augen ihren Rat Schrautenbach in Stücke hauen. Schrautenbach hatte diese Drohung wahrscheinlich mit einer kühlen Hebung seiner Augenbraue registriert. Auch wenn er kein kriegerischer Mensch war, war er doch von kämpferischer Natur und wollte sich von dem Getrommel seiner Gegner keine Angst einjagen lassen. Allerdings begann die Fürstin an Boden zu verlieren: Die fünfunddreißigtausend Gulden hatte sie nicht ohne weiteres aufbringen können. Sie hatte Spangenberg als Pfandobjekt eingesetzt, als sie sich elftausend Gulden hatte leihen müssen. Die Städte Kassel und Marburg hatte sie gebeten, sich für diese Summe zu verbürgen, doch die Städte gaben ihr einen abschlägigen Bescheid. Der adelsfeindlichen Fürstin, wie sie sich ausdrückten, wollten sie nichts bewilligen, aus Furcht, in die Schusslinie der weitaus stärkeren Rebellen zu geraten.

Ein Tross von Wagen und Pferden machte sich von Gießen aus auf den Weg. Anna hatte Philipp, die beiden Elisabeths und Grete sicher in der Kutsche untergebracht. Sie selbst zog es vor, zu reiten. Sie fühlte sich sicherer, wenn sie den Überblick behielt. Vom Sattel aus konnte sie kommende Gefahr sehen. Zweihundert Reisige schützten sie. Aber würden zweihundert ausreichen gegen Sickingen? Die Reise war riskant, doch dieses Risiko wollte sie eingehen. Spangenberg war befestigt. Wenn sie einmal dort waren, wären sie viel sicherer als in Gießen oder Marburg. Die Ritter würden nicht damit rechnen, dass sie ausgerechnet in ihre Nähe kam. Wahrscheinlich gingen sie davon aus, dass sie sich in das weiter entfernte Rotenburg zurückziehen würde.

Die Nächte waren bereits kalt. So waren sie gezwungen, in Rasthöfen zu übernachten. Doch zunächst führte sie ihr Weg nach Grünberg, wo ein Reiter ihr Kommen angekündigt hatte und man sie freundlich im Schloss empfing. Doch bleiben konnten sie nicht. Grünberg war nicht sicher genug. Dabei mieden sie die großen Städte auf ihrem Weg. Ihr zweiter Reisetag hatte gerade begonnen. Das Wetter hatte umgeschlagen. Es war kalt geworden. Wind peitschte die Blätter von den Bäumen, Regen machte das Reisen zur Qual. Selbst der Wald bot ihnen kaum Schutz. Ab und an schreckten sie Wild auf, das durch das dichte Unterholz davonlief. Anna hatte den Wald um Grünberg immer sehr gemocht. Sanfte Hügel wechselten ab mit Lichtungen, hier und dort waren kleine Seen und immer wieder stieß man auf vereinzelte Gehöfte. Nur jetzt zu dieser Jahreszeit, bei diesem Wetter erschien ihr der Wald mit seinen bemoosten Bäumen, den Flechten, die wie Bärte an den Ästen der Eichen und Buchen hingen, unheimlich. Als sei er belebt von Wesen, die nichts Gutes im Schilde führten. Irgendwo sollte auch eine wilde Frau mit ihrem Mann hausen. Einmal hatte ihr ein Jagdgehilfe einen Stein gezeigt, der zehn Vertiefungen aufwies als habe jemand seine Finger hineingedrückt. Diesen Stein soll die wilde Frau ihrem Mann im Zorn hinterhergeworfen haben.

Plötzlich wurde Anna aufgeschreckt aus ihren Gedanken.

„Schützt die Kutsche!“ hörte sie Riedesels befehlsgewohnte Stimme durch den Wald hallen. Die Soldaten bildeten einen Schutzwall um die Kutsche und um Anna. Schon war Graf Solms an ihrer Seite. Annas Schrecken hatte sich auf ihr Pferd übertragen. Es wieherte auf. Graf

Solms griff beherzt nach dem Zaumzeug und beruhigte das Tier wieder. Er schaute Anna nicht an, sondern spähte mit gezücktem Schwert umher, aus welcher Richtung die Gefahr kam. Anna fühlte keine Angst. Gebannt schaute sie diesen jungen Mann an. Sein Gesicht war angespannt. Ebenso schien sein ganzer Körper gespannt wie eine Bogensehne. Für einen Moment nahm Anna nicht mehr wahr, was um sie herum geschah. Sie tauchte vollkommen ab. Sie hörte nicht die verhaltenen Rufe der Männer, das Stampfen der Pferde, Gretes ängstliches Gezeter. Sie hatte keine Augen für die Ritter, die weit vor ihnen auf einer Kreuzung aufgetaucht waren. Sie sah nur noch Otto. Seine Augen, die das Unterholz zu durchdringen schienen. Seine linke Hand, die noch immer fest die Zügel ihres Pferdes hielt. Groß war diese Hand, mit starken Gelenken, ohne plump zu sein. Dicke bläuliche Adern schlängelten sich über den Handrücken. Dunkle Haare klebten nass an der braunen Haut. Sie erinnerte sich daran, wie er ihr beim Tanzen die Hand gereicht hatte. Sanft war seine Berührung gewesen. Warm seine Haut. Wie mochten diese Hände wohl...

„Euer Gnaden, es ist nichts. Keine Gefahr. Ein kleiner Reitertrupp." Riedesels Stimme brachte sie wieder zurück an die Oberfläche. Die Ritter waren friedlich weitergezogen, ohne weiter auf sie zu achten.

„Wir sollten dennoch vorsichtig sein. Diese Reiter haben uns gesehen. Wir können nicht wissen wer diese Männer sind und wohin sie reiten. Zur Sicherheit sollten wir die großen Straßen für eine Weile meiden."

„Und welchen Weg schlagt Ihr vor, Graf Solms?"

„Es führt ein Weg durch das andere Tal, der nicht oft benutzt wird. Bis heute Abend werden wir dort einen kleinen Gutshof erreicht haben. Wir könnten morgen entweder auf die große Straße zurückkehren oder über einen kleinen Umweg wieder die abgelegene Straße erreichen." Als Riedesel ihn skeptisch ansah, fügte er hinzu: „Lich ist nicht weit von hier und in Laubach haben wir ein Jagdschloss. Für die Pferde ist es sicher kein Problem und die Kutschen sind nicht schwer. Somit würden wir der Gefahr aus dem Weg gehen und nicht zuviel Zeit verlieren."

„Das ist ein guter Vorschlag, Graf Solms. Seid so gut und reitet voran!" sagte Anna, noch ehe Riedesel Einwände erheben konnte. So geschah es. Otto Graf Solms ritt voran und zeigte den Weg. Er war froh, dass niemand sein Gesicht sah. Über sein Strahlen hätte sich Riedesel sehr gewundert.

Wie Graf Solms vorausgesagt hatte, erreichten sie gegen Abend einen kleinen Gutshof. Graf Solms war den Menschen dort offensichtlich bekannt, denn sie empfingen ihn ausgesprochen freundlich. Ganz still und heimlich hatte Graf Solms das Kommando übernommen, dirigierte die Soldaten in die Scheunen, wo sie genügend Platz zum Schlafen fanden und kümmerte sich persönlich darum, dass Anna, ihre Kinder, ihre Nichte und Grete ein den Umständen entsprechend komfortables Zimmer bekamen, in dem sich sogar ein Kamin befand.

Am nächsten Tag war es wiederum Graf Solms, der zum Aufbruch drängte, die Richtung wies und dem Tross voranritt. Unter seiner Leitung kamen sie nach wenigen Tag sicher in Spangenberg an.

Spangenberg, 15. Oktober 1518

Mein herzallerliebster Bruder,

ich bitte Euch dringendst, so bald als möglich zu mir zu kommen. Denn kommt Euer Liebden nicht, wird es mir ganz übel ergehen und die Bösewichter wollen mich gern aus dem Regiment haben. Kommt Ihr nicht, werden sie mir die Städter abspenstig machen, kommt Ihr aber bald, hat es keine Not, dann sollen alle Sachen gut werden. Bleibt nicht aus, ich mahne Euer Liebden an alle Treue und Eure Zusage. Denn die Städter halten noch und viele fromme Leute.[23]

Eure Schwester Anna

[23] Archiv Schwerin, Hassiaca, Datum fehlt. „Dan kumt e. l. nicht, so geit es mir ganz ubel und de Bosewichter wolden mich geirn us dem regemeint haben. Kumt ir nicht, so warden se mir de steder apdrowen, kamet ir aber bald, hat es kein not, sollen alle sagen gout warden. Blibet nit ußen, ich mane e. l. aller trug und zusage. Den de steder halten nog und fuelle frumer lude." Übersetzung siehe Glagau S. 186

Ruhe, endlich Ruhe. Anna saß im Kaminzimmer. Ein heißer Hypocras[24] wärmte ihre Glieder auf sehr angenehme Weise. Ihre Kinder waren schon zu Bett gegangen. Grete hatte ihr noch eine Weile Gesellschaft geleistet, dann aber ihr Gähnen nicht mehr unterdrücken können, so dass Anna ihr eine gute Nacht gewünscht und versichert hatte, dass sie allein zurecht komme. Elisabeth genoss die Zeit, die sie mit ihrem Bruder verbringen konnte. Anna spürte, wie dankbar Elisabeth ihr für die geschenkte Zeit war. Es war nur eine Galgenfrist. Herzog Georg hatte sie schon mehrmals brieflich aufgefordert, ihre Tochter zu seinem Sohn reisen zu lassen, hatte Eskorten versprochen, doch Anna war hart geblieben und hatte den Herzog auf friedlichere Zeiten vertröstet, wenn die Landstraßen sicherer wären.

Das Feuer brannte nieder, Anna rückte mit ihrem Sessel näher heran. Was war so falsch daran, sich Ruhe zu gönnen? Nur noch diese Sache musste sie durchstehen, nur noch wenige Monate musste sie Philipp zur Seite stehen und sie wäre frei zu tun, was ihr beliebte. Dieser unselige Zwist! Hatte sie tatsächlich so große Fehler gemacht? Sie hätte die Grafschaft Katzenelnbogen besser schützen sollen. Aber die Ritter. War es wirklich so falsch gewesen, sie in ihren Rechten zu beschneiden? Von Gottes Gnaden hatte Philipp seine Herrschaft erhalten. Dies war eine unumstößliche Tatsache. Also durften sich die Ritter nicht gegen ihn auflehnen. Niemand hatte den Fürsten zu kontrollieren und zu bevormunden. Ihr ganzes Leben lang hatte sie gekämpft gegen diese Ritter. Und jetzt, da sie alles erreicht hatte für ihr Kind, da kamen diese Männer wieder auf den Plan, um ihr streitig zu machen, was sie in jahrelangem, aufreibenden Kampf erobert hatte. Macht, Sicherheit, Ruhe. Ruhe und Frieden, in dem ein Land aufblühen konnte. Ihr Weg konnte nicht falsch sein, denn die Städter standen noch zu ihr. Ihnen hatte sie Boyneburgs unrechtmäßige Steuern wieder erlassen. Einen solchen Vorteil hatte sie dem Adel nicht geboten. Auch wenn Marburg und Kassel ihr die Bürgschaft verweigert hatten. Verdenken konnte sie es den Räten nicht. Die Ritter waren in ihrem Zorn unberechenbar, und das Schicksal Darmstadts war den Stadtvätern sicher auch vor Augen gewesen bei ihrer Entscheidung.

Auf der Flucht war sie gewesen mit ihren Kindern. Als Fürstin in ihrem eigenen Land bedroht. Es waren sonderbare Zeiten, in denen sie leben musste. Warum nur konnten die Ritter nicht ebenso zufrieden sein wie die Städter? Warum nur mussten sie starrsinnig auf Landtage bestehen, auf denen sie überflüssigerweise die gute Politik ihrer Fürstin behinder-

[24] Hypocras: Im Mittelalter sehr beliebter gewürzter Rotwein.

ten? Warum konnten sie nicht sehen, dass sie nur das Beste tat für ihr Land? Wenn nur Albrecht bald kam!

Ausruhen. Nichts tun müssen. Niemandem verantwortlich sein und niemandem die Stirn bieten müssen. Sie nahm noch einen tiefen Schluck, behielt den heißen Wein lange im Mund, um zu spüren, wie die süße Hitze ihren Mund ganz und gar ausfüllte, die Gewürze auf ihrer Zunge tanzten. Otto, der auf dem gefahrvollen Weg wie ein guter Geist dafür gesorgt hatte, dass kein Unglück geschah, hatte sich schon längst in ihre Gedanken gestohlen. Niemals war er ihr gegenüber aufdringlich gewesen, ja er schien sie oftmals nicht einmal wahrgenommen zu haben. Selbst als er die Zügel ihres Pferdes ergriffen hatte, hatte er sie nicht angesehen. Dadurch war er Anna erst recht aufgefallen und hatte ihre Neugierde gereizt. Wohin sie auch geblickt hatte, immer war es Otto gewesen, der ganz selbstverständlich den Weg wies, der nach lahmenden Pferden sah und die besten Heilkräuter wusste, der das Ende des Regens voraussagte, worauf tatsächlich Sonnenschein folgte; der einen stattlichen Hirsch erlegte, und sie mit Fleisch versorgte. Sie lächelte, als sie an ihre erste Begegnung mit ihm dachte. Damals, auf Elisabeths Hochzeit. Graf Solms – mindestens so gut wie der Kaiser. So ähnlich hatte er gesagt. Und dabei gelacht. „Kaiser Otto", murmelte Anna. Diese Hände. Anna schloss die Augen und ließ ihre Gedanken treiben.

Am nächsten Tag überbrachte ein Bote eine Beschwerdeschrift aus Homberg. Anna konnte sich schon denken, worüber man sich beklagte: Die Schrift war an Philipp gerichtet, dem die Ritter in aller Deutlichkeit darlegten, dass das Unglück allein deshalb in Form des Raubritters Franz von Sickingen über Hessen hereingebrochen war, weil seine Mutter nach wie vor das Regiment führte und als Ratgeber nur Riedesel und Schrautenbach anhörte. Hätte sie auch die Meinung anderer Leute gehört, wäre ihr die Lage, in der sich ihr Land befand, bewusst gewesen und sie hätte den Überfall des Raubritters vermeiden können. Selbstverständlich forderten sie die Einberufung eines Landtages, auf dem sie das Regiment ändern und die Missstände abstellen wollten. – Welch infame Formulierung! Anna antwortete in Philipps Namen und machte den Rittern deutlich, dass ihre Beschwerden jeglicher Grundlage entbehrten.

*

„Hört Euch an, was Frau Anna uns zur Antwort schreibt!" Boyneburg konnte sich der ungeteilt Aufmerksamkeit seiner Zuhörer gewiss sein. Die Ritter drängten sich im Saal des Homberger Rathauses näher an

Boyneburg heran, der Annas Brief in seiner Hand hielt. Er hielt sich nicht mit der Anrede auf, sondern begann gleich mit spöttischer Stimme zu lesen:

Die von der Landschaft verordneten Räte sind oft wochenlang in eigenen Angelegenheiten unterwegs. Niemand wusste, wo man die Herren erreichen konnte. Mancher hat es auch vorgezogen ins Wirtshaus zu gehen, als sich hessischen Angelegenheiten zu widmen.

„Welch eine Behauptung! Sie unterstellt uns mangelndes Interesse! Im Wirtshaus sind die hessischen Räte sicher nicht zu finden gewesen und wenn, dann nur, weil Frau Anna sie ganz und gar arbeitslos gemacht hat. Aber hört Euch ihre Lügen weiter an." Boyneburgs Stimme hatte einen bösartigen Unterton, als er fortfuhr.

Also sahen wir uns gezwungen, uns auf unsere treuen Diener Riedesel und Schrautenbach zu verlassen. Besonders bei wichtigen Entscheidungen, die keinen Aufschub duldeten, konnten wir nicht warten, bis die Herren Räte in Marburg eingetroffen waren, sondern mussten schnell handeln, um dem Übel Abhilfe zu schaffen.

„Vertragsbrüchig ist sie geworden, das ist es! Sie hat die verordneten Räte am Narrenseile geführt, um sich die alleinige Herrschaft zu sichern. Schon als sie auf die Treysaer Einung, die ein Mitspracherecht der Stände vorsah, beschwor und ihr Siegel darunter drückte, wusste sie schon, dass sie die gegebenen Versprechen nicht halten würde. Sie wusste damals schon, dass sie sich der Stände nur so lange bedienen würde, wie sie uns brauchte, um uns dann schmählich fallen zu lassen."

Die Ritter stimmten ärgerlich zu.

Dies ist immer zum Wohle unseres Volkes geschehen.

„Natürlich! Das Wohl des Volkes ist es, was sie im Blick hat. Diese Behauptung ist an Niedertracht nicht zu überbieten!"

Wir erinnern an die Tatsache, dass der ständische Ausschuss mit der Mündigsprechung unseres Sohnes durch seine Kaiserliche Gnaden Maximilian I. seinen Status verloren hat und die ständischen Räte nunmehr landesherrliche Beamte sind. Keinesfalls werden wir auf den Rat unserer treuen Diener Riedesel und Schrautenbach verzichten, denn diese Männer haben sich um das Land verdient gemacht wie kaum jemand. Auch der Landgraf wird diese Herren in seinen Diensten behalten. Das jüngste Übel, das über Hessen hereingebrochen ist, kann weder uns noch diesen beiden angelastet werden.

„Diesen Schrautenbach werden wir noch vor ihren eigenen Augen in Stücke hauen! Erinnert Euch daran, wie hochmütig uns dieser Mensch begegnet ist, wie selbstgefällig er unsere Einwände abgewiesen hat, ganz so, als sei er selbst der Fürst. Nur zum Schein wurde der Landgraf mündig gesprochen. Ihn müssen wir wieder in unsere Gewalt bringen, damit in diesem Land wieder die Ordnung hergestellt werden kann."

Zustimmung war ihm sicher, auch wenn sich der eine oder andere daran erinnerte, dass Boyneburg vor Zeiten noch anders gesprochen hatte.

In aller Dringlichkeit erinnern wir Euch an das Landtagsverbot.

„Da können wir diese Frau nur in aller Dringlichkeit an den Vertrag erinnern, in dem festgelegt wurde, dass mindestens einmal jährlich ein Landtag abgehalten werden muss!“

Solltet Ihr Ratschläge zu geben oder Beschwerden vorzubringen haben, so müsst Ihr diese direkt an den Landgrafen richten. Dieser wird sich mit seinen Räten beraten und gegebenenfalls einen Landtag einberufen, falls ihm dies notwendig erscheinen sollte. Wir erwarten nun, dass Ihr dem Befehl unseres Sohnes augenblicklich Folge leistet und keine unerlaubten Versammlungen mehr abhalten werdet.

Wir, Anna, Landgräfin von Hessen

„Das ist unerhört! Ein Schlag ins Gesicht! Aber, meine Herren, ich kann Ihnen versichern, dass Frau Anna den Bogen überspannt hat. Nicht nur der Kaiser ist gegen sie, auch Herzog Georg von Sachsen, einen ihrer eifrigsten Parteigänger, hat sie gegen sich aufgebracht. Sie erlaubt ihrer Tochter Elisabeth nicht, nach Sachsen zu ihrem Gemahl, dem Sohn des Herzogs zu reisen, obwohl der Herzog sie schon mehrfach dazu aufgefordert hat. Er hat sich nun wieder dem Kurfürsten angenähert und ergreift unsere Partei. In einem Schreiben hat er dem Landgrafen sogar nahegelegt, sich gnädig gegen die Ritter zu zeigen und seine Mutter dazu zu bewegen, sich auf einen Witwensitz zurückzuziehen. Bei Gott! Das wird Zeit, dass sich diese Frau zurückzieht! Die Wettiner sollen wieder Schiedsrichter sein. Sie haben sich schon einmal bewährt und werden uns auch jetzt wieder beistehen.“

Dazu kam es nicht. Zwar setzten die Ritter zu Homberg wieder einen Vertrag auf, in dem sie mancherlei forderten, was von Anna nicht bewilligt wurde. Eine Gesandtschaft reiste nach Sachsen, um die Wettiner um Hilfe anzugehen. Doch wie Boyneburg vermutet hatte, bewährten sich die Wettiner auch diesmal: Sie taten nichts, ohne vorher eine Versammlung einzuberufen und gründlich abzuwägen, wie man verfahren sollte. Während die Wettiner noch gewissenhaft überlegten, war Albrecht von Mecklenburg mit zweihundert Reitern angekommen. Sickingen, der offenbar bereits Erfahrungen mit Sächsischer Politik gemacht hatte, gab auf und zog sich zurück. Unterdessen hatte Anna die Städte und den ihr treuen Adel in kleinen Gruppen nach Marburg beschieden, wohin sie gefahrlos zurückgekehrt war und hatte sich von diesen noch einmal Treue schwören lassen. Allen voran Graf Otto, der dazu eigentlich nicht befugt war, doch er tat seinen Schwur mit einem Ernst, der Anna rührte und ihr mehr bedeutete als jeder Schwur eines regierenden Grafen.

Der Schwur der Städte und Adligen war Annas letzte große Amtshandlung.

Am Abend dieses Tages lag sie noch eine Weile wach. Sie hatte nach dem Schwur ein langes Gespräch mit Philipp gehabt. Das heißt, sie hatte gesprochen und er hatte sie aus seinen felinen, klugen Augen angesehen. Es war sonderbar, wie fern ihr der eigene Sohn war. Sie liebte ihn. Alles was sie in ihrem Leben getan hatte, hatte sie für ihn getan. Im Grunde hatte sie nur auf diesen einen Tag hingearbeitet, an dem sie ihm die Regierung de facto übertragen würde. Dies war heute geschehen. Sie hatte ihre Aufgabe erfüllt. All dies hatte sie ihm gesagt, ihm noch viele gute Ratschläge mit auf den Weg gegeben. Sich beraten zu lassen, doch niemals blind beraten zu lassen. Sie hatte ihm ans Herz gelegt, immer selbst den Überblick zu behalten über alles was in seinem Reich geschah. Immer selbst zu prüfen, sich niemals vollkommen auf die Angaben der Räte zu verlassen. Philipp hatte während ihrer Rede nur stocksteif auf der vorderen Kante des Sessels gesessen, den sie ihm angeboten hatte und alles stumm angehört. ‚Ja, Mutter, nein, Mutter' und ‚danke, Mutter' war alles gewesen, was er gesagt hatte. Er war so undurchdringlich für sie. Hatte sie alles richtig gemacht? Hatte sie auch wirklich alles getan, damit er mit der größtmöglichen Macht regieren konnte? Noch einmal hatte sie ihm die Schwierigkeiten dargelegt, die sie in den letzten Jahren gemeistert hatte; das Aufbegehren der Ritter, die Übergriffigkeiten der Wettiner, die es wagen wollten, auf hessischem Boden einen Landtag einzuberufen, schließlich Sickingen. Um diesen Luther musste man sich keine Sorgen machen. Noch einmal hatte sie ihm eingeschärft, am rechten Glauben zu bleiben und dieses Geschmeiß, das sich Reformatoren nannte, nicht in Hessen zu dulden. Ohnehin würde dieser Spuk bald vorüber sein, sobald dieser Luther auf einem Scheiterhaufen sein wohlverdientes Ende fand. Zumindest da hatte Philipps Gesicht sich kurz bewegt. Er hatte die Augenbrauen emporgezogen. Offensichtlich hielt er es für unnötig, dass sie ihn vor der Reformation warnte. Umso besser.

Anna befahl sich Gottes Schutz an und schlief bald friedlich ein.

Am nächsten Tag, es war schon Mitte November, ritt Anna mit ihrem Gefolge zur Jagd aus. Es war ein sonniger Tag. Anna genoss jeden Augenblick. Zum ersten Mal in ihrem Leben fühlte sie eine unbändige Freiheit. Sie galoppierte über die Wiesen, die abgeernteten Feder. Sie verlor ihren Hut, der Wind fegte durch ihr Haar, sie achtete nicht darauf. Sie ahnte nicht, dass bei diesem Anblick die Jagdlust in Ottos Augen aufflackerte. Riedesel war es jedoch nicht entgangen. Er kam zu dem Grafen Solms und raunte: „Ihr missversteht das, Solms. Diese Frau ist niemals die Beute!“ Worauf Solms nur höflich erwiderte, er seinerseits gedenke auch nicht, sich auf der Strecke zwischen tote Hasen zu legen.

In der Tat lag er nicht zwischen toten Hasen, sondern (da sich endlich die passende Gelegenheit einstellte, auf die er so lange gewartet hatte) er kam in einem ruhigen Moment weit abseits der Jagdgesellschaft auf seiner Satteldecke neben Anna zu liegen, die höchst lebendig war. Er sah diese Lebenslust in ihren Augen, diese Stärke, die ihn vom ersten Moment an magisch angezogen hatte. So nah hatte er ihre Augen noch nie gesehen. Blau waren sie und tief wie zwei Seen, in denen er ertrinken wollte. Er spürte ihren Duft. Warm und weiblich war ihr Leib, der sich in seine Arme schmiegte. Nur von weitem hörten sie noch die Jagdgesellschaft. Riedesels Horn. Das Bellen der Hunde. Die Rufe der Treiber. Das Wiehern der Pferde. Wie durch eine dicke Wand aus Wolken drangen die Geräusche zu ihnen, waren bedeutungslos und verblassten schließlich ganz.

In den darauffolgenden Wochen entspann sich ein süßes Versteckspiel zwischen Anna und Otto. Graf Solms war zuweilen wieder kühn wie der Kaiser, dann wieder scheinbar gleichgültig und meinte, er können es nicht wagen, um seine Landesfürstin zu freien. Anna spielte sein Spiel belustigt mit. Es blieb nicht bei dem ersten heimlichen Zusammentreffen. Anna genoss das Gefühl, etwas Verbotenes zu tun. Auch wenn sie an kein Eheversprechen mehr gebunden war, konnte es nicht rechtens sein, diesem Mann, der im Rang so weit unter ihr stand und zudem gut zehn Jahre jünger war als sie selbst, Dinge zu gewähren, die ihr bei der Beichte nicht über die Lippen kommen wollten.

Kaiser Maximilian I. war am zwölften Januar gestorben. Diese Nachricht dämpfte Annas Übermut für eine Weile. Sie trauerte aufrichtig um ihn. Er war ein guter Mensch gewesen und hatte ihr in vielem beigestanden, auch wenn sie sich gegen seine letzte Bitte gesträubt hatte. Ihre Nichte war noch immer hier in Marburg. Maximilians Nachfolger würde vielleicht nicht jede Kleinigkeit genau verfolgen. Vielleicht konnte Elisabeth hier in Marburg bleiben? Auf jeden Fall hatte Anna durch Maximilians Tod in dieser Frage Zeit gewonnen.

Otto reiste ab. Er konnte die Briefe seines Vaters nicht länger ignorieren. Er wurde zu Hause in Lich gebraucht. Anna stand am Fenster und schaute Otto hinterher, wie er die steile Straße zur Stadt hinunterritt und bald hinter der hohen Mauer verschwunden war. Nun erschien Anna das Marburger Schloss leer und öde. Nichts gefiel ihr mehr. Ganz gleich, womit sie sich aufzuheitern versuchte, jede Lustbarkeit erinnerte sie an Otto und das Vergnügen, das sie mit ihm gemeinsam gehabt hatte. Und endlich fand Anna den Mut, Pater Ignatius über ihr Verhältnis mit Otto Graf zu Solms-Lich aufzuklären.

„Segne mich Vater, denn ich habe gesündigt!“ sagte sie in einem Ton, der den Pater wider einmal aufhorchen ließ. Er beugte sich im Beichtstuhl vor, um sie besser sehen zu können. Sie kniete mit gesenktem Kopf und gefalteten Händen da und rührte sich nicht. Es schien wahrhaftig etwas vorgefallen zu sein, denn alle Sicherheit schien aus ihrer Stimme gewichen.

„Sollen wir hinausgehen in den Kirschgarten?“ fragte er liebevoll.

Anna nickte mit ernstem Gesicht und erhob sich.

„Was bedrückt Euch, mein Kind?“ fragte Pater Ignatius, als er die Tür des Gartens hinter sich geschlossen hatte und seine Hände wieder in den Weiten seiner Ärmel verschwunden waren. Anna atmete gleich freier in diesem Garten, der ihr von jeher ein Ort der Zuflucht gewesen war. Dankbar genoss sie nun den Anblick der blühenden Bäume. Nirgends sonst erschienen ihr Kirschbäume so verheißungsvoll und süß wie in diesem Garten. Das Summen der Bienen, die Falter, die zwischen den Ästen taumelten und spielten, die Blumen, die wie ein bunter Teppich das Gras bedeckten, all das schien ihr der Inbegriff des Lebens. Erst als Pater Ignatius sich räusperte, wurde sie wieder gewahr, weshalb sie hier war.

„Ein Mann ist in mein Leben getreten. Otto Graf zu Solms-Lich, der zukünftige Herr von Laubach“, sagte Anna leise.

„Wenn Euch dieser Mann so traurig macht, muss er wohl ein schrecklicher Mensch sein. Hat er etwa krumme Beine, scheele Augen und faule Zähne?“

Nun musste Anna lachen und Pater Ignatius brummte zufrieden.

„Er ist ..." Anna holte tief Luft, die Bewegung ihrer Hände erstarrte. Da fiel ihr Blick auf das breiteste Grinsen, das sie jemals bei Pater Ignatius gesehen hatte. Ihre Hände sanken herab und sie sah ihren alten Beichtvater entgeistert an.

„Ich sehe mit Freuden, dass Euch Cupidos Pfeil getroffen hat. Die große Anna von Hessen, vor der die gesamte hessische Ritterschaft zittert, die selbst einen Boyneburg und einen Sickingen in die Knie gezwungen hat ..."

„Die all dies für ihr Kind getan hat!" rief Anna.

„Ja, genau die!" fuhr Pater Ignatius unbeirrt fort. „Diese Anna sucht nach Worten, um einen Mann zu beschreiben, der über einen mittleren Bauernhof herrscht."

„Was soll das heißen? Mittlerer Bauernhof!"

„Viel mehr kann dieses ... Laubach nicht sein."

„Ich liebe ihn." Diese Worte, ruhig und ernst gesprochen, waren so einfach wie mächtig. „Was soll ich nur tun?"

„Ihr wart so lange allein. Haben nicht viele Herzoginnen und Fürstinnen in ihrer zweiten Heirat einem Mann die Hand gereicht, der ihnen an Geburt nicht gleichkam? So ungewöhnlich wäre es nicht. Aber da kann ich Euch nicht raten. Das ist eine so schwerwiegende Entscheidung – die müsst Ihr allein treffen."

„Ja, das werde ich. Ich werde eine Entscheidung treffen. Ich werde eine Nacht darüber schlafen." Und nach einer Weile sagte sie: „Ich werde ihm den Antrag machen müssen, da ich über ihm stehe."

„Ich habt Euch doch schon entschieden! Warum wollt Ihr noch darüber schlafen?"

„Man kann nie wissen. Vielleicht überlege ich es mir noch heute Nacht anders. Es ist so schwierig."

„Vor lauter Kampf habt Ihr eines in Eurem Leben nie richtig gelernt: Eurem Herzen zu folgen. Aber die Entscheidung kann ich Euch letztlich nicht abnehmen. Aber nun lasst mich hören, wie Euer Graf denn ist. Sucht und findet Eure Worte, diesen Mann zu beschreiben, der Euch sprachlos macht."

Und Anna beschrieb den Solmser Grafen. Seine stattliche Statur, seine markanten Gesichtszüge, den Bart (doch sie verschwieg, wie wunderbar sich dieser Bart auf ihrer Haut anfühlte) seine blauen Augen, die immer lachten, immer fröhlich waren, die bei Gefahr nie ihre Ruhe verloren. Wie sehr sie es genoss, bei einem Mann zu sein, der immer gute Laune hatte, sie niemals zurechtwies, einem Mann, nach dem sie sich sehnte, seit er abgereist war. In dessen Armen sie ruhen und alle Verpflichtungen vergessen wollte. Ja, ruhen, ausruhen von all den Jahren des Kampfes, das schien ihr das schönste Ziel.

Am nächsten Morgen ließ Anna ihre Koffer packen, um nach Grünberg zu reisen. Grete sollte sie begleiten. Und auch für ihre Tochter wurde es Zeit, die Koffer zu packen. Anna ging hinüber in Elisabeths Gemächer, um sich von ihr zu verabschieden und ihr ein kleines Geschenk zu geben, das sie vorbereitet hatte. Sie zögerte auf der Schwelle, wo sie vor über drei Jahren die Veilchen gefunden hatte. In all den drei Jahren hatte sie nicht herausfinden können, wer F. war. Elisabeth war tatsächlich sehr diskret gewesen, ganz wie Anna ihr durch die Blume nahegelegt hatte. Immer wieder hatte sie Veilchen an Elisabeths Kleid gesehen, jedoch nie zu fragen gewagt, ob sie die Blumen selbst gepflückt oder wieder auf ihrer Schwelle gefunden hatte. Anna dachte an die Veilchen an Elisabeths Brautkleid. Nun fand sie ihre Tochter inmitten all der Geschäftigkeit der Dienerinnen, die Elisabeths Kleider und Wäsche in großen Kisten verstauten. Elisabeth stand stumm dazwischen, schaute aus dem Fenster und war kaum erreichbar für die Fragen ihrer Kammerfrau. Als Anna neben sie trat, sank Elisabeths Kopf an ihre Schulter.

„Es wird nun ernst", flüsterte Anna. „Ich kann Sie nun nicht länger hier behalten. So gerne ich es auch täte. Aber der Herzog wird zu ungehalten."

Elisabeth sagte nichts.

„Es tut mir leid. Ich kann Ihnen gar nicht sagen, wie sehr es mir leid tut. Ich hätte Ihnen gerne diesen Mann erspart. Ich weiß wie es ist, einem Fremden die Hand zu reichen. Einem Fremden, der weder freundlich noch gütig ist. Auch ich musste meine Pflicht erfüllen."

„Kann es denn nur Pflicht geben? Es gibt doch auch das Leben!"

„Wir können nicht aus unserer Haut."

„Ach, Mutter! Ist es wirklich unsere Haut, aus der wir nicht können?"

„Sie müssen stark sein, Elisabeth."

„Ich bin stark. Ich glaube, darin liegt das Problem."

„Sie haben Recht. Zu einem schwachen Weibchen habe ich Sie wahrhaftig nicht erzogen. Und nun weiß ich nicht, wie ich Sie trösten kann."

„Und doch hätte ich nicht gewollt, dass Ihr mich anders erzieht."

„Sie werden Ihren Platz im Leben finden, der Ihnen zusagt. Vertrauen Sie auf Gott. Suchen Sie sich einen gütigen Beichtvater. Pater Ignatius kann ich Ihnen leider nicht als Mitgift mitgeben, aber vielleicht finden Sie jemanden, der ähnlich gut zu Ihnen ist."

Elisabeth lächelte ein wenig bei der Vorstellung von Pater Ignatius als Teil ihrer Mitgift, verpackt wie ihr Tafelsilber und ihre Wäsche.

Anna zog das kleine Geschenk aus ihrer Tasche und reichte es ihrer Tochter. Elisabeth konnte ihre Tränen nicht mehr zurückhalten. Es war eine Halskette. Der Anhänger bestand aus einer kleinen goldenen Kapsel, unter deren Glas drei Veilchen eingeschlossen waren. Anna schloss ihre Tochter in ihre Arme und ließ sie weinen. Über Elisabeths Schulter hinweg schaute sie hinaus in den Garten. Dort stand jemand im Morgendunst. Ein Schatten nur, der in dem Nebel, der von den Wiesen aufstieg, mit den Bäumen und Sträuchern hinter ihm verschmolz.

F..

Auch Annas Nichte Elisabeth traf Vorbereitungen für eine Reise. Graf Beichlingen und ihre Schwester würden sie bald in Marburg abholen.

*

„Sie werden doch nicht schon wieder nach Marburg reisen wollen?" fragte Graf Philipp zu Solms-Lich, als Otto aufsaß.

„Zur Jagd, Vater. Richtung Laubach. Ich muss wieder einmal durch die Wälder reiten. Dort oben ist der Wald am schönsten. Es wird nicht lange dauern. Ich werde in wenigen Tagen wieder hier sein."

Zu Graf Philipp gesellte sich seine Frau Adriana, die ihrem Sohn besorgt nachblickte und sagte: „Er wird sich doch hoffentlich nicht wieder mit dieser Frau treffen!"

„Das hoffe ich auch, Herrin!"

Die beiden standen noch eine Weile und schauten stumm auf das Schlosstor, durch das einer ihrer wenigen überlebenden Söhne verschwunden war. Von ihren elf Kindern hatten sie bereits sieben zu Grabe getragen. Zwei Söhne hatten nicht einmal ihr erstes Jahr überlebt. Einige der Töchter waren immerhin zu jungen Frauen herangewachsen, doch hatten Krankheiten sie hinweggerafft, noch bevor sie ihr zwanzigstes Jahr vollendet hatten. In ihren hübschen Mädchengesichtern hatten sich die markanten Züge der Solmser verfeinert. Aber davor machte der Tod nicht Halt. Anders als sein älterer Bruder, der ernste Reinhard, gehörte Otto zu den Menschen, die angesichts des sie beständig bedrohenden Todes eine geradezu verbissene Lebenslust befiel. Die lange Zeit am Marburger Hof hatte ihn verändert. Nicht nur, dass er nun Backenbärte trug. Mit Sorge hatten die Eltern gesehen, dass dem Sohn zu Hause nichts mehr fein genug war. Der eigene Wein, die Kleidung, geschneidert aus solidem Tuch von Meister Herwig, der die Familie schon seit vielen Jahren mit Kleidung versorgte und sich nur vage mit modischen Neuerungen auskannte, die Pferde, selbst das Schloss, alles schien Otto nicht mehr zu genügen. Reinhard hatte zögerlich berichtet, wie zügellos

Otto feiern und trinken konnte. Bei gemeinsamen Gelagen in der Stadt fand Otto kein Ende und gab den übermüdeten Spielleuten allzu reichlich, damit sie blieben und immer noch ein Stück spielten.

Gräfin Adriana hatte bei diesem Bericht die Hände im Schoß gefaltet und schwer geseufzt.

„Dreiundzwanzig Jahre ist er erst geworden. Euer Vater war zu dieser Zeit längst verheiratet. Und er treibt sich am Fürstenhof herum. Lernt unsittliche Manieren und nennt sie feine Lebensart. Ein so schöner Bursche! So viele brave Mädchen wären glücklich, ihm ihre Hand zu reichen. Wenn er sich nur nicht in diese Frau Venus verliebt hat. Er ist gar zu lange in Marburg geblieben. Das hat ihm nicht gut getan."

Ottos Schwester Dorothea, die vom gleichen Temperament war, es aber nicht ausleben konnte wie ihr Bruder, sich aber immerhin erfolgreich gegen ein Leben im Kloster gewehrt hatte, sah aus dem Fenster, um ihr breites Grinsen zu verbergen. Wenn Otto tatsächlich diese Frau heiratete, dann könnte sie vielleicht mit den beiden ziehen, an einem schönen Hof leben und die rauschenden Feste genießen, die man in Lich für den Inbegriff der Gottlosigkeit hielt.

„Heiraten soll er. Das wird ihn zur Vernunft bringen. Verantwortung soll er übernehmen. So kann das nicht weitergehen. Hätte ich ihn nur nicht auf diese Landtage mitgenommen." Graf Philipp blickte finster vor sich hin. Das Solmser Kinngrübchen schien sich dabei noch zu vertiefen. „Tagelang hat er von nichts anderem gesprochen als von dieser Frau. Wie alt ist sie? Bei ihrer ersten Hochzeit war Otto ein Knirps von vier Jahren. Ich wette, dass er das Wild im Laubacher Wald verschonen wird. Er wird sich für den Jäger halten und nicht merken, dass er die Beute ist."

Tatsächlich bog Otto auf seinem Weg nach Laubach kurz hinter Münster nach links ab. Es war ein klarer Tag, an dem er den Vogelsberg mit seinen dichten Wäldern, in dem sich das Wild tummelte, deutlich erkennen konnte. Doch in seinem spärlichen Gepäck befand sich ein ebenso spärlicher Brief:

Grünberg

A.

Den Sommer verbrachten die beiden Liebenden in Grünberg und Laubach. Sie lebten ganz für sich, gingen auf die Jagd, feierten kleine Feste und ließen es sich wohl sein. In Grünberg genoss Anna vor allem die Aussicht aus der Burg über das Brunnental mit seinen zahllosen Rinnsalen. Außerdem gab es in Grünberg ein Barfüßerkloster, in dessen Abt sie einen Mann von Weitsicht und Charakter fand. In der Beichte mit ihm berichtete sie nicht alles, was sie mit Otto tat. Dies wollte sie sich lieber für Pater Ignatius' Ohren aufsparen.

Sie ritten oft zwischen Grünberg und Laubach hin und her. Die Strecke führte ausschließlich durch wildreichen Wald, und je nachdem, wo ihnen Jagdglück beschert war, blieben sie über Nacht. Laubach hatte zwar keine so stattliche Burg wie Grünberg, doch das kleine Schloss der Solmser Grafen war sehr behaglich eingerichtet. In den langen Abenden, die sie mit Otto vor dem Kaminfeuer verbrachte, vermisste Anna keinen Augenblick die Gesellschaft in Marburg. Vielmehr war sie froh, dass hier keine neugierigen Augen das reine Glück, das Anna tief in ihrem Inneren empfand, belauerten, keine gehässigen Zungen weitertratschten, was sie gesehen hatten, keine gierigen Ohren ihr Glück mit schmutzigen Gedanken vermengten und an noch mehr gierige Ohren weitergaben. Die Kirche gefiel Anna in Laubach besonders gut und sie besuchte die Messe jeden Sonntag, wo sie gemeinsam mit den Laubachern, einem eigenen Menschenschlag von Handwerkern und Bauern das Abendmahl empfing. Der Anblick von Zinngeschirr auf dem heiligen Altar war ungewohnt für Anna. Doch der Priester zelebrierte die Messe mit einem feierlichen Ernst, den Anna bei den Priestern reicher Gemeinden manchmal vermisst hatte. Erst beim Hinausgehen hatte sie Gelegenheit, in die Gesichter der Gemeindemitglieder zu blicken. Es waren die offenen, aufrechten Gesichter von Menschen, die unter ihrem Herrn nicht zu leiden hatten.

Die Sommersonne ließ die kleinen Fachwerkhäuser, die sich innerhalb einer unfertigen Stadtmauer drängten, ganz schmuck aussehen. Laubach war nicht reich, doch die Menschen hatten ihr Auskommen. Niemand hungerte. In der Stadt gab es kleine Gärtchen mit Gemüse und Blumen. Blumen waren immer ein Zeichen für Wohlstand. Wenn eine Familie es sich leisten konnte, ein kleines Stückchen Land für Blumen zu erübrigen, ging es ihr gut, dachte Anna. Oft schaute sie bewundernd zu Otto auf, der für all diese Menschen verantwortlich war, dem diese Menschen ihren Wohlstand verdankten und sich dessen auch bewusst zu sein schienen, denn sie grüßten ihn mit einer respektvollen Herzlichkeit. Der Geruch der Misthaufen der vielen kleinen Bauernhöfe wehte deutlich ums Schloss, doch nicht einmal dies störte Anna, wenn sie auf ihr Pferd stieg, um mit Otto durch die unendlichen Wälder des Vogelsberges zu streifen.

Und eines Tages, als sie auf einem Jagdausflug an einer Quelle rasteten, ergriff Otto ihre Hand. Anna schaute in sein Gesicht, während er lächelnd ihre Hand betrachtete, als sähe er sie zum ersten Mal. Zärtlich strich er über jeden einzelnen Finger, zeichnete die blauen Adern auf ihrem Handrücken nach, ließ die Steine ihrer Ringe in der Sonne aufblitzen. Schließlich hob er ihre Handfläche an seine Lippen und küsste sie. Anna kannte nur den Kuss auf den Handrücken, doch nun spürte sie, dass ihre Handfläche weitaus empfindlicher war. Ein Schauer überlief sie, und wieder einmal stellte sie fest, dass es offensichtlich in der Natur eines Solmser Grafen lag, ungewöhnliche Dinge zu tun. Otto sah sie an. Plötzlich war sein Gesicht ernst. Er hielt ihre Hand zwischen seinen beiden Händen und sagte: „Anna, willst du meine Frau werden?"

„Ja, Otto. Ich will deine Frau werden."

Anfang September machten sie sich auf nach Spangenberg, das bald nach dem Tod Wilhelms des Blöden verwaist war. Am Morgen des siebten September traten sie dort vor den Altar der Schlosskapelle. Außer den Brautleuten und dem Priester war nur noch das Personal der Burg anwesend. Als der Priester das Band um ihre Hände schlang und ihre Verbindung segnete, dachte Anna an all die Jahre, in denen sie sich nach einem solchen Moment gesehnt hatte. Sie schaute auf in Ottos junges Gesicht, das sich ernst und feierlich über die gesegneten Hände neigte. Otto. Was für ein wundervoller junger Mann. Wie liebevoll man diesen Namen aussprechen konnte. Und sie würde ihn bei seinem Namen nennen, anstatt ihn mit ‚Herr' anzusprechen. ‚Du' würde sie zu ihm sagen. Vertraut und liebend. Und sie mussten sich jetzt nicht mehr verstecken. Als Ehepaar konnten sie sich sehen lassen. Anna hatte nun keine Angst mehr vor bösen Zungen. In den letzten Monaten hatte sie immer mehr die Gewissheit gehabt, dass sie mit diesem Mann ihr Leben für immer teilen wollte. Ein Leben voll übermütiger Freude, Festlichkeiten, vielleicht sogar noch vielen Kindern, die sie zu freien, selbstbewussten Menschen erziehen und nicht in Ehen mit wildfremden, ungeliebten Menschen zwingen würden. Der Gedanke an Kinder versetzte Anna einen leisen Stich. Sie dachte an Elisabeth und hoffte inständig auf Post von ihr.

Der Koch hatte aus der Fülle des herbstlichen Gartens ein erlesenes Mahl gezaubert. Die ersten bunten Blätter, Astern und überreife Früchte schmückten den Tisch. Otto hatte für Musikanten gesorgt. Ein kleiner Dicker, der auf seiner Flöte blies und ein großer Dürrer, der die Fiedel spielte. Der Dicke hatte ein rotes Gesicht, blies seine Backen auf, dass man fürchten musste, sein Kopf platze. Dem Dürren stachen fast die Knochen durch die abgetragene Kleidung, doch beherrschte er sein Instrument so meisterhaft, dass seine Musik betörte und die beiden Brautleute schließlich nicht anders konnten, als sich zu einem einsamen Reigen zu erheben. Anna sah, dass der Dürre sie aus tiefliegenden dunklen Augenhöhlen beobachtete. Seine knochige Hand bewegte sich wie eine ängstliche Spinne auf seinem Instrument. Mit der anderen schien er seinen Bogen so fest zu halten, dass die Knöchel weiß hervortraten. Anna versuchte, nur auf die Musik zu achten, schaute den lebenslustigen Dicken an und doch zwang der dürre Fiedler ihre Augen immer wieder auf sich, seine hagere Gestalt, seine hohlen Wangen und die lauernden Augen, die so unverwandt auf ihr ruhten. Der Anblick dieses Mannes machte ihr das Herz schwer und doch konnte sie nicht anders, als seiner Fiedel zu folgen. Sie schaute in Ottos lachendes Gesicht, seine hellen leuchtenden Augen. Sie spürte, wie er sie an sich zog, die Wärme seines jungen Körpers, seine Kraft. Sie barg ihr Gesicht an seiner Brust und wusste doch, dass sie den Augen des Fiedlers nicht entkam.

Otto schlief. Die Kerze war beinahe heruntergebrannt. Von draußen schlug die Turmuhr Mitternacht. Anna hatte sich im Bett aufgesetzt und betrachtete ihren Gemahl. Im Schlaf waren seine Gesichtszüge ganz entspannt, fast weich. Nur der Mund schmollte, wie bei einem trotzigen Jungen. Er lag auf dem Bauch, die Arme lagen über seinem Kopf auf dem Kissen. Leise, ganz leise berührte Anna die warme Haut seiner Schultern. Ihre Finger zeichneten die Linien seiner jungen, festen Arme nach, in denen sie vor einer Stunde das höchste Glück empfunden hatte. Das war es, was sie gesucht hatte: Glück. Seine Augen, die sie mit Wärme, Liebe und Wertschätzung ansahen, waren nun geschlossen. Viele Menschen hatten sie im Laufe ihres Lebens angesehen; manche mit Neid, viele mit Hass und Verachtung, aber auch mit Ehrerbietung und Respekt. Sie war stark gewesen. Sie war all diesen Blicken begegnet und hatte ihnen standgehalten. Ihr ganzes bisheriges Leben erschien ihr wie ein einziger Kampf. Hatte sie sich jemals fallen lassen, vertrauen, ohne Vorbehalte sie selbst sein können? Wann war sie jemals Anna gewesen? Sie war die Tochter des Herzogs von Mecklenburg gewesen, die Gemahlin des Landgrafen von Hessen, dann dessen Witwe. Sie war eine kämpferische Natur gewesen, die Mutter des Erbfürsten, dem sie ein wohlbestelltes Haus hinterlassen wollte. Sie war die Gegnerin Boyneburgs und der gesamten Ritterschaft gewesen, sie war schließlich die Siegerin in diesem Kampf gewesen und selbst Sickingen hatte sie mit List unschädlich machen können. Und nun? Was war sie nun? Eine Frau. Eine Frau, die liebte, die sich der Liebe eines Mannes hingab, der elf Jahre jünger war als sie selbst und im Rang weit unter ihr stand. Sie war eine Frau, die das nicht kümmerte. Die überhaupt nichts kümmerte, was außerhalb dieser Mauern geschah. Sie war glücklich, das erleben zu dürfen. Ganz einfach glücklich.

*

„Sie hat WAS?" Landgraf Philipp von Hessen verlor seine Contenance. Schrautenbach trat von einem Fuß auf den anderen – ganz gegen seine weltmännischen Gewohnheiten.

„Sie hat es tatsächlich gewagt ... diesen Mann! Wir können es kaum glauben! Unsere Mutter! Im Beisein ihres Bruders hatte sie uns versprochen, keine neue Ehe einzugehen. Sie war es schließlich, die uns unser Standesbewusstsein gelehrt hat und nun macht sie dies zunichte, indem sie diesen Mann ... heiratet!" Das letzte Wort wollte dem Landgrafen kaum über die Lippen. „Nicht nur, dass sie uns vor vollendete Tatsachen stellt. Gegen diese Verbindung, von Gott gesegnet, können selbst wir als Fürst nichts mehr ausrichten. Aber dass sie uns diese Ungeheuerlichkeit in einem Briefchen mitteilt, in einem Plauderton, als verkünde sie uns eine Wonnebotschaft, das ist ein herber Schlag! Wie kann sie es wagen? Warum nur hat sie ...?" Da verstummte der Landgraf plötzlich, schlug sich die Hand vor den Mund und suchte nach einem Halt. Er ließ sich auf seinem Stuhl nieder. Schrautenbach betrachtete eingehend seine Schuhspitzen, bevor er sich leise räusperte. „Dafür gibt es keinerlei Anhaltspunkte. In den kommenden Monaten wird sich zeigen, ob sich die Vermutung Euer Gnaden bestätigt. Aber ich denke nicht. Die Landgräfin ist eine ehrbare Frau und wird sich einen solchen Fehltritt nicht zuschulden kommen lassen."

„Euer Wort in Gottes Ohr, Schrautenbach. Wir werden sie nicht sehen wollen. Und wir werden auch Graf Solms nicht dankbar sein, selbst wenn er unsere Mutter geheiratet hat, um ihrem Kind einen ehrbaren Namen zu geben. Es wäre ohnehin sein Kind, das sie austrägt. Wir sind nicht blind. Wir haben sehr genau beobachtet, wie er ihr die ganze Zeit nachgestellt hat. Und wie willig sie auf ihn eingegangen ist. Aber unsere Mutter wird schon sehen, dass sie uns nicht vergeblich erzogen hat. Wir wollen ihr zeigen, was wir können. – Da fällt uns ein ... Wo sind doch gleich die Schmuckstücke und Kleinodien?"

Philipp erhob sich und ging aus dem Zimmer. Schrautenbach folgte dem Landgrafen zögernd. Er ahnte, wessen der Fürst seine Mutter verdächtigte und machte sich auf einen erneuten Verlust landgräflicher

Contenance gefasst. Da hörte er Philipp schon von weitem: „Sie hat es tatsächlich gewagt! Sie hat uns bestohlen!“

*

Kurz nach der Hochzeit siedelten Anna und Otto nach Rotenburg über, was Grete ausdrücklich begrüßte. Hier war alles feiner, angenehmer und mehr nach ihrem Geschmack, der sich immer mehr dem ihrer Herrin angepasst hatte. Die Jungvermählten verlebten glückliche Tage, genossen den goldenen Herbst und langsam verblasste das Bild des Fiedlers, der sich immer wieder in Annas Gedanken geschoben hatte.

Fast jeden Tag ritten sie zur Jagd aus, luden Gäste ein und holten nach, was sie an Tanz und Gesellschaft bei ihrer stillen Hochzeit versäumt hatten. Sie waren unbeschwert und glücklich, bis Otto eines Tages mit einem Brief in der Hand vor Anna stand. Otto sah sonderbar bleich aus. Auch er hatte seine Eltern vor vollendete Tatsachen gestellt und sie brieflich über seine Eheschließung informiert. Nun hatte im sein Vater geschrieben. Graf Philipp zu Solms hatte einen ganzen Bogen mit seiner klaren und strengen Schrift bedeckt, wenn die Feder auch etwas über das Pergament gekratzt war, als er dem jungen Paar seinen Segen ausgesprochen hatte.

„Was schreibt uns dein Vater? Ist er sehr verärgert dass wir ihn nicht eingeladen haben?“ fragte Anna, während sie sich die goldenen Ohrringe mit den Perlen, die Philipp ihr zur Hochzeit geschenkt hatte, einhängte. Es war schon später Vormittag. Die vorhergegangene Nacht war kurz gewesen. Unten war die Dienerschaft sicher noch damit beschäftigt, die Überreste des Gelages zu entfernen und alles wieder herzurichten. Anna saß vor ihrem Spiegel und prüfte kritisch ihr Gesicht, an dem die kurze Nacht nicht spurlos vorübergegangen war. Grete stand hinter ihr und versuchte, ihr Haar zu kämmen, was ihr nicht gelang, da Anna immer wieder ihren Gemahl ansah, dann wieder ihr Spiegelbild, dabei den Kopf schüttelte oder in ihrem Schmuckkästchen kramte. Sie hatte noch leichte Ringe unter den Augen, war etwas bleich, doch ein Morgenimbiss und ein Spaziergang im Garten würden Wunder tun. Mit einem schnellen Blick auf ihren Gemahl stellte sie fest, dass sein junges Gesicht so ausgeruht aussah wie nach einer friedlichen Nacht und wandte sich schnell wieder ihrem Spiegelbild zu, um sich mit den flachen Händen auf die Wangen zu klopfen. Die Röte wollte sich nicht einstellen. Anna hörte kaum, was ihr Gemahl sagte, so beschäftigt war sie damit, die feinen goldenen Bögen in ihre Ohrlöcher zu schieben. Während sie sich noch betrachtete und ihrem Schmuckkasten die dazu passende Kette entnahm, trat Otto näher.

„Mein Vater hat leider keine guten Neuigkeiten. Er sagt, unser unüberlegter Schritt habe bereits ernste Folgen, die abzusehen nicht einmal er selbst in der Lage sei. Täglich erreichen ihn Drohungen seitens des Landgrafen. Man rät ihm, sich zu wappnen und auf einen Angriff gefasst zu machen. Der Landgraf rüste Truppen, die unsere Grafschaft überfallen sollen."

Anna ließ die Hände, in denen sie die Kette hielt, sinken und starrte ihren Gemahl erschrocken an.

„Das hat mein Sohn tatsächlich vor? Das kann ich nicht glauben. Er ist mein Sohn. Er wird nicht deine Grafschaft überfallen."

„Mein Vater hat bereits seinen Freund, Graf Heinrich von Nassau um Rat und Hilfe gebeten. Nassau meint, wir sollten uns selbst bei dem Landgrafen melden, um diesen Zwist so schnell wie möglich aus der Welt zu schaffen. Auch wenn man uns in diesen Drohbriefen davon abrät, das Gebiet des Landgrafen zu betreten, so ist es doch die ehrenhafteste Art, solchen Dingen zu begegnen."

Grete hatte ihr Werk beendet und zog sich zurück.

„Da hast du Recht. Wir werden nach Lich reisen. Hier in Rothenburg können wir nicht länger bleiben. Wenn sie es tatsächlich wagen sollten, Lich zu überfallen, sollen sie mich als erstes erschießen."

„Anna! Meine schöne, stolze, mutige Anna!" sagte Otto und legte seine Arme um sie. Über ihre Schulter hinweg sah er sie im Spiegel an. „Wir werden es schon richten. So ganz hilflos sind auch wir Solmser nicht. Du sollst nicht mehr kämpfen müssen. Hast du dich nicht nach Ruhe und Frieden gesehnt? Aber du hast Recht, wir sollten besser nach Lich aufbrechen, um notfalls vor Ort zu sein."

Noch vor dem Frühstück gab Anna den Befehl, die Kisten zu packen, die Grete erst vor zwei Wochen mühsam ausgepackt hatte. Grete verdrehte die Augen, als sie hörte, wohin es gehen sollte. Lich. Von diesem Ort hatte sie ihr Lebtag noch nichts gehört. Sie bezweifelte, dass ihre Herrin wusste, worauf sie sich eingelassen hatte. Doch laut sagte sie: „Euer Sohn wird sich schon wieder beruhigen. Ihr seid doch glücklich mit Eurem Gemahl. Wie sollte er Euch da lange böse sein?"

„Ach Grete, wir fürchten, wir haben ihn zu gut erzogen. Immer wieder haben wir ihm Standesbewusstsein eingeschärft. Was unser Sohn tut, erschreckt uns. Nun, in Lich werden wir mit Gottes Hilfe alles regeln können."

Graf Philipp und Otto hatten den Rat Graf Heinrichs von Nassau angenommen und waren nach Marburg geritten, um mit dem Landgrafen selbst zu sprechen. Nur mit Mühe hatte Otto seine Frau davon abhalten können, mitzukommen. Es wäre gegen Graf Philipps Ehre gewesen. Doch in Marburg versuchten sie vergeblich, zum Landgrafen vorzudringen. Verärgert mussten sie nach drei vergeudeten Tagen mit einem ausweichenden Bescheid abziehen.

In Lich war man verwundert genug, als plötzlich landgräfliche Räte im Schlosshof auftauchten. Es waren zwei Räte des Landgrafen, gefolgt von zehn Soldaten. Allerdings musste man nicht erst die finsteren Mienen der Männer sehen, um zu wissen, dass sie keine Hochzeitsglückwünsche des Landgrafen übermittelten. Graf Philipp und Gräfin Adriana erschienen in der Tür, begrüßten die landgräflichen Räte, die sich gegen die kleinen Grafen so herablassend zeigten, dass die Gräfin in ohnmächtiger Wut ihre Fäuste ballte. Natürlich war der Licher Schlosshof nicht mit Marburg zu vergleichen. Hier und dort hatten sich Hühner auf den Hof verirrt, der Geruch der Schweine wehte herüber und die Kühe waren nicht zu überhören. Unangemeldet waren die Räte gekommen, sodass Adriana sich nicht hatte entsprechend kleiden können. Knechte und Mägde waren auch nicht eben im Sonntagsstaat. Als die Räte dem schockierten Grafen den Durchsuchungsbefehl des Landgrafen überreicht hatten, erschien Anna. Wie eine Königin schritt sie die Stufen hinab. Natürlich trug sie wieder eines ihrer Seidenkleider. Diesen Albtraum in Meergrün, der mehr Dekolleté zeigte als Lich verkraften konnte. Und als sei dies nicht genug, trug sie dazu eines dieser unanständig großen Schmuckstücke statt der feinen Goldkette, die sie von ihren Schwiegereltern bekommen hatte. In diesem Moment war der Anblick ihrer Schwiegertochter zu viel für Gräfin Adriana. Einen Mühlstein wünschte sie ihrer Schwiegertochter an den Hals und mit solchem Schmuck in die Lahn, wo sie am tiefsten war. Nur ihr hatte man die Drohungen und den Ärger zu verdanken. Mit gallebitterem Gesicht wandte Gräfin Adriana sich ab und ging davon. Es war nun an Graf Philipp, Situation und Ehre des Hauses zu retten. Die Räte ließen den gewohnten Respekt gegenüber Anna vermissen und wandten sich ausschließlich an Graf Philipp, dem sie zwei versiegelte Schriftstücke überreicht hatten und der bereits im Bilde war. „Selbstverständlich steht Euch unser Haus offen. Wir haben nichts zu verbergen."

„Das Geschmeide, das Eure Schwiegertochter trägt, gehört unserem Herrn, dem Fürsten!"

Anna erbleichte und legte ihre Hand über die kostbare Goldschmiedearbeit. „Diese Kette gehört uns. Wagen Sie es nicht, uns anzurühren! Und unsere Gemächer werden Sie nicht betreten!“

„Schweigen Sie!“ erwiderte Graf Philipp betont ruhig. „Das sind nicht Ihre Gemächer, sondern immer noch meine. Es ist mein Haus und ich bin so freundlich, Sie hier wohnen zu lassen. Dies könnte sich jedoch bald ändern!“ fügte er leiser hinzu. „Sie könnten uns die Schande einer vollkommenen Durchsuchung ersparen, indem sie gleich herausgeben, was diese Herren hier suchen. Ich bin mir sehr sicher, Sie wissen, wonach man sucht.“

„Niemals! Das ist eine ungeheuerliche Frechheit, die man sich da erlaubt. Wir werden es nicht dulden, dass man uns derart erniedrigt. Bestellt unserem Sohn, dass wir sehr genau wissen, was uns gehört und was nicht und dass wir, nachdem wir jahrelang erkämpft haben, was ihm nun gehört, keinesfalls bereit sind, einen solchen Affront zu dulden. Geht augenblicklich und wagt es nicht noch einmal, auch nur einen Fuß in diese Stadt zu setzen, wenn Ihr ein solch niederträchtiges Ansinnen habt!“

Die Räte traten auf die Tür zu, die Anna ihnen versperrte. „Ihr müsstet Euch schon gewaltsam Einlass verschaffen. Doch glaubt mir eines: Ich habe nicht umsonst die hessische Ritterschaft, Boyneburg und Sickingen in die Knie gezwungen, um mir von ein paar Räten und Soldaten eine derartige Unverfrorenheit bieten zu lassen. Hinaus mit Euch! Hinaus! Wir haben hier auch Wachen und Soldaten und werden sie zu befehligen wissen!“

Graf Philipp sah seine Schwiegertochter von der Seite an. Grundgütiger! Was hatte sein Sohn ihm da ins Haus geholt? Am oberen Treppenabsatz stand Dorothea und pfiff leise durch die Zähne. Donnerwetter! Diese Frau konnte ein Vorbild sein! Ihr Vater war offensichtlich anderer Meinung: „Die Folgen werdet ganz allein Ihr zu tragen haben, Gräfin Anna zu Solms-Lich!“ knurrte er und verschwand, nachdem er Anna das eine an sie adressierte landgräfliche Schreiben in die Hand gedrückt hatte. Anna biss sich auf die Lippen und schaute den Soldaten hinterher, bis diese das Schlosstor passiert hatten. Zweifellos würde dies ein Nachspiel haben. Wie konnte ihr Sohn es nur wagen? Philipp! Ihr kleiner Philipp. Und Otto! Wo steckte er nur? So nötig hätte sie ihn gebraucht. Als wäre sie in diesen wenigen Augenblicken um Jahre gealtert, wandte sie sich um und ging die Treppe hinauf in ihre Gemächer, wo ihr selbst Gretes Gesellschaft zu viel war.

„Was ist los? Was hat meine wunderschöne Anna so sehr in Rage versetzt, dass sie wieder ein ganzes Heer allein in die Flucht geschlagen hat?“ Otto fand Anna in ihrem gemeinsamen Schlafzimmer auf dem Bett. Sie lag auf dem Bauch, hatte den Kopf in ihrer Armbeuge vergraben und gab keinen Laut von sich. Otto legte sich neben sie, stützte sich auf seinen Unterarm und fuhr mit der anderen Hand leicht über den Rücken seiner Gemahlin.

„Da! Lies!“

Er fand den Brief, den Landgraf Philipp mit seiner lange geübten und mittlerweile beeindruckenden Unterschrift versehen hatte und begann zu lesen. Als er geendet hatte, pfiff er leise durch die Zähne.

„Hat er dazu wirklich das Recht? Er verlangt, dass du hessische Kleinodien herausgibst? Dass du sie gestohlen haben sollst, ist eine bösartige Unterstellung. Wir scheinen ihn sehr geärgert zu haben.“

„Wo warst du denn heute morgen? Ich hätte dich hier gebraucht“, sagte Anna. Sie hatte sich aufgesetzt, achtete nicht darauf, dass ihr kostbares Kleid zerknitterte und sah ihren Gatten vorwurfsvoll an.

„Ich hätte nichts ausrichten können gegen diese Männer. Und wie mein Vater mir berichtete, hast du ganz allein die landgräflichen Räte mit ihren Soldaten in die Flucht geschlagen. Wie viele waren es denn? Tausende?“

„Ich kann mir lebhaft vorstellen, wie dein Vater mich gelobt hat!“ erwiderte Anna finster, von Ottos Scherzen unbeeindruckt.

„Du weißt, ich werde Laubach und Rödelheim bekommen. Das ist mein Erbteil. Würdest du gerne mit mir nach Rödelheim ziehen? Ich habe schon mit meinem Vater gesprochen. Dort ist es schön. Frankfurt ist nur eine kurze Wegstrecke entfernt. Dort gibt es wundervolle Lustbarkeiten. Du wirst sehen, ich kann dich schon wieder aufheitern.“

„Wann können wir fort? Morgen?“

„Nein, erst Anfang November. Es dauert noch eine Weile, bis wir dort einziehen können, aber Weihnachten werden wir dort feiern. Stell Dir doch nur eine Weichnachtsmesse in Frankfurt vor. Das wird richtig prächtig. Und dein Sohn wird auch wieder einlenken. Er kann dir nicht ewig böse sein. Einmal wird er auch erkennen, was du für ihn getan hast und wird dir alles doppelt und dreifach zurückgeben, was er jetzt von dir fordert. Weine nicht mehr, meine Liebste. Du wirst sehen, es wird alles gut!“

„Dann lass uns doch in der Zwischenzeit nach Laubach ziehen. Weißt du noch, wie glücklich wir in Laubach waren?“

„Gut. Nach Laubach können wir morgen aufbrechen.“

„Ich will gleich Grete sagen, dass sie alles packen soll." Anna erhob sich und ging. Es schien ihr wirklich auf der Seele zu brennen, hier endlich fortzukommen. In Laubach würde Anna sich schon wieder beruhigen. Aber etwas lag Otto auf der Seele: Der Landgraf forderte die doppelte Anzahl an Soldaten.

Es regnete am nächsten Tag. Anna bestand trotzdem darauf, nach Laubach zu reiten. Als sie dort ankamen, waren sie nass bis auf die Haut und durchgefroren. Im Herbstregen hatte Laubach nichts mehr gemeinsam mit dem kleinen Städtchen, das Anna im Sommer so gefallen hatte. Es war als hätte der Regen alle Farbe aus der Landschaft gewaschen und nur noch tristes Grau übriggelassen. Die Strasse war aufgeweicht, die Hufe der Pferde versanken im Kot. Je näher sie der Stadt kamen, umso öfter begegneten sie gebeugten Gestalten, deren Lumpen kaum gegen Wind und Wetter schützten. Die ersten Hütten Laubachs tauchten auf. Baufällige Hütten, neben denen spärliche Brennholzvorräte aufgestapelt waren und aus denen die Stimmen keifender Menschen drangen. Kinder schrieen. Misthaufen lösten sich unter dem Regen fast auf und ließen stinkende Bäche in die aufgeweichten Wege fließen. Anna hielt sich die Nase zu. Die Fachwerkhäuser standen grau und traurig in der Dämmerung, nur hier und dort drang Licht aus einer Türritze. Die Fenster waren mit Säcken verstopft.

Selbst im Schloss roch es modrig und feucht. Die Dienerschaft war nicht auf einen Erscheinen des Grafen bei solcher Witterung eingestellt, denn Laubach diente nur als Jagdschloss. Verloren stand Anna nun da, ließ sich ihren nassen Mantel abnehmen und von Otto in das Zimmer führen, in dem in Windeseile ein Feuer entfacht wurde. Dies hatte der Diener zumindest vor. Er wollte sich beeilen, um seiner Herrschaft so schnell wie möglich eine warme Stube zu bescheren, doch legte er in seinem Eifer zu viel auf und das Feuer erstickte wieder.

„Nur mit der Ruhe, Hannes, es wird schon", sagte Otto ruhig und lenkte Anna ab, indem er ihr eine trockene Decke um die Schultern legte und sie fest in seine Arme nahm. Anna zitterte und sehnte sich in diesem Moment nach Marburg. In ihr altes Zimmer, zurück zu diesen wunderbaren Kanonenöfen, die ein Zimmer so behaglich heizen konnten. Es konnte nichts besseres geben, als eine warme Stube.

Es ging nun auf den Winter zu. Die erhoffte Besserung hatte sich durch ihren Umzug nach Laubach nicht eingestellt. Anna war noch immer übellaunig und angespannt. Die Kälte, der Regen, der Wind zwangen Anna im Schloss zu bleiben. An Jagdausflüge war nicht zu denken. Otto wärmte sich gerne im Wirtshaus mit seinen Freunden auf. Diese Art der

Gesellschaft war Anna nun doch zu derb und sie zog es vor, zu Hause zu bleiben. Sie zog sich meist am frühen Abend in ihre Kammer zurück, wo Grete ihr einen heißen Stein ins Bett legte. Eines Abends hörte sie heftiges Schluchzen aus ihrem Ankleidezimmer, dazwischen immer wieder Gretes beruhigende Stimme.

„Was ist denn hier los?" fragte Anna entgeistert, als sie Grete mit einer Magd auf der Bank sitzen sah. Grete hatte ihren Arm um die Schultern des jungen Mädchens gelegt, das sich gar nicht mehr beruhigen wollte und unverständliche Worte stammelte. Ein sehr vorwurfsvoller Blick traf Anna aus Gretes Augen.

„Wären Sie so freundlich, Grete, uns zu erklären, was diese Magd aus der Fassung bringt?"

„Die Räte des Landgrafen haben neulich in einem Schreiben mitgeteilt, dass er nun das doppelte Kontingent an Soldaten aus Lich und Laubach fordert. Ihr Bräutigam ist unter den Männern, die fort müssen. Ein landgräflicher Soldat, der für seinen Herrn kämpfen muss und nicht weiß, ob er jemals die Heimat wiedersieht."

Anna schaute stumm auf das Mädchen, das noch immer in Gretes Arm schluchzte. Sie dachte daran, wie sie Soldaten als Pfand eingesetzt hatte, an ihre Verträge, in denen sie zugesichert hatte, mit dreihundert Soldaten zu Hilfe zu kommen. Plötzlich bekam dieses Wort ‚Soldaten' eine gänzlich andere Bedeutung. Es waren junge Männer, die von jungen Frauen geliebt wurden, die vielleicht sogar die Möglichkeit hatten zu heiraten, die über Ehe und Kinder sprachen. Es waren Söhne, die geliebt wurden von ihren Familien. Wegen ihres Glücks, das sie durchgesetzt hatte, mussten nun noch mehr Familien und Mädchen trauern.

Da die Solmser eine kleine Grafschaft waren, die wenig Macht und Einfluss hatte, mussten sie ohnehin mehr Soldaten schicken als die großen Grafschaften. Und nun sollten sie die doppelte Anzahl schicken. Der Verlust so vieler junger Männer, die nun nicht mehr die Felder ihrer Väter bestellen würden, traf Lich und Laubach empfindlich. Ganz zu schweigen von der Trauer und dem Klagen, das der Abzug der Männer jedes Mal auslöste. Die wenigsten von ihnen kehrten je wieder.

„Wann müssen sie fort?" fragte Anna tonlos.

„Am ersten November."

„Wir werden mit dem Landgrafen sprechen. Er muss ein Einsehen haben. Er ist böse auf uns, aber er kann seinen Zorn nicht an unschuldigen Menschen auslassen." Und zu der Magd gewandt: „Beruhige dich. Wir werden dafür sorgen, dass dein Schatz bei dir bleiben kann."

Dieses Versprechen konnte Anna nicht halten. Philipp ignorierte ihre Briefe.

Bald darauf überraschte Otto sie mit seinem neuen Wappen. Er hatte das Mecklenburgische Wappen in das Solmser Wappen einarbeiten lassen und präsentierte es Anna mit stolzem Blick. Er war enttäuscht, dass Anna sich darüber nicht freute, sondern das heraldische Werk mit einem kühlen Nicken bedachte. Als sie später in ihren Gemächern allein waren, fragte Otto: „Was hast du gegen das neue Wappen? Ich dachte du freust dich. Der Schildermaler hat gute Arbeit geleistet. Die Farben passen vortrefflich zueinander. An deinem Gesicht konnte ich ablesen, dass du es nicht schätzt, dass ich unsere Wappen vereinigt habe." Als Anna schwieg, fuhr Otto leise fort: „Bereust du etwa, mich geheiratet zu haben?"

„Ach, Otto!" begann Anna. „Ich bin dieses Leben hier nicht gewöhnt. Hier ist alles so eng in diesem ... Laubach. Können wir nicht gleich nach Rödelheim ziehen? In die Nähe von Frankfurt? Ich habe das Gefühl, ich ersticke hier in diesem Gemäuer. Du bist so oft weg im Wirtshaus mit deinen Freunden. Dorthin kann ich dir nicht folgen. Feste können wir hier nicht feiern. Ich habe keinen angemessenen Raum, in dem ich warm sitzen kann. Ich vermisse die Gesellschaft in Marburg. Ich will unser Leben wiederhaben wie es früher war. In Marburg. Denk doch daran, wie glücklich wir dort waren. Damals, als du um mich geworben hast."

„Willst du etwa wieder zurück nach Marburg?"

„Ich weiß doch, dass ich nicht zurück kann", erwiderte Anna mit einer wegwerfenden Geste. „Wenn nicht zurück, dann nur nach vorn, aber hier auf der Stelle zu treten ertrage ich nicht mehr lange. Unsere Kinder sollen doch nicht *hier* aufwachsen", wobei ihr Blick über die einfachen, ausgebleichten Vorhänge und den hier und dort schadhaften Putz glitt. Die Wandmalereien waren nur noch zu erahnen und die Dielenbretter knarrten erbärmlich und dem leisesten Gewicht. Auf dem kleinen Tisch stand einfaches Zinngeschirr mit einem Rest des groben Brotes, das die Laubacher Bäcker buken.

„Ich bin hier aufgewachsen." Ottos Stimme klang sehr vorsichtig. Natürlich wusste er, dass die Kleider, die er trug, nicht mehr an diesen Ort passten, aber es war das Jagdschloss seiner Eltern, in dem er eine unbeschwerte Kindheit und Jugend verlebt hatte. Er hing an diesem Schloss, auch wenn er jetzt für sich etwas anderes wünschte.

„Dann weißt du doch selbst am besten, wie schwer es ist, sich aus diesen Verhältnissen zu befreien. Willst du das auch unseren Kindern zumuten? Die Mädchen müssen später einen Ehemann bekommen, der an ihnen nichts auszusetzen hat. Sie müssen gebildet und weltoffen sein. Ich will nicht, dass sie dröge Betschwestern werden, die im bewährt gediegenen Tuch des Meister Herwig blöde in der Ecke sitzen."

„Mit dir als Mutter sehe ich da keine Gefahr. Sie werden schon in der Wiege so lange schreien, bis wir sie in Brokat wickeln." Otto hatte es scherzhaft gesagt, ohne zu ahnen, dass er bei Anna einen empfindlichen Nerv traf.

„Du findest also, ich bin verschwenderisch?" brauste sie auf. „Ist es das? Hat dir das dein Herr Vater ins Ohr geblasen? Oder deine Frau Mutter, die man von einer Marburger Dienstmagd nicht unterscheiden kann?"

Das war zu viel. Otto stürmte wortlos aus dem Gemach und warf die Tür hinter sich zu. Anna wusste, dass er die Nacht wieder in Wirtshaus mit seinen Freunden verbringen würde. Ausgelassen feiern. Das war hier in Laubach den Herren vorbehalten. Wie dieses Rödelheim wohl aussehen mochte? Allzu große Hoffnungen machte sie sich nicht. „Gute Nacht!" knurrte Anna und rief nach Grete, damit sie ihr beim Auskleiden behilflich war. Grete war im Nebenzimmer gewesen und hatte vermutlich den Streit mitangehört. Anna war froh, dass Grete sie nun mit klugen Kommentaren verschonte. Anna musste zugeben, dass Grete ihr tatsächlich gesagt hatte, dass das Leben in Laubach sich grundsätzlich von dem Leben unterschied, das sie gewohnt war und das sie liebte.

Der November kam und brachte die Soldaten des Landgrafen, die Laubachs junge Männer abholten. Anna stand am Fenster und sah hinunter in den Hof, wo sich die Männer in einer langen Reihe aufgestellt hatten. Da standen sie, die Söhne der Bauern und Handwerker, manche von ihnen große, kräftige Burschen, denen man ansah, dass sie aus Häusern kamen, wo man nicht das Nötigste entbehrte. Dazwischen kleine, gedrungene, zarte oder schlaksige Kerle. Einige von ihnen brauchten sicher noch kein Rasiermesser, so jungenhaft weich waren ihre Gesichter. Verfroren sahen sie aus, wie sie da in der Kälte standen und zitterten. Gesichter. Nun bekam das Wort ‚Soldaten' Gesichter. Knabenhafte, freche, hübsche, derbe Gesichter. Anna fühlte sich elend. Als sich die Soldaten mit ihrer Beute in Marsch setzten, wandte sie sich ab. Sie fühlte sich schuldig. Natürlich war es Sitte und Recht, dass die Grafen ihrem Fürsten Soldaten schickten. Doch dass Philipp nun so viele verlangt hatte, war eine Schuld, die Otto nicht mit seiner Frau zu teilen bereit war.

Danach hielt Anna nichts mehr in Laubach. Am 8. November 1519 siedelte sie mit Otto, Grete und ihrem ganzen Hausstand nach Rödelheim über. Anna war überglücklich. Sobald sie die Laubacher Gassen hinter sich gelassen hatte, atmete sie freier, setzte sich in ihrem Sattel zurecht und richtete sich auf. Sie spürte Ottos Blick auf sich, wandte sich ihm zu und erwiderte sein Lächeln. Sie hatten auf einen trockenen Tag gewartet und wurden nun sogar mit Sonne bedacht.

„Bist du jetzt glücklich?“ fragte Otto und reichte ihr seine Hand.

Anna atmete tief durch, zögerte und sagte schließlich: „Ich bin hoffnungsvoll. Erleichtert. Und im Vergleich zu den letzten Monaten – glücklich.“

„Das freut mich. Du wirst sehen. Morgen Abend sind wir im schönen Rödelheim.“

Otto hatte nicht zuviel versprochen. Und wenn Rödelheim auch keine fürstliche Residenz war, so lagen doch zumindest zwei Tagesreisen zwischen diesem Ort und Lich.

Bei ihrer Ankunft stellte Anna zufrieden fest, dass es im Rödelheimer Garten viele Kirschbäume gab. Und so betrat sie das alte Haus in der Überzeugung, dass dies ihre neue Heimat werden würde. Otto zeigte ihr nicht ohne Stolz all die Gemächer, die langen Korridore, großzügigen Treppen, Gemälde und Möbel und berichtete dabei von endlosen Fangen- und Versteckspielen, damals mit Reinhard und seinen Schwestern, als diese noch nicht gestorben oder im Kloster waren. Als Anna jedoch begann, dem Personal Anweisungen zu geben, was alles geändert, renoviert und neu angeschafft werden müsse, verstummte er.

„Wir werden es uns hier richtig schön machen, Otto. Überlass alles nur mir. Ich bin sicher, es wird dir gefallen“, sagte sie fröhlich, worauf Otto beschloss, ihr nicht dreinzureden und sie gewähren zu lassen. Allerdings konnte er nicht umhin, im Kopf die Summen zu überschlagen, die Annas Ideen verschlingen würden und hoffte inständig, dass der Landgraf nicht zu weiteren Repressalien greifen würde.

Anfang Januar spürte Anna die Anzeichen einer Schwangerschaft. Sie wartete, bis sie ganz sicher war, bis sich wieder dieses ganz eigenartige Gefühl eingestellt hatte, das sie bisher durch all ihre Schwangerschaften begleitet hatte, bevor sie Otto etwas davon sagte. Otto jubelte laut los, hob sie in die Luft und wirbelte mit ihr im Zimmer herum.

„Otto, um Himmels Willen, lass mich runter! Das Kind!“

Sie erlebten glückliche Wochen und Monate. Anna war ganz und gar damit beschäftigt, ihr neues Zuhause zu gestalten. Ihre vierte Schwangerschaft gab ihr eine Kraft, die sie zuvor nicht gekannt hatte in dieser Zeit. Sie richtete ein Kinderzimmer ein und bedachte gleich, dass ein weiteres Kinderzimmer benötigt würde, sobald das Kind ein Geschwisterchen bekam. Otto ließ sich gerne von ihr durch die neuen Räume führen.

Es war kurz nach Ostern des Jahres 1520, als ein Bote mit einer Nachricht von Philipp in Rödelheim ankam. Philipps Beichtvater, der die Fastenbeichte des Landgrafen angehört habe, berichtete, dass der Landgraf sich mit seiner Mutter auszusöhnen wünsche. Überglücklich versuchte Anna, ein Treffen zu vereinbaren, das von Philipps Räten verhindert wurde. Diese zerstörte Hoffnung war für Anna schlimmer zu ertragen als die Ungewissheit, ob Philipp sich jemals mit ihr aussöhnen würde. Immerhin wusste sie jetzt, wo ihre Widersacher saßen: Es waren die Räte, nicht Philipp selbst.

„Es ist, als sei er wieder in Boyneburgs Klauen gefallen!" rief sie und zerknüllte den Brief, in dem man ihr mitteilte, dass der Landgraf nicht zu sprechen sei.

„Anna! Wenigstens weißt du, dass Philipp dir nicht mehr zürnt, sondern sich mit dir versöhnen möchte. Das ist doch schon etwas. Lass ihn noch ein paar Jahre älter werden, dann wird er sich gegen die Räte durchsetzen können und sich mit dir treffen." Otto versuchte so zuversichtlich wie möglich zu klingen.

„Du nimmst es wieder gar nicht ernst! Es verletzt mich, dass er sich nicht einmal gegen die Räte durchzusetzen weiß. Er ist kein Kind mehr, sondern ein junger Mann von fast siebzehn Jahren. Wenn ihm wirklich etwas daran läge, sich mit mir zu versöhnen, dann würde er solche Widerstände überwinden. Er regiert seit Jahren in Hessen! Da könnte er es doch bewerkstelligen, sich mit seiner Mutter zu treffen. Nach allem, was ich für ihn getan habe. Ich hätte mich doch auf einen Witwensitz zurückziehen, ihn gleich Boyneburg überlassen und mir ein ruhiges schönes Leben machen können, stattdessen habe ich mich in jahrelangen Streitigkeiten mit der hessischen Ritterschaft verausgabt. Und das ist nun der Dank."

„Anna! Ich bitte dich! Hör auf damit." Otto kam auf Anna zu. Er hob beschwichtigend die Arme, was Anna nur noch mehr aufbrachte. Sie wandte sich ab und sah mit verschränkten Armen aus dem Fenster.

„Im Moment ist es nicht zu ändern. Bleib ruhig und warte ab. Du wirst sehen, das ist die beste Art, ihn zurückzugewinnen. Ich weiß, dass du kämpfen kannst, aber dieses Problem ist nicht mit Kampf aus der Welt zu schaffen."

„Das Problem wäre gar nicht erst in der Welt, wenn ich in Marburg geblieben wäre. Ich war so leichtfertig. Und egoistisch." Annas Stimme war ein Flüstern. Otto wandte sich ab und ging wortlos aus dem Zimmer.

Als im April die Kirschbäume zu blühen begannen, dachte Anna an Pater Ignatius und wünschte sich zurück in seinen Kirschgarten. Was mochte er wohl erfahren haben über sie? Und was würde er dazu sagen? Es waren gute Tage gewesen, die sie bei ihm verbracht hatte. Nicht immer waren sie einer Meinung gewesen, doch hatte sie die Gespräche mit ihm genossen. Gott war auf seltsame Weise ihr Dritter im Bunde gewesen, auch wenn sie sich mit Pater Ignatius manchmal um seine Gunst gestritten hatte. Manchmal sprach sie in Gedanken mit Pater Ignatius. Sie erzählte ihm von ihren Sorgen mit Otto. Von ihren Zwistigkeiten, aber auch von ihren Versöhnungen, ihrer Liebe und den schönen Tagen, die sie immer wieder miteinander hatten.

Am 16. Juli des Jahres 1520 brachte Anna eine Tochter zur Welt. Sie überstand die Geburt ohne Schwierigkeiten. Otto betrat das Schlafgemach, wo seine Frau und seine erste Tochter lagen, auf Zehenspitzen. Ganz leise pirschte er sich an die Wiege heran. Anna beobachtete aus halbgeschlossenen Augen, wie entzückt Otto sich über die Wiege beugte. Sein junges Gesicht strahlte. Er streckte seine Hand nach dem Kind aus, zog sie dann aber wieder zurück.

„Du kannst sie ruhig berühren, Otto. Sie schläft tief und fest", flüsterte Anna. Er sah aus wie ein Junge, den man bei einer Unartigkeit ertappt hat und erwiderte ebenso leise: „Entschuldige, ich wollte dich nicht wecken."

„Du hast mich nicht geweckt. Bei diesem wunderbaren Wetter kann ich ohnehin nicht schlafen. Die Sonne scheint und die Vögel singen. Es ist so herrlich draußen. Ich will nachher eine Weile im Garten spazieren gehen."

„Fühlst du dich denn schon wieder so stark?" Er kam auf sie zu, setzte sich auf die Bettkante und nahm sie in den Arm.

„Sie sieht dir ähnlich. Die Kleine hat Glück gehabt. Stell dir nur vor, sie wäre mit Backenbärten auf die Welt gekommen. Die feine Gesellschaft hätte unendlich Stoff zum Tratschen gehabt."

Anna lachte leise. „Aber sie hat dein Kinn. Mit dem echten Solmser Kinngrübchen."

„Wie wollen wir sie nennen?"

„Maria. Gefällt dir das?"

„Ja, das ist ein schöner Name. Und schau, was ich Dir mit gebracht habe!" Er zog etwas aus seiner Jackentasche hervor, nestelte es zurecht und präsentierte Anna auf seiner flachen Hand eine goldene Kette mit einem goldenen Kreuz, verziert mit Edelsteinen.

„Das ist wunderschön, Otto. Ich danke dir. Bitte, leg es mir gleich um." Er schloss die Kette in ihrem Nacken, während sie ihr Haar hochhielt. Bevor sie ihr Haar wieder herabließ, küsste er sie im Nacken.

„Otto!" flüsterte Anna in gespielter Entrüstung.

„Ich liebe dich nun mal, liebste Gemahlin. Und du weißt ja - ein Solmser Graf ist noch viel besser als ein Kaiser. Das sage ich dir schon seit Jahren."

„Und ich liebe dich, du Solmser Kaiser!"

Die kleine Maria wuchs dank der Milch einer Rödelheimer Amme ganz prächtig. Jette war aus Marburg gekommen, wo sie im Schloss wieder ihr altes Zimmer bezogen hatte. Ihre beiden Kinder, ein Junge in Elisabeths Alter und ein Mädchen in Philipps Alter, waren beide in guten Stellungen im Schloss untergebracht. Ihr Sohn war bei der Schlosswache und ihre Tochter, die als Kammermädchen arbeitete, würde bald einen Kameraden ihres Halbbruders heiraten. Jette überwachte noch immer alles, was die Amme tat und hatte nicht wenig auszusetzen. Das Mädchen ertrug Jettes ständige Kommentare mit so stoischer Ruhe, dass Anna schon glaubte, die junge Frau sei taub, doch auf Marias Krähen reagierte sie sofort. Sobald Anna sich erholt hatte, drängte sie Otto, am gesellschaftlichen Leben in Frankfurt teilzuhaben. Es wurden dort Feste gefeiert und Bälle veranstaltet. Otto fürchtete um ihre Gesundheit, willigte aber ein. Doch es gelang Anna nicht, an die Bälle, die sie als junge Frau gefeiert hatte, anzuknüpfen. Sie erinnerte sich an die Bälle in Kassel und Marburg, auf denen sie der unbestrittene Mittelpunkt gewesen war, wo man sie mit dem Spitznamen ‚Frau Venus' bedacht hatte. Nun war sie nichts weiter als eine Randerscheinung. Auch wenn sie und Otto sich kostbar kleideten und damit weit über ihre Verhältnisse lebten, blieben sie noch immer die kleinen Grafen zu Solms, denen man nicht mit übertriebener Ehrerbietung begegnen musste. Dann und wann wurden sie zu Hochzeiten eingeladen. Es kostete Anna Kraft, sich gegen das Getuschel, die Spitzen zu wappnen, wenn sie in Gesellschaft waren. Ein Kommentar Herzog Georgs war sogar bis nach Frankfurt gedrungen und mit Beifall aufgenommen worden: Wen es reut, der hat auch den Schaden! So hatte der Herzog an einen Freund über die Heirat Annas geschrieben.

Auf dem Heimweg von einem Ball konnte Anna ihren Ärger nicht mehr zurückhalten.

„Hast du gehört, was diese Gräfin sich erdreistet hat? Laut hat sie mein Kleid kommentiert und gesagt, das habe ich wohl noch aus meiner Marburger Zeit herübergerettet, denn an einer Solmser Gräfin habe man solchen Putz bisher noch nicht gesehen. Sie hält uns wohl für arme Leute! Eine Gräfin!"

Ottos Hände glitten über die etwas schadhaften Ledervorhänge der Kutsche. Sie hielten den Regen nur noch ungenügend fern. Der Wind blies herein und hinterließ eine nasse Spur auf Annas Mantel. Otto breitete seinen Mantel darüber, nahm Anna in seinen Arm und sagte: „Lass sie doch reden. Sie wissen es nicht besser. Das ist nun mal der Hofklatsch. Was glaubst du, was man über mich in Marburg geredet hat. Das war auch nicht gerade freundlich. Als Fürstin eines Hofes hast du davon sicher nichts bemerkt, aber jetzt bist du keine Fürstin mehr, sondern meine Ehefrau. Was wäre dir lieber? Allein in Marburg oder gemeinsam mit mir hier in Rödelheim?" Anna sträubte sich gegen seine schmeichelnde Stimme und wand sich aus seinem Arm.

„Als Fürstin war ich dem Geschwätz genauso ausgesetzt. Als ich als junges Ding nach Marburg kam, wurde ich bei weitem nicht von allen mit Respekt behandelt. Die Landbotin wartete immer nur auf eine Gelegenheit, mich bloßzustellen und hat hämisch mit den anderen Hofdamen gelacht, wenn mir etwas misslang. Als Elisabeth noch ein Kind war, hat sie bei Tisch einmal gebetet ‚und siehe was du uns bescheret hast'. Dieses Sprüchlein hat die Landbotin mir in all den Jahren immer wieder bei jeder Gelegenheit unter die Nase gerieben. Ich kann dir nicht sagen, wie satt ich dieses Sprüchlein hatte. Aber damals konnte ich mich besser wappnen gegen solche Dummheit. Jetzt fällt es mir schwer."

„Du kannst doch über sie lachen! Hast du nicht gesehen, dass die bewusste Gräfin eine Warze hatte, die größer als ihre Nase war? Hast du das nicht gesehen? Sie ist neidisch! Schau in den Spiegel und du wirst sehen, dass ich Recht habe! Sie hatte eine Warze, eine schiefe Nase, scheele Augen und abstehende Ohren, die sie unter ihrer Haube vergeblich zu verbergen suchte. Dies sind die Gründe, aus denen sie über dein Kleid getuschelt hat. Und hast du dir ihr Kleid angesehen? Es stammte von ihrer Großmutter. Doch wirklich. Als ich noch ein Knabe war, es war im Spätsommer des Jahres 1236, da besuchten meine Eltern und ich diese Familie und da trug die Großmutter eben dieses Kleid."

„Otto! Es ist mir ernst! Für dich ist alles nur ein Spiel. Und hör auf solchen Unsinn zu reden! Im Spätsommer 1236!"

„Gut, ich gebe zu, es war schon Herbst."

„Otto! Bitte! Sind wir denn nicht bald zu Hause?"

Otto lugte durch die Vorhänge. Draußen war nichts zu sehen als pechschwarze Nacht. „Wir sind gleich da."

Anna verschränkte die Arme und schaute ihren Gemahl nicht mehr an.

Zu Annas Erleichterung erreichte sie endlich ein Brief aus Dresden, wo Elisabeth sich mittlerweile eingelebt hatte. Mit ihrem Gemahl verband sie nach wie vor nichts, doch hatte sie am sächsischen Hof auch Menschen gefunden, denen sie vertrauen konnte, Frauen, die in einer ähnlichen Situation waren wie sie selbst. Von solchen Frauen gibt es an jedem Hof Dutzende, dachte Anna. Zum Schluss dankte Elisabeth noch einmal für den Anhänger und versicherte, dass sie ihn jeden Tag trage. Anna hätte viel darum gegeben, mit ihrer Tochter zu sprechen, ganz offen, unter vier Augen. Wie mochte es ihr wohl gehen? Von Glück konnte keine Rede sein. Hätte sie es verhindern können? Hätte sie von Anfang an sagen können, dass Elisabeth nicht zu haben war für die sächsische Erbverbrüderung? Absurd. In der ersten Ehe hatte man eine Pflicht zu erfüllen. Die zweite Ehe durfte eine Liebesheirat sein. Aber wie stand es nun mit ihrem eigenen Glück? Sie hatte sich Otto ausgesucht. Ihn hatte sie geheiratet, obwohl sie sich hätte denken können, dass dieser Schritt kaum Zustimmung finden würde in der Gesellschaft. Und nun? Es war ihr eigener Wille gewesen. Sie konnte nun mit niemand anderem hadern als nur mit sich selbst.

Der Jahreswechsel brachte neuen Ärger: Landgraf Philipp hatte seiner Mutter nicht die versprochenen Zweitausend Gulden Jahresrente ausgezahlt, sondern nur Siebenhundert Gulden. Dies war das absolute Minimum. Der Pflichtteil. Wie erbärmlich. Die Kaufleute, durch die Philipp bisher jedes Jahr eine entsprechende Schuldverschreibung hatte überbringen lassen, standen mit betretenen Mienen da und zogen wieder ab, ohne ihre Waren vor Anna ausgebreitet zu haben. Anna war zutiefst erschüttert. Es verletzte sie zutiefst, dass ihr eigener Sohn ihr Verdienst so wenig achtete, dass er sie nun aufs Pflichtteil setzte. Da entschied sich Anna, den Kaiser um Hilfe anzugehen. Kaiser Maximilian war tot. Am 23. Oktober 1520 hatte der Erzbischof von Köln Karl V. im Aachener Dom zum Kaiser gekrönt. Auf Gottes Gnaden konnte sich der junge Mann jedoch nur bedingt berufen. Nur Dank der großen Bestechungssummen aus dem Hause Fugger hatte sich Karl gegen Franz I. von Frankreich und Heinrich VIII. von England durchsetzen können. Von diesem Mann erhoffte sich Anna nun Recht.

„Wie wird Karl V. mich empfangen? Kaiser Maximilian war mir so wohlgesonnen. Kaiser Karl wurde von meinem ersten Gemahl nicht gerettet. Aber er wird mir doch beistehen müssen! Wenn man bedenkt ... gegen meinen eigenen Sohn! Mein eigenes Fleisch und Blut muss ich die Unterstützung des Kaisers in Anspruch nehmen. Seinen Schutz erflehen ..." Sie hatte immer leiser gesprochen und schließlich waren ihre Wort in stummes Weinen übergegangen. Otto nahm sie in seine Arme.

„Wir werden gemeinsam zum Kaiser gehen. Er wird dir schon Recht geben müssen. Du wirst ihm darlegen können, was du für deinen Sohn getan hast. Er wird einsehen, dass Dir mehr zusteht. Der Landgraf wird sich bei dir entschuldigen und sich mit dir versöhnen. Sicher."

Otto hielt es in diesem Moment für klüger, seine Gemahlin nicht darauf hinzuweisen, dass sie es Kaiser Maximilian letzthin sehr schwer gemacht hatte, ihr gewogen zu bleiben. Er wusste nicht inwieweit Karl V. Gunst und Abneigung seines Vorgängers übernehmen würde.

Im März begann der Reichstag in Worms. Anna war nervös und fahrig, fragte Grete immer wieder, ob sie auch alles eingepackt habe, was sie brauchte, die passenden Schuhe zu jedem Kleid nicht vergessen und auch den blauen Lieblingsmantel nicht liegengelassen habe. Grete versicherte in der ihr eigenen gelassenen Art, dass alles seine Ordnung habe und ihre Gnaden sich ganz sorglos auf die Reise begeben könnten. Anna verabschiedete sich schweren Herzens von der kleinen Maria. Jette stand mit dem Kind auf dem Arm in der Tür und winkte den Wagen und Pferden nach und hob auch Marias Ärmchen zum Winken. Anna winkte zurück, bis sie hinter der Wegbiegung verschwunden waren. Wieder hatte sie die Anzeichen einer Schwangerschaft gespürt. Sie nahm dies als gutes Zeichen. Im Stillen gab sie sich der Hoffnung hin, dass Philipp ihr vielleicht auch ohne die Hilfe des Kaisers ihren Schritt verzeihen und all seine Repressalien rückgängig machen würde. Diese Hoffnung sollte sich nicht erfüllen. Am Abend ihres fünften Reisetages kamen sie in Worms an. Otto hatte durch einen Boten Zimmer bestellen lassen, deren Komfort weit von dem der Räumlichkeiten entfernt war, die Anna sonst auf Reichstagen anzumieten pflegte. Otto verschwand und überließ es der guten Grete, seine Frau zu trösten.

Am nächsten Morgen begab sich Anna mit Otto zum kaiserlichen Hoflager. Selbstbewusst ließen sie sich anmelden, man hieß sie zu warten. Sie warteten lange. Anna wurde ungeduldig. Sie fragte noch einmal, wurde energisch, pochte auf ihr Recht, den Kaiser zu sprechen, erinnerte an die Verdienste ihres ersten Gemahls, die dieser Kaiser Maximilian erwiesen hatte und schließlich wurde ihr mitgeteilt, dass Seine Kaiserliche Majestät Karl V. eine Gräfin zu Solms-Lich nicht kenne und auch nicht zu sprechen wünsche. Landgraf Philipp von Hessen sei bereits unterwegs und werde alles in die Wege leiten.

„Komm, Anna. Lass es für heute gut sein“, sagte Otto liebevoll und wollte sie in den Arm nehmen, was von dem kaiserlichen Bediensteten mit einer hämischen Grimasse bedacht wurde. Was waren das für kleine Leute, die sich duzten? Tief war sie gefallen, diese Herzogstochter und einstige Landgräfin.

Erst als sie wieder in ihrer Unterkunft waren, war Anna bereit zu sprechen. „Er hat mich nicht vorgelassen. Wie kann er es wagen? Mein erster Gemahl hat seinen Vorgänger aus der Gefangenschaft befreit. Kaiser Maximilian hat mich doch immer unterstützt. Wieso erweist Kaiser Karl mir keine Gunst? Ich bin es doch immer noch – Anna.“

„Du bist jetzt nicht mehr Anna von Hessen, sondern Anna zu Solms-Lich. Das ist ein Unterschied. Anna – schau! Ich weiß, ich hätte es dir vielleicht vorher deutlicher sagen müssen. Ich bin im Vergleich zu einem Herzog oder einem Landgrafen ein einfacher Mann. Ein kleiner Graf, nichts weiter. Ich kann dir nicht das Leben bieten, das du gewöhnt bist.“

„Ich hätte es uns beiden bieten können,“ brauste Anna auf, „wenn mein Sohn nicht so niederträchtig wäre, uns die Mittel zu kürzen. Eine Schande ist es!“

„Weißt du noch, wie schön unsere Hochzeit war? Wie wir zu der Fiedel getanzt haben? Komm! Lass uns tanzen gehen. Wir wollen guter Dinge sein. Wir werden uns von den hohen Herren diesen Abend nicht verderben lassen. Worms ist groß und voller Gasthäuser, wo wir feiern und tanzen können.“

Anna starrte ihren Gemahl für einen Moment an. Der Fiedler. Dann schüttelte sie sich, als wolle sie einen bösen Traum loswerden, erhob sich, klopfte sich mit den Händen auf die Wangen und rief nach Grete, damit sie ihr den Mantel bringe.

Es dauerte über eine Woche, bis man sie endlich zum Kaiser beschied. Philipp hatten sie in dieser Zeit nicht zu Gesicht bekommen. Anna war nervös an diesem Morgen. Sie dachte an das dunkelrote Kleid, das sie damals vor vielen Jahren bei ihrer Audienz beim Kaiser getragen hatte. Grete hatte sich damals schon empört darüber. Was sollte sie heute tragen? Im Geiste ging Anna ihre Kleidertruhe durch, verwarf eines nach dem anderen, da dies zu dünn war, jenes zu schlicht und das nächste zu üppige Verzierungen und Stickereien aufwies. Schließlich entschied sie sich für ein Kleid aus dunkelblauem Samt, durch dessen durchbrochene Ärmel eine helle Seide schimmerte. Wie eine Bettlerin wollte sie wahrhaftig nicht auftreten. Doch zu aufwendige Kleidung könnte den Verdacht der Leichtfertigkeit schüren und den bösartigen Gerüchten neue

Nahrung geben. Auch Otto hatte sich sorgfältig gekleidet. Sein Anblick war wie immer eine Freude. Bevor sie ihr Gemach verließen, schmiegte sich Anna noch einmal an ihn, ließ sich von ihm umarmen und genoss die Geborgenheit, die sie immer wieder empfand, wenn er sie an sich drückte. In diesen Momenten vergaß sie ihre Sorgen. Dann war Otto ihr großer starker Mann, an dessen Schulter sie sich lehnen konnte, der ihr die Ruhe schenkte, nach der sie sich in all den Jahren gesehnt hatte. Dann vergaß sie, dass er ein kleiner Graf war, ohne Macht und Einfluss, der sie nicht schützen konnte vor der Willkür ihres eigenen Sohnes.

In der Kutsche hielt sie Ottos Hand fest umklammert.

„Ich habe solche Angst. Ich weiß nicht, ob ich diese Sache wirklich gewinnen will."

„Was hast du, Anna? Natürlich willst du gewinnen. Du wirst kämpfen müssen, wie du es dein ganzes Leben lang getan hast. Du kannst das."

„Aber wenn ich nun vor dem Kaiser gewinne, werde ich dann nicht meinen Sohn verlieren? Für immer? Boyneburg hat ihn mir so sehr entfremdet. Es war nicht mehr mein Sohn, den ich damals zurückbekommen habe. Und nun? Wenn der Kaiser mir Recht gibt, wird sich Philipp für immer von mir abwenden und sich niemals mit mir versöhnen wollen. Vielleicht wirst du mich verstehen, wenn du selbst Vater bist."

„Sei nur zuversichtlich. Vielleicht wird der Kaiser eine Versöhnung zwischen euch beiden herbeiführen. Er ist doch ein Mann von Verstand und Weitsicht und wird nicht zulassen, dass Mutter und Sohn sich entzweien."

Am Hoflager wurden sie nicht zum Kaiser vorgelassen. Wieder mussten sie warten. Wieder hieß es, dass der Kaiser die Gräfin zu Solms-Lich nicht zu sprechen wünsche. Auch ihren Sohn bekam Anna nicht zu Gesicht. Wie unbedeutende Bittsteller standen sie auf dem Flur und warteten. Ein kleiner Beamter hatte Macht über sie und kostete sie weidlich aus. Es machte ihm offenbar Vergnügen, die Herrschaften warten zu lassen. In der Langeweile war Anna für jede Abwechslung dankbar und so schaute sie auf, als zwei Mönche den Gang entlang kamen. Ein älterer, der das Kreuz des Abtes auf seiner Brust trug und ein junger, dessen dunkle Augen alles in seiner Umgebung aufzusaugen schienen. Ein sonderbarer Mensch, dieser junge Mönch. Er trug eine schäbige Kutte, doch sein Gang war aufrecht und selbstbewusst. Als die beiden vorüber waren, sagte der Beamte leise zu den Wartenden: „Das waren Martin Luther und sein Abt. Er soll sich vor dem Kaiser verantworten."

Anna und Otto schauten den beiden Mönchen stumm hinterher.

„So sieht er also aus, dieser Aufrührer. Man soll nicht glauben, was sich ein so schmächtiges Bürschlein alles traut. Der Mut wird ihn verlassen, wenn er auf dem Scheiterhaufen steht!" flüsterte Anna ihrem Gemahl zu. Otto behielt seine Gedanken für sich.

Nach quälenden Stunden erschienen Philipps Räte, um ihr einen bereits ausgearbeiteten Vertrag vorzulegen.

Am Abend dieses Tages schrieb sie an ihren Bruder Albrecht.

Worms, den 16. April 1521

Mein herzallerliebster Bruder,

heute musste ich die schrecklichste Niederlage meines Lebens hinnehmen. Ich habe heute einen Vertrag unterzeichnet, in den ich nur gezwungen und gedrungen eingewilligt habe. Es ist eine solche Schmach! Philipp wird mir mit dem Segen des Kaisers die Jagden nehmen, ich werde vier Schmuckstücke herausgeben müssen, obwohl sie mir zustehen und mein Sohn wird mir tatsächlich nur noch siebenhundert Gulden jährlich zahlen anstatt wie schriftlich versprochen zweitausend. Außerdem hat man mich zur Tragung der Kosten gezwungen, die sich auf mehrere tausend Gulden belaufen. Ich muss also für diesen erniedrigenden Vertrag auch noch bezahlen.

Weder bei dem Kaiser, noch bei den Ständen habe ich Unterstützung gefunden und bin von allen Menschen ohne Trost und Gerechtigkeit gelassen worden. Selbst so treue Menschen wie mein guter Schrautenbach und Riedesel sind mir in den Rücken gefallen. Immerhin kam es die beiden hart an, mich derart erniedrigt zu sehen, aber ich will sie nicht entschuldigen. Sie hatten mir Treue geschworen. Meine Eheschließung entbindet sie nicht von ihrem Eid. Allein Otto steht zu mir und ich hoffe, dass auch Ihr mir Eure Treue nicht entzieht. Aus Gram habe ich das Fieber bekommen. Wir müssen also noch eine Weile in diesem unseligen Worms ausharren, bis ich wieder bereit bin für die Reise. Ich hoffe, wir sind bald wieder zu Hause in Rödelheim, wo ich jetzt mit Otto wohne. Es ist kein Vergleich mit dem Marburger Schloss oder gar mit Kassel, aber ich habe schon begonnen, die Zimmer nach meinem Geschmack fein einzurichten. Wenn alles fertig ist, müsst Ihr uns unbedingt besuchen kommen.

Eure Schwester Anna

Doch Annas Zustand verschlechterte sich fast täglich. Ihr Fieber stieg, ihre Stirn glühte und in manchen Stunden war sie kaum noch ansprechbar. Die Ärzte, die Otto ins Haus holte, verordneten Aderlässe, Pülverchen, die man in Wein aufgelöst der Kranken einflößte, doch nichts half. Anna sprach wirr von einem Fiedler. Otto holte einen Fiedler, der sanfte Melodien spielte, doch dies brachte Anna an den Rand der Verzweiflung. Sie richtete sich im Bett auf und starrte mit weit aufgerissenen Augen den Mann an, der zärtlich über seine Geige strich. Otto schickte den Mann wieder fort. Er begann, mit ihr zu beten, nahm ihre Hände in seine und betete lange Stunden. Dies schien sie zu beruhigen. Der Arzt kann noch einmal. Wieder ließ er Anna zur Ader, was das Fieber jedoch nicht senkte. Es wurde dämmrig im Zimmer, Grete zündete die Kerzen an und schloss sorgfältig die Fensterläden. Als Annas Zustand sich weiter verschlimmerte, bat der Arzt nach dem Priester zu schicken. Otto sank in sich zusammen und zog Annas Hand, die er schon seit Stunden am Bett kniend umklammerte, noch fester an sich, worauf Grete ging, um das Nötige zu veranlassen. Der Priester kam. Es war ein rüstiger Greis. Der Anblick des alten Mannes, der der jungen Anna die letzte Ölung verabreichte, war sonderbar. Anna kam kaum zu sich, als er ihr die Stirn salbte und sie segnete. Danach schlief Anna ruhig und so tief, dass Grete sich weinend zurückzog. Nur Otto verharrte noch bei ihr, kleidete sich schließlich aus und legte sich zu ihr.

Gegen Morgen gelang es Grete, ihr etwas Suppe zu geben. Das Fieber dauerte noch fünf weitere Tage, bevor es langsam abklang. Am Morgen des siebten Tages schaute Anna zum ersten Mal wieder mit klaren Augen um sich.

„Wo sind wir hier?“ fragte sie mit noch etwas schwacher Stimme.

„Wir sind noch in Worms. Du warst lange krank. Wie fühlst du dich heute?“ fragte Otto, dem die Erleichterung deutlich im Gesicht stand. Er war gerade aufgestanden und kleidete sich an. Er setzte sich zu Anna ans Bett, legte seinen Arm um sie und berührte sanft ihr Gesicht, das nun nicht mehr schweißnass war.

„Hast du Hunger? Ich werde jetzt das Frühstück bestellen. Wonach steht dir der Sinn? Spanferkel oder Hirsebrei?“

Anna brachte ein schiefes Lächeln zustande und bat um den Hirsebrei. „Vielleicht gibt es etwas gedörrtes Obst dazu. Und Durst habe ich.“

„Das wird sich machen lassen.“ Dann hielt er inne und wurde ernst. „Es ist schön, dass du wieder da bist. Ich hatte Angst um dich.“ Er nahm ihre Hand und küsste leise ihre Fingerspitzen.

„Mein Liebster. War wirklich der Priester da? Oder habe ich das nur geträumt?“

„Er war da“, sagte Otto nach einem schweren Atemzug. Anna starrte ins Leere. „So weit war es schon? So schnell kann es zu Ende gehen. Aber ich bin noch hier. Ich bin noch nicht gegangen.“ Ihre Stimme war ein Flüstern.

Otto verschwand. Da fiel Anna wieder ein, weshalb sie nach Worms gekommen war und was sich in der Zwischenzeit ereignet hatte. In den letzten Tagen hatte eine gnädige Nacht sie umfangen. Sie stöhnte auf und wünschte sich diesen Dämmerzustand zurück, in dem sie sich an nichts erinnert hatte.

Aufgrund ihres Zustandes warteten sie noch eine Weile bis das Wetter etwas freundlicher war. Anna wollte auf keinen Fall ein erneutes Fieber riskieren. Inständig hoffte sie, dass ihr Kind keinen Schaden genommen hatte. Aber wie sonderbar war das: Man gab ihr die letzte Ölung und doch keimte neues Leben in ihr. Sie hatte einen Sohn verloren und würde ein neues Kind zur Welt bringen. Der Gedanke an Philipp schmerzte sie unerträglich. Aber was konnte sie tun, als abzuwarten und zu hoffen? Sie musste nun haushalten mit ihrem Geld. Aber das konnte sie. Doch ihre innere Ruhe und Gelassenheit waren ihr abhanden gekommen.

„Was hat es eigentlich mit diesem Luther gegeben? Hat der Kaiser ihn zum Tod verurteilt?“ fragte Anna am nächsten Tag.

„Nicht ganz. Karl V. hat die Reichsacht über ihn verhängt. Er ist nun vogelfrei“, gab Otto ihr Auskunft.

„Immerhin. Es wird sich schon einer finden. Was hat er gesagt? Ist etwas von seinen gotteslästerlichen Reden nach draußen gedrungen?“

„Er beruft sich vollkommen auf die Schrift. Und am Ende soll er gesagt haben, Gott möge ihm helfen.“

„Vom Teufel soll er sich helfen lassen. Den rechten Glauben anzuzweifeln und sich dabei auf Gott zu berufen ist ungeheuerlich.“

„Es heißt, man habe ihn schon umgebracht. Er sei wie vom Erdboden verschwunden.“

„Dann wird dieser Spuk bald vorüber sein“, meinte Anna befriedigt.

Hätte sie geahnt, dass ihr alter Feind, Kurfürst Friedrich von Sachsen, den Aufrührer hatte entführen lassen und Martin Luther just in diesem Moment auf der Wartburg saß und die Bibel in die deutsche Sprache übersetzte und dass überdies ihr eigener Sohn Philipp nicht nur die Rede Luthers aufmerksam verfolgt und diese ihn tief beeindruckt hatte, sondern dass Philipp außerdem Gelegenheit gefunden hatte, sich lange und intensiv mit Luther zu unterhalten und in ihm einen Mann von großem Geist gefunden hatte, hätte dies sicher ein erneutes Fieber ausgelöst.

Im Mai kehrten sie nach Rödelheim zurück. Die Kirschen blühten und konnten Anna doch nicht aufheitern. Sie litt sehr darunter, dass Philipp nichts von sich hören ließ und auch keinen ihrer Briefe beantwortete. Sie war oft gereizt und geriet mit Otto in Streit. Worauf Otto sich immer öfter nach Frankfurt zurückzog, wo er Freunde hatte, die ihn ablenkten.

Am 1. Oktober des Jahres 1521 brachte Anna Ottos Stammhalter zur Welt. Otto war überglücklich. Die Freude über den Sohn glättete die Wogen ihrer Ehe. Der Knabe wurde auf den Namen Friedrich Magnus getauft. Magnus nach Annas Vater. Wieder schenkte Otto seiner Frau ein kostbares Schmuckstück. Diesmal ein Armband aus Perlen und Rubinen. Dazu ein passende Brosche und Ohrgehänge. Außerdem bestellte er den Schneider und kaufte für Anna zehn Ellen blaue Seide. Anna war stolz und glücklich. Ihr zweiter Sohn. Auch ihrem zweiten Mann hatte sie einen Erben geschenkt. Selbst die Schwiegereltern, die zu Besuch kamen, waren freundlich und machten nur verhaltene Bemerkungen über die Veränderung im Rödelheimer Schloss. Eine neue Amme war im Haus und musste sich mit Jette arrangieren, was nicht immer gelang, da diese Amme eine erfahrene Mutter war und sich von Jette nicht bevormunden lassen wollte. Friedrich Magnus war kräftig und konnte ungewöhnlich laut schreien, was Otto zu der Vermutung veranlasste, sein Sohn würde einmal ein großer Feldherr werden.

„Um Himmels Willen! Ich will nicht, dass mein Sohn in den Krieg zieht. Es würde mir das Herz brechen, wenn eines Tages ein Schreiben käme, das von seinem Heldentod berichtet. Nein, er soll kein Kriegsherr werden. Das will ich nicht."

„Es wird ihm kaum etwas übrigbleiben. Wir Solmser müssen sehen, woher wir unsere Einkünfte bekommen. Das Land wirft nicht genug ab. Eine großartige Hofhaltung ist nicht möglich. Er wird bei einem größeren Herrn in Dienst gehen müssen."

„Aber es muss doch nicht als Feldherr sein. Wir können ihn studieren lassen. Er kann sich ebenso gut als Rechtsgelehrter verdingen. Ich will nicht, dass er in Gefahr kommt!" beharrte Anna und drückte den kleinen Friedrich Magnus, der nun ganz still in ihren Armen lag, fester an sich. Den Gedanken, dass dieses Kind, das sie so lange in sich getragen, dessen Bewegungen sie gespürt, dessen Herzschlag sie geteilt hatte, dass dieses Kind einmal in einer Schlacht fallen könnte, trieb ihr augenblicklich die Tränen in die Augen. Auch wenn er einmal ein Mann wäre, groß und stattlich, ausgebildet zum Krieger, könnte sie doch niemals den Augenblick vergessen, in dem sie ihn zum ersten Mal in ihren Armen gehalten hatte.

„So viele sterben vor der Zeit. Man muss sein Kind doch nicht aufs Schlachtfeld schicken. Ich habe einmal ein Kind beerdigen müssen. Das war das Schrecklichste, was mir je widerfahren ist. Da ist die Natur, da sind die Zeitläufe vollkommen verkehrt. Bedenke doch, wie viele Kinder deine Eltern beerdigen mussten. Auch ohne Krieg. Ich will keines meiner Kinder beerdigen. Was für ein Trost könnte es mir schon sein, wenn er als Held gestorben sein sollte? Ich bin selbst dem Tod entronnen. Ich habe die letzte Ölung schon einmal erhalten. Ich will leben und ich will nicht das Sterben meiner Kinder mit ansehen müssen."

In diesem Moment kam Jette ins Zimmer.

„Euer Gnaden müssen nach dem Medicus schicken. Die kleine Maria macht kein gutes Gesicht. Das kleine Köpfchen ist ganz heiß."

Anna erhob sich, gab Otto das Kind und ging mit Jette ins Nebenzimmer, wo Maria in ihrem Bettchen lag. Ganz freiwillig hatte sie sich hingelegt, was ihr sonst nicht passierte. Sie war bleich und das Haar hing ihr in nassgeschwitzten Strähnen in die Stirn.

„Nein! Nicht dieses Fieber!" murmelte Anna. Otto kam hinter den Frauen her.

„Bring den Kleinen hinaus!" rief Anna. „Maria hat Fieber. Schnell den Medicus!"

Es dauerte lange, bis Maria wieder gesund war. Ängstlich wachte Anna am Bett ihrer Tochter. Erst an Weihnachten konnte Maria wieder hinaus ins Freie. Anna sprach lange Dankgebete.

Friedrich Magnus gedieh dank der guten Milch seiner Amme zu einem kräftigen kleinen Kerl. Seinen ersten Winter überstand er ohne Erkältung. Anna war glücklich, einen so starken Sohn geboren zu haben. Allzu gut erinnerte sie sich an das ständige Bangen um Philipps Gesundheit. Friedrich Magnus lag ganz anders in seiner Wiege. Lauthals verschaffte er sich Gehör und forderte Milch und Aufmerksamkeit. Anna wunderte sich immer wieder, wie fest er mit seinen winzigen Fäusten schon zupacken konnte. Der Kleine tröstete sie darüber hinweg, dass Otto immer öfter unterwegs war. Und wenn Otto dann nach Hause kam, konnte Anna nicht umhin, ihm Vorhaltungen zu machen. Sie war wütend auf ihn, wenn er nach einer langen Nacht, die er offensichtlich im Kreis von Freunden genossen hatte, mit Weinatem zu ihr zurückkehrte, nachdem sie sich um die Kinder gekümmert und Sorgen um ihn gemacht hatte. Sie fühlte sich einsam im Rödelheim. Sie war enttäuscht von Otto, der ihr nicht beistand in ihrer Sorge um Maria, der nicht einmal mehr bereit war, sie von ihren Sorgen abzulenken. Sie gingen nicht mehr gemeinsam aus. Immer blieb Anna allein in Rödelheim zurück, wo ihr Zorn auf Otto mit jeder Stunde, die er unterwegs war, wuchs. Und eines nachts im April war es soweit, dass für Anna das Maß voll war. Es war schon spät. Sie lag im Bett und konnte vor lauter Grübeleien nicht einschlafen. Ihre Gedanken kreisten quälend. Jede Niederlage ihres Lebens fiel ihr ein, jedes spöttische Grinsen, das sie hatte einstecken müssen, jeder hämische Kommentar der Mannsbachschen, jeder Tadel ihrer Schwiegereltern. Es wollte kein Ende nehmen. Sie wälzte sich hin und her auf dem Lager, das sie noch immer mit Otto teilte, auch wenn für Anna jeglicher Genuss gewichen war. Und Otto wohnte ihr nur bei, wie es einem pflichtbewussten Ehemann zukam. Mit seinen Gedanken war er nicht bei ihr. Doch wo seine Gedanken waren, wollte sie sich lieber nicht vorstellen.

Mitternacht war längst vorüber, als sie endlich die Hufe seines Pferdes auf dem regennassen Hof hörte. Er machte sich nicht einmal die Mühe, leise zu sein. Zumindest auf den Schlaf der Kinder könnte er Rücksicht nehmen, dachte Anna erbost. Als er ihr Schlafgemach betrat, meinte sie schon, Wein und Schnaps zu riechen.

„Wo kommst du her zu dieser Stunde?" fragte sie scharf, worauf Otto kurz innehielt, seufzte und ruhig erwiderte: „Von einem friedlicheren Ort als diesem, wo man mir freundlicher begegnete als hier!"

Er legte seinen nassen Mantel ab, zog seine schmutzigen Stiefel aus und ließ sie zu Boden fallen.

„Mach keinen solchen Lärm! Die Kinder schlafen schon. Und ich würde auch längst schlafen, wenn ich mir nicht Sorgen gemacht hätte um dich."

„Anna! Eine Frau, die sich Sorgen macht um den Mann, den sie von Herzen liebt, klingt anders." Sein Wams landete auf den schmutzigen Stiefeln.

„Glaubst du etwa, du steigerst meine Liebe, indem du nächtelang verschwindest, trinkst und hurst und das wenige Geld, das du hast, verschleuderst?" Anna hatte sich im Bett aufgesetzt und die Arme verschränkt.

„Aha!" sagte Otto sehr pointiert und hob den Zeigefinger. „Nun kommen wir der Sache näher. Wieso behauptest du, dir Sorgen um mich zu machen, wenn du dir doch im Grunde nur Sorgen um das Geld machst, das ich ausgebe? Wenn du wüsstest, dass ich unterwegs bin, um dir Kleider und Schmuck zu kaufen, wärest du sicher die geduldigste Ehefrau und würdest mich herzlich empfangen." Er ließ seine Hosen zu Boden fallen und setzte sich im Hemd aufs Bett.

„Wenn ich auf dein Geld angewiesen wäre, dann könnte ich nur noch in Lumpen gehen. Du hast einfach keinen Ehrgeiz! Wenn du Ambitionen hättest in der Gesellschaft, würdest du alles tun, um unsere Lage zu verbessern. Du ruhst dich auf mir und meinen Einkünften aus!"

„Von Ruhe kann hier wohl kaum die Rede sein. Und keine Angst! Dein Vermögen werde ich nicht antasten."

„Das will ich auch meinen! Mir wird übel bei dem Gedanken, dass das wenige Geld, das mir noch bleibt, in die Taschen von Wirten und minderwertigen Weibern fließt. Ich kann dir nicht sagen, wie sehr ich es bereue, dich geheiratet zu haben. In Marburg könnte ich ein schönes

Leben führen, anstatt in einem Schloss der Familie Solms zu verrotten." Ottos Familiennamen hatte sie ausgespuckt und ihn dabei mit einer Mischung aus Hass und Abscheu angesehen. Nun war bei Otto das Maß voll. „Endlich sind wir einer Meinung!" rief er und sprang auf, um wild gestikulierend im Zimmer auf und ab zu gehen. „Auch ich bereue, dich geheiratet zu haben. Ich bereue, mich wegen dir beinahe mit meinen Eltern überworfen zu haben. Ich bereue, ernsthaft in Erwägung gezogen zu haben, Rödelheim zu verkaufen, um dir ein besseres Leben in der Stadt bieten zu können. Ich bereue, dich jemals gesehen und geglaubt zu haben, du seist bewundernswert, mutig und schön. Ich bereue es zutiefst, Euer Gnaden!" Die letzten Worte hatte er ihr verächtlich ins Gesicht geschrieen, um dann die Tür hinter sich zuzuschlagen. Anna hörte seine wütenden Schritte auf dem Korridor. So heftig hatten sie sich noch nie gestritten. Hatte er die letzten Worte wirklich so gemeint? Bereute er wirklich, sie geheiratet zu haben? Sie sogar jemals gesehen zu haben? Um Himmels Willen! Was war aus ihnen geworden? Warum hatte alles so kommen müssen? Sie hatten sich doch so sehr geliebt! Sollte sie ihm jetzt nachlaufen? Nein! Er würde schon zur Vernunft kommen. Morgen, wenn er sich beruhigt hatte, wollte sie in Ruhe mit ihm reden. Es musste etwas geschehen. So konnte es nicht weitergehen.

Es dauerte lange, bis sie sich beruhigt hatte. Und in dieser Ruhe spürte sie etwas, eine aufkeimende Ahnung, dass sie wieder in gesegneten Umständen war. Wie schrecklich, dass sie sich ausgerechnet jetzt so sehr mit ihm gestritten hatte!

Es war schon später Vormittag, als sie erwachte. Der Schlaf hatte ihr gut getan. Sie warf sich ihren Hausmantel über und ging nach unten, wo der Tisch noch gedeckt war für den Morgenimbiss. Otto, Jette und Marie hatten offensichtlich schon gegessen. Grete kam und schenkte ihr ein warmes Dünnbier ein. Anna aß und trank mit gutem Appetit. Es war ein schöner Tag. Die dicken Wolken hatten sich verzogen. Die Sonne schien und draußen im Garten hörte sie Jette und Maria.

„Wo ist der Graf zu Solms?"

Aus Gretes Gesicht konnte Anna eindeutig erkennen, dass sie den Streit am Vorabend gehört hatte.

„Euer Gemahl ist draußen bei den Stallungen. Sein Vater ist gekommen."

„Oh", sagte Anna nur. Die Anwesenheit ihres Schwiegervaters passte ihr ganz und gar nicht. Sicher hatte Otto mit ihm über die letzte Nacht gesprochen, vielleicht schon überlegt, was als nächstes zu tun war?

Das neue Leben in ihr kam ihr vor wie ein Zeichen. So wie das Leben wuchs, konnte ihre Liebe wieder wachsen. Und wie sehr hatten sie sich geliebt. Damals in Marburg, in Grünberg und Laubach.

Da sah sie Otto über den Hof zum Haus gehen. Er war bereits gerüstet wie für eine Reise. Was mochte das bedeuten? Er konnte doch nicht jetzt ... Sie lief hinaus auf den Korridor, wo er ihr entgegenkam.

„Otto! Wo willst du hin?"

„Fort!" war die Antwort. Er ging an ihr vorbei die Treppen hinauf. Graf Philipp blieb unten in der Tür stehen und sah seine Schwiegertochter kühl an.

„Aber du kannst doch nicht ..." rief Anna und eilte ihrem Mann hinterher.

„Doch, ich kann!" sagte Otto über die Schulter hinweg und ohne in seiner Eile innezuhalten. „Du wirst schon sehen, was ich alles vermag. Ich will dein Gezänk nicht mehr hören. Ich gehe fort. Wenn ich wiederkomme, kannst du dir überlegen, ob du bei mir bleiben willst oder nicht." Er war in ihrem gemeinsamen Schlafzimmer angelangt, nahm etwas aus seiner Truhe, das er vergessen hatte und ging an ihr vorbei hinaus. Am Kinderzimmer hielt er kurz inne, ging dann leise hinein und schaute in die Wiege seines Sohnes. Friedrich Magnus schlief tief und fest. Friedlich. Ein Anflug von Neid huschte über Ottos Gesicht. Er streckte die Hand aus und strich seinem Sohn über die Wange. Der Kleine atmete ruhig weiter. Anna stand in der Tür und beobachtete ihn. Otto sah sie an. Er konnte ihr Gesicht nicht deuten. Das war ihm in der letzten Zeit ohnehin nur sehr selten gelungen. Er riss sich von seinem Sohn los und stürmte an seiner Frau vorbei zur Türe hinaus.

„Aber wo, um Himmels Willen, willst du denn hin?" rief sie und eilte ihm wieder hinterher.

„Ich sagte dir doch, dass wir Solmser sehen müssen, woher unser Geld kommt. Wir müssen uns bei größeren Herren verdingen. Ich kann nicht das Schloss meiner Eltern verkaufen, um dir Schmuck und Kleider zu kaufen." Er war im Hof angelangt und bestieg das Pferd, das der Knecht für ihn am Zügel hielt. Sein Vater war schon aufgesessen.

„Otto! Wohin willst du? Du willst doch nicht etwa ..."

„Doch genau das will ich!" sagte er und wendete sein Pferd.

Starr vor Entsetzen stand Anna da und blickte stumm den beiden Reitern nach. Sie war nicht fähig, sich zu rühren. Erst als die beiden am Tor waren, rief sie: „Otto! Komm zurück! Bitte!" Doch Otto hörte sie nicht mehr. Ohne sich umzusehen, ritt er neben seinem Vater davon.

In den Krieg.

Annas Ahnung wurde zur Gewissheit. Wie gerne hätte sie sich Otto mitgeteilt. Wie gerne hätte sie ihm geschrieben, wie leid ihr der Streit tat. Dass sie sich auf ihn freute und hoffte, dass er möglichst bald heimkehre, damit er die Geburt seines zweiten Sohnes erleben könne. Sie wusste nicht wo er war, konnte nur Vermutungen anstellen, fasste sich schließlich ein Herz und bat ihre Schwiegermutter in einem langen und sehr höflichen Brief um Auskunft, wo ihr Gemahl und ihr Sohn seien, damit sie ihnen eine Nachricht zukommen lassen könne. Die Antwort kam schnell. Die beiden hatten sich getrennt. Graf Philipp war zu Kaiser Karl V. nach Velanciennes aufgebrochen, Otto mit Franz von Sickingen nach Brüssel. Franz von Sickingen. Anna schluckte. Sollte dies wirklich *der* Franz von Sickingen sein, der sie so hinterhältig überfallen hatte? Sollte sich ihr eigener Gemahl wirklich mit diesem Mann eingelassen haben? Ihn gar militärisch unterstützen? Für diesen Mann sein Leben aufs Spiel setzen? Anna konnte es kaum glauben, starrte immer wieder auf das Pergament, wo dieser infame Name stand und redete sich ein, dass dies vielleicht ein ganz anderer Franz von Sickingen war. Schließlich wollte sie den Brief an ihren Gemahl nicht mit Vorhaltungen beginnen. Erst jetzt spürte sie, wie sehr sie ihn liebte. Sie vermisste ihn, bangte um ihn und hoffte, dass es ihm gut ging. Sie schrieb lange und schrieb sich dabei all ihr Leid von der Seele. Sie bedauerte aufrichtig ihr Gezänk und versprach sich zu bessern. Auch über ihre Schwangerschaft und ihre Hoffnung auf einen weiteren Sohn schrieb sie. Sie beteuerte ihm ihre Liebe und bat ihn inständig, so bald wie möglich wieder nach Hause zu kommen. Bevor sie den Brief versiegelte, tat sie je eine Locke ihrer Kinder in den Brief. Die Kirschbäume blühten. Was für ein wundervoller Frühling! Wenn nur Otto bald kam, dann konnten sie ganz neu beginnen. Alles würde gut werden. Gott würde es schon richten. Als Anna unten an der Treppe angelangt war, sah sie, dass Grete gerade einen Boten verabschiedete.

„Halt! Nehmen Sie etwas mit für uns!" rief sie. Grete wandte sich erstaunt zu ihrer Herrin um. So gutgelaunt hatte sie sie lange nicht mehr erlebt. Der Brief, den Grete in ihrer Hand hielt, wog plötzlich so schwer wie Blei. Der Bote stand unsicher da und rührte sich nicht. Er schaute Anna an. Grete schaute auf den Brief. Anna stand zwischen den beiden und bemerkte schließlich den Brief in Gretes Hand.

„Ein Brief von Otto! Es kann nur ein Brief von Otto sein!" rief sie erfreut und erbrach hastig das Siegel, ohne weiter darauf zu achten. Mit einem erwartungsvollen Lächeln überflog sie die ersten Zeilen. Da erstarrte ihr Lächeln. Ihr Gesicht zerfiel zu Schmerz und Entsetzen. Die Briefe fielen ihr aus der Hand. Sie wandte sich stumm ab und ging mit taumelnden Schritten davon.

Otto war tot.

*

„Euer Gnaden müssen etwas essen! Bitte! Es sind Kuchen, wie sie in Nürnberg gebacken werden. Ein Frankfurter Bäcker hat sie mitgebracht." Grete stellte das Tablett mit den Köstlichkeiten auf den Tisch und wartete auf eine Antwort ihrer Herrin. Als Anna nichts sagte, fügte sie hinzu: „Ich habe auch einen Wein mitgebracht. Euer Gnaden sollten ihn trinken solange er noch schön kühl ist."

„Wir danken Ihnen, Grete."

„Ich glaube, es war Samuel, dem der Engel in seiner Trauer gesagt hat ‚Steh auf, iss und trink, denn dein Weg ist noch weit'. Ihr habt einen Sohn und eine Tochter, die Euch brauchen. Ihr seid in gesegneten Umständen. Wenn Ihr weiter so traurig seid, wird Euer Kind schwermütig."

„Ja, Grete, Sie haben Recht. Wissen Sie, diesen Sohn wollen wir jetzt nicht mehr verlieren. Philipp haben wir verloren. Er hasst uns und lässt sich von seinen Räten die schändlichsten Dinge über uns ins Ohr blasen. Unseren Friedrich Magnus werden wir selbst sorgfältig erziehen. Niemand soll ihn uns wegnehmen. Und er soll kein Feldherr werden. Ein Mann der Worte. Auch wenn das nicht im Sinne seines Vaters ist, aber ich will nicht auch noch einen Sohn an den Krieg verlieren. Unser Sohn soll er werden. Uns allein soll er gehören."

„Aber Ihr solltet Euch auch wieder dem Leben zuwenden. Eure Kinder brauchen Euch. Vielleicht solltet Ihr einen Ausflug machen. Warum nicht nach Marburg. Es wird Zeit, dass Ihr Euch mit Eurem Sohn aussöhnt. Und jetzt, da Ihr wieder Witwe seid, wird er sich nicht hart zeigen gegen Euch."

„Marburg! Das ist wie ein anderes Leben. Damals in Marburg." Aus Annas Stimme sprach eine Wehmut, die Grete erschreckte.

Den Sommer über blühte auch Maria wieder auf, wuchs, bekam runde Bäckchen und konnte schon die ersten Lieder singen, die Jette ihr beibrachte. Erst als es wieder Herbst wurde, konnte man zusehen, wie das Kind weniger wurde. Ängstlich legte Anna ihre Hand auf ihren Leib, wenn sie spürte, wie schwach Maria wurde, sich immer öfter zurückzog, was nicht ihrem Temperament entsprach. So viel Leben hatte sie vor der Zeit schwinden sehen. Wilhelm, Otto, die kleine Magdalena, ihre

Schwester. Warum nur musste sich das Leben wie auf einer dünnen Eisschicht abspielen, die den Menschen Sicherheit vorgaukelte, sie weiter hinauslockte, wo sie die Weite des Lebens genossen, es in sich aufsogen und plötzlich einbrachen, um im schwarzen Wasser zu versinken? Wenn nur ihr ungeborenes Kind gesund war und sie die Geburt gut überstehen würde! Otto sollte das Kind heißen. Otto. Er war in Lich beerdigt worden. Anna hätte ihn gerne bei sich in Rödelheim gehabt, doch bestanden ihre Schwiegereltern darauf, ihren Sohn in der Familiengruft beizusetzen. Es war ein schwerer Tag für sie gewesen, wenn nicht sogar der schwerste ihres Lebens. Noch nie hatte sie ein Verlust so hart getroffen. Natürlich hatte sie auch um ihre Tochter getrauert. Aber die Trauer um Otto war eine andere. Am meisten schmerzte sie, dass er im Streit von ihr gegangen war. Die letzten Worte, die sie gewechselt hatten, waren unfreundliche Worte gewesen. Lange hatte sie an seinem Grab gekniet und gebetet, gehofft, dass er ihre liebevollen Wort noch hörte. Wie sehr hatte sie auf Laubach geschimpft, dieses Nest, dieses trostlose. Die verregneten Herbsttage, die sie in Laubach erlebt hatte, waren in ihrem Gedächtnis verblasst. Nun kam ihr Laubach in den Sinn, wie sie es zum ersten Mal gesehen hatte: idyllisch, friedlich. Wie erbauend war die Messe dort gewesen – selbst wenn der Priester den Wein aus einem Zinnkelch getrunken hatte. Anna beschloss, der Kirche einen Kelch zu schenken. Einen schönen, prächtigen Kelch aus Gold. Eine feine Goldschmiedearbeit sollte es sein. Dieser Vorsatz ließ sie leichter atmen. Wie eine Art Gutmachung für die Schmähreden, die sie auf Laubach gehalten hatte. Gleich wollte sie den Kelch in Auftrag geben.

Ihr Leib nahm immer weiter zu. Es war ihre sechste Schwangerschaft. Sie fühlte, dass alles in Ordnung war und befahl sich Gottes Schutz an, damit er sie auch bei dieser Geburt behüten möge.

Es war der Morgen des 12. November 1522, als die Wehen einsetzten. Grete, der Medicus und die Hebamme standen ihr bei. Die Geburt war leicht. Innerhalb weniger Stunden war das Kind da. Ein Mädchen. Anna sollte sie heißen, die Kleine. Sie war ein hübsches Kind. Gesund, kräftig, eine Freude. In diese Freude hinein trat plötzlich Jette.

„Euer Gnaden! Ob der Herr Medicus wohl nach der kleinen Maria sehen könnte? Das Kind sieht gar nicht gut aus."

Doch der Medicus war nicht mehr in der Lage, etwas für Maria zu tun. Er ließ sie zur Ader. Anna konnte das Schreien ihres Kindes kaum ertragen. Aber es half nichts. Am Abend des 12. November 1522 starb Maria im Alter von zwei Jahren und vier Monaten.

Anna war aufgeregt. Immer wieder sah sie aus der Kutsche. Sie war wieder in vertrautem Gebiet. Sie erkannte Wege, markante Bäume, Dörfer und Mühlen. Sie hatte an Philipp geschrieben. Er hatte ihr sehr höflich geantwortet und sich bereiterklärt, sie in Marburg zu empfangen. Er würde sie empfangen – aber wie? Freundlich? Unterkühlt höflich? Abweisend wie eine lästige Notwendigkeit?

Es war Frühling im Jahre 1523. Das Heilige Römische Reich Deutscher Nation war in Aufruhr. Die Reformation griff um sich. In Sachsen hatten die Bilderstürmer ihr zerstörerisches Werk begonnen. Hunderte von Kirchen waren ihnen zum Opfer gefallen. Unschätzbare heilige Kunstwerke waren in Flammen aufgegangen oder unter den Hieben der Äxte zersplittert. Anna hatte sich entsetzt gefragt, wie Gott dies nur zulassen konnte. Wenn dieser Wahnsinn nur nicht auf Hessen übergriff! Sie wollte Philipp ans Herz legen, sich mit allen Mitteln gegen die Reformation zu stellen. Er sollte ihre erste Station in Marburg sein.

Anna hatte Quartier in einem Gasthaus genommen. Niemand hatte sie dort erkannt. Sie war früh schlafen gegangen und hörte noch eine ganze Weile auf das leise Schnarchen der Stadt, das leise Rauschen der Lahn, die Schläge der Turmuhren, dann und wann fuhr ein Wagen über das Kopfsteinpflaster und wurde langsamer, als die Gasse steil anstieg. Marburg. Hier hatte sie sich einst so heimisch gefühlt. Wie würde man ihr nun hier begegnen?

Am nächsten Morgen machte sie sich früh auf zum Schloss. Mit klopfendem Herzen stand sie in dem großen Saal, durch den Schrautenbach sie vor vielen Jahren geführt hatte. ‚Ihesus Maria Amen' stand über der Tür, durch die sie eben gekommen war. War ihr Eintritt in dieses Haus gesegnet? So lange hatte sie Philipp nicht gesehen. Er hatte sich mit Sicherheit sehr verändert. Er war nun ein Mann von achtzehn Jahren. Anna wartete. Schließlich hörte sie Schritte. Ein junger Mann erschien, in dem Anna ihr Kind erkannte. Philipp trug einen feinen Schnurrbart und ein kleines Bärtchen am Kinn, wie es jetzt Mode war. Unter seinem geschlitzten Wams, das seinen athletischen Wuchs betonte, lugte feines Leinen hervor. Seine langen, schlanken Beine steckten in eng anliegenden Beinlingen, zu denen er weite Hosen trug, die wie sein Wams geschlitzt waren. Auf seinen Kuhmaulschuhen setzten sich die Schlitze fort. Ja, Philipp war ein Mann geworden. Und ein hübscher, stattlicher, wie Anna feststellen konnte. Er empfing sie freundlich. Er lächelte sie sogar an. Sie ging ihm entgegen und ergriff seine Hände.

„Mutter! Warum habt Ihr denn in der Stadt geschlafen? Ich hatte Euch schon ein Zimmer vorbereiten lassen. Ihr hättet es hier im Schloss viel bequemer gehabt."

„Ich danke Ihnen, mein Sohn. Das ist sehr freundlich von Ihnen, aber ich habe in dieser Nacht sehr gut in einem Gasthaus geschlafen. Ich wollte Ihnen keine Umstände machen."

Ihre Zurückhaltung und Bescheidenheit schien ihn etwas zu verunsichern.

„Darf ich fragen, wie es Euch geht?"

„Es geht mir ... gut."

„Das ‚gut' geht Euch etwas zögerlich über die Lippen. Ich habe von Ottos Tod erfahren. Es tut mir aufrichtig leid, dass Ihr ihn so bald wieder verloren habt. Aber wie geht es Euren Kindern?"

„Anna und Friedrich Magnus sind wohlauf. Maria starb an dem Tag, als Anna geboren wurde. Ist das nicht sonderbar?"

Philipp schwieg. Schließlich ergriff er Annas Hand und sagte leise: „Das tut mir wirklich sehr leid. Das muss ein harter Schlag gewesen sein für Euch."

„Anna war mir ein Trost. Sie und Friedrich Magnus werden sicher groß werden. Beide sind kräftige Kinder und gute Esser."

„Wie steht es mit Eurem Appetit?" fragte Philipp unvermittelt, als sei er froh, ein anderes Thema ansprechen zu können. „Habt Ihr schon einen Morgenimbiss zu Euch genommen?"

„Ein wenig in dem Gasthaus."

„Kommt mit und esst mit mir noch einmal. Ich werde gleich ein zweites Gedeck auftragen lassen."

Kurz darauf saßen sie gemeinsam am Tisch in dem Erker, wo auch Anna schon mit Wilhelm gespeist hatte, wenn sie unter sich gewesen waren. Ein zweites Gedeck war aufgelegt worden, ein weiterer Becher Dünnbier stand bereit und Anna aß mit gutem Appetit.

„Man hat von hier einen so herrlichen Ausblick über die Stadt. Ich sitze gerne hier, wenn es früh noch still ist", sagte Philipp, der eine Scheibe Brot dick mit Butter bestrich.

„Das tat Ihr Vater auch gerne." Und mit einem Lächeln fügte sie hinzu: „Sonderbar, dass Sie seine Gewohnheiten annehmen, obwohl sie ihn so gut wie gar nicht kannten. Können Sie sich denn überhaupt an ihn erinnern?"

„Ich muss zugeben, dass ich mich nur sehr flüchtig an ihn erinnere. Wir waren bei ihm, als er starb. Ich entsinne mich noch sehr gut des Geruchs in seinem Krankenzimmer. Gesund und stark habe ich ihn nie erlebt." Er biss in das Brot und kaute genüsslich.

„Ich glaube, er wäre zufrieden mit Ihnen. Haben Sie kürzlich etwas von Elisabeth gehört? Sie schrieb mir, dass es ihr mittlerweile gut gefalle in Dresden. Aber ich kann nicht sagen, ob sie nur vorsichtig schreibt, weil man vielleicht ihre Brief kontrolliert."

„Mir schrieb sie auch, dass es ihr gut gehe. Sie beschäftigt sich viel mit Kunst, Musik und Theologie."

„Mit Theologie. Das ist gut. Diese Reformation greift immer mehr um sich. In Sachsen hat man schon viele Kirchen zerstört. Mich wundert nur, dass man diesen Luther nicht gleich zum Tode verurteilt hat. Damals in Worms dachte ich schon, jemand habe diesen Vogelfreien seiner gerechten Strafe zugeführt, doch es heißt, er lebt noch."

Während dieser Rede hatte Anna nicht bemerkt, dass Philipp aufgehört hatte zu kauen und sie entsetzt anschaute.

„Habt Ihr denn in Worms seine Rede gehört? Er ist ein aufrechter Mensch, durchdrungen von Gottes Geist und der Überzeugung, dass er allein ihm verpflichtet ist. Er will keinen Herrn außer Gott anerkennen."

„Aber der Heilige Vater?"

„Luther sagt, dass auch der Heilige Vater nur ein Mensch sei, der irren könne."

„Das ist Gotteslästerung!" rief Anna empört. „Die Welt ändert sich nicht nur, sie ist vollkommen aus den Fugen geraten, wie mir scheint. Die Kirche ist der einzige Garant für Ordnung, für Beständigkeit. Sie darf nicht wanken. Dieser Luther bringt die ganze Welt an den Abgrund."

„Zum Wohle Hessens habt auch Ihr mit Traditionen gebrochen", merkte Philipp betont ruhig an.

„Und aus eben diesem Grund muss die Kirche Bestand haben. Wenn man schon mit Traditionen bricht, dann muss man dem Volk auch etwas bewahren, auf das es sich verlassen kann. Luther nimmt dem Volk nicht nur Sicherheit, seine Anhänger werden ihm folgen in die ewige Verdammnis."

„Er predigt genau das, was Ihr uns auch immer wieder gesagt habt. Ihr rietet uns, uns beraten zu lassen, doch niemals *blind* beraten zu lassen. Luther rät, die Bibel selbst zu lesen, sich ein eigenes Bild von Gottes Wort zu machen, weltliche Autoritäten anzuzweifeln. Das kann nicht lästerlich sein. Gott selbst hat dem Menschen seinen Verstand gegeben. Der Mensch muss ihn nutzen. Es wäre gotteslästerlich, weltliche Autorität anzuerkennen und sie gar über Gott zu stellen."

„Wir können Euch nur noch warnen! In Sachsen hat der Mob Kirchen zerstört. Ihr werdet sehen: Überall wird es Aufruhr geben. Was wird Euer Luther sonst noch predigen? Dass sich der Bauer gegen seinen

Herrn erhebt? Rüstet Euch. Luther hat Feuer gelegt. Ihr solltet nicht damit spielen. Ein solches Feuer greift allzu leicht um sich und versengt Euch." Anna schaute ihn fest an. Mit Bedauern erkannte sie, dass sich Philipps Miene immer mehr verschloss. Entsprechend selbstbewusst antwortete er ihr.

„Habt Ihr seine Schriften gelesen? Wisst Ihr, was in seiner Schrift ‚An den christlichen Adel deutscher Nation' oder ‚Von der Freyheyt eynes Christennmenschen' steht? Habt Ihr auch nur einen Blick hineingeworfen? Luther macht keinen Unterschied mehr zwischen dem Klerus und Laien. Indem wir alle wahrhaftige Christen sind, sind wir auch alle Priester, Bischöfe und Päpste. - Ihr müsst Euch nicht bekreuzigen! - Der Papst ist nicht besser als jedes andere Mitglied der christlichen Gemeinde. Und wenn ein Mitglied der Gemeinde irrt, muss es jedem anderen erlaubt sein, dieses Mitglied auf seinen Irrtum hinzuweisen. Sei es nun ein Handwerker, ein Bauer, ein Priester, Bischof oder gar der Papst selbst. Wir sind vor Gott alle gleich. Der Papst ist kein frommerer Mann als ein wahrhaftig glaubender Bauer. All diese Hierarchien sind von Menschen gemacht. Ebenso wie viele Gesetze von Menschen gemacht sind, um andere Menschen zu knechten."

„Für solche Reden werde ich Ihnen so viel Ablass kaufen müssen, dass ich von Haus und Hof komme."

„Spart Euch den Ablass, Mutter. Das ist nur wertloses Papier. Es gilt nichts vor Gott. Es gilt nur vor den Menschen." Er nahm sich mit dem Messer ein Stück Butter und strich sie auf ein Stückchen Brot, das er abgebrochen hatte. Dann hielt er das Brot mit der Butter seiner Mutter hin.

„Seht, Mutter, ich esse Butter. Ich esse sie gerne. Der *Klerus* hat es verboten, nicht Gott. Dem *Klerus* müssen die Menschen Geld bezahlen. Von ihm müssen sie sich die Erlaubnis, Butter zu essen - oder was immer ein Genuss sein mag - zurückkaufen. Mit Gott hat es nichts zu tun! Es ist der Klerus, der den Menschen das Geld aus der Tasche zieht."

„Wer sich Butter leisten kann, wird sich wohl auch eine Spende für die Kirche leisten können!"

„Erstens geht es nicht um eine Spende für die Kirche, denn die wäre freiwillig und ich habe gerade über ein erkauftes Recht gesprochen. Und zweitens: Was ist mit den Armen, die sich nicht einmal das tägliche Brot leisten können? Denen zieht der Ablassprediger die letzte geringe Münze aus der Tasche. Und wofür? Für die fetten Kirchenmänner. Es wurde höchste Zeit, dass ein Mann wie Luther damit aufgeräumt hat. Diesen Mann schickt Gott! Denn Gott ist nicht der hassende, strafende Gott, mit dem uns die Kirche seit Jahrhunderten gequält hat."

„Hat Sie Pater Ignatius jemals gequält?"

„Natürlich nicht. Es gibt Ausnahmen. Denkt doch nur an den alten Pater Marcus - Friede seiner Asche. Diesem Mann hätte ich kein einziges persönliches Wort sagen können. Aber die Mehrheit der Priester ist weit entfernt davon, den Menschen Trost zu spenden. Sie halten ihre Gemeinden in ständiger Furcht vor dem Höllenfeuer und verderben ihnen das bisschen Freude, das sie hier im Diesseits genießen könnten. Und diese Kleriker sind die größten Sünder überhaupt. Ist es nicht die größte Sünde, Gottes Liebe und Gnade den Menschen vorzuenthalten und ihnen stattdessen Angst und Schrecken einzujagen, um ihnen das Wenige, das sie noch haben, abzupressen? Und was tun sie damit? Luther war in Rom! Er hat mir davon berichtet! Die Priester in der sogenannten Heiligen Stadt leben wie weltliche Fürsten, haben ihre Weiber, ihre Kinder bei sich in den Palästen. Und die wenigsten begnügen sich mit einem Weib. Rom ist eine verkommene, stinkende Kloake, ein Sündenpfuhl, den nicht einmal das Feuer der Hölle trockenlegen könnte. Ist es nicht so, Mutter?"

„Philipp! Das werden Sie in der Beichte sagen müssen! Ich bin entsetzt!"

„Ja, Mutter, seien Sie entsetzt. Seien Sie entsetzt über das himmelschreiende Unrecht, das in Gottes Namen auf der Erde geschieht."

„Ist es das, was ich Ihnen in all den Jahren beigebracht habe? Haben Sie das bei mir gelernt?"

„Bei Ihnen habe ich gelernt, meinen Verstand zu gebrauchen, selbst zu denken und mir nichts vorschwatzen zu lassen von Ratgebern, die doch nur ihren eigenen Vorteil suchen. Die Pfaffen wissen schon, warum sie die Messe in Latein lesen. Sie wollen dem Volk das Wissen um Gottes Liebe vorenthalten. Niemand soll selbst nachlesen können, was in der Schrift geschrieben steht. Aber Sie werden sehen, Mutter, die Zeit wird kommen, da werden auch die Bauern lesen können. Sie werden die Schrift lesen und sich nicht mehr mit ewiger Verdammnis ängstigen lassen, weil sie selber in der Bibel gelesen haben, dass Jesus sie von allen ihren Sünden erlöst hat, für alle Zeiten, Dass wir alle Sünder sind und trotzdem von Gott geliebt werden. Dann wird die Macht der Kirche wanken und unter den Menschen wird sich ein Jubel erheben, in den die Engel im Himmel einstimmen werden." Seine Stimme war voller Überzeugung.

Anna schaute ihren Sohn voller Entsetzen an. Sie bekreuzigte sich noch einmal, um sich zu fassen, bevor sie mit bemüht fester Stimme sagte: „Philipp, glauben Sie mir, ich weiß es wirklich besser. Die Kirche ist der Garant für die gottgewollte Ordnung. Wenn die Ordnung ins Wanken gerät, dann gerät auch die Welt aus den Fugen. Es ist nicht rechtens, wenn man dem Volk zu viel Freiheit gewährt. Sei es nun politisch oder im Geiste. Haben Sie denn nicht gehört, was diese Reformation schon angerichtet hat? Eines Tages wird sich der Bauer gegen seinen Fürsten erheben, wenn Sie nicht dafür sorgen, dass die Ordnung bestehen bleibt. Ich bin Ihre Mutter. Ich würde niemals etwas raten, das nicht in Ihrem Interesse ist. Wissen Sie denn gar nicht, wie sehr ich gekämpft habe in all den Jahren, damit Sie noch ein Land haben, das zu regieren sich lohnt? Ich will nicht, dass Sie ihr Land leichtfertig aufs Spiel setzen. Ich weiß, was das Beste ist für Sie und für Hessen."

„Ja, Mutter!" erwiderte er so heftig, dass Anna ihre Worte bereute. „Jeder weiß immer, was das Beste ist für andere. Die Regenten wussten es, die sächsischen Vormünder wussten es und Ihr wisst es auch. Mutter! Ich bin erwachsen. Ich regiere dieses Land seit Jahren. Lasst mich selbst meine Entscheidungen treffen. Ich werde lieber Euren früheren Rat befolgen und selbst denken, *Mutter*!" Er war immer lauter geworden, das letzte Wort hatte er bitter hervorgestoßen. Anna starrte ihn erschrocken an, worauf Philipp seinen Blick rasch abwandte. Sie aßen in einer kalten Stille zu Ende. Anna schaute ihren Sohn immer wieder an, doch Philipps Blick blieb abgewandt. Er schaute aus dem Fenster. Ganz so wie Wilhelm es immer getan hatte, wenn sie zuviel gesagt hatte.

*

„Gräfin Anna zu Solms-Lich!" meldete der Diener. Auf dem Weg zu den Franziskanern hatte Anna den Kutscher gebeten, einen Abstecher in die Wettergasse zu machen. Sie war sich nicht sicher gewesen, ob dieser spontane Einfall gut war. Sie wusste selbst nicht, warum sie plötzlich das Bedürfnis verspürte, die von Treisbachs zu besuchen. Philipp war ihr entglitten, würden die von Treisbachs ihr ein Anknüpfen an frühere Zeiten gewähren?

Frau von Treisbach erbleichte bei der Ankündigung des Dieners. Auch wenn sie ihr als Landgräfin zu einem Herrn Hofrichter verholfen hatte - in der Schuld einer Gräfin zu Solms-Lich wollte Frau Gertrud auf keinen Fall stehen.

Peter von Treisbach kam Anna entgegen und entbot ihr einen Gruß. Anna bemerkte wohl, wie sehr er darum bemüht war, sich freundlich zu zeigen. Allerdings auch nicht zu freundlich – mit einem Seitenblick auf seine Gemahlin, die grußlos an Anna vorbeigegangen war und sich entfernt hatte. Nur dem Diener hatte sie einen kurzen Befehl gegeben.

Als dieser nun begann, den Tisch abzuräumen, bot Treisbach seinem unverhofften Gast zumindest einen Stuhl an.

Anna setzte sich. Wie wohl hatte sie sich früher mit Treisbach und seiner ersten Frau gefühlt. Es waren wirkliche Freunde gewesen, Menschen, denen sie vertraut hatte. Wie selbstverständlich war sie mit den beiden umgegangen, hatte besonders mit der verstorbenen Frau von Treisbach Heimlichkeiten ausgetauscht, sich mit ihnen amüsiert bei Empfängen, Festlichkeiten oder intimen Abendgesellschaften. Aber das war vorbei. Es gab kein Zurück in die Zeit, die Anna wie ein fernes Leben vorkam, das sie nicht selbst gelebt hatte. Frau Gertrud gesellte sich nun doch wieder zu ihnen, nahm in einem bequemen Lehnstuhl Platz und widmete sich mit verkniffenem Gesicht einer Handarbeit. Einem Kinderhäubchen.

„Wie geht es Ihnen?" fragte Treisbach. Bei dieser Anrede zuckte Anna kurz zusammen. Niemals zuvor hätte Treisbach es gewagt, sie zu Siezen. Anna spannte und wappnete sich innerlich. Diese Frage zielte beileibe nicht auf ihr körperliches Wohlbefinden. Das war keine Frage, wie man sie sich früher oft beiläufig gestellt und ebenso beiläufig geantwortet hatte. Anna hörte aus diesen vier Worten mehr heraus, als Treisbach ahnte, vielleicht mehr noch, als er ursprünglich hineingelegt hatte. Anna hörte: Warum bist du nur gekommen? Was willst du noch hier? Du bist für uns eine Fremde, wie aus einer anderen Welt. Wir kennen deine Situation sehr genau. Wir müssen nur dein Kleid anschauen, um zu wissen, wie unglücklich du bist. Dein Äußeres verrät dich. Du kannst uns nicht erzählen, dass du mit deinem kleinen Grafen ein standesgemäßes Leben führst. Am Kaiserhof hast du verkehrt! Und nun sieh, was aus dir geworden ist! Eine unbedeutende Gräfin, die über ihre Verhältnisse lebt. Wir wollen dich hier nicht mehr.

„Danke. Es geht mir gut", erwiderte Anna, doch war beiden klar, dass diese Antwort eine Lüge war.

„Sie tragen Trauer", stellte Treisbach mit einem Blick auf den Trauerflor fest, die Anna an ihrem Kleid trug.

„Ja, mein Gemahl und meine Tochter sind gestorben."

Anna beobachtete etwas auf dem Gesicht Treisbachs, das weitaus mehr war als lediglich ein Anflug von Schadenfreude. Er hielt es nicht für nötig, ihr sein Beileid auszusprechen. Annas Herz krampfte sich zusammen. Warum war sie überhaupt hierher gekommen? Hätte sie sich nicht denken können, dass sie nun eine persona non grata in diesen Kreisen war? Sie hatte eine Entscheidung getroffen. Es war eine einsame Entscheidung gewesen, die sie nun zu einer einsamen Frau gemacht hatte.

Annas Blick wanderte hinüber zur emsig handarbeitenden Frau Gertrud. Der Herzog bemerkte den Blick und erklärte: „Meine Frau erwartet ihr erstes Kind. Um Ostern wird es soweit sein."

„Der Herr möge Sie schützen."

Frau Gertrud schaute auf. „Und was ist das jetzt für ein Gefühl, eine kleine Gräfin zu sein?"

Die Art und Weise, wie sie den Satz aussprach, zeigte Anna, dass Frau Gertrud sich die Antwort bereits selbst gab. Aber sie fragte trotzdem, als wolle sie unbedingt aus Annas Mund hören, wie schlecht es ihr ging.

„Ich bin noch immer die Mutter des Landgrafen", erwiderte Anna kühl und erhob sich. „Ich danke Ihnen für den freundlichen Empfang. Danke, ich kann mich selbst hinausbringen."

„Das haben Sie bereits bewiesen."

Anna überhörte diese Spitze und schwor sich, niemals wieder einen Fuß in diese Stadt zu setzen.

*

Aber einen Besuch bei Pater Ignatius wollte sie sich nicht nehmen lassen. Bei Philipp war sie regelrecht gescheitert, ebenso bei den von Treisbachs. Bei Pater Ignatius würde sie Trost finden. Dessen war sie sich sicher.

Wie glücklich war sie, ihn wohlauf zu finden. Er war wahrhaftig ein zäher Bursche. So lange schon war er gebrechlich, aber immer wieder überstand er auch den kältesten Winter, um im Frühling wieder unter seinen Kirschbäumen zu sitzen. Dort traf ihn Anna.

„Ihr seid noch immer so schön wie vor Jahren, Euer Gnaden!" sagte er und lächelte sie zahnlos an.

„Und Ihr habt offenbar das Lügen gelernt. Das schickt sich nicht für Euren Stand!" entgegnete Anna mit einem Lachen. Das Lachen tat ihr gut nach diesen unerfreulichen Begegnungen. Sie war versucht, dem Pater von Philipp und den von Treisbachs zu bericht, entschied sich aber, diese dunklen Schatten nicht über den friedlichen Kirschgarten fallen zu lassen.

„Kommt, setzt Euch neben mich. Wenn Ihr hier auf dieser Bank bei mir sitzt, kommt es mir so vor, als sei nicht eine Woche vergangen, seit Ihr mir zum ersten Mal hier im Kirschgarten Eure schweren Sünden gebeichtet habt."

Wehmütig erwiderte Anna: „Mir kommt es auch so vor, als habe ich mein ganzes Leben lang nur auf der Stelle getreten. Wisst Ihr noch, wie ich Euch sagte, mein Leben komme mir wie eine ewige Mitternacht vor?"

„Ja, mein Kind. Daran kann ich mich noch sehr gut erinnern. Aber hattet Ihr nicht auch helle Tage?"

„Ja, die hatte ich", sagte Anna zögernd. „Aber es waren so wenige."

„Ihr tragt noch Euren Trauerflor. Ich habe gehört, dass Euer zweiter Mann im Krieg geblieben ist und Ihr ein Töchterchen verloren habt. Die Nachricht hat mich sehr erschüttert."

„Ich weiß, dass Ihr aufrichtig mit mir getrauert habt. Unsere Ehe war viel zu kurz."

Pater Ignatius legte tröstend seine alte Hand auf ihre.

„Aber doch glücklich. Ihr hattet diesen Mann aus Liebe geheiratet. Wisst Ihr noch, wie Ihr nach Worten suchen musstet, um diesen Mann zu beschreiben? Sprachlos hat er Euch gemacht."

Zufrieden sah er, wie auf Annas Gesicht ein Lächeln erschien. „Ja, er hat mich sprachlos gemacht. Und später habe ich viel zu viel gesagt. Mit ihm gezankt, ihm Vorwürfe gemacht und ihn nie angehört. Ich glaube, ich habe alles falsch gemacht in meinem Leben."

„Anna, quält Euch jetzt nicht mehr mit Vorwürfen. Glaubt Ihr denn, Ihr ehrt sein Andenken, indem Ihr solches tut? Ihr hattet schöne Tage mit ihm, das bezweifle ich nicht. Auch wenn es wenige waren." Und nach einer Weile fügte er hinzu: „In der neuen Welt, die man entdeckt hat, gibt es wunderbare Pflanzen und Tiere, wie wir sie uns gar nicht vorstellen können. Ich hörte von einer Blume, die nur für einen kurzen Moment um Mitternacht blüht. Aber dafür blüht sie schöner als alle anderen Blumen und duftet so betörend süß, dass man sich sein ganzes Leben lang immer wieder nur nach diesem einen Duft sehnt."

Lange saßen sie schweigend beieinander. Und für einen Augenblick hatte auch Anna das Gefühl, als sei sie wieder als junge Ehefrau hier. Mit ihren Sorgen von damals, die ihr heute so lächerlich erschienen. Die Kirschblüten dufteten wie damals, von den Lahnwiesen her konnte man die Rufe der spielenden Kinder hören.

„Das mit der Blume werdet Ihr in der Beichte sagen müssen. Es ist eine Lüge, auch wenn sie schön ist", sagte Anna schließlich mit gespieltem Ernst.

„Oh doch, das habe ich wirklich gehört. So wahr der Papst ein frommer Mann ist."

*

Es war Anfang Mai des Jahres 1525. Anna war ungehalten. Bei einem Ausritt vor vierzehn Tagen hatte sie sich leicht verkühlt. Ihr Husten wollte nicht weggehen, obwohl Grete ihr heiße Milch mit Honig machte und drauf achtete, dass Anna sich warm genug anzog. Dabei duldete sie keine Diskussionen. Anna stellte fest, dass Grete noch vorsichtiger war als ihre Mutter, war aber zu müde, um sich gegen Gretes Fürsorge aufzulehnen. Als ihr Husten in die dritte Woche ging, war das Wetter wunderbar. Den ganzen Tag über hatte sie in der Sonne gesessen und ihren Kindern beim Spielen zugesehen. Friedrich Magnus war ein kräftiger Junge von dreieinhalb Jahren. Und auch die kleine Anna war gesund. Friedrich Magnus war ein guter großer Bruder. Außer den beiden waren keine Kinder im Schloss. Die beiden mussten schon miteinander spielen, wollten sie nicht ausschließlich mit Jette spielen, für die sich das Leben zu wiederholen schien. Sie spielte mit den Kindern die gleichen Spiele wie schon mit Elisabeth und Philipp, stieß immer noch die gleichen spitzen Schreie aus, wenn die Kinder sie beim Versteckspielen allzu schnell fanden. Und wieder war es Jettes Schürze, die die Tränen der Kinder trocknete, verkleckerten Brei auffing und an der die Kinder sich die Hände nach dem Spielen abwischten, bevor sie ihrer Mutter Gute Nacht sagten. Die Ruhe hatte Anna gut getan. Sie fühlte sich stark und erhob sich, um sich umzukleiden. Sie hustete kaum noch.

„Euer Gnaden haben sich gut erholt. Noch eine lange Nachtruhe und Ihr werdet wieder vollkommen hergestellt sein."

„Ich will ausreiten!" sagte Anna. Grete hörte ihre Schritte auf der Treppe verhallen. Sie eilte ihr mit einem Mantel nach, denn der Himmel sah düster aus. Der Tag war sonnig und warm gewesen, doch die Abende waren noch kalt. Außerdem würde es bald regnen. Doch ihre Herrin hörte sie nicht mehr. Resigniert sank Grete mit dem Mantel auf Annas Bett.

Anna sattelte ihr Pferd eigenhändig. Sie wollte nicht auf den Stallmeister warten. Zu Pferd und hinaus in die Ausläufer des Taunus war eins. Sie stürmte durch die lange Allee. Die Sonne glitt schon auf den Horizont zu. Noch war es hell im Westen. Noch sah Anna die Bäume grün. Kirschblüten leuchteten hier und dort durch die Dämmerung. Schon färbte sich der Himmel rot. Nebelschwaden stiegen aus den Feldern und Wiesen, stahlen sich wie Wegelagerer in die Alleen und machten Anna doch keine Angst. Diese Landschaft hatte nichts von der Mecklenburgischen Weite. Die Ausläufer des Taunus begrenzten den Blick mit ihren bewaldeten Rücken, die sich in der Dämmerung wie schlafende Riesen um Dörfer und Marktflecken legten. Weiter ritt sie und immer weiter, bis sie im Wald angelangt war. Allein war sie noch nie im Wald gewesen. Immer war ihre Jagdgesellschaft bei ihr gewesen, manchmal viele Menschen, manchmal nur eine Handvoll, Otto. Sie dachte an den ersten Moment allein mit ihm im Wald. Sie schloss die Augen, um noch einmal seinen Duft zu spüren, seine Hände und Lippen. Es war vorbei. Unwiederbringlich. Das flammende Rot der Sonne schien immer schwächer durch die Bäume und verschwand schließlich ganz. Anna zügelte ihr Pferd, richtete sich im Sattel hoch auf und sah sich um. Da erst bemerkte sie die dunklen Wolken, die sich von Osten heranwälzten. In der hereinbrechenden Nacht erhoben sich sonderbare Stimmen im Wald. Nun konnte sie sich vorstellen, wie die Menschen hier in der Gegend auf Geschichten von Geistern und Werwölfen kamen, die sie sich abends in den Dämmerstunden erzählten. Wind kam auf und brachte den Regen mit. Zunächst fielen nur vereinzelte Tropfen durch das lichte Blätterdach. Doch dann brachen sich wahre Sturzbäche Bahn. Anna wendete hastig ihr Pferd. Es wieherte auf, gehorchte aber seiner Herrin und galoppierte durch den immer heftiger fallenden Regen davon.

Als Anna endlich zu Hause ankam, war sie nass bis auf die Haut. Sie übergab das Pferd dem Stallmeister, der schon nach ihr Ausschau gehalten hatte. Grete hatte bereits ein heißes Bad vorbereitet. Ihre heftigen Vorwürfe konnte Anna dank ihrer klappernden Zähne und des rasselnden Hustens kaum hören. In der erleuchteten Badestube erschien ihr der Ausflug in den Wald beinahe unwirklich, wie ein sonderbarer Traum. Diese Düsternis, die bedrohlichen Stimmen des Waldes, das Rauschen des Regens, das ängstliche Wiehern ihres Pferdes. Die Hufschläge hallten noch in ihren Gedanken. Sie genoss das Licht, das duftende Wasser, Gretes massierende Hände in ihrem Nacken und hoffte, dass die Wärme auch bald ihr Innerstes erreichen würde. Nur langsam wurde ihre Haut warm, aber die Kälte saß hartnäckig unter ihrer Haut, tief in ihren Knochen. Auch Annas Bett hatte Grete mit einem heißen Stein vorwärmen lassen. Anna schlief bald ein, ihren noch immer kalten Körper eng um den Stein geschmiegt.

Am nächsten Morgen erwachte sie mit hohem Fieber und Schüttelfrost. Der Husten war schlimmer geworden. Ein Rückfall. Anna ärgerte sich fürchterlich. Sie hätte auf Grete hören sollen. Aber sie hatte sich doch so stark gefühlt! Wenn nur der Regen nicht gekommen wäre. Grete rief den Medicus, der mit ernstem Gesicht ihren fliegenden Puls fühlte. Er ließ Anna zur Ader und verordnete Bettruhe. Grete machte ihr kalte Wickel. Trotzdem stieg das Fieber. Grete hatte keine Mühe, ihr ein wenig Wein und Suppe einzuflößen. Anna war nun eine vernünftige Patientin, die ganz gewiss alles tun wollte, um wieder gesund zu werden. Ihr blieb auch gar nichts anderes übrig, denn sie fühlte sich so schwach, dass sie sich kaum vorstellen konnte, jemals wieder aufzustehen. Sie war müde.

Unendlich müde. In den folgenden Tagen stieg das Fieber, der Husten wurde schlimmer. Anna ekelte sich vor dem Auswurf. Ihr Herzschlag beruhigte sich keineswegs und ihr Atem ging schnell und flach. Der Schüttelfrost ließ sie nicht zur Ruhe kommen. Jeden Tag ließ der Medicus sie zur Ader. Doch es half nichts. Anna fühlte sich immer elender. Sie wollte leben. So gerne. Schon einmal hatte man ihr den Priester ans Bett geholt. Sie hatte sich damals wieder ermannt. Also würde sie auch jetzt wieder gesund werden. Und so hatte sie nichts einzuwenden, als der Medicus den Priester mitbrachte. Er saß lange an ihrem Bett, sprach Gebete, die sie leise mitmurmelte und war überrascht, als sie anfing zu sprechen.

„Ich bin wie der Ritter."

„Verzeiht, Euer Gnaden. Welcher Ritter?" Der Priester hatte sich vorgebeugt, um die leisen Worte der Kranken besser zu verstehen. Es war der 13. Mai des Jahres 1525. Durch das geöffnete Fenster drang lautes Vogelzwitschern, Rufe der Kinder, das Dengeln einer Sense.

„Der Ritter in dem alten Lied. Kennt Ihr es nicht?" Sie versuchte, eine Melodie zu summen, wurde aber von einem erneuten Hustenanfall geschüttelt. Ihre Lungenentzündung war schon zu weit fortgeschritten. Als der Hustenanfall vorüber und nur noch ihr röchelnder Atem zu hören war, schüttelte der Priester den Kopf. „Nein, ich kenne das Lied nicht."

„Ich habe es als Kind oft gehört." Obwohl ihr das Sprechen schwer fiel, fuhr sie fort. Es schien ihr wichtig zu sein, denn unter Mühe erzählte sie nun langsam.

„Ich habe mich mit meinen Geschwistern oft abends in die Küche geschlichen, wenn die Mägde und Diener noch zusammensaßen. Mein Gott, wie lange ist das her. Damals in Schwerin. Und eine der Mägde konnte wunderbar singen. Sie sang die schönsten Geschichten. Am meisten liebte ich das Lied von dem Ritter." Sie summte noch einmal die Melodie, aber der Priester hatte das Lied nie gehört. Schwerin war fern. Die Rödelheimer Mägde sangen andere Lieder.

„Ich kann mich an die Strophen nicht mehr erinnern. Nur noch an die Geschichte. Von dem Ritter, der so tapfer ist, dass er den Krieg für seinen König gewinnt und sich in die Prinzessin verliebt. Eine mutige, starke Prinzessin. Als Kind dachte ich immer, ich wäre gern die Prinzessin. Aber ich bin der Ritter."

Der Priester lächelte. Die Kranke, der er bereits die Beichte abgenommen und die letzte Ölung verabreicht hatte, blickte in der Tat auf ein kämpferisches Leben zurück. Er kannte sie schon viele Jahre, lange bevor sie so krank geworden war, dass man ihn an ihr Sterbebett gerufen hatte. Sie war noch jung. Viel zu jung um zu sterben. Noch keine vierzig

Jahre alt. Und noch immer eine schöne Frau. Frau Venus hatte man sie hinter vorgehaltener Hand genannt. Aber er konnte sie sich auch in einer Ritterrüstung vorstellen, mit erhobenem Schwert, ihre Widersacher mit einem Streich bezwingend.

„Wenn es Euer Gnaden Freude macht, werde ich Eure Mägde hier fragen, ob sie das Lied kennen. Aber jetzt sollten Euer Gnaden sich ausruhen." Aber sie hörte nicht auf ihn. Stattdessen richtete sie sich ein wenig auf, sah ihn forschend an und fragte: „Sagt, hat man drüben in der neuen Welt wirklich eine Blume gefunden, die nur um Mitternacht ihre Blüten entfaltet und wunderbar süß duftet? Habt Ihr davon gehört?"

„Nein, Euer Gnaden, davon habe ich nicht gehört."

„Dachte ich es mir doch! Dieser Pater, das alte Schlitzohr!" sagte sie leise, wie zu sich selbst. Erschöpft sank sie zurück in die Kissen.

„Aber das heißt noch lange nicht, dass es sie nicht wirklich gibt", sagte der Priester. „Vielleicht ist sie nur noch nicht entdeckt worden. Die Wälder in der neuen Welt müssen noch größer sein als unsere heimischen. Wer kann schon sagen, welche Wunder Gott der Herr in diesen Wäldern verborgen hat. Und selbst wenn es diese Blume nicht gibt, so ist sie doch immerhin ein schöner Gedanke."

Sie schaute ihn an. Er wusste ihren Blick nicht zu deuten. Eine unendliche, lähmende Trauer schien plötzlich über sie gekommen zu sein.

„Ich bin wie der Ritter", begann sie nach einer Weile wieder. „Aber keine Prinzessin rettet mich vor dem Schwert des Henkers. Alles habe ich getan, alles riskiert, gekämpft, gesiegt und doch habe ich meinen Kopf verloren."

*

Pater Ignatius erreichte die Nachricht von Annas Tod nur wenige Tage später. Wieder blühten die Bäume in den Kirschgärten. Er ging den Pfad hinauf, den er so oft mit Anna gemeinsam gegangen war, setzte sich auf die Bank und hielt eine stille Zwiesprache mit der Toten, als sitze sie neben ihm. Auf dem Klosterfriedhof der Franziskaner wollte sie beerdigt werden. Ihr letzter Wille sollte geschehen. Zwischen den verwehenden Kirschblüten sah er noch einmal die junge Anna, das Mädchen von fünfzehn Jahren, wie sie mit ihrem roten Kleid zum ersten Mal bei ihm gewesen war. So kokett, eigensinnig und liebenswert, dass er sich im ersten Augenblick in sie verliebt und mit seinem Herrn Jesus lange Gespräche geführt hatte, in denen er sich für seine Gefühle für die Landgräfin zu rechtfertigen suchte.

*

Es war Sommer, und die Kirschen hingen leuchtend rot in den Bäumen. Pater Ignatius pflückte eine ganze Schale voll und ging damit zum Friedhof. Er setzte die Schale auf Annas Grab ab, nahm für sich selbst eine Handvoll heraus und setzte sich in den Schatten. Er wusste sich unbeobachtet, und so genoss er nicht nur den Geschmack der Kirschen, sondern versuchte auch, die Kerne zielgerichtet und so weit wie möglich zu spucken. Natürlich nicht auf die Gräber. Es standen genügend Bäume zur Verfügung, an denen Pater Ignatius sein Geschick ausprobieren konnte. Wäre Anna bei ihm gewesen, sie hätten sicher um die Wette gespuckt. Gerade hatte er einen Kern im hohen Bogen an einem dünnen Stämmchen platziert, als er das Knarren der Friedhofstür hörte. Er war sehr verwundert, als ein Bruder ein Ehepaar mit einem Kind in den Klosterfriedhof und zu Annas Grab führte. Es waren einfache Leute, ein Handwerker, wie man an der schlichten Kleidung erkennen konnte. Die drei knieten betend am Grab nieder. Die Frau weinte sogar, worauf der Mann tröstend seinen Arm um ihre Schultern legte. Pater Ignatius trat näher.

„Wer seid Ihr?" Die drei schauten auf.

„Mein Name ist Friedel Gutmann, dies ist meine Frau Anna. Unsere Tochter hier haben wir nach der Landgräfin genannt. Wir kommen aus Gotha. Der Landgräfin verdanken wir, dass wir heiraten durften." Und die beiden erzählten Pater Ignatius die Geschichte ihrer Liebe und Eheschließung. Ihre Tochter Anna war nun alt genug, dass man sie auf eine längere Reise mitnehmen konnte, und so hatten Anna und Friedel sich mit ihrem Kind zu einem Markt nach Rotenburg an der Fulda aufgemacht, um von dort weiter zu Annas Familie nach Homberg Efze zu reisen. Dort hatten sie vom Tod der Landgräfin erfahren. Anna hatte Friedel gebeten, mit ihr nach Marburg zu reisen.

„Warum stehen denn Kirschen auf dem Grab?" fragte das Kind, das sich schon eine in den Mund gesteckt hatte. Diese kleine Anna war ein Mädchen von vielleicht neun Jahren, das seiner Mutter deutlich ähnlich sah.

„Anna!" tadelte die Mutter ihre Tochter.

„Iß nur, Kind, die Landgräfin hätte dir sicher Kirschen angeboten. Schließlich bist du nach ihr genannt worden. Und die Kirschen habe ich ihr aufs Grab gestellt, weil wir oft drüben im Kirschgarten gesessen haben. Ich war ihr Beichtvater. Im Beichtstuhl haben wir nur selten gesessen. Anna mochte den Kirschgarten so gerne. Aber Kirschen hat sie nie gegessen. Entweder haben die Kirschen noch geblüht oder sie waren noch grün oder lagen schon braun und voller Würmer unter den Bäumen. Ja, seltsam, zur Kirschzeit war sie nie im Garten. Nur einmal, glaube ich; doch da war sie so traurig, dass sie keine Augen hatte für die Kirschen und sicher keine gegessen hätte." Die letzten Sätze hatte Pater Ignatius leise und wie zu sich selbst gesprochen.

„Aber nun kommt!" fuhr er lauter fort. „Kommt mit mir nach drüben in den Kirschgarten. Dort könnt Ihr Kirschen essen soviel Ihr wollt. Und ich kann Euch auch einen ganzen Korb voll mitgeben."

Die kleine Anna hatte schon seine Hand ergriffen und wollte mit ihm gehen, während ihre Eltern noch zögernd dastanden.

„Ich bitte Euch, kommt mit und nehmt von den Kirschen. Ich würdet mir einen großen Gefallen tun!"

Epilog

Philipp führte in Hessen die Reformation ein und gründete in Marburg eine Universität.

Erst 1545, als er nach einer militärischen Niederlage aus langer Gefangenschaft nach Marburg zurückkehrte, ließ er die Gebeine seiner Mutter in die Elisabethkirche überführen und stiftete das Grabmal, das noch heute dort zu sehen ist.

Ludwig von Boyneburg wurde von ihm nach Annas Tod rehabilitiert.

1527 erhob er Schrautenbach in den Adelsstand.

Auch Philipps Schwester Elisabeth machte sich in Sachsen für die Reformation stark.

Friedrich Magnus, Annas Sohn aus zweiter Ehe, der nach dem Tod seines Großvaters das Erbe in Laubach übernahm, führte dort die Reformation ein. Mit dem Abendmahlskelch, den seine Mutter der Laubacher Schlosskirche gespendet hatte, feierte die Laubacher Gemeinde das erste protestantische Abendmahl. Dieser Kelch ist auch heute noch in Laubach in Gebrauch. Außerdem gründete Friedrich Magnus in Laubach die Lateinschule und übernahm für begabte Kinder armer Familien das Schulgeld.

Peter von Treisbach verstarb 1527. Gertrud von Treisbach heiratete 1528 Georg von Hatzfeld, der ein gänzlich konkubinenfreies Leben führte.

Personenregister in alphabetischer Reihenfolge
Die Namen der Figuren, die ich erfunden habe, sind kursiv gedruckt, ebenso erfundene Spitznamen, Lebensumstände etc.:

***Abt Ignatius**: Abt des Franziskanerkloster in Marburg, Beichtvater der Anna von Hessen.*

***Anna Schreuerin**: Schreinertochter aus Homberg, * 1485*

Beichlingen, Adam Graf von: 1486 – 24.07.1538
Gesandter des Kaiser zur Tagleistung im Juli 1510 in Marburg, um dort die Sache der Anna von Hessen gegen die Hessischen Regenten und Sächsischen Fürsten zu vertreten. Ehemann der Katharine von Hessen, einer Nichte Annas.

***Berlepsch, Graf von**: „Hofnarr" in Marburg*

Boyneburg, Ludwig von: Rat Wilhelms II., auch dessen Freund in Jugendzeiten, nach Wilhelms Tod Landhofmeister und erbitterter Gegner Annas von Hessen.

Braunschweig, Anna von: um 1460 – 16. Mai 1520. Ehefrau des Landgrafen Wilhelms I.

Als Ehefrau Wilhelms I. hieß Anna von Braunschweig natürlich auch Anna von Hessen. Da der Name Anna zu dieser Zeit sehr häufig war, habe ich mich entschieden, diese Anna unter ihrem Mädchennamen auftreten zu lassen.

***Bruder Valentin**: Prior des Franziskanerklosters zu Marburg*

Cleen, Dietrich von: Komtur der Ballei Marburg des Deutschen Ordens. Er verwahrte beide Testament des Landgrafen Wilhelm II., obwohl er nicht gewillt war, das 2. Testament anzuerkennen. Zunächst einer der Räte, die die neue Regierung unter Boyneburg nach dem Tod des Landgrafen einsetzt, später ein Gegner Boyneburgs und Verbündeter Annas. Ab 1518 wieder ein Verbündeter Boyneburgs.

***Friedel Gutmann**: Schreinergeselle aus Gotha, Ehemann der Anna Schreuerin*

***Götz**: Metzger in der Stadt Homberg Efze*

***Grete** Kammerfrau der Anna von Hessen*

Hessen, Anna von; Frau Venus: 14.09.1485 – ca. 15.05.1525
Tochter des Herzogs Magnus von Mecklenburg und seiner Frau Sophie. In erster Ehe verheiratet mit Landgraf Wilhelm II.
In zweiter Ehe verheiratet mit Graf Otto zu Solms

Hessen, Anna von: um 1491 - Oktober 1513, dritte Tochter der Anna von Braunschweig und Wilhelms I.

Hessen, Elisabeth von: 04. 03. 1502 – 06. 12. 1557
Älteste Tochter der Anna von Hessen. Heiratete am 20. 05. 1516 Johann den Jüngeren von Sachsen, den Sohn Herzog Georgs.

Hessen, Elisabeth von: 10. 09.1503 – 04.01.1563
Jüngste Tochter der Anna von Braunschweig. Wurde im April 1518 durch Anna von Hessen entführt, um eine Eheschließung zu verhindern. Schloss ihre erste Ehe am 16. Oktober 1525 mit Pfalzgraf Ludwig II. von Zweibrücken, ihre zweite Ehe am 9. Januar 1541 mit Pfalzgraf Georg von Simmern.

Hessen, Katharine von: nach 1493 – Sommer 1525, schloss eine Ehe vor dem 6. Juli 1511 mit Graf Adam von Beichlingen, einem Günstling des Kaisers.

Hessen, Magdalena von: 18. Juli 1503 – September 1504, zweite Tochter der Anna von Hessen.

Hessen, Mechthild (die Ältere) von: September oder Oktober 1489 - vor 1490. Älteste Tochter Annas von Braunschweig und Wilhelm I.

Hessen, Mechthild (die Jüngere) von: um 1490 - 6.05.1558. Zweite Tochter Annas von Braunschweig und Wilhelm I. Verheiratet mit Graf Konrad von Tecklenburg. (um 13. Mai. 1527)

Hessen, Philipp von: 13. November 1504 – 31. März 1567. Wurde später „der Großmütige" genannt. Sohn der Anna von Hessen und Wilhelms II. Schloss seine erste Ehe am 11. Dezember 1523 mit Herzogin Christine von Sachsen. Ließ sich noch zu Lebzeiten seiner ersten Frau durch Luther eine zweite Ehe genehmigen mit Margarete von der Saale, die er am 4. März 1540 heiratete.

Hessen, Wilhelm I. von: 4. Juli 1466 – 8. Februar 1515. Bekam den Beinamen „der Blöde", da er auf einer Pilgerreise seinen Verstand aus ungeklärten Gründen eingebüßt hatte. Dankte gezwungenermaßen 1493 zugunsten seines jüngeren Bruders Wilhelm II. ab und wurde von Kaiser Maximilian unmündig gesprochen. Heiratete am 17. Februar 1488 Herzogin Anna von Braunschweig Wolfenbüttel, mit der er fünf Töchter hatte.

Hessen, Wilhelm II. von: 29. April 1469 – 11. Juli 1509. Landgraf von Hessen und Ehemann der Anna von Hessen. In erster Ehe verheiratet mit Jolanthe de la Lorraine.

Hessen, Wilhelm III von: Cousin von Wilhelm I. und II.

***Jacob**: Tuchhändler, den Anna und Karl Schreuer immer wieder auf Märkten treffen.*

Jolanthe de la Lorraine: erste Frau Wilhelms II. Starb im Mai 1520 nach der zu frühen Geburt ihres Sohnes Wilhelm, der noch vor ihr starb.

***Jost**: Bürger und Zunftmeister der Stadt Homberg Efze, Vater von Götz, den Anna Schreuerin verschmäht.*

***Karl Schreuer**: junger Schreiner aus Homberg, Annas Bruder, verheiratet mit Annas Freundin Katha, Enkelsohn Reinhards.*

***Katha**: Anna Schreuers Freundin und Schwägerin*
Löwenstein, Eitel von: Landmarschall zu Hessen, einer der Räte Boyneburgs; wie von Cleen wendet er sich später von Boyneburg ab und wird ein Verbündeter Annas.

Madame Lulu: Konkubine des Peter von Treisbach. Treisbach hatte tatsächlich eine Konkubine, allerdings sind weder Name noch Lebensdaten von ihr bekannt.

***Magda**: Kammerfrau Annas von Hessen, kommt mit ihr aus Mecklenburg nach Hessen.*

Magdalena von Hessen: 18.07.1503 – September 1504, zweite Tochter der Anna von Hessen.

***Marie**: Hebamme der Jolanthe de la Lorraine*

***Marthe**: Maries Tochter*

Mannsbach, Konrad von: Rat Landgraf Wilhelms II.; er wird sowohl im ersten als auch im zweiten Testament des Landgrafen als Rat aufgeführt. Er steht mehr auf der Seite Annas von Hessen. Verheiratet mit Sophie von Mannsbach, s.u.

Mannsbach, Sophie von; *die Landbotin*: Hofmeisterin der Anna von Hessen, damit zuständig für den Hofstaat der Landgräfin, Ehefrau des Konrad von Mannsbach, s.o.

Mecklenburg-Schwerin, Albrecht von: 1488 – 1547, Bruder Annas, lag mit seinem Bruder Heinrich im Zwist über die Regierung.

Mecklenburg-Schwerin, Dorothea von: 21. Oktober 1480 – 1. September 1537, Schwester Annas, ab 1489 Nonne, ab 1498 Äbtissin in Ribnitz.

Mecklenburg-Schwerin, Herzog Heinrich von: 3. Mai 1479 – 6. November 1552, ältester Bruder Annas, dreimal verheiratet, sechs Kinder.

Mecklenburg-Schwerin, Katharina von: 1487 – 6. Juni 1561, Schwester Annas, schloss am 6. Juli 1512 eine Ehe mit Herzog Heinrich von Sachsen und stellte sich politisch gegen ihre Schwester.

Mecklenburg-Schwerin, Herzog Magnus II. von: 1441 – 20. November 1503, Vater Annas, heiratete am 31. Mai 1478 Sophia von Pommern, mit der er sechs Kinder hatte, von denen nur ein Sohn als Kind starb.

Mecklenburg-Schwerin, Sophia von: n.f. – 26. April 1504, Mutter Annas, geb. von Pommern.

Mecklenburg-Schwerin, Sophia von: 1481 – 12. Juli 1503, Schwester Annas, heiratete am 1. März 1500 Kurfürst Johann von Sachsen Schweinitz.

Nußbicker, Georg: Rat Wilhelms II, wird in beiden Testamenten des Landgrafen als Rat aufgeführt.

***Reinhard Schreuer**: Schreinermeister aus Homberg, Großvater von Karl und Anna Schreuerin.*

Riedesel zu Eisenbach, Herrmann: um 1462 - 1529, Rat Wilhelms II., ab 1501 Erbmarschall, Rat und treuer Unterstützer Annas von Hessen.

Sachsen, Herzog Georg von: ein Mitglied der albertinischen Linie des Hauses Wettin. Zunächst unterstützte der Annas Forderungen, zumal sein Sohn Johann mit Annas Tochter Elisabeth verlobt war. Später distanzierte er sich von Anna, da sie ihre Tochter nicht an den sächsischen Hof in Dresden kommen ließ.

Sachsen, Herzog Heinrich von: ein Bruder Herzog Georgs, Ehemann von Annas Schwester Katharina von Mecklenburg Schwerin.

Sachsen, Herzog Johann von: Ehemann Elisabeths von Hessen.

Sachsen, Kurfürst Friedrich von: ein Mitglied der ernestinischen Linie des Hauses Wettin. Als Gegner Annas beanspruchte er die Vormundschaft über Philipp und Hessen für sich.

Schrautenbach, Balthasar: Amtmann zu Gießen, Ratgeber Wilhelms II. und treuer Diener Annas von Hessen.

***Severin**: Bürger und Narr der Stadt Homberg Efze.*

Solms-Lich, Otto zu: 11. Mai 1496 – 14. Mai 1522, zweiter Gemahl der Anna von Hessen, den sie am 7. September 1519 heiratete. Vater des Philipp zu Solms-Lich und der Adriana, geb. von Hanau-Münzenberg

Solms-Lich, Philipp zu: 15. August 1468 – 3. Oktober 1544, Vater Ottos, heiratete am 15. November 1489 Adriana zu Hanau-Münzenberg, mit der er elf Kinder hatte, von denen vier Töchter ins Kloster gingen, zwei Söhne und eine Tochter heirateten und vier Kinder das Erwachsenenalter nicht erreichten.

Solms-Lich, Adriana zu: 1. Mai 1470 – 12. April 1524, geb. zu Hanau-Münzenberg

Tine: Anna Schreuerins Freundin

Thun, Friedrich: Hauptmann von Weimar, als solcher in den Diensten des Kurfürsten.

Treisbach, Anna von, geborene von Bicken: Genaue Geburts- und Sterbedaten unbekannt.
Erste Gemahlin des Peter von Treisbach, *Freundin und Vertraute der Anna von Hessen.*

Treisbach, Gertrud von, geborene Keudel: Geburts- und Sterbedaten unbekannt.
Seit Ende September 1513 war sie die zweite Gemahlin des Peter von Treisbach. Strengte bereits im ersten Ehejahr einen Prozess gegen ihren Gatten an, da dessen Konkubine *Madame Lulu* wieder nach Marburg gekommen war.
Nach Treisbachs Tod heiratete sie 1528 Georg von Hatzfeld.

Treisbach, Peter von: um 1455 – 1527, Rat Landgraf Wilhelms II. Er wird als Ratgeber im zweiten Testament des Landgrafen eingesetzt. Er ist ein Vertrauter Annas von Hessen, verwendet sich auch für Anna von Braunschweig in der Affäre um Wilhelm I. *Musiker, der virtuos alle Saiteninstrumente beherrscht.*

Trott, Friedrich: Marschall, Ratgeber Wilhelms II. Vater des folgenden Friedrich Trott.

Trott, Friedrich: Jugendfreund und Spielkamerad Philipps von Hessen.

Waiblingen, Rudolf von: Ratgeber Wilhelms II., später Regent unter Ludwig von Boyneburg.

Wallenstein, Konrad von: Ratgeber Wilhelms II, später Regent unter Ludwig von Boyneburg.

Danke!

Hiermit danke ich all denen, die mich bei der Entstehung diese Buches unterstützt haben:
Frank Glabian, meinen Eltern Inge und Ernst Zimmer, meinem Bruder Stefan und meiner Schwägerin Tina Zimmer, Kirsten Scheuermann, Katrin Müller, Hannelore und Dekan Ernst Rink, der Familie Solms-Laubach und dem Team der Schlossbibliothek Laubach, besonders Traudel und Burkhard Wellenkötter; Frau Dr. Pühringer-Gräf und Dr. Holger Th. Gräf und dem Team des Adelsarchivs in Marburg.
Vielen Dank an die Wandergesellinnen und den Wandergesellen, die mich mit ihren Informationen inspiriert und unterstützt haben.
Laura, fremdfreie Holzschnitzerin.
Steffi, fremd und frei im FBS (Freier Begegnungsschacht, dessen Mitglieder auch graue Elefanten genannt werden), Schreinerin.
Peter, fremder freireisender Zimmermann

Über die Autorin

Anja Zimmer, geb. 1968, studierte Germanistik und Theologie in Gießen. Ihre Magisterarbeit verfasste sie zu dem Thema: „Der Wandel des Frauenbildes im Märchen“.

Anja Zimmer lebt und arbeitet in der Nähe von Köln.

Anja Zimmer
Die Hüterin der Zeit
ROMAN
Kreuz & Sonne I
frauenzimmer

Erlebnisse einer recherchierenden Autorin auf der grünen Insel

Taschenbuch, 120 Seiten

ISBN 978-393701-304-6

Mit spitzer Feder nimmt die Autorin die Iren und sich selbst aufs Korn. Aus ihren Episoden spricht die Liebe zu dieser Insel und ihren BewohnerInnen, die sich durch an Sturheit grenzende Frömmigkeit, überschäumende Lebenslust und schrägen Aberglauben auszeichnen. Sei es im Pub, in der Herberge, am Arbeitsplatz oder im gemütlichen Heim – immer wieder sind Begegnungen mit dem Inselvolk spannend und von herzerfrischender Direktheit.

Besuchen Sie uns im Internet: www.Frauenzimmer-Verlag.de

Diese Märchen sind eine Auswahl aus dem gleichnamigen Buch von Anja Zimmer und Christel Gottwals.
Sie erzählen von Menschen, die ihrem Schicksal trotzen und sich auflehnen gegen Ungerechtigkeit und Unterdrückung. Sie nehmen ihr Leben mutig in die Hand und machen sich auf, die Wahrheit hinter den Dingen zu entdecken. Das kann Welten bewegen – große und kleine.

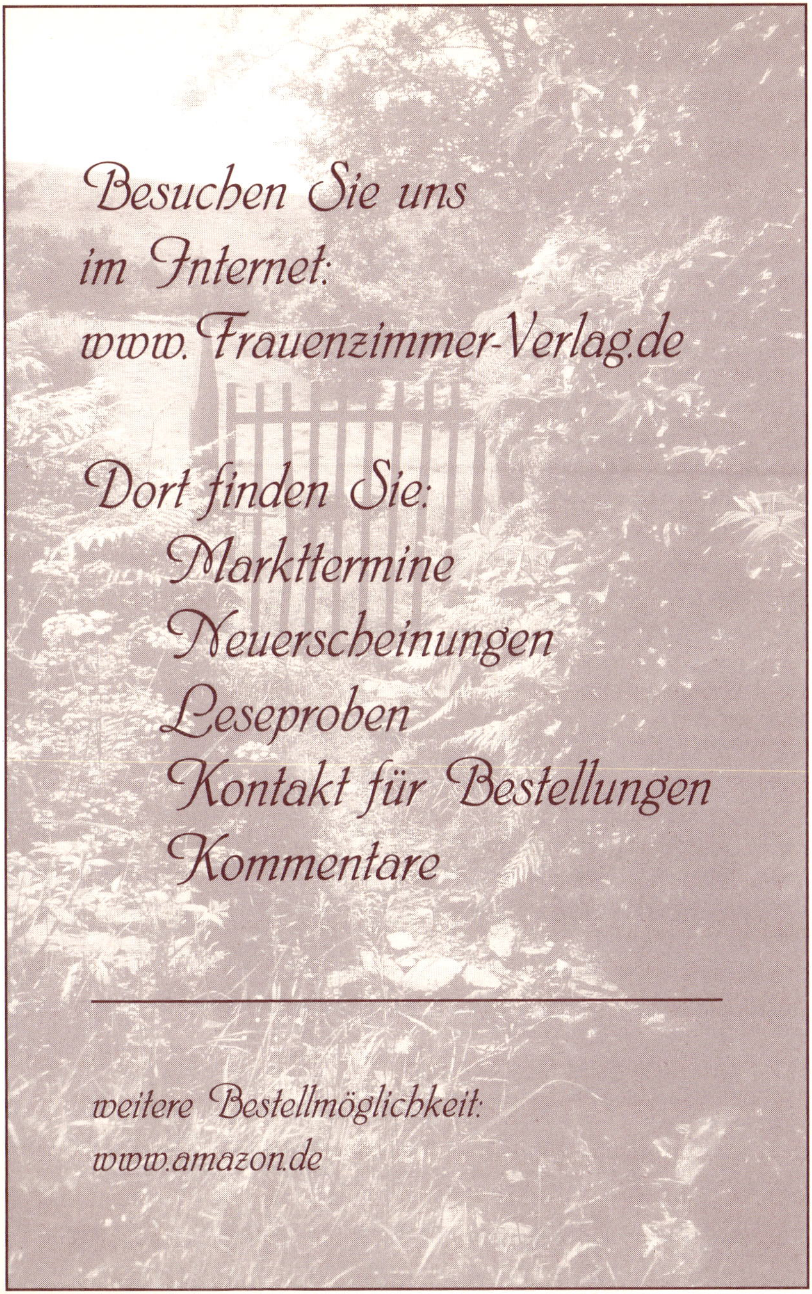
Besuchen Sie uns
im Internet:
www.Frauenzimmer-Verlag.de
Dort finden Sie:
Markttermine
Neuerscheinungen
Leseproben
Kontakt für Bestellungen
Kommentare
weitere Bestellmöglichkeit:
www.amazon.de